Thomas Seidler · Michael Schwibbe
Thomas Mayer · Armin Kühne
Andreas Stephainski (Hg.)

ZEIT
REISE

1200 Jahre
Leben in
Leipzig

LEIPZIGER VOLKSZEITUNG

bis 1000

Spurensuche in der Elsteraue -10-
Forscher entschlüsseln Geheimnisse des Menschen -12-
Ende einer Dynastie: Flucht, Deportation und Mord -14-
Mächtige Mauern an der Parthe -16-

1000 - 1250

„Libzi" in Original und Fälschung -18-
Rätselhafte Urkunde legt Grundstein für Messestadt -20-
Linderung der „Sündenlast" -22-
Shakespeares Vorbild -23-
Medizinisch und sozial - Verpflichtung bis heute -24-
Nichts als Ärger mit Markgraf Dietrich -26-
Getrennte Schwestern und Brüder -28-

1250 - 1500

Pflichtfach „Gesang" -30-
Geleitprivileg sichert Anreise -31-
Steuergeschenke und Mühlenzwang -32-
„Stadtluft macht frei" -33-
Gift-Kirschen: Stammler verstummt für immer -34-
Selbstverwaltung besiegelt -35-
Recht aus dem Schöffenstuhl -36-
Plötzlicher Tod des „Schwabenbesiegers" -37-
Handwerker - gemeinsam stark -38-
Leben in Isolation -40-
„Unzünftige Bönhasen" -41-
Wechselspiel der Herren -42-
Arm und Reich im Rat der Stadt -43-
Markgrafs modernes Marketing -44-
40 Schützen und zehn Handbüchsen -46-
Seit mehr als 500 Jahren: Thomaner geben Ton an -48-
Schützende Gemeinschaft -49-
Modediktat und Regeln für das Dirnenhaus -50-
„Puchtrucker" verbreiten Weltgeschehen -52-
Geraubte Prinzen beschließen Teilung -54-
„Gloriosa" und Bildersturm -55-
Sächsisch, weltoffen, gastlich - Tradition lebt weiter -56-
Einziger Markt im Umkreis von 112 Kilometern -58-

1500 - 1600

Wasser für den Wohlstand -60-
Kürschner kaufen Katze im Sack -62-
Friedliche Revolution -63-
Disputation: „Luder" gegen „Lügeneck" -64-
Heinrich Stromer, genannt „Dr. Auerbach" -69-
Faust und Fassritt - der bekannteste Keller der Welt -70-
Bauern wagen Aufstand -73-
Luthers Schriften brennen -74-
Gerstensäfte - königlich, köstlich, vertraut -75-
Auf dem Weg zur Reformation - frommer Fürst contra Kutte -76-
Geschützte Stadt -78-
Kaderschmiede Universität -79-
Stadt widersteht „Feuerkugeln" -80-
Bastionen aus Trümmern -82-
Multifunktionaler Mittelpunkt am Markt -83-
Meisterstück in neun Monaten -84-
Stadtgestalter fällt in Ungnade -85-
Opposition gegen „Irrlehre" -86-

1600 - 1700

Zustellung für drei Pfennig -87-
30 Jahre Krieg - Leipzig zahlt blutigen Zoll -88-
Pufendorfs Plädoyer -90-
Weltpremiere: täglich neueste Nachrichten -92-
Raths-Marktkehrer und Lappenberge für saubere Stadt -94-
„Leckerer" Markt für kleine Leute -96-
Bettler, Pest und arme Waisen -98-
Moderne Ideen contra Hexen und Folter -99-
Inspiration für Dresdens Zwinger -100-

1700 - 1800

Fächer weckt kurfürstliches Interesse -101-
Vorbild Amsterdam - „Erleuchtung" für alle -102-
Steiler Aufstieg, tiefer Fall -103-
August „de luxe" -104-
Lotterie als Geldquelle - Kurfürst denkt um -106-
Kurze Not, schneller Tod -107-
Bach: Notlösung im Kampf gegen wunderliche Obrigkeit -108-
Sittliche Kultur ersetzt Harlekinaden -110-
Begnadigt - zum Tod durch Enthauptung -112-
Ernsthaftes Schauspiel statt „niederträchtiger Possen" -113-
Kühn und talentiert: die Neuberin -114-
1,5 Millionen Taler verhindern Plünderung -115-
Allerlei Leckereien - Brandenburger Mirakel -116-
Schwerenöter in Leipzigs Betten -118-
Johann Wolfgang bevorzugt „schöne Wissenschaft" -119-
Wechselbäder einer Dichter-Seele -120-
„Eine Versammlung wirklich netter Leute" -121-
„Drey Schwanen"-Gesänge zu heißer Suppe -122-
Räuber und eine umjubelte Jungfrau -124-
„Wir leben hier französisch" -125-
Sternengucker -126-

1800 - 1900

Liberté, Egalité, Fraternité - Franzosen in Sachsen -127-
Russlandfeldzug und Völkerschlacht -128-
Napoleons Niederlage - alljährliche Erinnerung -130-
Feuer und Leben: Pionierarbeit im Versicherungswesen -131-
Rache ruft auf das Schafott -132-
Sicherheit für alle - Orientierung am Gemeinwohl -134-
Polizei contra Polterabend -136-
Seit sechs Generationen: Jeden Tag perfekter Service -137-
Heimliche Hauptstadt der Kleingärtner -138-
Börse, Bücher, Bibliothek -139-
Gaslaterne und Dampfturbine - Energie für die Stadt -140-
Wie der Blitz nach Dresden -142-
Leipzig lebt Musik - ältestes „Conservatorium" -143-
Ruf nach Freiheit - „Leipziger Frauenschlacht" -144-
Wertpapiere: Hohe Schule der „Schwarzen Kunst" -146-
Im Himmel und auf Erden - Flügel treffen goldenen Ton -148-
Tempelbau am Centralplatz -149-
Schatz im Bildermuseum -150-
Lassalle, Bebel, Liebknecht: Mit Energie zur SPD -151-
Karl Heines Kanal - Leipzigs Berufsfeuerwehr -152-
Legenden im Scheibenholz -154-
Historische Muster für neue Pracht -155-
Zentrum der Arbeiter- und Bildungsbewegung -156-
Briefmarkenalbum macht sich einen Namen -157-
Pferdebahn bringt Stadtverkehr auf Trab -158-
Der Erste regierte am längsten -160-
Wetterdienst und Wiedergeburt -161-
Fiktives Gespräch in der „Löwenfabrik" -162-
Graphisches Viertel: Zentrum der Verlage -163-
Seilbahnen für alle Welt -164-
Senkrechtstart zur Weltspitze -165-
„Unverfälschte Waren zu guten Preisen" -166-
Blühendes Unternehmen - Leidenschaft im Zoo -168-
Prächtige Gräber, prominente Namen -169-
Fünf Sterne für fürstlichen Genuss -170-
Schatzkammer des Wissens -171-
Aus Tradition für Innovation - Klinikum bleibt Leitspruch treu -172-
Gewichtige Stimme in der Presselandschaft -174-
Prachtbau für Justitia -176-
Mustermesse statt Warenmassen -177-
Wo 300 Jahre Geschichte lebt -178-
So jung wie nie: Deutschlands älteste Handelshochschule -179-
Expeditionen in Höhen und Tiefen -180-
Vergnügen unter Palmen -181-
Großer Gustav und kleiner Walter -182-

1900 - 1950

- „Hipp, hipp, hurra!" für den deutschen Fußball — 183
- Live-Übertragung: Die Bahn kommt nicht — 184
- „Teddys Bären" erobern die Welt — 185
- Leipziger Riesen — 186
- Pharaonen an der Pleiße — 187
- Buntes Treiben: Kleinmesse zieht vor die Stadt — 188
- Mit 800 Mark zur deutschen Nummer eins — 190
- Nobelpreisträger: erlauchter Kreis der Wissenschaft — 192
- Geschäftsmann, Rennfahrer: Jellinek lässt Stern aufgehen — 194
- Bankiers stellen Weichen auf Wachstum — 196
- Ehrenamtlich gegen das Ertrinken — 197
- Gigant wiegt 300.000 Tonnen — 198
- Großvater meißelt die „Volkskraft" aus dem Stein — 199
- Löwenjagd bis auf die Toilette — 200
- „Sachsen" geht in die Luft — 201
- Zu allen Zeiten: Kaufhaus sorgt für Aufsehen — 202
- Krieg ist für die Reichen, die Armen werden Leichen — 204
- Riesenbahnhof: preußisch, sächsisch, symmetrisch — 206
- Stürmische Zeiten — 207
- Erst Kohle, dann Verluste - Kampf um eine Landschaft — 208
- Kästner und Voigt: „Säk'sche Glassiker" — 210
- Damals: Fliegende Kisten, heute: Drehkreuz in alle Welt — 211
- Grassi: Drei Museen unter einem Dach — 212
- Millionenfluss für edle Felle — 213
- Klubhaus, Kegeln, Kult — 214
- „Reichsmeinstadt" unter dem Hakenkreuz — 215
- Reichstagsbrand und Pogromnacht — 216
- Zweiter Weltkrieg: Auf Jubel folgt Ernüchterung — 218
- „Operation Haddock" - Zwangsarbeit und Todesmärsche — 219
- Mut zum Widerstand — 221
- Dramatische Stunden am Denkmal — 222
- Am Hitler-Geburtstag ist der Krieg vorbei — 223
- Hammer und Sichel lösen Sternenbanner ab — 224
- Kampf ums Überleben - lausige Zeiten — 225
- Bühne frei für Junge Welt — 227
- „Stahlbauriesen" und „Lebende Brücken" — 230
- Tummelplatz der Musen — 232

1950 bis heute

- Rätsel um den Thomaskantor — 233
- Rennbahn und Friedensfahrt — 234
- Sportforum: Symbol der Veränderung — 236
- Standhafter Baumeister in Kutte — 238
- Butter und freie Wahlen: Volksaufstand am 17. Juni — 239
- Hochschulen im Wandel — 240
- Hunger nach Kabarett — 242
- Boote statt Busse — 244
- Kirchentage: „Seid froh in Hoffnung" — 245
- Servicefamilie setzt auf Zufriedenheit — 246
- Ringbebauung und Zetkinpark — 247
- Dokfilmwoche: Fenster zur Welt — 248
- Literaturinstitut: Mehr als eine Schreibschule — 249
- Strahlender Palast - mit Fundament aus 300 Jahren — 250
- Falsches Gleis führt in die Katastrophe — 252
- Mauerbau und „Republikflucht" — 253
- Unvergessene Fußballmomente — 254
- Sternstunden des Handballs — 257
- Von eins auf 170: Karosseriebauer schafft Quantensprung — 258
- Beat-Demo - „Wir brauchen keinen Lipsi" — 260
- Hits erobern Millionen - Jazz mit Satchmo und Fips — 261
- Mit 700 Kilo Dynamit ins „Grab von St. Pauli" — 263
- Vom VEB zur AG: Unternehmen gibt Gas — 264
- Neues entsteht, Altes verfällt — 266
- Karicartoon: Zum Heulen lustig — 267
- Leipziger Ehrenbürger — 269
- Mega-Platte für 90.000 — 270
- Sturm auf Buchmarkt — 271
- Messe, Muttis und Milliarden — 272
- Ein eigener Pool - und dann die Welt — 274
- Kurt Masur: Konzertsaal lässt Leipzig leuchten — 275
- Das Gewandhaus - aller guten Dinge sind drei — 276
- Malerei im Spannungsfeld — 278
- „Exquisit", „Delikat" - und Ansturm auf West-Jeans — 280
- Partner - hinweg über den Eisernen Vorhang — 281
- Dreister Raub im Bildermuseum — 282
- Am Anfang ein Nagel - und ein Pfennig fürs Glück — 283
- „Wir sind das Volk": Montagsdemos und Wende — 284
- Leipzig atmet auf - Grauschleier verschwindet — 291
- Schule, Preis und Blätter - Stiftung setzt Zeichen — 292
- Präzision und Eleganz: Uhren aus Sachsen — 293
- Regierung vor Ort - Management für die Region — 294
- Stones, McCartney, Clapton: Agentur holt Weltstars — 296
- Bühnentrends und Schwarze Szene — 297
- Abzug russischer Truppen - Großer Knall in Grünau — 298
- US-Konsulat kehrt zurück — 299
- Sendestart mit Glocken von St. Nikolai — 300
- Sächsisch als Erfolgsprinzip — 302
- Zu Gast: die Queen und andere Majestäten — 304
- Rendezvous mit kleinen und großen Tieren — 305
- Neue Seiten in neuen Zeiten — 306
- Grand mit Vieren - Trumpf für die Gesundheit — 308
- „Keksrollen" und im Norden viel Neues — 310
- „Leipzig kommt!" - Stadt ringt um ihr Image — 312
- Schneider-Pleite: Schock größer als Schaden — 313
- Paunsdorfs großes C — 314
- Kneipenmeile und Honky Tonk — 316
- So schön ist der Sommer in der City — 317
- Mit gebündelten Kräften ins Rampenlicht — 318
- Hier dreht sich alles ums Vergnügen — 320
- Preis als Meilenstein zum Ruhm — 321
- Leipziger US-Exporte: Wirtsleute und Nasa-Chefplaner — 322
- ... und immer eine Handbreit Wasser unterm Kiel — 323
- Klangvoller Name auf der „Lo(c)k-Meile" — 323
- Im Zeichen der Ringe — 324
- Leipzigs Neue Messe: Wie Phönix aus der Asche — 326
- Marktplatz, Stadtteilzentrum - und weiße Weihnachten — 328
- „Nur Veränderung schafft Stabilität" — 330
- Planet im Hauptbahnhof — 331
- Der neue Krystallpalast — 332
- Erinnerungen an große Komponisten — 334
- Rekordjagd im Advent — 335
- „Kathedrale des Verkehrs" entwickelt völlig neue Züge — 336
- Umkämpfter Immobilienmarkt: Eine Frau zeigt Gesicht — 338
- Ärzte für Äthiopien - Hilfsprojekte in aller Welt — 339
- Gohliser Kleinode glänzen wieder — 340
- Auf dem Weg zu neuer Größe — 341
- Kultobjekt „Löffelfamilie" - Karneval am „Rosensonntag" — 342
- Natur-Erlebnis im Großstadt-Dschungel — 344
- Badesee und Lofts: Expo hebt Lebensqualität — 346
- Neubau schließt Lücke im Herzen der Stadt — 347
- Nachwuchs fördern - Pressefreiheit stärken — 348
- „Schlanke Fabrik" schafft Emotionen und Arbeit — 350
- Traum von Olympia — 352
- City-Tunnel: Portikus verrückt — 355
- Klinsmanns Hits - längst im Programm — 356
- Ostdeutschlands größter Freizeitpark öffnet seine Tore — 358
- Zum 600. Geburtstag ein neues Gesicht — 359
- „Alles ändert sich - und zwar rasend schnell" — 363
- „Schatzkiste" für Leipziger Kostbarkeiten — 364
- Hoffnungsträger für die Region — 365
- Qualität und Anspruch - Niederlassung auf hohem Niveau — 366
- Ring komplett - Gose und Allasch vereint — 367
- Töpfe, Tore, tolle Stimmung — 368
- „Gerechte unter den Völkern" - Happy End nach 99 Tagen — 370
- Für Neubau: Forscher müssen Haare lassen — 372
- Je besser es Leipzig geht ... — 373
- Lebendiges Zentrum inmitten Europas — 374
- Blick hinter die Kulissen und Dankeschön — 376
- Index — 377

ZEIT REISE
1200 Jahre Leben in Leipzig

Verlag
Leipziger Verlags- und Druckereigesellschaft mbH & Co. KG
Petersteinweg 19
04107 Leipzig

Geschäftsführer
Bernd Radestock, Dr. Kurt Sabathil

Herausgeber
Andreas Stephainski

Projektleiter
Thomas Seidler   Lars Fischer
Leipziger Medien Service GmbH   ASTtext+bild MEDIEN GmbH

Autoren
Thomas Seidler, Dr. Dr. Michael Schwibbe, Thomas Mayer, Dr. Viola Heß,
Dr. Helge-Heinz Heinker, Dr. Dieter Kürschner, Kay Würker, Winfried Wächter,
Hartwig Hochstein, Mathias Orbeck, Bernd Locker, Mario Beck, Christine Hochstein,
Rolf Richter, Bernd Sikora, Kerstin Decker, Andrea Richter, Prof. Dr. Thomas Topfstedt

Titelfotos / Inszenierungen
Armin Kühne

Fotos
Armin Kühne, Volkmar Heinz, André Kempner, Wolfgang Zeyen, Uwe Pullwitt, Klaus-Dieter Gloger,
Hendrik Schmidt, Andreas Döring, Peter Krebs, Helga Wallmüller, Rolf Arnold, Helga Schulze-Brinkop,
Viola Boden, Thomas Seidler, Ralf Zweynert, Bert Klinghammer, Ingolf Rosendahl, Tim A. Brüning, Andreas Schmidt,
Thomas Diekmann, dpa, MDR, LMBV, Stadtgeschichtliches Museum, LVZ-Archiv, Bild-Archiv, Archiv Madsack,
Stadtarchiv, Universitätsarchiv, Universitäts-Kustodie, Archiv Kürschner, Archiv Heinker, Archiv Hinke,
Sächsisches Staatsarchiv Leipzig, Archiv 69th Infantry Division, Archiv Bürgerbewegung,
Deutsches Historisches Museum, Zwangsarbeiter-Gedenkstätte Leipzig

Layout
Gaby Berger, Kathrin Dukic, Lars Fischer, Rüdiger Franke, Mike Seeger

Lektorat
Vera Schulze

Druck
Göttinger Tageblatt

ISBN 978-3-9806625-4-3

Liebe Leserin, lieber Leser,

Wenn einer eine Reise tut, dann kann er was erzählen - sagt schon ein altes Sprichwort. Wenn diese Reise auch noch in weite Ferne führt, muss das erst recht zutreffen. 1200 Jahre in die Geschichte reicht unsere Exkursion, zu der ich Sie hiermit einladen möchte. Sie werden also reichlich Gesprächsstoff finden - und brauchen dafür lediglich dieses Buch. Im modernen Medien-Design erzählt es, wie sich Leipzig von den Anfängen als sorbische Bauernsiedlung um das Jahr 800 bis zur Boomtown des Ostens im wiedervereinigten Deutschland entwickelt hat.

Und ich verspreche Ihnen: Nach jedem Umblättern dürfen Sie sich auf eine neue Story freuen - oft überraschend, immer unterhaltsam und spannend noch dazu. Als Zeitreisender machen Sie Station im Mittelalter oder bei der Völkerschlacht, in der Gründerzeit oder in der DDR. Sie erleben die Montagsdemonstrationen, die Olympia-Euphorie oder die Fußball-Weltmeisterschaft. Und Sie lernen den Facetten-Reichtum dieser wunderbaren Stadt kennen, mit deren Tradition und Bedeutung sich kaum eine zweite messen kann.

Ich denke, die Leipziger Volkszeitung ist für eine solche Reise ein guter Veranstalter. Seit 1894 erfüllt sie ihre Chronistenpflicht - Hunderttausende von Zeitungsseiten künden davon. Tagtäglich gehen wir mit Zeitgeschichte um.

Eine Besonderheit dieses Buches liegt aber auch in seinen faszinierenden Unternehmensporträts, die Sie so in keiner anderen Publikation finden. Diese veranschaulichen in besonderer Weise die für Leipzig typische Entwicklung zu einer lebendigen Bürgerstadt in wirtschaftlicher und kultureller Blüte. Firmen und Institutionen haben ihre Archive geöffnet, uns mit Bildern und Texten versorgt - und der Tour durch die Jahrhunderte damit erst den richtigen Schwung gegeben.

Lassen Sie sich begeistern von einem Kaleidoskop aus 1200 Jahren Leben in Leipzig!

Ich wünsche Ihnen viel Freude bei der Lektüre.

Bernd Radestock
Vorsitzender der Geschäftsführung
Leipziger Verlags- und Druckereigesellschaft

Mit Spannung und Muse: Reisen durch die Zeit

Eine Reise ist ein spannendes Unterfangen. Unbekanntes zu entdecken, auf den Spuren der Geschichte zu wandeln, Erwartungen bestätigt oder widerlegt zu bekommen, gehört zu den beliebtesten Beschäftigungen unserer Tage. Reisen heißt auch, sich Zeit nehmen zu können - für Land, Leute, Traditionen, Kultur, Eigenheiten und Gebräuche.

Dieses Buch möchte Sie auf eine „Zeitreise" durch Leipzig entführen und dafür, so meine Bitte, sollten Sie sich einige Mußestunden gönnen. Denn Leipzig ist eine Stadt, die bereits seit vielen Jahrhunderten eine Reise wert ist. Am Schnittpunkt zweier wichtiger Fernhandelsstraßen gelegen entwickelte sich Lipzk, der „Ort bei den Linden", schon im 12. Jahrhundert zu einem gefragten Markt- und Messeplatz. Dieser gab auch Impulse für die Alma mater lipsiensis, die - 1409 gegründet - zu den ältesten Universitäten Deutschlands und Europas gehört. Weltweit berühmt ist Leipzig nicht nur als Messestadt - die Eröffnung des neuen Ausstellungsareals mit seiner wegweisenden Architektur legte 1996 den Grundstein für ein neues Kapitel erfolgreicher Messegeschichte - sondern vor allem auch für seine kulturellen Traditionen. Thomaskantor Johann Sebastian Bach schrieb hier seine wichtigsten Werke, das alljährliche Bachfest im Mai ist ein Muss für alle Fans des großen Komponisten.

Auch das mit seiner mehr als 250-jährigen Lebensgeschichte älteste und mit so klangvollen Namen wie Felix Mendelssohn Bartholdy, Kurt Masur, Herbert Blomstedt und jetzt Riccardo Chailly verbundene deutsche Konzertorchester, das Gewandhausorchester, ist in Leipzig beheimatet. Unvergessen sind die Leipziger Impulse für die deutsche Wiedervereinigung. Heute prägen liebevoll sanierte Gründerzeithäuser, Stadtpalais und Passagen das Bild der denkmalreichsten Stadt Deutschlands, die - auch dank der Ansiedlungen von Porsche, BMW und DHL - über große Potenziale für die kommenden Jahre verfügt und ihren Platz im Reigen der europäischen Großstädte wieder eingenommen hat.

Mit der „Zeit Reise" können Sie einen Blick in die Geschichte und die vielversprechende Zukunft Leipzigs werfen. Unterhaltsam aufbereitet, bietet das Buch anschaulich historien- und faktengetreues Wissen, aber auch so manche Anekdote und geschichtliche Begebenheit.

Ich wünsche Ihnen eine gute Reise!

Burkhard Jung
Oberbürgermeister

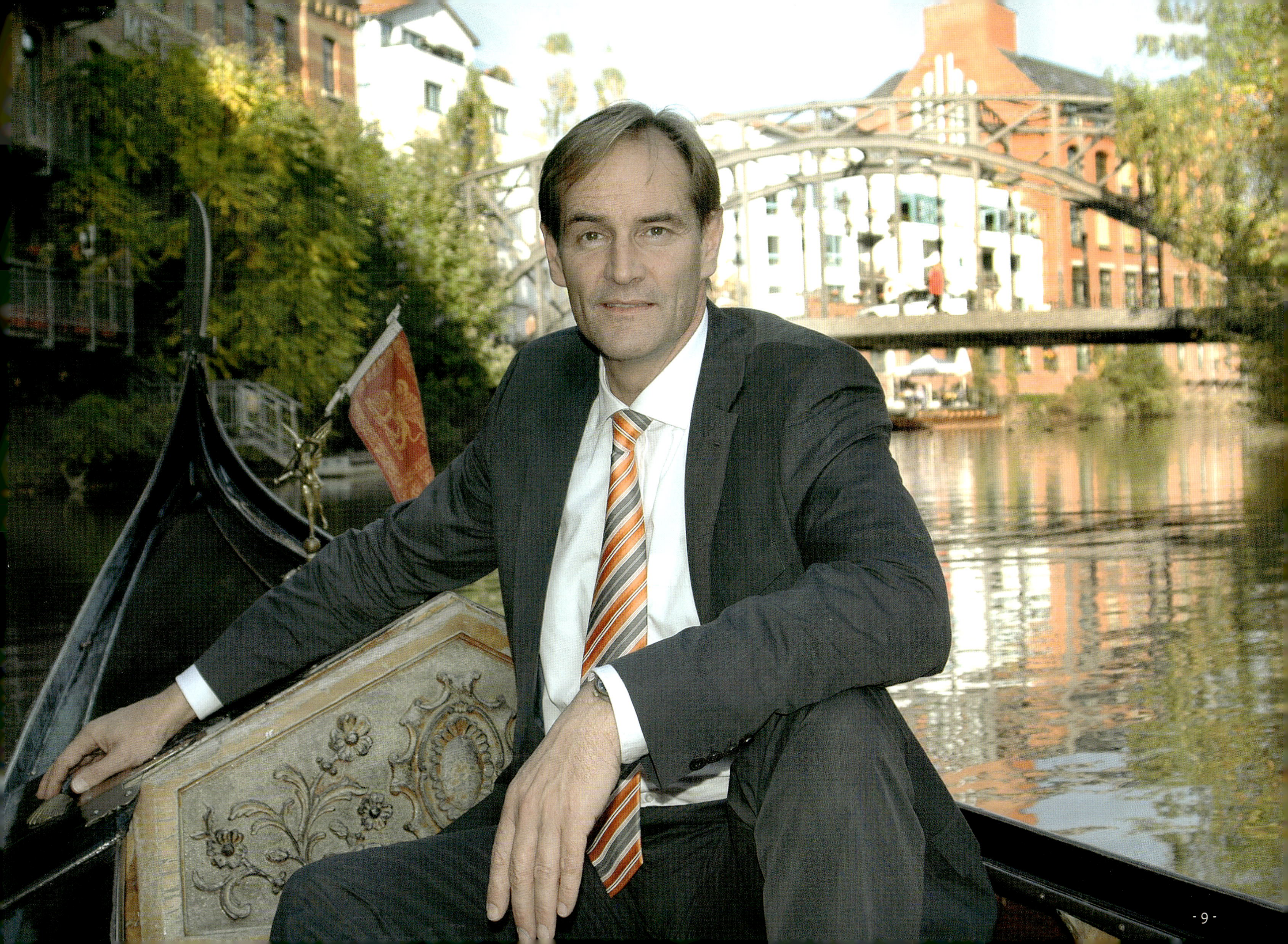

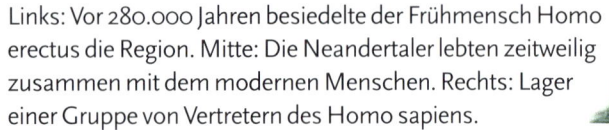

Links: Vor 280.000 Jahren besiedelte der Frühmensch Homo erectus die Region. Mitte: Die Neandertaler lebten zeitweilig zusammen mit dem modernen Menschen. Rechts: Lager einer Gruppe von Vertretern des Homo sapiens.

Die Anfänge menschlichen Lebens: Spurensuche

Die ersten Spuren der Besiedelung des Leipziger Raums durch den Menschen sind 280.000 Jahre alt. Sie stammen von Frühmenschen, den die Wissenschaft als „Homo erectus", als „aufrecht gehenden Menschen", bezeichnet. Diese höchst wanderfreudige Menschenart entstand vor 1,2 Millionen Jahren in Afrika. Ihre Angehörigen stießen über die Alpen nach Norden vor und erreichten die Atlantikküste. Andere der „Aufrechten" gelangten bis nach China und innerhalb von Afrika bis an die Südspitze des Schwarzen Kontinents.

In einer Kiesgrube bei Markkleeberg entdeckten Arbeiter 1895 erstmals Werkzeuge der Frühmenschen aus Feuerstein, so einen Faustkeil (rechts) und einen Bogenschaber. Und im heutigen Stadtgebiet hat der „Homo erectus" eine Hornsteinklinge in Form eines Rückenmessers hinterlassen. Als Ende der 60er-Jahre des vorigen Jahrhunderts Bagger das Gelände bei Markkleeberg abtrugen, um die darunter liegende Braunkohle zu gewinnen, kam acht Meter unter der Oberfläche ein großer Schlagplatz von Feuersteinen ans Tageslicht. Hier hatten die frühmenschlichen Handwerker Faustkeile, Schaber und Lanzenspitzen hergestellt. Denn „Homo erectus" war durchaus kein tumber Vertreter der Gattung Mensch.

Die Frühmenschen lebten in großen Horden, gingen auf die Jagd und beherrschten das Feuer. Sie blieben oft über mehr als 100 Jahre am gleichen Platz, wenn das Nahrungsangebot der Region ihre Versorgung sicherstellen konnte. „Homo erectus" war eine höchst erfolgreiche Menschenart, die mehr als eine Million Jahre überlebte. Eine neue Wanderwelle von Mitgliedern der Gattung „Homo" erreichte vor 200.000 Jahren aus Afrika den Norden Europas: die „Neandertaler". Die stämmigen, heute untersetzt wirkenden Menschen hatten sich im nordeuropäischen Raum besonders gut an die eiszeitlichen Bedingungen angepasst. Sie waren Jäger und Sammler und folgten in großen Familienverbänden dem Wild auf seinen saisonalen Wanderbewegungen.

Die Neandertaler pflegten ihre Kranken und Verwundeten; sie gaben den Verstorbenen Grabbeilagen wie Schmuck und Blumen mit auf die letzte Reise. Funde aus der Region Leipzig fehlen bislang. Diese frühen Menschen siedelten aber durchaus in anderen Regionen Sachsens und im heutigen Sachsen-Anhalt. Es ist daher kaum vorstellbar, dass der Neandertaler nicht auch das Tal der Urpleiße durchstreifte und auf die Jagd nach Waldelefanten, Wollnashörnern und Mammuts ging. Dem Neandertaler folgte - wieder von Afrika aus - vor 100.000 Jahren eine neue Wanderwelle von diesmal schlanken und großwüchsigen Menschen: Es handelte sich um den „Homo sapiens", den „vernunftbegabten Menschen". Beide Menschenarten lebten noch eine geraume Zeit gemeinsam in Nordeuropa, aber letztlich setzten sich die neuen Einwanderer durch. Ob im Verlauf eines urzeitlichen Völkermordes oder durch Verdrängung - darüber streiten sich die Anthropologen noch. Von der Anwesenheit früher Vertreter des heutigen Menschen im Raum Leipzig zeugen Funde bei Kappelberg in der Nähe von Groitzsch. Dort entdeckten Archäologen einen mehr als 10.000 Jahre alten Rastplatz mit Spuren von Zelten. Den Gerätefunden nach stammten die Jäger aus dem Norden, eventuell von der Nordsee. Im Winter folgten sie dem nach Süden ziehenden Wild, das ihnen Nahrung bot. Aus den Knochen der Beutetiere schufen sie Werkzeuge und Schmuck, Felle dienten der Herstellung von Bekleidungsstücken. Homo sapiens schlug jeweils dort seine Zelte auf oder baute sich Hütten aus Reisig und Grassoden, wo er Wild jagen und Früchte sammeln konnte.

Krüge aus dem Lausitzer Kulturkreis

Vor 10.000 Jahren waren die Menschen in Nordeuropa noch ständig auf der Wanderung. Im Gebiet der heutigen Türkei und im Zweistromland aber entwickelten sie eine völlig neue Form der Versorgung ihrer Gemeinschaft: Sie jagten den Tieren nicht mehr nach, sondern domestizierten und züchteten sie systematisch. Sie sammelten nicht mehr Getreide, wo es gerade wuchs, sondern säten es aus und ernteten ihr Korn. Sie zogen nicht mehr mit den Jahreszeiten durch die Region, sondern bauten feste Unterkünfte. 7.000 Jahre vor unserer Zeitrechnung (v.u.Z.) hatten Teile der Menschheit Gefallen am sesshaften Leben als Bauern gefunden.

Vor 7.000 Jahren breitete sich die Kulturform der frühen Ackerbauern auch in Europa aus. Ihre Geschichte lässt sich im Raum Leipzig vornehmlich anhand der Funde von Tongefäßen und ihren für die jeweilige Zeit charakteristischen Formen und Verzierungen verfolgen. Schon vor 6.000 bis 7.000 Jahren erkannten die bäuerlichen Siedler den hochwasserfesten Sporn der Geländezunge, die in die Elsteraue hinausragte, als idealen Ansiedlungsort. Pfosten ihrer Grubenhäuser, Herdstellen und Tonscherben - gefunden unter dem späteren Matthäikirchhof - zeugen von der Sesshaftigkeit und Vorratshaltung der „ersten Leipziger". Nach den Einkerbungen in ihren Gefäßen benannten die Archäologen diese europaweit verbreitete Kultur als „Linienbandkeramik".

Für mehrere Jahrtausende war der Nordwesten der heutigen Innenstadt Leipzigs besiedelt. Hier an der Erhebung oberhalb der Elsterauen finden sich Spuren der Trichterbecherkultur, die sich um 3.000 v.u.Z. in der gesamten norddeutschen Tiefebene ausgebreitet hatte.

Ihr folgte in der Jungsteinzeit um 2.000 v.u.Z. die Kugelamphorenkultur. Ebenfalls auf dem Matthäikirchberg stießen die Archäologen in der vorzeitlichen Abfallgrube einer ausgedehnten Siedlung auf Scherben einer Reihe von Buckelgefäßen. Sie sind charakteristisch für die Lausitzer Kultur der späten Bronzezeit um 1.000 v.u.Z. Die Menschen jener Zeit verbrannten die Verstorbenen und setzten deren Asche in Urnen bei. Ein mit Leichenbrand gefülltes Gefäß und eine weitere leere Urne, gefunden auf dem Gelände des ehemaligen Dominikanerklosters im Osten der Stadt, zeugen von den Bestattungsriten innerhalb der Siedlung. Weitere Gräberfelder entdeckten die Archäologen in Connewitz, Stünz, Möckern, auf dem späteren Südfriedhof und auf dem Trinitatisfriedhof. Diese Grabfelder gehörten wahrscheinlich zu Ansiedlungen, die im weiteren Umkreis der ein Meter tief im Erdreich stehenden Grubenhäuser in Leipzigs Kerngebiet lagen.

Die späte Phase der Bronzeverwertung ging in die vorrömische Eisenzeit über, von Historikern auf die letzten Jahrhunderte vor unserer Zeitrechnung datiert. Die Verbreitung keramischer Hinterlassenschaften über den gesamten Geländesporn zeugt von einer flächendeckenden germanischen Besiedlung des Geländes. Einige Gefäße, offensichtlich auf Töpferscheiben angefertigt, weisen auf die Entstehung frühen Handwerks und eine Spezialisierung innerhalb der dörflichen Gemeinschaft hin.

Spuren germanischer Besiedlung lassen sich im Raum Leipzig für die römische Kaiserzeit der ersten Jahrhunderte unserer Zeitrechnung nachweisen. Gräberfelder der Elbgermanen finden sich in Lößnig, Lützschena, Gautzsch und auch in Thekla. Und unter der Uferböschung der Elsterterrassen fanden Archäologen Keramikreste der Hermunduren, einer Gruppe der Elbgermanen.

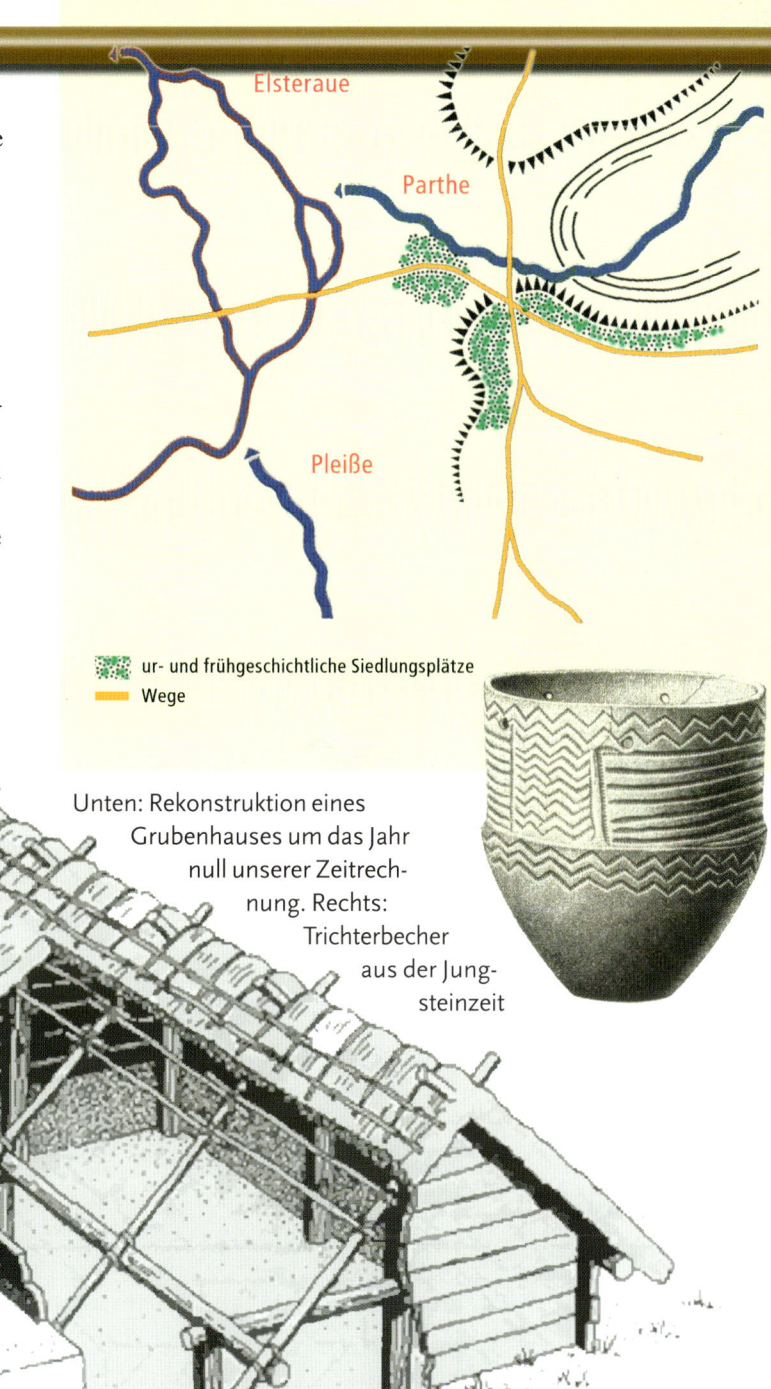

Typisches Gefäß der Linienbandkeramiker

ur- und frühgeschichtliche Siedlungsplätze
Wege

Unten: Rekonstruktion eines Grubenhauses um das Jahr null unserer Zeitrechnung. Rechts: Trichterbecher aus der Jungsteinzeit

Forscher entschlüsseln Geheimnisse des Menschen

Die Nachricht wirkte wie ein Paukenschlag: Der Neandertaler ist kein Blutsbruder des modernen Menschen, sondern nur ein ferner Verwandter. Mit dieser These überraschte Professor Dr. Svante Pääbo vom Leipziger Max-Planck-Institut für Evolutionäre Anthropologie 1997 die Fachwelt. Zu diesem Zeitpunkt hatte er 16.000 Basenpaare der Neandertaler-DNA entschlüsselt. Das Erbgut stammte aus einem fossilen Oberschenkelknochen, gefunden 1856 in der Feldhofer Grotte bei Düsseldorf. Insgesamt 3,2 Milliarden Basenpaare umfasst die DNA des vor 30.000 Jahren ausgestorbenen menschlichen Verwandten. Um diese komplett darzustellen, entwickelten die Leipziger Forscher gemeinsam mit der US-amerikanischen Firma „454 Life Sciences Corporation" ein völlig neues Untersuchungsverfahren - und entschlüsselten bis Ende 2006 bereits eine Million Basenpaare des Neandertaler-Genoms. 2008 soll eine erste Rohfassung der kompletten DNA vorliegen.

Schon jetzt steht fest: Vor ungefähr einer halben Million Jahren haben sich die Abstammungslinien von Mensch und Neandertaler getrennt. Zuvor hatten sich aus einem noch unbekannten gemeinsamen Vorfahren der Schimpanse und der gemeinsame Urahn von Mensch und Neandertaler entwickelt. Warum Letzterer von der Weltbühne verschwand, während der aus Afrika eingewanderte Homo sapiens überlebte - diese Frage beschäftigt die Wissenschaft seit vielen Jahren. Der Vergleich mit den bereits entschlüsselten Erbanlagen von Mensch und Schimpanse soll nun klären, welche genaue genetische Stellung der Neandertaler im Gefüge der Evolution innehatte. „Wenn wir das Neandertaler-Genom kennen, werden wir auch viel mehr über uns selbst wissen", ist Professor Pääbo überzeugt.

Bei ihren Forschungen arbeiten die Genetiker eng mit den anderen Abteilungen ihres Institutes zusammen: Primatologie, Linguistik, Humanevolution, Entwicklungs- und Vergleichende Psychologie. Auch bei den Kollegen des Leipziger Max-Planck-Institutes für Mathematik in den Naturwissenschaften finden sie wichtige Partner. Diese gehen zum Beispiel im Fachbereich Mathematische Biologie der Frage nach, wie Gene und Eiweiße funktionieren - und wie aus dem milliardenfachen Miteinander von Molekülen neues Leben entsteht. Um die riesigen Datenmengen zu beherrschen, hat sich mit der rechnergestützten theoretischen Biologie (Computational Biology) ein neues, bedeutendes Gebiet der Lebenswissenschaften entwickelt. Besonders in der Molekularbiologie spielen die mathematischen Verfahren eine immer größere Rolle - ohne die zum Beispiel die Forscher von der Evolutionären Anthropologie bei ihrer Genom-Entschlüsselung keine Chance hätten.

Die Mathematiker bemühen sich, die Lebensvorgänge als ganzheitliches System zu erfassen. Sie versuchen, Modelle von biologischen Prozessen zu

DNA-Analyse im Genetiklabor.

Oben: Analyse eines Gehirnbildes mit geometrischen Methoden. Links: Neandertaler und Homo sapiens lebten viele Tausend Jahre nebeneinander. Rechts: Prof. Dr. Svante Pääbo mit einem Neandertaler-Knochen. Daneben: Rote und grüne Kästchen repräsentieren Gene, die Mensch (grün) oder Schimpanse (rot) stärker benutzen.

entwickeln, um die Zustände der Zellen und die Beziehungen der einzelnen Biomoleküle untereinander besser zu verstehen - woraus sich bahnbrechende Erkenntnisse für die Biomedizin ergeben. Darüber hinaus befasst sich das Institut mit dem gesamten Spektrum moderner Mathematik, beteiligt begabte Studenten frühzeitig an der internationalen, interdisziplinären Forschung und zeigt Schülern bei Vorträgen, Besichtigungen und interaktiven Ausstellungen, dass Mathematik überall zu finden und alles andere als langweilig ist.
„Die Stärke der Mathematik zeigt sich darin, dass sie abstrakte Methoden entwickelt, die Strukturtypen in ganz unterschiedlichen Bereichen gleichermaßen erfassen können", sagt Institutsdirektor Professor Dr. Jürgen Jost.
Interdisziplinär agiert auch der Dritte im Leipziger Bunde der Max-Planck-Gesellschaft: das Institut für Kognitions- und Neurowissenschaften. Experimentell arbeitende Neurologen, Biologen, Linguisten, Psychologen, Mathematiker und Informa-

Hochempfindlicher Magnetenzephalograph in Bennewitz. Oben: Mathematik ist überall - auch im Treppenhaus des Instituts.

tiker untersuchen hier die Grundlagen höherer Hirnfunktionen - insbesondere im Zusammenhang mit Erleben, Verhalten und Handeln des Menschen sowie bei der Kommunikation in Sprache und Musik. Dabei stehen den Wissenschaftlern exzellente Hightech-Geräte zur Verfügung. Aus den Daten der bildgebenden Verfahren gewinnen sie neue Erkenntnisse - und öffnen Fenster zum Gehirn. Einmalig in Deutschland ist die Kooperation des Institutes mit der universitären Tagesklinik für kognitive Neurologie.

Experimenteller Aufbau für Babystudien.

Drei Labors erforschen zudem, wie Kinder und Säuglinge sich selbst und andere Menschen wahrnehmen und verstehen. Ob Max-Planck-Institut für Evolutionäre Anthropologie, für Mathematik in den

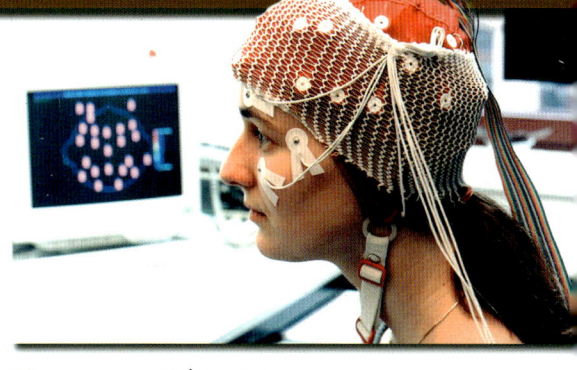

Messung von Gehirnströmen.

Naturwissenschaften oder für Kognitions- und Neurowissenschaften: Das Leipziger Trio ist den Geheimnissen menschlichen Lebens dicht auf der Spur - und wird noch manchen Paukenschlag hören lassen.

Institute im Profil

Das **Max-Planck-Institut für Evolutionäre Anthropologie**, gegründet 1997, vereint fünf Fachabteilungen, drei selbstständige Nachwuchsgruppen und die Leipzig School of Human Origins, ein internationales Promotionsprogramm in Zusammenarbeit mit der Leipziger Universität. Wissenschaftler aus mehr als 25 Nationen erforschen interdisziplinär die Geschichte der Menschheit durch vergleichende Analysen unter anderem mit nahe verwandten Affenarten. Deren Verhalten beobachten die Wissenschaftler in der weltweit größten Menschenaffenanlage im Leipziger Zoo. Das sechsgeschossige Institutsgebäude am Deutschen Platz mit großzügigen Labors, Vorlesungssaal und Seminarräumen bietet 350 Mitarbeitern auf 40.000 Quadratmetern beste Arbeitsbedingungen.

Das **Max-Planck-Institut für Mathematik in den Naturwissenschaften**, gegründet 1996, arbeitet eng mit der Leipziger Uni und international führenden Forschungseinrichtungen zusammen. Seine Abteilungen und Nachwuchsgruppen sowie die International Max Planck Research School „Mathematics in the Sciences" wollen konkrete mathematische Methoden und allgemeine mathematische Konzepte in neue Anwendungsbereiche integrieren. Dazu gehören der effiziente Umgang mit riesigen Datenmengen, die theoretische Analyse von neuartigen Materialien, die Untersuchung von komplexen Systemen und die theoretische Physik. Den rund 160 Mitarbeitern des Instituts in der Inselstraße steht neben der Hochleistungsrechentechnik auch eine ausgezeichnete Fachbibliothek zur Verfügung. Gleich drei Direktoren tragen den hochrangigen Leibnizpreis der Deutschen Forschungsgemeinschaft.

Das **Max-Planck-Institut für Kognitions- und Neurowissenschaften** vereint seit 1. Januar 2004 das Institut für neuropsychologische Forschung Leipzig und das Institut für psychologische Forschung München.
Es besteht aus den Abteilungen Neuropsychologie, Kognitive Neurologie, Wahrnehmung und Handlung, Neurophysik, Exekutive Funktionen sowie zwei selbstständigen Nachwuchsgruppen.
Die Einrichtung in der Stephanstraße beschäftigt rund 160 Mitarbeiter. Seine Außenstelle in Bennewitz beherbergt einen Magnetenzephalographen zur Messung feinster Gehirnströme. In der hauseigenen Bibliothek finden die Wissenschaftler mehr als 16.000 Medieneinheiten und 328 aktuelle Fachzeitschriften-Titel.

Ende einer Dynastie: Flucht, Deportation und Mord

Im frühen Mittelalter siedelte der Stamm der Thüringer im Raum des heutigen Leipzig. Dessen Reich erstreckte sich nach Süden über den Main hinaus bis fast zur Donau. Im Mansfelder Land in der Nähe des heutigen Bösenburg residierte Bisinus, der erste bekannte König der Thüringer, auf seiner Burg. Dort nahm er den vom fränkischen Adel vertriebenen König Childerich I. auf. Dieser zeigte sich allerdings undankbar: 467 entführte er Bisinus Gemahlin Basina. Nach dem Rückruf in seine Heimat zeugte er dort mit ihr einen Sohn: Chlodwig I., den späteren Gründer des Frankenreichs.

Die Thüringer lebten in ständigen Auseinandersetzungen mit den Franken. Diesen gelang es, ihre Gegner mit Hilfe der verbündeten Sachsen im Jahr 531 bei Burgscheidungen an der Unstrut vernichtend zu schlagen. Durch Flucht, Deportation und Mord endete schließlich die thüringische Königsdynastie. Die Thüringer mussten die Region zwischen Elbe, Saale und Mulde räumen - nur wenige Angehörige ihrer Bevölkerungsgruppe verließen das Gebiet nicht. Radegundis, die letzte Angehörige des Königshauses, starb 587 im fränkischen Exil.

Um 600 stießen via Böhmen slawische Gruppen in dieses „Vakuum" vor. Ihnen hatte das Reitervolk der Awaren die Siedlungsräume auf dem Balkan streitig gemacht. Die slawischen Sorben vermischten sich nun mit den verbliebenen Angehörigen des thüringischen Volksstammes. Für das Jahr 631 bezeugte der burgundische Chronist Fredegar die Sorben als „gente Surborium". Seine Erwähnung gilt als erster Quellenbeleg für die Anwesenheit von Slawen nördlich des Erzgebirges.

Ab Ende des 7. Jahrhunderts besiedelten diese die nördlichen Regionen bis zur Ostsee. In Folge der Landnahme bildeten sich in diesen Siedlungsräumen neue Stämme und Stammesverbände.

Karl der Große

Aus dem Elbe-Saale-Gebiet berichten die Chronisten von den Colodici und Suisler (um Zwickau) sowie von Kleinregionen wie Plisni (um Altenburg), Neletici (um Wurzen) und Quesici (um Eilenburg). Die Region des heutigen Leipzig führte die Bezeichnung Chutici, deren Wortstamm noch im Namen der Stadt Schkeuditz erhalten ist. An den sorbisch besiedelten Raum grenzten nördlich das Gebiet der Heveller im Havelland sowie nordöstlich das der Sprewanen an der unteren Dahme und Spree. Östlich ließen sich Lusizer in der Niederlausitz und südöstlich, in der Oberlausitz um Bautzen, die Milzener nieder.

Die Slawen unternahmen mehrfach Einfälle in das östliche Frankenreich. Auch Derwan, ein von den Franken abgefallener Fürst der Sorben im Elbe-Saale-Gebiet, beteiligte sich Anfang des 7. Jahrhunderts an den Raubzügen. Von erneuten Auseinandersetzungen zwischen Franken und Slawen berichten die Chronisten erst wieder in der zweiten Hälfte des 8. Jahrhunderts wie über die Niederlage der Sorben 766 bei Weidahaburg, wahrscheinlich bei Wethau bei Naumburg (Saale). Mit den Kriegszügen der Franken gingen auch immer - allerdings meist vergebliche - Missionierungsversuche einher. Um 740 erreichte der Benediktiner Wynfreth, der Heilige Bonifatius (links), die Region und gründete mit Zustimmung des Vatikans das Bistum Erfurt, um es zu einem Zentrum der Bekehrung der „sorbischen Heiden" zu entwickeln.

Die Sorben legten wehrhafte Dörfer an.

Kampf zwischen Slawen und Franken an einem Grenzfluss.

800

Um 800 drangen die Franken unter Karl dem Großen auf mehreren Feldzügen gegen die Sachsen bis an die Elbe vor. Dort stießen sie auf die Sorben, deren Fürst Miliduoch bei den schweren Auseinandersetzungen ums Leben kam. Die Franken errichteten an Elbe und Saale eine Reihe von Kastellen und befestigten Flussübergänge, so bei Magdeburg und bei Halle. Diese dienten einerseits der Verteidigung gegen die Slawen, die immer wieder in sächsisches Gebiet einfielen, andererseits aber auch dem kontrollierten Handel mit den östlichen Nachbarn. Das Diedenhofener Kapitular von 805 bestimmte Erfurt als alleinigen Zollort für den Handel mit den Sorben und verhängte gegen diese eine Art „Waffenembargo".
Die östliche Grenze des fränkischen Reiches - ab 839 als „Limes Sorabicus" (Sorbengrenze) bezeichnet - hielt weitgehend den Einfällen der Slawen stand. Als Reaktion auf die zunehmende Bedrohung durch das ostfränkische Reich legten die Sorben mehr als fünfzig befestigte Burgbezirke oder zentrale Burgen mit zugehörigen Siedlungen an und leisteten anhaltenden Widerstand gegen ihre Tributpflichten sowie gegen alle Missionierungsversuche. Auch überquerten sie zu Raubzügen wiederholt die Grenzflüsse. Die Nachfolger Karls des Großen sahen sich deshalb gezwungen, militärisch gegen die unbotmäßigen Nachbarn vorzugehen, und drangen weit in deren Gebiet vor. Karls Sohn Ludwig dem Frommen (rechts) gelang es, die Ostgrenze des fränkischen Reichs bis zur Mulde auszudehnen und Teile der Sorben ins Fränkische Reich zu zwingen. Sorbenfürst Tunglo musste den Franken zur Sicherheit sogar seinen Sohn als Geisel überstellen. Nur von kurzem Erfolg waren weitere Feldzüge in Richtung Osten. Denn die Slawen hatten mächtige und kriegserfahrene Verbündete: die ungarischen Madjaren. Um 908 erreichten ihre Reiterheere auch das Saalegebiet und zerstörten fränkische Kastelle.
Die Madjaren richteten ihre Feldzüge aber weniger auf Landnahme als auf Kriegsbeute aus. Heinrich I., seit 919 König des Ostfrankenreichs, erkaufte sich deshalb durch Tributzahlungen Ruhe an seiner Ostgrenze und schloss Verträge mit den slawischen Fürsten. Er ließ die Befestigungen an seiner Ostgrenze durch Burgwarde weiter verstärken. Sein besonderes Augenmerk galt dem strategisch wichtigen Ort am Zusammenfluss von Elster, Pleiße und Parthe. Dort existierte an der Elsteraue auf beiden Seiten der Parthe eine sorbische Zwillingssiedlung, deren Ursprung bis ins 7. Jahrhundert zurückreicht und um 800 ihren Namen erhielt: „Lipsk" (deutsch: „Lindenort"). Verbunden waren die jeweils mehr als fünfzig Hütten umfassenden Dörfer durch eine Brücke. Südlich dieser Brücke kreuzten zwei für den überregionalen, ja europäischen Handel bedeutsame Straßen: Die „via regia" verlief vom Rhein über die späteren Städte Fulda, Erfurt, Naumburg weiter nach Breslau und ins Königreich Polen. Die „via imperii" nahm ihren Anfang in Venedig, querte den Brenner, berührte die späteren Städte Innsbruck, Augsburg, Zwickau, Wittenberg, Cölln/Berlin und endete an der Ostsee. An der Kreuzung in Lipsk trafen sich Händler aus allen europäischen Landstrichen, tauschten Waren und schickten Sklaven und Bernstein auf den Weg nach Süden. Aus dem Westen trafen fein gewebte Stoffe, aus dem Osten Honig, Felle und Wachs, aus dem Süden Edelsteine, Perlen und Erzeugnisse hoher Schmiedekunst ein. Kein Wunder also, dass sich um die Kreuzung im Süden von Libsk herum Straßenmärkte bildeten.
Wahrscheinlich stellte die Siedlung auch eine zentrale Sammelstelle für die Tributleistungen dar, welche die Sorben an die Franken zu zahlen hatten. Im Hintergrund stand die Pfalz Merseburg mit ihren Ministerialen - einer der ständig wechselnden Regierungssitze von Heinrich I., König der Ostfranken.

Die Slawen beteten aus fränkischer Sicht heidnische Götter an. Links eine nachgebildete Statue ihres dreiköpfigen Kriegsgottes Svantevit auf Rügen.

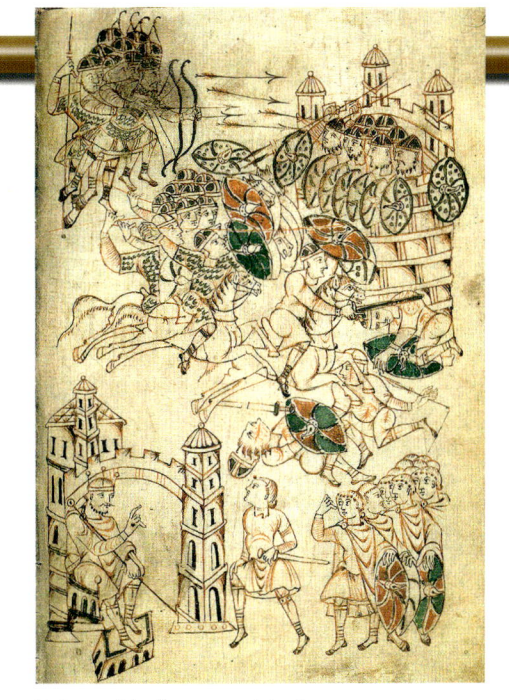

Reiterschlacht gegen Madjaren.

Mittelalterliches Verwaltungszentrum: der Burgward.

Vorposten an der Parthe: Imposante Burg schützt Grafen und Krieger

Die Expansion des ostfränkischen Reiches hatte die Mulde und die südlichen Regionen an der Elbe erreicht. Der Landnahme in den slawischen Gebieten lag ein generalstabsartiges Vorgehen zugrunde: Zunächst hatte die Sicherung der Ostgrenze durch ein festes Bollwerk Priorität. Deshalb ließ König Heinrich I. (rechts), nachdem er die sorbische Festung Jahna in der Nähe von Stauchitz hatte 922 zerstören können, an dem Elbübergang bei Misnia (Meißen) um 928 eine Burg errichten.

An vielen schon von den Sorben als strategisch und ökonomisch wichtig erkannten Punkten legten die Franken Burgwarde an, stark befestigte Anlagen mit einem Turm, die als Verwaltungssitze eines jeweiligen Bezirks, aber auch als Fluchtburgen dienten. Zum Sitz einer derartigen Burgward suchten die Strategen Heinrichs auch die slawische Doppelsiedlung Lipsk aus.

Den Kriegern und Burgenbauern folgten unmittelbar die „Gottesmänner", wenn sie nicht schon an den Heerzügen beteiligt waren. Meißen stieg zum Rang eines Bischofsitzes auf. Ein dort residierender Markgraf hatte die Aufgabe, die Region zu verwalten und für die Verteidigung zu sorgen. Die dritte Phase der Ostexpansion bestand in der Ansiedlung einer germanischen Bevölkerung. Anwerber holten vornehmlich aus den Regionen des Niederrheins Bauern und Handwerker in die eroberten slawischen Gebiete: Freies Land lockte ebenso wie eine zeitweilige Befreiung vom Zehnten, der Abgabe an den Grundherren.

Mit dem Bau der Burg bei Lipsk hatten es die Franken recht eilig. Die slawischen Einwohner der Region hatten sich unter Anleitung fränkischer Baumeister zwangsweise an dem geplanten Vorhaben zu beteiligen und trugen die Hauptlast an den Arbeiten. Schon im Jahre 929 stand - wahrscheinlich auf dem ehemaligen Gelände einer sorbischen Wallanlage - ein imposantes Bauwerk an der Parthe.

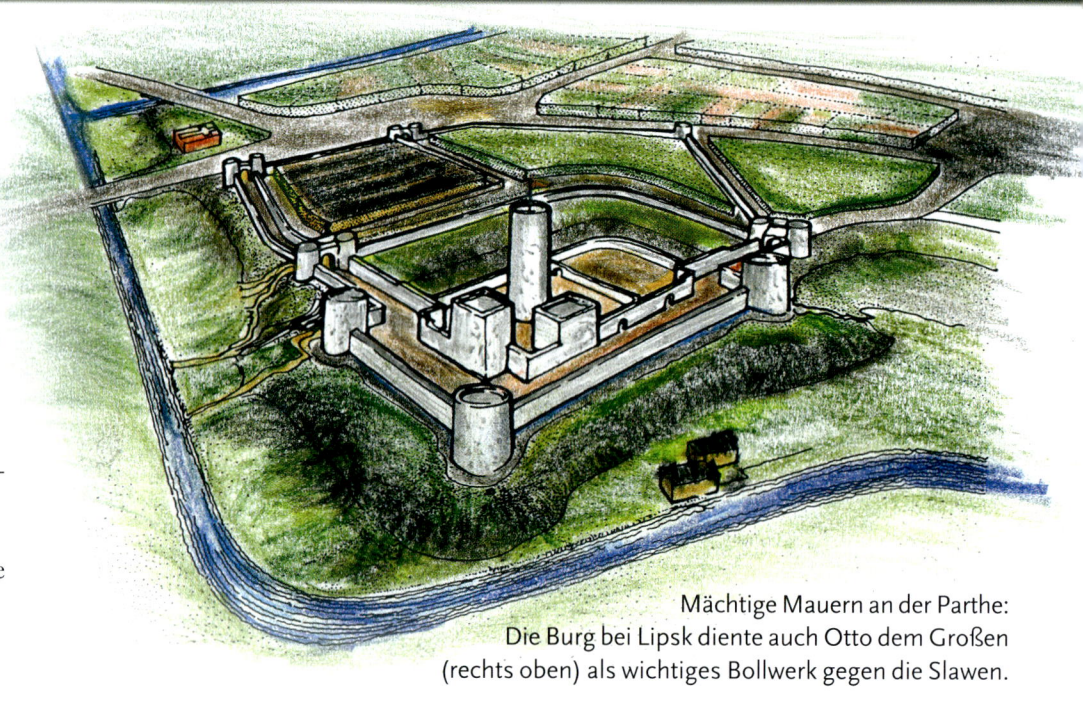

Mächtige Mauern an der Parthe: Die Burg bei Lipsk diente auch Otto dem Großen (rechts oben) als wichtiges Bollwerk gegen die Slawen.

Die Burg (oben) erstreckte sich über eine Grundfläche von etwa 150 mal 90 Metern. Sie war durch einen Zwischengraben in eine Reihe von Unterburgen und eine Hauptburg unterteilt. Im Zentrum erhob sich ein Wehrturm mit einem Durchmesser von 10 Metern, einer Mauerstärke von 3,50 und einer Höhe von ungefähr 30 Metern. Eine rechteckige Kemenate diente als Wohnraum für die Ministerialen, ein lang gestreckter Palas der Zusammenkunft bei repräsentativen und feierlichen Anlässen. Den Kernbereich der Burg umgab als innerster Verteidigungsring eine Mauer, an die einzelne Versorgungs- und Verwaltungsgebäude grenzten. Hier fand wohl auch die Burgbesatzung (Abbildung links) ihre Unterkunft. Das Mauerwerk bestand aus gemörtelten Bruchsteinen, die aus Steinbrüchen bei Zschocher stammten. Der inneren Burg war hinter einer Freifläche ein Mauerring mit mehreren Bastionen vorgelagert. Diese Unterburgen konnten auf diese Weise mögliche Feinde schon im Vorfeld einer ernsten Bedrohung abwehren. Keramikfunde aus dem Burgbezirk machen wahrscheinlich, dass die Sorben die ersten Burgmannen stellten, bevor deutsche Siedler aus dem Westen ins Land kamen.

Otto I. rückte seinem Vater Heinrich I. auf dem Königsthron im ostfränkischen Reich nach (962 Krönung zum Kaiser im Heiligen Römischen Reich). Auch er sah es als eine seiner vordringlichsten Aufgaben an, die Grenze des Ostfränkischen Reiches gegen die Einfälle der Magjaren zu schützen. Im Jahr 955 gelang es fränkischen Truppen, die Ungarn auf dem herrschaftliche Gerichtsstätte, die historisch an einen sorbischen Versammlungsort zur Rechtsprechung anknüpfte. Dort entstand in Verbindung mit einer kleinen Ansiedlung auch eine dem Heiligen Petrus geweihte Kapelle.

Die Sorben und die neuen Siedler rauften sich friedlich zusammen. Der Übertritt zum Christentum stellte die „Heiden" in vielen Belangen den christlichen Neusiedlern gleich. Im Schatten der Burg erwuchs aus den slawischen Zwillingssiedlungen und den kleinen Höfen und Häusern der Neusiedler eine frühstädtische Einheit.

Östlich der „via regia", dem späteren Brühl, ließen sich Kaufleute (rechts) nieder, die nicht mehr selbst zu anderen Handelsplätzen reisten, sondern von Lipsk aus lediglich den Transport ihrer Waren organisierten. Die Märkte an der Straßenkreuzung löste ein zentraler Marktplatz unterhalb der Burg ab. Ein dort erbauter königlicher Wirtschaftshof sollte Kontrolle über das Handelsgeschehen ausüben und durch Zölle auch Profit für das Reich erwirtschaften.

Handwerksbetriebe wie Böttcher, Schneider, Schuster und Schmiede versorgten das entstehende Gemeinwesen und die weiterhin durchreisenden Händler. Für die Herstellung des Grundnahrungsmittels Brot lieferte eine schon im 10. Jahrhundert errichtete Wassermühle den Bäckern das Mehl. Dazu hatten die Einwohner einen Mühlengraben unterhalb der Burg zwischen Pleiße und Parthe ausgehoben.

Eine kleine Ansiedlung aus Grubenhäusern (unten rechts) wuchs auch an der „via regia" westlich der Straßenkreuzung: Dort hatten Mönche aus dem irisch/schottischen Raum eine Kapelle erbaut, deren Mutterkloster in der Tradition von St. Bonifatius in Erfurt stand.

Das dem heiligen Jacobus geweihte Gotteshaus diente den Pilgern auf der Reise nach Santiago di Compostella zur Erbauung, das angeschlossene Rasthaus ihrer Unterkunft. Ein Friedhof garantierte den auf der Reise nach Spanien in Lipsk Verstorbenen ein Begräbnis in geweihter Erde. An der Südseite der „via regia" schoben sich Handwerkssiedlungen um die Jacobus-Kapelle nach Westen vor und verschmolzen mit dem Nauendörfchen der deutschen Siedler. Über den Ort, an dem die erste Kirche Leipzigs stand, streiten die Gelehrten noch trefflich. Manche Historiker sind der Meinung, dass der Klerus die im Süden gelegene Petruskapelle als Erste in den Rang einer Kirche erhob. Andererseits ließen sich auch Reste einer Kirche oder Kapelle im Norden unterhalb der Burg neben der Straßenkreuzung der „via regia" und der „via imperii", dem „slawischen Markt", finden.

Der Ort Lipsk stand unter fränkischer Kontrolle, Slawen und germanische Neusiedler lebten friedlich zusammen und die Kirchen hatten mit ihren Gotteshäusern die Pflöcke für die „Heidenmissionierung" eingeschlagen.

Unter dem Schutz der Burg konnte der Handel aufblühen und sich Lipsk schließlich zu einer Stadt mit einem der wichtigsten Märkte des Reiches entwickeln.

Koexistenz: Slawen-Götter (links) und der christliche St. Jacobus.

Lechfeld zu schlagen. Er setzte 968 sein Versprechen in die Tat um, im Falle eines Sieges die Pfalz Merseburg zum Bistum zu erheben.

Der Burgward und die Siedlungen von Lipsk unterstanden zwar dem Markgrafen von Meißen und gehörten zur Ostermark. Die religiöse Betreuung der Bewohner aber lag in den Händen und Gebeten der Geistlichen des Bistums Merseburg (links).

Die südliche Ausfallstraße überblickte an der höchsten Stelle im Gelände eine

1015

„Libzi" in Original und Fälschung

Zeit-Zeichen

622 Beginn des islamischen Kalenders.
681 Gründung des Bulgarischen Reiches.
711 Die Muslime landen in Andalusien und schlagen die Westgoten.
800 Der fränkische König Karl der Große wird in Rom vom Papst zum Kaiser gekrönt.
862 Normannen unter Rurik erobern Nowgorod.
870 In Köln wird der Hildebold-Dom, Vorgänger des Kölner Doms, eingeweiht.
875 Der Wikinger Gunnbjörn entdeckt Grönland.
885 Dänische Wikinger beginnen mit der Belagerung von Paris.
941 Igor von Kiew versucht vergeblich, Konstantinopel einzunehmen.
970 Gründung der Al-Azhar-Universität in Kairo.
976 In China wird der Kettenantrieb für mechanische Uhren erfunden.
988 Der Emir Hischam von Cordova erobert Barcelona und Léon.
1000 Der befürchtete Weltuntergang bleibt aus.

Bis 1015 erschließt sich die Geschichte Leipzigs nur durch archäologische Funde und eine vergleichende Betrachtung der Werke von Chronisten zur Geschichte der Franken und Sorben. Urkunden über die Gründung des Ortes fehlen. Die erste schriftliche Erwähnung verdankt Leipzig dem Merseburger Bischof Thietmar.

Thietmar - ein 975 geborener Adliger aus dem Haus der Grafen von Walbeck bei Helmstedt an der oberen Aller - studierte im kaiserlichen Stift St. Servatius in Quedlinburg und im Kloster Berge in Magdeburg, bevor er 1003 als Propst dem von seinem Großvater gestifteten Kloster Walbeck vorstand. Auf Vermittlung des Magdeburger Erzbischofs Tagino belehnte ihn König Heinrich II. im April 1009 mit dem Bistum Merseburg.

Thietmars zwischen 1012 und 1018 verfasste Chronik zur Geschichte der Sachsen, der Polen, der sorbischen Gebiete und des Heiligen Römischen Reiches belegt seine fundierten historischen Kenntnisse. Die Darstellung der Regierungszeit Heinrichs II. gilt Historikern als Leitüberlieferung mit dem Charakter eines Tagebuches. Die Chronik erlaubt in ihrer Farbigkeit einmalige Einblicke in die Gedankenwelt eines Hochadligen und Klerikers jener Epoche.

Für das Jahr 1015 berichtete Thietmar, dass „in urbe libzi vocata", auf der „Libzi genannten Burg",

Bischof Heinrich III.

am 20. Dezember Bischof Eido von Meißen gestorben sei. Mit diesem Satz trat Leipzig in die schriftlich fixierte Geschichtsschreibung ein. Dies stellt allerdings keine urkundliche Ersterwähnung dar, also keine Nennung im Verlauf eines Rechtsaktes, sondern - wie bei vielen Städten im Osten Deutschlands - die Erwähnung ihrer Existenz zu einem bestimmten, von den Chronisten aus anderen Gründen als relevant erachtetem Datum. Thietmar ging deshalb auch nicht weiter auf den Ort ein, sondern berichtete, dass Bischof Hilliward aus Zeitz herbeieilte, den Leichenzug von Libzi nach Meißen vorbereitete und selbst begleitete.

Das zweite Ereignis aus Libzi, das Thietmar der Nachwelt überlieferte, betraf sein eigenes Bistum. König Heinrich II. stellte drei Kirchen aus Libzi, Olscuizi (Ölschwitz) und Gusua (Geusa bei Merseburg) unter Merseburger Aufsicht. Allerdings steht nicht fest, welche der Kir-

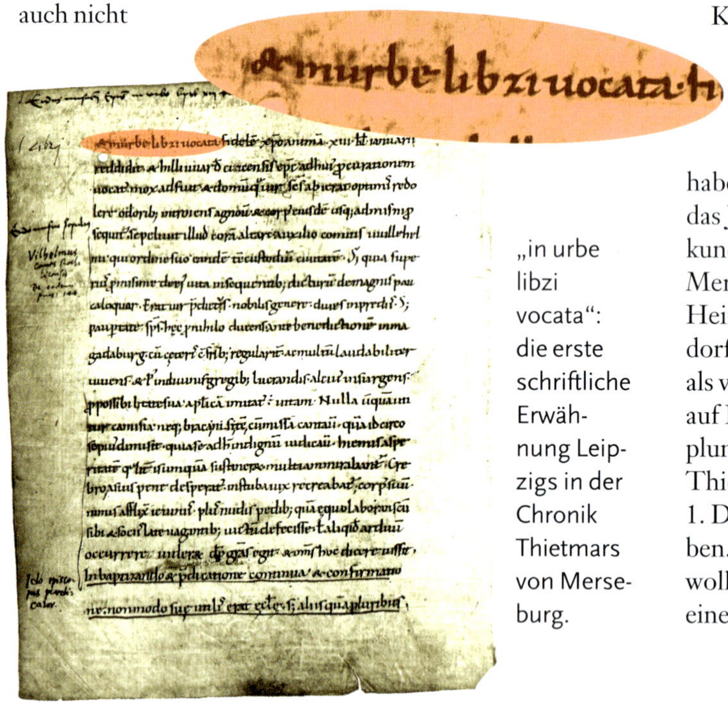

„in urbe libzi vocata": die erste schriftliche Erwähnung Leipzigs in der Chronik Thietmars von Merseburg.

Krönung König Heinrichs II.

chen in Libzi wechseln musste. Aber die Schenkung weist auf eine enge, zumindest klerikale Verbindung der werdenden Stadt mit dem westlich gelegenen Bistum hin.

König Heinrich II. soll Thietmars Bistum sogar das „oppidum Lipziki" zum Geschenk gemacht haben. So weist es eine auf das Jahr 1021 datierte Urkunde aus, welche der Merseburger Bischof Heinrich III. von Ammendorf 1285 König Rudolf als verbrieften Anspruch auf Leipzig vorlegte - eine plumpe Fälschung, denn Thietmar war bereits am 1. Dezember 1018 gestorben. Bischof Heinrich wollte mit dieser Urkunde einen andauernden Streit

für sich entscheiden: Gehörte Leipzig dem Landgrafen von Meißen oder hatte dieser es lediglich als Lehen vom Bistum Merseburg erhalten?
Erst 1050 herrschten wieder klare Besitzverhältnisse um Leipzig: Kaiser Heinrich III. übertrug dem Bistum Merseburg am 3. August alle Besitzrechte von „nuwindorph" (Naundorf) im Gau Skudizi bei der zentralen „burcvardo libizke". Als Markgrafen nennt das Schriftstück des Merseburger Stifts Wilhelm IV. von Meißen.

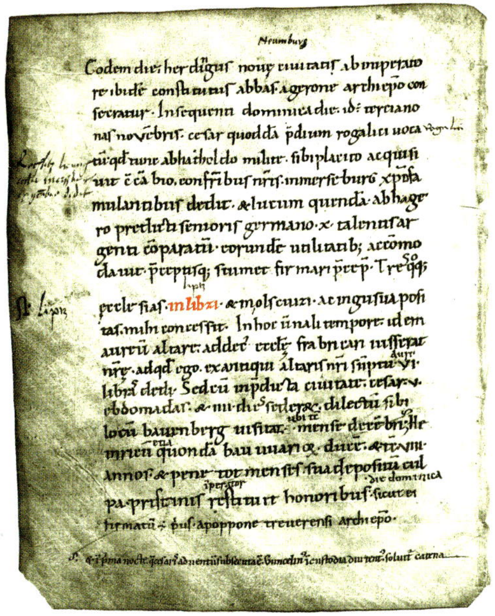

„in libzi" (rot markiert) berichtet Thietmar von Merseburg. Seine Chronik bietet heutigen Historikern einen besonderen Reiz, denn der Bischof erlebte seine Berichte als Zeit- und Augenzeuge. Zwar fiel 1945 das Original den Bombardierungen Dresdens durch die Alliierten zum Opfer, aber seit 1905 existiert ein hochwertiges Faksimile.

Auf dem Weg zur Stadt

Nach der Erwähnung der Schenkung von Naundorf an das Bistum Merseburg existieren für die folgenden 100 Jahre keine schriftlichen Zeugnisse über Leipzigs Schicksal. Die ostfränkischen Könige hatten die Ostkolonisation durch deutsche Siedler wegen Aufständen der Elbslawen gestoppt, die nur mühsam unterdrückt werden konnten.
Im ostfränkischen Reich entwickelte sich ein feudalistisches Herrschaftssystem. An der Spitze stand der König, mehrfach gleichzeitig auch Kaiser des Heiligen Römischen Reiches. Mit der Aufsicht über die ihm unterstehenden Bistümer, Erzstifte und Markgrafschaften betraute dieser regionale Adlige, die sich bei seinen Feldzügen bewährt hatten, oder deren Ergebenheit er durch geschickte Heiratspolitik gesichert hatte.
Die Bischöfe oder Markgrafen wiederum setzten Günstlinge oder verdienstvolle Angehörige des niederen Adels als Vögte und damit als Verwalter der Burgen mit ihren Burgwardbezirken ein. Leipzig zählte wie weitere 30 Burgwarde zur Markgrafschaft Meißen.

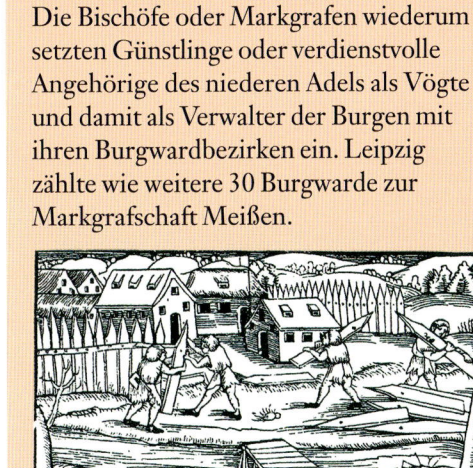

Neuankömmlinge befestigen ihre Niederlassung mit Palisaden.

Die Vögte wirkten als Leheninhaber und nicht als Besitzer der von ihnen verwalteten Bezirke sowie der sich allmählich zu größeren Ansiedlungen gruppierenden Dörfer, Höfe und Märkte. Sie stellten Land als erbliches Lehen zur Verfügung und kassierten von den Einwohnern die „Bede", eine Art Grundsteuer. Diese mussten den Herren der Burgwarde Hand- und Spanndienste leisten und den zehnten Teil ihres Einkommens - meist in Naturalien - abliefern. 
Die Vögte richteten über „kleinere" Vergehen wie Raub, Diebstahl oder Betrug. Verbrechen gegen Leib und Leben sowie Gotteslästerung ahndeten der Markgraf oder der Bischof. Nur sie durften die Todesstrafe verhängen. Hierbei galt die Hinrichtung mit dem Schwert als ehrenvoll (Mitte). In besonderen Fällen wie Vergehen des Adels selbst oder bei grenzüberschreitenden Taten behielt sich der König die Rechtsprechung vor.
Zwischen den Vögten oder Grafen benachbarter Bezirke standen Grenz- und Zollstreitigkeiten auf der Tagesordnung. Fehden zwischen verfeindeten Adligen unterlagen einem strengen Reglement: Der Auseinandersetzung musste ein Fehdebrief vorausgehen. Geistliche, Frauen im Kindbett, Schwerkranke, Pilger, Kaufleute und Fuhrleute mit ihrer Habe, Ackerleute während ihrer Arbeit sowie Kirchen und Kirchhöfe waren zu schonen. Die Herren zogen nicht immer selbst ins

Während die Männer in den Krieg zogen, kümmerten sich die Frauen um die Ernte.

Feld, sondern ließen die Konflikte durch ihre Untergebenen, die Männer aus ihrem Burglehen, ausfechten.
Wegen der feudalen Hierarchie vom König bis hinab zu den Bauern, Händlern oder Handwerkern, welche Land, Haus oder Hof bewirtschafteten, hofften alle größeren Ansiedlungen darauf, dass ihr Landesherr ihnen das Stadtrecht verlieh. Dies schenkte ihnen die Unabhängigkeit von den „kleinen Potentaten" auf den Burgen, erlaubte ihnen eigene niedere Gerichtsbarkeit und befreite sie von der Teilnahme an kriegerischen Auseinandersetzungen.
Konrad I. von Wettin (unten), Markgraf von Meißen und Leipzigs Landesherr Anfang des 12. Jahrhunderts, erkannte das große Entwicklungspotenzial der Stadt und ließ die Siedlung weiträumig von einem Verteidigungswall mit Gräben und Palisaden umgeben. Unter seiner Regentschaft zogen neue Siedler aus dem Westen, überwiegend Flamen, ins Land.

Rätselhafte Urkunde legt Grundstein für Messestadt

„Um 1165" soll Markgraf Otto von Meißen Leipzig das Stadtrecht verliehen haben. Bei einer gesicherten Zeitangabe müssen Historiker passen, denn die Schätzung leitet sich nur indirekt aus einem undatierten Schriftstück ab - dem „Leipziger Stadtbrief" (links). Dessen Inhalt bezieht sich auf die Regierungszeit des Markgrafen Otto zwischen 1156 und 1190. Der bei der Beurkundung anwesende Bischof Johann von Merseburg starb 1170. Genauer lässt sich der Zeitraum nicht eingrenzen.

Der Stadtbrief gibt den Historikern einige kaum lösbare Rätsel auf: Das Stück Pergament in der Größe einer heutigen Postkarte hatte der Schreiber aus einem Buch herausgeschnitten und die vorhandenen Linien weggekratzt. Um den gesamten Text auf der Vorderseite unterbringen zu können, arbeitete der als Aufzeichner genannte Kaplan Walter von Meißen mit vielen Abkürzungen, musste aber trotzdem auch die Rückseite nutzen. Dort hatte er die Linien stehen lassen. Das Reitersiegel des Markgrafen Otto hängt verkehrt herum an der Urkunde, die Pferdebeine zeigen nach oben. Die Befestigung des Siegels wurde scheinbar erst nachträglich durch zwei Schnitte in das Pergament eingefügt.

Entscheidende Passagen sind nicht der Zukunft Leipzigs gewidmet. Der Schreiber notierte sie hinsichtlich der gewährten Privilegien in der Vergangenheit. Es scheint, als hätte der Autor in großer Eile ein buntes Durcheinander an Rechten und Pflichten der Bürger sowie Forderungen und Versprechen des Landesherrn festgehalten.

Handelt es sich bei der Urkunde um eine Fälschung in der Absicht, die Stadtprivilegien nachträglich mit einem vorgetäuschten markgräflichen Einverständnis zu untermauern? Urkundenfälschung - eine gängige Praxis damaliger Zeit - erforderte eine hohe Kunstfertigkeit und fundierte Kenntnisse über den Aufbau derartiger Dokumente. Professionellen Fälschern aber wären Fehler wie falsch herum hängende Siegel oder Zeitwechsel bei der Beschreibung der Privilegienverleihung kaum unterlaufen.

Alles an der Urkunde deutet darauf hin, dass sie in großer Eile verfasst worden sein muss, um einem wichtigen Würdenträger zu einem unerwarteten Zeitpunkt ein Dokument mit Hinweis auf die Stadtrechte präsentieren zu können. Wahrscheinlich stammt der Stadtbrief erst aus dem Anfang des 13. Jahrhunderts, denn der als Schreiber genannte markgräfliche Kaplan Walter von Meißen kommt als Verfasser definitiv nicht in Betracht. Vielleicht handelt es sich um ein hastig verfasstes Gedächtnisprotokoll, mit dem die Stadtväter 1216 nach einem Bürgeraufstand den Markgrafen Dietrich von Wettin auf ihre verbrieften Rechte hinweisen wollten. Die Ministerialen des Markgrafen Otto von Meißen jedenfalls haben diese Urkunde ebenfalls nicht hergestellt. Zu welchen detaillierten Schlüssen Historiker über den Stadtbrief, seinen Ursprung und seinen Autoren auch kommen - so viel steht fest: Markgraf Otto gewährte Leipzig das Stadtrecht und deshalb muss zu jener Zeit bereits eine institutionalisierte Bürgervertretung bestanden haben. Wahrscheinlich hatten sich die wohlhabenden Händler als selbst ernannte Stadtväter zusammengeschlossen.

Die Urkunde gilt im deutschen Sprachraum als eine der ältesten Beschreibungen von Privilegien, die ein Landesherr einem Gemeinwesen gewährte. Die Konsequenzen der Stadtrechte-Verleihung reichen bis in die heutige Zeit: Sie leitete die Entwicklung der Stadt zu einem der bedeutendsten Messestandorte des Mittelalters, der Renaissance und der Neuzeit in die Wege. Innerhalb einer Meile um Leipzig herum verbot der Landesherr jeden der Stadt „schädlichen" Markt. Die Einwohner stellte er von der Zahlung der Grundsteuer (Bede) frei. Er behielt sich aber vor, eine kleine Abgabe fordern zu dürfen, wenn er dem Kaiser jenseits der Alpen Waffendienste leisten müsse.

Künftig durften sich die Leipziger bewaffnen und mit dem Markgrafen zusammen verteidigen. Die Nutzungsrechte an den Wäldern und Weiden sowie die Fischereirechte gingen an die Stadt über. Otto gewährte den Einwohnern die Freiheit einer eigenen Rechtsprechung, wenn die Fälle nicht unter die kirchliche Zuständigkeit fielen. Dabei sollten sich die Richter an magdeburgisch-halleschem Recht orientieren. Dieses hatte Erzbischof Wichmann von Seeburg entwickelt und auf die

Otto „der Reiche" und sein Reiterwappen

Wichman von Seeburg (Mitte als Friedensfürst) kodifizierte das Magdeburger Recht.

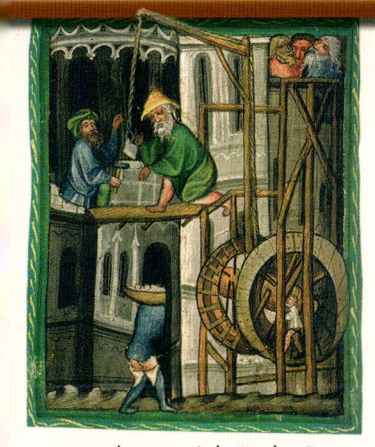

Mühsame Arbeit: der Bau eines Turmes.

Belange eines freien Handels sowie auf die Beschleunigung der Gerichtsverfahren abgestimmt. Die Haftung von Familien für die Vergehen eines ihrer Angehörigen entfiel ersatzlos. Schöffen aus der Einwohnerschaft sollten die Richter bei der Rechtsfindung unterstützen.
Auf Bitten der Stadtväter grenzte Otto den Gültigkeitsbereich der Privilegien durch Steinmarkierungen an der Parthe, der Elster, auf dem Gerichtsort mit dem Galgen und hinter den Steinbrüchen ab.
Von Zahlungen Leipzigs an den Landesherrn als Gegenleistung für die Verleihung der Privilegien wissen Historiker – im Gegensatz zu anderen Städten – nichts zu berichten. Aber ganz uneigennützig wird Otto wohl nicht auf seine Rechte verzichtet haben. Darüber erwähnen die Stadtväter in der wahrscheinlich von ihnen selbst verfassten Urkunde allerdings kein Wort. Otto forderte dem Stadtbrief nach nur ein, dass die Bürger allein dem huldigen dürften, der sie belehnt hatte. Dabei bleibt offen, ob er sich damit selbst meinte oder den Bischof von Merseburg.
Der Markgraf erwies sich als großer Förderer der weiteren Stadtentwicklung: Um den rechteckigen Marktplatz herum, wo sich „via regia" und „via imperii" kreuzten, sorgte er für eine planmäßige Bebauung mit parallel verlaufenden Straßen und Gassen.
Dort ebenfalls positioniert: die dem Heiligen Thomas gewidmete Marktkirche. Den schon unter Konrad von Wettin begonnenen Festungsbau um die Stadt verstärkte nun solides Mauerwerk entlang der aufgeschütteten Wälle. Innerhalb der Mauern betreiben die Bürger künftig auf sicherem Terrain Ackerbau und Viehzucht.
Die im Erzgebirge bei Freiberg entdeckten Silbervorkommen führten zu Ottos Beinamen „der Reiche". Mit seinen erheblichen Einkünften im Rücken initiierte der Markgraf den Bau eines großen Gotteshauses: St. Nikolai. Diese im Stil der Romanik in Kreuzform erbaute Basilika mit Chor und Westtürmen übernahm die Funktion einer Stadt- und Pfarrkirche. Sie sollte noch eine große Rolle in der Geschichte Leipzigs spielen.

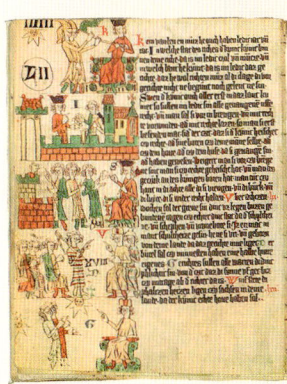

Das Recht, Städte zu befestigen, und die Zahlungen an den Landesherren regelte der um 1200 von Eike von Repgow verfasste „Sachsenspiegel".

Zeit-Sprung ins Jahr 1165: Victoria und Michael haben auf dem Markt erfolgreich ihr Gemüse verkauft. Nun wollen sie mit eigenen Augen sehen, wovon auf dem Lande alle sprechen: Markgraf Otto „der Reiche" hat Leipzig das Stadtrecht verliehen. Und auch eine große Pfarrkirche, geweiht dem heiligen Nikolaus, soll sich stolz über die Dächer erheben. Doch damit hatten die beiden nicht gerechnet: „Sieh nur Vicci, was für riesige Paläste aus Stein!" Und statt Pferde binden die Leute überall „Drahtesel" an …

Ein Kloster für Dietrich - zur Linderung der „Sündenlast"

Bei den Wettinern auf der Burg Meißen hing der Haussegen schief: Otto der Reiche hatte auf Betreiben seiner Frau Jutta den jüngeren Sohn Dietrich zum Erben der Markgrafschaft eingesetzt. Daraufhin nahm Albrecht, der ältere Sprössling der Familie, 1188 seinen Vater gefangen, musste ihn aber auf Anweisung von Kaiser Friedrich I. („Barbarossa") wieder freilassen. Sein Erbrecht konnte Albrecht trotzdem durchsetzen: Als Otto 1190 starb, trat er dessen Nachfolge an. Albrecht verlieh Leipzig 1194 das Recht für einen Oster- und Michaelis-Markt; so brachte er die Stadt auf seine Seite. Der Konflikt zwischen den Wettiner Brüdern dauerte an. Auch ein Landtag in Leipzig konnte die Mitglieder der Familie nicht wieder versöhnen. Dietrich zog mit Hilfe seines Schwiegervaters, des Landgrafen Hermann I. von Thüringen, gegen seinen Bruder ins Feld. Mit knapper Not konnte Albrecht nach einer Niederlage seiner Truppen bei Reveningen fliehen und als Mönch verkleidet in Leipzig Zuflucht finden. Einen Angriff auf die Stadt wagte Dietrich nicht. Denn Leipzig war gut gesichert. Eine feste Stadtmauer umgab das Areal - mit vier Toren für die Hauptzugangsstraßen: Das Hallische Tor im Norden für die „via imperii", im Süden das Peterstor, im Nordwesten das Ranstädter Tor für die „via regia" und im Osten das Grimmaische Tor.

Markgraf Albrecht „der Stolze" starb 1195 ohne männlichen Erben auf dem Weg von Freiberg nach Meißen - wahrscheinlich Opfer eines Giftanschlags auf Veranlassung seines Bruders. Albrechts Tod kam Kaiser Heinrich VI. sehr gelegen: Er zog das Lehen der Markgrafschaft ein und erhob Anspruch auf die Einkünfte aus den Silbergerwerken des Erzgebirges. Nach Heinrichs Tod 1197 schlug sich Dietrich während des Reichsstreits um die Kaiserkrone auf die Seite der Staufer. Philipp von Schwaben belehnte ihn dafür mit der Mark Meißen.

Der neue Landesherr beschloss, ein eigenes Kloster in der Stadt zu errichten, um nach dem, Rat „frommer und weiser Männer" sich und seiner Frau Jutta die „Sündenlast zu erleichtern".

Die Keimzelle des Klosters bildete die Thomaskirche im Südwesten des Marktplatzes, angeschlossen das Klosterstift, in dem die Mönche nach den Regeln des Heiligen Augustinus leben sollten. Kaiser Otto IV. von Braunschweig genehmigte am 20. März 1212 die Stiftung.

Der Gründungsakt in Anwesenheit des Erzbischofs von Magdeburg, Albrecht I. von Käfernburg, sowie der Bischöfe von Meißen, Naumburg und Merseburg stellte die Thomaskirche an die Spitze des Leipziger Kirchenwesens und übertrug ihr die Aufsicht über die Nikolaikirche, die Peterskirche und das Georgenhospital. Die Einkünfte aus den Dörfern Pfaffendorf (Papendorp) und aus Teilen von Baalsdorf (Balduwinesdorp) und Heide sollten den Klosterbrüdern ein unbeschwertes Leben ermöglichen. Damit griff Dietrich von Meißen tief in die Belange der Stadt ein. Die Leipziger wehrten sich und boykottierten die Bauarbeiten am Kloster und an der Thomaskirche: Sie rissen tagsüber errichtete Mauern nachts wieder ein und verschleppten das Bauholz. Noch vor der Fertigstellung des Gebäudes sollen sie den designierten Propst verjagt haben, der im Moritzstift in Halle Zuflucht suchte. Um für weitere Konflikte gewappnet zu sein, ließ Dietrich deshalb die alte Hauptburg verstärken.

Mittelalterliche Kampfszene. In der Schlacht bei Reveningen standen sich Dietrich und Albrecht gegenüber.

Dietrich aus dem Haus Wettin gelangte wahrscheinlich durch Gift an die Markgrafschaft Meißen.

Die Bestätigungsurkunde Kaiser Otto IV.

Beim Eintritt in das Kloster erhielten die Novizen die Kutte und die Tonsur.

Kaiser Otto IV. - hier mit Papst Innozenz III. - bestätigte 1212 die Klostergründung.

Shakespeares Vorbild: „dämonischer" Minnesang

„Ez tuot vil we. swer herzecliche minnet."
Lied XV.

Einer der bedeutendsten Minnesänger des Mittelalters lebte in Leipzig: Heinrich von Morungen (rechts), geboren um 1150. Ab 1213 zählte er zu den gefeierten Gönnern des gerade gegründeten Thomasklosters. Heinrich, wahrscheinlich identisch mit dem Ritter „Hendricus de Morunge", stammt von der gleichnamigen Burg bei Sangerhausen. Ihr ursprünglicher Besitzer Wiprecht von Groitzsch hatte sie während des Sachsenaufstands gegen seinen gefangenen Sohn an Heinrich V. abgeben müssen, aber seinen Besitz 1115 nach der gewonnenen Schlacht bei Welfesholz (unten) zurückerlangt. Etwa 40 Jahre später verkaufte seine Familie die Burg an Kaiser Friedrich I., der die Herren von Morungen als Burgmannen einsetzte.

Heinrich von Morungen stand im Dienst des Markgrafen Dietrich von Meißen aus dem Geschlecht der Wettiner. Er hatte als Ministerialer seinem Lehnsherrn treu gedient und zählte zu den ständigen Gästen am Hof in Meißen, wo er Troubadoure und Minnesänger sowie ihre frühhöfische Dichtung kennenlernte. Dort oder in Magdeburg traf er auf dem Weihnachtshoftag 1199 auch Walther von der Vogelweide.

Das hauptsächliche Sujet Heinrichs: die „dämonische" Minne - das Spannungsfeld zwischen krankmachender Liebe zu einer unerreichbaren Frau und der Erfahrung dieses Gefühls als religiös mythisches Erlebnis. In seinen leidenschaftlichen und sinnesfrohen Liedern setzte Heinrich gern die Lichtmetaphorik des Glanzes von Sonne, Mond und Sternen, Edelsteinen und Gold als vergleichende Bezeichnungen der angebeteten Dame ein. Dabei nutzte er Anleihen an den in dieser Zeit herrschenden Marienkult. Heinrich gilt als einer der Wegbereiter des „Tagesliedes", der epischen Beschreibung des Abschieds eines Liebespaares bei Tagesanbruch: An den Zielen ihrer Wünsche angelangt, müssen sich die Liebenden, gewarnt von einem Wächter oder Vertrauten, wieder trennen. Die Liebe fand so zwar kurze Erfüllung, aber keine Zukunft. Andere Dichter nahmen das Motiv auf: „Es war die Nachtigall und nicht die Lerche", schrieb William Shakespeare 400 Jahre später.

Von Heinrich von Morungen sind 35 Stücke mit 115 Strophen überliefert. Die Melodien gingen allerdings, wie die fast aller Minnelieder, verloren. Ob seine eigene Minne je von Erfolg gekrönt war, weiß niemand. Von Söhnen oder Töchtern berichten die Chronisten nichts. Als „miles emeritus" (ausgeschiedener ritterlicher Gefolgsmann) bezog er für seine treuen Dienste eine Pension von seinem Lehnsherrn Dietrich von Meißen. Der gläubige Heinrich überschrieb 1213 seine Leibrente dem Thomaskloster. Mit seiner Schenkung schloss er sich vielen Rittern und Ministerialen aus Meißen an, die dem Kloster Teile ihres Vermögens übereigneten. Im Gegenzug sicherten die frommen Brüder den Stiftern Seelenheil und Errettung aus dem Fegefeuer zu und verpflichteten sich, nach deren Ableben für sie und ihre Nachkommen zu beten.

Im Alter von knapp 70 Jahren trat Heinrich 1217 als Chorherr der Augustiner in das Kloster ein. Späteren Quellen zufolge soll er eine Indienreise - wahrscheinlich eher eine Reise ins Heilige Land - unternommen und dem Kloster eine von dort mitgebrachte Reliquie des Heiligen Thomas geschenkt haben. Heinrich von Morungen starb 1222 in Leipzig.

Ich hôrt ûf der heide

Ich hôrt ûf der heide
lûte stimme und süezen klanc.
dâ von wart ich beide
frôiden rîch und trûrens kranc.
nâch der mîn gedanc sêre ranc unde swanc,
die vant ich ze tanze dâ si sanc.
âne leide ich dô spranc.
Ich vant si verborgen
eine und ir wengel naz,
dô si an dem morgen
mînes tôdes sich vermaz.
der vil lieben haz tuot mir baz danne daz
dô ich vor ir kniete dâ si saz
und ir sorgen gar vergaz.
Ich vants an der zinnen,
eine, und ich was zir besant.
dâ moht ichs ir minnen
wol mit fuoge hân gepfant.
dô wând ich diu lant hân verbrant sâ zehant,
wan daz mich ir süezen minne bant
an den sinnen hât erblant.

Übertragung ins Neuhochdeutsche:
Ich hörte auf der Heide helle Stimme und süßen Klang. Davon wurde ich beides, reich an Freude und frei von Schwermut. Zu der mein Gemüt so sehr strebte und hinflog, die fand ich beim Tanze, wo sie sang. Ohne Kummer sprang auch ich da. Ich fand sie in einem Versteck alleine und ihre Wangen nass, als sie am selben Morgen sich fest entschlossen hatte, mich zu töten. Die feindliche Gesinnung der heiß Geliebten empfinde ich wohltuender als das Erlebnis, wie ich vor ihr kniete, wo sie saß und ihren Kummer völlig vergaß. Ich fand sie auf der Zinne alleine, und sie hatte mich holen lassen. Dort hätte ich ihr geschickt ein Pfand ihrer Liebe abnehmen können. Da glaubte ich, dass die Erde auf der Stelle in Flammen aufging, doch hat mir nur das süße Band ihrer Liebe die Sinne geblendet.

Heinrich von Morungen

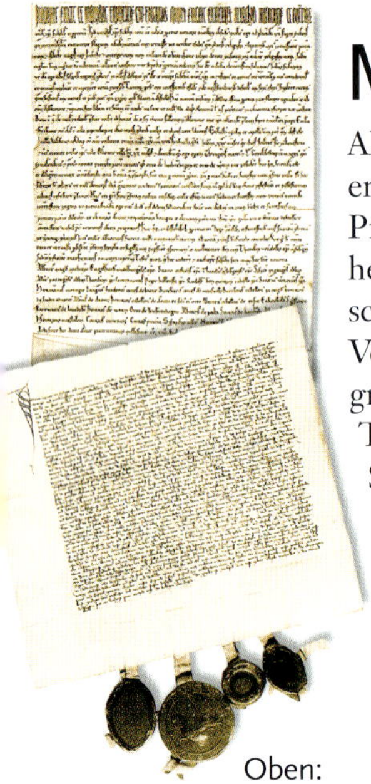

Medizinisch und sozial - Verpflichtung bis heute

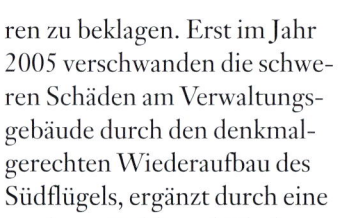

Als „Spital Sente Jorgen" öffnete Leipzigs erstes Krankenhaus im Jahr 1213 seine Pforten - als Klinikum St. Georg blickt es heute auf eine rund 800-jährige Geschichte zurück.

Vom Meißner Markgrafen Dietrich gegründet und dem Chorherrenstift des Thomasklosters angegliedert, diente das Spital im Bereich der heutigen Rosentalgasse der Aufnahme von armen Kranken. Gleichzeitig war es „Schlafhaus" für Pilger auf der Durchreise sowie Asyl für Obdachlose. 1439 erwarb der Rat der Stadt die Einrichtung und legte weiter besonderes Augenmerk auf die sozialen Aspekte der Krankenbetreuung. Er verankerte in einer Urkunde, besonders armen siechen Kranken eine Unterkunft und Versorgung zu gewähren sowie Findlinge (ausgesetzte Kinder), Pilger und obdachlose Kranke aufzunehmen.

Oben: Gründungsurkunde von 1213. Darunter: Ratsurkunde von 1439.

Im frühen 16. Jahrhundert öffnete das Spital die „St. Georg- Badestuben". 1520 stellte die Stadt den ersten hauptamtlichen Krankenhausarzt ein, 1701 errichtete sie das erste Pestillenzhaus zur Betreuung von Personen mit ansteckenden Krankheiten. Im barocken Neubau an der heutigen Goethestraße (Ecke Brühl) konnten deutlich mehr Menschen Hilfe finden. So diente das „St. Georg" jetzt auch als Siechenheim sowie zur Unterbringung von infektiösen Patienten mit Krätze und Geschlechtskrankheiten. Belegt sind zudem Hinweise auf Entbindungen in der neuen Einrichtung. Mehrfach durch Kriege zerstört, entstand das „St. Georg" an unterschiedlichen Stellen der Stadt immer wieder neu. Seinen endgültigen Standort fand es in der Zeit von 1908 bis 1913: Für neun Millionen Reichsmark wuchs an der heutigen Delitzscher Straße ein für damalige Verhältnisse hochmoderner Krankenhaus-Neubau. Ab diesem Zeitpunkt verfügte das „St. Georg" über die vier wichtigsten Bereiche der Krankenversorgung: eine Abteilung für Innere Medizin, eine Abteilung für Chirurgie, eine Krankenhausapotheke und ein pathologisch-bakteriologisches Institut. Der nahende Erste Weltkrieg verhinderte jedoch die vollständige Verwirklichung des ursprünglichen Planes, noch zwei Ärztehäuser, ein Röntgeninstitut, eine Sankt-Georgen-Kapelle und weitere sechs Bettenhäuser zu errichten.

Heiliger Georg am Eingangsportal. Rechts Röntgenraum, Ärzte-Lesezimmer und Liegehalle (1913).

Häufige Engpässe, überbrückt durch Notbauten und Baracken, waren die Folge. Besonders spitzte sich die Situation in Kriegs- und Nachkriegszeiten zu, in denen das Krankenhaus als Lazarett diente. Allein während des Ersten Weltkrieges betreute das Personal 11.896 Verwundete. Ein Denkmal mit Dankesworten der Soldaten in der Parkanlage erinnert daran.

Im Zweiten Weltkrieg trafen das Krankenhaus mehrere Bomben trotz Rot-Kreuz-Zeichen auf den Dächern. Tote und Verletzte waren zu beklagen. Erst im Jahr 2005 verschwanden die schweren Schäden am Verwaltungsgebäude durch den denkmalgerechten Wiederaufbau des Südflügels, ergänzt durch eine moderne Stahl- und Glaskonstruktion.

Links: Wasserbehandlung in Badestuben zum Anfang des 16. Jhd.

Während der nationalsozialistischen Gewaltherrschaft mussten im „St. Georg" russische und polnische Kriegsgefangene arbeiten. Zum Ende des Krieges drohte vielen von ihnen die Verschleppung in Konzentrationslager. Der ärztliche Direktor Prof. Dr. Carly Seyfarth verweigerte die Auslieferung und rettete ihnen damit das Leben. Aus Dankbarkeit errichteten ihm die Gefangenen ein Denkmal aus Feldsteinen.

Das „St. Georg" des 21. Jahrhunderts versteht sich nach wie vor als medizinisch-soziales Zentrum. Unter dem Namen St. Georg Unternehmensgruppe besteht es seit Mitte 2006 aus der Klinikum St. Georg gGmbH, fünf

1911 geplante Gesamtanlage.

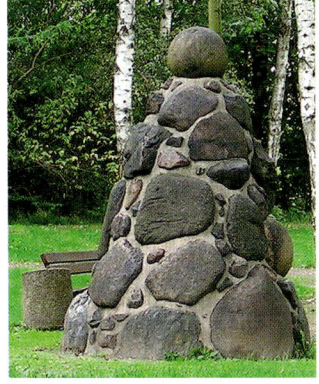

Denkmäler gebaut aus Dankbarkeit nach dem Ersten (links) und nach dem Zweiten Weltkrieg.

Tochtergesellschaften (einschließlich Fachkrankenhaus Hubertusburg) und dem Städtischen Klinikum „St. Georg" Leipzig als kommunalem Eigenbetrieb. 75 Prozent der medizinischen Leistungen gehören zur flächendeckenden Regelversorgung, die verbleibenden 25 Prozent bestehen aus spezialisierten und hoch spezialisierten Behandlungen. Die Unternehmensgruppe verfügt über rund 1.700 Betten und tagesklinische Plätze im Krankenhausbereich, im Maßregelvollzug, in der Rehabilitation sowie in medizinisch-sozialen Wohnheimen, Notschlafstellen und Übernachtungshäusern. 17 Kliniken mit Fachbereichen, eine Belegbettenstation, Ambulanzen, ein ambulanter Pflegedienst, medizinische Zentren, Institute, Notaufnahmen und Tageskliniken stehen für die Patienten-Versorgung bereit. Weiterhin gehören zum Unternehmen u. a. eine Geriatrische Rehabilitation, ein Pflegeheim für Menschen im Wachkoma, eine sozialtherapeutische Wohnstätte, der Verbund Gemeindenahe Psychiatrie, das Zentrum für Drogenhilfe, Beratungs- und Betreuungsstätten, eine Krankenhausapotheke, ein Geschäftsbereich Hygiene, Qualitäts- und Sicherheitsmanagement und ein Bildungszentrum mit Medizinischer Berufsfachschule. Die Infektionszentrale arbeitet als Kompetenzzentrum für ganz Deutschland, ebenso das Schwerbrandverletztenzentrum. Der Aufbau des Telematik-Verbundes Sachsen Nord dient zudem der Verbesserung des Behandlungsprozesses spezieller Erkrankungen in regionalen Kompetenzverbünden. Und nicht zuletzt steht für die Einlieferung von Notfallpatienten rund um die Uhr ein Hubschrauberlandeplatz zur Verfügung. Die Patienten umfassend, nachhaltig und weitsichtig betreuen - diesem Anliegen haben sich die Mitarbeiter des „St. Georg" zu allen Zeiten verschrieben. Heute findet es seinen Ausdruck bereits im Unternehmensmotto: „Klinikum St. Georg - Heilung und mehr".

Zentralbau mit Hubschrauberlandeplatz

Das Klinikum im Norden Leipzigs

Knigge für Ärzte

Das Buch „Der Arzt im Krankenhaus - Über den Umgang mit Kranken und über Pflichten, Kunst und Dienst der Krankenhausärzte" von Prof. Dr. Carly Seyfarth dient dem medizinischen Personal weit über das „St. Georg" hinaus als hilfreicher Leitfaden. Über seinen „Ärzteknigge" sagte Seyfarth einmal: „Der Zweck des Büchleins wird erreicht sein, wenn es dazu beiträgt, Fehler zu vermeiden und unseren jungen Mitarbeitern und anderen Ärzten Leid, Nachteile und bittere Erfahrungen zu ersparen, den Kranken, dem Krankenhaus und nicht zuletzt ihnen selbst zum Vorteil."

St. Georg-Ärzte, die Geschichte schrieben

Prof. Dr. Oskar Wandel (1873- 1934) war erster ärztlicher Direktor und leitender Arzt der medizinischen Abteilung im 1913 neu eröffneten „St. Georg". 1923 behandelte er erstmals im deutschsprachigen Raum an Diabetes erkrankte Patienten mit selbst hergestelltem Pankreas-Extrakt - der Beginn der heute üblichen Insulintherapie.

Prof. Dr. Oskar Wandel

Prof. Dr. Arthur Läwen (1876 - 1958) trat 1913 als erster Chefarzt der chirurgischen Abteilung seinen Dienst an. Muskelerschlaffung und Beatmungsmaschine bei der Narkose, operative und postoperative Schmerzausschaltung - sein Beitrag zur Anästhesie hat welthistorische Bedeutung.

Prof. Dr. Arthur Läwen

Prof. Dr. Carly Seyfarth (1890 -1950) leitete neben seiner Funktion als ärztlicher Direktor von 1929 bis zu seinem Tod die medizinische Abteilung des „St. Georg". Ihm gelang 1932 die weltweit erste Knochenmarkentnahme zu diagnostischen Zwecken. Nach dem Zweiten Weltkrieg baute er eine Untersuchungsstelle für Menschen mit Hepatitis und ansteckenden Darmerkrankungen auf. Auch die Gründung der Poliklinik im „St. Georg" geht auf seine Initiative zurück.

Prof. Dr. Carly Seyfarth

Nichts als Ärger mit Markgraf Dietrich

Markgraf Dietrich von Meißen machte sich nicht nur bei den Bürgern der Stadt Leipzig höchst unbeliebt. Von seinem Dienstadel in der Markgrafschaft verlangte er höhere Abgaben, was wiederum für die Bauern eine Erhöhung der Steuern bedeutet hätte. Alle Bedenken seiner Ratgeber wischte er vom Tisch.

Daraufhin verschworen sich 1215 die Dienstmänner des Markgrafen mit der Absicht, ihn zu ermorden. Wahrscheinlich waren an der Verschwörung auch Honoratioren aus Leipzig beteiligt, denen die von Dietrich angestrebte Dominanz des Klerus in der Stadt zu weit ging. Das für den 5. Dezember geplante Attentat im thüringischen Eisenberg schlug allerdings fehl. Es verbreitete sich jedoch schnell das Gerücht, der Markgraf sei tot. Daraufhin schlossen sich die noch zögerlichen Adligen der Mark sowie mehrere Orte – darunter Leipzig – dem Aufstand an. Den Leipziger Ratsherren war inzwischen zu Ohren gelangt, dass Dietrich in der Stadt eine völlig neue Zwingburg errichten lassen wollte. Deshalb dachten sie sogar darüber nach, Leipzig unter die Obhut entweder von Kaiser Otto IV. oder des Erzbischofs von Magdeburg zu stellen. Diese Pläne bedeuteten für den Markgrafen den Kriegsfall. Beide Seiten machten mobil. Die Leidtragenden der Auseinandersetzungen: Nicht die Bürger der Stadt, sondern die Landbevölkerung mit ihren unbefestigten Höfen und Weilern. Der Markgraf geriet immer mehr in Bedrängnis, denn die von ihm abgefallenen Adligen hatten mit den Besatzungen ihrer Burgen eine erhebliche Streitmacht mobilisiert. Die bislang gut gefügte feudalistische Ordnung drohte in der Mark Meißen ins Wanken zu geraten. Der Magdeburger Erzbischof Albrecht von Käfernburg (rechts) und der Bischof von Merseburg Ekkehard Rabil, selbst Lehnsherr des Landgrafen und der Stadt Leipzig, sahen sich gezwungen, in dem Konflikt eine Vermittlerrolle einzunehmen.

Dietrich von Meißen war am Ende seiner militärischen Kräfte und gab nach. Die Erklärungen, die er der Stadt am 20. Juli 1216 urkundlich abgab, ähnelten einer Kapitulation: Alle Rechte, die sein Vater Leipzig gewährt hatte, musste er bestätigen, dazu noch das Brücken- und Wegzollrecht in der Bannmeile um Leipzig. Dietrich verpflichtete sich, weder in der Stadt noch im Umkreis eigene Befestigungen anzulegen und keine gegen Leipzig gerichteten Maßnahmen zu ergreifen. Die Leipziger Bürger ließen sich auch noch einmal die eigene Gerichtsbarkeit und die Zuständigkeit des Schultheißen für das Umland festschreiben. Die gegenseitigen Kriegsschäden galten als aufgerechnet, der Austausch von Gefangenen sollte beginnen.

Links: Eine Hohlmünze (Brakteat) Dietrichs von Meißen. Links unten: Dietrich musste per Urkunde klein beigeben, hielt seine Versprechen aber nicht ein.

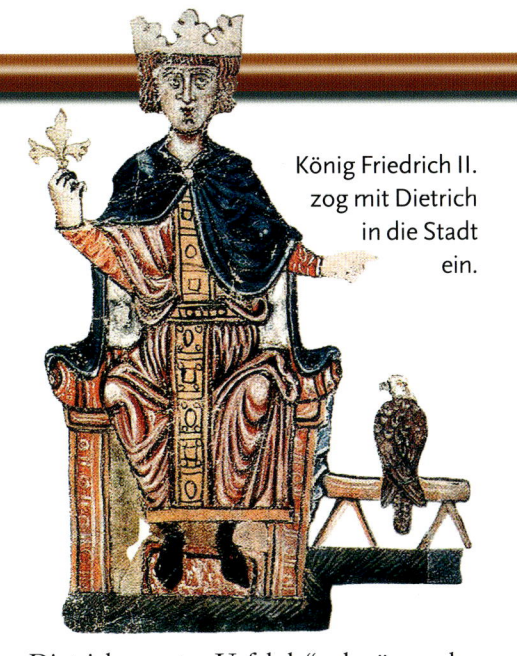

König Friedrich II. zog mit Dietrich in die Stadt ein.

Dietrich musste „Urfehde" schwören, also versprechen, sich nicht an den Leipzigern zu rächen, und sollte auf diesen Schwur auch seine Nachkommen verpflichten. Wenn Dietrich gegen diesen Vertrag verstoßen würde, so hätten sich 50 seiner „Eidhafter" in Halle einzufinden und so lange dort zu bleiben, bis der Markgraf seinen Versprechungen nachkäme. Die Bischöfe von Merseburg und Magdeburg setzten ihre Siegel unter die Urkunde und belegten mögliche Verstöße gegen die Verträge mit „ewigem Fluch". Dieses Dokument bot der Stadt Selbstständigkeit und Schutz von höchster Warte aus. Dietrich dachte nicht daran, sich an seine Versprechungen zu halten. Er suchte nach Verbündeten. Im Kampf um die Kaiserwürde im Römischen Reich wechselte er mehr als fünfmal die Fronten und schlug sich letztlich auf die Seite des Staufers Friedrich II. In ihm fand er einen Befürworter der Stärkung der regionalen Macht der Landesherren. Generalstabsmäßig plante Dietrich von Meißen einen Überfall auf Leipzig. Im Oktober 1216 kündigte er einen Besuch in Begleitung von König Friedrich II., dem designierten Kaiser, in der Stadt an. Einen Fehdebrief hatte Dietrich nicht an die Stadtväter verschickt. Die Stadt Leipzig fürchtete trotzdem zu Recht Ungemach und gestattete nur einer kleinen Delegation den Zutritt. Durch die Tore und andere Zugänge wie die kleinen Pforten in der Mauer waren die bewaffneten Männer des Markgrafen jedoch unbemerkt in die Stadt gelangt. Den Klöppel der Sturmglocke hatte wahrscheinlich schon ein im Vorfeld bestochener Türmer entfernt. Jeder der Eindringlinge stürmte auf ein verabredetes Zeichen hin seine Herberge und setzte den Hausherrn gefangen. Plünderungen hatte der Markgraf zur Schwächung der Stadt ausdrücklich gebilligt.

Die Anführer des Widerstands ließ der Markgraf inhaftieren. Die Pegauer Annalen mit der Beschreibung der Ereignisse berichten nichts über das weitere Schicksal der Gefangenen. Besonders zimperlich scheint Dietrich von Meißen im Umgang mit seinen Feinden aber nicht umgegangen zu sein.

Dietrich war nun wieder Herr von Leipzig. Dem König, der selbst nur schwer die Metropolen des Reiches unter seine Herrschaft bringen konnte, hatte er gezeigt, wie man mit unbotmäßigen Städten umzugehen hatte. Die hohen Herren aus Magdeburg und Merseburg, die der Stadt Leipzig ihren Schutz zugesichert hatten, hielten sich bedeckt. Und Papst Honorius III. bestätigte 1220 noch einmal die Gründung des Thomasstiftes und stärkte damit die Position des Markgrafen auch von geistlicher Seite.

Nun ließ Dietrich in der Hauptburg an Stelle des alten Bergfrieds einen mächtigeren Turm und ein neues Grabensystem errichten. Er ließ die Mauern der Stadt schleifen und drei kleine Zwingburgen bauen - eine im Nordosten am Schönefelder Stieg, eine am Grimmaischen Tor im Osten und die dritte an der Südwestecke der niedergerissenen Stadtmauer, die spätere Pleißenburg.

Lange konnte sich „Dietrich der Bedrängte", der eher ein Bedränger war, seines Sieges jedoch nicht erfreuen. Mit dem Bischof von Merseburg geriet er in Gebietsstreitigkeiten, und seinen Dienstadel hatte er auch nie richtig disziplinieren können. Er erlitt dasselbe Schicksal wie sein Bruder und verstarb am 18. Februar 1221 an Gift, das ihm ausgerechnet sein Leibarzt eingeflößt hatte. Als Auftraggeber vermuten die Chronisten Angehörige des Adels und die Leipziger Stadtväter.

Mit Erlaubnis durch einen Landesherren tragen Bürger eine Burg wieder ab.

Die Vormundschaft über Dietrichs Nachfolger, den noch unmündigen Landgrafen Heinrich III., übernahm dessen Onkel Ludwig IV., Landgraf von Thüringen. Heinrichs Mutter Jutta, Ludwigs Schwester, hatte 1224 wieder geheiratet und setzte zusammen mit ihrem Gemahl Poppo von Henneberg einen ihrer Anhänger zum Befehlshaber auf einer der Zwingburgen in Leipzig ein. Dabei übergingen sie den Vormund Heinrichs III. von Meißen. Die Unzufriedenheit des Thüringer Landgrafen nutzten die Leipziger und verabredeten einen Sturm auf die Befestigungen - Ludwig mit seinen Mannen von außen, die Bürgerwehr innerhalb der Stadt. Die Burgbesatzungen streckten die Waffen. Landgraf Ludwig hielt sein Versprechen: Er ließ eine der Zwingburgen und die Hauptburg schleifen und die Gräben zuschütten. Die Eckbastionen und der Palas bildeten von nun an Bestandteile des äußeren Verteidigungsrings, und die Pleißenburg übernahm die Funktion der landesherrlichen Residenz in der Stadt.

Ludwig IV. von Thüringen schlug sich auf die Seite der Bürger Leipzigs.

Getrennte Schwestern und Brüder

Als neuer Landesherr hatte Heinrich III. (links) im Jahr 1230 nach seiner Volljährigkeit im Alter von 15 Jahren das Erbe in der Markgrafschaft Meißen angetreten. Im Gegensatz zu seinem Vater, einem Haudegen und Rechtsbrecher, war Heinrich III. ein gerechter und kunstsinniger Mann. Diese Qualitäten sind sicherlich auch auf den Einfluss seiner Mutter Jutta zurückzuführen: Tochter des Markgrafen Hermann I. von Thüringen, auf dessen Wartburg um 1200 sich europäische Troubadoure zum friedlichen Gesangesstreit, dem berühmten „Sängerkrieg" versammelt hatten.

So war es kein Wunder, dass sich auch Heinrich dem Minnesang widmete und darüber hinaus geistliche Lieder komponierte. Die Pleißenburg diente ihm als Leipziger Regierungssitz. Gemessen an der Anzahl der Urkunden, die Heinrich III. in Leipzig ausstellte, muss der Landesherr häufig in der Stadt residiert haben. Die mittelalterlichen Chronisten schreiben ihm auch den Wiederaufbau der Stadtmauern zu, die sein Vater hatte schleifen lassen. Der Ausbau der Pleißenburg zu einem herrschaftlichen mittelalterlichen Schloss befruchtete das kulturelle Leben in der Stadt. Denn im Gefolge des Landesherrn versammelten sich immer auch seine Künstler, Musiker, Troubadoure und Poeten vom Meißener Hof in Leipzig.

In Heinrichs Regierungszeit fallen alle bedeutenden Klostergründungen; sie sollten die Kulturgeschichte und das Stadtbild Leipzigs entscheidend prägen. Seine Verdienste um den Aufbau von Stadt und Land brachten Heinrich den Namenszusatz „der Erlauchte" ein. Das Augustinerkloster mit der Thomaskirche hatte sich in der Stadt gut etabliert und fand inzwischen auch Akzeptanz bei den Bürgern Leipzigs, nachdem ihre Stadtrechte weitgehend wiederhergestellt waren. Heinrich III. genehmigte 1231 dem Dominikanerorden den Bau eines weiteren Klosters in der Stadt: Auf dem Gelände der geschleiften Zwingburg am Grimmaischen Tor weihten die Bischöfe von Magdeburg, Meißen, Naumburg und Merseburg im Jahr 1240 das Dominikanerkloster und die dem heiligen Paulus gewidmete Stiftskirche ein. Die Mönche durften auf der Stadtmauer sogar einen eigenen Abort anlegen, den sie aber nur dann benutzen konnten, wenn die Stadtverteidigung nicht darunter litt. Die Franziskaner und ihr Kloster sind erstmalig 1253 in Leipzig bezeugt, aber wahrscheinlich hatten die Stadtväter den Brüdern schon vorher das Gelände der geschleiften Hauptburg als Bauplatz zugewiesen. Die Baumeister konnten bei der Errichtung des klerikalen Domizils und der angeschlossenen Matthäikirche auf die Steine der niedergelegten Burgmauern zurückgreifen.

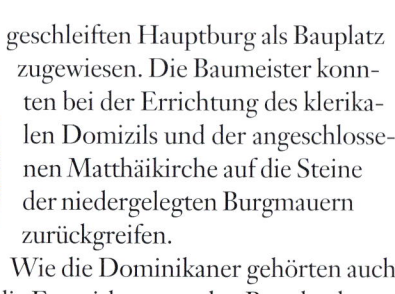

Wie die Dominikaner gehörten auch die Franziskaner zu den Bettelorden, deren Mitgliedern persönlicher Besitz untersagt war. Um ihren Verzicht auf weltliche Dinge zu unterstreichen, gingen die Brüder barfuß. Von ihrer Anwesenheit zeugen heute noch Straßennamen wie das Barfüßergäßchen. Ihr Kodex forderte Keuschheit, Armut und strengen Gehorsam gegenüber dem „Gardian", ihrem Klostervorsteher ein.

Außerhalb der Stadtmauern lag das 1213 erstmals erwähnte Kloster St. Georg der Benediktinerinnen, die zunächst dem Orden der Zisterzienserinnen angehört hatten. Anfänglich hatten der Landesherr und auch die Stadtväter vorgeschlagen, ein Frauenkloster direkt neben der Thomaskirche zu errichten, damit beide Geschlechter in ein und demselben Kloster gemeinsam Gott preisen könnten. Dagegen meldeten sich aber kirchliche Bedenkenträger zu Wort: Aus der „Vereinigung von Mönch und Nonne bei Gesang und Gebet könne viel Unheil entstehen".

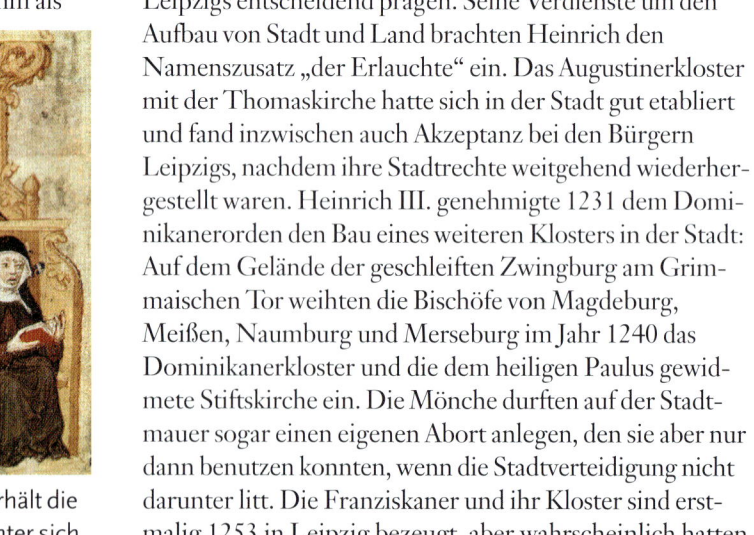

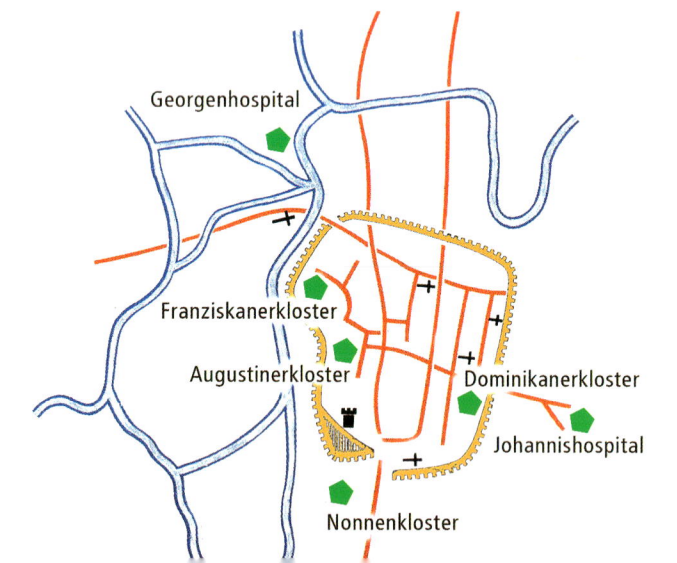

Die Pleißenburg beherbergte Künstler und Troubadoure des Meißener Hofs.

Nonnen bei der Andacht. Oben rechts: Ein Novize erhält die Kutte. Das weltliche Leben hat er noch nicht ganz hinter sich gelassen, wie der kleine Teufel auf seinen Schultern anzeigt.

Grammatikunterricht in einer Klosterschule (oben). Nonnen widmen sich in einem Spital der Krankenpflege (unten). Das Johannisstift (rechts) vor dem Grimmaischen Tor nahm Lepra-Kranke auf. Um Ansteckungen zu vermeiden, kündigten diese ihr Kommen mit einer Glocke an (rechts).

Also entschieden die Bischöfe von Merseburg und Magdeburg als höchste Instanz, die Nonnen außerhalb der Stadt anzusiedeln. Immerhin schenkte Heinrich den frommen Frauen eine Mühle bei Lusitz. Im Gegenzug sollten sie um die Vergebung seiner Jugendsünden beten. Außerdem kassierten die Benediktinerinnen die Steuern aus einem Hof vor dem Peterstor und später auch Einkünfte aus der Thomas- und der Petersmühle. Die Ordensfrauen wählten eine Äbtissin aus ihren Reihen, die allerdings der Bischof von Merseburg in ihrem Amt bestätigen musste.

Innerhalb der Stadtmauern hatten die Stadtväter den Beginen Zutritt gewährt. Der Frauenorden lebte nach den religiösen Regeln des heiligen Franziskus. Die Beginen bekannten sich zur Ehelosigkeit, legten aber kein lebenslang gültiges Gelübde der Zugehörigkeit zu ihrem Orden ab. Es stand ihnen frei, die kirchliche Gemeinschaft jederzeit zu verlassen. Die Frauen wollten in Leipzig von ihrer Hände Arbeit leben, im Gegensatz zu den anderen Klöstern zahlten sie Steuern wie alle anderen Gewerbetreibenden. Die Leipziger Nonnen und Mönche stammten häufig aus dem Adel und standen in der Erbfolge weit hinten. Ihre Väter oder Mütter vermachten den Klöstern jeweils einen kleinen Teil ihres Vermögens und sorgten so für den Lebensunterhalt ihrer Kinder hinter Klostermauern. An ihren gräflichen oder herzoglichen Höfen mit guter Bildung aufgewachsen, vermittelten die Nonnen und Mönche der Stadt nun von den Klöstern aus völlig neue kulturelle Impulse: Die Mönche und Nonnen bauten Bibliotheken auf und unterrichteten als Privatlehrer die Kinder der Stadt im Lesen und Schreiben. Mit den Klöstern begann auch der Anfang eines organisierten Gesundheitswesens: Die Mönche und Nonnen legten Klostergärten an und stellten aus den Kräutern Medizin her. Franziskaner und Beginen widmeten sich intensiv der häuslichen Krankenpflege und versuchten, das Elend verarmter Menschen zu lindern. Das Georgenhospital vor dem Ranstädter Tor nahm unheilbar Kranke und Gebrechliche aus der Stadt auf, diente Reisenden als Herberge und erfüllte zudem die Funktion eines Waisenhauses, in dem auch Findelkinder eine Bleibe fanden. Betagte Bürgerinnen und Bürger der Stadt konnten sich im Georgenhospital in eine mittelalterliche Form des „betreuten Wohnens" einkaufen.

Leprakranke Bürger betreute das Johannisspital vor dem Grimmaischen Tor. Diese Krankheit hatten Kreuzritter aus dem Vorderen Orient eingeschleppt. Die Patienten in und um Leipzig schlossen sich zu Genossenschaften zusammen, kauften Land (erstmals 1278 erwähnt) und errichteten das Spital aus eigenen Mitteln. Wohlhabende Bürger kauften dem Thomaskloster die Zinspflicht für das Johannisstift ab. Leprakranke aus Stadt und Land spendeten ihr Vermögen und konnten ihren Lebensabend dort verbringen.

Aus gutem Grund waren beide Hospitäler vor den Toren der Stadt angesiedelt: Die Befürchtung, dass ansteckende Krankheiten auf ganz Leipzig übergreifen könnten, war bei den hygienischen Zuständen des Mittelalters durchaus berechtigt.

Zeit-Zeichen

1187
Die Kreuzritter werden von Sultan Saladin aus Palästina vertrieben.

1189
Die älteste Papiermühle Europas entsteht in Frankreich.

1190
Gründung des Deutschen Ritterordens.

1191
In Japan werden der Tee und der Zen-Buddhismus aus China eingeführt.

1201
Im Donaugebiet entsteht das Nibelungenlied.

1206
Dschingis Khan wird zum Mongolenführer gewählt.

1210
Wolfram von Eschenbach vollendet den Parzival.

1216
Die Universität Paris erhält eine Satzung.

1219
Eine Nordseesturmflut erzeugt den Jadebusen.

1222
Die Universität Padua wird gegründet.

1231
Eine Lepra-Epidemie wütet in Europa.

1244
Jerusalem kommt unter islamische Herrschaft.

1245
Die Westminster-Abbey wird in London gegründet.

1249
Der Federkiel kommt als Schreibfeder auf, bevorzugt werden Gänsefedern.

Pflichtfach „Gesang" - aber auch Lesen, Rechnen, Schreiben

Im 13. Jahrhundert lag die Ausbildung im Lesen, Schreiben und Rechnen allein in der Hand der Klöster. Die Städte hatten nicht die finanziellen Möglichkeiten und oft vom Landesherrn auch nicht das Recht erhalten, eigene Schulen einzurichten. Wer seinen Kindern also einen guten Unterricht bieten wollte, ließ sie eine Klosterschule besuchen oder stellte Mönche und Nonnen als Privatlehrer ein. Als älteste öffentliche Schule Leipzigs gilt die 1254 erstmals erwähnte, aber sicherlich bereits parallel zum Aufbau des Augustinerstiftes 1212 errichtete Thomasschule neben dem Thomaskloster.

Die nur für Jungen zugelassene Thomasschule sollte den Nachwuchs an Chorknaben sicherstellen, denn die Chorherren setzten in Kirchen und Kapellen gern Knabengesänge zur Begleitung ihrer liturgischen Handlungen ein. Außerdem benötigten sie Ministranten für die Gottesdienste. Mit dem Pflichtfach „Gesang" und der Vermittlung der Liturgie war das Lehrangebot der Chorherren jedoch keineswegs ausgeschöpft. Auch Lesen, Rechnen und Schreiben standen auf den Stundenplänen. Die ständig im Kloster lebende Gruppe der „internen" Chorschüler hat wahrscheinlich während des Mittelalters die Anzahl von zwölf bis 16 Zöglingen selten überschritten.

Die Möglichkeit zur Schulbildung des männlichen Nachwuchses stieß bei den Bewohnern Leipzigs auf großes Interesse. Sie drangen auf eine Ausweitung der Schülerzahlen, denn die zukünftigen Handwerker und Kaufleute sollten rechnen und schreiben können. Und die Kenntnis der lateinischen Sprache, die ebenfalls zum Lehrstoff gehörte, erleichterte den Kontakt mit Händlern aus aller Herren Länder des Heiligen Römischen Reiches. Die jungen Mädchen der Bürgerschaft waren zum Unterricht an der Thomasschule nicht zugelassen. Wenn die Eltern Wert auch auf die Erziehung ihrer Töchter legten, engagierten sie Beginen-Nonnen, Scholaren oder klerikale Hauslehrer.

Nachdem sich das Bildungsangebot der Schule herumgesprochen hatte, war der Andrang von „Externen" groß. Die Leipziger Bürger boten Kindern aus dem Umland Kost und Logis an. Damit tat sich eine weitere Einnahmequelle für die Stadt auf. Und die „internen" Abgänger der Thomasschule, die Scholaren, verdingten sich als Hauslehrer.

Schon 1254 stellten die Augustiner einen hauptamtlichen Lehrer ein, der - wie auch ein 1295 erwähnter Rektor namens Dietrich - die Schule gegen drei Talente Silber Pacht pro Jahr leitete. Ihren Unterhalt bestritten die Schulleiter aus dem Gebühren, die nur reiche Eltern zahlen konnten. Aus diesen Einkünften mussten die Lehrer auch einen Kantor entlohnen, der sich ausschließlich der Gesangskunst der Zöglinge widmete. Das eingenommene Pachtgeld - so hatte es Propst Konrad 1254 festgelegt - sollte der Verbesserung der Krankenversorgung dienen und damit der gesamten Stadt zugute kommen.

Die Augustiner und ihre Schulleiter erweiterten bald ihr Angebot durch die Fächer Grammatik, Dialektik und Rhetorik in gestaffelten Klassenstufen. Somit wandte sich die Schulbildung verstärkt auch weltlichen Lehrinhalten zu. Die Thomasschule konnte damit eine Bildung anbieten, deren Vermittlung sonst nur auf Adelssitzen möglich war.

Stets jedoch legten die Chorherren großen Wert auf den Gesangsunterricht. Mit der Einrichtung der Chorschule leiteten sie eine Entwicklung ein, die schließlich im weltbekannten Thomanerchor ihren Höhepunkt erleben sollte.

Die Ersterwähnung der Thomasschule als „Scola exterior" des Augustinerklosters im Jahr 1254.

Das Gelände des Augustiner-Chorherrenstiftes mit der Thomaskirche und der Thomasschule. Seitenmitte: Ein Klosterbruder unterricht zwei Knaben.

Den Unterricht der Mädchen übernahmen die Nonnen des Beginen-Ordens.

Die Thomasschule im Jahr 1730.

Die Chorherren legten großen Wert auf den Gesangsunterricht.

1268

Geleitprivileg sichert Anreise zur Messe

Markgraf Heinrich III., der „Erlauchte" (rechts), teilte noch zu Lebzeiten seinen Besitz zwischen den beiden Sprösslingen auf: Albrecht vermachte er die Landgrafschaft Thüringen und die Sächsische Pfalz, Dietrich die Lausitzer Mark und die Markgrafschaft Landsberg. Somit übernahm Markgraf Dietrich, der auf Burg Landsberg bei Halle residierte, die Herrschaft über Leipzig. Schon als Verwalter von Thüringen hatte er die Stadtbildung nachhaltig vorangetrieben. Nun richtete er sein Hauptaugenmerk auf Leipzig.
Anders als sein Vater, der große Verdienste um die Kultur und das Krankenwesen Leipzigs erworben hatte, wollte Dietrich die Eigenständigkeit und das ökonomische Potenzial der Stadt fördern. Verhandeln konnte der Markgraf bereits mit einer funktionsfähigen städtischen Verwaltung, an deren Spitze sein eigener Schultheiß und zwölf aus der Kaufmannschaft gewählte Ratsherren standen.

Kaufleute genossen nach dem Privileg uneingeschränkten Geleitschutz bis Leipzig.

Am 12. Januar 1263 übertrug Dietrich der Stadt das Privileg der innerstädtischen Gerichtsbarkeit: Bei Verstößen gegen die Stadtordnung und in Rechtsangelegenheiten wie Käufen, Verkäufen und Verpfändungen mussten die Bürger nicht mehr vor seinem Vogt erscheinen, dem Herren von Schkeuditz mit Sitz auf der Burg am Schönefelder Stieg. Allein der Schultheiß und der Rat trafen nun Entscheidungen zur Rechtsfindung. Das Hofgericht des Markgrafen in Landsberg fungierte als Berufungsinstanz. Dort, so versprach er, „werden wir ein gerechtes Urteil fällen".
Das „Geleitprivileg" bedeutete die wichtigste Neuerung für die ökonomische Entwicklung der Stadt: Am 1. März 1268 stellte Dietrich der Stadt auf der Pleißenburg eine Urkunde (rechts) aus, die ihr den Weg zu einer überregionalen Handelsmetropole weiter ebnen sollte. Er versprach darin, dass alle Händler, die in Leipzig Waren kaufen oder verkaufen wollten, unter seinem Schutz an- und abreisen dürften. Dieses gelte, so versicherte der Markgraf, auch dann, wenn er mit benachbarten Landesherren der Kaufleute in offener Fehde liegen sollte. Aus dieser Zusicherung geht indirekt hervor, dass Kaufmannschaften jenseits des Wettiner Einflussbereichs die Leipziger Messen aufsuchten. Das Gebiet der Wettiner grenzte im Norden an Brandenburg, im Süden an Böhmen, im Osten an Polen und im Westen an die Länder des Markgrafen von Hessen und des Welfenhauses in Braunschweig. Dietrich sicherte also allen Kaufleuten einen uneingeschränkten Geleitschutz bis Leipzig zu und stellte die Messe unter einen Landfrieden. Allerdings wollte der Landesherr von diesem Privileg auch selbst profitieren. Denn für die Begleitung der Kaufleute durch seine Mannen verlangte er eine Schutzgebühr.
Die Verleihung des Privilegs muss auch unter dem Aspekt betrachtet werden, dass die Leipziger sich aktiv an Kriegshandlungen ihres Landesherrn beteiligten: Als die Welfen 1263 auf einem Beutezug das Umland von Leipzig schwer verwüsteten, sammelten die Söhne Heinrichs III. in der Stadt ein Heer, das mit Leipziger Unterstützung die Männer des Braunschweigers erfolgreich zurückdrängen konnte.
Markgraf Dietrich fühlte sich deshalb der Stadt verpflichtet und stärkte auch die Bedeutung des Stadtrates weiter:

Das Reitersiegel des Markgrafen Dietrich von Landsberg.

Kriegerische Auseinandersetzung im Mittelalter.

1270 verlieh er Leipzig das Recht, selbst innerstädtische Verordnungen zu erlassen und gegebenenfalls Verstöße zu ahnden. Die Leipziger Münzstätte, die schon „Otto der Reiche" dem Leipziger Bürger Johann Abrecker verpachtet hatte, verkaufte der Markgraf 1273 für 100 Mark Silber an den Rat. Nun war die Stadt in der Lage, eigene Finanzmittel, gedeckt durch den Silberwert, in Umlauf zu bringen. Leipzig hatte damit eine Selbstständigkeit erreicht, die im damaligen Norden des Heiligen Römischen Reiches ihresgleichen suchte.

1285

Steuergeschenke und Mühlenzwang

Mühle um 1200 aus dem „Sachsenspiegel". Dazu hieß es: „Wer zuerst kommt, mahlt zuerst".

Eine Stadt wie Leipzig war auf die Versorgung durch die dörflichen Gemeinschaften des Umlandes angewiesen. Allein die Stadtbauern mit ihrer Viehhaltung konnten die 3.000 Einwohner nicht ernähren. Außerdem bot die Fläche innerhalb der Mauern nur bescheidene Möglichkeiten zum Anbau von Gemüse und Getreide.

Die Versorgung mit Nahrungsmitteln übernahmen die Straßen- und Angerdörfer, die Siedler aus Franken und Flandern im ausgehenden 12. und 13. Jahrhundert planmäßig angelegt hatten. Ihnen standen in der Aue große Weideflächen sowie gerodetes Ackerland zur Verfügung. Für eine Übergangszeit hatte der Landesherr sie von Steuern und anderen Abgaben befreit, damit sie erst einmal eine funktionierende Infrastruktur zum eigenen Unterhalt und zur Versorgung der Stadt aufbauen konnten.

Die Bauern trieben Rinder, Schafe und Ziegen in die Stadt und verkauften das Vieh an die Schlachter. Auf dem Wochenmarkt konnten sie ihre Erzeugnisse anbieten, mussten dafür aber eine Standgebühr an die Stadt und den Landesherrn abführen. Der Stadtvogt wachte über die Einhaltung der Marktordnung.

Das Grundnahrungsmittel der Zeit war Getreide. Städtische Händler kauften das Korn auf und lagerten es für Notfälle in den Speichern der Stadt ein. Vier Mühlen im Westen Leipzigs standen bereit, das Korn zu Mehl zu verarbeiten. Sie lagen außerhalb der Stadtmauern und gehörten dem Landesherrn, der sie verkaufen, Klöstern stiften oder auch verpachten konnte.

Und es herrschte Mühlenzwang: Die Bauern und auch die Städter mussten ihr Korn in den ihnen zugewiesenen Mühlen verarbeiten lassen. Auf diese Weise verhinderte der Landesherr die Konkurrenz zwischen den Mühlen und konnte den Preis diktieren.

Zum Antrieb der Mühlen hatten die Wasserbauer schon im 11. Jahrhundert Mühlengräben zwischen Pleiße und Parthe gezogen und zu einem ausgeklügelten System von Dämmen und Wehren entwickelt, um die Mühlen jederzeit mit dem nötigen Wasser versorgen zu können. Als älteste Mühle der Stadt ging die Burgmühle in die Stadtgeschichtsschreibung ein. Wegen des nahe gelegenen Franziskanerklosters, dessen Mönche - der Armut verpflichtet - barfuß durchs Leben wandelten, hieß sie auch „Barfußmühle"; der Markgraf schenkte sie 1285 zusammen mit dem westlich gelegenen Naundörfchen dem Clarissinnenkloster Seußlitz bei Meißen. Auch die neben dem Augustinerchorherrenstift liegende Thomasmühle trug ihren Namen nur wegen ihrer räumlichen Nähe zur Thomaskirche. Die Einkünfte aus der Mühle gingen an das Georgenkloster der Benediktinerinnen. Ihnen hatte der Landesherr auch die im Süden gelegene Petersmühle zugesprochen, die der Volksmund deshalb bald als „Nonnenmühle" bezeichnete. Im Nordwesten drehten sich am Elstermühlgraben die Räder der Anger- oder Jakobsmühle, benannt nach der Jakobus-Kapelle an der „via regia". Von den Einkünften profitierte das Augustinerkloster, das die Mühle 1296 wegen akuten Geldmangels für 115 Mark Silber an einen Patrizier der Stadt verkaufen musste. Nach Norden hin - außerhalb der Stadtmauern vor dem Hallischen Tor - lag die Lohmühle der Gerber. Diese zerkleinerte mit der Wasserkraft der Parthe Eichenrinde, um Gerbstoffe für die Verarbeitung von Häuten zu erzeugen.

Nach und nach konnte die Stadt dem Landesherrn und den Klöstern die Mühlen abkaufen. Nach Ende der Reformation Mitte des 16. Jahrhunderts war Leipzig im Besitz sämtlicher Mühlen.

Oberschlächtige, durch herabfallendes Wasser angetriebene Mühle um 1350.

Getreideanbau im Jahreslauf. Links: Bauer beim Pflügen.

1287

„Stadtluft macht frei"

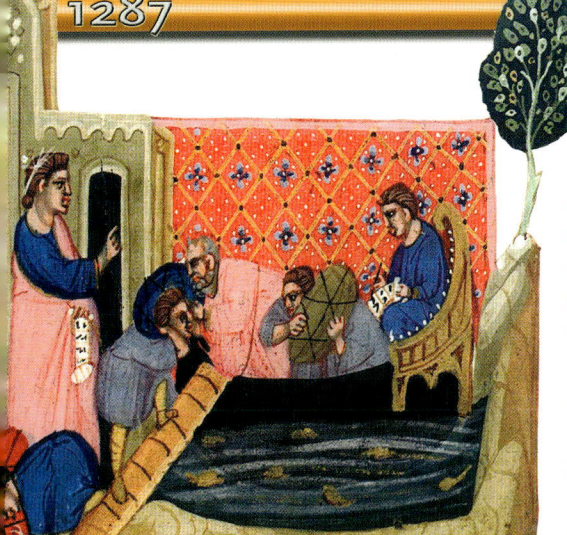

Im Rahmen ihrer noch bescheidenen Rechte durfte die Stadt eigene Urkunden ausstellen, die jedoch immer noch der Schultheiß gegenzeichnen musste. Seit Beginn des 13. Jahrhunderts aber hing an den Schriftstücken Leipzigs auch ein Stadtsiegel. Der erste erhaltene Abdruck von 1287 zeigte mit Zinnen bewehrte Mauern, Türme und ein Stadttor mit heraufgezogenem Fallgitter - die typischen Bestandteile eines Stadtsiegels der damaligen Zeit. Die Umschrift „Sigillum burgensium de lipzk" („Siegel der Bürger Leipzigs") unterstreicht die beginnende Stadtfreiheit und Eigenständigkeit.

Diese Prozesse verliefen allerdings nicht immer friedlich. In der Mitte des 13. Jahrhunderts formierte sich deshalb mit Lübeck an der Spitze in Deutschland der Städtebund der Hanse, der bis nach Halle, Magdeburg und Erfurt reichte. Die Städte sicherten sich dabei gegenseitig den Schutz ihrer Händler und Waffenhilfe gegen Übergriffe ihrer Landesherren zu. Leipzig hatte es dank der Geleitprivilegien des Markgrafen Dietrich nicht nötig, sich zum militärischen Schutz der Stadt und der Handelswege einem Bündnis anzuschließen. Wie eine Zollrolle von 1262 aus Hamburg belegt, genossen die Leipziger Kaufleute auch ohne Mitgliedschaft in der Hanse eine bevorzugte Behandlung. Wer sich als Händler auf dem Weg nach oder von Leipzig im Wettiner Gebiet befand, reiste auf sicherem Boden.

Die Leipziger Kaufleute lebten kaum von Waren aus eigener Herstellung, sondern vor allem vom Zwischenhandel: Pelze, Wachs und Leder lagen auf den Wagen, die von Osten her die Stadt erreichten, Tuche und Wein standen auf den Warenlisten aus dem Westen und Süden, Fische und Getreide kamen aus dem Norden. Leipzig war außerdem Umschlagplatz für Waffen, hergestellt in den Schmieden am Harz. Und das Gebiet der Wettiner Markgrafen exportierte eines der begehrtesten Handelsgüter jener Zeit: Silber, geschürft in den Gruben des Erzgebirges.

Die Leipziger Messen zu Ostern und Michaelis sowie die Wochenmärkte erforderten großen logistischen Aufwand, denn die Stadt musste Herbergen für die reisenden Kaufleute und zentrale Stallungen für deren Zugtiere bereitstellen. Speicher entstanden, um die Güter aus dem näheren Umland und aus fernen Ländern einzulagern. Der Handelsplatz verlangte zunehmend nach Dienstleistungen und Arbeitskräften.

Aus dem Umland zogen deshalb Männer und Frauen in die Stadt, die sich als Mägde, Knechte und Tagelöhner in den Haushalten der Kaufleute und Gewerbeleistenden verdingten. 500 bis 600 Grundstücke der Leipziger Ober- und Mittelschicht in der Stadt selbst und in ihrem unmittelbaren Umfeld waren zu bewirtschaften. Die Klöster und Spitäler boten weitere Arbeitsplätze an.

Auch die Zuzügler brauchten eine Bleibe. Die Stadt weitete sich innerhalb ihrer Mauern aus, außerhalb der Stadt siedelten sich an den Zufahrtsstraßen Handwerker an. Ende des 13. Jahrhunderts lebten ungefähr 5.000 Menschen in und um Leipzig.

Wer im Stadtbereich einen Arbeitsplatz fand, der entzog sich damit dem direkten Zugriff der landesherrlichen Landvögte und den Verwaltern von Meiereien und Domänen in den Dörfern: „Stadtluft macht frei."

Das Anwachsen der Einwohnerschaft und der Zuwachs an Grundbesitz kamen auch dem Stadtsäckel zugute: Für ihre Liegenschaften hatten die Bürger eine Grundsteuer, die „Bede", abzuführen. Und auch jedes Einkommen mussten sie versteuern. Damit konnte die Stadt in ihre Infrastruktur - Straßen, Verteidigungsanlagen, Lager - investieren sowie Soldaten, Ratsdiener und Stadtwächter einstellen.

Handschriftliche Darstellung des ältesten Stadtsiegels aus dem 13. Jahrhundert.

Warenprobe auf einem mittelalterlichen Markt.

Das Stadtsiegel von 1287: Hinter den Mauern sind zwei Kirchtürme zu sehen. Von einem realistischen Stadtporträt kann hier jedoch noch keine Rede sein.

In den Handelsgewölben schließen Kaufleute einen Vertrag. Oben links: Die Entladung eines Frachtschiffes im Hafen.

Gift-Kirschen: Stammler verstummt für immer

Der Leipziger Landesherr Dietrich von Landsberg war 1285 gestorben. Mittelalterliche Chronisten schrieben ihm den Titel „der Weise" zu. Er hatte 1283 seinen Sohn Friedrich, genannt „der Stammler", zum Erben der Markgrafschaft eingesetzt, der sein Amt jedoch nur unter Schwierigkeiten und für kurze Dauer antreten konnte.

Dietrichs Vater, Heinrich III., hatte seinen Sohn überlebt und musste sich nun mit dem nächsten Sprössling Albrecht herumärgern, dem die Nachwelt den Namen „der Entartete" zuordnete. Albrecht misshandelte seine Frau Margarete, eine Tochter Kaiser Friedrichs II. Sie musste zugunsten ihrer Nebenbuhlerin Kunigunde von Eisenberg die Wartburg verlassen und ging nach Frankfurt am Main, wo sie gebrochenen Herzens starb. Ihre Söhne Friedrich und Diezmann hatten am Hof in Landsberg Zuflucht gefunden. Friedrich geriet an den Beinamen „der Gebissene", weil ihm seine Mutter zum Abschied noch einmal zärtlich in die Wange gebissen haben soll.

Albrecht hatte vor, seinem und Kunigundes Sohn Apitz Thüringen zu vererben und damit seine erbberechtigten Söhne Diezmann und Friedrich zu übergehen. Diese zogen deshalb mehrfach gegen ihren Vater zu Felde - sehr zum Unmut ihres Großvaters Heinrich III., der 1288 starb und ziemlich zerrüttete Familienverhältnisse hinterlassen musste. Albrecht erbte die Markgrafschaft Meißen, sein Neffe Friedrich, „der Stammler", die Oberlausitz, die er im gleichen Jahr noch an Albrechts Sohn Diezmann abgeben musste. Albrecht geriet in Gefangenschaft seiner Söhne, kam jedoch nach dem Frieden von Rochlitz am 1. Januar 1289 gegen größere Gebietsabtretungen an seine Nachkommen wieder frei. Sein Neffe, Friedrich von Landsberg, der „Stammler", fiel 1291 - wie in der Wettiner Familie durchaus üblich - einem Anschlag zum Opfer, diesmal durch vergiftete Kirschen. Der Nutznießer und vielleicht auch Auftraggeber war Albrecht, nun Landesherr von Leipzig und der Markgrafschaft Landsberg. Da er sich in schweren Geldnöten befand, verkaufte er noch im selben Jahr die Grafschaft und damit auch die Stadt an die Mark Brandenburg. Albrechts Söhne und die Leipziger protestierten auf das Heftigste. Und der Brandenburger Markgraf verlangte obendrein, dass sich Leipzig aus der Wettiner Herrschaft verabschieden und dem Bischof von Merseburg huldigen solle. Dem Deutschen König Adolf von Nassau gingen derartige Familienstreitigkeiten und Gebietsveränderungen zu weit. Er zog 1293 die Markgrafschaft Meißen als erledigtes Reichslehen ein. Leipzig stand damit unter der Herrschaft des Königs. Obwohl sich Leipzig nun die Chance bot, den Status einer reichsfreien Stadt zu erhalten, stellte sich die Mehrheit des Rates und der Bürger auf die Seite der Söhne Albrechts. Diezmann und Friedrich wollten zunächst den Markgrafen Heinrich I. kaltstellen - ihren Brandenburger Widersacher und Verbündeten ihres Vaters. Sie zogen zu Felde und konnten ihrem Feind mit Hilfe Leipziger Truppen in der Schlacht bei Torgau zu Mariä Himmelfahrt am 16. August 1293 eine empfindliche Niederlage zufügen. Dabei soll sich besonders der Leipziger Bürger Heinrich Stern durch große Tapferkeit hervorgetan haben.

Kampfgetümmel: In der Schlacht von Torgau konnte Diezmann die Brandenburger besiegen.

Albrecht „der Entartete" schlug seine Frau und verkaufte Leipzig an Brandenburg.

Diezmann kehrte als Sieger nach Leipzig zurück und stiftete der Thomaskirche einen Seitenaltar sowie Gelder für eine tägliche Marienmesse. König Adolf von Nassau hielt seinen Anspruch auf die Markgrafschaft Meißen jedoch aufrecht, rückte 1294 in Leipzig ein und ließ sich vom Rat und der Bürgerschaft die Huldigung erbringen.

Friedrich „der Gebissene" setzte seinen Vater fest. Seitenmitte: Die Leipziger huldigten 1294 König Adolph - hier sein Siegel.

Besiegelt: Selbstverwaltung beginnt

Die Anfänge der kommunalen Selbstverwaltung Leipzigs liegen im Dunkeln. Aber bereits in der Mitte des 13. Jahrhunderts muss sich die Einwohnerschaft organisiert haben. Denn Dietrich von Landsberg konnte schon 1268 mit einem städtischen Rat über die Messeprivilegien verhandeln. Die Stadt hatte dem Landesherrn das Einspruchsrecht des Vogtes bereits abkaufen können. Aber immer noch stand der Schultheiß des Markgrafen auf allen Urkunden der Stadt oben an. Allerdings taucht seit 1292 nun auch ein Bürgermeister - Johann Wermann - in den städtischen Akten auf.

Fest steht, dass die zwölf Ratsherren fast ausnahmslos aus der Kaufmannschaft stammten und durch Wahl in ihr Amt gelangten. Der Stimmschlüssel für die Ratswahl ist ebenso wenig bekannt wie die Frage, ob die Handwerker und Gewerbetreibenden überhaupt an der Wahl beteiligt waren. Jährlich, so zeugen die Urkunden, rückten neue Mitglieder in den Rat ein, ältere Mitglieder schieden aus, um sich wieder verstärkt ihren Geschäften widmen zu können. Die Neulinge mussten aber noch die herrschaftliche Gnade vor dem Schultheiß finden, der sie dann dem Landesherrn zur Ernennung vorschlug. Völlig unabhängig waren die Stadträte somit nicht.

Kurz nach 1292 muss nun ein grundlegender Wandel in der Verwaltung Leipzigs aufgetreten sein. Denn seit 1301 beurkundeten nur noch die Stadträte und der Bürgermeister - genannt wird in diesem Jahr Johann Auriga - die Rechtsangelegenheiten der Stadt. Leipzig war somit geschäftsfähig. Die Führung der Stadtkasse übernahm ein Kämmerer, ein Stadtschreiber dokumentierte die wichtigsten Veränderungen in den Besitzverhältnissen und die Ergebnisse der Ratsverhandlungen. Wahrscheinlich koordinierten die Räte ihre Stadtgeschäfte, die Messe und ihren Handel in einem frühen Rathaus, das gleichzeitig auch als innerstädtisches Kaufhaus diente. Der genaue Standort dieses Gebäudes ist nicht mehr bekannt. Aber es spricht einiges dafür, dass es an der Stelle des heutigen Alten Rathauses stand, die Hauptfassade ausgerichtet auf die Thomaskirche.

Der Klerus in der Stadt war von den tiefgreifenden Neuerungen nicht betroffen. Die Nonnen und Mönche in den Klöstern unterstanden der Verwaltung und der Gerichtsbarkeit ihrer jeweiligen Diözesen, meistens also dem Bischof von Merseburg. Ebenfalls außerhalb des Einflusses der Stadtordnung standen die Mannen und Bediensteten der Pleißenburg.

Der Schultheiß als Vertreter des Markgrafen lebte weiterhin in der Stadt. Er verwaltete für ihn die örtlichen Liegenschaften - Häuser und Höfe. Für die innerstädtische Verwaltung erfüllte er jedoch keine Funktion mehr. Sein Amt war erblich: Im Todesfall des Inhabers bedurfte es für die Nachfolge aber der Bestätigung durch den Landesherrn.

Als Lehnsvögte, die auf der Pleißenburg residierten, setzte der Markgraf verdiente Adelige ein. Somit hatte er - stellvertretend durch seinen Vogt - immer noch einen „Fuß im Stadttor". Die Lehnsvögte hatten die Oberaufsicht über die Stadt und wachten darüber, dass die Stadtverordnungen in Abstimmung mit dem Landesrecht standen. Darüber hinaus standen auch die Zolleinnahmen an den Markttoren noch auf der Guthabenseite des Markgrafen.

Rechts: Die Stände des Mittelalters - Adel, Klerus und Bauern (von oben). Seitenmitte: Der Rat der Stadt Leipzig konnte seit 1301 die Geschäftsverträge ohne den herrschaftlichen Schultheiß siegeln.

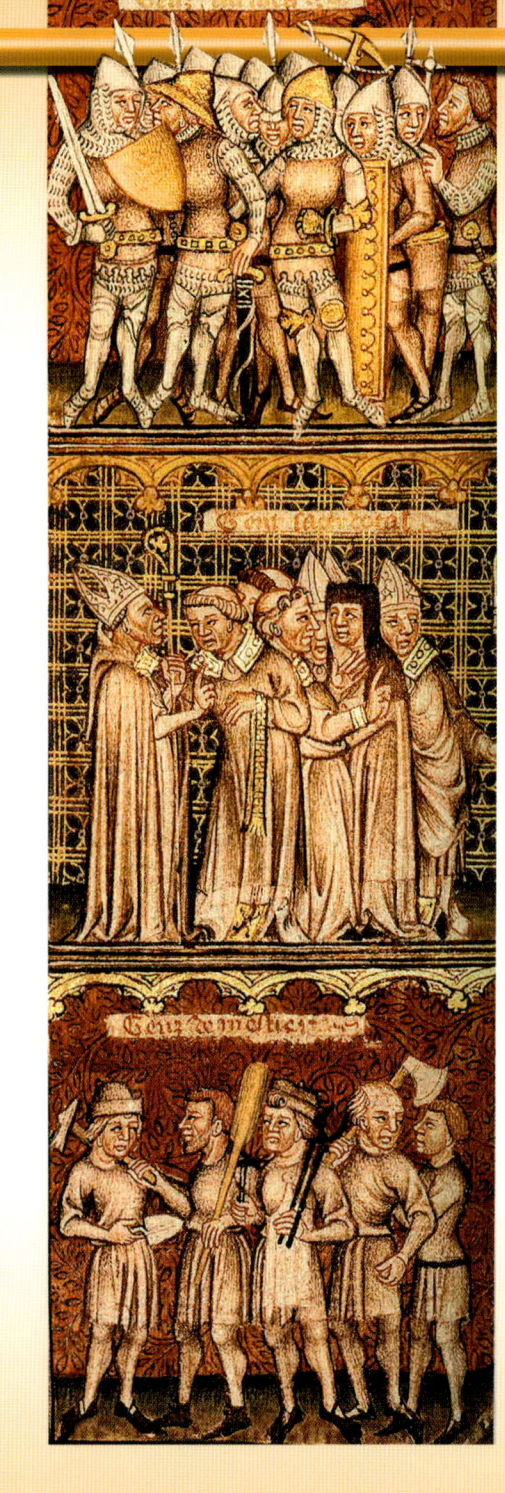

Drei junge Männer stehen dem Stadtrat Rede und Antwort.

1304

Recht vom Schöffenstuhl

Schon seit der Mitte des 13. Jahrhunderts lag die niedere Gerichtsbarkeit in der Verantwortung der Stadt. Das „Halsgericht", das Strafen gegen Leib und Leben und somit auch Todesurteile verkünden konnte, verblieb allerdings weiter beim Landesherrn. Seit 1304 ist in Leipzig ein ständiges Kollegium nachweisbar, das die Gerichtsbarkeit in die eigenen Hände genommen hatte: der Schöffenstuhl.

Die Leipziger sollten sich am „Magdeburger Recht" orientieren, das der dortige Erzbischof Wichmann von Seeburg erlassen hatte – so sah es der Stadtbrief von 1165 vor. Er verlangte damit eine Beteiligung der Bürgerschaft an der richterlichen Wahrheitsfindung und Rechtsprechung. Die juristische Grundlage bildete der um 1230 verfasste „Sachsenspiegel", eine bebilderte Zusammenstellung der im Norden Deutschlands gängigen Rechtspraxis. Das Buch gliederte sich in das Lehnsrecht und das Landrecht. Ein Ritter namens Eike von Repkow, der aus der Gegend bei Halle stammte, hatte den „Sachsenspiegel" auf der Burg Falkenstein im Harz aufgezeichnet.

Unter dem Vorsitz des Bürgermeisters tagten sieben bis zwölf amtierende oder ausgeschiedene Ratsherren und verhandelten über die Fälle. Das Gremium tagte öffentlich – jeweils dienstags in einer Gerichtslaube am Rathaus. Auf diese Weise konnten sich die Bürger von der Rechtmäßigkeit und Angemessenheit der Urteilsfindung überzeugen. Seit 1327 war der Gebrauch der slawischen Sprache, die viele Einwohner des Umlandes noch benutzten, vor Gericht verboten.

Sicherlich verhandelte das Leipziger Schöffengericht vornehmlich Fälle aus dem Landrecht. Denn für Streitigkeiten zwischen den landesherrlichen Einrichtungen und der Stadt waren die Gerichte Meißen und Landsberg zuständig. Als strengste Strafen konnte das Schöffengericht Haft im Gefängnis, öffentliche Zurschaustellung am Pranger und in letzter Konsequenz auch die Ausbürgerung aus der Stadt verhängen – mit Einzug des Vermögens der Delinquenten.

Alle Strafen, die einen Eingriff in Leib und Leben des Verurteilten vorsahen, musste der Landesherr oder dessen Gerichtsvogt bestätigen. Dazu gehörten die Todesstrafe bei Mord und Totschlag, das Abhacken von Händen bei Diebstahl oder Raub sowie die Blendung bei Kirchenfrevel. Tote oder verstümmelte Untertanen waren aber nicht unbedingt im Interesse des Landesherrn: Denn Blinde und Krüppel fielen der Fürsorge anheim, konnten keinen Kriegsdienst leisten und zahlten keine Steuern.

Das Stadtgericht in Leipzig und sein Schöffenstuhl erwarben sich in kürzester Zeit große Anerkennung in der Region und wirkten als Oberhof für zahlreiche Orte des Umlandes: Der Leipziger Schöffenstuhl gab in strittigen Fällen Empfehlungen ab und verfasste Gutachten. Das Schöffengericht bildete schließlich auch die Grundlage für die Etablierung einer juristischen Fakultät an der 1409 in Leipzig gegründeten Universität. 1423 schließlich kaufte die Stadt dem Landesherrn Kurfürst Friedrich I. von Sachsen die „Halsgerichtsbarkeit" über Leib und Leben ab. Von 1432 an stellte der Schöffenstuhl für alle Gerichte und Behörden im Wettiner Land die Rechtsgutachten aus. Bis 1856 hatte das Stadtgericht Bestand.

Die Prologseite aus dem „Sachsenspiegel". Rechts: Eike von Repkow verfasst das Werk auf der Burg Falkenstein im Harz.

Links: Steinerne Säulen im Umkreis der Stadt markierten den Zuständigkeitsbereich des Leipziger Gerichtes. Rechts: Ein Richter entscheidet in einer Erbangelegenheit; rechts der Verstorbene.

1307

Rätsel um plötzlichen Tod des „Schwabenbesiegers"

Zeit seines Lebens hatte Rudolf I. von Habsburg seine Hausmacht im deutschen Reich beständig ausgebaut. Doch mit dem Tod des Monarchen begann der Kampf um sein Erbe. Auf der einen Seite: Adolf von Nassau, den die deutschen Fürsten favorisierten. Gegen ihn stellte sich Rudolfs Sohn Albrecht I., der sich als legitimer Erbe seines Vaters betrachtete.
In der Schlacht von Göllheim im Rheinland standen sich die Rivalen im Jahr 1298 gegenüber; der Nassauer fand den Tod. Die Leipziger, die unter der rigiden Herrschaft Rudolf I. gelitten hatten, nutzten die Chance - sie sagten sich von Habsburg los, vertrieben die königlichen Besatzungen aus ihren Mauern und unterstellten sich wieder den Wettiner Markgrafen. Deren frühere Schutzherrschaft hatte sich bewährt.
Der neue König Albrecht I. (unten) aber pochte auf sein

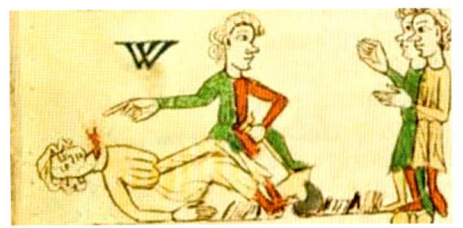

Ermordet oder selig entschlafen? Das Ableben von Markgraf Diezmann gibt Rätsel auf.

Recht: Er hatte keinesfalls vor, auf Meißen und Thüringen zu verzichten und fiel mit einem Heer von Schwaben, Rheinländern und Österreichern über das Wettiner Gebiet her. Nach der Eroberung von Meißen wandte er sich gegen Leipzig, wo die Wettiner Markgrafen Diezmann und Friedrich Zuflucht gesucht hatten. Herzog Heinrich I., „der Milde", von Braunschweig-Lüneburg schickte den Leipzigern 300 Reiter zum Entsatz. Die Wettiner Truppen zogen dem Feind entgegen und stellten ihn zwischen Altenburg und Pegau bei Lucka: Diezmann an der Spitze der Meißener, Friedrich führte seine Osterländer aus Nord-Thüringen an.
Am Morgen des 31. Mai 1307 begann eine blutige Schlacht. Nach fünf Stunden Kampf hatten die Wettiner gesiegt; keiner ihrer Gefangenen überlebte. 3.600 Soldaten Albrechts I. sollen in diesem Gefecht gefallen sein.
Spöttisch hieß es von nun an im Sprichwort: „Es wird dir glucken, wie den Schwaben bei Lucken." Die Bürger Leipzigs begrüßten die Heimkehrer vor dem Peterstor. Die Glocken läuteten, die Sieger feierten ein Dankfest. Nun hatten die Wettiner Grafen ihr Land und damit auch Leipzig wieder fest in der Hand.
Über seinen Erfolg konnte sich Diezmann jedoch nicht lange freuen, denn er starb noch im Jahr der Schlacht. Hartnäckig hält sich das Gerücht, dass er während eines Gottesdienstes in der Thomaskirche ein gewaltsames Ende fand: Im Dezember 1307 soll der Ritter Philipp von Nassau den tödlichen Dolch geführt haben, angeblich ein Neffe oder Bruder des gefallenen Königs Adolph von Nassau. Möglich ebenfalls: Ein Attentat Leipziger Ratsherren mit dem Ziel, die Wettiner wieder loszuwerden und Leipzig als reichsfreie Stadt dem deutschen König zu unterstellen.
Einer anderen Version nach soll ein gedungener Knecht den Markgrafen getötet haben, um einen Hostienfrevel Diezmanns im Jakobuskloster in Pegau zu rächen. Die aufgebrachten Leipziger, so eine thüringische Chronik des Mönchs Johannes Rothe, hätten den Attentäter „gefasst, geschleift, gerädert und mit glühenden Zangen gezwickt".
Höchstwahrscheinlich aber starb Diezmann in Leipzig eines natürlichen Todes. Die Bürger errichteten ihm zu Ehren eine Holzstatue in der Thomaskirche. Nun beerbte Friedrich der „Gebissene" seinen

Die blutige Schlacht beginnt. Links: Statue von Diezmann in der Thomaskirche. Dort fand er seine letzte Ruhestätte.

Bruder. Sein Vater Albrecht, „der Entartete", hatte sich inzwischen mit seinem Sohn Friedrich verständigt und gegen ein Ruhestandsgeld auf alle Regierungsansprüche verzichtet.
Markgraf Friedrich setzte den Kampf gegen die Brandenburger fort, die ihren alten Anspruch auf Leipzig nicht aufgeben wollten. 1312 geriet er in die Gefangenschaft des Grafen Waldemar zu Tangermünde und musste Leipzig an Brandenburg verpfänden. Der Stadtrat hatte nun dem neuen Landesherrn zu huldigen und seit dem 25. April 1312 den Brandenburger Adler ins Wappen aufzunehmen. Als Waldemar, der letzte regierende Askanier der brandenburgischen Linie, im Jahr 1319 starb, legten die Kontrahenten ihre Streitigkeiten bei; Leipzig fiel wieder an das Haus Wettin.

Friedrich „der Gebissene"

1349

Handwerker - gemeinsam stark

Eine ständig wachsende Stadt verlangt nach einer gut organisierten Versorgung mit Grundnahrungsmitteln und wichtigen Gebrauchsartikeln des alltäglichen Bedarfs. Wahrscheinlich hatten sich Anfang des 14. Jahrhunderts schon alle gängigen Berufe und Handwerke der damaligen Zeit in Leipzig etabliert. Die Gewerbe schlossen sich in einzelnen Sparten zu Innungen und Zünften zusammen. Durch Preisabsprachen wollten sie die Kosten für ihre Dienste und Waren konstant halten und gegenseitiger Konkurrenz einen Riegel vorschieben. Als Großhändler kauften sie ihre Rohstoffe bei den Anbietern ein und konnten dadurch niedrigere Preise aushandeln, als dies jeder einzelne Handwerker für sich gekonnt hätte. Jede Innung oder Zunft wählte einen Vertreter aus ihren Reihen, der zusammen mit anderen Meistern die Ausbildung der Lehrlinge und Gesellen organisierte. Somit entstanden in Leipzig neben den Kaufleuten mehrere weitere ökonomische Gruppierungen, die in der Stadtordnung zunächst nicht vorgesehen waren. Die Gründung von Innungen erforderte daher die Genehmigung des Markgrafen. Und der verlangte eine Zunftordnung, nach der die Innungen ihr Gewerbe betreiben wollten.

Landesherr Friedrich II., der „Ernsthafte" (links), setzte 1349 einen Innungsobermeister ein, der die Einhaltung der Zunftordnung seitens der Meister und Gesellen kontrollieren sollte. Denn diese hatten sich zu einem untadeligen und gottesfürchtigen Lebenswandel verpflichtet.

Wie eine Urkunde aus dem Jahr 1288 belegt, hatten sich bereits Ende des 13. Jahrhunderts die städtischen Bäcker und Tuchmacher organisiert und wollten gemeinsam der Konkurrenz außerhalb der Stadtmauern an der Jakobskapelle „das Handwerk legen". Auch ein Zusammenschluss der Fischer ist für diese Zeit schon bezeugt.

Nun boomten die Innungsgründungen: Ende des 14. Jahrhunderts hatten die Landesherren schon den Fleischern, Kürschnern, Gerbern, Schuhmachern, Flickschustern, Tuchscherern und Schmieden das Recht zum Zusammenschluss gewährt.

Die Gesellen und im Höchstfall drei Lehrlinge lebten im Haus des Meisters und gehörte zur Familie. Sie kam für den Unterhalt und auch die Krankenpflege auf. Die Angehörigen eines Handwerkers wohnten meist in benachbarten Häusern, wie die heutigen Straßennamen Fleischergasse, Böttcher- und Schuhmachergäßchen belegen.

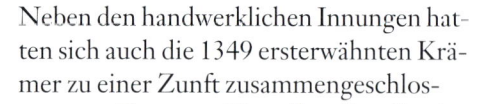

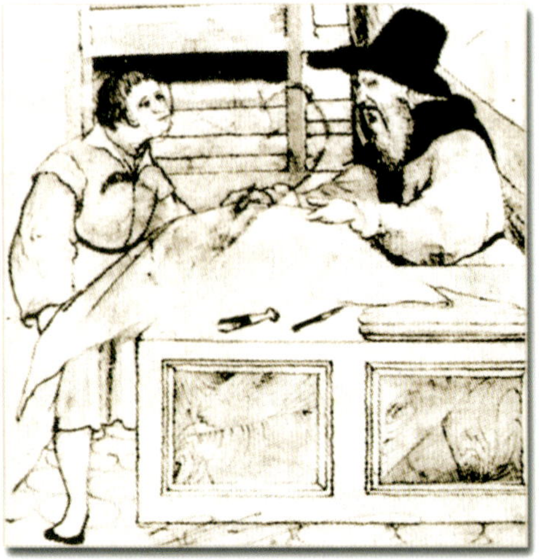

Neben den handwerklichen Innungen hatten sich auch die 1349 ersterwähnten Krämer zu einer Zunft zusammengeschlossen. Sie waren Einzelhändler, die ein breites Angebot - von handwerklichen Erzeugnissen bis zu Lebensmitteln - in kleinen Mengen auf den Markt brachten. Ihre Waren stammten von den Kaufleuten, den Handwerkern der Stadt und des Umlandes sowie den Bauern; die Krämer bildeten in Leipzig eine Mittelschicht. Die Schmiede stellten mit ihren offenen Feuern immer eine Gefahr für die Stadt dar, denn die Häuser bestanden aus Fachwerk und waren mit Stroh oder Holzschindeln gedeckt. Deshalb legte der Rat 1359 für die Innung der Schmiede fest, dass diese in Zukunft alle weiteren Werkstätten vor den Mauern der Stadt errichten müsse.

Feuergefahr: Die Schmiede mussten vor die Stadtmauern ziehen. Unten die Innungslade der Riemenschneider.

Links: Die Tuchmacher wehrten sich gegen die Konkurrenz aus dem Umland. Rechts die Lade der Seilerinnung.

Verboten: „Aufläufe, Zwietracht und Kriege"

Im Bewusstsein über ihre besondere Bedeutung für die Versorgung der Stadt versuchte die Bäcker-Innung immer wieder, die Marktordnung der Stadt zu ihren Gunsten zu unterlaufen.

Dazu verfassten die Bäcker 1381 innerhalb ihrer Innung Regeln und Verordnungen, die den Ratsbeschlüssen zuwider liefen. Die Stadtväter, ohne Einfluss auf die Innungsordnung, konterten mit einer neuen Marktordnung und erlaubten allen Bäckern aus dem Umland, ihre Erzeugnisse in Leipzig frei zu verkaufen. Damit hatten sich die Bäcker genau das Gegenteil der Ziele ihrer Innungspolitik eingehandelt: Konkurrenz. Noch im selben Jahr gaben sie nach und verpflichteten sich an Eides statt, künftig keine Gesetze mehr gegen die Stadtregel zu erlassen. Der Rat schaffte daraufhin den freien Brotmarkt wieder ab.

In enger Kooperation hatten sich Fleischer, Gerber, Schuhmacher und Schuhflicker organisiert. Von den Schlachtbänken kauften die Lohgerber die Häute des Viehs auf und verarbeiteten sie zu Leder weiter, den Grundstoff für die Schuhmacher und Schuhflicker. In dieser Produktionskette kam es zwischen den Handwerken ständig zu Reibereien über Qualität und Preise. Zunächst bildeten sie noch eine gemeinsame Innung, doch 1373 erlaubte Markgraf Wilhelm I., der „Einäugige", den Schuhflickern den Zusammenschluss zu einer eigenen Zunft. Kurze Zeit darauf trennten sich auch die Gerber und Schuhmacher ab und schlossen untereinander Verträge, nach denen sie alle ihre „Aufläufe, Zwietracht und Kriege" in Zukunft unterlassen wollten.

Unter den Innungen behaupteten die Fischer ihre Sonderstellung.

Die Schlachter gehörten zu den großen Innungen der Stadt. Oben: Sargschmuck für einen Verstorbenen aus der Fleischerinnung.

Die Bäcker wollten die Innungsordnung unterlaufen.

Die Fangrechte um Leipzig herum hatten die Wettiner Landgrafen dem Thomaskloster übertragen. Ihre Innungsordnung beschrieb detailliert die Grenzen des Fischereigebiets und die erlaubten Methoden des Fischfangs. Das Amt des Fischereimeisters übte der Propst des Klosters aus. Stellvertretend für den Orden kassierte er den Fischzoll in Naturalien.

Vergeblich bemühten sich die Müller beim Landesherrn und dem Rat um den Status einer Innung. Ihr Gewerbe galt als „unehrlich", denn es war kaum nachzuvollziehen, was während der verschiedenen Mahlgänge mit dem Korn passierte. So lag immer die Vermutung nahe, die Müller könnten ihre Kunden betrügen. Alle Versuche, sich den Bäckern anzuschließen, scheiterten. Den Müllersöhnen war es sogar vielerorts verwehrt, in einer „ehrlichen Innung" ein Handwerk zu erlernen.

Wenn sich ein Handwerker in der Stadt niederlassen wollte, musste er sich einer Innung anschließen, andernfalls verweigerte ihm der Rat die Gewerbezulassung. Dazu musste sich der Neuling in das Gewerbe einkaufen (die Schneiderinnung beispielsweise verlangte dafür vier Pfund Wachs). Eine Mitgliedschaft konnte die Innung auch ablehnen, um die Anzahl der Handwerker in der Stadt konstant zu halten. Vorrang bei der Existenzgründung hatten immer die Meistersöhne und danach die Gesellen - besonders für den Fall, dass sie eine Meisterwitwe oder -tochter heirateten.

Bis 1434 genehmigte der Landesherr den Innungszusammenschluss eines Handwerks. Am 24. Juli 1434 verkaufte Kurfürst Friedrich I., der „Streitbare", der Stadt auf Widerruf das Privileg einer eigenen Gerichtsbarkeit. Damit lag auch die Gründung von Innungen und Zünften und die Zustimmung zu deren Ordnungen im Ermessen des Rates. Dieser verfügte nun, dass sich alle Gewerbetreibenden möglichst „zusammenfügen und -halten sollten".

Die Fischer standen unter der Aufsicht des Thomasklosters.

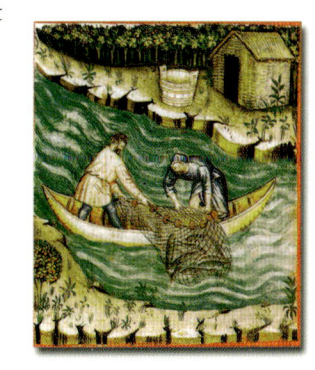

1352

Jüdisches Leben - in Isolation

Erstmals urkundlich nachgewiesen ist jüdisches Leben in der Stadt Leipzig im Jahr 1352. Aber schon vorher waren jüdische Fernhändler aus Spanien und dem Vorderen Orient in den Norden Deutschlands gereist. Ihre Spuren lassen sich bis ins 9. Jahrhundert zurückverfolgen.

Als Händler, also vorübergehende Gäste in der Stadt, waren sie jederzeit willkommen, denn sie hatten beste Verbindungen in den Süden Europas aufgebaut und brachten viele begehrte Spezereien und Preziosen auf den Markt.

Da ihr Glaube es ihnen verbot, am Sonnabend (dem Schabat) zu arbeiten, ließ der Markgraf bereits 1265 die Messe auf Freitag vorverlegen - eindeutiges Indiz dafür, was dem Landesherrn von Leipzig die Anwesenheit von Juden auf dem Markt wert war.

Schwieriger gestaltete sich in einer christlich bestimmten Gesellschaft das ständige Zusammenleben der Religionsgemeinschaften. Die Kirche trat bereits im Hochmittelalter für eine strenge Isolierung der Juden von der christlichen Bevölkerung ein. Seit einem Beschluss des päpstlichen Laterankonzils vom Jahr 1215 waren Juden gehalten, als besondere Kennzeichen einen spitzen Hut und einen gelben Fleck auf der Kleidung zu tragen. Christen durften nicht mit Juden in einer Tischgemeinschaft leben oder für sie als Dienstboten arbeiten. Den Juden war untersagt, ein Gewerbe zu betreiben. Somit blieben ihnen nur die Geschäfte mit der Verleihung von Geld gegen Zins. Christen hingegen waren die Zinsgeschäfte verboten.

Die Juden gehörten nicht zur Bürgerschaft, rechtlos waren sie jedoch nicht. Denn der Landesherr übte eine Art Schirmherrschaft über die jüdische Gemeinde aus. Dafür hatten die Juden als „Kammerknechte" ein jährliches Schutzgeld an den Markgrafen zu zahlen.

Bei den Zinsgeschäften kam es immer wieder zu Streitigkeiten, wenn Zahlungsfristen abgelaufen waren oder besonders, wenn es um die Einbehaltung und den Wiederverkauf von verpfändetem Grundeigentum ging. Das verlangte nach staatlichen Regelungen: Heinrich III. erließ deshalb für seine Markgrafschaft eine eigene Gerichtsordnung für Verfahren zwischen Juden und Christen, die für die Zeit als sehr tolerant gelten kann. Für die besondere Rechtsfindung stellte er einen eigenen Richter.

In Leipzig scheint Anfang des 14. Jahrhunderts schon eine große jüdische Gemeinde bestanden zu haben, denn im Jahr 1352 belehnte der Landesherr einen seiner Günstlinge, den Marschall Timo von Colditz, mit der „Judenschule" - das jüdische Gotteshaus, die Synagoge. Sie lag außerhalb der Stadtmauern in der Judengasse am Pleißemühlgraben, zu dem eine eigene Pforte führte. Mit dem Ausbruch der Pest im Jahr 1348 hatte sich in Europa das Gerücht verbreitet, die Juden hätten die Brunnen vergiftet. Pogrome, Morde und Brandstiftungen folgten. Zu einer dauerhaften Vertreibung der jüdischen Gemeinde scheint es aber in Leipzig nicht gekommen zu sein. Denn schon 1364 räumte Markgraf Friedrich II. „unseren juden zcu Lipcz", das heißt einer Familie unter ihrem Oberhaupt Benjamin sowie dem Schulmeister Elizar, gegen eine Einmalzahlung die Befreiung von der Judensteuer ein. Noch im selben Jahr gewährte er zwei weiteren jüdischen Familien mit ihren Oberhäuptern Samson und Aaron den Zuzug nach Leipzig.

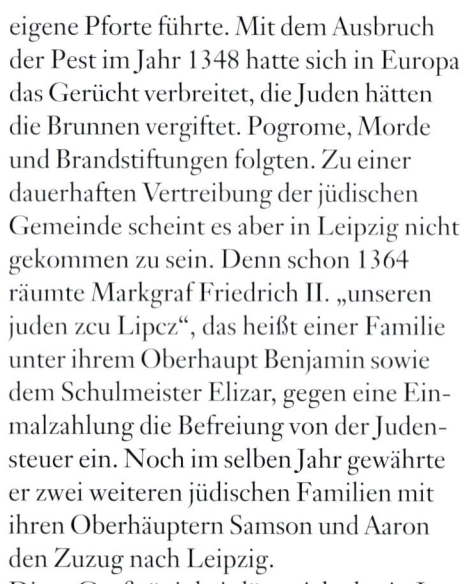

Diese Großzügigkeit lässt sich als ein Indiz dafür werten, dass auch der Markgraf zu den Gläubigern der jüdischen Gemeinde in Leipzig gehörte.

Eine Hohlpfennig-Münze zeigt Markgraf Heinrich III. Rechts: Ein Rabbi gießt Öl in den siebenarmigen Leuchter.

Links: Ein jüdischer Gelehrter diskutiert mit einem Bischof. Rechts: 1348 brach in Europa die Pest aus.

1359

„Unzünftige Bönhasen" ärgern Innungen

Der alte Markt am Augustinerkloster erwies sich für die Belange der Kaufleute und Handelsreisenden allmählich als zu klein. Deshalb sahen sich die Stadtväter nach Möglichkeiten um, innerhalb der Mauern eine neue repräsentative Marktfläche zu schaffen: Sie ließen die alte Tongrube an der Grimmaischen Straße auffüllen und schufen damit den heute noch vorhandenen Markt in seiner rechteckigen Form. An dessen nördlicher Begrenzung stand das alte gotische Rathaus mit dem Ratskeller und der Ratsschenke.

Die Handwerker und Krämer boten ihre Waren jeweils dienstags und freitags auf dem Wochenmarkt an. Zu diesen Anlässen kamen auch Bauern aus dem Umland in die Stadt; für 21 Dörfer der näheren Umgebung hatte Leipzig seit 1359 sogar einen zollfreien Zugang geschaffen. Auf diese Weise gelangten stets frische Lebensmittel nach Leipzig: Obst und Gemüse, Butter, Käse, Eier und Geflügel. Die Bauern konnten auch Vieh auf den Markt treiben. Die Schlachtung und Vermarktung allerdings war ein Vorrecht der städtischen Fleischhauer.

Die Landbevölkerung wiederum deckte ihren Bedarf an handwerklichen Erzeugnissen in der Stadt und ließ damit auch Geld in Leipzig. Ihre Waren legte die Kaufmannschaft in ihren geräumigen Häusern und Gewölben sowie im untersten Geschoss des Rathauses aus. Die Tuchmacher besaßen seit 1341 sogar ein eigenes Verkaufshaus am Markt, die Schuster kurze Zeit später ebenfalls.

Die Krämer hingegen mussten sich mit dem Straßenverkauf begnügen – in kleinen Buden (den „Kramen") an ihren Häusern oder in der Nähe des Hauptmarktes.

Von alters her galt der Markt als „befriedeter" Bezirk. Hier sollten alle Streitigkeiten zugunsten eines ungestörten Handels ruhen. In der Realität sah das aber ganz anders aus: Die Innungen der Stadt sahen sich in Konkurrenz zu den Landhandwerkern (den „unzünftigen Bönhasen"), die ihre Preise selbst bestimmen konnten. Landfahrer, die normalerweise zwischen den Dörfern pendelten und Kleinwaren vertrieben, trafen auf die Krämer der Stadt, Stadtbauern auf die Landbevölkerung.

Das Konfliktpotenzial, das sich jedes Mal auf dem Markt aufbaute, ist leicht vorstellbar: Es kam zu Aufläufen und Schlägereien, die Leipzig als Handelsort in Verruf bringen und langfristig sogar die Versorgung der Bürger gefährden konnten. Für die Ahndung von Vergehen gegen den Stadtfrieden und die Marktordnung war die innerstädtische Gerichtsbarkeit zuständig. Deshalb richtete der Rat ein „Marktregime" mit einem Meister und seinen Knechten ein. Sie hatten die Aufgabe, mögliche Probleme schon im Vorfeld zu schlichten, zwischen den Streithähnen zu vermitteln oder diese notfalls festzusetzen. Der Marktmeister überwachte an den Stadttoren auch die Quantität und Qualität der Waren.

Bei den Gütern, die in die Stadt gelangten, kassierte der Markgraf kräftig ab, denn der Marktzoll floss in die Landeskasse oder in die seiner Lehnsleute. 1352 gelang es der Stadt, das Zollrecht am Hallischen Tor in ihren Besitz zu bringen, und 1363, dem Landesherrn Friedrich III., „dem Strengen", den Marktzoll abzukaufen, den er an seinen inzwischen verstorbenen Marschall Timo von Colditz verpfändet hatte. Damit erschloss sich den Stadtvätern eine weitere Einnahmequelle. Der Erwerb bedeutete für Leipzig gleichzeitig ein Stück weiterer Selbstständigkeit.

Mittelalterliche Markthalle mit Verkaufsgewölben: Schuhmacher, Leineweber und Goldschmiede (von links).

Bauern durften Schlachtvieh in der Stadt verkaufen. Das Schlachten selbst und der Verkauf oblag den Fleischhauern.

Rechts oben: Friedrich „der Strenge" verkaufte der Stadt verschiedene Zollrechte. Mitte: Der Straßenverkauf von Salz. Unten: Bauern des Umlandes versorgen eine Stadt mit Bau- und Brennholz.

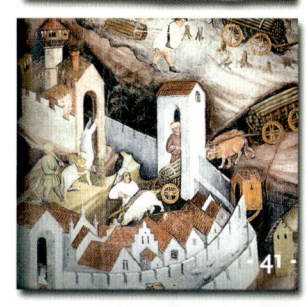

1382

Wechselspiel der Herren

Die Wettiner Grafen hatten im Gegensatz zu den Kurfürsten des Reiches noch nicht das Erstgeburtsrecht für die Nachfolge in der Landesherrschaft eingeführt. Sie teilten das Land immer wieder unter den männlichen Erben auf – und so gelangte Leipzig unter ständig wechselnde Herrschaft.

Der Markgraf von Meißen, Friedrich II. („der Ernsthafte"), gleichzeitig auch Landgraf von Thüringen, hatte bei seinem Tod im Jahr 1349 vier Söhne hinterlassen: Friedrich III. („den Strengen"), Balthasar, Ludwig und Wilhelm I. („den Einäugigen"). Sie verwalteten zunächst ihr Erbe gemeinsam, zu dem auch Leipzig gehörte. Die Brüder gaben 1378 eine Bestandsaufnahme aller Einkünfte aus Thüringen und Meißen in Auftrag, um eine möglichst gerechte Aufteilung der Ländereien unter sich und ihren Kindern zu ermöglichen. Sie planten eine Teilung der Herrschaft in das Osterland, in Meißen und in Thüringen. Für Ludwig war das Amt des Erzbischofs von Magdeburg vorgesehen. Bevor die Brüder jedoch ihre designierten Landesherrschaften antreten konnten, starb Friedrich III. im Jahr 1381.

Nach dem Vertrag von Chemnitz vom 13. November 1382 fiel Thüringen nun an Balthasar. Friedrichs drei unmündige Söhne – Friedrich IV. „der Streitbare" (oben), Wilhelm II. „der Reiche" und Georg, vertreten durch ihre Mutter Katharina von Henneberg – mussten sich mit Leipzig und dem Osterland sowie dem meißnischen Vogtland begnügen. Die Markgrafschaft Meißen fiel an ihren Onkel Wilhelm „den Einäugigen", der kinderlos blieb.

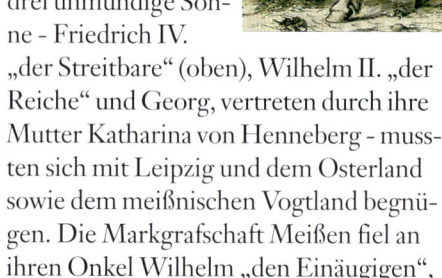

1407, nach Wilhelms Tod, gelangte auch Meißen mit der Herrschaft Colditz und der eroberten Grafschaft Dohna an seine Neffen Friedrich IV. und Wilhelm II. Deren Bruder Georg war bereits 1402 verstorben. Die Brüder teilten 1410 im Vertrag von Naumburg das Stammland der Wettiner untereinander auf, und Wilhelm II. übernahm Leipzig im brüderlichen Tausch gegen Jena. Abgesehen von Thüringen lag damit das gesamte Gebiet wieder in den Händen einer Generation der Wettiner.

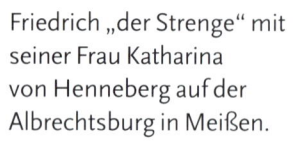

Friedrich „der Strenge" mit seiner Frau Katharina von Henneberg auf der Albrechtsburg in Meißen.

Zeit-Sprung ins Jahr 1353: Vor der Pleißenburg spielen sich dramatische Szenen ab. „Hinfort mit Dir!" zürnt Friedrich „der Strenge" und macht seinem Namen alle Ehre. Sein Eheweib Katharina von Henneberg, Markgräfin von Meißen, schickt er kurzerhand zu ihrem Vater zurück. Dieser war Friedrich nach der Hochzeit die versprochene Mitgift, die Coburger Pflege, schuldig geblieben. Nach dem Eklat folgen Krieg, Versöhnung, Katharinas Rückkehr – und die Geburt von vier Söhnen.

Arm und Reich gemeinsam im Rat

Bis zum Endes des 14. Jahrhunderts erneuerte sich der Rat durch ständig nachrückende Mitglieder in einem Turnus von bis zu drei Jahren. Das Kollegium bestand vornehmlich aus Vertretern der Kaufmannschaft. Erstaunlicherweise hatten sich die Kaufleute in Leipzig nicht zu einer Gilde zusammengeschlossen. Sie bildeten also keine geschlossene Gruppierung mit eigener schriftlich festgelegter und vom Landesherrn genehmigter Ordnung.

Aus der „gantzen Gemeine, arm und reich" sollte der Rat besetzt sein, so sahen es die hehren Grundsätze vor. Reich zu sein war aber sicherlich kein Nachteil: Färber, Panzermacher, Fleischer, Schneider, Seiler und Kürschner gehörten als Ratsmitglieder bestimmt nicht zu den ärmsten Bürgern.

Den Stadtvätern gelang es auf diese Weise, zunächst die Innungen und Zünfte in das Stadtregiment mit einzubinden. Während es in Magdeburg, Halle und Haldensleben zu bewaffneten Auseinandersetzungen zwischen den Kaufmannsgilden und den Bürgerschaften kam, blieb es in Leipzig ruhig.

Anfang des 15. Jahrhunderts setzte sich allmählich eine feste Ratsordnung durch: Ein Gremium von zwölf Mitgliedern bildete den „amtierenden" Rat, der die Amtsgeschäfte führte. Zwei gleich starke „sitzende" Ratskollegien standen zum Ersatz bereit. In einem Turnus von drei Jahren wechselten diese Kollegien einander ab. Um eine gewisse personelle Kontinuität zu wahren, verblieben jeweils zwei Mitglieder des ausscheidenden im nunmehr amtierenden Kollegium. Wenn ein Ratsmitglied durch Krankheit, Tod, Abwahl oder Fortzug ausschied, wählten die drei Kollegien einen Nachfolger. Der zwischen 1382 und 1401 festgelegte Ratseid verpflichtete die Mitglieder auf die Belange ihrer Gremien, nicht auf die der Bürger.

Eine Beteiligung der Bürgerschaft, der Innungen und Zünfte an der Ratswahl, wie sie in den Anfangsjahren der Stadtentstehung existierte, war in der Ratsordnung nicht mehr vorgesehen. Diese undemokratische Verfahrensweise stärkte die Stellung all jener Familien, die bereits im Rat vertreten waren. Denn sie wählten in gegenseitiger Absprache ihre Söhne in die Ratsgremien. So entstand ein städtisches Patriziertum.

Der Rat hatte 1383 aus seinen Reihen vier Hauptleute bestimmt, die besondere Verbindungen zu den Stadtvierteln halten sollten, also zum Petersviertel, zum Hallischen Viertel, zum Ranstädter Viertel und zum Grimmaischen Viertel, die jeweils nach ihren Stadttoren bezeichnet waren. Die „Viertelmeister" - gewählt von den Innungen und Zünften - hatten als Hilfskräfte und Ansprechpartner der Ratsbeauftragten ordnungspolitische Funktionen: Sie wachten über die Nachtruhe, trieben bei den säumigen Bürgern die Steuern ein und organisierten die Brandbekämpfung sowie die Verteidigung an den entsprechenden Mauerbezirken.

Oben links: Ein Ratsherr aus der Kaufmannschaft in Reisekleidung. Rechts: Ein Panzerhemdmacher. Die Innungen hatten im Stadtrat Sitz und Stimme.

Für die Stadtverwaltung Leipzigs galt das Magdeburger Recht, das sich auf den „Sachsenspiegel" von Eike von Repgow stützte, eine Leipziger Ausgabe von 1461.

Der Rat griff noch weiter in die Stadtherrschaft ein: Aus ihren Kreisen besetzten der amtierende und der sitzende Rat auch das Richteramt und den Schöffenstuhl. Dieses Verfahren stand in eklatantem Widerspruch zu dem in Leipzig geltenden Magdeburger Recht, das eine strikte Trennung von Verwaltung und Rechtsprechung vorsah. Und es war dem Rat insgesamt 4.500 Gulden wert, sich zwischen 1423 und 1434 auch das Halsgericht in der Stadt zu sichern. Somit bestimmten faktisch 36 Patrizier über die Belange Leipzigs und letztlich auch über Leben und Tod seiner Einwohner.

Der Landesherr war in der Stadt immer noch mit seinem Vogt vertreten. Für das Jahr 1447 erwähnen die Urkunden einen Henning Strobart: eine schillernde Persönlichkeit, die später in Halle sogar einen Stadtaufstand gegen den Erzbischof von Magdeburg anführen sollte.

Die Funktion der Vogtei ging allmählich in die eines Amtmannes über, der aber immer noch als Vertreter des Landesherrn die Oberaufsicht über Leipzig ausübte.

Die Patrizier der Stadt waren Herren über Leben und Tod nicht nur der Bürger, sondern auch der Bauern aus den Ratsdörfern.

1409

Markgrafs Marketing: Universität beflügelt Leipzig

Den Ausgangspunkt für die Gründung der Universität Leipzig 1409 bildeten Kirchen- und Reichsstreitigkeiten. In Avignon residierte mit Benedikt XIII. ein Gegenpapst zu Gregor XII. in Rom. Im Heiligen Römischen Reich setzten die Kurfürsten am 21. März 1400 den auf Seiten Avignons stehenden König Wenzel IV. von Böhmen ab und wählten Ruprecht III. von der Pfalz zum Gegenkönig. Dieser fand auch die Unterstützung der Wettiner Landesherren Friedrich IV. und Wilhelm II.

Im böhmischen Prag wirkte zu dieser Zeit die 1348 gegründete, erste Universität Deutschlands. Dort hatten sich die Studenten, Magister und Professoren nach ihren Herkunftsländern zu „Nationen" zusammengeschlossen: eine bayerische, eine böhmische, eine polnische und eine sächsische. In einem festgelegten Turnus wählten diese Landsmannschaften ihren Rektor. Die Karls-Universität Prag geriet in den Strudel der politischen Wirren: Wenzel sah sich für seine Pläne zur Wiederbestellung als deutscher König nur von der „böhmischen Nation" unterstützt; daraufhin änderte er im Kuttenberger Dekret vom 18. Januar 1409 das Stimmrecht in den Gremien der Universität zugunsten seiner Landsleute. Aus Protest kündigten die anderen Nationen ihre Mitgliedschaft an der Universität Prag auf.

Markgraf Friedrich IV., der aktivere der beiden Landesherren Leipzigs, sah seine Chance gekommen, König Wenzel zu schwächen und mit den Magistern, Baccalauren und Scholaren aus Prag in Leipzig eine eigene Universität zu gründen. Er bot ihnen intellektuelles Asyl an, denn er versprach sich von der Anwesenheit der geistigen Elite Deutschlands in der Stadt auch Impulse für die weitere ökonomische Entwicklung der Markgrafschaft.

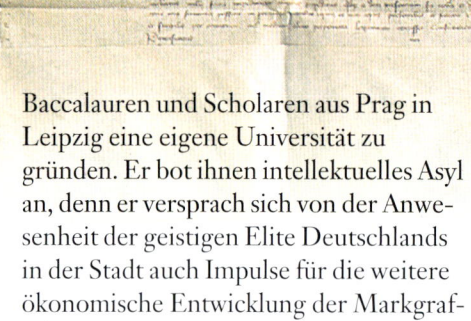

Mitte Mai 1409 begann der Auszug der Prager Universitätsangehörigen. Schon im Juli konnten sie in einem vom Rat der Stadt gestellten Haus den Lehrbetrieb in Leipzig provisorisch aufnehmen, ohne dass eine päpstliche Genehmigung für die Gründung der Universität vorlag - ein reichsweites Privileg des Vatikan, das eine Universität vom Landesherren weitgehend unabhängig machte. Der Wettiner Landesherr Friedrich IV. war rührig: Er schickte den Erfurter Dekan Nikolaus Lubich nach Pisa - einen in Wien und Prag studierten Juristen und Theologen, der vorher schon im Dienst der Kurie in Rom gestanden hatte. Auf Lubichs Drängen hin stellte der in Pisa neu gewählte Papst Alexander V. am 9. September 1409 der Universitätsgründung eine Bestätigungsbulle aus.

In der Bulle (oben) verfügte der Papst, dass der Bischof von Merseburg die Funktion des Kanzlers der Universität übernehmen sollte. Ihn und das Naumburger Domkapitel wies er am 19. Dezember an, die Rechte, Einkünfte und Güter der Magister, Doktoren und Scholaren vor ungerechtfertigten Zugriffen des Landesherrn zu schützen und verlieh ihnen das Recht einer eigenen universitären Gerichtsbarkeit.

Die Universität Leipzig übernahm die schon in Prag und anderen deutschen

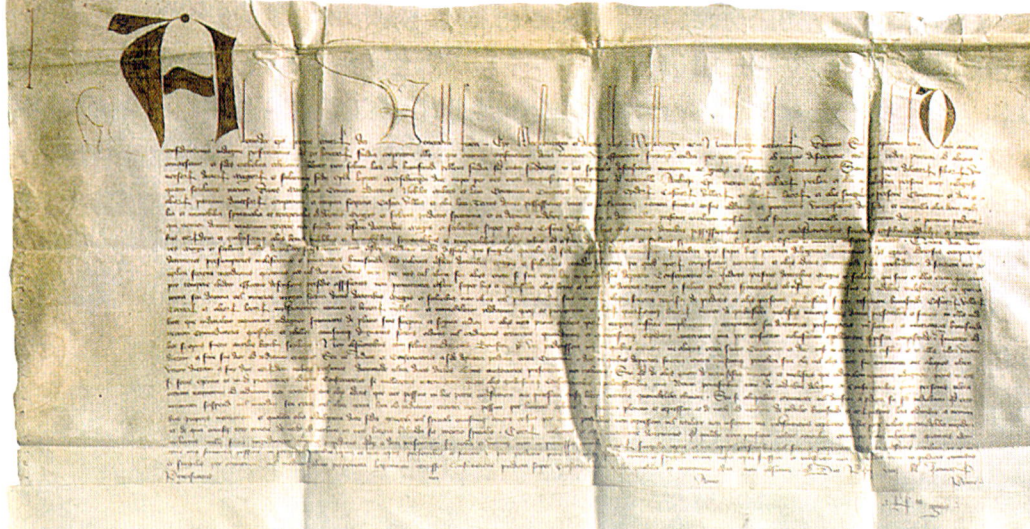

Asyl für Intellektuelle: Markgraf Friedrich IV. bot den Prager Gelehrten eine neue Heimat. Und am 4. Dezember 1409 weihten sie ihre neue Uni ein - in Leipzig.

FRIDERICUS BELLICOSUS ELECTOR SAXONIÆ

Universitäten geübte Gliederung in Nationen (deren Signets: unten), fügte ihr allerdings für die Landeskinder noch eine meißnische Landmannschaft hinzu. Böhmische Studenten hatten sich der polnischen Nation angeschlossen.

Eine feierliche Zeremonie im Refektorium des Augustinerchorherrenstift zu Sankt Thomas prägte am 2. Dezember 1409 die Universitätsgründung. Am gleichen Tag noch wählten die Magister in Anwesenheit der beiden Landesherren Friedrich IV. und Wilhelm II. den Schlesier Johann Otto von Münsterberg (links) aus der polnischen Nation zu ihrem Rektor. Dieses Amt hatte Münsterberg schon an der Universität Prag ausgeübt. Damit setzte der Wettiner Landesherr auf akademische Kontinuität.

Wie schon in Prag wählten die Magister in wechselnder Reihenfolge aus den Nationen den Rektor der „Alma Mater Lipsiensis". Der 1411 zum Bischof von Merseburg aufgestiegene Nikolaus Lubich stärkte als Kanzler die Eigenständigkeit der Universität weiter: Er verlieh ihr das Recht, die Studenten und Bediensteten - „Verwandte" genannt - bei Vergehen gegen die Universitätsordnung zu „incarcerieren", sie für kurze Zeit in den Karzer zu stecken.

Die Gründung erstreckte sich über die klassischen Fakultäten Theologie, Jurisprudenz und Medizin. Hinzu kam auch noch der Fachbereich der Artistik, der die „Sieben freien Künste (Grammatik, Rhetorik, Dialektik, Arithmetik, Geometrie, Musik, Astronomie)" beinhaltete.

Noch im Gründungsjahr nahmen die Fakultäten Theologie und Artistik den Lehrbetrieb auf; die anderen entfalteten allerdings erst nach und nach ihre volle Funktionsfähigkeit. Die erste Erwähnung der medizinischen Fakultät stammt aus dem Jahr 1415, die der juristischen Fakultät von 1446. In den Immatrikulationslisten von 1409/10 verzeichnete die Univcrsitätsleitung 369 Studenten und 43 Hochschullehrer. Ihnen standen als Unterrichtsstätten zwei Gebäude aus landesherrlichem Besitz zur Verfügung: das „Große Kolleg" in der heutigen Ritter- und in der Goethestraße und das „Kleine Kolleg" in der Schloßgasse bei der Pleißenburg. Da aber noch erheblich Platzmangel herrschte, öffneten auch St. Thomas und St. Nikolai ihre Kirchenpforten für die Vorlesungen. Universitätseigene Dörfer zahlten auf landesherrliche Anweisung ihre Steuern an die Alma Mater und versorgten sie mit Naturalien. Der Nachfolger von Papst Alexander, Johannes des XXIII., wies 1413 die Bistümer Naumburg, Zeitz und Merseburg an, der Universität je zwei „Canonitate" zu übertragen: Die Bischöfe mussten damit aus ihrem Etat Chorherrenstellen zur Finanzierung der Dozenten an der Alma Mater in Leipzig umwidmen. Die meisten Magister verdienten sich ihren Unterhalt durch Studiengebühren.

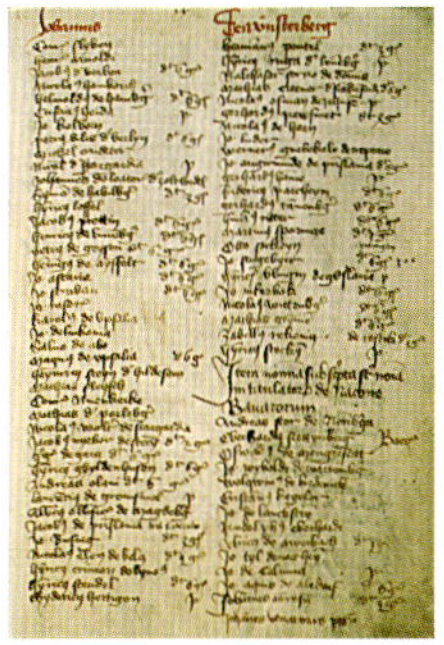

Die zwölf Magister des Großen Kollegs bezahlte der Landesherr mit einem jährlichen „Salaire" von 30 Gulden, die Magister des Kleinen Kollegs mussten mit zwölf Gulden auskommen. Zunächst wohnten die Studenten in den angemieteten Häusern ihrer Magister oder in eigens eingerichteten Wohnheimen, den zumeist landsmannschaftlich ausgerichteten „Bursen" - eine Art Internate, die unter Aufsicht eines Magisters standen.

Auszug aus der Immatrikulationsliste für das Wintersemester 1409/10.

Die Studenten stellten im Gründungsjahr beinahe elf Prozent der Stadtbevölkerung. Allmählich dämmerte es den Leipziger Stadtvätern: Die Universität steigerte die Finanzkraft der Stadt erheblich. Durch die Verleihung von akademischen Privilegien und die Befreiung von städtischen Abgaben betrieb der Rat schon damals „Marketing" für den Universitätsstandort Leipzig. Und da die trockene Wissenschaft den akademischen Nachwuchs - damals wie heute - ständig durstig macht, durften die Studenten eine beträchtliche Menge Bier in ihren Bursen steuerfrei ausschenken.

In der Mitte des 15. Jahrhunderts gestatteten Kanzler und Landesherr auch die private Vermietung von Studentenunterkünften. Bürger der Stadt schlossen sich zusammen und richteten eigene Bursen ein. Auch hier erkannte der Rat die Zeichen der Zeit und schöpfte Geld für die Stadtkasse aus der Zimmervermietung eines Wohnheimes für die Studenten der Meißnischen Nation. Und die Stadtväter stärkten erstmalig 1435 intellektuell ihre Reihen durch die Berufung eines Universitätsangehörigen, des Mediziners Nikolaus Schulte.

Allegorie auf die „Sieben freien Künste": Grammatik, Rhetorik, Dialektik, Arithmetik, Geometrie, Musik und Astronomie.

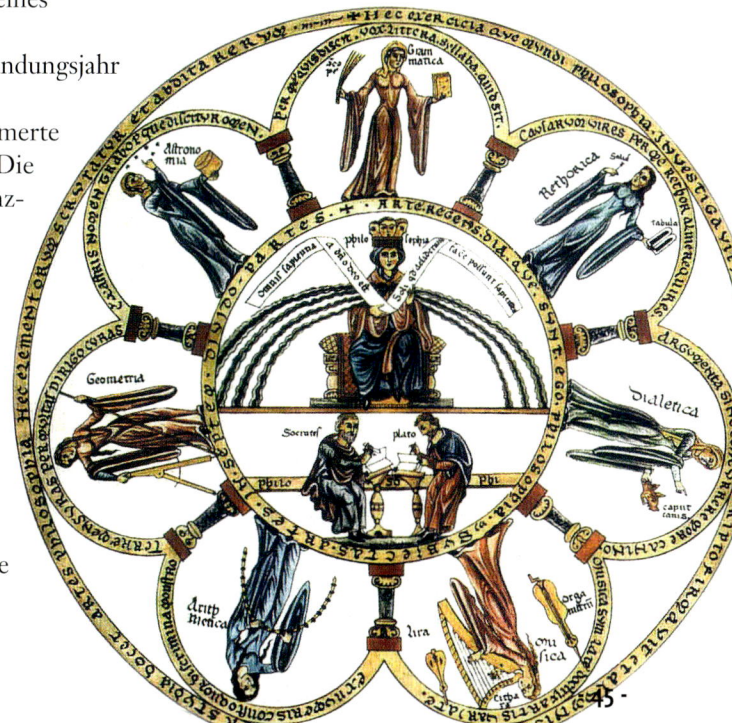

40 Schützen und zehn Handbüchsen gegen die „Hussitengeißel"

Von Böhmen aus drohte Gefahr für das Heilige Römische Reich Deutscher Nation: In Prag hatte Jan Hus, Theologe und temporärer Direktor der Universität Prag, die Unfehlbarkeit des Papstes in Frage gestellt. Er prangerte den Reichtum des Vatikans an und forderte die Austeilung beider Sakramente (Brot und Wein) an die Gläubigen. Trotz der Zusage eines freien Geleits zum Konstanzer Konzil verurteilten ihn die Bischöfe dort zum Tode und ließen ihn am 6. Juni 1419 auf dem Scheiterhaufen verbrennen.

Empörung bei böhmischem Adel und Bevölkerung löste eine nationalistische Bewegung aus. Diese steigerte sich, als König Wenzel die Anhänger des Reformators - die Hussiten - aus dem Staatsdienst entfernen wollte. Die Hussiten stürmten das Rathaus in Prag und warfen die katholischen Anhänger des Königs aus dem Fenster. Anschließend verwüsteten sie Klöster und Kirchen. Daraufhin reagierte der Vatikan: Papst Martin V. rief im März 1421 zum Kreuzzug auf. Die böhmischen Aufrührer unter Führung von Jan Ziskas (unten) schlugen jedoch die Truppen von König Sigismund (links unten), dem Nachfolger Wenzels, vor den Toren Prags zurück (links: die Schlacht von Grunwald).

Durch Friedrich von Meißen, „dem Streitbaren", (oben) zusammen mit Hilfstruppen, unter ihnen auch Leipziger Soldaten, erlitten die Hussiten im Sommer 1421 bei Brüx (heute Most) eine Teilniederlage; die Gefahr für das Reich bannte er damit aber nicht nachhaltig.

Da König Sigismund dringend verlässliche Verbündete benötigte, versuchte er, Friedrich an sich zu binden. Er übertrug ihm die Städte Stollberg, Schöneck und Mylau. Darüber hinaus fügte es sich glücklich für die Pläne des Königs, dass der askanische Kurfürst Albrecht III. von Sachsen ohne Erben starb. Am 6. Januar 1423 verlieh Sigismund Friedrich die Herzogwürde in dem von ihm eingezogenen Sachsen-Wittenberg, die mit dem Rang eines Kurfürsten und dem Amt des Erzmarschalls des Reiches verbunden war. Ferner belehnte der König ihn mit den nordböhmischen Städten Brüx und Aussig (heute Usti nad Labem).

Einzelne Scharmützel und gegenseitige Überfälle führten zu unruhigen Zeiten an der Grenze zu Böhmen. Zum Schutz seiner Städte gegen die „Hussitengeißel" beorderte Friedrich 40 Leipziger Schützen und zehn Handbüchsen nach Brüx und Aussig. Die Männer folgten im Januar 1426 dem Ruf des Landesherrn, zogen sich aber nach Bannung der Gefahr wieder zurück. Im Kurfürstentum entwickelte sich Unruhe: Katharina, die Frau des Kurfürsten, rief die Leipziger - auch deren Bürgermeister - wiederholt zu den Waffen, schickte sie aber meist unverrichteter Dinge nach Hause, bis sich schließlich der Landesherr persönlich für das Hin und Her und die dadurch entstandenen Kosten entschuldigte. Alle Versuche des Reiches, die Aufständischen militärisch in den Griff zu bekommen, scheiterten - auch an der Uneinigkeit der Reichsfürsten, die oft eigene Separatfrieden mit den Böhmen schlossen.

Die Hussiten hatten eine besondere Kriegstechnik entwickelt, welche den Reiterheeren des Reiches ohne Weiteres Paroli bieten konnte: Sie führten im Tross ihre Versorgungsmaterialien und Waffen auf gedeckten, gepanzerten Wagen mit sich. Wenn sie sich zur Schlacht stellten, bildeten sie ein Quadrat aus den Wagen, in dessen Innerem sich die Reiter positionierten. Vor der Wagenburg standen die Männer mit in den Boden eingerammten, ineinander verhakten Schilden, zwischen denen hindurch die Schützen mit ihren Armbrüsten und

Feuerwaffen auf die Angreifer zielten. Über den Verteidigungsring hinweg feuerten kleine Geschütze aus der Wagenburg (rechts) Steinkugeln ab.

Anfang Juni 1426 sammelten sich in Großbobritsch bei Freiberg die meißnischen und thüringischen Heere zu einem Generalangriff auf Böhmen. 8.000 Mann und 1.100 Pferde - so berichten die Chronisten - standen einem dreimal so starken böhmischen Verband gegenüber. Auch 350 Leipziger schickte der Kurfürst in die Schlacht. Diese endete am 16. Juni 1426 bei Aussig mit einer verheerenden Niederlage für das Reich. 4.000 Mann sollen auf beiden Seiten gefallen sein, darunter 3.000 Sachsen. Die Böhmen eroberten die Stadt, plünderten und mordeten.

Nun gingen die Hussiten zum Angriff auf das Reich selbst über. Ein Priester zog ihren Truppen stets voran (rechts). Wo immer sie auftauchten, ergriffen die Truppen des Kaisers oder der Kurfürsten die Flucht. Die hussitischen Verbände, die sich nach dem Tod Jan Zizkas „Waisen" nannten, fielen unter ihrem neuen Anführer Andreas Prokop in Niederösterreich, der Lausitz, in Schlesien, Polen und in Brandenburg ein. Altendresden, Plauen, Altenburg und Frankfurt/Oder standen auf der Liste ihrer Eroberungen. Im Westen drangen sie bis nach Franken vor.

Nach dem Tod Friedrichs „des Streitbaren" übernahmen seine Söhne die Aufgabe der Landesverteidigung von Sachsen. Ihnen gelang es aber nicht, gemeinsam mit den anderen Kurfürsten ein schlagkräftiges Heer zusammenzustellen. Unerwartet startete Prokop mit seinen Mannen mitten im Winter einen Feldzug: Seine Truppen umgingen Pirna, Dresden und Meißen, stürmten aber kleine Landstädte wie Oschatz, Riesa, Strehlen, Belgern, Torgau und Wurzen. Unterhalb von Grimma überschritten sie die Mulde und standen Anfang des Jahres 1430 vor Leipzig. Dort hatten der Magdeburger Erzbischof Günther II. von Schwarzburg und der neue sächsische Kurfürst Friedrich II., „der Sanftmütige", Zuflucht gesucht. Die Stadt igelte sich ein. Zur Schaffung eines freien Schussfeldes brannten die Verteidiger die Vorstädte nieder. Die Hussiten drehten ab, denn eine lange Belagerung befestigter Städte zählte nicht zu ihren bevorzugten Kriegsstrategien. Stattdessen zogen sie plündernd durch das Umland.

Leipzig hatte große Verluste in der männlichen Bevölkerung hinnehmen müssen, die der Zuzug von Menschen aus dem abgebrannten Umfeld der Stadt allerdings wieder ausgleichen konnte. Der Handel lag brach, denn die Hussiten erkannten den alten Stadtbrief mit dem Geleitprivileg für die Kaufleute nicht an. So herrschte Ebbe in der Stadtkasse. Nur die Einnahmen aus der städtischen Trinkstube im Burgkeller verdoppelten sich in den schweren politischen Zeiten. Die Leipziger Stadtväter entschieden sich, ihre Stadtbefestigungen weiter auszubauen und dafür auch Kredite aufzunehmen. Das Thomaskloster spendete 300 Gulden. Um die Arbeiten zügig voranzutreiben, erlaubte der Merseburger Erzbischof mit einem Ablassbrief sogar die Sonntagsarbeit.

Noch einmal versuchten die Fürsten des Reiches, angetrieben vom Vatikan, im nunmehr fünften Kreuzzug das Kriegsglück zu ihren Gunsten zu wenden. Unter dem päpstlichen Legaten Kardinal Giuliano Cesarini zogen die kaiserlichen Heere bis ins westböhmische Taus (heute Domazlice). Als sich Prokop mit seinen Truppen der Stadt näherte, flüchteten die deutschen Krieger am 14. August 1431 in Panik. Angeblich hatte schon der Schlachtgesang der Hussiten die Kaiserlichen in Angst und Schrecken versetzt. Um nicht von eigenen Truppen erschlagen zu werden, floh der Kardinal als Söldner verkleidet vom Schlachtfeld. Sein Gewand, seine Ausrüstung und die den Kreuzzug begründende päpstliche Bulle fielen in die Hände der Hussiten.

Da es den kaiserlichen Truppen nie gelang, die Hussiten kriegsentscheidend zu schlagen, versuchten die Kurfürsten durch Verhandlungen eine Lösung zu erreichen. Am 23. August 1433 beendete Friedrich II. schließlich in einem Sonderfrieden mit den Böhmen die Hussitenkriege mit Sachsen.

Kampfkarren der Hussiten.

Jan Hus endete 1419 auf dem Scheiterhaufen in Konstanz.

1435

Thomaner geben den Ton an

Das Augustinerstift mit der Thomasschule, gegründet Anfang des 13. Jahrhunderts, konnte sich in den unruhigen Zeiten des ausgehenden Mittelalters gut behaupten. Die Schule bildete die herausragende Unterrichtsstätte, und der Thomanerchor bestimmte das Musikleben in der Pleißestadt. Schulgelder und Spenden begüterter Bürger sicherten den Unterhalt des Chores.

Zentrale Bereiche der Schulbildung blieben neben Grammatik, Rhetorik, Geometrie und Latein das Fach Musik und der Gesangsunterricht. Der Thomanerchor umfasste zwölf bis 16 Schüler. Er trat bei liturgischen Anlässen nicht nur in der Thomaskirche, sondern auch in der Nikolai- und der Petrikirche auf. Die Sänger trugen geistliche Minnelieder, gregorianische Gesänge und Stücke aus dem Thomas-Graduale vor, einem kirchlichen Gesangbuch.

Der Thomanerchor übernahm auch die musikalische Begleitung der Leipziger Universitätsgründung am 2. Dezember 1409 im Refektorium des Augustinerstiftes.

Während der Chor zunächst noch unter der Leitung des Rektors der Thomasschule sang, betrauten die Augustiner bald eigens ausgebildete Musiklehrer - die Kantoren - mit der Aufgabe, die Stimmen der Jungen zu schulen und die Chorstücke einzustudieren. Für das Jahr 1435 benennt die Geschichtsschreibung über den Thomanerchor mit Johannes Steffani de Orba erstmals einen Kantor. Allein dessen Herkunft aus der musikalischen Hochburg Italien macht deutlich, welchen Wert das Augustinerstift auf die Qualität seiner Chorleiter legte.

Die Kantoren allerdings widmeten sich nicht nur dem Gesangsunterricht, sondern je nach Qualifikation auch der Ausbildung der Thomasschüler in Latein und Mathematik. Das Salär der Kantoren war recht schmal bemessen. Ein Zubrot verdienten sie sich durch Auftritte ihrer Zöglinge bei weltlichen Anlässen wie der Vereidigung der Räte sowie bei universitären Festlichkeiten oder privaten Feiern. Hierzu zählten auch Kindstaufen, Hochzeiten und Beerdigungen. Auf Kosten der Stadt begleiteten singende Knaben sogar arme Sünder auf ihrem letzten Weg zum Schafott.

Einen Einschnitt in der Geschichte des Thomanerchores bildete die Reformation. Das Augustinerstift und die Thomasschule gerieten zwischen die Fronten der Auseinandersetzung um den rechten Glauben. Der Augustinerorden konnte sich mit den reformatorischen Gedanken gar nicht anfreunden. Der Thomaskantor Georg Rhau allerdings war ein Anhänger Martin Luthers. Anlässlich der Leipziger Disputation 1519 komponierte er eine zwölfstimmige Messe, die den Reformator für seine Auseinandersetzung mit seinem Gegenspieler Johannes Eck spirituell vorbereiten sollte.

Mit der Säkularisation der Klöster und ihrer Liegenschaften übernahm die Stadt zwischen 1539 und 1543 die Verwaltung der Schule und damit auch des Chores. Nun zahlte die Stadtkasse die Bezüge der Kantoren und Lehrer. Der Rat ließ die alte Schule abreißen und ein neues, zweistöckiges Gebäude auf dem Thomaskirchhof mit Unterrichtsräumen, Schlafsälen für die Knaben und Wohnungen für die Kantoren und Lehrer errichten.

Der städtische Rat übertrug seinen Kantoren auch die Aufgabe, durch eigene Kompositionen zur Pflege zeitgenössischer Musik beizutragen. Bereits um 1550 hinterließ der Kantor Wolfgang Figulus der Nachwelt eigene Motetten. Mit den musikalischen Beiträgen von Sethus Calvisius, einem geachteten Mathematiker und Astronomen, beginnt um 1600 die kontinuierliche Reihe der bis heute erhaltenen Werke der Thomaskantoren, die durch die Kompositionen Johann Sebastian Bachs einen ersten Höhepunkt finden sollte.

Der Neubau der zweistöckigen Thomasschule (links) nach der Reformation.

Das Graduale der Thomaskloster: ein Gesangbuch, dessen Lieder bis ins 13. Jahrhundert zurückreichen.

Singende Chorknaben - Nachbildung eines Reliefs von Lucca della Robbia im Betsaal des Thomas-Alumnats.

Thomaskantor Georg Rhau - ein Anhänger der Reformation.

Sethus Calvisius - Thomaskantor von 1594 bis 1615.

Schützende Gemeinschaft

Die Innungen und die Patrizierschaft der Händler stellten aus ihren Reihen Soldaten, denen die Verteidigung der Stadt oblag. Sie hatten sich die Stadtmauern in Bereiche eingeteilt, für die sie jeweils die Verantwortung übernahmen. Im Kriegsfall konnte auch der Landesherr die Soldaten für seine Feldzüge anfordern, wie es in den Hussitenkriegen mehrfach geschehen ist.

Qualität und Quantität der Bewaffnung richteten sich an der Finanzkraft der städtischen Gruppierungen aus: Ein voll ausgerüsteter Soldat schützte seinen Oberkörper durch einen Brustpanzer, den „Krebs". Auf dem Kopf trug er eine eiserne Helmkappe, den „Hut". Sein großer Schild bildete eine Schutzwand vor ihm: Er ließ sich mit einer eisernen Spitze in den Boden rammen. Als Hieb- und Stichwaffen dienten Schwert und Spieß. Der Bedarf und der Verschleiß an Wappnung muss recht groß gewesen sein, denn in Leipzig fanden mehrere Harnischmacher ihr Auskommen.

Unter den Soldaten nahmen die Schützen eine besondere Stellung ein. Denn ihre Waffe, zunächst die Armbrust, erforderte hohe Geschicklichkeit und ständiges Training. Ihre Treffsicherheit probten die Schützen regelmäßig in der Rittergasse. Ende des 13. Jahrhunderts hielten Feuerwaffen Einzug in die Arsenale der Schützen. Der Gebrauch des neuen Geräts erforderte eine besondere Unterweisung, denn bei einer unsachgemäßen Handhabung drohte Brand- und Explosionsgefahr. Die Herstellung der Büchsen und der kleinen Geschütze lag in den Händen eines städtischen Kupferschmiedes.

Die Schützen rekrutierten sich aus allen Schichten der Leipziger Bevölkerung, und gemeinsam übten sie den Gebrauch ihrer Waffen. Ein innungsübergreifendes Gefühl der Zusammengehörigkeit entstand. Deshalb stellten sie beim Rat der Stadt den Antrag, sich in einer Gemeinschaft mit eigener „Ordnung" zusammenschließen zu dürfen. Die Stadtväter erteilten daraufhin 1443 den Schützen das Privileg, die St. Sebastian-Brüderschaft zu gründen.

„Der Städte Kleinod": das Ehrenzeichen des „Sächsischen Schützenbundes".

Nach den Hussitenkriegen in der Mitte des 15. Jahrhunderts neue Bewährungsproben für die Schützen Leipzigs: Friedrich II. und Wilhelm III., die Söhne des ersten sächsischen Kurfürsten Friedrichs I., hatten sich nach den Altenburger Verträgen das Fürstentum zu teilen. Die Kurwürde ging auf Friedrich über, Wilhelm erhielt Thüringen. Da sich dieser benachteiligt fühlte, brach er einen Bruderkrieg vom Zaun. Er verpflichtete Söldner aus Böhmen, die nach dem Ende der Hussitenkriege arbeitslos waren und ihre Dienste jedem streitlustigen Herrn anboten.

Der Schützenplatz vor den Toren der Stadt; eine Ansicht aus dem Jahre 1537.

Armbrust der Schützengesellschaft von 1628.
Links oben: Radschlosspistole (1590).

1446 wies Kurfürst Friedrich II. die Schützen Leipzigs an, sich unter dem Stadtvogt Henning Strobart zu sammeln und bereit zu halten. Noch allerdings mussten die Söhne der Stadt nicht in den Krieg ziehen. Aber der Streit unter den Wettinern eskalierte: Am 2. Juli 1449 forderte Friedrich die Hälfte aller in Leipzig vorhandenen Steinbüchsen, Armbrüste und Handbüchsen, Pfeile, Pulver und Kugeln und das entsprechende Bedienungspersonal an. 200 „redliche Schützen" konnte die Stadt aufbieten. Sie bewährten sich in den heftigen Kämpfen, in deren Verlauf Weimar, Wiehe, Merseburg und Dornburg der Verwüstung anheim fielen. Erst der Frieden von Naumburg am 27. Januar 1451 beendete den Bruderkrieg, und die Wettiner versöhnten sich in Leipzig.

Kurfürst Friedrich II. begrüßte alle Bestrebungen zur Verstärkung der Wehrfähigkeit seiner Städte und genehmigte die Gründung eines „Sächsischen Schützenbundes". 1456 traten in Grimma 24 sächsische Städte mit ihren Schützen in einen friedlichen Wettstreit um ein Ehrenzeichen, genannt „der Städte Kleinod".

Stangenbüchse: Anfang des 15. Jahrhunderts begann der Siegeszug der Feuerwaffen.

Traditionell bewaffnetes Fußvolk mit Anführer. Der Brustpanzer, „Krebs", bildete einen wirksamen Schutz des Oberkörpers.

1454

Strenger Rat: Modediktat und Regeln für das Dirnenhaus

Mitte des 15. Jahrhunderts lebten rund 7.000 Menschen in Leipzig und den Außenbezirken unter städtischer Verwaltung. Mit der Einrichtung der Messen begann die Stadt zu wachsen: Auf den bis dahin brachliegenden Flächen innerhalb der Mauern entstanden nun neue Werkstätten, Lager- und Wohnhäuser. Die meisten Gebäude prägte eine Dreifenster-Front mit Torweg zur Straße. Über den Geschäfts- und Arbeitsräumen im Erdgeschoss wohnten die Familie des Meisters, die Gesellen und Lehrlinge sowie die Dienstboten. Nach und nach löste die Steinbauweise das Fachwerk ab. In den Ziegelscheunen vor dem Ranstädter- und dem Peterstor produzierten Knechte Backsteine aus Lehm, Sand und Ton. Innovation: Dachziegel aus Ton reduzierten nun die Brandgefahr in der Stadt erheblich. Bis zum Ende des 15. Jahrhunderts wuchs die Bevölkerung auf 9.000 Einwohner an. In diese Zeit fiel auch der Erlass zahlreicher neuer Gebote und Verordnungen, die alle Bereiche des städtischen Zusammenlebens betrafen. So sorgte der Stadtrat für einen angemessenen Brandschutz und versuchte 1454, durch Vorschriften der Verschmutzung von Straßen und Gassen durch Mist, Unrat und Abfälle Herr zu werden.

Kein Bürger oder Besucher der Stadt durfte Waffen tragen. Kleiderordnungen legten die Länge der Frauenröcke fest. 1452 untersagte eine neue Verordnung den Schuhmachern die Herstellung von spitzen Schnabelschuhen für die Männer, denn der Bußprediger Johannes Capestrano hatte gegen diese neue Mode gewettert. Selbst das Dirnenhaus stellte der Stadtrat unter seine Aufsicht und legte eine Hausordnung fest.

Es war durchaus üblich, seiner Notdurft auf der Straße nachzugeben.

In den Badestuben des 15. Jahrhunderts ging es recht locker zu.

Besonders beliebt bei Damen und Herren: lange Schnabelschuhe.

Die Ratsherren, unter ihnen seit 1435 ein akademisch ausgebildeter Apotheker, kümmerten sich auch um die Gesundheit der Bürger: Zur Körperpflege standen vier Badestuben offen, deren Badermägde den Gast mit weit mehr als nur mit Schrubber und Seife verwöhnten. Die Baderegeln standen in der Innungsordnung der Bader. Diese hatten sich 1462 von den Barbieren getrennt, die für die einfache Wundversorgung und die damals üblichen Aderlässe bei kleinen Wehwehchen zuständig waren.

An einem reichhaltigen Lebensmittelangebot in der Stadt interessiert, erlaubte der Rat 1462 den Landfleischern (auch „Lästerer" genannt), die Wochen- und Jahrmärkte mit frischen Waren zu beliefern. Alle Proteste der Leipziger Schlachter gegen die unliebsame Konkurrenz blieben erfolglos.

Nächtliches Zechen und Glücksspiel mit den Gästen in den Herbergen standen unter Strafe. Die Wirte mussten Gästelisten führen. Seit 1465 überwachten die „Nachtzirkler" gegen Sold die Einhaltung der Nachtruhe. Auch das Brauwesen in den Bürgerhäusern und der private Weinausschank unterlagen der städtischen Kontrolle.

De Anzahl der Handwerks-Innungen war inzwischen auf 33 angewachsen. Eine gesonderte Stellung nahmen die leder- und pelzverarbeitenden Betriebe ein, denn der Landesherr forderte sie 1423 explizit auf, sich endlich zu Innungen zusammenzuschließen. Betroffen waren auch die Lohgerber von dem Hallischen Tor. Wegen des Gestanks der Felle mussten sie ihr Gewerbe außerhalb der Stadtmauer ausüben. Seit 1459 untersagte ihnen die städtische Innungsordnung, fehlerhaftes oder auch nur nasses Leder auf den Markt zu bringen.

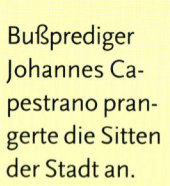

Bußprediger Johannes Capestrano prangerte die Sitten der Stadt an.

-50-

Die Weiterverarbeitung des Leders lag in den Händen der Weißgerber. Sie bearbeiteten die zähen Häute mit Alaun oder Kochsalz und erreichten so die nötige Geschmeidigkeit zur Herstellung von Rüstungen, Kleidung und Schuhen. Vornehmer ging es bei den Rauchwarenhändlern zu. Die Kürschner betrieben seit 1419 gemeinsam ein „Peltzhaus" am Rathausplatz, beste Lage also. Sie gehörten zu den reichsten und angesehensten Bürgern der Stadt und stellten seit jeher auch Ratsherren.

Mit der regen Bautätigkeit nahm auch die Anzahl Handwerker in dieser Branche zu. Sie hatten sich nicht, wie in anderen Städten üblich, zu einer „Bauhütte" zusammengeschlossen, sondern fanden Aufnahme in der „Bruderschaft guter Werke" der Franziskanermönche. Auch die Metall verarbeitenden Berufe - die Kannengießer, Harnischmacher, Gold- Kupfer-, Huf- und Messingschmiede und die Scherenschleifer - verzeichneten großen Zuwachs.

Zunächst musste Leipzig die Metalle noch einführen; bald aber begann die Stadt mit ihrer erheblichen Finanzkraft, die Bodenschätze der Region zu nutzen. Mit dem Kauf der ersten „Kuxen", der Bodenrechte für Schächte im Schneeberger Revier des Erzgebirges und bei den Mansfelder Kupfergruben, verschaffte sich die Stadt 1477 Zugang zu den Rohstoffen.

Da nicht alle Gesellen Meister werden und eigene Betriebe gründen konnten, wuchs in der Stadt ein handwerkliches Proletariat heran. Mitunter lehnten sich die Gesellen mit Streiks gegen ihre Brotherren auf. Der Rat reagierte mit Stadtverweis. Die Gesellen gründeten eigene Vereine zur Versorgung kranker Mitglieder und von Witwen und Waisen. Der Rat gestattete ihnen, kleinere Verstöße selbst zu ahnden. So ganz trauten die Stadtväter den Gesellen aber nicht: Die Kasse und der Schlüssel dazu mussten in der Hand eines Meisters bleiben. Und bei den Versammlungen der Gesellenvereine hatten zwei Meister der Stadt die Oberaufsicht zu führen. Die Leipziger Bürger unterstanden der städtischen Gerichtsbarkeit, die Studenten hingegen der Rechtsprechung der Universität. Ein gemeinsames Gremium des Rates und der „Alma Mater" sollte sich bei der Ahndung von Verstößen gegen die öffentliche Ordnung abstimmen. Die Universität verpflichtete sich, der Stadt alle Straftaten von Studenten anzuzeigen; der Rat hingegen sagte zu, keine auswärtigen studentischen Übeltäter mehr in seinen Mauern zu dulden.

Das Zusammenleben der Studenten und Handwerksgesellen konnte nicht ohne Konflikte bleiben, denn sie trafen sich in denselben Wirtshäusern und gerieten bei Zechgelagen aneinander. Das bekannteste Beispiel für einen solchen Konflikt ist die „Schusterfehde" aus dem Jahr 1471: Einige Gesellen hatten den Studenten ein paar üble Streiche gespielt - die reagierten mit einer verschärften Prügelei. Daraufhin schlugen die Schustergesellen ein Lager außerhalb der Stadtmauern auf und plünderten die Dörfer Gottscheina, Hohenheida und Merkwitz (diese hatte der Landesherr der Universität als Einnahmequelle übertragen). Mehrere Raubritter aus dem Umland witterten eine Chance auf Beute und beteiligten sich an den Raubzügen der Gesellen. Stadt und Universität konnten die Auseinandersetzungen zwischen den Parteien nicht schlichten. Erst nach dem Eingreifen des Landesherrn herrschte wieder Ruhe.

Entwicklung des Messestandortes Leipzig auf gutem Weg: Die kursächsischen Fürsten Ernst und Albrecht verliehen der Stadt am 1. November 1458 in Rochlitz das Privileg, eine Neujahrsmesse abhalten zu dürfen.

Innungszeichen der Goldschmiede

Die Raubritter des Umlandes beteiligten sich an der Schusterfehde und plünderten die Universitätsdörfer.

Bergbau im Erzgebirge im 15. Jahrhundert.

- 51 -

1481

„Puchtrucker" verbreiten Weltgeschehen für wenig Geld

In Leipzig, einer der späteren Metropolen des europäischen Buchhandels, erschien 1481 der erste datierte Druck der Stadt -

Johannes Gutenberg gilt als Erfinder des Buchdrucks.

in vielen Chroniken als Geburtsjahr des städtischen Buchhandels bezeichnet. Die Beziehungen Leipzigs und seiner Einwohner zum geschriebenen Wort reichen jedoch weiter zurück. Schon im 13. und 14. Jahrhundert hatten mit den Klöstern die ersten Bücher die Stadt erreicht. Patrizier, die lesen und schreiben konnten, vermachten ihre Buchbestände den frommen Brüdern. Dies ermöglichte dem Thomas- und dem Dominikanerkloster den Aufbau kleiner, aber wertvoller Bibliotheken. Mit der „Biblia Latina vulgata" zeugt heute eine in der Universitätsbibliothek erhaltene Pergamenthandschrift aus dem 13. Jahrhundert von der frühen Buchproduktion des Ortes. Da die Thomasschule Unterrichtsmaterialien für Religion, Grammatik, Arithmetik und Gesang benötigte, beauftragte der Leipziger Klerus die Zisterzienser in Altenzelle und die Benediktiner des Jakobsklosters in Pegau mit Buchabschriften.

Mit Gründung der Universität im Jahr 1409 vergrößerte sich die Zahl potenzieller Buchkäufer. Studenten, Dozenten und Professoren der Universität benötigten aktuelle Schriften zu theologischen, medizinischen und juristischen Themen. Die einzelnen Kollegien legten fachspezifische Buchsammlungen an, die sie aus eigenen Etats aktualisierten.

Handgeschriebene Bücher zählten zu den großen Kostbarkeiten jeder Bibliothek - ein Luxus, den sich nur Landesherren, Klöster, Universitäten und reiche Patrizier leisten konnten. Mit dem Druck von Holzschnitten oder Kupferstichen aber ließen sich kleine Bücher, Flugschriften und Einblattdrucke in beliebiger Menge herstellen. Der Markt dafür existierte: Der Bedarf an Informationen über das Weltgeschehen - schnell gedruckt und verkauft - wuchs und mit ihm der Handel mit Druckerzeugnissen. Fernhändler, hauptsächlich aus dem süddeutschen Raum, boten auf den Märkten Leipzigs Lesestoffe für jedermann an. Die noch nicht gebundenen Seiten erreichten die Stadt in Fässern. Der erste, in einer Quelle von 1440 nachgewiesene Leipziger Buchbinder trug seinen Namen

Um 1440 lebte der erste nachgewiesene Buchbinder in Leipzig.

nach dem Handwerk, das er betrieb: Heinrich Buchbinder. Mit Johannes Wetherhan beschäftigte die Universität um 1460 einen eigenen Handwerker dieser Zunft.

Die Erfindung des Buchdrucks mit beweglichen Lettern um 1450, die Johannes Gutenberg aus Mainz zugeschrieben wird, ermöglichte die endgültige Popularisierung von Schrift- und Bildmaterialien. Bücher und Schriften, vorher mehrere Gulden teuer, kosteten nun nur noch Pfennige. Schnell etablierte sich der Buchdruck auch in Leipzig. Ein Eintrag im Ratsbuch erwähnt 1468 einen „Heinrich Heylemann, buchdrucker". Weiteren Einträgen in Steuer- und Schöffenbüchern nach bewohnte Heylemann ein Haus an der Nikolaistraße. Laut Stadtkassenrechnung vom Dezember 1479 lag ein „Lang Nickel, puchtrucker" mit dem „Wächtergeld" im Rückstand - dem geschuldeten Betrag nach wohl ein Geselle.

Mit Gründung der Leipziger Universität wuchs der Bücherbedarf. Studenten, Dozenten und Professoren benötigten Lehr- und Lernmaterial. Theologieprofessor Andreas Frisner gehörte die nachweislich erste Buchdruckerpresse Leipzigs.

Kachelofens Erfolge mit „Schwarzer Kunst" und Wein

Theologieprofessor Andreas Frisner installierte 1475 Leipzigs nachweislich erste Buchdruckerpresse nach gutenbergschem Verfahren in seinen Fakultätsräumen. Handel betrieb er mit seinen Blättern und Schriften wahrscheinlich nicht. Er stellte sie vermutlich nur seinen Studenten und Kollegen zur Verfügung. Als ihn Papst Alexander VI. nach Rom rief, vermachte Frisner seine Presse dem Dominikanerkloster.

Der erste in Leipzig publizierte Druck stammt aus dem Jahr 1481 - eine Schrift des italienischen Dominikaners Antonius Annius aus Viterbo, der die Offenbarung des Johannes im Hinblick auf die Türkenkriege auslegte. Dieser unsignierte Nachdruck der „Glossa super apocalypsim" schließt mit den Worten: Impressum LIPCZK. Nach einem typografischen Vergleich mit späteren Arbeiten stammt dieses Werk aus der Presse von Marcus Brandis, einem Wanderdrucker. Dieser hatte ebenfalls 1481 seine Tätigkeit in Leipzig begonnen. Als Absolvent der Universität Leipzig und Baccalaureus der freien Künste hatte er bei seinem Bruder Lucas in Lübeck die „Schwarze Kunst" erlernt. Brandis lebte bis 1490 in Leipzig und gab mehr als 60 Druckwerke heraus: theologische und medizinische Schriften sowie lateinische Grammatiken. Sein Bruder Moritz, ebenfalls Drucker, musste 1490 in Leipzig Konkurs anmelden und 400 Exemplare des von ihm gedruckten „Sachsenspiegel" als Pfand hinterlegen.

Als erster Drucker, der in der Stadt nachhaltigen Erfolg hatte, setzte Kunz (Konrad) Kachelofen Zeichen. In den Gewölben des Rathauses verkaufte er zunächst Zucker und Spezereien. Aus den Erlösen erwarb er eine Druckerpresse und eröffnete einen Laden an einer Ecke des Rathauses, in dem er neben einer Buch- und Papierhandlung einen kleinen Weinausschank betrieb. Er beschäftigte bis zu acht Gesellen. Sein erster belegter Druck, das „Psalterium Davidis", stammt aus dem Jahr 1485. Seit den 1490er-Jahren wohnte Kachelofen in einem Haus an der Hainstraße. Der junge Melchior Lotter, welchen der Meister in sein Unternehmen aufnahm, ehelichte einige Jahre darauf dessen Tochter Dorothea und übernahm schließlich die Druckerei und den Weinhandel seines Schwiegervaters. Lotter sollte 29 Jahre später eine besondere Rolle bei der Verbreitung der Schriften des Reformators Martin Luther spielen.

Die kurfürstlich privilegierten Messen an einer Schnittstelle des Nord-Süd- und West-Ost-Handels bildeten einen großen Anreiz für Drucker aus Städten wie Straßburg, Basel, Speyer und Nürnberg, ihre Vertreter auf die Märkte der Pleißestadt zu schicken. Der Görlitzer Kramer Hans Brückner besuchte ab 1476 regelmäßig die Leipziger Messen und lieferte seine Bücher in den Osten des Reiches - nach Polen und Böhmen. Den Leipziger Bürger Steffan Fischer ernannte der Buchdrucker Peter Drach aus Speyer zu seinem Buchhändler (Buchfurer) mit ständigem Sitz in der Stadt. Er richtete im Petersviertel ein eigenes Buchlager, eine „Buchkammer", ein. Von hier versorgte Drach seine Händler in Most, Prag, Brünn und Olmütz.

Bald ließen sich Vertreter renommierter deutscher Druckereien in der Stadt nieder und nahmen die Bücher der Pressen des Reichs in Kommission, unter ihnen Andreas Hindenumb (1489), Albrecht Hofer (1492) und Georg Reiner (1493), ein zeitweiliger Verwalter von Drachs Lager. Die jungen Unternehmer erkannten das große Potenzial der Leipziger Messen und beauftragten örtliche Druckereien mit der Herstellung von Büchern und Schriften - der Anfang des Leipziger Verlagswesens. Große Namen wie Weidmann und Brockhaus sollten folgen.

Links von oben: die Zeichen der Leipziger Buchdrucker Konrad Kachelofen, Jakob Thanner, Melchior Lotter, Martin Landsberg und Peter Drach

Von links: Eine Textseite aus der Schrift „Glossa super apocalypsim" des italienischen Dominikaners Antonius Annius aus Viterbo, gedruckt bei Marcus Brandis. Aus der Presse von Konrad Kachelofen stammt das Missale für die Diözese Meißen, datiert auf den 9. September 1495. 1489 verließ eine Ausgabe des „Manuale parochialium sacerdotum" die Pressen Kachelofens.

Geraubte Prinzen beschließen „Leipziger Teilung"

Herzog Albrecht III.

Nach dem Tod ihres Vaters regierten die Brüder Ernst und Albrecht III. die wettinischen Gebiete insgesamt 21 Jahre bis 1485 gemeinsam. Der erstgeborene Ernst führte den Titel eines Kurfürsten, Albrecht den eines Herzogs.

Beide verband eine aufregende Jugenderinnerung: Ritter Kunz von Kaufungen hatte sie in der Nacht zum 8. Juli 1455 von der Altenburg entführen lassen, um ihren Vater, Friedrich II. von Meißen, zur Zahlung von Kriegsschulden zu erpressen. Geistesgegenwärtig nutzte Albrecht einen unbeobachteten Moment zur Flucht und holte Hilfe. Die Entführung scheiterte. Chronisten bezeichneten Albrecht von nun an als „den Beherzten". Gegen die Entführung hegten die Berggeschworenen in Freiberg keine Einwände; da Kunz ihrer Meinung nach aber den Fehdebrief zu spät abgeschickt hatte, verurteilten sie den Ritter am 14. Juli zum Tod durch das Schwert. Umgehend vollstreckte der Henker das Urteil.

Ernst und Albrecht III. zeigten sich Leipzig stets sehr verbunden und trugen einiges zur Weiterentwicklung der Stadt zu einem Handelszentrum bei: Sie akzeptierten alle Privilegien, die ihr 1464 verstorbener Vater der Stadt für ihre Messen gewährt hatte. Dazu zählte vor allem das auf den 1. November 1458 datierte kurfürstliche Privileg für eine zusätzliche Messe zu Neujahr.

Ausdrücklich hatte Friedrich den Kaufleuten freies Geleit zugesichert. Der Rat der Stadt bemühte sich mit Hilfe von Ernst und Albrecht um eine Bestätigung des Sonderrechts durch Kaiser Friedrich III. (oben links). Die kaiserliche Legitimierung vom 29. Januar 1466 kostete Leipzig 356 Gulden. Zeitweilige Verbote der Landesherren für Leipziger Händler, die Messen in Magdeburg und Halle aufzusuchen, schufen sie auf dem Verhandlungsweg aus der Welt.

Die Brüder stärkten auch die Stellung der Stadt als Ort der Rechtspflege: 1483 entschieden sie, für ihre gemeinsam verwalteten Gebiete in Leipzig ein Oberhofgericht einzurichten. Dabei konnten sie sich auf den Erfahrungsschatz der Schöffengerichtsbarkeit und den Sachverstand der Universitäts-Juristen stützen. Das Oberhofgericht war als Berufungsinstanz zuständig für das gesamte sächsische Territorium und darüber hinaus für alle Verfahren, in die kurfürstliche Lehnsleute involviert waren.

Der Rat Leipzig wachte aber genau darüber, dass die landesherrliche Gewalt mit ihrer ersten Zentralbehörde in Kursachsen nicht in die städtische Gerichtsbarkeit eingriff. Als die Stadtväter auf Verlangen ihrer Obrigkeit den Adligen Hans von Wahren wegen ungebührlichen Verhaltens dem kurfürstlichen Gerichtshof überstellen mussten, ließen sie sich dieses Vorgehen als Ausnahme bescheinigen. Landgraf Wilhelm III. von Thüringen, der dritte Sohn Friedrichs II., starb 1482. Das Land fiel somit an die Wettiner Linie zurück.

Nun einigten sich Ernst und Albrecht darauf, ihre Besitzungen zu teilen. Am 26. April 1485 schlossen sie in Leipzig einen Vertrag, der Herzog Albrecht die Markgrafschaft Meißen übertrug. Damit verlor Leipzig seinen Status als kurfürstliche Stadt und unterstand bis 1547 der albertinischen Linie der Wettiner.

Die „Leipziger Teilung" beeinträchtigte die Entwicklung der Messestadt aber nicht wesentlich. Denn die Stadtväter konnten sich weiterhin auf ihre gut verbrieften Rechte stützen.

Ritter Kunz von Kaufungen ließ die späteren Landesherren von Leipzig entführen.

Schultheiß mit Richterstab (Holzschnitt 15. Jahrhundert)

1496

„Gloriosa" und Bildersturm

Das dem Apostel Thomas gewidmete Gotteshaus aus der Mitte des 12. Jahrhunderts - ursprünglich als Stadtkirche gedacht - übertrug Dietrich von Meißen 1212 dem Augustiner Chorherrenstift. Häufige Geldnöte des Thomasklosters verhinderten jedoch erforderliche Instandsetzungen. Die dreischiffige Pfeilerbasilika (Hintergrund) verfiel. Zwar gaben die Mönche 1355 noch einmal Reparaturen in Auftrag, doch 1412 stürzte sogar der Kirchturmhelm ein.

Nun übernahm die Stadt die Verantwortung für ihr ältestes Gotteshaus, denn Einnahmen aus den Kuxen (Anteilen) am Bergbau im Erzgebirge und im Mansfelder Land hatten das Säckel des Kämmerers prall gefüllt. Die Stadtväter erteilten 1482 den Auftrag zum Neubau einer dreischiffigen Hallenkirche. Ein Raum von 39 Metern Länge, 25 Metern Breite und 14 Metern Pfeilerhöhe sollte Gläubigen die Möglichkeit zur Andacht bieten. Die Länge des neuen Kirchenschiffs erforderte die Verlegung der Stadtmauer nach Westen. Am 10. April 1496 weihte der Merseburger Bischof Tilo von Trotha die neue Kirche. Vom Glockenturm läutete die 1477 gegossene „Gloriosa".

Die Überspannung der drei Schiffe im Inneren mit einem rautenförmigen Gewölbenetz (oben) stellte eine Neuerung im Kirchenbau des Nordens dar. Auf den weiß gekalkten Wand- und Gewölbeflächen und Sandsteinpfeilern unterstrich die rotbraune Einfärbung der Rippenbögen den Netzcharakter der Konstruktion. Malereien wie die frei gelegte Darstellung des Christophorus im Südschiff schmückten die Seitenwände.

Während der Reformation fielen die zahlreichen Heiligen gewidmeten Nebenaltäre und biblischen Darstellungen dem Bildersturm zum Opfer. Mit dem Pfingstgottesdienst in der Thomaskirche hatte Martin Luther 1537 die Einführung der Reformation im albertinischen Sachsen besiegelt.

Als Johann Sebastian Bach 1723 sein Amt als Kantor der Thomaskirche antrat, präsentierte sich ihm ein barock geprägter Kirchenraum mit Emporen, Betstübchen, Logen, Draperien, Denkmalen und Orgeln. Ende des 19. Jahrhunderts musste die barocke Gestaltung der Neugotik weichen: Zwischen 1884 und 1889 folgten die Ausstattung des Westgiebels mit einer Prunkfassade und der Abriss der Anbauten aus der Bachzeit an der Nordseite. Der Anfang des 18. Jahrhunderts von Bürgermeister Jacob Born gestiftete Altar wirkte der Gemeinde nach den Erfahrungen des bismarckschen Kulturkampfes zu „katholisch". Er siedelte in die Johanniskirche um.

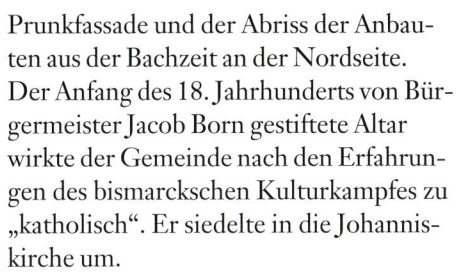

Aufwendige Restaurierungen in den 60er-Jahren und gegen Ende des 20. Jahrhunderts ließen das spätgotische Hallenschiff wieder „auferstehen". Das spirituelle Zentrum der Thomaskirche bildet heute der aus der Universitätskirche stammende Paulineraltar mit seinen Wandelbildern aus dem Ende des 15. Jahrhunderts (links). In einem Willkürakt hatte die SED-Führung die Universitätskirche am 30. Mai 1968 sprengen lassen.

Die Thomaskirche vor ihrem Umbau Ende des 19. Jahrhunderts

Mit einer Firsthöhe von 45 Metern und einem Neigungswinkel von 63 Grad zählt das Dach der Thomaskirche zu den steilsten Giebeldächern Deutschlands.

Sächsisch, weltoffen, gastlich – Tradition lebt weiter

Als Kaiser Maximilian I. Leipzig 1497 das Reichsmesseprivileg erteilte, dürfte sich Hanns Tollhardt über die zuverlässig sprudelnde Einnahmequelle für sein Gasthaus an der Nordwestecke des Marktes gefreut haben. Bis heute findet sich in Barthels Hof so manche Erinnerung an mehr als 500 Jahre Messegeschichte und Gastronomie im Herzen der Stadt. Auch dem ersten urkundlich erwähnten Wirt haben seine Nachfolger ein Denkmal gesetzt: „Tollhardts Zechgewölbe" heißt einer der drei Restaurant-Bereiche im einzigen noch erhaltenen Leipziger Durchgangsmessehof.

1523 hatte Hieronymus Walther der Ältere vom Augsburger Handels- und Bankhaus der Welser auf dem Gasthaus-Areal einen Messehof errichten lassen: Leipzigs erstes Gebäude im Renaissance-Stil. Es ging als Haus „Zur goldenen Schlange" in die Stadtgeschichte ein: An der Konsole des Erkers umschlingt ein in Stein gehauenes goldenes Reptil ein Kreuz.

Die Anlage war ganz auf die Bedürfnisse der Kaufleute ausgerichtet. Die großen Planwagen rollten zum Entladen in den Durchgangshof mit Toren zum Markt und zur Kleinen Fleischergasse – und konnten ihn ohne mühsames Wenden wieder verlassen. Der Geschäftsmann verfügte im Erdgeschoss über Kaufkammern, Messegewölbe und Ställe. Darüber ließ er Kontore, Wohnräume und Warenspeicher einrichten. Wer heute zu sächsischer Küche im restaurierten Hof einkehrt, sieht noch immer die Kranbalken zum Emporziehen der Waren.

Als der junge Goethe 1765 nach Leipzig kam, beeindruckte ihn das Gebäude derart, dass er später schrieb: „ …ganz nach meinem Sinn waren die mir ungeheuer scheinenden Gebäude, die, nach zwei Straßen ihr Gesicht wendend, in großen, himmelhoch umbauten Hofräumen eine bürgerliche Welt umfassend, großen Burgen, ja Halbstädten ähnlich sind". Da trug der Hof schon seinen heutigen Namen. Der Kramermeister und Stadthauptmann Johann Gottlieb Barthel hatte ihn von 1747 bis 1750 für seine Bedürfnisse im Stil des Barock umgestalten lassen. 1871 baute der Besitzer das Vorderhaus erneut um und ließ dabei den Erker von 1523 auf die Hofseite versetzen. 1890 findet sich auch wieder ein amtlich beurkundeter Hinweis auf die Gastronomie. In Weinkeller, Winzerstube und Speiselokal bewirtete Kaufmann Carl Friedrich Weber die Gäste. Krieg und Verfall fügten dem Gebäude große Schäden zu. 1982 musste die beliebte Gaststätte schließen. Bei der Rekonstruktion in den 90er-Jahren entstand auf dem Grundriss des ehemaligen Restaurants auf zwei Ebenen das heutige Gasthaus Barthels Hof mit 183 Plätzen. Am 18. Januar 1997 begrüßten Wirt Lutz Albrecht mit Familie und Partner Axel Thier die ersten Gäste. Ihre Fantastic Restaurants und Catering GmbH umfasst inzwischen acht Unternehmen – vom Flughafen-Restaurant bis zum Eventlokal am Zwenkauer See. Flaggschiff bleibt der traditionsreiche Barthels Hof als eine der ältesten Gastwirtschaften der Messestadt. In „Barthels Weinschänke", „Webers Speisestube" und „Tollhardts Zechgewölbe" im Untergeschoss geht es wie seit 500 Jahren sächsisch, weltoffen, gastlich zu. Zudem bieten im Sommer zwei Hofterrassen die stimmungsvolle Kulisse für Aufführungen des „Theater fact".

Vom Frühstück bis zum geselligen Abschiedstrunk offeriert das Haus täglich, was es vorwiegend heimischer Küche entlehnt hat. Ob sächsisches Fresserchenbuffet oder Jagd- und Fischerfeste – vielfältig sind die Angebote, bei denen sich der Gast in den Messetrubel vergangener Jahrhunderte zurückversetzen oder einfach nur entspannen kann.

Links: Bierschänke vor der Schließung des Traditionslokals. Mitte: Barthels Hof mit dem Erker noch an der Frontseite zum Markt. Rechts: Barthels Hof heute – Leipzigs einziger noch erhaltener Durchgangsmessehof.

Webers Speisestube

Barthels Weinschänke

Tollhardts Zechgewölbe

Ausleger am Eingang zum historischen Lokal.

Frischer Matjes: Wirt Lutz Albrecht beim Fischfest.

Sommertheater auf der Hofterrasse.

Zeit-Sprung ins Jahr 1497: Kaiser Maximilian I. hat Leipzig das Privileg zur Reichsmesse erteilt. Aus allen Himmelsrichtungen strömen die Händler herbei. Auch der gut betuchte Kaufmann Michael und seine Gemahlin Victoria versprechen sich bei der „Mutter aller Messen" gute Geschäfte. Ein Bekannter hat ihnen geraten, dem Gedränge in den Stadtmauern zu entfliehen und lieber den neuen Messeplatz im Norden aufzusuchen. Was die beiden Handelsleute dort entdecken, raubt ihnen den Atem: gigantische Hallen, durchsichtige Dächer, rollende Treppen - „Sag, Michael, ist das alles nur ein Traum?"

1497

Messe-Privileg: Einziger Markt im Umkreis von 112 Kilometern

Märkte unter dem Schutz der Landesherren, Markgrafen, Herzöge, Könige und Kaiser - damit hatten die Stadtväter bereits gute Erfahrungen. Zwar kosteten die von der Obrigkeit erworbenen Privilegien den Kämmerer meist viel Geld; diese Investition in einen freien Handel zahlte sich jedoch aus.

Herzog Albrecht III., „der Beherzte", wusste genau, was er an Leipzig hatte, denn schließlich profitierte auch er von Zöllen und Abgaben während der städtischen Jahr- und Wochenmärkte sowie von den Geleitgebühren auf den Straßen des Wettiner Gebietes. Er setzte sich bei Kaiser Maximilian I. dafür ein, das kurfürstlich verbriefte Recht auf die drei Märkte zu Ostern an Jubilate, zu Michaelis im Herbst und zu Neujahr auch höchstinstanzlich zu bestätigen. Auf Betreiben der Leipziger Bürgerschaft bat er darum, das freie Geleit für die Hin- und Rückreise von und nach Leipzig von Sachsen auf das gesamte Reich auszudehnen. Die Stadtväter schickten sogar den Ratsherrn Kunz Krell als eigenen Beauftragten nach Innsbruck an den Hof - mit den nötigen Finanzmitteln als „Motivationsstütze" für die kaiserlichen Ministerialen. Krells Auftrag endete erfolgreich: Am 20. Juli 1497 stellte Maximilian auf dem Reichstag zu Worms alle Kaufleute unter seinen Schutz, die auf Leipziger Märkten ihre Waren anbieten wollten. Die Bistümer Magdeburg, Halberstadt, Meißen, Merseburg und Naumburg wies er an, dafür zu sorgen, dass keiner ihrer zukünftigen Märkte mit der Stadt Leipzig konkurrieren könne. Der Kaiser verlieh der Stadt 1496 das „Grosse Messeprivileg" (oben). Gleichzeitig bestätigte er die Leipziger Privilegien Kaiser Friedrichs III., ordnete die Aufhebung des halleschen Neujahrsmarktes an und bekräftigte die Aufforderung an die Reichsstände, Besuche in Halle zu untersagen. Alle Verstöße gegen seine Anordnungen stellte der Kaiser unter die Strafe von fünfzig Goldmark. Kunz Krell kehrte zufrieden nach Leipzig zurück: Siebzig Gulden hatte er am Kaisersitz verteilt, zehn Gulden den Gesellen nach der Ausfertigung der Urkunde spendiert: „insonderheit zu vertrincken". Er selbst stellte der Stadtkasse 78 Gulden für Reisekosten und für seinen elfwöchigen Aufenthalt am Innsbrucker Hof in Rechnung, 20 Gulden verlangte er für seinen Verdienstausfall.

Herzog Albrecht III. verstarb im Jahr 1500 in Emden. Die Bürger Leipzigs huldigten auf der Pleißenburg nun seinem Sohn und Nachfolger Georg von Sachsen, „dem Bärtigen". Der versprach ihnen, sich wie sein Vater für die Belange der Stadt einzusetzen. Der Leipziger Rat sah sich auf der Siegerstraße. Mit Zustimmung des Landesherrn untersagte er allen Bürgern und Händlern der Stadt den Besuch der Märkte im Erzbistum Magdeburg. Dazu allerdings zählte die kurmainzische Stadt Erfurt nicht. Die hatte ihre Märkte nur zeitlich etwas verlegt, sodass sie nicht mit den Leipziger Messen kollidierten. Darauf aber wollten sich die Räte der Pleißestadt nicht einlassen und intervenierten sofort am Hof in Innsbruck. Diesmal verpflichteten sie den herzöglichen Obermarschall Heinrich von Schleinitz, die Interessen der Stadt zu vertreten. Es gelang ihm, einen kaiserlichen Urkundentext auszuhandeln, der alle Rechte noch einmal bestätigte: Maximilian erklärte die Leipziger Märkte sogar zu Reichsmessen mit der Zusicherung eines freien Zugangs über alle Reichsstraßen. Die Sperrung von Straßen und die Beschlagnahme von Waren auf dem Weg von und nach Leipzig wollte der Kaiser als Landfriedensbruch werten und die Schuldigen mit dem Reichsbann belegen. Und in der Urkunde vom 23. Juni 1507 findet sich zum ersten Mal der Begriff „Messe" als Bezeichnung für die Leipziger Jahrmärkte.

Der Kaiser hatte schon mehrfach seine Erklärungen zur Stellung der Märkte in Erfurt, Halle und Magdeburg widerrufen müssen, weil die Städte ihre Angaben über bereits vorhandene Privilegien recht unpräzise und manchmal auch bewusst missverständlich formuliert hatten. Deshalb wollte er nun eine verbindliche Regelung treffen: Innerhalb eines Umkreises von 15 Meilen - etwa 112 Kilometern - um Leipzig durften keine weiteren Märkte „aufgerichtet und gehalten" werden.

Als Konkurrent war Erfurt damit ausgeschaltet. Alle Händler verpflichtete der Kaiser, ihre Waren zunächst drei Tage lang in Leipzig zu offerieren, bevor sie die Märkte innerhalb der kaiserlichen Verbots-Zone beliefern durften. Damit hatte der Monarch die Stadt Leipzig mit seinem kaiserlich privilegierten „Stapelrecht" ausgestattet.

Die Leipziger Kaufleute und Städtväter intervenierten beim Kaiser, um ihre Märkte zu schützen.

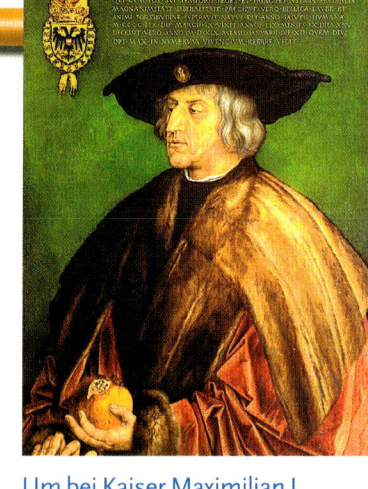

Um bei Kaiser Maximilian I. etwas zu erreichen, musste der Leipziger Abgesandte die Höflinge mit Geld gnädig stimmen.

Verstöße gegen die Vormachtstellung der Leipziger Märkte belegte Maximilian wieder mit einer Strafe von fünfzig Goldmark, die Hälfte davon zu zahlen an die Reichskammer. Die andere Hälfte durften sich der Herzog und die Stadt Leipzig teilen.

Hatte Kunz Krell noch 98 Gulden Spesen für seine Intervention am kaiserlichen Hof in Rechnung gestellt, so verlangte Heinrich von Schleinitz nun stattliche 300 Gulden für seine Innsbrucker Spesen. Und als Zugabe schenkten die Stadtväter dem Emissär noch einen jungen Hengst. Dem kaiserlichen Sekretär Sixtus Ölhafe - er hatte schon an dem Privileg von 1497 mitgewirkt - sagte Herzog Georg die Befreiung von der Grundsteuer zu, falls er sich einmal in Leipzig niederlassen sollte.

So recht erfreuen konnten sich die Leipziger an ihren Privilegien zunächst noch nicht. Immer wieder verstieß die auswärtige Konkurrenz gegen das Verbot von Marktgründungen und die Errichtung von Stapeln im Leipziger Umland. Markgraf Joachim von Brandenburg verlieh Frankfurt/Oder das Stapelrecht, Naumburg richtete mit kaiserlicher Erlaubnis einen weiteren Markt zu Ostern ein, und Annaberg zog praktischerweise nach, als Herzog Georg gegen die Ostfriesen ins Feld gezogen war. Kurfürst Friedrich III. von Sachsen aus der ernestinischen Linie, später „der Weise" genannt, ließ in Torgau einen weiteren Markt privilegieren. Auch die Stadt Erfurt, die zum geistlichen Fürstentum zählte, kümmerte sich wenig um die kaiserlichen und damit weltlichen Anordnungen. Doch der Rat Leipzigs und Herzog Georg wehrten sich: Zunächst protestierten sie erfolgreich beim Kaiser. Dieser gab in einem Schreiben vom 22. Dezember 1514 zu, sich mit seinem Privileg für Naumburg in der Entfernung zu Leipzig verschätzt zu haben - und widerrief. Obwohl auch Naumburg Adressat des kaiserlichen Schreibens war, ließen die Leipziger Räte ihrer sächsischen Konkurrenz seine Abschrift überreichen - sicherheitshalber.

Parallel zur Intervention beim Kaiser wandten sich Herzog und Rat gemeinsam an den Papst in Rom; ihr Ziel: eine Urkunde mit dem kirchlichen Segen für ihre Marktrechte. Und im Juli 1515 traf die am 8. Dezember 1514 im Vatikan ausgestellte Bulle „Romanus Pontifex" in Leipzig ein. Papst Leo X. bestätigte alle Rechte, die der Kaiser der Stadt verliehen hatte, und drohte bei Verstößen nun auch noch Kirchenstrafen an. Er sorgte dafür, dass die Bischöfe von Merseburg und Meißen persönlich seine Bulle zur Kenntnis nahmen, und ließ den Text an der Thomaskirche in Leipzig anschlagen. Damit hatte Leipzig alle Privilegien erreicht, die im Heiligen Römischen Reich Deutscher Nation für Marktrechte möglich waren. Auf lange Sicht hin konnte die Stadt jedoch die Entstehung neuer Märkte nicht verhindern. Aber die Verträge zwischen 1458 und 1514 legten den Grundstein für die Entstehung einer der bedeutendsten Messestädte Deutschlands und einer der wichtigsten Handelsmetropolen Europas im Übergang vom Mittelalter zur Neuzeit.

Leipzigs Stapelrecht reichte im Nordwesten bis einschließlich Magdeburg und im Nordosten bis kurz vor Berlin. In Richtung Südwest schloss es Erfurt mit ein.

Von höchster kirchlicher Stelle aus bestätigte Papst Leo X. die kaiserlich verliehenen Marktrechte.

Papst Leo X. unterstützte die Bestrebungen der Leipziger Kaufleute.

Zeit-Zeichen

1255 Prag erhält Stadtrecht.

1262 Grönland wird von Norwegen erobert.

1267 Erfindung der Augengläser für Weitsichtige.

1271 Marco Polo reist nach China.

1313 Schwarz erfindet das Schießpulver.

1337 Erste regelmäßige Wetterbeobachtung in Oxford.

1348 Pestepidemie mit 25 Millionen Toten in Europa.

1348 Gründung der ersten deutschen Universität in Prag.

1351 Das Aztekenreich mit Hauptstadt Tenochtitlan entsteht in Mexiko.

1383 John Wiclif übersetzt das Neue Testament ins Englische.

1397 Athen wird von den Türken erobert.

1450 Gutenberg erfindet den Buchdruck mit beweglichen Lettern.

1480 Leonardo da Vinci beschreibt den ersten Fallschirm.

1492 Columbus entdeckt Amerika.

1504

Teil der ersten Wasserleitung (links). Nonnenmühle mit Roter und Schwarzer Wasserkunst Anfang des 18. Jahrhunderts, oben.

Das erste Leipziger Wasserwerk in Connewitz.

Wasser für den Wohlstand der Stadt

Wasser – Element des Lebens und seit Jahrhunderten entscheidend für Wohlstand und Entwicklung der Stadt. Erste Brunnen gruben die Leipziger bereits vor mehr als 7.000 Jahren. Im Mittelalter etablierte sich der Beruf des Wasserträgers. Wohlhabenden Bürgern brachte er das kühle Nass vom Brunnen direkt ins Haus. Die zentrale öffentliche Wasserversorgung begann in Leipzig 1504. Drei Jahre zuvor hatte der Rat der Stadt den Freiberger Röhrmeister Andreas Gentzsch beauftragt, eine große hölzerne Wasserleitung zu bauen. Das Unternehmen war sehr aufwendig: Die verwendeten Kiefernstämme mussten in passende Stücke geschnitten, von ihrer Rinde befreit und ausgehöhlt werden.

Insgesamt 1.200 Stämme mit einer Länge von jeweils 2,50 Metern verwendete Gentzsch für die Rohrleitung, die vom Quellgebiet am Marienbrunnen bis in die Stadt reichte. Sie versorgte 17 Bürgerhäuser, das Paulinerkloster sowie zwei öffentliche Brunnen auf dem Markt und am Brühl. Bald reichten die Marienquellen für den steigenden Bedarf nicht mehr aus. Von 1517 bis 1519 entstand deshalb die erste „Wasserkunst" - ein mehrstöckiges, turmartiges Gebäude. Angetrieben von einem Wasserrad, gelangte das Nass aus dem Pleißemühlgraben in einen höher gelegenen Behälter, von dem es über Rohrleitungen zu den Bürgern fließen konnte. Später ließ die Stadt nahe der Nonnenmühle zwei weitere Anlagen errichten: die Rote und die Schwarze Wasserkunst, benannt nach der Farbe ihres Gesteins. Beide förderten 1835 immerhin 2.460 Kubikmeter Wasser täglich. Erst 1870 hatten sie endgültig ausgedient.

Eine Leipziger Besonderheit waren die vielen Handschwengelpumpen - anfangs aus Holz, ab Mitte des 19. Jahrhunderts aus Gusseisen gefertigt. Um die Jahrhundertwende standen 282 Handschwengelpumpen mit zum Teil sehr kunstvollen Verzierungen im öffentlichen Straßenraum. 126 davon gibt es noch heute. Obwohl technisch hoffnungslos rückständig, erfüllten die Pumpen in den schweren Aufbaujahren nach dem Zweiten Weltkrieg noch einmal ihren ursprünglichen Zweck: In Eimern trugen die Leipziger das Wasser bei Wind und Wetter in ihre Quartiere.

Handschwengelpumpen gehören nach wie vor zum Straßenbild.

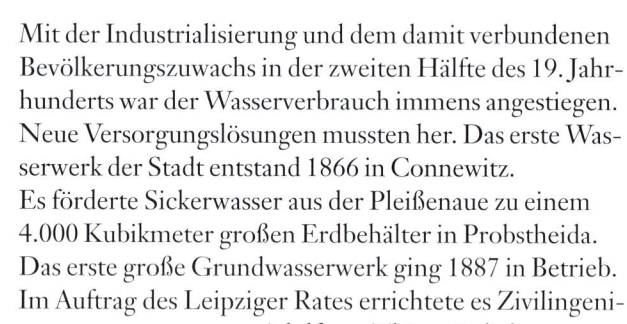

Mit der Industrialisierung und dem damit verbundenen Bevölkerungszuwachs in der zweiten Hälfte des 19. Jahrhunderts war der Wasserverbrauch immens angestiegen. Neue Versorgungslösungen mussten her. Das erste Wasserwerk der Stadt entstand 1866 in Connewitz. Es förderte Sickerwasser aus der Pleißenaue zu einem 4.000 Kubikmeter großen Erdbehälter in Probstheida. Das erste große Grundwasserwerk ging 1887 in Betrieb. Im Auftrag des Leipziger Rates errichtete es Zivilingenieur Adolf von Thiem östlich von Naunhof. Es förderte bis zu 30.000 Kubikmeter „Naunhofer Sprudel" am Tag - damals Europarekord.

Mit der wachsenden Anzahl von Haushalten schwand allerdings zunehmend der Wasserdruck in den Rohren. Um diesem Problem entgegenzuwirken, ließ die Stadt mehrere Wassertürme errichten. Durch ihre Höhe erzeugen sie ein künstliches Gefälle und sorgen somit für den notwendigen Druck. Der erste Leipziger Wasserturm ging 1897 in Möckern ans Netz. Der Behälter in seinem Inneren fasste 350 Kubikmeter Wasser. Ein Zwillingsturm mit glei-

Die Zwillingstürme in Möckern.

cher Speichermenge folgte 1903. Noch immer in Betrieb ist der 1907 errichtete Turm in Probstheida vis-à-vis des Völkerschlachtdenkmals. Mit 1.500 Kubikmetern Fassungsvermögen ist er Leipzigs größter oberirdischer Speicher.

So wichtig wie die Lieferung des sauberen Trinkwassers, so bedeutsam ist auch die Behandlung des Abwassers. Im ausgehenden 19. Jahrhundert gewann die Stadthygiene immer mehr an Bedeutung. Zu jener Zeit lebten insbesondere in den Arbeiterquartieren große Menschenmassen auf engem Raum zusammen. Die Ableitung ungeklärter Abwässer in die Flüsse war nicht mehr oder nur sehr eingeschränkt möglich. Folglich ging im November 1894 das Klärwerk im Rosental in Betrieb. Immer wieder modernisiert, spielt es nach wie vor eine große Rolle bei der Abwasserbehandlung.

Stolz verweisen die Kommunalen Wasserwerke Leipzig (KWL) auf ihre

Der Wasserturm in Probstheida.

mehr als 500-jährige Tradition. Mit seinen rund 600 Mitarbeitern versorgt das Unternehmen die Stadt und das Umland über ein mehr als 3.000 Kilometer langes Leitungsnetz mit frischem Trinkwasser. Auch wenn mittlerweile vor allem Pumpen den richtigen Leitungsdruck gewährleisten, betreiben die KWL noch sechs der ursprünglich 15 Leipziger Wassertürme. Auch die historischen Wasserwerke in Naunhof, Canitz oder Thallwitz sind weiterhin im Einsatz - inzwischen generalüberholt. „Wenn wir heute auf moderne Technik, auf sanierte Leitungsnetze und neue wasserwirtschaftliche Anlagen zurückgreifen, so geschieht das stets auf den Fundamenten, die unsere Vorfahren geschaffen haben", erklärt der Technische Geschäftsführer Andreas Schirmer. „Mehr als 500 Jahre Wasserversorgung haben durchaus etwas mit Stabilität zu tun, bei allen damit verbundenen Veränderungen. Die Konstante, täglich und rund um die Uhr 600.000 Menschen mit gesundem Trinkwasser zu versorgen und das Abwasser umweltgerecht zu behandeln, behalten wir bei. Wasserqualität ist Lebensqualität." Die Messestädter wissen das zu schätzen und gehen mit dem kostbaren Nass sorgsam um. 90 Liter verbraucht ein Leipziger durchschnittlich pro Tag - bundesweit liegt der Durchschnitt bei 128 Litern.

Behälter des Wasserturms in Probstheida.

Blick in die Leipziger Unterwelt - Kanalarbeiter überprüfen und warten die Abwassersammler.

Leipziger Wasser-Zeichen

1301	Erstes urkundlich erwähntes Badehaus vor den Thomaspförtchen am Pleißemühlgraben
1496	Erste hölzerne Wasserleitung von den Stötteritzer Wiesen in die Stadt
1504	Beginn der öffentlichen Wasserversorgung
1700	Bau der ersten unterirdischen Abwasserschleusen in der Thomasgasse
1719	Erstmals Untersuchung der Trinkwasserqualität des Marienbrunnens
1897	Bau von Wassertürmen beginnt
1964	Gründung des VEB Wasserversorgung und Abwasserbehandlung Leipzig
1991	Gründung der Städtischen Wasserwerke GmbH
1994	Umfirmierung in Kommunale Wasserwerke Leipzig GmbH (KWL)
2004	Start für die Sportbäder Leipzig GmbH unter dem Dach der Wasserwerke
2007	Investitionen ins Versorgungsgebiet der KWL haben knapp eine Milliarde Euro erreicht

Das Klärwerk im Rosental aus der Vogelperspektive.

1511

Leipzigs Kürschner kaufen Katze im Sack

In „teutschen Landen" weit und breit bekannt, ein Narr, auch Schelm genannt: Till Eulenspiegel. Mit seiner List und seinem Mutterwitz kämpft er gegen Hochmut, Geiz, Unrecht, Eitelkeit. Wie sein Name schon sagte, hielt er den Menschen den Spiegel vor: den Herrschenden die Hochmut, den Pfaffen Frömmelei, den Bauern Einfältigkeit und den Weibern Zanksucht. So platt die Muster anmuten - der Dichter dieser Geschichten verstand es, mit Eulenspiegel den Lifestyle des Mittelalters zu karikieren. Wer war Eulenspiegel, wer war sein Dichter? Lange schien es ein Rätsel, wer sie niedergeschrieben hatte, die Schwanksammlung, die 1511 anonym unter dem Titel „Ein kurtzweilig lesen von Dyl Vlenspiegel" zum ersten Mal in Straßburg erschien. Wer immer sich dahinter verbarg, der Verfasser war über die Machtverhältnisse, über Kummer und Leid der Leute gut unterrichtet, er war nicht nur Menschenkenner, sondern auch umfassend mit örtlichen, rechtlichen, bürgerlichen, herrschaftlichen und kirchlichen Details vertraut. Die Zeit hat das Geheimnis um seine Person gelüftet: Hermann Bote, Stadtschreiber von Braunschweig, war der Verfasser des „Till Eulenspiegel".

Titelbild des ersten erhaltenen „Eulenspiegels" von 1515.

Als Vorbild für die literarische Figur hatte Bote eine historisch nachgewiesene Person mit dem Namen „Till" oder „Tile Ulenspegel" gefunden. Dessen Leben führt zurück in die Zeit um 1300, als er in Kneitlingen am Elm bei Braunschweig geboren wurde, 1350 starb er in Mölln. Landauf, landab kursierten Geschichten über seine Späße. Und hier setzte Bote an. Aus heutiger Sicht kaum lustig oder komisch, trafen die Schwänke den Nerv der Menschen mit der Präzision eines Harald Schmidt im 21. Jahrhundert.

Mit einer seiner Anekdoten schuf der Autor zugleich ein Schlaglicht auf das Leben im mittelalterlichen Leipzig, der Stadt der Kürschner. Unter dem Titel *„Die 53. Historie schildert, wie Eulenspiegel in Leipzig den Kürschnern eine lebende Katze in ein Hasenfell nähte und sie in einem Sack als Hasen verkaufte"* beschreibt Bote, wie Eulenspiegel die Leipziger Kürschner zu Fastnacht bei einem Zechgelage hereinlegte (ein Kürschner in Berlin hatte ihn um seinen Lohn geprellt und die Leipziger sollten das nun ausbaden). Eine „schöne fette" Katze bei seinem Wirt brachte Eulenspiegel auf die Idee.

Dazu Bote: *Diese nahm Eulenspiegel unter seinen Rock und bat den Koch um ein Hasenfell, er wolle damit einen hübschen Schelmenstreich ausführen. Der Koch gab ihm ein Hasenfell, darin nähte Eulenspiegel die Katze ein. Dann zog er Bauernkleider an, stellte sich vor das Rathaus und hielt sein 'Wildbret' so lange unter der Joppe verborgen, bis einer der Kürschner daherkam. Den fragte Eulenspiegel, ob er nicht einen guten Hasen kaufen wolle, und ließ ihn das Tier unter der Joppe sehen. Da einigten sie sich, dass er ihm vier Silbergroschen für den Hasen geben solle und sechs Pfennige für den alten Sack, in dem der Hase steckte. Den trug der Kürschner in seines Zunftmeisters Haus, wo sie beieinander waren mit großem Lärmen und viel Fröhlichkeit, und sagte, dass er den schönsten lebendigen Hasen gekauft habe, den er seit Jahren gesehen habe. Alle betasteten ihn der Reihe nach. Da sie nun den Hasen erst zur Fastnacht haben wollten, ließen sie ihn in einem eingezäunten Grasgarten umherlaufen, holten Jagdhunde und wollten Kurzweil bei der Hasenjagd haben. Als nun die Kürschner zusammenkamen, ließen sie den Hasen los und die Hunde dem Hasen nachlaufen. Da der Hase nicht schnell laufen konnte, sprang er auf einen Baum, rief: „Miau!"*

Eulenspiegel verkaufte den Leipziger Kürschnern eine Katze im Hasenfell.

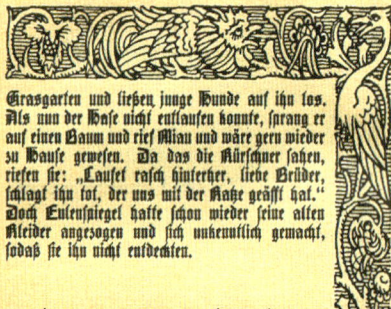

In der „53. Historie" berichtet Braunschweigs Stadtschreiber Hermann Bote von Till Eulenspiegels Streich in Leipzig.

Die entsetzten Kürschner sannen auf Rache, suchten Eulenspiegel jedoch vergebens. Er hatte seine Kleider gewechselt und war nicht wiederzuerkennen ...

Luthers Kanzel und friedliche Revolution

1507 beauftragten die Kirchenväter der Nikolaikirche den führenden sächsischen Baumeister Konrad Pflüger, der bereits die Umbau-Arbeiten an der Thomaskirche geleitet hatte, auch ihrem Gotteshaus ein neues Aussehen zu geben. Mehr als 300 Jahre existierte die Nikolaikirche nun schon: Markgraf Otto von Meißen, „der Reiche", hatte der Kaufmannschaft im 12. Jahrhundert genehmigt, eine den Bürgern Leipzigs vorbehaltene, dem Heiligen Nikolaus von Myrna geweihte Stadtkirche zu errichten. Die Kernarchitektur umfasste eine etwa 54 Meter lange dreischiffige romanische Basilika mit einer Doppelturmanlage - dem heute noch erhaltenen Westwerk. Mehr als 150 Jahre änderte sich das äußere Erscheinungsbild nicht. Anfang des 14. Jahrhunderts begannen umfangreiche Umbauarbeiten. In deren Rahmen wuchs der Chorraum auf eine Höhe von 17 Metern. Durch spitze Hauben erhöhten die Baumeister die Türme an der Westfront (links oben). Sie rissen die romanische Hauptapsis ab, verlängerten die Nord- und Südwände und gestalteten die neue Ostapsis gotisch. Die klare Geometrie der Gotik offenbart sich auch in der angebauten Nordkapelle. 1452 läutete die „Osanna" zum ersten Mal vom Glockengeschoss zwischen den Türmen - bis 1912 diente sie auch als Feuer- und Sturmglocke in der Stadt. Die Bauleute errichteten eine rechteckige Nordsakristei sowie eine Südkapelle, die der Merseburger Bischof Tilo von Trotha 1476 weihte.

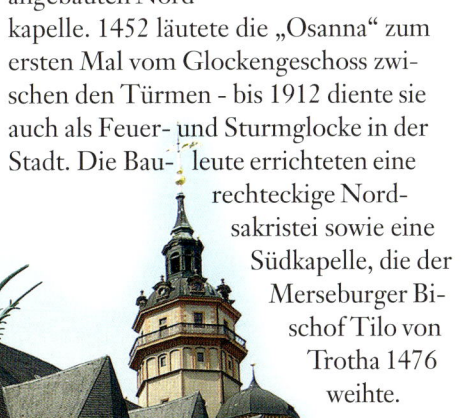

Seit 1511 - also noch während der Planungen zum Umbau des Gotteshauses zu einer dreischiffigen Hallenkirche - zierte den Nordturm bereits eine Uhr mit Zifferblatt. Nach Pflügers Tod 1513 setzte Benedikt Eisenberg die Baumaßnahmen fort und legte am 23. März den Grundstein. Um 1520 standen die neuen Außenmauern. 1521 folgte die Weihe der späteren „Lutherkanzel" (rechts oben) am dritten Südpfeiler. Wie schon an der Thomaskirche nutzten die Baumeister Rochlitzer Porphyr für die Gewölbekonstruktion. Geithainer Steinmetze ließen aus den um 1522 fertiggestellten Achteckpfeilern doppelt gekehlte Rippen „wachsen", die über segelartige Felder ein Gewölbenetz aufspannten.

Am 31. Mai 1525 folgte die endgültige Weihe der umgebauten und erweiterten Nikolaikirche durch den Merseburger Bischof Adolf von Anhalt-Zerbst, einem Gegner der Reformation. 30 Jahre später setzte Paul Speck nach einem Entwurf des Leipziger Bürgermeisters Hieronymus Lotter dem Westwerk einen oktogonalen Mittelturm mit laternenbesetzter Spitze auf. Erst Anfang des 18. Jahrhunderts schuf Michael Senckeisen die heute noch sichtbare barocke Turmhaube. Am 7. Februar 1723 legte Johann Sebastian Bach in der Nikolaikirche die Kantoratsprobe vor dem Leipziger Rat ab.

Die optische Gestaltung des heutigen Innenraumes (Mitte) entwarf der Architekt Johann Friedrich Dauthe, Leipziger Baudirektor und Lehrer an der Akademie der Künste. Zwischen 1784 und 1797 gestaltete er die gotische Hallenkirche konsequent zu einem klassizistischen Predigtsaal nach französischen Vorbildern um. In der Farbgebung dominierten nun Rosé, Grün und Weiß. Mit 30 Emporen- und Altargemälden aus Jesu Leben schmückte Adam Friedrich Oeser, der Zeichenlehrer Goethes, den Raum. Die Architekten Georg Weidenbach und Richard Tschammer schufen schließlich unter Beibehaltung der spätgotischen Elemente um 1902 eine geschlossene Außenfassade.

Die Nikolaikirche sollte Geschichte schreiben: Die 1981 beginnenden Friedensgebete bildeten den Ausgangspunkt für die gewaltfreien Montagsdemonstrationen in der DDR, die 1989 zum Fall der Mauer führten. Die Nikolaisäule (links) erinnert an diese friedliche Revolution.

„Luder"! – „Lügeneck"! – Rededuell in Leipzig

Am 31. Oktober 1517 nagelte Martin Luther der Legende nach in Wittenberg 95 Thesen an die dortige Schlosskirche. Darin verdammte er den Ablasshandel (oben links) zur Vergebung begangener und zukünftiger Sünden auf das Schärfste und forderte eine Erneuerung der Kirche „an Haupt und Gliedern".

Zuvor hatte Luther dem Treiben der Ablasshändler, allen voran Johann Tetzel, mehrere Jahre zugesehen. Tetzel zog seit 1515 im Auftrag von Kardinal Albrecht II. von Mainz und Magdeburg auch im Bistum Meißen umher und sammelte das Geld der reuigen Gläubigen ein. Kirchenraub und Meineid kosteten neun, Mord acht Dukaten. Auch im „Angebot": Ablässe für Verstorbene. Die eine Hälfte der Einnahmen floss nach Rom, um den Bau des Petersdoms zu finanzieren, die andere in die Kassen der Fugger. Diese hatten Albrecht die Übernahme des Erzbistums Mainz vorfinanziert.

Den Obrigkeiten in Sachsen war der Ablasshandel ein Dorn im Auge. Auf eine Anzeige des Leipziger Rates hin drückte Herzog Georg am 1. April 1517 den Leipziger Dominikanern gegenüber sein großes Missfallen darüber aus, dass Tetzel und etliche seiner Anhänger in ihrem Kloster „Gnadenbriefe" ausstellten. Dafür fehle die herzogliche und kurfürstliche Erlaubnis. Hinter den Beschwerden verbarg sich allerdings nicht die grundsätzliche Ablehnung von Ablässen, sondern die Tatsache, dass dadurch dem Land und der Stadt Kaufkraft verloren gingen.

Luther hatte seine Forderung, die Kirche solle sich wieder den christlichen Grundwerten zuwenden, in Form eines Einblattes bei Melchior Lotter und Jacob Thanner in Leipzig drucken lassen. In wenigen Wochen verbreitete sich dieses durch Abschriften und Nachdrucke in ganz Deutschland. In allgemein verständlicher Form verdeutlichte Luther 1518 im „Sermon von dem Ablass und Gnaden" seine Ziele noch einmal.

Herzog Georg der Bärtige wandte sich daraufhin an den Merseburger Bischof Adolf von Anhalt-Zerbst und drang darauf, den Ablasshandel zu unterbinden. Adolf aber berief sich auf das Magdeburger Erzstift und wartete auf Anweisungen von Erzbischof Albrecht. Diesem hatte Luther seine Thesen persönlich zugeschickt. Der Erzbischof dachte jedoch gar nicht daran, seine sprudelnde Einnahmequelle versiegen zu lassen. Er beauftragte Tetzel damit, auf die Schriften Luthers mit Gegenthesen zu antworten und gegen ihn einen päpstlichen Prozess wegen Ketzerei anzustrengen. Der Vatikan zeigte sich höchst alarmiert und wollte Luther nach Rom zitieren.

Ende 1518 fand Tetzel (links) im Dominikanerkloster zu Leipzig Zuflucht, denn er fürchtete in den deutschen Landen sowie in den Königreichen Böhmen, Ungarn und Polen um sein Leben. Luthers Anhänger, so behauptete er, hätten ihm den Tod geschworen. In der Tat machten ihm Gerüchte über seinen üppigen und sittenlosen Lebenswandel viele Feinde. Im Leipziger Dominikanerkloster aber fühlte er sich sicher. Denn dessen Bewohner unterstanden nicht der Gerichtsbarkeit der Stadt, sondern der des Bischofs von Merseburg.

Luther schwieg zunächst zu allen eher platten Vorwürfen und Gegenthesen, die Tetzel und seine Schreiber verfassten. Zum ernsthaften Gegner entwickelte sich

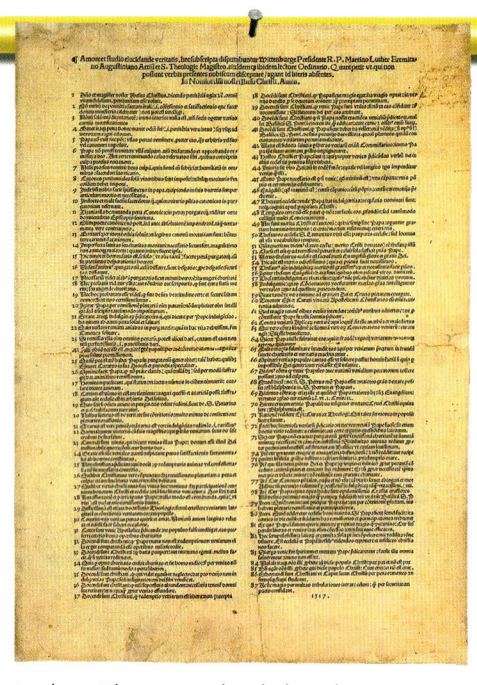

Luthers Thesen, gedruckt bei Thanner in Leipzig

der Ingolstädter Pfarrer und Vizekanzler der dortigen Universität Dr. Johann Maier aus Eck.

Die beiden Kontrahenten verabredeten im Oktober 1518, ein öffentliches Streitgespräch über ihre wechselseitigen Standpunkte zu führen. Luther schlug Erfurt vor, Maier, nach seinem Herkunftsort Dr. Eck genannt, wählte Leipzig. Denn die dortigen Stadtväter und Theologen waren für ihre konservative Grundhaltung bekannt. Luther akzeptierte.

Beide stellten bei Herzog Georg den Antrag, vor Gelehrten der Universität diskutieren zu dürfen. Die theologische Fakultät lehnte jedoch das Ansinnen sehr zum Ärger des Landesherrn ab. Begründung: Es könne zu einem Aufruhr der Studenten führen. Und der Bischof von Merseburg merkte an, dass eine Disputation mit

Kardinal Albrecht II. von Mainz und Magdeburg wollte nicht auf seine Einnahmen aus dem Ablasshandel verzichten.

Luther darüber hinaus gegen den Willen das Vatikan sei. Georg geriet in Rage: Unmündige Kinder und alte Weiber seien ihm mehr nütze als solche Theologen. Es müsse doch Pflicht eines jeden kirchlichen Gelehrten sein, über das Schicksal einer Seele zu diskutieren, die durch Geldzahlung eine vermeintliche Erlösung gefunden habe.

Georg stellte die Hofstube der Pleißenburg zur Verfügung. Eck bezog Quartier im Hause des Bürgermeisters Benedikt Belgerhain an der Ecke Petersstraße/Thomasgäßchen. Der Buchdrucker Melchior Lotter in der Hainstraße beherbergte die Wittenberger Delegierten, darunter Luther, Philipp Melanchthon und Andreas Rudolf Bodenstein, genannt Karlstadt. Sicherheitshalber waren sie in Begleitung von 200 bewaffneten Wittenberger Studenten angereist.

Eck und Luther hatten schon im Vorfeld ihre Thesen, über die sie zu diskutieren gedachten, veröffentlicht. Erst in Leipzig aber einigten sie sich auf die Form der Auseinandersetzung mit Rede und Gegenrede, auf Zeitvorgaben für die Protokollanten und die Möglichkeit zur Protokollkorrektur.

Geplante Punkte der Diskussion: das Spannungsfeld vom freien Willen des Menschen, sein Verhältnis zur göttlichen Gnade, die Anrechnung guter Taten im Himmel und das Recht der päpstlichen Gewalt.

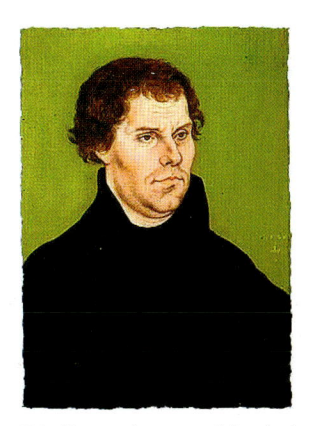

Die Kontrahenten: Martin Luther (links) und Dr. Johann Eck.

Vom 26. Juni bis 16. Juli standen sich die Kontrahenten gegenüber - zwischenzeitlich im Beisein von Landesherr Georg. Er brachte der Sage nach sogar seinen einäugigen Hofnarren mit, der Eck verspottet haben soll. Beiderseitige Beleidigungen blieben nicht aus: Luther verballhornten seine Gegner als „Luder" und „Lotterei". Eck gaben die Lutheraner die Namen „Lügeneck", „Schreieck", „Jeck" oder „Keck". Melanchthon (unten links), der hinter Luthers Katheder saß, ihm Argumentationshilfen gab und Zettel zusteckte, erregte Ecks Zorn besonders. Die Leipziger Theologen auf der Gegenseite waren keine Hilfe, denn sie „saßen allezeit neben Dr. Eckio und schliefen ganz sanft". Nur ein Dominikaner soll Eck mit einigen Bibelzitaten beigestanden haben.

Eck verteidigte die Lehrautorität des Papstes und der Konzilien vehement. Von allen Gläubigen verlangte er die strikte Unterordnung unter die „ex cathedra" verkündeten Leitlinien. Luther dagegen beharrte auf seinem Standpunkt, dass jeder Mensch seinen Frieden mit Gott allein machen müsse. Und nur aus der „Heiligen Schrift" lasse sich kein Anspruch der Kirche auf Weisungsbefugnis ableiten. Es gelang Eck aber, Luther durch geschickte Fragen zu der Äußerung zu verleiten, dass nicht alle Thesen des Reformators Jan Hus auf dem Konzil von Konstanz im Jahr 1415 falsch und ketzerisch gewesen seien. Damit aber war der Bruch zwischen der Römischen Kirche und den Anhängern Luthers endgültig vollzogen. Herzog Georg ahnte, was die Glaubensteilung für die Einheit der Kirche bedeuten würde, und befürchtete als letzte Konsequenz die Auflehnung der Untertanen gegen jegliche Autorität. Deshalb blieb er zeitlebens ein - wenn auch kritischer - Anhänger der Römischen Kirche.

Tetzel lag zur Zeit der Disputation im Krankenbett. Luther hatte es sehr bedauert, dass der Mönch nicht mitstreiten konnte. Er schrieb ihm, dass sich seine Thesen und Argumente nicht gegen ihn persönlich richteten, sondern „das Kind habe viel einen anderen Vater". Tetzel starb am 11. August 1519 in Leipzig und fand seine letzte Ruhestätte vor dem Hochaltar in der Paulinerkirche.

Luther ließ die Texte aus dem Streitgespräch (links) als Buch veröffentlichen.

1520

Glaubensstreit und Papier-Krieg

Der Widerstand in der Stadt gegen Luthers Lehre ging weitgehend von den Klöstern der Franziskaner und Dominikaner aus. Die meisten Kritiker hielt der Reformator allerdings keines Wortes für würdig. Wenn er aber reagierte, dann auf sehr derbe Weise.

Mit dem Leipziger Franziskaner Alfeld wollte sich Luther wohl auseinander setzen. Denn Alfeld verteidigte 1520 auf Geheiß des Bischofs von Merseburg in einer Denkschrift vehement die Lehre von der göttlichen Einsetzung des Papsttums. Luther urteilte: „Das ganze Buch verrät den Leipziger Ochsen." Alfeld sei „dümmer als ein böotisches Schwein". Besonders beklagte Luther, dass der Barfüßermönch sein „Affenbüchlein" auch ins Deutsche übersetzt habe, um die „armen Laien zu vergiften". Seinen rüden Ton entschuldigte Luther mit den Worten: „Was soll die Leier vor dem Esel? [...] Narren soll man mit dem Kolben lausen!!" Alfeld schlug zurück mit: „Wider den Wittenbergischen Abgott."

Der Leipziger Hieronymus Emser, Kaplan und Sekretär Herzog Georgs, galt ebenfalls als Gegner Luthers. Emser führte in seinem Wappen einen Ziegenbock. Seine Streitschrift „An den stier zu Vuiettenberg" signierte er deshalb mit: „Der Bock stößt dich." Luthers Vertraute in Leipzig hatten schon vor Drucklegung einige Bögen nach Wittenberg geschickt. Luther antwortete, noch bevor Emsers Schrift in Druck ging, mit: „An den Bock zu Leyptzck." Emser erwiderte: „Auff des Stieres tzu Wiettenberg wiettende replica." So ging es ein Jahr hin und her.

Zu Weihnachten 1520 brachten Studenten der Leipziger Universität an der Kanzel der Thomaskirche eine Spott- und Schmähschrift gegen Emser an, von der Drucker Valentin Schumann 1.500 Exemplare hatte auflegen lassen. Herzog Georg ließ ihn daraufhin kurzfristig verhaften. Melchior Lotter hatte zwischen 1518 und 1520 mehr als vierzig Lutherschriften gedruckt und auch verlegt. Er schickte seinen ältesten Sohn, ebenfalls Melchior genannt, nach Wittenberg, um dort eine eigene Druckerei für Luther aufzubauen. Luthers Blätter finanzierten sich über die große Verbreitung von selbst. Emser aber musste seine Schriften - erschienen meist bei Martin Landsberg in Leipzig - auf eigene Kosten drucken lassen.

Auch Johannes Eck, den die Anhänger Luthers gern als „das Schwein zu Ingolstadt" bezeichneten, kehrte 1520 nach Leipzig zurück - im Gepäck eine Bulle des Papstes, die Luther den Kirchenbann androhte, falls er nicht widerrufen würde. Ecks Ansinnen sprach sich herum. Aufgebrachte Studenten und Bürger Leipzigs vertrieben ihn ins Dominikanerkloster, sangen Spottlieder und warfen Zettel mit Schmähungen über die Klostermauern. Bei Nacht und Nebel verließ Eck die Stadt.

Herzog Georg traute Eck nicht. Erst als er von der Echtheit der Bannbulle überzeugt war, akzeptierte er die päpstlichen Anweisungen. „Ganze Wagen voll verbrannten sie von meinen Büchern", notierte Luther am 7. Februar 1521. Vor dem Elstertor in Wittenberg zündete er persönlich eine Abschrift der Bannbulle an. Einige Streitschriften von Emser und Eck warf er gleich mit ins Feuer. Die „Leipziger Disputation" und kursierende Flugblätter hatten die Einwohner für die Ziele der Reformation sensibilisiert. Herzog Georg aber warnte sie eindringlich davor, die „ketzerischen" Gedanken, die auch mit den Händlern die Stadt erreichten, zu übernehmen. Aber er ging nur recht zögerlich gegen die Prediger vor, die in und um Leipzig nach der lutherischen Bibelauslegung predigten und auch den Wein des Abendmahls an die Gläubigen ausschenkten, den „Laienkelch". Wenn im direkten Umfeld der Stadt keine Priester einen evangelischen Gottesdienst abhalten konnten, wichen die Leipziger in die nahe gelegenen Orte des ernestinischen Sachsen aus. Denn hier sorgte Kurfürst Friedrich III., „der Weise", für die Umsetzung der Reformation.

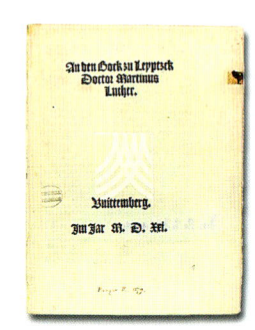

Kurfürst Friedrich III.

Luther verbrennt vor den Toren Wittenbergs die päpstliche Bulle.

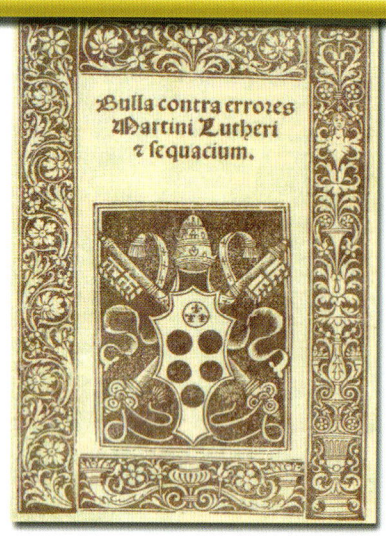

Die „Bulle gegen die Fehler Martin Luthers".

Luthers Replik: „An den Bock zu Leipzig".

Luther hielt sich unter dem Namen „Junker Jörg" unerkannt auch in Leipzig auf.

Lutherbibel

Georg von Wiedebach

Seite aus der Emser-Bibel.

Im Jahr 1521 bestellte Kaiser Karl V. Martin Luther in den Reichstag in Worms, damit dieser seine Thesen auch dem Kaiser und den Kurfürsten vortrage. Friedrich III. erwirkte für den Reformator freies Geleit. Dem konnte sich der Leipziger Landesherr Georg (rechts) nicht entziehen und wies alle Verwaltungsorgane seines Landes an, Luther ungehindert passieren zu lassen. Die Leipziger Stadtväter mussten ihm zähneknirschend auf der Durchreise am 4. April 1521 den üblichen Ehrenwein reichen.

In Anwesenheit des Kaisers wich Luther in Worms nicht von seiner Ablehnung der Berechtigung päpstlicher Gewalt ab. Der ebenfalls anwesende Herzog Georg unterstützte Luther zumindest in der Ablehnung des Ablasshandels und bei seinen Anklagen gegen den Lebenswandel der Geistlichkeit. Einen Widerruf seiner Thesen lehnte Luther ab: „Hier stehe ich und kann nicht anders!", weshalb der Kaiser gegen ihn die Reichsacht verhängte. Damit konnte jedermann den Reformator straffrei umbringen.

Auf dem Rückweg von Worms nach Wittenberg ließ der sächsische Kurfürst Luther zum Schein entführen und auf die Wartburg bringen. Dort lebte er anonym unter dem Namen „Junker Jörg" und begann alsbald anhand der griechisch-lateinischen Bibel-Ausgabe des Erasmus von Rotterdam mit der Übersetzung des „Neuen Testaments" ins Deutsche.

Da Luther Kontakt zu seinen Wittenberger Mitstreitern, Studenten und Anhängern halten wollte, kehrte er auf dem Weg bei seiner Rast in Leipzig in der Schänke von Hans Wagner auf dem Brühl ein. Als Luthers Reisen nach Wittenberg ruchbar wurden, ließen die Söhne des Landesherrn nachforschen und machten Wagner als Gastgeber aus. Dieser gab an, einen rotbärtigen Junker durchaus beherbergt zu haben; er wäre aber trotz des Hinweises eines unglaubwürdigen „Freiweibes" nie darauf gekommen, dass es sich hierbei um Martin Luther handeln könnte. Wagner blieb straffrei, und der Rat befahl erhöhte Wachsamkeit.

Ende März 1522 konnte Luther seine Übersetzungsarbeiten am „Neuen Testament" beenden und gab es bei Melchior Lotter zum Druck. Bis zum Ende des Septembers arbeiteten drei Pressen gleichzeitig daran, das von Lukas Cranach mit 21 Holzschnitten bebilderte „Septembertestament" in einer Auflage von 3.000 Exemplaren zu Papier zu bringen. Trotz des hohen Preises von 1,5 Gulden fand das Werk reißenden Absatz. Schon im Dezember 1522 ließ Luther eine zweite Auflage drucken, in der er Hunderte Korrekturen und stilistische Veränderungen vorgenommen hatte. Herzog Georg schritt ein und verlangte von allen Leipziger Bürgern, sie sollten ihre deutschen Bibeln dem Amtmann Georg von Wiedebach aushändigen. Den Kaufpreis wollte der Herzog gern erstatten. Magere Ausbeute: Vier beschlagnahmte Bücher meldete der Amtmann nach Dresden, eines davon aus seinem eigenen Besitz, zwei hatte Luther dem Ordinarius Georg Breitenbach geschenkt. Zur Sicherheit ordnete der Bischof von Merseburg eine Visitation in der Universität an und stellte noch einmal den Besitz sämtlicher Schriften Luthers unter strengste Strafe.

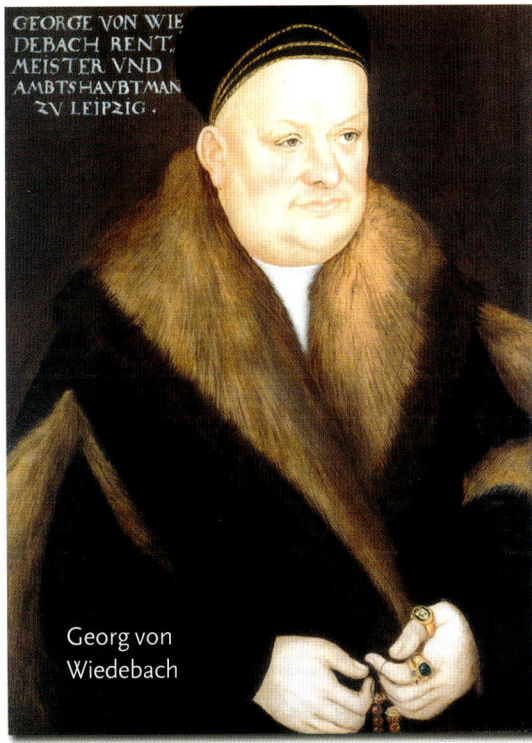

Herzog Georg veranlasste Hieronymus Emser, eine katholische Alternativ-Übersetzung anzufertigen, die er 1527 in Dresden, in der zweiten Auflage bei Schumann in Leipzig in Druck gab. Dabei hielt sich Emser weitgehend an Luthers „Dolmatschung", was ihm Spott und Hohn einbrachte.

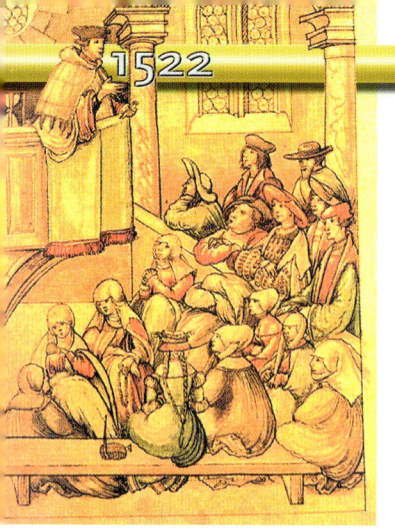

Georg „der Bärtige" weist „giftige Kröte" aus

Die lutherischen Prediger hatten die Kanzeln der Leipziger Stadtkirchen noch nicht erobert - und ebenfalls noch nicht den Unterricht an den Schulen. Vermögende Eltern begannen deshalb, ihre Kinder in der Thomasschule nach Wittenberg umzuschulen. Die klerikale Obrigkeit sah sich gezwungen, ihre Lehrer finanziell und „mit mehreren Kannen Bier pro Tag" zu unterstützen, um das versiegende Schulgeld auszugleichen. Dieser Trend erfasste auch die Leipziger Universität: Studenten und Dozenten der Universität wandten sich nach Wittenberg, um in der Nähe des Reformators zu studieren und sich an den vielen Streitgesprächen zu beteiligen.

Die Lehre Luthers war indessen vor den Toren der Stadt eingetroffen. In den kleineren Vorstadtkirchen (den Kapellen der beiden Hospitäler und des Nonnenklosters sowie in der Jakobskirche) predigten bereits evangelische Pfarrer. Vom „Auslaufen" war die Rede, wenn Leipziger Bürger Gottesdienste vor den Toren der Stadt besuchten. Der Rat Leipzigs schritt dagegen nur mit halbherzigen Ermahnungen ein.

Der erste evangelische Prediger, der in Leipzigs Mauern die lutherische Lehre von der Kanzel verkündete, war Magister Stephan Schönbach. Er hatte in Leipzig studiert und erteilte im Oktober 1522 erstmals den Segen im evangelischen Ritus. Das konnte dem Merseburger Bischof und damit auch Herzog Georg „dem Bärtigen" (rechts) nicht verborgen bleiben ...

Der Brief des Landesherrn traf prompt in Leipzig ein. Diplomatische Antwort der Ratsherren: Der Bischof habe den Magister doch selbst ordiniert und keinerlei Beschwerden geführt. Andernfalls hätten sie sofort gehandelt. Schönbach entschärfte den Konflikt und kehrte der Stadt den Rücken - in Richtung Magdeburg.

Ein Jahr später sorgte der Priester und Luther-Schüler Sebastian Fröschel in Leipzig für einen Eklat: In der Kapelle des Michaelishospitals predigte er beim Erntedankfest das Evangelium nach Luther - und eine Woche später gleich noch einmal in der Johanniskirche. Jetzt schritt der Klerus zum Gegenangriff: Die Kirchenoberen verrammelten das Gotteshaus mit schweren Schlössern, um eine weitere Predigt des „Abtrünnigen" zu verhindern. Das ließen sich die Leipziger nicht gefallen. Sie stellten auf dem Johanniskirchplatz eine Kanzel für Fröschel auf; hier konnte er nun im Freien predigen. Zusammen mit den Stadtvätern bewirkte er eine Deeskalation und verhinderte den Sturm wütender Bürger auf das Thomaskloster.

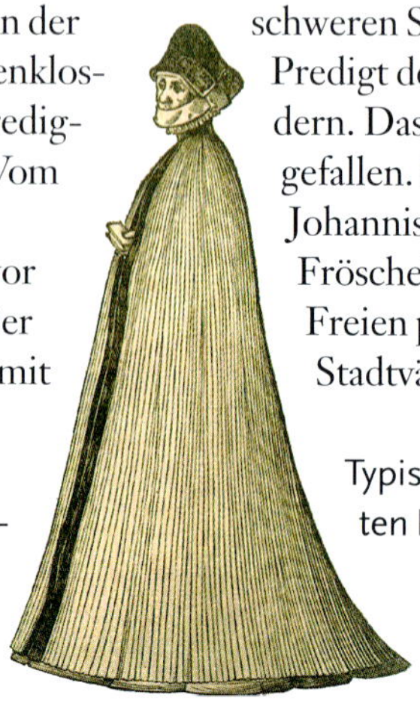

Obwohl Fröschel den Aufruhr damit unterbunden hatte, zitierte ihn der Bischof von Merseburg zu sich. Der Theologe argumentierte unbeirrt, der Bischof habe ihn selbst mit dem Evangelium in der Hand zum Priester geweiht. Und dieses Evangelium verkünde er auch weiterhin.

Nun schritt Herzog Georg ein. Er sei früher „doch ein schön Fröschlein gewest", so der Regent, aber in Wittenberg habe der „Frosch" die falsche Lehre erfahren und sei zur „giftigen Kröte" verkommen. Dorthin könne er sofort zurückkehren. Machtwort des Herzogs: Ausweisung.

Um Fröschel nicht entkommen zu lassen, wies Herzog Georg den Rat an, die Tore zu schließen. Die Stadtväter sorgten jedoch dafür, dass die Verhaftung für Fröschel recht angenehm verlief: Sie bewirteten den Prediger zunächst mit Speis und Trank aus dem Ratskeller und geleiteten ihn dann zur Pleißenburg. Doch dann musste Fröschel die Stadt verlassen. Wenn er wiederkehren sollte, hatte Herzog Georg angedroht, werde er ihm eine Tonsur schneiden und ihn an den Schandpfahl binden lassen. „Der Herzog ließ den Frosch wieder hüpfen", freuten sich die Studenten der Universität über die humane Entscheidung des Landesvaters (er hätte den Dissidenten auch einkerkern lassen können).

Nun mussten die Leipziger erneut die Stadtmauern verlassen, wenn sie Luthers Lehren hören wollten - so im Winter 1523 die Predigt von Andreas Bodenschatz in der Kapelle des Nonnenklosters auf dem Petersberg.

Eine Abordnung der Stadt mit den Unterschriften von mehr als 100 Honoratioren stellte im Februar 1524 den Antrag, endlich lutherische Predigten in einer der Stadtkirchen zuzulassen. Herzog Georg aber ließ die Leipziger Delegation mit der Aufforderung abblitzen, die Abgesandten sollten sich um ihre Geschäfte kümmern. Der Landesherr und der Bischof würden schon die christliche Seelsorge garantieren - aber keinesfalls mit „lotterischen" Predigten. Zum letzten Mal bestieg Andreas Bodenschatz am 25. August 1524 in Leipzig die Kanzel. Bis 1539 war er der letzte Lutheraner, der im Leipziger Stadtbezirk predigte.

Protestantischer Pfarrer und seine Gemeinde.

Typische Kleidung einer verheirateten Frau beim Kirchgang.

Sebastian Fröschel predigte 1523 in der Johanniskirche nach lutherischem Ritus.

Wenn keine Kirchen zur Verfügung standen, predigten die lutherischen Pfarrer auch im Freien. Oben Mitte: Die Lutherrose - das Zeichen der protestantischen Prediger.

Heinrich Stromer, genannt „Dr. Auerbach"

Dieser Mann sollte Stadtgeschichte und ein gutes Stück auch Kulturgeschichte schreiben: 1492 traf Heinrich Stromer aus Auerbach in der Oberpfalz (rechts) in Leipzig ein. In seiner Person vereinen sich die Eigenschaften eines Universitätsprofessors, eines praktizierenden Arztes und eines höchst erfolgreichen Kaufmanns. Stromer studierte an der Universität Leipzig Philosophie, erwarb 1501 seinen Magister, hatte 1508 seine Ernennung zum Rektor in der Tasche und schrieb sich in Medizin ein. Das „Große Fürstenkollegium" der Alma Mater nahm ihn 1509 in seine Reihen auf. 1516 folgte eine Ernennung zum Professor in der Pathologie und 1523 zum Dekan der Medizinischen Fakultät. Stromer führte 1524 das Fachgebiet Anatomie an der Universität ein. Seinem Herkunftsort nach nannten ihn die Leipziger „Dr. Auerbach".

Der umtriebige Wissenschaftler heiratete 1519 in die reiche Bürgerfamilie von Hansz Hummelhain ein. Sein Schwiegervater bekleidete als Großkaufmann das Amt eines Ratsherrn. Für 3.500 Gulden kaufte Stromer ein Grundstück in der Grimmaischen Straße - mit dem schon 1438 erwähnten mehrgeschossigen Weinkeller. Zur Ostermesse im Jahre 1525 eröffnete er hier im Tonnengewölbe einen Weinausschank, der besonders bei der Leipziger Studentenschaft auf große Gegenliebe stieß. Außerdem ließ Stromer auf dem Grundstück einen Handelshof mit einer Durchgangspassage zum Neuen Markt und mit einem Torbogen für die Wagen errichten. Das Anwesen umfasste ein Kontor, Warengewölbe, Speicher und Fremdenzimmer.

Das unterirdische Gewölbe, bald schon „Auerbachs Keller" genannt, nahmen auch die Handelsleute gern in Anspruch, um sich von den Anstrengungen der Leipziger Messetage zu erholen - unter dem „Markenzeichen" eines knienden Bacchus mit einem Weinpokal von 1530, der bis heute im „Fasskeller" überlebt hat. Ein Besucher der Stadt, Ulrich Groß, rühmte 1587 Auerbachs Hof als einen eigenen stattlichen Marktplatz mit trefflichen „Gewölben, Kammern und Sälen" als Treffpunkt für „welsche, niederländische und Nürnberger Handelsleute" mit „herrlichem Gut und viel Ware". Besonders Luxusgüter wie Spitzen, Seidenstoffe, Schmuck und Juwelen standen auf den Warenlisten der Wagen, die voll vor dem Grimmaischen Tor in Auerbachs Hof rollten und leer auf den Neuen Markt fuhren. Bis ins 19. Jahrhundert blieb Auerbachs Gebäudekomplex der bedeutendste Handelshof der Stadt. Stromer war schon 1520 Ratsherr in Leipzig. Seine Kenntnisse in der Medizin veranlassten Herzog Georg „den Bärtigen", Kurfürst Joachim I. von Brandenburg und seinen Bruder Albrecht II., Erzbischof von Mainz und Magdeburg, ihn zu ihrem Leibarzt zu erheben. Seine Reputation verdankte Stromer einer Reihe von medizinischen Schriften, in denen er unter anderem zu Ursachen und zum Verlauf der Pest Stellung genommen hatte. Schon früh befasste und identifizierte sich Stromer mit den Zielen der Reformation. Er stand in engem Briefwechsel mit Martin Luther, Philipp Melanchthon, Ulrich von Hutten und Erasmus von Rotterdam sowie dem Schweizer Arzt und Naturforscher Paracelsus. Stromer gehörte 1519 zu den Zuhörern der „Leipziger Disputation" zwischen dem Reformator Martin Luther und seinem katholischen Gegenspieler Dr. Johann Eck.

Am 25. November 1542 starb Heinrich Stromer im Alter von 60 Jahren in der Stadt seines Wirken. Den Sieg der Reformation hatte er noch mit erleben und Martin Luther 1539 während seiner Anwesenheit in Leipzig Quartier bieten dürfen.

Lager- und Verkaufsgewölbe eines Großkaufmanns.

1516 verfasste Stromer ein viel beachtetes Werk über die Ursachen und die Bekämpfung der Pest.

Die Matrikel von Heinrich Stromer. Er gehörte zur Studentengruppe der „Bayrischen Nation".

Faust und Fassritt - der bekannteste Keller der Welt

Auch wenn er an der Universität die Anatomie einführte - den Leipzigern in Erinnerung geblieben ist der Medizinprofessor Dr. Heinrich Stromer vor allem wegen der Mitgift seiner Frau Anna. Die brachte von ihrem Vater Hans Hummelshain das Grundstück der heutigen Mädler-Passage mitsamt Lager- und Schankprivileg für Wein in die Ehe ein. Stromer besserte sein Professoren-Salär zur Ostermesse 1525 erstmals mit dem Ausschank von Wein an Studenten auf - und pries diesen als Prophylaktikum gegen die Pest. Der Nebenerwerb erwies sich als sprudelnde Geldquelle: 1528 bis 1538 konnte das Paar einen weitläufigen Messehof im Renaissance-Stil zwischen Grimmaischer Straße und Neumarkt mit etabliertem Weinausschank erbauen. Stromer vergrößerte den schon im 15. Jahrhundert vorhandenen Weinkeller, übertrug seinen Herkunftsnamen „von Auerbach" auf das gesamte Anwesen und zahlte 1538 allein ein Drittel der gesamten Weinsteuer Leipzigs. 100 Jahre nach dem ersten Ausschank ließ Stromers Urenkel, der Jurist Johann Vetzer, das Geschäft erweitern. Im Erdgeschoss des Wohngebäudes und in den Verkaufsgewölben des Hofs handelten Kaufleute mit Juwelen, Seide, Spitze und Galanteriewaren. Für den Weinkeller gelang ihm ein Marketing-Coup, der bis heute fortwirkt: Vetzer machte bewusst, dass die Legende aus dem Volksbuch des Dr. Faustus auf Auerbachs Keller bezogen war. Er ließ den Leipziger Kleinmeister Andreas Bretschneider zwei Zwickelbilder für das Kellergewölbe malen: den Fassritt und den fröhlichen Schlampamp der Studenten - versehen mit der Jahreszahl 1525 als Jahr des Ereignisses.
Eine Küche existierte zu dieser Zeit im Weinkeller natürlich nicht. Nach städtischer Ordnung durften nur Garköche und Speisewirte Essen anbieten. Doch die Kellermeister wussten sich zu helfen, orderten für die hungrigen Gäste Speisen aus benachbarten Küchen und von den Fleisch- und Brotbänken am Naschmarkt. Das änderte sich Ende des 18. Jahrhunderts: Italienische Gastwirte übernahmen den Keller und entwickelten ihn zu einem Feinschmeckerlokal mit südländischen Delikatessen und süffigen Weinen. 1850 gestaltete der Wirt Hermann Schultze das berühmte Restaurant noch einmal um. Den sonst nur zu Messen geöffneten Fasskeller richtete er als ständig genutzten Gastraum ein, stattete die Räume eleganter aus und öffnete ein Verkaufslokal für italienische Delikatessen. Das von ihm herausgegebene Buch „Faust in Leipzig – Kleine Chronik von Auerbachs Keller zu Leipzig" begehrten die Gäste gern als Souvenir. Im Fasskeller fanden Bilder nach Vorlagen von Moritz Retzsch zu Goethes „Faust" ihren Platz. Nachfolger August Haupt ließ eine neue Auflage des Faust-Buches sogar in englischer Sprache drucken, ergänzte die Faust-Gemälde um englische Erläuterungen, und das bislang überwiegend von zechenden und schmausenden Herren besuchte Lokal wurde nun auch den Familien gerecht. Diese konnten fortan im Goethe- und Lutherzimmer speisen. Anton Mädler kaufte 1911 Auerbachs Hof. Er riss die mehr als 400 Jahre alten Gebäude ab und ließ den Architekten Arthur Kösser die Mädler-Passage bauen. Weltweiter Protest gegen den Abriss des traditionsreichen Weinkellers führte zu dessen Erhalt. Mädler erweiterte ihn sogar. Die künstlerische Ausstattung folgte weiter der Faustlegende: prachtvolle Originalgemälde im

Heinrich Stromer und Auerbachs Hof, wie ihn Stromer errichtete.

Auerbachs Hof, wie ihn Goethe erlebte.

Auerbachs Hof im 19. Jahrhundert.

Fasskeller um 1850.

Fasskeller heute.

Der Große Keller des Restaurants.

Die Kellermeister bitten zum Verjüngungstrunk in die Hexenküche - zwölf Meter unter dem Leipziger Straßenpflaster.

Ausleger am Eingang zur Mädler-Passage.

Großen Keller, der Leuchter „Walpurgisnacht" von Max Stolz aus Starnberg im Fasskeller sowie die bis heute den Eingang zum Keller prägenden Bronzefiguren von Mathieu Molitor „Faust und Mephisto" und „Verzauberte Studenten".

Die bekannte Leipziger Weinhandlung Gotthelf Kühne pachtete den gastronomischen Großbetrieb, der sich im kulinarisch verwöhnten Leipzig rasch behauptete. Doch Erster Weltkrieg, Weltwirtschaftskrise und Inflation trugen die Not bis in Auerbachs Keller. 1923 musste er sogar kurzzeitig schließen. Auch unter dem neuen Pächter - 1927 übernahm die Dortmunder Unionsbrauerei das Lokal - war ihm nur eine kurze Blütezeit beschieden. Nach den Bombenangriffen im Zweiten Weltkrieg diente der erhalten gebliebene Keller schließlich als Suppenküche und Ausgabestelle für Lebensmittel.

In der DDR versuchte die staatliche Handelsorganisation (HO) den Ruf des Hauses am Leben zu erhalten. In der Modernisierung Mitte der 60er-Jahre mischte sich Staats- und Parteichef Walter Ulbricht persönlich ein. Weil

„Faust und Mephisto" (hinten) und „Verzauberte Studenten" am Keller-Eingang.

Mephisto-Bar von Auerbachs Keller in der Mädler-Passage.

ihm Gemälde und Interieur zu dunkel erschienen, mussten Maler im Fasskeller den Hintergrund von Kellerszene und Walpurgisnacht weißen.
Nach der Reprivatisierung 1990 lockt der weltberühmte Keller „Goldgräber" an. Die vergraulen die Kundschaft oder treiben, wie Baulöwe Dr. Jürgen Schneider, nach kurzer Blüte das Restaurant im Schlepptau gescheiterter Unternehmen in den Konkurs. Nach den Plänen von 1913 gelingt 1996

Mephisto-Darsteller Hartmut Müller vor dem berühmten Fass.

Werbeträger Goethe

Keineswegs in einer Runde fröhlicher Studenten, sondern als Gast des Hauses lernt der junge Johann Wolfgang Goethe 1765 Auerbachs Keller kennen. Er ist mit Wolfgang Behrisch befreundet, dem Hofmeister und Hauslehrer des Grafen von Lindenau, zu dieser Zeit Eigentümer von Auerbachs Hof und Keller. Die Atmosphäre in den alten Gewölben und die Bilder von Fassritt und Schlampamp beeindrucken den jungen Dichter sehr. In seiner Tragödie „Faust I" verarbeitet er eine komplette Szene mit Namen und Adresse des Auerbachs Keller - und festigt damit seine weltweite Bekanntheit. 1831 besucht der Weimarer Prinzenerzieher Frédéric Jean Soret das berühmte Leipziger Lokal und schreibt an Goethe: „Wir kamen soeben aus Auerbachs Keller. Der Wirt verdankt dem »Faust« seinen ganzen Ruf und, was noch schwerer wiegt, sein Vermögen; eigentlich sollte er von seinen Einkünften so und so viel jährlich an Ew. Exzellenz abgeben. Die fremden und einheimischen Studenten fühlen sich erst als richtige Studenten, wenn sie Auerbachs Keller besucht haben; viele von ihnen, glaube ich, könnten ein Unterrichtsstündchen bei Mephisto sehr wohl gebrauchen, sie halten sich für Genies, weil sie in einem Keller kneipten, in dem Goethe eingekehrt ist und den Goethe unsterblich gemacht hat. Die armen Kerle!"

die Sanierung des Kellers. Der neue Wirt Ulrich Reinhardt bringt die Küche des Hauses wieder auf höchstes Niveau. Zur 475. Wiederkehr des ersten Weinausschanks zeigt Auerbachs Keller neue Kunst: das Bild „Kai-

Christine und Bernhard Rothenberger

Goethezimmer in Auerbachs Keller.

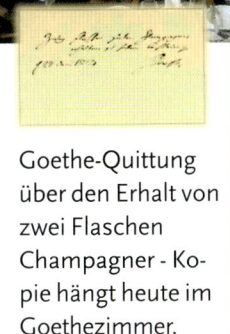

Goethe-Quittung über den Erhalt von zwei Flaschen Champagner - Kopie hängt heute im Goethezimmer.

serliche Pfalz" von Volker Pohlenz und zwei Bronzeplastiken von Bernd Göbel: „Faust mit Gretchen" und „Mephisto mit Frau Marthe". Beim Großen Schlampamp auf dem Markt lässt Magier Eberhard Baur vor den Augen der Gäste das von Faust zum Ritt benutzte Fass in den Keller zurückschweben. Auerbachs Keller hat seinen Ruf wieder - und seit April 2006 zwei neue Wirtsleute, die ihn weiter liebevoll pflegen: Christine und Bernhard Rothenberger.

Dr. Faustus reitet aus

Kurze Zeit nach der Eröffnung von Auerbachs Keller 1525 setzte die Sagenbildung über den legendären Fassausritt von Dr. Faustus ein. Diese Figur sollte die deutsche Kulturgeschichte nachhaltig prägen: Johann Wolfgang von Goethe, Heinrich Heine, Theodor Storm und Thomas Mann widmeten sich literarisch der Faustgestalt. Musikalisch nahmen Hector Berlioz, Ludwig van Beethoven, Franz Liszt und Gustav Mahler das Sujet auf.

Johann Faust zog als promovierter Theologe, Wundheiler und Astrologe mit seinen Künsten durch die Lande. Das baden-württembergische Knittlingen, Helmstadt bei Heidelberg und das thüringische Roda nehmen Faust als Sohn der Stadt für sich in Anspruch. Schon zu Lebzeiten galt seine Person in der Öffentlichkeit als höchst umstritten: Die Kirche unterstellte ihm, ein Bündnis mit dem Teufel eingegangen zu sein und beschuldigte ihn der Gotteslästerei. Der Freiburger Professor Joachim Camerarius hingegen hielt Faust für einen sachkompetenten und ernstzunehmenden Sternkundigen. Und der Wormser Stadtrat Philipp Begardi äußerte sich lobend über seine Arzneikunst.

Im „Hotel zum Löwen" in Staufen bei Freiburg soll Faust 1541 den Tod gefunden haben: wahrscheinlich durch eine Explosion bei einem seiner alchimistischen Experimente. Sein Körper war verkohlt und stark deformiert. Dieses dramatische Ende war Wasser auf die Mühlen der Kirche: „Der Teufel hat den Faust geholt", so waren sich Protestanten und Katholiken ausnahmsweise einmal einig.

Die Sage gibt zur Kenntnis: Dr. Faustus war mit seinen Wittenberger Studenten unterwegs und kam an einem Weinkeller vorbei. Dort bemühten sich gerade mehrere Schröter darum, ein volles Fass auf die Straße hinaufzuschleppen. Faust lachte sie aus und meinte, das Fass könne doch einer allein heraustragen. Der Weinherr mischte sich ein und wettete um den Inhalt, dass es Faust nicht allein gelingen könnte, das Fass zu bewegen. Faust ging in den Keller, setzte sich auf das Fass und ritt es wie ein Pferd hinaus.

Der Weinherr hatte nur die Erklärung übrig, dass der Teufel im Spiel gewesen sein müsse. Er löste aber seine Wette ein und die Gesellen von Dr. Faust „hatten etliche tage lang einen guten schlampamp". So berichtete ein ausführliches Werk über das Wirken und Schicksal von Dr. Faust, das 1555 in lateinischer Sprache und 1587 dann in deutscher Sprache beim Buchdrucker Johannes Spieß erschien.

Der Fassausritt im heutigen Auerbachs Keller und als Illustration zu Goethes „Faust".

Dr. Johann Faust war eine historische Figur.

Einen Hinweis auf Leipzig gibt darin noch nicht. Erst in der zweiten Auflage von 1589 findet sich ein deutlicher Bezug auf Auerbachs Keller. Die Quelle dafür liegt im Dunkeln der Geschichte. Der Leipziger Bürger Markus Höhl aber, der zwischen 1539 und 1611 lebte, hatte in seinen handschriftlichen Notizen zur Geschichte Leipzigs die Begebenheit vom Fassausritt des Dr. Faust auf das Jahr 1525 datiert und Auerbachs Keller als Ort des Geschehens benannt. Er könnte also sogar noch vom Hörensagen der Zeitzeugen etwas über dieses „Teufelswerk" erfahren haben. Und die reale Existenz des „Ungenannten" gehörte in dieser Zeit noch zu den Gewissheiten beider Konfessionen.

Mit dieser Sage wussten die Nachfolger von Heinrich Stromer wohl zu wuchern und ihren Keller zu einer der berühmtesten Trinkstuben Deutschlands aufsteigen zu lassen. Zum 100-jährigen Tag der Fassbesteigung ließ der Urenkel von Dr. Auerbach, der Ratsherr Johann Vetzer, 1625 vom Maler und Kupferstecher Andreas Bretschneider zwei auf Holz gemalte Szenen anfertigen: den „Fassausritt" und „Dr. Faust im Kreise seiner Studenten". Sie sind heute noch im „Goethekeller" zu besichtigen. Die Bilder ließen die Auftraggeber auf das Jahr 1525 zurückdatieren, um dem Keller eine 100-jährige Haustradition anzudichten.

Ein Studenten-Schlampamp von 1625 als Wandgemälde in Auerbachs Keller

Gleichheit: Bauern wagen Aufstand

Martin Luthers Schrift „Von der Freiheit eines Christenmenschen" verursachte deutschlandweit die Erhebung von niederen Ständen, Bauern und Handwerkern gegen ihre Stadt- und Landesherren. In vielen Städten hatten diese zwar schon vor Luthers Thesen rebelliert, seine Schriften aber schürten das Feuer.
In Thüringen predigte Thomas Müntzer (oben) den offenen Aufruhr gegen die geistlichen und weltlichen Grundherren. Müntzer hatte an den Universitäten Leipzig und Frankfurt/Oder Theologie studiert und galt als engagierter Anhänger und Bewunderer Martin Luthers. Allerdings richtete sich sein Widerstand nicht nur gegen die vom Papsttum beherrschte geistliche und weltliche Obrigkeit, sondern auch gegen die soziale Unterdrückung und Ausbeutung der Bauern und der ärmeren Stadtbevölkerung. Unter Müntzers Führung sammelten sich im Frühjahr 1525 in Thüringen aufgebrachte Bauern und begannen, die Städte und Klöster zu stürmen. Der Haufen drang bis kurz vor Magdeburg vor und plünderte das Eichsfeld am südlichen Harzrand. Auch im Leipziger Umfeld verschärfte sich die Lage zusehends. Die Bauern aus dem ernestinischen Holzhausen verweigerten ihre Abgaben an das Thomaskloster. Im Amt Altenburg rotteten sich im April die Bauern zum Kampf zusammen. Dort, wie auch in Schmölln und Pegau, lehnte sich die Bürgerschaft gegen die Stadtherren und die Geistlichkeit auf. Der Rat der Stadt Leipzig zeigte sich alarmiert und beorderte 40 Mann der Bürgerwehr ins Rathaus. Der Merseburger Bischof Johann suchte im Dominikanerkloster Zuflucht.
Die Fürsten im Norden des Reiches schlossen sich zusammen. Kurfürst Friedrich der Weise aber zögerte. „Filleicht had man den armen leuten zu solchem aufrure orsache geben. [...] Got wend sein zcorn von uns. Wil es got also haben, so wird es also hinaus gehen, das der gemain man regiren sal", sprach er Anfang Mai auf seinem Sterbebett.
Herzog Georg von Sachsen jedoch ließ die Werbetrommeln rühren und stellte ein Söldnerheer auf. Die Stadt Zwickau knüpfte die Entsendung ihrer Knechte an die Bedingung, dass diese nicht gegen die Bauern eingesetzt würden. In den Bergstädten Freiberg und Annaberg erlebten die Anwerber ein totales Fiasko. Auch der Leipziger Rat wollte nur ungern Söhne der Stadt in den Krieg schicken, stellte aber 2.400 Gulden für die Ausrüstung von 300 Landsknechten zur Verfügung.
Anfang Mai 1525 zog Herzog Georg seine Mannen auf dem Marktplatz in Leipzig zusammen. Viele Handwerker und Lohnarbeiter – überwiegend aus dem Petersviertel – versuchten, die Soldaten von einem Kampf gegen die Bauern abzuhalten: „Eß sey wider got das man die armen lewte also morden sol."
An ihrer Spitze stand der Goldschmied Michael Rumpf. Auf herzogliches Geheiß ließ der Rat 21 Leute verhaften und ins Gefängnis im Rathaus bringen.
Die Fürstenkoalition konnte dem Bauernheer in der Schlacht bei Frankenhausen am 15. Mai 1525 eine verheerende Niederlage beibringen. Die Sieger ließen Thomas Müntzer foltern und am 27. Mai in Mühlhausen enthaupten. Am 11. Juni kehrte Herzog Georg nach Leipzig zurück. Hier erwarteten ihn seine Frau Barbara, sein Bruder Heinrich und sein Sohn Johann. Die Stadt belohnte Georgs Leibknabe, der dem Rat die Nachricht von der Bauernniederlage überbracht hatte, mit einem Gulden und den Herzog selbst mit einem Goldbecher mit hundert Gulden Prämie. Die recht nachsichtige Haltung des Herzogs gegen die lutherisch gesonnenen Kleriker und Einwohner der Stadt änderte sich nach seinen Erfahrungen im Bauernkrieg. Einige Chronisten berichten, Herzog Georg ließ schon am 15. Juni acht Aufrührer durch das Schwert hinrichten sowie 15 weitere „stäupen" (auspeitschen) und des Landes verweisen. Wahrscheinlich handelte es sich bei diesen Geschehnissen jedoch um ein Strafgericht in Merseburg. Denn dort hatten die Bürger ihren Bischof vertrieben.

Auch im Umland Leipzigs begannen die Bauern, sich zusammenzurotten.

Leipziger Druck eines Müntzer-Sendbriefes von 1525.

Bauernpaar von Albrecht Dürer

Bei der Messe brennen Luthers Schriften

Was die Aufständischen des Bauernkrieges für Leipzig planten, lässt sich nur aus unter der Folter erpressten Geständnissen erschließen: Die Delinquenten nannten den Herzog Georg von Sachsen einen „tyrannischen Bluthund", der das Land aussaugte. Michael Rumpf gab den Plan zu, heimlich den Bauern die Stadt zu öffnen, damit diese die Klöster überfallen und die reichen Bürger plündern könnten. 300 Bürger wollten ihm dabei helfen. Alle katholischen Ratsherren sollten verjagt werden, und einzelne Ratsherren wollte der Goldschmied sogar eigenhändig erwürgen. Der Herzog setzte ein Zeichen und ließ Michael Rumpf am 23. Juni 1525 auf dem Markt enthaupten. Die übrigen Inhaftierten kamen nach Verhören, Ermahnungen und Verwarnungen ungeschoren davon.

Ungefähr die Hälfte der Leipziger Stadtväter vertraute dem lutherischen Glauben. Sie distanzierten sich von den Bauernaufständen aufs Heftigste - ebenso wie Luther selbst mit seinen Schriften „Sendbrief von dem harten Büchlein, Wider die Bauern" und „Wider die mörderischen und räuberischen Rotten der Bauern". „Man soll sie zerschmeißen, würgen, stechen, heimlich und öffentlich, wer da kann, wie man einen tollen Hund erschlagen muss", so äußerte sich der Reformator bereits im Mai 1525.

Trotzdem begann Herzog Georg, verschärft gegen die Lutheraner in der Stadt vorzugehen. Luther war für ihn der Grund allen Übels, und die Leipziger Buchdrucker hielt er für seine Erfüllungsgehilfen. Deshalb stellte der Herzog den Druck lutherischer und aufwieglerischer Schriften unter Leibesstrafe - ein schwerer Schlag gegen die Leipziger Drucker, die sich weitgehend auf die Publikation reformatorischer Schriften spezialisiert hatten, denn Georgs Anordnung glich einem Berufsverbot.

Besonders schwer traf es den Buchdrucker Hans Hergot. Er war nicht nur ein glühender Anhänger Luthers, sondern identifizierte sich auch mit den Zielen von Thomas Müntzer. In seiner Schrift „Von der newen wandlung eynes christlichen lebens" entwickelte er die Idee eines kommunistischen Staates auf christlicher Grundlage. Herzog Georg ließ ihn zur Abschreckung am 20. Mai 1527 auf dem Marktplatz enthaupten.

Der Rat zeigte sich beflissen und veranlasste am 4. Januar 1531 während der Neujahrsmesse die Verbrennung ganzer Wagenladungen lutherischer Schriften. Außerdem gab er gestanzte Metallplättchen in Auftrag, welche die Prediger den Beichtenden und Abendmahlsempfängern bei katholischen Gottesdiensten als Zeichen ihrer Rechtgläubigkeit aushändigten.

Herzog Georg ließ sich Listen von Personen zusammenstellen, die 1524 einen Bittbrief zur Zulassung evangelischer Prediger unterschrieben hatten und 1525 während des Bauernkrieges unangenehm aufgefallen waren. Auch untersagte er den Leipziger Bürgern, ihre Söhne auf die Schulen und die Universität in Wittenberg zu schicken. Sterbende und Kranke, die den Laienkelch erhalten wollten, wies die Kirche darauf hin, dass sie nicht in geweihter Erde beigesetzt würden.

Den Anhängern der Reformation empfahl Georg, die Stadt zu verlassen, bevor er sie regulär ausweisen würde. Ihre Habseligkeiten und ihren Grundbesitz durften sie in diesem Fall vorher veräußern. Die Stadtväter befürchteten dadurch einen Aderlass an Lehrlingen, Gesellen und Meistern, die das Rückgrat der Messestadt bildeten. Herzog Georg aber bestand auf seiner Anweisung, befahl aber eine gründliche Prüfung jedes Einzelfalls.

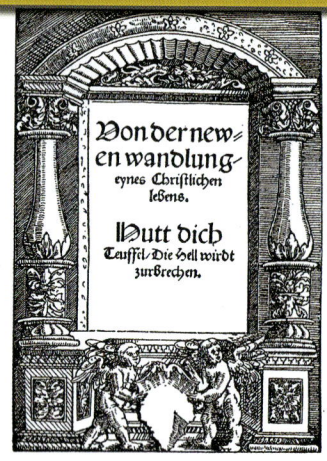

Landesherr Georg „der Bärtige": ein entschiedener Gegner der Reformation.

Links: Luthers Flugschrift „Wider die mörderischen und räuberischen Rotten der Bauern", gedruckt bei Michael Blum in Leipzig. Rechts: Buchdrucker Hans Hergot wollte mit seiner Schrift „Von der newen wandlung eynes christlichen lebens" die Ideale Müntzers wiederbeleben.

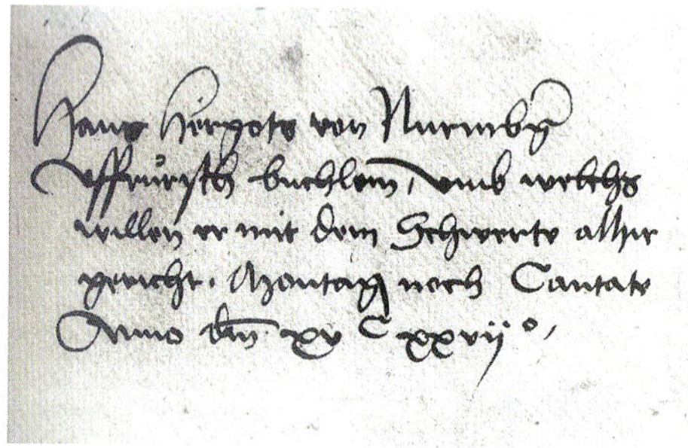

Anmerkung des Rates zur Hinrichtung von Hans Hergot.

1534

Gerstensäfte - königlich, köstlich, vertraut

Eine kleine Ortschaft im Norden von Leipzig: Am 11. Mai 1534 überreicht Herzog Georg von Sachsen seinem Getreuen Hans Wahl einen Lehnbrief mit dem Braurecht auf dem „Rittergute Crostewitz". 18 Jahre zuvor hatte der bayerische Herzog Wilhelm IV. das Deutsche Reinheitsgebot zur Herstellung eines klaren Bieres erlassen. Auch die Braumeister in Krostitz halten sich an das älteste heute noch gültige Lebensmittelgesetz der Welt: Nur Wasser, Gerstenmalz und Hopfen verwenden sie für ihren Trank - allerdings in meisterlicher Rezeptur. Als 1631 der schwedische König Gustav Adolf II. mit seinen Truppen die Ortschaft erreicht, leert er eine Kanne in einem Zug. Zum Dank für den wohlschmeckenden Trank schenkt er dem Brauherrn einen Goldring mit einem Rubin - und der Schwedenkopf auf dem Etikett avanciert zum Markenzeichen der Krostitzer Biere.

„Was dem König damals gut schmeckte, mag König Kunde heute auch noch", sagt Brauereichef Wolfgang Welter. Die Marke Ur-Krostitzer genießt in Sachsen einen Bekanntheitsgrad von 90, in Leipzig sogar von knapp 100 Prozent. Mehr als 2.600 Gastronomen schenken den königlichen Gerstensaft aus.

1921 schluckte Riebeck das Krostitzer Unternehmen. An seinem Hauptsitz im Leipziger Stadtteil Reudnitz hatte der Konzern 1862 das modernste Brauhaus Europas mit dem größten Sudhaus der Welt eröffnet. Zahlreiche Auszeichnungen kündeten vom hervorragenden Ruf der Riebeck-Biere. Viele Jahre lang prägten die Pferdewagen der Brauerei das Leipziger Straßenbild.

Nach dem Ende des Zweiten Weltkrieges verstaatlicht, gehörten die ehemaligen Riebeck-Betriebe ab 1968 zum neu gegründeten VEB Getränkekombinat Leipzig - ebenso die 1756 erstmals erwähnte „Brauerei im Rittergut zwischen Elster und Mühlteich". 1822 hatte Freiherr Speck von Sternburg den Betrieb in Lützschena erworben.

Nach der Wende übernahm Binding die Krostitzer, Brau und Brunnen die Reudnitzer und Lützschenaer Brauerei. Die Marke Sternburg fand in Reudnitz ihr neues Zuhause. Nachdem die weitere Existenz des Brauhauses an der Leipziger Mühlstraße 1997 auf der Kippe stand, gehört es nach einer Investition im Umfang von mehr als 100 Millionen Euro heute wieder zu den modernsten Europas - mit einem weltweit einmaligen Sudhaus: Zwölf statt bisher acht Sude am Tag können die Brauer dank revolutionärer Technik ansetzen. Denn entgegen dem allgemeinen Trend auf dem Biermarkt steigen in der größten Brauerei der Stadt die Absatzzahlen. Sachsenweit gilt das Unternehmen als Vorzeigeobjekt bei Qualitätssicherung und Umweltschutz. Die breit gefächerte Produktpalette der Marken Reudnitzer und Sternburg hält für jeden Biergeschmack die passende Spezialität bereit. Zahlreiche Auszeichnungen und Gütesiegel sprechen für die Qualität der Gerstensäfte. Reudnitzer Pilsner Premium konnte zum Beispiel im weltweit härtesten Biertest vier Mal in Folge die Goldmedaille der DLG (Deutsche Landwirtschaftsgesellschaft) erringen.

Seit 2004 produzieren Reudnitzer und Krostitzer unter dem Dach der Radeberger-Gruppe. Ihr gemeinsames Credo: „Bier braucht Heimat". Bei zahlreichen Kultur- und Sportveranstaltungen engagieren sich die beiden Brauereien - als vertraute Namen im gesellschaftlichen Leben der Stadt.

Schwedenkönig Gustav Adolf II.

Königlicher Ring.

Brauerei in Krostitz.

Fuhrwerke der Riebeck-Brauerei.

Das Brauhaus zu Reudnitz mitten in Leipzig.

Eröffnung des weltweit modernsten Sudhauses Ende 2004.

1539

Auf dem Weg zur Reformation

Während der Regierungszeit von Herzog Georg verließen wahrscheinlich nur rund 80 Leipziger Bürger die Stadt aus Glaubensgründen oder wurden vertrieben. Luther spendete diesen Leuten Trost und sagte voraus, dass er noch zu Lebzeiten in der Stadt eine Predigt halten würde, bei der sie seinen Segen empfangen würden. Die letzte Entscheidung über eine Ausweisung behielt sich der Herzog selbst vor und eröffnete den Ausreisenden auch Rückzugswege. Auch der Rat meldete immer wieder Ausnahmefälle an den Landesherrn: Er verzögerte Ausweisungen und gab dem Herzog finanzielle Bedenken zur Kenntnis. Ein Beispiel: Ein ortsansässiger Händler hatte sich das Abendmahl in beiderlei Form verabreichen lassen; deshalb drohte ihm die Ausweisung. Der Rat führte Herzog Georg jedoch vor Augen, dass der Kaufmann schließlich für Waren aus Polen und Litauen jedes Jahr vierhundert Gulden für Geleit und Zölle in die Landeskasse zahlte, und der Herzog konnte diesem Argument folgen. An seine Verordnungen aber, so klagte Georg, hielten sich die Stadtväter „nicht allzu emsig und fleißig".

Das Ziel, die verluderten Zustände in seinen Klöstern und Kirchen zu beheben, hatte der Herzog nie aus den Augen verloren. Trotz des Widerstands des Merseburger Bischofs und der Leipziger Kleriker beauftragte er seinen Amtmann Georg Wiedebach mit einer Visitation, die Misswirtschaft und - wie erwartet - sittenloses Leben aufdeckte.

Herzog Georg wies den Propst an, alle Kleinodien aus den Gotteshäusern zu entfernen und in einem Keller einzulagern, zu dem auch der Rat der Stadt die Schlüssel hatte. Er zwang die Kleriker, die sich wegen der Visitation „nicht wenig befremdet und trübselig bekümmert" zeigten, bei der Ratsverwaltung eine Kasse einzurichten, die ihre Rücklagen verwalten sollte. Alle Originalurkunden mussten die Kirchen beim Rat hinterlegen. Und wenn in Zukunft ein Kloster aufgelöst würde, so sollte der gesamte Besitz an die Stadt fallen.

Herzog Georg „der Bärtige" versuchte, durch mehrere Vermächtnisse zu erreichen, dass sein Land nicht an einen Erben falle, der lutherischen Glaubens sei. Dies gelang ihm aber nicht. Seine Söhne hatte er überlebt, und als er am 17. April 1539 in Dresden starb, übernahm sein Bruder Heinrich „der Fromme" das Herzogtum Sachsen.

Herzog Georgs Tod läutete gleichzeitig die Geburtsstunde der Reformation in Leipzig und dem albertinischen Sachsen ein. Nun ging es Schlag auf Schlag: Am 11. Mai erhielt der Leipziger Rat die herzogliche Order, die Vertreibung der evangelisch gesonnenen Einwohner sofort einzustellen. Der neue Herzog erlaubte den Druck lutherischer Schriften. In allen Kirchen durften von nun an evangelische Priester auf den Kanzeln stehen. Der Universität räumte Heinrich eine gewisse Übergangsfrist ein. Die Vorschläge der Bischöfe von Merseburg und Meißen, die Reformation selbst vornehmen zu wollen, wischte er vom Tisch.

Pfingsten 1539 zog Martin Luther in die Stadt Leipzig ein (unten links). Er logierte bei Heinrich Stromer, genannt Auerbach, in der Grimmaischen Straße. Am Pfingstsonnabend predigte Luther in Anwesenheit von Herzog Heinrich, dem die Chronisten nun den Beinamen „der Fromme" gaben, in der Kapelle auf der Pleißenburg. Sein Mitstreiter Justus Jonas (unten rechts) stand auf der Kanzel in der Nikolaikirche.

Am Nachmittag des ersten Pfingsttages, am 25. Mai, löste Luther sein Versprechen ein, das er den evangelischen Ausgewiesenen gegeben hatte, und predigte in der Thomaskirche. Die Universität spendete den Reformatoren Wein.

Das albertinische Sachsen war evangelisch geworden. 18 ausgewiesene Bürger kehrten in die Stadt zurück und verpflichteten sich per Handschlag auf die neue Glaubensordnung.

Die Grabplatten von Georg von Wiedebach, dem Amtsmann des Herzogs, und seiner Frau Apollonia aus der Thomaskirche.

Martin Luther in seinen späten Lebensjahren.

Links: Zu den Rückkehrern zählte auch der Theologe Caspar Creuziger, der zusammen mit Justus Jonas in Leipzig die Reformation umsetzte und eine Kirchenordnung erarbeitete. Rechts: Johannes Pfeffinger - erster Superintendent und seit 1540 evangelischer Stadtpfarrer der Nikolaikirche.

1540

Ultimatum: Frommer Fürst contra Kutte

Rückkehr zur katholischen Kirche? Das wollte Landesherr Heinrich „der Fromme" ebenso verhindern wie die Stadtväter Leipzigs. Mit allen Mitteln. Zu diesem Zweck verfolgte der Rat das Ziel, mit Einführung der Reformation die Kontrolle des Kirchen- und Schulwesens zu gewinnen: Die Prediger in den Stadtkirchen und die Lehrer bezogen ihr Salär nun aus dem Etat der Stadtkämmerei. So sicherten sich die Stadtväter den Einfluss auf die Lehr- und Predigtinhalte; Pfarrer wie Lehrer waren somit den Weisungen des Bistums Merseburg entzogen.

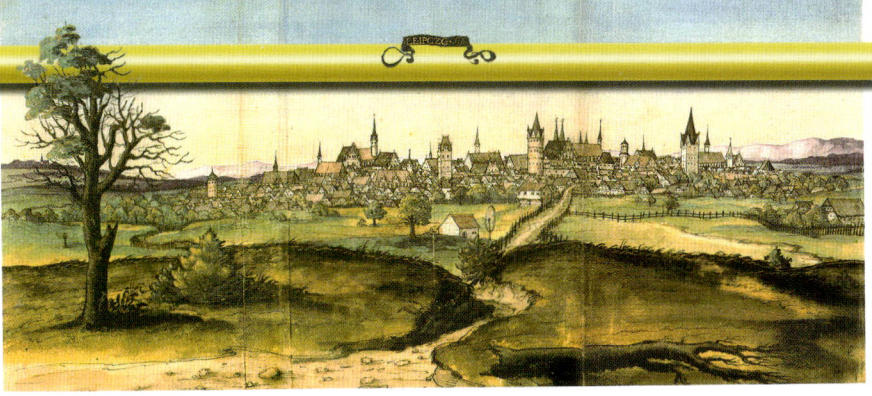

Den Druckern verbot die Stadt die Herstellung von Flugblättern, Schriften und Büchern, die nicht den neuen, lutherischen Zeitgeist beförderten. Verstöße ahndete der Rat mit Haft. Das traf zunächst Pfarrer aus dem Umland, die immer noch dem Volk die „papistische Lehre" predigten.

Eine herzogliche „Kirchenvisitation" zwang Kirchen und Klöster, die Einnahmen und Zinsen aus ihren Schenkungen und Stiftungen nun an die Stadtkasse zu zahlen und ihre Wertgegenstände im Rathaus abzugeben. Gewänder, Leuchter, Kreuze, Schalen, Becher, Bilder und Statuen ließ der Kämmerer archivieren und gab den Visitatoren des Herzogs eine Abschrift. Als Superintendenten setzte die Stadt im Jahr 1540 Johannes Pfeffinger (links oben) ein, der gleichzeitig auch als Prediger die Nikolaikirche zu betreuen hatte.

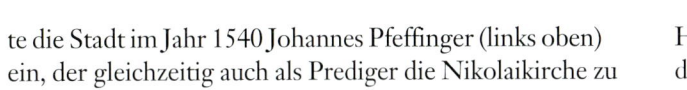

Eine weitere Kirchenvisitation zielte auf die Auflösung der Klöster. Die herzogliche Kommission legte den Pröpsten und Äbten nahe, ihre Ordenskleidung abzulegen und auch ihre Glaubensbrüder „fleißig dazu anzuhalten". Die eher weltlich eingestellten Beginen der Stadt konnten sich durchaus eine andere Kleidung als ihren Habit vorstellen; die Nonnen auf dem Petersberg wehrten sich jedoch. Pfeffinger und seine Prediger verlangten ultimativ: entweder innerhalb von vier Wochen die Schwesterntracht abzulegen oder das Kloster zu verlassen. Nur 14 Tage Bedenkzeit blieb den Franziskanern. Im Austausch für die Kutte bot ihnen der Amtmann des Herzogs zwei Stück Tuch.

Am 18. August 1541 starb Heinrich „der Fromme" nach langem Siechtum. Sein Sohn Moritz übernahm nun das Regierungsgeschäft. Für seinen Feldzug gegen die Türken lieh er sich 30.000 Gulden bei der Stadt, verpfändete ihr die Klöster als Sicherheit und bekräftigte noch einmal das Vorverkaufsrecht, das sein Onkel, Georg „der Bärtige", Leipzig im Jahr 1538 eingeräumt hatte.

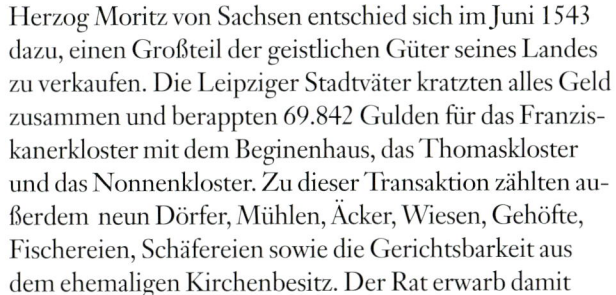

Herzog Moritz von Sachsen entschied sich im Juni 1543 dazu, einen Großteil der geistlichen Güter seines Landes zu verkaufen. Die Leipziger Stadtväter kratzten alles Geld zusammen und berappten 69.842 Gulden für das Franziskanerkloster mit dem Begineninhaus, das Thomaskloster und das Nonnenkloster. Zu dieser Transaktion zählten außerdem neun Dörfer, Mühlen, Äcker, Wiesen, Gehöfte, Fischereien, Schäfereien sowie die Gerichtsbarkeit aus dem ehemaligen Kirchenbesitz. Der Rat erwarb damit auch den Anspruch auf die Zehntenzahlungen, die Naturalabgaben und die Frondienste der dortigen Bauern. Von einer Rückzahlung der herzoglichen Schulden aus den Türkenkriegen war keine Rede mehr …

Nach und nach ließ der Rat die Klöster abreißen und an ihrer Stelle Bürgerhäuser errichten, die er je nach Größe für 300 bis 600 Gulden verkaufte. Ihre „Beute" aus den Kirchen vermarkteten die Stadtväter ebenso wie eingeschmolzene Kunstgegenstände aus Edelmetall. Den letzten störrischen Klosterbrüdern und -schwestern zahlte der Rat eine Abfindung, damit sie endlich auszogen.

Links: Spottgedicht auf vertriebene Mönche von Jost Amman.

Sicht von Nordwesten um 1541: Die erste realistische Darstellung von Leipzig. Die Vorstädte reichten bereits bis an die Stadtmauern. Rechts eine Ratssitzung: Die Leipziger Stadtväter kauften ehemaligen Kirchenbesitz auf.

Rückfall in den Katholizismus? Das wollte Heinrich „der Fromme" verhindern.

1541

Die Befestigung der Stadt

Leipzig galt im 15. Jahrhundert als eine gut befestigte Stadt. Sie war von einer bis zu acht Meter hohen Mauer und Gräben mit Wasser aus Parthe und der Pleiße umgeben. Das Grimmaische Tor im Osten, das Hallische im Norden, das Ranstädter Tor im Westen und im Süden das Peterstor boten Zugang, waren allerdings nur über Vorwerke mit hölzernen Zugbrücken zu passieren. Städtische Wächter kontrollierten den Verkehr. In Wehrgängen auf den Mauern gingen Soldaten und Schützen zur Verteidigung der Stadt in Stellung.

Hohe Türme in der Nähe der Tore und zahlreiche kleinere Wehrtürme rings um die Mauer boten Leipzigs Verteidigern die Möglichkeit, das Vorfeld der Stadt mit Feuerwaffen zu beschießen. An mehreren Stellen konnten die Einwohner durch Mauer-Pforten ihre Äcker, Fluren und Arbeitsplätze in den Mühlen und Gerbereien vor der Stadt erreichen. Die Vorstädte mit ihren Häusern lehnten sich direkt an die Stadtmauer an.

Den Hussitenkriegern hatte die Stadt in der Mitte des 15. Jahrhunderts noch mühelos Widerstand leisten können. Aber in den nachfolgenden 100 Jahren hatten Feuerkraft und Reichweite der Kanonen ständig zugenommen. Einem massiven Angriff mit den neuen Waffen war die Stadtbefestigung nicht mehr gewachsen.

Gefahr aus dem Süden drohte: Die Türken hatten zum Sturm auf Nordeuropa geblasen. Moritz, seit 1541 Herzog von Sachsen, befürchtete außerdem zu Recht Krieg zwischen den evangelischen und katholischen Fürsten des Reiches.

Moritz von Sachsen befürchtete zu Recht militärische Auseinandersetzungen im Zuge der Reformation.

Im Vordergrund das Grimmaische Tor, rechts davon die Hallische Bastei und im Hintergrund das Hallische Tor. Im Mittelpunkt steht die Nikolaikirche.

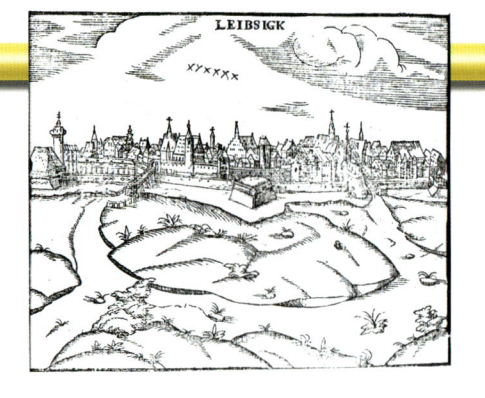

Arbeiter bei der Ausbesserung einer Stadtmauer, 1526. 1551: Das Vorfeld der Stadt war nun von der Bebauung geräumt. Es herrschte freies Schussfeld (links).

In Sorge um die Sicherheit der Stadt ließ der Rat die Gräben ausbauen und im Vorfeld der Stadt alle Gebäude abreißen. Nun bot sich den Kanonen freies Schussfeld. 1542 engagierte der Rat einen Festungsbaumeister aus Hessen. Nach dessen Plänen fertigten Tischler Modelle an - einer durch Bastionen und Rondelle gesicherten Stadt. 80.000 Gulden sollte der Ausbau kosten.

Herzog Moritz drang auf schnelle Umsetzung. Im Juli 1543, noch während der Auflösung des Nonnenklosters, startete das Projekt. Auch die Jakobskirche, die Marien- und die Katharinenkapelle vor der Stadt fielen dem Ausbau der Befestigungsanlagen zum Opfer. Die Stadtväter erließen 1546 schweren Herzens eine Bausteuer, und die Kaufmannschaft schoss als einmalige Zahlung 3.000 Gulden zu.

Außerdem kaufte der Rat dem Herzog das Bernhardinerkolleg ab. An seiner Stelle entstand am Ostende des Brühl nach einer Bauzeit von nur einem halben Jahr die neue Bernhardiner-Bastei. Den über die Stadtmauer vorspringenden Chor der Paulinerkirche, den die Mönche 1517 unter Herzog Georg ein Stück in den Zwinger hinein gebaut hatten, ließen die Stadtväter im September 1546 abreißen, weil er das Schussfeld der Kanonen zur Sicherung des Stadtgrabens behinderte. Mit Hochdruck trieben die Stadtväter und Herzog Moritz den Ausbau der Befestigungsanlagen voran, denn es drohte nun offener Krieg zwischen dem katholischen Kaiser und den protestantischen Landesherren.

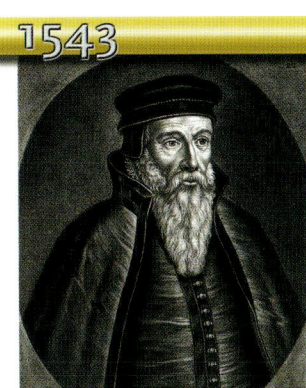

1543

Universität als Kaderschmiede

Professor Joachim Camerarius: Reformer der Universität.

„Ich will mich dermaßen gegen die Universität erzeigen, dass jedermann spüren soll, dass sie mir lieb sei." Seinen hehren Worten ließ Herzog Moritz Taten folgen. Am 26. Mai 1542 gewährte er der Universität die Zahlung einer jährlichen Summe von 2.000 Gulden. Damit war die Besoldung der Lehrkräfte gesichert - und nicht mehr vom Bistum Merseburg abhängig. Für arme Studenten ließ Moritz drei Mittagstische einrichten und bezuschusste deren Betrieb mit 200 Scheffeln Getreide im Jahr.

Am 16. April 1543 übergab der Herzog der Universitätsleitung auf der Pleißenburg feierlich neue Statuten zu den Aufgaben des Rektors, zur Auswahl der Lehrinhalte, den Studiengängen, dem Erwerb akademischer Grade und auch zur universitären Gerichtsbarkeit. Nur die juristische Fakultät schoss quer. Ihrer Meinung nach kollidierten die herzoglichen Statuten mit der universitären Selbstverwaltung. Seine Bildungsoffensive hatte der Herzog mit Gründung der Fürstenschulen in Meißen, Merseburg und Pforta in die Wege geleitet. Ein Drittel ihrer Schüler sollte aus dem Adel stammen, zwei Drittel aus allen anderen Schichten der Bevölkerung. Unterkunft, Verpflegung und Kleidung bezahlte der Landesherr. Konzipiert zur Vorbereitung für ein Studium an der Universität, sollten die Schulen als Kaderschmiede für eine stattliche Beamtenschaft in Sachsen dienen. Sein Vorhaben finanzierte der Herzog aus den Erlösen der beschlagnahmten Klostergüter.

Auch den Universitäts-Ausbau forcierte Moritz. Fünf Dörfer aus dem ehemaligen Besitz des Thomasklosters übertrug er der Alma Mater und verbreiterte damit ihre finanzielle Basis.

Das wohl wichtigste Geschenk jedoch in der Geschichte der Universität: die Übereignung der Liegenschaften des Dominikanerklosters St. Pauli am Grimmaischen Tor am 22. April 1544. In dem nahezu geschlossenen Areal der Klostergebäude entstanden nun Bursen (Wohnräume) für Studenten und Professoren-Wohnungen. Endlich bot sich auch genügend Raum für die Hörsäle der Fakultäten. Über dem Kreuzgang richtete die Universitätsleitung eine Bibliothek ein. Sammlungen aus den beschlagnahmten Klosterbibliotheken ergänzten die eigenen Bestände. Hauptsächlich verdankte die Universität diesen Gewinn ihrem herzoglichen Gönner. Hinter ihm jedoch wirkte als treibende Kraft Caspar Borner, ehemaliger Direktor der Thomasschule, Lehrbeauftragter für Mathematik und Astronomie sowie seit 1532 Vizekanzler der Universität (links unten: Epitaph für Caspar Borner an der Paulinerkirche). Borner war es, der Moritz von Sachsen davon überzeugte, das Vorverkaufsrecht der Stadt zugunsten der Universität zu übergehen. Er blieb auch standhaft, als die Leipziger Stadtväter versuchten, der Universität die ehemaligen Klostergebäude wieder abzukaufen. Als Nachfolger Borners im Amt des Rektors reformierte der Humanist Joachim Camerarius, Professor für Latein und Geschichte, die Universität nach dem Vorbild Wittenbergs. Hunderte neuer Studenten kamen in die Stadt und hörten bei Georg Joachim Rhaeticus Astronomie, bei Johannes Hommel Mathematik oder bei Johann Pfeffinger und Alexander Alesius Theologie. Eine der größten und modernsten Universitäten Deutschlands war entstanden, und Herzog Moritz hoffte, „es mögen sich nun mehr geschickte und fleißige Leute dorthin begeben".

Moritz von Sachsen - großer Förderer der Universität.

Pauliner Collegium um 1700, dahinter die Paulinerkirche.

Der vordere Hof des Pauliner Collegiums (1798). Unten: Die Schenkung des Dominikanerklosters prägte die Universität bis ins 20. Jahrhundert.

1546

Stadt widersteht den „Feuerkugeln"

Da sie einen Feldzug des katholischen Kaisers gegen ihre Länder befürchteten, hatten sich mehrere protestantische Fürsten des Reiches zum Schmalkaldischen Bund zusammengeschlossen. Das Bündnis führte Landgraf Philipp I. von Hessen, der Schwiegervater von Herzog Moritz von Sachsen, dem Landesherrn Leipzigs. Der Herzog selbst aber schlug sich auf die Seite des katholischen Kaisers Karl V. und stellte sich damit gegen seinen protestantischen Vetter, den Kurfürsten Johann Friedrich von Sachsen. Gegen ihn hatte Kaiser Karl V. bereits 1539 die Reichsacht verhängt. Nun beauftragte er Herzog Moritz, dieses Edikt gegen den Kurfürsten militärisch durchzusetzen, und versprach ihm im Falle eines Sieges die Kurwürde in Sachsen. Damit stand Leipzig als Stadt des Herzogs dem Schmalkaldischen Bund als Gegner gegenüber. Mit prall gefülltem Zeughaus, einem gerade um vier Kanonen aus Freiberg erweiterten Geschützpark und mit reichlich Bier, Wein, Salz und Schmalz sowie Getreide in den Lagerhäusern sahen sich die Stadtväter gut gerüstet. Vorsichtshalber quartierten sie das Vieh des Umlands in den Hof des Paulinerkollegs um. Der Herzog umgab sich auf der Pleißenburg mit 300 Fußsoldaten und 70 Reitern.

Der Kurfürst zog auf Leipzig zu. Viele Bürger verließen die Stadt, um einer drohenden Belagerung zu entgehen. Herzog Moritz gab den Befehl, die Universität nach Meißen zu verlegen, und die Studentenschaft verstreute sich in alle Himmelsrichtungen. Rektor Caspar Borner blieb in der Stadt, doch Professor Joachim Camerarius floh nach Merseburg.

Leipzig entwickelte sich zur Festung, die unbedingt gehalten werden musste, damit der Herzog neue Truppen sammeln konnte. Das Oberkommando übertrug er General Bastian von Wallwitz. Am 29. Dezember 1546 inspizierte Moritz seine Truppen auf dem Markt und rief die Bürgerschaft zu den Waffen. Ein vor dem Rathaus aufgestellter Galgen symbolisierte das Kriegsrecht und das Ende der städtischen Gerichtsbarkeit. Die Schlüssel der Stadt übergab der Rat an das Militär. Glockengeläut war nun untersagt. Die Turmuhr stand still.

Der Kriegsrat beschloss die Räumung der Vorstädte, deren Einwohner nun in die Stadt strömten. Die Kranken und Armen aus dem Georgen- und dem Johannishospital fanden Unterkunft in den universitären Kollegien, und im Speisehaus des Paulineums richteten die Stadtväter einen Mittagstisch für die Vertriebenen ein. Die Verteidiger brannten alle Häuser außerhalb der Mauern ab einschließlich der Hospitäler und Mühlen. Moritz ließ mit schwerem Geschütz nachhelfen. Alle Brücken gingen in Flammen auf. Anfang Januar 1547 stand Kurfürst Johann Friedrich mit den Truppen des Schmalkaldischen Bundes vor der Stadt. Herzog Moritz ließ am 4. Januar 200 Husaren vor dem provisorisch angelegten Lager der Angreifer ausschwärmen. Nach einigen kleinen Scharmützeln kehrten die Husaren unter eigenen Verlusten mit einigen abgeschnittenen Köpfen der Feinde auf ihren Lanzen zurück. Am nächsten Tag verließ Moritz die Pleißenburg, um der drohenden Einkesselung zu entgehen.

Kurz nach Beginn der Belagerung Leipzigs (rechte Seite) ritt am 6. Januar ein kurfürstlicher Herold vor das Stadttor und verlangte die Übergabe. Oberst Wallwitz wies die Forderung zurück, und bevor der Kurfürst Stellung bezogen hatte, wagten die Verteidiger noch am selben Tag einen Ausfall. Die Ausbeute: 50 gefangene Feinde, mehrere Wagen mit Lebensmitteln und 500 Schafe. Um die Gefangenen nicht auch noch ernähren zu müssen, ließ der Kommandant sie gegen ihr Versprechen frei, sich innerhalb der nächsten sechs Wochen bei keinem Kriegsherrn mehr zu verdingen.

Der Kurfürst schlug sein Lager in Stötteritz auf. 12.000 Fußsoldaten, 4.000 Reiter und 30.000 Mann aus dem Landvolk soll er vor der Stadt zusammengezogen haben. Am 12. Januar begannen die Schanzarbeiten. Die Angreifer legten einen Gürtel von Dämmen und Gräben um die Stadt. Am nächsten Morgen starteten sie den Beschuss. Zunächst schien es, dass der Feind über genügend Feuerkraft verfügte. Pro Stunde feuerten die Geschütze bis zu 150 Kugeln auf Leipzig ab. Bald aber ging den Angreifern die Munition aus. Nun setzte gezieltes Feuer ein. Die mehr als 40 Kanonen des Kurfürsten richteten sich vornehmlich

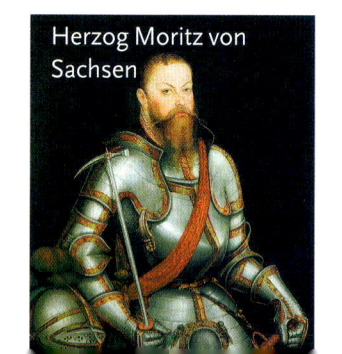

Kaiser Karl V. in der Schlacht bei Mühlberg.

Unterschriften unter den Schmalkaldischen Artikel von Martin Luther, Justus Jonas d. Ä., Johannes Bugenhagen, Caspar Cruciger, Nikolaus von Amsdorf, Georg Spalatin, Philipp Melanchthon Johannes Agricola Eisleben und Gabriel Didymus (Gabriel Zwilling).

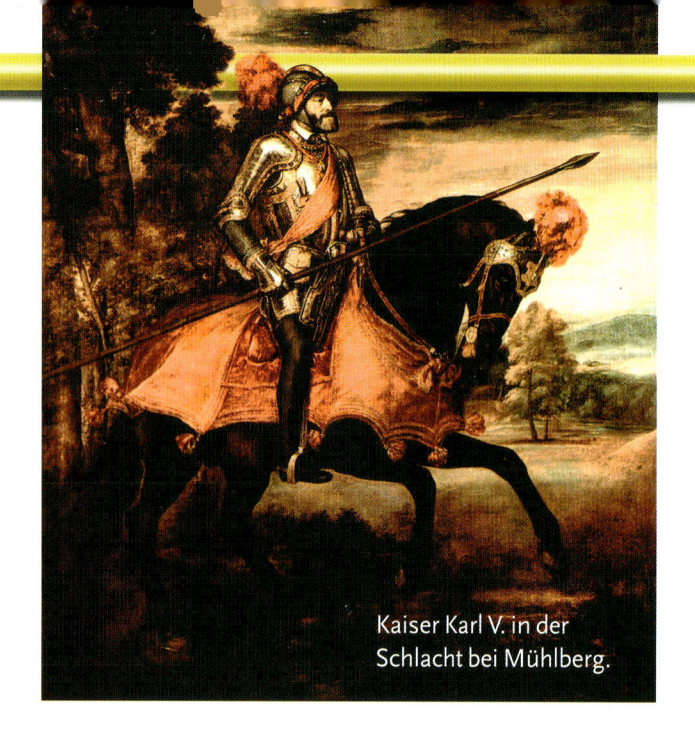

Herzog Moritz von Sachsen

Kurfürst Johann Friedrich

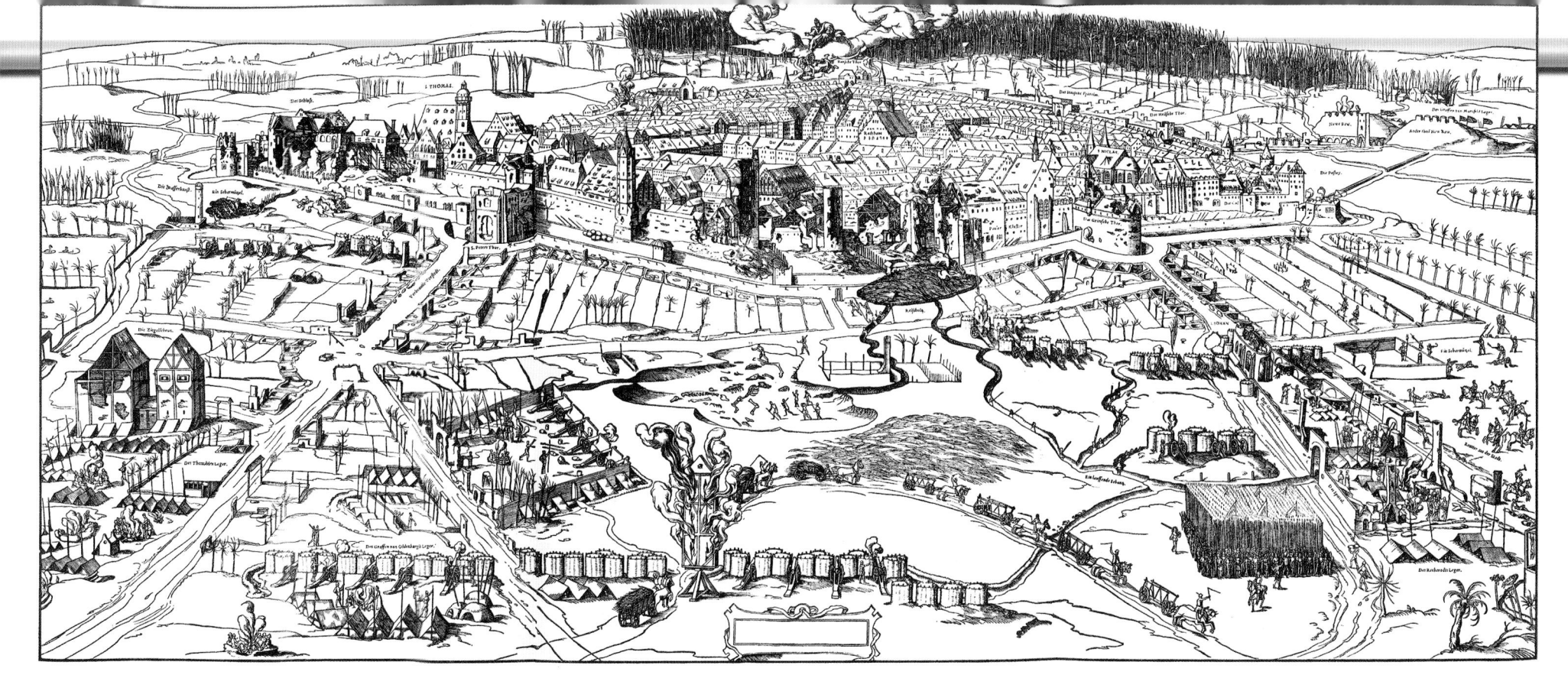

auf die Johanniskirche, die Pleißenburg und den Henkersturm. Die Bauern des Umlandes, die Johann Friedrich zum Schanzen gepresst hatte, trieben die Gräben bis an die Stadtmauern vor. Johann Friedrich wollte die Stadt sturmreif schießen. Dazu setzte er eine gerade erst entwickelte neue Waffe ein: die „Feuerkugeln". Diese waren von außen mit brennendem Pech bestrichen und leuchteten hell auf, wenn sie die Mündung der Geschütze verließen. Eine Lunte führte ins mit Pulver und Bleikugeln gefüllte Innere. Die Vorläufer der heutigen Streubomben sollten erst dann explodieren, wenn die Einwohner zum Löschen herbeieilten. Darüber hinaus setzte ein flächendeckender Beschuss der Dächer der Stadt mit Brandpfeilen ein.

Der Henkersturm hielt dem Dauerfeuer nicht stand. Er fiel jedoch nicht wie angestrebt in den Graben, sondern stadteinwärts. Seine Trümmer bildeten somit eine weitere Barriere gegen die Angreifer. Mehrfach ließ der Kurfürst den Herold vor die Stadt reiten, um eine Übergabe zu erreichen, aber der Kommandant lehnte stets ab. Den Angreifern gelang es zwar, die Gräben an der Pleißenburg und am Paulinerkollegium mit umgestürzten Wagen, Holz und Reisig zu füllen. Doch bevor sie Erde darüber schütten konnten, steckten die Verteidiger das Holz in Brand. Kurfürst Johann Heinrich brach schließlich die Belagerung ab und startete unter allerlei Täuschungsmanövern den Rückzug. Am Abend des 29. Januar 1547 läuteten in Leipzig die Glocken. Die Uhren durften wieder schlagen. Die Dörfer, die sich geweigert hatten, den Leipzigern zu helfen, sowie diejenigen, die offen auf der Seite des Feindes gestanden hatten, gab Oberst Wallwitz zur Plünderung frei. Dazu zählten Holzhausen, Zuckelhausen, Schkeuditz und Hohenleine. Ein Leipziger Fähnlein überfiel die Stadt Wurzen und rächte sich für deren feindselige Haltung Leipzig gegenüber.

Noch einmal entwickelte sich für die Stadt eine ernsthafte Bedrohung, diesmal von innen: Denn die Landsknechte forderten noch ausstehenden Sold ein, den der Oberst nicht sofort bezahlen konnte. Daraufhin drohten die Söldner damit, die Stadt zu plündern. Der Oberst griff hart durch. Drei Übeltäter ließ er sofort köpfen, andere in Ketten legen. Nach dem Begleichen der Kriegsschulden kehrte wieder Ruhe ein. Soldaten brachen den Galgen auf dem Markt ab. Der Rat erhielt die Stadtschlüssel zurück.
In der Schlacht auf der Lochauer Heide bei Mühlberg am 24. April 1547 musste der Schmalkaldische Bund eine verheerende Niederlage einstecken. Kurfürst Johann Friedrich geriet in Gefangenschaft. Die Kurwürde in Sachsen übertrug der Kaiser an Moritz. 1548 diktierte der Kaiser auf dem Augsburger Reichstag den evangelischen Fürsten eine Religionsordnung, die ihnen den Laienkelch und die Priesterehe zugestand.

1548

Bastionen aus Trümmern sollen Feinden trotzen

Landesherr blieb Moritz von Sachsen (rechts unten) auch nach dem Schmalkaldischen Krieg - allerdings zum Kurfürsten „degradiert". Die Pleißenburg, seine Residenz in Leipzig, lag in Trümmern. Die Stadt - durch den Beschuss während des Krieges schwer beschädigt - sollte noch Jahre lang die Einwohner der Vorstädte als Flüchtlinge beherbergen.

Mit Meißen und Dresden zählte Leipzig zu den bedeutendsten Städten im Kurfürstentum. Ihre Finanzkraft hatte die Stadt gerettet - trotz zwei ausgefallener Messen während und nach der Belagerung. Sofort nach Kriegsende ließ der Rat die Schäden an Mauern, Türmen und Zwingern reparieren. Innerhalb eines halben Jahres war die Verteidigungsfähigkeit wiederhergestellt - auf Vorkriegsniveau.

Zunächst weigerte sich der Kurfürst, einen Wiederaufbau im Vorfeld der Stadt zu genehmigen: Im Fall eines neuen Angriffs wollte er nicht auf die freie Schussfläche verzichten. Nach mehreren Eingaben an Moritz, die auch der Rat unterstützte, durften die Vorstädter schließlich ihre Häuser wieder aufbauen, allerdings im angemessenen Abstand zu den Mauern und Gräben.

Die „Große Belagerung" hatte bewiesen: Auf Dauer konnte Leipzig einem konzentrierten Angriff nicht standhalten. Deshalb drang der Kurfürst auf den Bau neuer Verteidigungsanlagen im Vorfeld der Stadt. 1.200 Bauern mussten die Anlagen in Fronarbeit errichten. Zur Beschaffung von Baumaterial ließen die Stadtväter die Reste des Nonnenklosters auf dem Petersberg abtragen.

Drei Bastionen sollten die Stadt künftig schützen: die Ranstädter Bastei im Nordwesten, die Hallesche Bastei im Nordosten und die Peters- oder Moritzbastei an der Stelle des zerschossenen Henkersturms im Südosten. In Fünfeck-Form mit einer zur Stadt hin offenen Seite konzipiert, beherbergten die unterirdischen Kasematten der Bastionen zu Friedenszeiten die Geschütze. Dort lagerte auch Pulver und Munition. Von den Bastionen aus konnten die Kanoniere den Zugang zur Stadt und das Vorfeld (das Glacis) sichern. 200 Jahre lang prägten diese Befestigungsanlagen das Aussehen der Stadt und schränkten ihre räumliche Entwicklung stark ein.

Auf seine Präsenz in der Stadt wollte der Kurfürst nicht verzichten. Moritz beauftragte deshalb den Leipziger Kaufmann und Baumeister Hieronymus Lotter mit dem Wiederaufbau der Pleißenburg. Die Grundfläche der Anlage bestand nun aus einer dreieckigen Zitadelle mit einem breiten Wassergraben außerhalb der Stadtmauern. Den Zugang zur Stadt ermöglichte eine Brücke zum neu geschaffenen Schlosstor. Eine weitere Brücke führte nach Süden in Richtung Petersberg. In der Mitte der Nordostseite ließ Moritz eine mehrgeschossige Kaserne bauen - den „Trotzer". Das Zentrum des Renaissance-Schlosses bildete ein 52 Meter hoher runder Turm. An diesen lehnte sich ein Haus, das den Herzog und sein Gefolge beherbergen sollte.

Mit dem Schloss zeigte Moritz: Ich bin immer noch der Herr der Stadt. Mit der räumlichen Trennung und der Werhaftigkeit reagierte er zugleich auf die Möglichkeit, dass sich Leipzig einmal gegen den Landesherrn erheben könnte. Kurfürst Moritz konnte die Vollendung des Baus im Jahr 1567 nicht mehr erleben. Er starb am 11. Juni 1553. Sein Bruder August trat die Nachfolge an.

Die Pleißenburg baute Hieronymus Lotter zu einem Wasserschloss um.

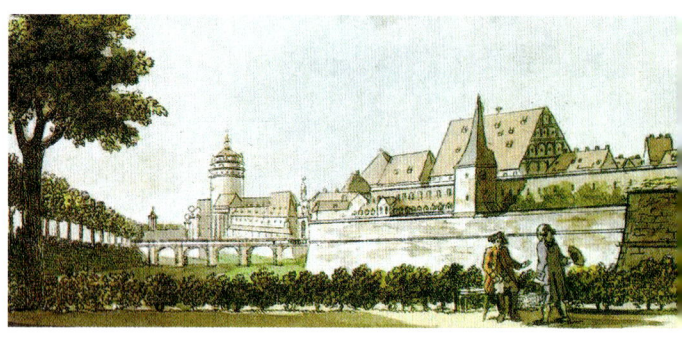

Bis ins 18. Jahrhundert blieb die Moritzbastei in ursprünglicher Form erhalten. Danach stand auf ihren Mauern die erste konfessionslose Bürgerschule Deutschlands.

In der Moritzbastei befindet sich seit 1982 Leipzigs größter Jugend- und Studentenklub.

An der Ratswaage taxierten die Beamten alle eintreffenden Waren.

Alte Waage: Multifunktionaler Mittelpunkt am Markt

Noch heute eindrucksvolles Beispiel deutscher Baukunst in der Renaissance: das Alte Rathaus und die Alte Waage am Markt. Dreh- und Angelpunkt der Stadt, mussten hier alle eintreffenden Waren taxiert werden, damit städtische Beamte die Einfuhrzölle festlegen konnten. Ein Viertel der gesamten Jahreseinkünfte Leipzigs floss aus der Waage in den Stadtsäckel.

Noch während die Stadtväter darüber nachsannen, ein neues Rathaus am Markt zu errichten, hatten sie den Bau eines repräsentativen Gebäudes an der Waage auf der Agenda. Sie beauftragten den sächsischen Baumeister und Bürgermeister Hieronymus Lotter. Dieser ließ zusammen mit seinem Mitarbeiter Paul Speck an der Stelle der bereits 1420 nachgewiesenen Safranwaage 1555 ein Gebäude errichten, das einen für die Renaissance charakteristischen Staffelgiebel mit vier übereinander liegenden Fensterachsen zeigte.

Die Ratswaage hatten die Planer multifunktional angelegt: Das Erdgeschoss beherbergte die Amts- und Schreibstuben; hier notierten die Angestellten die Gewichte der Importe und die Zölle für die Stadt und den Landesherren. In der Trinkstube im Keller tafelten die Patrizier mit doppeltem Genuss - edle Weine und Import-Biere, deren Einfuhr sie sich selbst vorbehalten hatten. Und hier feierten die Fernhändler ihre Abschlüsse mit den Vertragspartnern. Im ersten Stock ging es schon weniger vornehm zu - in der Herrentrinkstube, die allen gut situierten Bürgern der Stadt offen stand: Innungsmeister, Händler, Krämer und auch die Besucher der Messen aus dem In- und Ausland. Hier erholten sich die Händler von der Reise und tauschten Neuigkeiten aus.

Besucher und Beschäftigte der Ratswaage gelangten über einen in Richtung Markt vorgebauten Treppenturm in die oberen Stockwerke. Möglicherweise benutzte die städtische Verwaltung diese Räumlichkeiten in den Dachgeschossen und Böden als Akten-Archiv.

Bis zum Anfang des 19. Jahrhunderts stand die Waage für einen Ort der Geselligkeit und der Wiegegeschäfte. Seit Mitte des 17. Jahrhunderts bis zum Jahr 1712 hatte die Waage auch das erste Leipziger Postamt beherbergt.

Bis ins 19. Jahrhundert erfüllte das Gebäude seinen Zweck.

Noch bis 1820 mussten alle Messeverkäufer ihre Waren an der Ratswaage taxieren lassen, bis vor dem Grimmaischen und Hallischen Tor neue Waageplätze entstanden. Seitdem heißt das Gebäude „Alte Waage". Nun bezogen Kaufleute und Krämer das Untergeschoss. Im Obergeschoss tagten die demokratisch gewählten Stadtverordneten.

Das Gebäude fiel am 4. Dezember 1943 einem Bombenangriff der Westalliierten zum Opfer. Lange klaffte eine Lücke in der Bebauung des Marktes. Der Leipziger Rat beschloss erst 1963 den Wiederaufbau zumindest der Fassade im Stil der Renaissance. Auf eine Rekonstruktion des Treppenturms verzichteten die Architekten bewusst. Er war schon 1861 abgerissen und durch ein innen liegendes Treppenhaus ersetzt worden.

Die Alte Waage mit ihrem charakteristischen Treppenturm

1556

Altes Rathaus: Hieronymus Lotters Meisterstück

Ein neues Rathaus braucht die Stadt! Dies beschlossen die Bürgervertreter Mitte des 16. Jahrhunderts, obwohl sie ihr altes Rathaus erst 1480 im spätgotischen Stil gründlich hatten renovieren lassen. Sie beauftragten 1556 ihren Bürgermeister und sächsischen Hofbaumeister Hieronymus Lotter mit den Planungen für dieses Prestigeobjekt einer Stadt, die eine herausragende Stellung im deutschen und europäischen Handel einnahm. Das Ergebnis, das heutige Alte Rathaus, zählt zu den bedeutendsten profanen Bauwerken der deutschen Renaissance.

Zunächst mussten das bestehende Rathaus und die Tuchhalle weichen. Lotter dachte pragmatisch: Er wollte die Grundmauern erhalten und das Stein- und Ziegelwerk für den Neubau weiterverwenden. Ein zweigeschossiges Gebäude in einer Länge von 91 Metern mit 24 Fensterachsen entstand auf Lotters Bauplänen. Die Breite konzipierte er mit lediglich vier Achsen auf 18 Metern. Kasten-Erker auf Konsolen lockerten die Giebelseiten im ersten Geschoss auf.

Die Fenster und die Simsgewölbe ließen die Baumeister Paul Speck und Paul Wiedemann aus rotem Rochlitzer Porphyrtuff errichten, wie auch schon beim Bau der Thomaskirche verwendet. Die Wandflächen waren glatt verputzt und in gedeckten Gelbtönen gehalten. Über je drei Achsen erstreckte sich im Dachaufbau ein zweigeschossiger Giebel mit spitzen Dachgauben (Zwerche). Sieben dieser Zwerche zeigen zum heutigen Naschmarkt im Osten und sechs zum zentralen Markt im Westen.

An der Stelle der ausgesparten Dachgaube steht auf den Grundmauern des gotischen Vorgängerbaus ein achteckiger Turm, der die Westfassade im goldenen Schnitt teilt. Das Hauptportal an der Vorderfront des Turmes rahmen zwei ionische Säulen auf Diamantsockelquadern ein. Aus den Zwickelfeldern zwischen Portalbogen und Säulen blicken zwei Mauerköpfe (oben links und rechts) auf den Markt, wahrscheinlich Konterfeis von Lotter und seinem Mitarbeiter Speck oder Wiedemann.

Im Erdgeschoss ließ Lotter 28 Gewölbe anlegen, die der Rat an Kaufleute und Krämer vermietete. Damit vereinte auch das neue Gebäude Rat- und Kaufhaus unter einem Dach. 20 Räume in den Dachgeschossen dienten den Verwaltungsorganen der Stadt als Schreibstuben. Ein großer Saal im ersten Stock - zunächst als „Ratsdiele" bezeichnet - mit 43 Metern Länge, elf Metern Breite und mehr als fünf Metern Höhe bot Platz für Begegnungen des Rates, für Empfänge, Patrizierhochzeiten und Festveranstaltungen der reicheren Innungen. Die Gäste gelangten über eine Treppe im Turm von außen in den Saal.

Im Obergeschoss tagte auch das Gericht. Die Angeklagten hingegen saßen im Keller ein. Gefürchtet: die Räumlichkeiten hier, in denen die Richter Verdächtige dem „peinlichen Verhör" unterwerfen ließen - der Folter.

Mehr als 17.900 Gulden war es dem Rat wert, seine Messestadt mit dem neuen, am 5. August 1557 eingeweihten Gebäude (links) zu repräsentieren. Nach einer Bauzeit von nur neun Monaten hatte Lotter ein Meisterstück in Planung und Ausführung abgeliefert.

Um zum Ende der Reformation auch die Unabhängigkeit von der Kirche zu demonstrieren, ließen die Stadtväter 1558 ein Geläut auf dem Rathausturm installieren (als Rats- oder Bürgerglocke bezeichnet) und 1599 schließlich eine Annaberger Schlaguhr. Vor den Kaufgewölben errichteten sie 1564 einen umlaufenden hölzernen Laubengang und am Tor einen Altan, von dem aus die Honoratioren der Stadt das Marktgeschehen beobachten und wichtige Gäste begrüßen konnten. Und auf der Höhe des zweiten Dachgeschosses unterhalb der Uhr konnte der Stadtpfeifer auf eine eiserne Plattform hinaustreten und seine Melodien über die Dächer der Stadt schallen lassen.

Schematische Darstellung des Rathauses um 1480.

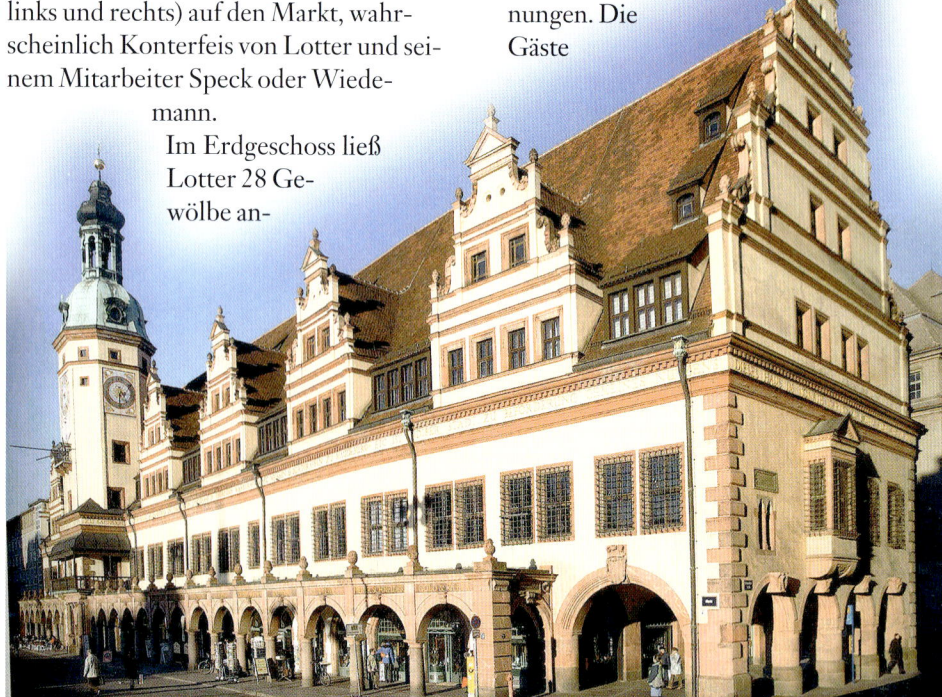

Das Rathaus 1547 vor dem grundlegenden Umbau durch Hieronymus Lotter.

1580

Gestalter der Stadt fällt in fürstliche Ungnade

Als er am 22. Juli 1580 in Geyer verstarb, hatte er wie kein anderer das Gesicht Leipzigs im 16. Jahrhundert geprägt: Hieronymus Lotter (unten links). Er plante und leitete den Bau der Alten Waage, des Alten Rathauses, die Errichtung des Mittelturms der Nikolaikirche und den Umbau der Pleißenburg zum Renaissanceschloss. Außerdem konzipierte er die Verstärkung der Befestigungsanlagen und leitete die Baumaßnahmen.

Seine Familie war kurz nach seiner Geburt 1497 von Nürnberg nach Annaberg gezogen. Lotter besuchte die dortige Lateinschule und erlernte den Beruf eines Kaufmanns. 1522 übernahm er die Führung der väterlichen Geschäfte in Leipzig. Seit 1533 rechtlich anerkannter Bürger der Stadt, spekulierte Lotter erfolgreich mit dem Handel aus Kuxen (Kohlegruben) im Erzgebirge, investierte seine Gewinne in den Tuchhandel und häufte bald ein beträchtliches Vermögen an.

Die Baukunst, die seinen Ruhm begründen sollte, hatte Lotter als Autodidakt erworben: Bei seinen Reisen hatten Baustile und -verfahren sein Interesse an der Architektur geweckt. Seine Kenntnisse sollte er schon bald bei der Errichtung des Kornhauses am Brühl und der „Goldenen Fahne" in der Burgstraße unter Beweis stellen. Lotters Fähigkeiten veranlassten Kurfürst Moritz von Sachsen, den fähigen Aufsteiger 1551 mit dem Titel eines „sächsischen Baumeisters" auszuzeichnen.

Schon 1549 war Lotter als Ratsherr in die Bürgervertretung der Stadt eingezogen. Achtmal - mit Unterbrechungen - wählten ihn die Stadtväter zum Bürgermeister, zuletzt 1574. Lotter besaß mehrere Häuser in der Stadt und mehrte sein Vermögen mit Grundstücksspekulationen. Ein weiteres finanzielles Standbein verschaffte er sich mit dem Kauf eines Zinnbergwerks in Geyer. Dort erwarb er auch einen Ritterhof, den er als Alterssitz beziehen wollte. 1553 folgte August I. (Seitenmitte) seinem Bruder Moritz auf dem Thron des Kurfürsten von Sachsen. Er ernannte Lotter zum Oberlandbaumeister und beauftragte ihn mit dem Bau des Schlosses Augustusburg bei Flöha. Lotter ließ ein Holzmodell der geplanten Anlage anfertigen, das die Zustimmung des Kurfürsten fand. 1567 konnte er mit den Bauarbeiten beginnen. Dann das Dilemma: Lotter stemmte sich gegen Kostensenkungen, die der Kurfürst gefordert hatte. Seine Zeitpläne liefen aus dem Ruder. Und als er sich dazu noch einige Eigenmächtigkeiten erlaubt hatte, fiel Lotter in Ungnade.

Kurfürst August entließ seinen Baumeister aus allen Funktionen. Nun stand Lotter vor einem Schuldenberg: Er hatte den Bau mit 15.000 Gulden Eigenmitteln forciert, nach-

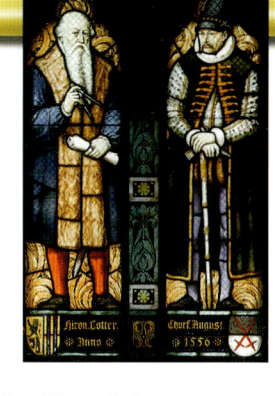

Ein Fenster am Rathaus zeigt Hieronymus Lotter und Kurfürst August I.

dem sein Auftraggeber den finanziellen Rahmen immer enger gesteckt hatte. Und der Landesherr dachte nicht an Ausgleich der Investition. Spekulationen mit Kuxen misslangen in Folge der Absatzkrisen im Erzbergbau. Lotter geriet in Geldschwierigkeiten - seine Kreditwürdigkeit hatte durch den Entzug der kurfürstlichen Gnade gelitten.

Zwar wählten ihn die Leipziger Räte 1574 noch einmal zu ihrem Bürgermeister, aber Lotter verließ vor Amtsantritt die Stadt: Er vermutete, dass der Kurfürst ihn nicht mehr bestätigen würde. Seine Grundstücke in Leipzig musste er zunächst verpfänden, dann sogar verkaufen. Hieronymus Lotter starb im Alter von 82 Jahren auf seinem Gut Geyersberg, das heute den Namen „Lotterhof" trägt.

Die Stadt Leipzig erinnert seit 1898 mit einer Straße an den Baumeister. Am 3. Dezember 1996 entstand der „Förderverein Hieronymus-Lotter-Gesellschaft e.V." des Stadtgeschichtlichen Museums. Die Organisation würdigt Verdienste um die Kultur mit der Verleihung der „Hieronymus-Lotter-Medaille" aus Meissener Porzellan an herausragende Persönlichkeiten. Die Kulturstiftung vergibt zudem den Hieronymus-Lotter-Preis für Architektur.

Links: Die Lotter-Medaille aus dem Jahr 1544. Die Rückseite mahnt: „SICH MENS BDENK DAS ENDE". Rechts: Stadtansicht aus dem Jahr 1572 - zu Lebzeiten Lotters.

Opposition gegen „calvinistische Irrlehre"

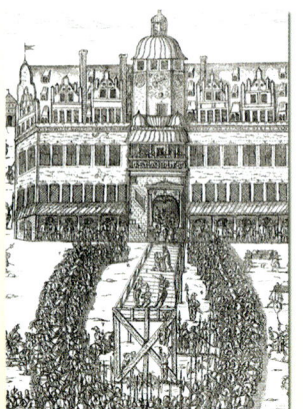

Neben der lutherischen Lehre hatten sich auch die Ideen des Schweizer Reformators Johannes Calvin und dessen Forderungen nach einem sittenstrengen Leben in Deutschland etabliert. Zu ihren Anhängern gehörten das kurfürstliche Haus Brandenburg, der Thronfolger in Sachsen Christian I. (oben links) und viele Bürger in den Städten, so auch in Leipzig.

Das politische Ziel der Calvinisten: die Loslösung vom Heiligen Römischen Reich unter seiner katholischen Habsburger Führung und eine Orientierung hin zu den protestantischen Ländern Frankreich und England.

Die Kirchenordnung Sachsens basierte auf einer lutherischen Konkordienformel, die Kurfürst August 1577 eingeführt hatte. Maßgeblich beteiligt an der Abfassung: Superintendent Nikolaus Selnecker, Pfarrer an der Universitätskirche in Leipzig und Professor für Theologie. Alle Pfarrer mussten ein Bekenntnis auf die Formel ablegen, und es kursierte der Vers: „Schreibt, lieber Herre, schreibt, dass Ihr bei der Pfarre bleibt."

Als Augusts Sohn Christian I. im Jahr 1582 die Regierung übernahm, setzte er die Konkordienformel sofort außer Kraft. Dabei unterstützte ihn der Calvinist Nikolaus Krell, ein gebürtiger Leipziger Kaufmannssohn. Krell zählte zu den engsten Beratern des Kurfürsten, der ihn nach Amtsantritt zum Kanzler von Sachsen ernannte.

Auf Krells Betreiben hin übernahmen die calvinistisch gesonnenen Bürger in Leipzig wichtige Funktionen in der städtischen Verwaltung und in den Kirchenämtern. Mit einer neuen Ordnung wollte Krell auch die Universität auf den Calvinismus einschwören. Er sorgte dafür, dass Nikolaus Selnecker seine universitären Aufgaben und Kirchenämter verlor. Diese übernahmen die Calvinisten Christoph Gundermann und Wolfgang Harder. Schließlich folgte im Oktober 1589 Schreibverbot für Selnecker. Er verließ daraufhin die Stadt.

Der Adel Sachsens und die lutherischen Kleriker sahen ihre Pfründe in Gefahr - es regte sich Widerstand. Unerwartet starb Christian I. am 25. September 1591. Seine Witwe Sophie, eine überzeugte Anhängerin der Lehre Luthers, ließ Nikolaus Krell und Christoph Gundermann verhaften. Das gleiche Schicksal erlitten der Bürgermeister, einige Ratsherren und alle calvinistischen Priester des Landes. Kurz vor der Verhaftung Gundermanns inszenierten Studenten eine virtuelle Gerichtsverhandlung und verurteilten ihn symbolisch zum Tode. Harder ging in den Ruhestand, Gundermann widerrief.

Gegen die Anhänger der „calvinistischen Irrlehre" formierte sich eine Bürgeropposition. Der nunmehr von lutherischen Stadtvätern dominierte Rat protestierte nicht, als Studenten, Handwerker und Gesellen im Mai 1593 die Häuser calvinistisch gesonnener Bürger plünderten. Einige Ratsmitglieder sollen die „Tumultanten" in ihrem Treiben sogar bestärkt haben. Besonders betroffen waren die Händler am Naschmarkt.

Als sich der „Leipziger Tumult" auch gegen den Rat richtete, sahen die Stadtväter Handlungsbedarf. Zu gut erinnerten sie sich an die Bedrohungen der Stadt durch innerstädtische Opposition während der Bauernkriege. Der Rat rief zu den Waffen, ließ 30 Aufrührer und Plünderer verhaften und vor das städtische Gericht stellen.

Einen Zimmergesellen, einen Maurer, einen Kürschner und einen Teichgräber verurteilten die Schöffen zum Tod durch das Schwert. Einige Tumultanten mussten das Land verlassen, andere ließ der Rat „mit Ruthen streichen".

Nikolaus Krell, der den Calvinismus in Sachsen durchsetzen wollte, saß zehn Jahre in Kerkerhaft. Kurfürstin Sophie, Vormund ihres Sohnes Christian II., ließ ihn schließlich am 9. Oktober 1601 in Dresden auf dem Neumarkt wegen Hochverrats hinrichten.

Hinrichtung der Calvinisten vor dem Rathaus.

Nikolaus Selnecker

Die Calvinisten auf dem Weg ins Gefängnis auf der Pleißenburg. Im Porträt links Nikolaus Krell, rechts Christoph Gundermann.

Zeit-Zeichen

1500 Leonardo da Vinci zeichnet den ersten Hubschrauber.

1513 Spanier unter Balboa stoßen zum Pazifik vor.

1514 Kopernikus entdeckt den Saturn.

1517 Martin Luther schlägt 95 Thesen an die Tür der Schlosskirche zu Wittenberg.

1519 Magellan beginnt die Weltumseglung.

1529 Die erste Belagerung Wiens durch die Türken.

1531 Der Halleysche „Große" Komet erscheint.

1539 Das Inka-Reich in Peru wird von Pizzaro zerstört, König Atahualpa erdrosselt.

1582 Papst Gregor XIII. führt die Schaltjahre ein.

1584 Von Irland aus verbreitet sich die Kartoffel über Europa.

1588 Untergang der spanischen Armada.

1589 Am französischen Hof wird die Essgabel eingeführt.

1590 Galilei beginnt Fallversuche am Turm zu Pisa.

1591 Shakespeare schreibt „Romeo und Julia".

1613

Zugestellt - für drei Pfennig

Immer wichtiger für eine erfolgreiche Kaufmannschaft und effizient arbeitende Messeleitung: schnelle Kommunikation mit Handelspartnern und anderen Messestädten. Und der Rat der Stadt musste in allen militärischen und politischen Angelegenheiten engen Kontakt zum Landesherrn halten. Deshalb richtete Leipzig am Ende des 14. Jahrhunderts Kurierdienste nach Augsburg, Nürnberg, Prag, Meißen und nach Hamburg ein.

1595 etablierte sich ein Boten-Amt, 1608 folgten schriftliche Regeln. Der Rat wies seinem Botenmeister mit 30 Rats- und zehn Nebenboten Räumlichkeiten in der Alten Waage zu, später im Gasthof „Zum Blauen Engel" in der Petersstraße. Briefsendungen gab ein Schreiber den Einwohnern der Stadt auf einer Tafel vor dem Postamt zur Kenntnis. Nach zwei Stunden „poste restante" brachte ein Briefträger die Sendungen für eine Gebühr von drei Pfennigen zum Empfänger. Bis zur Einführung der Briefmarke 1850 blieb der „Dreier" in Gebrauch.

Kurfürst Johann Georg I. ernannte 1613 den Leipziger Botenmeister Hans Wider zu seinem Postmeister und erteilte ihm das Privileg, auch offizielle Schreiben des Landesherrn zu Fuß oder zu Pferde zu befördern. Nach dem Dreißigjährigen Krieg übernahm Christoph Mühlbach die Leitung des Postamtes. Dafür musste er jährlich 1.000 Gulden Pacht an den Landesherrn entrichten.

Leipzig musste noch bis 1683 warten, bis die ersten Postkutschen nach Dresden die reitenden Boten und Laufkuriere ablösten. Oberpostmeister Jakob Kees betrieb 1691 bereits mehr als 30 Kutschen, sein Sohn baute 24 Poststrecken auf und veröffentlichte 1704 eine Poststreckenkarte. 1711 stellte Kurfürst Friedrich August I. das Postwesen unter staatliche Kontrolle. Der Rekord der Sächsischen Pferde-Eilpost, die täglich zwischen Leipzig und Dresden verkehrte, lag auf der Strecke von etwa 113 Kilometer bei 8,45 Stunden. Alle 15 Kilometer wechselten die Kutschen in den Posthaltereien ihre Pferde. Das garantierte Tempo.

Nach der Nürnberger Botenordnung von 1610 ging die Post jeden Freitag nach Leipzig ab. Oben Mitte: Marke als Ausweis eines Ratsboten der Stadt.

Zeit-Sprung ins Jahr 1613: Interessiert beobachtet die hübsche Gärtnerin den eifrigen Herrn Studiosus. Ob seine geschickten Hände wohl mit jedem Pflänzlein so zartfühlend umgehen? Doch der junge Mann hat nur seine Wissenschaft im Sinn. Er eifert Medizinstudent Georg Kirchen nach, der zwischen 1600 und 1606 in Leipzig das erste deutsche Herbarium anlegte. Im 1542 gegründeten Botanischen Garten der Universität fand er mehr als 1.000 verschiedene Arznei-, Gewürz- und Giftpflanzen. Weltweit konnten zu jener Zeit nur Pisa, Padua, Florenz und Bologna einen solchen „Hortus medicus" vorweisen.

1631

30 Jahre Krieg - und Leipzigs blutiger Zoll

Eine rohe Episode, wie so viele in jener Zeit: Am 23. Mai 1618 stürmen 200 Angehörige der protestantischen Stände die Prager Burg und improvisieren eine Gerichtsverhandlung gegen die kaiserlichen (und damit katholischen) Statthalter Jaroslav Borsita Graf von Martinitz und Wilhelm Slavata. Die Anklage: Verletzung der von Kaiser Rudolf II. 1609 garantierten Religionsfreiheit. Die Strafe: Kurzerhand werfen die Ankläger ihre Delinquenten aus dem Fenster 17 Meter in die Tiefe; der Schreiber Johannes Fabricius fliegt wenig später hinterher. Die drei überleben - der Legende nach hatte ein Misthaufen den Sturz gebremst. Dieser „Prager Fenstersturz" wird eine Katastrophe auslösen: Mit dem Aufstand der böhmischen Protestanten gegen den katholischen Hardliner und König von Böhmen, Ferdinand II., beginnt der „Dreißigjährige Krieg". Erst 15 Jahre nach dem Ausbruch wird das europäische Blutbad Leipzig erreichen - im September 1631. Vordergründig: Die Konfrontation zwischen den protestantischen Fürsten des Reiches und den Landesherren katholischen Glaubens, die zum habsburgischen Kaiser Ferdinand II. hielten. Hinter der Auseinandersetzung jedoch: Ansprüche auf die Macht in Zentraleuropa, insbesondere im Heiligen Römischen Reich deutscher Nation.

Die Herzöge und Fürsten des neuen, lutherischen Glaubens schlossen sich in der Protestantischen Union zusammen. Ihnen stand die Katholische Liga unter Führung des Kaisers gegenüber. Kurfürst Johann Georg I. von Sachsen konnte sein Land durch geschickte Politik zunächst aus den militärischen Auseinandersetzungen heraushalten.

Dennoch trafen die Kriege, die in den umliegenden Ländern des Kurfürstentums wüteten, die Stadt Leipzig schwer. Der Handel brach zusammen - daran konnten auch die wenigen Messen in der Stadt nichts ändern. Der Absatz von Kupfer aus dem Mansfelder Gebiet, an dem der Rat beteiligt war, kam zum Erliegen. Leipzig stand vor dem finanziellen Bankrott: 3,8 Millionen Gulden standen 1625 auf der Sollseite der Stadtkämmerei. 1627 zog der Landesherzog die Konsequenzen und stellte die städtische Finanzverwaltung unter kurfürstliche Aufsicht. Kurfürst Johann Georg war seit 1631 mit dem protestantischen König Gustav Adolf von Schweden verbündet. Der kaiserliche General Johann Tserclaes Tilly drang nach Norden vor und legte Magdeburg bis auf wenige Häuser in Schutt und Asche - mit bis dahin unbekannter Blutrünstigkeit und Zerstörungswut. Im September 1631 erreichte der Krieg schließlich auch Leipzig. Tilly ließ die Stadt beschießen. Nach zwei Tagen kapitulierte der Kommandant und übergab Leipzig mit der Pleißenburg den katholischen Angreifern.

Die protestantischen Schweden schlugen zurück - und gewannen die Schlacht von Breitenfeld am 17. September 1631, obwohl ihre sächsischen Verbündeten mit dem Kurfürsten an der Spitze fluchtartig das Kampffeld geräumt hatten. Tillys Soldateska flüchtete aus der Stadt. Mit diesem Sieg erwarb Gustav Adolf den Ruf als Retter des deutschen Protestantismus: „Ich hab' den Schweden mit Augen gesehen, er tut mir wohl gefallen", so dichtete der Leipziger Drucker und Poet Gregor Ritzsch. Aber schon im Herbst 1632 standen die Truppen der Katholischen Liga wieder vor den Toren Leipzigs - nun unter dem Kommando von General Albrecht Wenzel Eusebius von Wallenstein. Gegen den Willen der Bürgerschaft übergaben Rat und Universität die Stadt am 22. Oktober dem kaiserlichen Feldmarschall Heinrich Graf von Holck. Und nach 24 Stunden Dauerfeuer kapitulierte auch die Pleißenburg. Bereits am 17. November standen sich die Kontrahenten erneut gegenüber - in der

Mit dem Fenstersturz in Prag begann der „Dreißigjährige Krieg".

General Johann Tserclaes Tilly ließ 1631 die Stadt beschießen.

Sein Sieg in der Schlacht von Breitenfeld machte König Gustav Adolf zum Volkshelden.

1632 beschoss General Albrecht Wenzel Eusebius von Wallenstein die Pleißenburg.

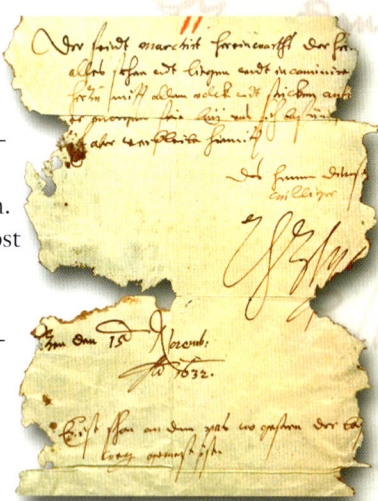

Wallenstein rief 1632 den General Gottfried Heinrich Graf zu Pappenheim zur Hilfe, der mit seinen „Pappenheimern" eine der bekanntesten Kavallerie-Einheiten des Dreißigjährigen Krieges kommandierte.

Gottfried Heinrich Graf zu Pappenheim starb auf der Pleißenburg.

Schlacht bei Lützen. Auf Seiten der Katholiken hatte Wallenstein den Kürassier-General Gottfried Heinrich Graf zu Pappenheim aus Halle zur Hilfe gerufen. Bei den äußerst erbitterten Gefechten fand der schwedische König Gustav Adolf den Tod. Selbst verwundet, zog sich Wallenstein nach Leipzig zurück. Und hier verlor er „seinen Pappenheim", der auf der Pleißenburg seinen Verletzungen erlag. Wallenstein gab auf und räumte die Stadt. Am 12. August 1633 stieß der kaiserliche Feldmarschall Holck erneut nach Sachsen vor. Er ließ Leipzig beschießen (schwere Schäden an der Universitätsbibliothek und der Paulinerkirche); dann gab er die Stadt zur Plünderung frei: „Wir kommen von der Leipziger Messe", höhnten die Söldner, als sie nach drei Tagen voll bepackt mit ihrer Beute abzogen.
Der sächsische Taktiker und Kurfürst Johann Georg wechselte im Prager Frieden 1635 die Seiten und schloss sich der Katholischen Liga an (vorsichtshalber blieb er aber protestantisch). Der Kaiser belohnte ihn dafür mit den Markgrafentümern Ober- und Niederlausitz. Kursachsen und somit auch Leipzig gerieten so in die Gegnerschaft der Schweden, die den Norden Deutschlands besetzt hielten. Deren General Johan Banér belagerte im Februar 1637 vergeblich die Stadt. Die ehemaligen Feinde aus der Katholischen Liga befreiten Leipzig aus der Umklammerung. Banér hielt sich dafür an Wurzen schadlos: Die „Kreuz- und Marterwoche" ging in die Geschichte ein.
Die Bewohner der niedergebrannten Vorstädte und des Umlandes waren hinter die scheinbar sicheren Mauern Leipzigs geflüchtet. Auf engstem Raum zusammengepfercht, brachen Seuchen unter den Einwohnern aus. Söldner schleppten weitere Krankheiten in die Stadt. 4.000 Einwohner fielen allein im Jahr 1637 der Pest zum Opfer.
Bei jeder Belagerung versorgten sich die Truppen auf Kosten der bäuerlichen Bevölkerung - und malträtierten die Menschen mit Mord, Totschlag und Vergewaltigung. Bald lagen die Felder und Äcker brach, Hungersnöte grassierten. „Viel armes Landvolk hat die Hunde abgezogen und gegessen", notierte ein Leipziger Chronist. Doch für fünf Jahre blieb die Stadt nun zumindest von weiteren Kriegshandlungen verschont. Allmählich begann der Messebetrieb in der Stadt aufs Neue. Doch im Oktober 1642 rückten schwedische Söldnerheere an. Und wieder brannten die Vorstädte. Leipzig streckte am 26. November die Waffen. Egal, ob protestantisch oder katholisch: Nach dem Motto „Der Krieg soll den Krieg ernähren" forderten die Besatzer in der Stadt Kontributionszahlungen. Ebenso wie die Kaiserlichen sackten auch die Schweden Geld, Gold und Silber ein. Und sie schrieben ihre Forderungen fest. Konnten die Bürger nicht zahlen, kerkerten die Kommandanten Leipziger Männer auf der Pleißenburg ein. 300.000 Reichstaler beispielsweise verlangte der schwedische Besatzungskommandant Lennart Torstensson im Jahr 1642 vom Rat. Die Schweden bauten Leipzig zu einem Zentrum ihrer Besatzung in Deutschland aus. Sie förderten den Messehandel und unterstützten auch den Betrieb der Universität, während der „Schwedenzeit" sogar von Kontributionsleistungen befreit. Die Sonderstellung der Alma Mater aber war dem Verhältnis zwischen Stadt- und Universitätsbürgern nicht gerade zuträglich. Am 24. Oktober 1648 endete der Dreißigjährige Krieg mit dem Westfälischen Frieden von Münster und Osnabrück, „den folgenden Tag in allen Gassen unter Trompetengeschall ausgerufen". Bis zum 30. Juni 1650 aber hielten schwedische Truppen die Stadt noch besetzt.

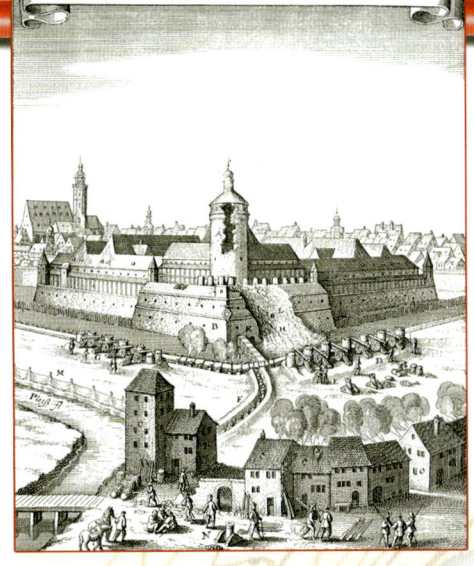

Die Schweden schossen 1642 die Pleißenburg sturmreif.

Besatzungskommandant Lennart Torstensson.

Der Friedensschwur zu Münster beendete den Krieg.

Herolde verkünden zwischen Wien und Stockholm den Frieden.

1641

Samuel von Pufendorf: Plädoyer für Religionsfreiheit

Mit der Eroberung und Einnahme Leipzigs durch die Schweden war der Krieg für die Stadt früher als in weiten Teilen des Deutschen Reiches zu Ende. Die Stadt erholte sich zunehmend von den Folgen des Krieges, die Dozenten und Studierenden der Universität vertieften sich wieder in die Bücher. Das Bedürfnis nach Austausch zwischen den Fakultäten führte am 28. November 1641 Dozenten und Studenten der Universität zum „Collegium Gellianum" zusammen.

In einer streng formulierten Satzung regelten die Akademiker die Aufnahme in diesen Kreis sowie Ehrungen und Sanktionen, die Finanzen und die Diskussionsform ebenso wie die Spache der schriftlichen Arbeiten (Latein). Die Themen legte das Collegium für ein Jahr im Voraus fest. Philosophische Diskurse zur griechischen und römischen Antike sowie Auslegungen von Bibeltexten standen auf den Vortragslisten der gelehrten Gesellschaft; musikalische Vorträge und Lesungen rundeten das Programm ab.

Veränderungen in der akademischen Selbst- und Weltsicht im Spannungsfeld von Religion, Staat und Individuum deuteten sich an. Die Philosophen suchten in einer aus den Fugen geratenen Welt nach neuen Orientierungen, um eine bessere, menschenwürdigere Gesellschaft zu gestalten. Das im Januar 1650 gegründete „Collegium Anthologicum" nahm diese Strömungen auf. Dessen Mitglieder widmeten sich ausschließlich der Auseinandersetzung zwischen dem Calvinismus und Luther, der protestantischen und der katholischen Kirche. Die Referenten analysierten aktuelle Ereignisse und diskutierten die Rolle herausragender Persönlichkeiten im Zeitgeschehen.

Im ehrwürdigen „Collegium Anthologicum" tritt 1650 ein junger Mann auf: Samuel von Pufendorf, Sohn einer alten sächsischen Theologenfamilie, geboren 1632, im orthodoxen Protestantismus erzogen, beginnt er mit 18 Jahren ein Studium der Theologie an der Leipziger Universität und wechselt bald zur Jurisprudenz. Hinterfragt das Verhältnis zwischen Staat und Kirche. Am 4. August 1655 referiert Pufendorf über den Ursprung des Staates. Er leitet die Staatenbildung aus dem Bedürfnis des Menschen nach sozialer Vereinigung ab und aus seinem Verlangen, den Unterschied zwischen Recht und Unrecht zu erkennen. Die Trennung von Staat und Kirche war zu dieser Zeit noch nicht vollzogen; die Untertanen hatten den Glauben ihres Landesherrn anzunehmen. „Cuius regio, eius religio" galt auch für die Protestanten. Pufendorf aber plädierte für Religionsfreiheit. Für ihn war Tugend lehr- und lernbar. Damit stellte er sich gegen die Behauptung, dass nur wahrer Glaube zur Tugend führe.

Da die konservative Universität Leipzig seine Gedanken zur Bedeutung des Individuums in der Gesellschaft nicht würdigte, verließ Pufendorf die Stadt nach Jena, stieg an der Universität zum Magister der Philosophie auf. Nur kurze Zeit kehrte er 1758 nach Leipzig zurück, fand aber keine Anstellung. 1661 rief ihn die Universität Heidelberg, Pufendorf war mit 29 Jahren Professor.

Mit seiner Annahme eines säkularen Naturrechts und der Befürwortung eines einheitlichen Völkerrechts hatte Pufendorf maßgeblichen Einfluss auf die deutsche und europäische Rechts- und Staatsphilosophie im 18. und 19. Jahrhundert. Er gilt daher als einer der Wegbereiter der Aufklärung. Mit seiner Theorie von der Ehe als einem Vertrag zwischen zwei mit gleichen Rechten ausgestatteten Individuen wirkte Pufendorf als einer der Vorkämpfer der Gleichberechtigung. Er bestand als erster deutscher Gelehrter auf einer grundsätzlichen Trennung von Philosophie und Theologie.

1661, als Pufendorf Leipzig verließ, begann ein junger Mann sein Studium an der Alma Mater Lipsiensis, den Zeitgenossen wie Nachfahren als einen der ganz großen Gelehrten betrachten sollten: Gottfried Wilhelm Leibniz, am 21. Juni (nach dem 1700 eingeführten Gregorianischen Kalender am 1. Juli) 1646 in der Pleißestadt geboren.

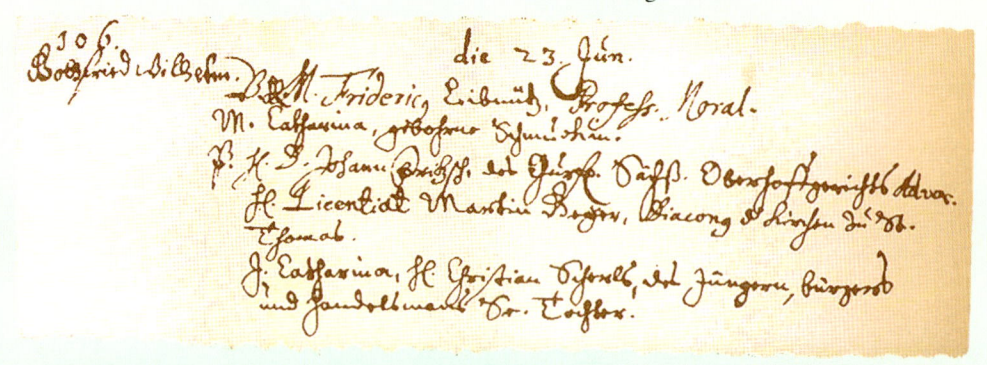

Vortrag im „Collegium Gellianum" von Christian Friedrich Franckenstein, einem Juristen und Beisitzer des Rates in Leipzig.

Rechts: Eintrag von Gottfried Wilhelm Leibniz im Taufregister der Nikolaikirche am 23. Juli 1646.

Leibniz' Vater war Jurist und Professor für Moralphilosophie.

Promotion? Nur mit Bart...

Der Bücherschrank seines 1652 verstorbenen Vaters, eines Juristen und Professors für Moralphilosophie, beherbergte Gottfried Wilhelm Leibniz' größten Schatz: Der frühbegabte Junge las alles, was ihm in die Finger geriet. Im Alter von acht Jahren lernte er ohne einen Lehrer die lateinische und kurz darauf die griechische Sprache. Er könne gar nicht alles aufschreiben, was ihm durch den Kopf gehe, wenn er morgens aufwache, so erinnerte sich der Genius später. Der kleine Gottfried, seinen Altersgenossen intellektuell haushoch überlegen, besuchte zunächst die Nikolaischule und immatrikulierte sich mit 14 Jahren an der Universität, wo er ein Studium der Philosophie und der Rechtswissenschaften begann.

Gleich zu Beginn seiner Studienzeit schloss sich Leibniz dem neu gegründeten „Collegium Anthologicum" an. Hier fiel er mit gescheiten Diskussionsbeiträgen auf und hielt einen viel beachteten Vortrag über Aufgaben und Funktionen gelehrter Zirkel. Zur Belohnung übertrugen die Collegiumsmitglieder dem „Wunderknaben" wiederholt die Kassenführung. Mit seinem großen Wissen und seiner unbändigen Neugier eröffnete sich Leibniz früh ein breites Spektrum wissenschaftlicher Arbeit. Nach einem kurzen Abstecher an die Universität Jena erwarb er als 16-Jähriger mit seiner Schrift „De principio individui" im Jahr 1663 den Grad eines Baccalaureus, 1664 den eines Magisters der Philosophie, 1665 das Baccalaureat an der juristischen Fakultät und 1666 im Alter von 20 Jahren mit der Habilitation die Lehrbefugnis für Philosophie.

Dann ein Rückschlag: Als Leibniz beim Dekan der juristischen Fakultät die Zulassung zur Promotion in den Rechtswissenschaften einreicht, wird sie ihm verweigert. Hier setzt die Sagenbildung darüber ein, warum es einem großen Sohn der Stadt verwehrt blieb, die Doktorwürde der juristischen Fakultät zu erlangen: So soll Gottfried Wilhelm Leibniz an die Tür des Privathauses des Dekans geklopft haben. Dessen Frau, „nicht eine der frömsten und sanfftmüthigsten Weiber in Leipzig", habe den Bittsteller begrüßt und ihn nach seinem Begehr gefragt. Promovieren wolle er, so der junge Akademiker. Die Dekansgattin fertigte ihn mit der Aufforderung ab, er solle sich erst einmal einen Bart stehen lassen, dann könne er wiederkommen.

Wenn nicht wahr, so doch gut erfunden - das Urteil der Historiker zu diesem vermeintlichen Vorfall. Die Fakultät jedenfalls ließ Leibniz nicht zur Promotion zu. Wahrscheinlich war der Überflieger den Gelehrten einfach zu jung. Fest steht: Leibniz verließ die Stadt und wandte sich an die Universität Altdorf bei Nürnberg. Hier promovierte er 1667 mit so exzellenten Resultaten, dass die Universität ihm eine Professur anbot, die Leibniz allerdings ausschlug.

Gottfried Wilhelm Leibniz gilt als einer der bedeutendsten Philosophen des ausgehenden 17. und beginnenden 18. Jahrhunderts und als der letzte Universalgelehrte. Er begründete die Infinitesimalrechnung mit der Integral- und Differenzialbildung, entwickelte eine Rechenmaschine, die auch dividieren und multiplizieren konnte, und erfand das Dualsystem, das heute die Grundlage der modernen Computertechnik bildet. Leibniz' Lebenswerk hatte starken Einfluss auf die beginnende Aufklärung, die klassische Philosophie und den deutschen Idealismus. Der große Sohn der Stadt formulierte die Maxime der Verstandesmäßigkeit: „Jeder Mensch besitzt Fähigkeiten zur vernünftigen Lebensführung."

Das Kassenbuch des „Collegium Anthologicum", geführt von Gottfried Wilhelm Leibniz.

1650

Weltpremiere: Neueste Nachrichten - zur „moralischen Festigung"

Die Zeitung heute - sie steht für Information: weltweit, regional, lokal. Ihre Erfindung wurzelt bereits im ausgehenden Mittelalter und zu Beginn der Renaissance. „Zeitung" bezeichnete zu dieser Zeit allerdings nur ein einzelnes aktuelles Geschehnis der Zeitgeschichte, im heutigen Verständnis also eine einzelne Nachricht. Deren Verbreitung galt schon damals als der „Potentaten Steuerrad". Und wie heute galt die Erkenntnis: Wissen ist Macht - der Landesherr behielt sich vor, selbst darüber zu entscheiden, was der Untertan lesen und wer die „Nachricht" zuvor zu Papier bringen durfte. Aber nicht nur die Obrigkeit und die Staatenlenker warteten auf die neuesten Nachrichten aus der Welt, kritisierte 1609 ein Leipziger unter dem Pseudonym „Gregorius Wintermonat". Und weiter: Auch Privatpersonen und Kaufleute könnten aus Zeitungen ihren Nutzen und Gewinn ziehen - Nachrichten aus aller Welt beförderten das Erfahrungswissen, trügen zur Schärfung des politischen Urteils bei und dienten der „moralischen Festigung".

Die ersten Nachrichtenblätter erschienen als Einblattdrucke. Händler lieferten die meist auch bebilderten Blätter auf die Marktplätze der Städte des Reiches. Aktualität im heutigen Sinn boten diese „Zeitungen" nicht. Der akademische Nachwuchs der Stadt Leipzig witterte daher eine Marktlücke: Ab 1619 gaben der Leipziger Student Moritz Pörner und sein Mitstreiter Georg Kormart handgeschriebene Blätter zum Stadt-, Land- und Weltgeschehen heraus, von Studenten zur Vervielfältigung abgeschrieben. Die beiden arbeiteten somit als die ersten Leipziger „Blattmacher".

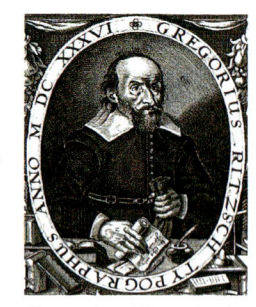

Gregorius Ritzsch, der Vater von Timotheus, betrieb eine Druckerei.

Ein Job mit Zukunft. Pörner stieg zum „Avisenschreiber" auf. Und im Dezember 1633 gestattete ihm der Kurfürst, in der Stadt die Titel „Einkommende wöchentliche Zeitungen" und „Ordentliche wöchentliche Zeitungen" herauszugeben. Die Vorzensur übertrug der Kurfürst dem Rat der Stadt. Er erlaubte nur „Allergewissestes" und verbot alle Nachrichten, die ihm, seiner Politik und dem Klerus nicht passten. Die „Einkommenden wöchentlichen Zeitungen" veröffentlichte 1638 vermutlich die erste Statistik einer deutschen Gazette - mit Angaben zu Aufgeboten, Hochzeiten, Taufen und Begräbnissen aus dem Jahr davor. Unliebsamer

Calendarium Historicum Decennale von Gregorius Wintermonat 1609.

„Ordentliche wöchentliche Zeitungen" von Moritz Pörner 1635.

„Einkommende Zeitungen" von 1650 gilt als erste deutsche Tageszeitung.

„Vollständige Leipziger Einkommende Post-Zeitungen" von Georg Kormart.

- 92 -

Konkurrenten auf dem Leipziger Zeitungsmarkt entledigten sich Pörner und sein Teilhaber Kormart mit Hilfe von Ratsbeschlüssen.

Seit 1742 stand Leipzig unter schwedischer Besatzung. Ein höchst effizientes Nachrichtensystem (durch Post und Kuriere) verband die Stadt mit den Hauptstädten Europas. Timotheus Ritzsch, Sohn eines Leipziger Buchdruckers, trat in die Fußstapfen seines Vaters und beantragte Herausgabe und Druck der „Wöchentliche Zeitungen".

Die Schweden willigten ein. Bis zu fünfmal in der Woche lasen die Einwohner der Stadt nun Neuigkeiten aus aller Herren Länder. Als Herren des Verfahrens ließen die Schweden Nachrichten und Berichte aus ihren Heerlagern dominieren. Die „Kaiserlichen" kamen in der Berichterstattung deutlich schlechter weg.

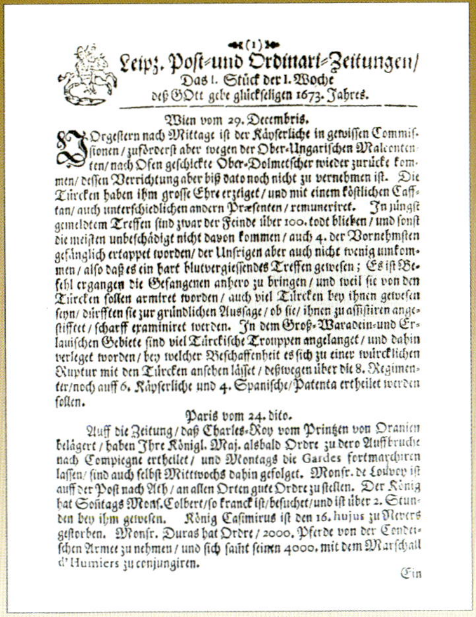

Seit dem Friedensschluss von 1648 entschied Kurfürst Johann Georg I. von Sachsen (rechts) wieder über die Vergabe von Druckprivilegien. Er gestattete Timotheus Ritzsch im August 1649 für zehn Jahre die Herausgabe der „Einkommenden Zeitungen". Der Kurfürst würdigte, dass Ritzsch seine Zeitung durch einen „Professorem censiren", säuberlich drucken und ausländische Nachrichten sorgfältig übersetzen ließ. Der Landesherr untersagte den Nachdruck durch andere Verleger in Sachsen. Als Geburtsdatum der ersten Tageszeitung bezeichnen Kommunikationswissenschaftler den 1. Juli 1650, als die „Einkommenden" bis zu sechsmal in der Woche erschienen. Die Korrespondenten von Ritzsch recherchierten europaweit: von Paris bis Riga, von Lissabon bis Stockholm. Von Hand auf einer Holzpresse im Format von 13,5 mal 17 Zentimetern und in einer Auflage von rund 200 Exemplaren gedruckt, erreichte das Blatt im Abonnement zum jährlichen Subscriptionspreis von 20 Talern seine Leserschaft.

Mit den ersten Tageszeitungen begann auch der Wettbewerb um die Leserschaft in Leipzig. Ritzschs hartnäckigster Rivale: der sächsische Postmeister Christoph Mühlbach. Dieser gab ab März 1652 als Konkurrenzblatt die „Ordinari Post-Zeitung" heraus und reklamierte das Zeitungsschreiben als ureigenste Angelegenheit der Post, als „Pertinenz=Stück des Postregals". Ein kurfürstlicher Vergleich vereinigte die zwei Zeitungen, und Ritzsch behielt bis 1659 sein Privileg.

Ihm folgte 1659 auf dem Leipziger Pressemarkt der Zeitungspionier Georg Kormart, dessen Blatt „Vollständige Leipziger Einkommende Post-Zeitungen" inzwischen viermal in der Woche die Presse verließ. Dem Konkurrenten Ritzsch gelang es jedoch, dem Kurfürsten ein neues, zwölf Jahre gültiges Zeitungsprivileg abzuhandeln.

Ab 1. Juli 1660 lasen die Bürger der Stadt die „Neu einlauffende Nachricht von Kriegs- und Welthändeln", zunächst sechs-, dann siebenmal in der Woche. Die kormartschen „Zeitungen" gingen im Blatt von Ritzsch auf.

Kurfürst Johann Georg II. besiegelte das Ende der privaten Verleger von Tagesgazetten. 1671 übertrug er dem kursächsischen Postamt das Zeitungsmonopol. Von nun an kursierten die „Leipziger Post- und Ordinari-Zeitungen". Ab 1734 erschien das Blatt unter dem Titel „Leipziger Zeitung" - bis 1921.

Leipzig wuchs zu einem Zentrum des deutschen Zeitschriftenwesens. Wissenschaftler und Kulturschaffende wollten so schnell wie möglich über neue Entwicklungen, Entdeckungen und Erkenntnisse informiert sein. Auf den Druck von Büchern zu den aktuellen Themen zu warten, dauerte zu lange. Mit den „Acta Eruditorum" von Professor Otto Mencke erschien 1682 in Leipzig die erste bedeutende deutsche Zeitschrift. Der Schwerpunkt ihrer Artikel lag auf den Naturwissenschaften und der Mathematik. Christian Thomasius legte ab 1688 mit seinen „Lustigen und ernsthaften Monatsgesprächen" den Grundstein für meinungsbildenden Journalismus. Und in der historisch-kritischen Zeitschrift „Gespräche aus dem Reiche derer Toten" von David Faßmann meldeten sich seit 1718 Verstorbene fiktiv zu Wort ...

Leipziger „Post- und Ordinari-Zeitungen" aus dem Jahre 1673.

Die „Acta Eruditorum" von Professor Otto Mencke (links) war die erste bedeutende deutsche Zeitschrift.

„Die vernünftigen Tadlerinnen" hieß die erste Frauenzeitschrift, herausgegeben 1725 von Johann Christoph Gottsched. Themen der Wochenschrift waren Kindererziehung, Mode, Lektüre und Fragen des Hauswesens und der Geselligkeit.

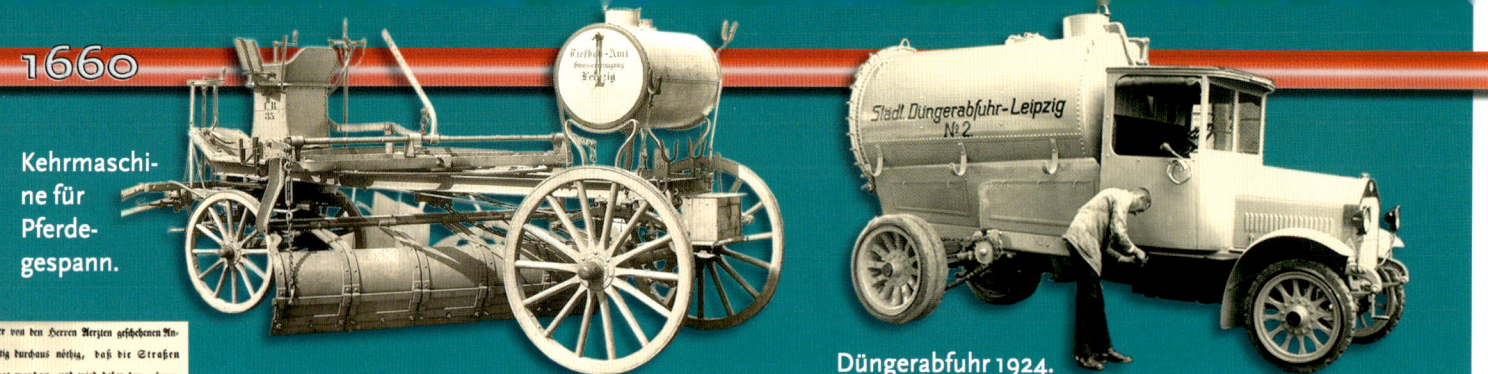

1660

Kehrmaschine für Pferdegespann.

Düngerabfuhr 1924.

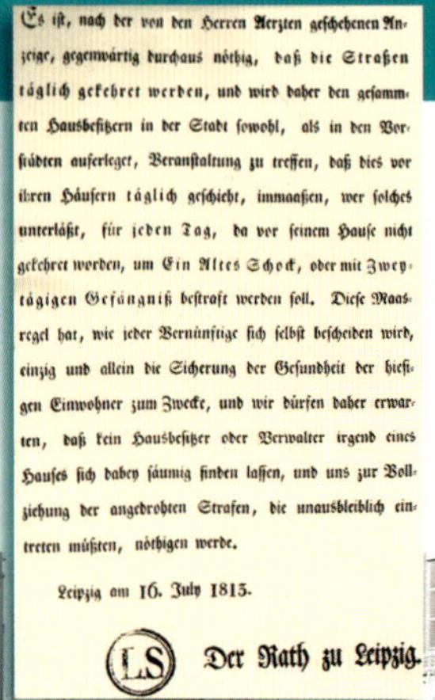

Links: Aufforderung des Rates der Stadt von 1813 zum Straßenkehren.

Abholung der Blechtonnen.

Krupp-Motor-Müllwagen auf Deponie in den 30er-Jahren.

Wasser-Sprengwagen des VEB Stadtreinigung in den 50er-Jahren.

Raths-Marktkehrer, Lappenberge – und fünf Runden um den Erdball

Paull Richter ist mit seinem Besen in die Stadtgeschichte eingegangen: Er war 1660 der erste urkundlich erwähnte Raths-Marktkehrer. Leipzig hatte allen Grund, verstärkt auf Sauberkeit zu achten. Vor nicht allzu langer Zeit hatten unter schwedischer Belagerung drei große Epidemien jeden fünften Einwohner hinweggerafft. Nicht einmal 20.000 Menschen lebten noch in der Stadt. Vor den Häusern tummelten sich Schweine. Spülwasser und Fäkalien flossen in der Mitte der Gassen in Rinnen zusammen. Bislang hatten von den Bürgern gewählte Gassenmeister auch auf die Sauberkeit zu achten. „Jeder kehre vor der eigenen Tür", hieß die Maxime. Für die Entwicklung von öffentlichem Leben, Handel und Gewerbe reichte das aber nicht mehr aus.

Die neue Stadtreinigung siedelte sich beim Marstall an. Von 1541 bis zum Abbruch 1867 diente der Stall an der Ecke Neumarkt und Peterskirchhof „der Einstellung der dem Communewesen nöthigen Pferde und Wagen". Fortan zogen die Rosse nicht mehr nur die Kutschen und Chaisen der Ratsherren, sondern auch die Müllfuhrwerke. Den Abfall karrten Kehricht-Kärrner vor die Stadttore auf zwei Lappenberge - gekennzeichnet durch Stöcke mit Lappen. Auch die „Cloaken" genannten städtischen Bedürfnisanstalten in öffentlichen Gebäuden hatte die Stadtreinigung zu säubern und instand zu halten. 1680 suchte die Pest zum letzten Mal die Messestadt heim. Der Rat verbot, in den Gassen Schweine zu halten und führte eine Gebühr für die regelmäßige Stadtreinigung ein: jährlich einen Reichstaler für jeden Bürger. Von 1700 bis 1747 errichtete Leipzig eine Kanalisation. Die Wartung und Reinigung der Schleusen oblag gleichfalls dem Marstall.

Die in der zweiten Hälfte des 19. Jahrhunderts rasant wachsende Metropole ließ die Aufgaben der Stadtreinigung nahezu explodieren. 1871 zählte Leipzig 100.000 Einwohner, 1905 bereits 500.000. Die inzwischen im Johannishospital untergebrachte Marstall-Verwaltung wich modernen Ämtern. Die Straßenreinigung mit ihren Kehrmaschinen, Schneepflügen, Schlamm- und Sprengwagen unterstand dem Tiefbauamt. Auch das Reinigen der 30 öffentlichen Bedürfnisanstalten oblag dem Amt, ebenso die Abwasserbeseitigung und die Fäkalienabfuhr. 1906 gliederte die Stadt das Reinigungsamt aus.

In den 20er-Jahren lösten motorgetriebene Sprengwagen, Kehrmaschinen und Transportfahrzeuge nach und nach die Pferdegespanne ab. 1930 stellte das Amt - nach 30-jähriger Diskussion um die Kosten - die ersten Blechmülltonnen auf. Die Asche aus ihren Öfen sammelten die Leipziger aber weiter in Gruben an den Häusern. Die Nationalsozialisten ließen das Reinigungsamt bestehen. Als die Männer an die Front mussten, kehrten Kriegsgefangene die Straßen. Mit 250 Leuten sowie Fahrzeugen und Gespannen, die den Zweiten Weltkrieg überstanden hatten, begann das Reinigungsamt 1945 wieder seine Arbeit im zerstörten Leipzig. Es mangelte an allem - auch an Besen und Schaufeln. 1949 übertrug die Stadt die Aufgaben des Amtes an das neu gegründete Kommunale Wirtschaftsunternehmen KWU. 1951 nahm der Volkseigene Betrieb (VEB) Stadtreinigung als selbstständiges Unternehmen seine Tätigkeit auf. Er kümmerte sich nicht nur um die Straßen und den Müll, sondern ab 1968 auch um die Desinfektionsanstalt und das

Unterstützung für den Leipziger Volleyball-Bundesligisten VVL.

Tierheim. Der Betrieb schloss alle Aschegruben, modernisierte seine Ausrüstung und stattete die Häuser mit Mülltonnen aus - 160.000 waren es 1984. Glas, Papier, Textilien und Metalle transportierten die Leipziger gegen ein Entgelt zu den Sammelstellen des VEB Sekundärrohstofferfassung (Sero). Auch auf den Mülldeponien fahndete die Stadtreinigung nach Verwertbarem. Sie unternahm sogar den Versuch, Müll zu kompostieren, fand dafür aber keine Abnehmer.

Nach der Wende wandelte sich der VEB wieder in ein Amt. 1994 gründete Leipzig gemeinsam mit dem Muldentalkreis und dem Leipziger Land den Zweckverband Abfallwirtschaft (ZAW). Dieser betreibt seit 1995 in einem ehemaligen Tagebau die Deponie Cröbern.

Im neuen Jahrtausend sind die Aufgaben neu verteilt: Für saubere Straßen und die Abfallentsorgung ist der Eigenbetrieb Stadtreinigung zuständig. Auf dem 1.600 Kilometer langen Leipziger Straßennetz legen seine Mitarbeiter jährlich 200.000 Kilometer mit Kehrmaschinen und Besen auf Gehwegen und Fahrbahnen zurück - fünf Runden um den Erdball. 310.000 Haushalte und Gewerbetreibende lassen Rest- und Bioabfall von diesem Betrieb entsorgen, der sich auch um Sperrmüll, Gartenabfälle, Elektroschrott und Schadstoffe kümmert. Er unterhält dafür 21 Wertstoffhöfe. Seine Fachleute für Grünanlagen betreuen rund 45.000 Straßenbäume, fast 800 Grünanlagen, Parks und Stadtplätze sowie mehr als 200 Spielplätze. Zudem lassen sie 29 Springbrunnen sprudeln.

Das einst schmutzigste Gewerbe der Stadt setzt mit seinem neu erbauten Betriebshof in der Geithainer Straße Maßstäbe. In dem mehrfach preisgekrönten, lichtdurchfluteten Bau liefert die Sonne die Energie für Strom und Warmwasser.

2002 gründeten Stadt und Sero einen Transportbetrieb: die Abfall-Logistik-Leipzig GmbH (ALL). Mit 90 Mitarbeitern und 40 Fahrzeugen geht sie auf Tour und sammelt jährlich 58.000 Tonnen Papier, Pappe, Glas und verwertbare Verpackungen mit dem grünen Punkt ein. Ein zweites gemeinsames Unternehmen, die Abfallverwertung Leipzig GmbH (AVL), betreibt seit 2002 in der Rückmarsdorfer Straße eine der modernsten Sortieranlagen Europas. Vollautomatisch separiert sie im Strom der Verpackungen Weißblech, Aluminium und verschiedene Kunststoffarten. Bis zu 76.000 Tonnen Abfall vermag die Anlage mit Sieben, Magneten, Gebläsen und Infrarotgeräten zu trennen.

Sero Leipzig und die Messestadt gehen zudem völlig neue Wege: Über ihre „Gelbe Tonne mit dem Plus" können die Leipziger auch Spielzeug und Haushaltsgegenstände aus Kunststoff oder Metall in den Kreislauf der Verwertung schicken, die andernorts in den Restmüll wandern - ein Pilotprojekt für Deutschland.

Fototermin mit den Schauspielern Marco Girnth und Melanie Marschke aus der ZDF-Serie „Soko Leipzig".

Armada in Orange: Die Stadtreiniger heute.

Zentraler Betriebshof in der Geithainer Straße.

Sero-Gelände an der Rückmarsdorfer Straße.

Die Sortieranlage gehört zu den modernsten Europas.

Plastikmüll vor dem Sortieren.

Werbung für die „Gelbe Tonne mit dem Plus".

1669

Zauberer, Akrobaten, Exoten - und ein „leckerer" Markt für kleine Leute

Der Platz hinter dem Rathaus, den die Handwerker während des Um- und Neubaus 1556 als Lager nutzten, sollte nach dem Willen der Stadtväter nun auch dem Handel dienen. Dazu ließ der Rat die Grundstücke am Salzgäßchen im Süden und in der Grimmaischen Straße im Norden erwerben und die Gebäude dort abreißen. Neue Gebäude an der Westseite schufen Platz für eine Garküche, ein Schuh- und Pelzhaus sowie Brot- und Fleischbänke. Ein Gewölbegang durch das Rathaus verband den Platz mit dem Großen Markt.

Während der wöchentlichen Marktage boten Bauern an ihren Ständen auf dem Platz Honig, Obst und Gemüse an, was diesem wohl den Namen „Naschmarkt" einbrachte. Fischer verkauften hier ihre frischen Fänge und Krämer die in Salz konservierten Früchte des Meeres. Deshalb führte der Platz zunächst auch den Namen „Heringsmarkt".

Der Begriff „Naschmarkt" setzte sich jedoch durch - als Markt der kleinen Leute. Hier trafen sie sich zum Schwätzchen, tauschten Klatsch und Tratsch aus. Hierhin strömten sie zu Volksbelustigungen: Das fahrende Volk zeigte Zauberkunststückchen und Akrobatik, führte exotische Tiere vor. Schauspieltruppen gaben während der Messezeiten Proben ihrer Kunst zum Besten und brachten den unvermeidlichen Harlekin auf die schnell zusammengezimmerten Bretter, die die Welt bedeuten.

Nach dem Dreißigjährigen Krieg hegten die Stadtväter den Plan, langfristig den Großen Markt, das Rathaus und den dahinter liegenden Naschmarkt zu einem repräsentativen Gesamtkomplex zusammenwachsen zu lassen. Sie wollten durch Investitionen in die Infrastruktur auch den Handel neu beleben. In die Mitte des Naschmarktes ließ der Rat 1669 eine Brunnenanlage bauen. Stadthistoriker vermuten an dieser Stelle einen Brunnen schon im Mittelalter.

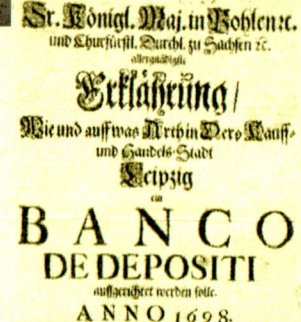

Der Kupferstich zeigt die Leipziger Börse (in der Mitte) im Konzert der Handelshäuser von Venedig, Nürnberg, Amsterdam und Hamburg (von oben links nach unten rechts).

Erklärung des Kurfürsten Friedrich August I., „wie und auff was Arth in dero Kauff= und Handels=Stadt Leipzig ein BANCO DE DEPOSITI auffgerichtet werden solle".

Der Brunnen ruhte auf einem quadratischen Sockel, dessen Nord-Süd-Achse parallel zum Rathaus verlief. Auf einem runden Postament im Zentrum stand eine Herkulesfigur.

Bislang hatten die Kaufleute ihre Geschäfte unter freiem Himmel, in den Gewölben des Rathauses oder in den Handelshöfen abgeschlossen. Mehr als dreißig Leipziger Kaufleute beauftragten nun den Dresdner Oberlandbaumeister Johann Georg Starcke mit dem Entwurf eines zentralen Gemeinschaftshauses an der Westseite des Rathauses auf dem Naschmarkt, einer „Börse".

Die Bezeichnung „Börse" stammt aus dem Niederländischen: In Brügge hatte eine Familie van der Beurs eine derartige Stätte des Handels und der Begegnung bereits Mitte des 17. Jahrhunderts eingerichtet. Nach ihrem Vorbild waren in vielen großen Messestädten Europas Versammlungsorte für die Kaufleute entstanden, so in London, Venedig, Hamburg und Amsterdam.

Den Baubeginn der Leipziger Börse datieren die Ratsbücher auf den Mai 1678. Die Ausführung der Arbeiten übernahm der Stadtbaumeister Christian Richter zusammen mit Steinmetzen und Zimmerleuten aus der Region. Nach einer nur kurzen Bauzeit von 17 Monaten ließ sich das noch unvollständige Gebäude bereits zur Michaelismesse am 13. Oktober 1679 nutzen. Die Außenfassade fand ihren vorläufigen Abschluss mit den Statuen von Merkur, Apollo, Venus und Minerva aus den Werkstätten des Leipziger Bildhauers Johann Caspar Sandtmann. Sie verzierten die Ecken der umlaufenden Balustrade auf dem Flachdach. Der Innenausbau des zweistöckigen Bauwerkes verzögerte sich bis 1687, da umfangreiche Stuckarbeiten des italienischen Architekten Giovanni Simonetti und ein aufwendiges Deckengemälde des Künstlers Johann Heinrich am Ende auf der Agenda der Handwerker standen.

Die Börse war als erstes Barockgebäude der Stadt in strenger rechteckiger Form mit fünf Fensterachsen in der Breite und sieben Fensterachsen in der Länge konzipiert. Der gerade Dachabschluss weist auf italienischen, der plastische Schmuck mit seinen Hängegirlanden und ionischen Kapitellen auf niederländischen Architektur-Einfluss hin.

Ins Obergeschoss zog die Börse ein. Große Fenster ließen Licht in den Saal fluten. Dorthin gelangten die Gäste von außen über eine geschwungene Freitreppe. Ein vergoldetes Relief des Stadtwappens über dem Eingangsportal (oben) begrüßte die Besucher, getragen von zwei geflügelten Knaben mit einem Stab - Symbol des griechischen Gottes Merkur, des Beschützers der Kaufleute.

Diese erledigten in der Börse ihre Geld- und Wechselgeschäfte, tauschten Informationen über Handelswege, Absatzmärkte, Preise und Risiken aus. Die Bewirtschaftung des Saales sorgte mit „gutem Umtrunk" für angenehmes Kommerz-Klima.

Der Rat dachte ökonomisch. Außerhalb der Messe diente das Obergeschoss als Redoutensaal, beispielsweise für Maskenbälle der Patrizier zur Faschingszeit. Ebenso diente die Börse als Auktionshaus zur Versteigerung von Häusern, Grundstücken und beschlagnahmten Handelswaren. Die Gewölbe im unteren Geschoss vermietete die Stadtkämmerei ab 1682 auch zwischen den Messen an auswärtige Händler. So flossen zusätzliche Mittel in den Stadtsäckel - für Instandhaltungsarbeiten und den weiteren Ausbau der Börse.

Kurfürst Friedrich August I. sorgte 1699 für weitere Handels-Infrastruktur: Er ließ ein Kreditinstitut im Erdgeschoss ansiedeln. Nach dem italienischen Vorbild einer „Banco di Depositi" konnten die Händler hier ihr Geld zu wechselnden Zinsen anlegen, Kredite aufnehmen und auswärtige Währung umtauschen. Die Funktion der Börse als Bank fand bereits 1706 ein Ende, als der Kurfürst das Finanzwesen in Sachsen neu ordnete.

Einweihung nach nur 17 Monaten Bauzeit am 13. Oktober 1679: die Börse.

Großer Markt um 1700

1680

Bettler, Pest und arme Waisen

Noch lange nach dem Dreißigjährigen Krieg lebten Flüchtlinge aus dem Umland und den Vorstädten in Leipzig. Die Glücklicheren unter ihnen hatten bei Verwandten Unterkunft gefunden. In der Stadt und auch in den Dörfern herrschte große Armut. Bettler bevölkerten Leipzigs Straßen und prägten das Bild. Die Stadtväter reagierten sozial: Sie beriefen in jedem Viertel zwei Vertrauensleute als Spendensammler und schickten bettelnde Kinder zum Schulunterricht. Die Gaben aus Sammelbüchsen in Kneipen und Gasthäusern verteilten Bettelvögte unter besonders Bedürftigen und Kranken. Gesunde Arbeitslose verpflichtete der Rat zu Messezeiten zu niederen Arbeiten und entlohnte sie mit geringen Beträgen. In diesen Tagen boomte auch die Prostitution. Die Chronisten bezeichneten Leipzig als Stadt mit „besonderer Bettelbedrängnis".

Leipzigs Zucht-, Armen- und Waisenhaus Georgenhospital (um 1704).

Im Januar 1681 ließ die Stadt Silber-Klippen zum Andenken an die Pest prägen.

Die hygienischen Zustände hatten sich nach dem Krieg kaum gebessert – kein Wunder, dass 1680 erneut die Pest ausbrach. Zwischen Juli 1680 und Februar 1681 starben 3.000 Einwohner. In 288 von 1.277 Häusern der Stadt und der Vorstädte waren Tote zu beklagen. Das öffentliche Leben brach zusammen. Ein Chronist berichtet: *„Diejenigen, so das Unglück betroffen, waren übel genug dran und fühlten die schwere Hand Gottes am meisten; des Abends und des Nachts, wenn die Leichen begraben oder die Kranken abgeholt wurden, hielt sich jeder soviel wie möglich zu Hause."* Zur Bekämpfung der Seuche gab der Rat die beträchtliche Summe von 31.000 Gulden aus. Der Stadtphysikus und ehemalige Dekan der medizinischen Fakultät, Dr. Gottfried Welsch, unterbreitete dem Bürgermeister einen Entwurf für eine „Pestartzneitaxe". Sie sollte die Herstellung von Medikamenten nach erprobten Rezepten gewährleisten und den Abgabepreis regeln: frühe Kostendämpfung im Gesundheitswesen. In einer Seuchenordnung ermahnte der Rat alle Einwohner, *„dass wenn jemand in ihren Häusern und Wohnungen an gefährlichen Krankheiten liege oder versterbe, dass sie alsdenn der Billigkeit sich bescheiden, sich selbst und die Ihrigen innehalten und durch unvorsichtiges Ausgehen ihren Nächsten keinen Schaden, Gefahr und Schrecken veranlassen"*.

Natürlich sprach sich die Leipziger Epidemie, bei der wahrscheinlich noch die Ruhr und das Fleckfieber beteiligt waren, auch in Kreisen der potenziellen Messebesucher herum. Die Michaelismesse 1680 fiel aus, die Neujahrsmesse ließen die Stadtväter in das Frühjahr 1681 verschieben. Am 22. Februar 1681 beeidigten 13 Leipziger Ärzte, drei Dekane der Universität und acht Chirurgen das Ende der Seuche. Damit sollte die Absperrung wichtiger Handelsstraßen aufgehoben werden, die in die Messestadt führten. Es traf die Messe schwer, dass erst wieder im April 1683 alle Reisebeschränkungen fielen. Angesichts von Krankheit und Armut in der Stadt schlossen sich betuchte Bürger zu einer karitativen Gemeinschaft zusammen. Sie nannte sich „Vertraute Gesellschaft". Zu ihren Aufgaben zählte die Unterstützung Bedürftiger und auch karitativer Einrichtungen. Bei ihren Festlichkeiten kreisten nun Armenbüchsen, deren Inhalt die 17 Mitglieder 1695 zu fünf Prozent Zinsen anlegten. Aus dem eigenen Vermögen hatten die Honoratioren den Betrag noch einmal aufgestockt. Die „Vertraute Gesellschaft" spendete 1701 für den Neubau des Georgenhauses, einer Bleibe für Arme und Waisen, 200 Taler. Später vergab sie auch zinslose Darlehen für Geschäftsgründungen, zahlte armen Jugendlichen das Lehrgeld und unterstützte die Blindenanstalt.

Pestarzt

1680 gab der Rat der Stadt eine Pestordnung zum Umgang mit der Seuche heraus.

1687

Der Vater von Christian, Jakob Thomasius, war promovierter Rektor der Nikolaischule.
Rechts: Das „Auditorium Petrinum", der Hörsaal der juristischen Fakultät.

Christian Thomasius: Philosoph und Jurist an der Universität Leipzig.

Thomasius: Moderne Ideen contra Hexen und Folter

Kavaliersdegen statt Talar, unkonventionelle neue Ideen im Hörsaal - und das alles auf Deutsch anstelle im Gelehrten-Latein: Christian Thomasius, der am 1. Januar 1655 im Haus Markt 10 das Licht der Welt erblickte, sollte zum Enfant terrible des Leipziger Wissenschaftsbetriebs heranwachsen. Zur Freude seines Vaters Jakob (Philosoph und Rektor der Nikolaischule, später Professor und Rektor der Universität sowie der Thomasschule) immatrikulierte sich der talentierte Junior bereits im Alter von 14 Jahren an der Leipziger Universität, wo er Physik, Mathematik, Geschichte und Philosophie studierte und 1672 den Titel eines Magisters der Philosophie erwarb. Er wandte sich danach den Rechtswissenschaften zu und wechselte an die Frankfurter Universität Viadrina. Dort schloss Christian Thomasius sein Jurastudium 1679 mit der Promotion ab.

In seine Heimatstadt Leipzig zurückgekehrt, arbeitete Thomasius als Verteidiger in Kriminalfällen und hielt private Vorlesungen. In Auseinandersetzung mit dem großen Rechtsgelehrten Samuel von Pufendorf befasste er sich vor allem mit dem Naturrecht und fiel dabei durch unorthodoxe Ansichten auf. So vertrat er zum Beispiel in seiner 1685 erschienenen Untersuchung „De crimine bigamiae" die Zulässigkeit der Doppelehe. Der junge Rechtswissenschaftler fiel auch durch sein Outfit auf, da er nicht im Talar vor seine Studenten trat, sondern in modischer Kleidung und mit Kavaliersdegen. Als Thomasius am 31. Oktoberr 1687 als erster Vorlesungen in deutscher Sprache einführte und damit die Alleinherrschaft des Lateinischen als internationale Gelehrtensprache in Frage stellte, versuchten seine Juristenkollegen, diese Neuerung durch eine Kabinettsorder zu verhindern - allerdings ohne Erfolg.

Christian Thomasius betätigte sich auch als Publizist und Verleger: 1688/1689 veröffentlichte er unter dem Titel „Lustige und Ernsthafte Monatsgespräche" die erste deutschsprachige wissenschaftliche Zeitschrift, in der er sich kritisch mit den gesellschaftlichen Zuständen auseinandersetzte und damit weitere Gegnerschaft provozierte. Am 10. März 1690 beendete ein Konsistorial-Reskript, auf das die Leipziger Geistlichkeit und seine Juristenkollegen hingewirkt hatten, seine Tätigkeit als Hochschullehrer und Publizist in Kursachsen. Das Angebot des brandenburgischen Kurfürsten Friedrich III., der ihm das hohe Jahresgehalt von 500 Talern bot, lockte Thomasius nach Halle. Seine Berufung lieferte den Impuls für die Gründung der dortigen Universität, und er hatte als Professor an der Juristischen Fakultät maßgeblichen Anteil daran, dass sich Halle zu einem angesehenen Zentrum der Aufklärung entwickelte. Auf spätere Versuche von August dem Starken, ihn nach Leipzig zurückzuberufen, ging Thomasius nicht ein. Er blieb bis zu seinem Tod am 23. September 1728 in Halle und fand auf dem dortigen Stadtgottesacker seine letzte Ruhestätte.

Zwei kleine Schriften des Rechtsphilosophen, der einen lebenslangen Kampf für die Freiheit des Denkens, Lehrens und Schreibens geführt hatte, sorgten über seinen Tod hinaus für Aufsehen: In der 1701 veröffentlichten Arbeit „Über das Verbrechen der Hexerei" widerlegte Thomasius den Glauben an einen Teufelspakt und entzog damit den immer noch in ganz Europa verbreiteten Hexenverfolgungen die wesentliche Grundlage. 1714 verbot der preußische König Friedrich Wilhelm I. als Folge dieser Arbeit die Hexenprozesse.

In der 1705 erschienenen Schrift „Über die Folter" erklärte Thomasius die Tortur zur „Schande für die christlichen Staaten", da die Angeklagten unter der Folter zu Verrätern an sich selbst würden. Der König reagierte auch auf diese Ausführungen und erließ 1714 eine Kabinettsorder gegen die Folter. Das allgemeine Verbot der Folter ohne Ausnahmen setzte sich allerdings erst im Jahr 1754 durch.

Die „Monatsgespräche" von Thomasius stellen einen Meilenstein in der Geschichte des Journalismus dar.

Thomasius fand seine letzte Ruhestätte auf dem Stadtgottesacker in Halle.

Boses Kunst – Inspiration für Dresdens Zwinger

Die Stadtbefestigungen verloren allmählich ihre militärische Bedeutung. Mit Genehmigung des Landesherrn gaben die Stadtväter das direkte Vorfeld der Stadt zur Bebauung frei. Vor dem Grimmaischen Tor besaß die Familie Bose, die eine „Gold- und Silberhandlung-Compagnie" betrieb, einen Garten.

Johann Bose erweiterte bis 1681 den Besitz um mehrere benachbarte Flächen und ließ dort Weinstöcke setzen.

Caspar Bose, ein Spross der Familie, besuchte die französische Schule in Leyden und unternahm mehrere Bildungsreisen durch Frankreich, Italien und die Niederlande. Dort lernte er die französische Gartenbaukunst kennen, die ihn zeitlebens beschäftigen sollte. Er führte in der Folge einen intensiven Briefwechsel mit namhaften europäischen Gelehrten zur Gartenkunst und zur Pflanzenzüchtung. Nach Leipzig zurückgekehrt, kaufte er systematisch weitere Grundstücke und eine Sandgrube vor den Mauern der Stadt zum Familienbesitz hinzu. 1692 fand der „Großbosische Garten" seine endgültige Gestalt mit Parkanlage, Baumschule und einem Lustgarten mit kunstvoll angelegten Blumenbeeten. Im selben Jahr eröffnete Caspar Bose, inzwischen Ratsherr der Stadt, dort seine große terrassenförmige Orangerie. Sie bildete das Kernstück der Anlage, zu dem ein Hauptweg mit sechs Statuen des Dresdner Bildhauers Paul Heerman führte.

Vor dem Grimmaischen Tor legte der Kaufmann und Ratsherr Caspar Bose einen Barockgarten an. Links: Blühende Aloe aus dem Großbosischen Garten.

Dank seiner weltweiten Handelsverbindungen wuchsen und blühten in seinen Gewächshäusern exotische Pflanzen aus aller Welt. Im Lusthaus versammelten sich Gesellschaften, eine Bibliothek bewahrte eine Büchersammlung zur Gartenarchitektur, ergänzt um ein Naturalienkabinett, eine Waffensammlung und einen Konzertsaal. Damit öffnete Bose seinen Garten auch dem Leipziger Bürger. Der Ratsherr lud die Honoratioren und angesehenen Bürger der Stadt zu Veranstaltungen ein und während der Messe staunte mit den Messegästen auch der einfache Mann über die barocke Gartenkunst nach französischen Vorbildern. Mit seiner anspruchsvollen architektonischen Gestaltung, der vielfältigen Pflanzenwelt und der Einbindung gesellschaftlichen Lebens in das Ensemble diente der Großbosische Garten August dem Starken zum Vorbild für die Errichtung des Zwingers in Dresden. Der seit 1684 angestellte Gärtner Elias Peine veröffentlichte mehrere Verzeichnisse über die Pflanzen des Gartens und genoss bald einen guten Ruf in der Fachwelt. Er zeichnete auch den ersten ausführlichen Gartenplan.

Der Garten zwischen dem heutigen Roßplatz, der Nürnberger Straße und der Johannisgasse stand bis 1824 im Besitz der Familie. Zunächst bauten die Boses das Gelände mit Brunnen und Fontänen noch weiter aus. Gartenmeister legten Tiergehege und Vogelhäuser an. Die Nachkommen konnten jedoch die aufwendige Anlage nur bis zur Mitte des 18. Jahrhunderts finanzieren. Danach verfiel sie innerhalb weniger Jahre. 1824 schließlich verkaufte Johanna Eleonore Bose die letzten Grundstücke der ehemals berühmten Anlage.

Europaweit bewunderte die Fachwelt Boses Gärtner: Ihnen gelang es im Jahr 1700, eine amerikanische Aloe erblühen zu lassen. Die Pflanze gedieh unter den „grünen Händen" von Elias Peine, der auch einen Katalog der Flora des Gartens veröffentlichte.

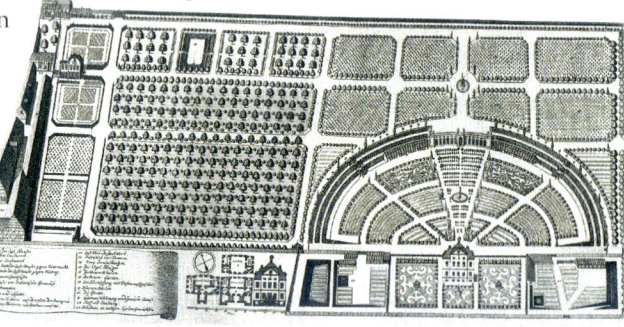

Grundriss des Großbosischen Gartens in seiner größten Ausdehnung.

1701

Zeit-Zeichen

1602
Die Niederländer gründen die Kapkolonie in Südafrika.
1606
Willem Janszoon entdeckt Australien.
1615
Galilei wird vor die Inquisition zitiert.
1619
Nordamerika führt Negersklaven ein.
1625
Engländer führen die Tabaksteuer ein.
1626
Der Auerochse stirbt in Europa aus.
1636
Erste nordamerikanische Universität in Cambridge.
1641
In England bilden sich die Whigs und Tories.
1645
Die Residenz des Dalai Lama wird in Lhasa gebaut.
1660
Die Toilette mit Wasserspülung verbreitet sich von Frankreich aus.
1667
Leibniz baut eine Rechenmaschine.
1671
Newton erfindet das Spiegelteleskop.
1683
Erste deutsche Auswanderungen nach Nordamerika.
1688
London beleuchtet Straßen mit Öllampen.
1690
Papin erfindet die Dampfmaschine.

Fächer weckt kurfürstliches Interesse

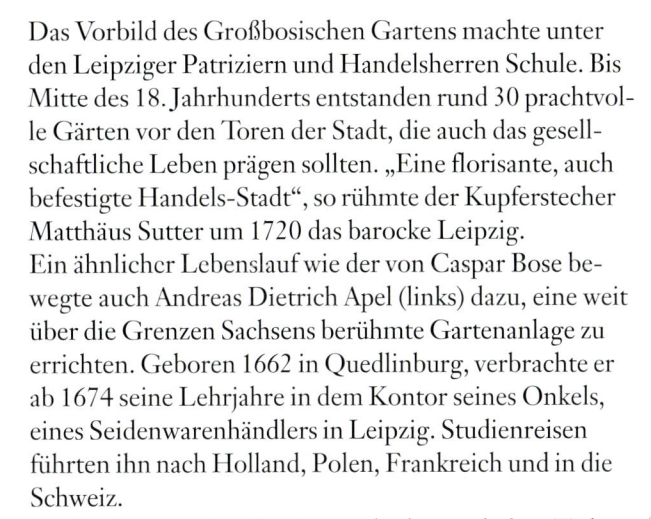

Das Vorbild des Großbosischen Gartens machte unter den Leipziger Patriziern und Handelsherren Schule. Bis Mitte des 18. Jahrhunderts entstanden rund 30 prachtvolle Gärten vor den Toren der Stadt, die auch das gesellschaftliche Leben prägen sollten. „Eine florisante, auch befestigte Handels-Stadt", so rühmte der Kupferstecher Matthäus Sutter um 1720 das barocke Leipzig.

Ein ähnlicher Lebenslauf wie der von Caspar Bose bewegte auch Andreas Dietrich Apel (links) dazu, eine weit über die Grenzen Sachsens berühmte Gartenanlage zu errichten. Geboren 1662 in Quedlinburg, verbrachte er ab 1674 seine Lehrjahre in dem Kontor seines Onkels, eines Seidenwarenhändlers in Leipzig. Studienreisen führten ihn nach Holland, Polen, Frankreich und in die Schweiz.

Apel heiratete seine Cousine und erbte nach dem Tod des Schwiegervaters Jonas Barniske einen großen Garten vor den Toren der Stadt am Thomaspförtchen. Bis 1701 erweiterte er sein Gelände durch Zukauf der Schlosswiese gegenüber der Pleißenburg. Die alte Bebauung auf seinem Gartengelände ließ er abreißen und „Fabriquen" zur Herstellung von Damast- und Atlas-Stoffen sowie von Gold- und Silbergespinsten errichten. Erstmalig in Sachsen vermarktete Apel bedruckte Tapeten-Leinwände und Kattun aus eigener Herstellung. Seine Geschäfte florierten. Nun konnte der Unternehmer ein lang gehegtes Vorhaben umsetzen: den Bau eines repräsentativen Barockgartens. 1702 entstand unter Leitung des Gartenbaumeisters David Schatz eine Parkanlage in der Form eines Fächers, die zu den schönsten Barockgärten Deutschlands zählte. Die Alleen-Achsen des Fächers, gesäumt von hohen Heckenwänden, ermöglichten einen Ausblick in die umliegende Landschaft. Ihr Verlauf ist heute noch an den vom Dorotheenplatz strahlenförmig ausgehenden Straßen sichtbar: Reichel-, Kolonnaden- und Elsterstraße. Springbrunnen und Pavillons, verbunden durch Laubengänge, luden zum Verweilen. Der Architekt ließ Seitenarme der Pleiße durch das Gelände führen und schuf damit Möglichkeiten zu Bootsfahrten, nachts von Fackeln illuminiert. Den Eingangsbereich des Gartens bewachten vier Statuen aus der Antike: Jupiter, Juno, Venus und Mars. Die göttlichen Gäste hatte der Bildhauer Paul Heermann in Zusammenarbeit mit Balthasar Permoser geschaffen.

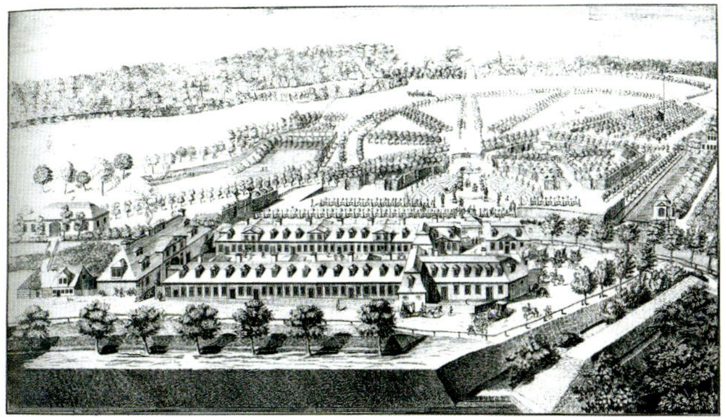

Apel sorgte dafür, dass neben den Fabrikgebäuden auch die Wohnungen der Arbeiter integrale Bestandteile der Gartenanlage darstellten, und stellte sich damit auf fast revolutionäre Weise gegen das Vorbild der französischen Prachtgärten, in denen die einfache Bevölkerung nichts zu suchen hatte.

Von den grünen Kreationen und der Geschäftstüchtigkeit des Unternehmers höchst beeindruckt, beauftragte Kurfürst Friedrich August I. Apel und seine Gärtner sogar mit der Betreuung der Orangerie in Dresden. Apels Gartenanlagen standen dem Kurfürsten stets zur Pflege höfischen Lebens und geselligen Veranstaltungen offen, und wenn dieser nach Leipzig kam, nahm er bei Apel Quartier.

Nach dem Tod des Unternehmers fiel der Garten zu gleichen Teilen an dessen Kinder. Sie ließen die Anlage weiter pflegen und erhielten der Stadt diese große Sehenswürdigkeit bis 1770. Noch Johann Wolfgang von Goethe pries die Anlage 1765 als „königlich". Später jedoch versteigert, fielen die Grünanlagen schließlich der Industrialisierung im 19. Jahrhundert zum Opfer.

Die westliche Vorstadt mit Apels Garten.

Apelsches Haus um 1715. Rechts: Kurfürst Friedrich August I. - eine Büste von Paul Heermann, der auch Apels Garten austattete. Unten: Apels Garten mit seiner Manufaktur im Vordergrund.

1701

Vorbild Amsterdam: Licht für alle

Mehr als 130 Jahre blieb die Ölbeleuchtung in Betrieb, bis der Rat 1836 beschloss, die Laternen auf Gas umzustellen.

In den Abend- und Nachtstunden hüllte Dunkelheit Leipzig ein. Nur besonders markante Stellen erhellte die Stadt mit Holz, Pech oder anderen Materialien befeuerten Leuchtpfannen. Die Einwohner leuchteten sich des Nachts mit Fackeln heim, und selbst die Nachtwächter funzelten mit ihren Wachslaternen nur punktuell durch die Dunkelheit. Den Unrat kippten die Bürger – wie noch im Mittelalter – in die Gossen. Städtische Wagen sammelten die Fäkalien ein und entsorgten sie in Pleiße und Parthe. Es stank. Bei Regen weichten die Straßen auf. Die Bürger wateten durch den Dreck, Kutschen, Karren und Wagen versanken im Schlamm.

Kurfürst Friedrich August I. stellte sich seine Nebenresidenz anders vor. Er wies den Rat im September 1701 an, für eine angemessene Beleuchtung zu sorgen. Die Stadtväter mit Franz Conrad Romanus an der Spitze reagierten sofort. Ihr Vorbild: die Beleuchtung in Amsterdam. Der Rat beauftragte nach angeforderten Mustern die einheimischen Klempner und Glaser mit der Herstellung von zunächst 143 Laternen, die innerhalb von vier Wochen aus verzinktem Doppelblech zusammengelötet werden konnten. Da die Arbeit überzeugte, bestellte der Rat bis zum Ende des Jahres weitere 550 Laternen mit hölzernen Standbeinen.

Am Heiligen Abend 1701 ließ der Rat zum ersten Mal sämtliche 700 mit Rüböl (Rapsöl) gespeisten Laternen zugleich anzünden. Neben viel Lob erklärte ein Zeitgenosse, er erwarte, dass durch die illuminierte Stadt „auch viele Sünden, sonderlich wider das fünfte, sechste und siebente Gebot merklich gesteuert und kräftig verwehret" würden.

Für die Wartung der Laternen, das Anzünden, Auslöschen, Putzen und die Füllung der Ölbehälter waren 18 neu eingestellte städtische Bedienstete zuständig. Im Jahr 1702 führte die Stadt eine Beleuchtungsordnung ein. Sie beinhaltete ein Tagesregister, das Beginn und Dauer der Beleuchtung - nach Mondphasen und Wochentagen - festlegte (unten links).

13 Stunden waren die Laternen in der Regel in Betrieb, bei Vollmond allerdings nur zwischen fünf und acht Stunden. Die Kosten für die Unterhaltung der Beleuchtung: 3.000 bis 4.000 Taler im Jahr. Selbstverständlich baten die Stadtväter dafür die Einwohner zur Kasse. Sie finanzierten den Laternenbetrieb aus dem Torgroschen, den der Rat für die Bewachung der Zugänge zur Stadt einzog.

Nach der „Erleuchtung" der Stadt widmete sich Bürgermeister Conrad Romanus der Entsorgung der Fäkalien. Er ließ ein Kanalisationssystem bauen, das auch die Abfälle von den Fleischscharren unterirdisch in die Pleiße beförderte. Diese Maßnahme reduzierte die Geruchsbelästigung in der Stadt schon beträchtlich. Die Hauptstraßen ließ der Rat mit Katzenköpfen (von Feldern aufgelesene Rundsteine mit einem Durchmesser von 15 bis 25 Zentimetern) pflastern.

Wer es sich leisten konnte, ließ sich in einer Portechaise tragen. Seitenmitte: Silbermedaille anlässlich der Einführung der Stadtbeleuchtung.

Als Neuerung folgte darüber hinaus die Einrichtung eines Tragedienstes mit zwölf Sänften - Portechaisen (unten rechts). Bedienstete der Stadt beförderten betuchte Einwohner durch die Straßen zu den herrschaftlichen Salons, zu Einkäufen in die Handelspassagen und zu Empfängen des Landesherrn auf der Pleißenburg, im Rathaus oder in den Häusern reicher Bürger, bei denen der Kurfürst Quartier bezog. Die Station der Träger war der Naschmarkt. Die Beförderung innerhalb der Mauern kostete zwei, nach außerhalb in die Vorstädte vier Groschen.

Je fünf Nachtwächter sorgten in den Vierteln - Petersviertel, Rannisches Viertel, Hallisches Viertel und Grimmaisches Viertel - für ein Minimum an Sicherheit. Auf Bitten der Einwohner unterband der Rat die als ruhestörenden Lärm empfundenen Hornsignale der Wächter. Nach hamburgischem Vorbild signalisierten nun Klappern und Rasseln, was die Stunde geschlagen hatte.

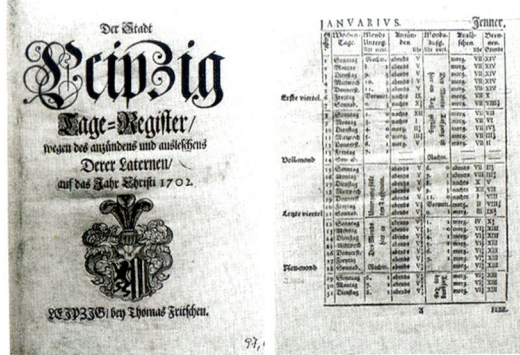

1705

Steiler Aufstieg, tiefer Fall: Romanus stirbt nach 41 Jahren Haft

Franz Conrad Romanus war mehrfach Leipziger Bürgermeister.

Im Alter von 75 Jahren erlöste ihn der Tod. 41 Jahre lang nach seiner Verhaftung am 16. Januar 1705 hatte der ehemalige Leipziger Bürgermeister Franz Conrad Romanus als Gefangener auf der kurfürstlichen Festung Königstein vegetieren müssen - ohne ein Gerichtsurteil.

Der Leipziger Juristensohn Romanus (*7. März 1671) begann im Alter von 17 Jahren ein Jurastudium in der Stadt. Nach seinem Examen 1692 wirkte er am Appellationsgericht und betätigte sich als Rechtsanwalt. Bald ruhte das wohlwollende Auge des Kurfürsten Friedrich August I. von Sachsen, später genannt „der Starke", auf dem jungen Advokaten. Er holte Romanus an den Hof nach Dresden.

Als in Leipzig Bürgermeisterwahlen anstanden, empfahl der Landesherr den Stadtvätern, seinen Günstling mit dem Amt zu betrauen. Es war mehr als ein Vorschlag, denn auch ein „Geschenk" aus Leipzig in Höhe von 100.000 Gulden konnte den Kurfürsten nicht von Romanus abbringen: Offenbar wollte Friedrich August einen seiner Vertrauten an der Spitze einer Stadt sehen, die ihm gegenüber hohe Geld-Forderungen stellen konnte.

Am 29. August 1701 trat Romanus sein Amt an; bald genoss er einen guten Ruf in der Bürgerschaft. Nach Fürsprache des neuen Bürgermeisters erneuerte Friedrich August noch einmal das städtische Privileg der freien Ratswahlen, das der Kurfürst selbst untergraben hatte. Romanus sorgte für eine

Beim Bau seines Palais hatte sich Romanus übernommen.

Verdoppelung der Ratsherren-Gehälter auf 500 Taler im Jahr. Konsequent machte er sich daran, die Infrastruktur der Stadt zu verbessern: Mit Aufstellung von Straßenlaternen, Bau einer Kanalisation, Pflasterung der Hauptstraßen - und Einrichtung eines „Sänftentragedienstes". Trotz seines jungen Alters hatte sich Romanus bald den Titel eines „Bürgervaters" erworben. Im August 1703 wählten ihn die Ratsherren erneut zu ihrem Bürgermeister. Der Kurfürst verlieh ihm im Mai 1704 den mit 700 Talern jährlich dotierten Titel eines Geheimrats.

Dann aber brach ihm eine Immobilie das Genick: Romanus plante ein Stadtpalais. Er vergrößerte das geerbte Grundstück an der Ecke Brühl-/Katharinenstraße durch Zukäufe und investierte 150.000 Taler in das Bauvorhaben. Diese Summe überstieg seine Vermögensverhältnisse aber bei Weitem. Romanus geriet auf Abwege.

Ab November 1704 fielen Unregelmäßigkeiten in seiner Amtsführung auf. Eine Untersuchungskommission warf Romanus die Fälschung von Geldwechseln, die Ausstellung ungedeckter Stadtschuldscheine, den Missbrauch des Ratssiegels und die Anfertigung eines Nachschlüssels zum Bürgermeisterpult vor. Der Landesherr ließ Romanus 1705 zunächst auf der Pleißenburg inhaftieren, dann auf die Festung Sommerstein bei Pirna und von dort auf den Königstein bei Dresden im Elbsandsteingebirge verlegen. Weitere Vorwürfe, mehrere Verhöre und jahrelange Untersuchungen der Leipziger Ratsbücher und Kämmerei-Listen folgten. Auf einen Prozess wartete Franz Conrad Romanus vergeblich: Für eine rechtskräftige Verurteilung reichten die Beweise offensichtlich nicht aus. Es bleibt ein Rätsel, weshalb August „der Starke" und auch sein Nachfolger sich dermaßen unversöhnlich gegen Romanus verhielten. Ihnen gegenüber hatte sich der Bürgermeister schließlich nichts zu Schulden kommen lassen.

Auf der Festung Königstein saß Romanus 41 Jahre in Haft.

Das umstrittene Palais am Brühl sollte noch Kulturgeschichte schreiben. Romanus´ Frau Christiana Maria gelang es, den Immobilienbesitz zu erhalten. Ihre gemeinsame Tochter Christiana Mariana, verwitwete Ziegler, verwaltete den väterlichen Besitz. Sie organisierte im „Romanushaus" einen poetisch-musikalischen Salon und spielte dort selbst Querflöte, Klavier und Laute.

Das Romanushaus heute.

Romanus Tochter, Christiana Mariana, lud in ihren Salon. Die „Zieglerin" dichtete, schrieb Kantaten und freundete sich mit dem Literaten Johann Christoph Gottsched und dem Musiker Johann Sebastian Bach an. Sie war seit 1731 erstes weibliches Mitglied der unter Gottscheds Leitung stehenden „Deutschen Gesellschaft", einer Sozietät zur Erforschung und Förderung der deutschen Sprache und Literatur. Zweimal ehrte sie diese Gesellschaft mit dem Poesiepreis. 1733 verlieh ihr sogar die Universität Wittenberg den Titel „Kaiserlich gekrönte Poetin".

1706

August „de Luxe" - von Leipzigs Geldströmen finanziert

August der Starke hielt sich beinahe 30-mal in Leipzig auf.

Seit 1694 regierte Friedrich August I. als Kurfürst von Sachsen und damit auch als Landesherr von Leipzig. Da er auch mit der polnischen Königswürde liebäugelte, konvertierte er zum katholischen Glauben, stellte es aber seinen Untertanen frei, sich weiterhin zur lutherischen Lehre zu bekennen. Friedrich August ließ die sächsischen Landstände entmachten und ernannte ein Geheimes Kabinett mit Sitz in Dresden zum Verwaltungsorgan von Kursachsen. Damit verloren auch die Städte weiter an Selbstständigkeit - Absolutismus herrschte im Land. Dresden: Das war das Zentrum der Welt des Kurfürsten mit dem berühmten Beinamen „der Starke". Aus dem finanzstarken Leipzig aber flossen die Finanzströme, mit denen August seinen Luxus finanzierte und den Ausbau des „Elbflorenz" zu einer Barockstadt. Ohne die Einnahmen aus den Messen hätte er seine ehrgeizigen Bauvorhaben nicht realisieren können. Während seiner Regierungszeit zwischen 1694 und 1733 hielt sich der Kurfürst mindestens 30-mal in Leipzig auf, hauptsächlich zu Messezeiten. Oft reiste er eigens aus Polen an. Als junger Mann legte er die 13 Meilen (eine sächsische Meile = 9,6 Kilometer) zwischen Dresden und Leipzig ohne jede Begleitung in gut vier Stunden auf dem Rücken seiner Pferde zurück. Neun Stunden benötigte er später mit seinen Kammerdienern in der Postkutsche.

Der Kurfürst besaß zwar mit der Pleißenburg eine feste Residenz in der Stadt. Diese Zwingburg aus dem 16. Jahrhundert entsprach jedoch nicht mehr den Ansprüchen eines Herrschers, der Wert auf die Entfaltung barocker Pracht und Herrlichkeit legte. In Leipzig aber standen repräsentative Bürgerhäuser, deren Besitzer dem Kurfürsten gern beherbergen wollten - freilich nur für finanzielle Gegenleistungen. Für „Ew. Churfürstl. Durchl. und dero Hoffstadt by Meßzeiten bewohnten Logiamenta" hatte die Kämmerei in Dresden jährlich 1.000 Taler zu zahlen. 1699 mietete der Dresdner Hof zur Michaelismesse das „Welsche Haus" schräg gegenüber dem Rathaus an, um die Heirat von Verwandten des Kurfürsten zu feiern. 99 Fürsten und Grafen, 40 polnische Magnaten und Adlige, zehn Generäle und Geheime Räte mit 200 Hofbediensteten gaben Leipzig die Ehre. Der Ratsherr und Unternehmer Andreas Dietrich Apel erwarb 1704 das Gebäude am Markt von den Erben des Stadtphysikus und Medizinprofessors Gottfried Welsch und ließ es durch den Dresdner Ratsmaurermeister und Architekten Johann Georg Fuchs vollständig umgestalten. Im „Apelschen Königshaus" wohnte Friedrich August nun am liebsten: erstmals 1706 in dem neuen Haus, wofür er „ein jährlich Zins von zwei Tausend Thaler aus Unserer Renten Cammer reichen" ließ.

Apel hatte dem Kurfürsten und König noch eine Attraktion zu bieten: einen weit über die Grenzen Sachsens hinaus bekannten Barockgarten. Fackelzüge geleiteten die Herrschaften von der Pleißenburg in die Anlage - beispielsweise 1714 zu Ehren des Kurfürsten an seinem 44.

Die Pleißenburg sah der Kurfürst nicht als adäquate Bleibe an.

August residierte am liebsten in Apels Haus, das bald den Namen „Königshaus" führte.

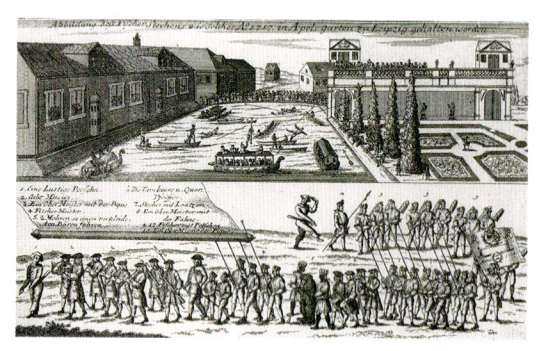

Geburtstag zu einem Fischerstechen, bei dem sich die Kontrahenten mit Stangen gegenseitig von Booten ins Wasser beförderten. Apel hatte eigens aus Venedig erfahrene Stecher nach Leipzig kommen lassen, um die Mitglieder der Fischerinnung in den Techniken des nassen Spaßes zu trainieren. Der Kurfürst war begeistert. Er gab nun der Stadt das Privileg für ein jährliches Vergnügen dieser Art auf einem Pleiße-Arm.

Zum 44. Geburtstag des Kurfürsten: Fischerstechen in Apels Garten.

Selbst der Nordische Krieg, den August als König von Polen mit einem Überfall auf Livland (heute Estland und Lettland) vom Zaun brach, konnte den Kurfürsten nicht von seinen Besuchen der Leipziger Messe abbringen. Als sich das Kriegsglück gegen ihn wandte und die Schweden in Sachsen einmarschierten, forderte August seine Untertanen zu Loyalität gegenüber den Besatzern auf. Der Kurfürst verlor zwar 1704 die Krone von Polen, durfte aber weiterhin den Titel eines Königs führen.

Karl XII. von Schweden besetzte Sachsen im Jahr 1706 und schlug sein Hauptquartier in Altranstädt vor den Toren Leipzigs auf. 35 Millionen Taler hatte Sachsen als Kontribution an den jungen Schwedenkönig zu zahlen. Dieser erließ 15 Artikel für seine Truppen, in denen er zur „Manneszucht" aufrief und sie anwies, für alle Lebensmittel, Dienstleistungen und auch das Viehfutter die in der Stadt gültigen Beträge zu entrichten. Den Messebetrieb behinderte die Besatzungsmacht nicht, denn das schwedische Militär zog sich während dieser Tage aus der Stadt zurück.

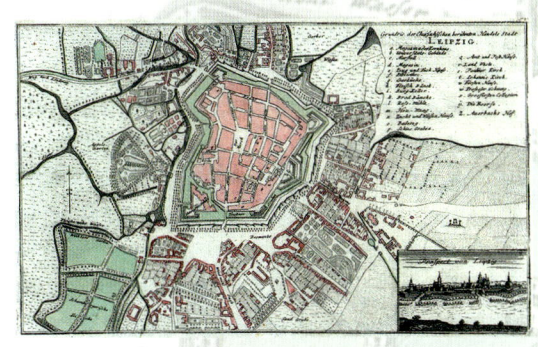

Die stark befestigte Stadt Leipzig, links vor den Toren Apels Garten.

Im Friedensvertrag zu Altranstädt verzichteten alle Kriegsparteien auf Schadensersatz: „So soll auch aller Schaden welchen beede Theile der pacisirenden in diesem Krieg erlitten auf ewig vergessen sein."

August „der Starke" nutzte seine Messebesuche zu politischen Gesprächen mit anderen Fürsten des Reiches. Er gab vor Ort Anweisungen zum Ausbau der Leipziger Infrastruktur und verhandelte mit Großkaufleuten über Lieferungen an den Hof in Dresden. Für seine eigene Kunstsammlung erwarb der Kurfürst bei dem Leipziger Buchhändler Moritz Georg Weidemann und von dem Stadtbaumeister Gottfried Wagner mehr als 100 Grafiken und Zeichnungen. Auf den Rossmärkten parallel zur Messe ließ sich der Landesherr Pferde vorführen und besonders schöne Tiere nach Dresden liefern. Der Kurfürst achtete auch auf die Vermarktung von Produkten seines Landes. Nach einigen Anlaufschwierigkeiten landete er einen Bestseller: Um das Meissener Porzellan seines Alchemisten Johann Friedrich Böttcher riss sich das Messe-Publikum.

Bernhardine, die Frau des Kurfürsten, besuchte Leipzig nur selten - als fromme Lutheranerin dann ausschließlich zu Gottesdiensten und geistlichen Konzerten in den Kirchen. Anders dagegen die zahlreichen Mätressen des Kurfürsten. Die vermögenden Damen des Adels schätzten die

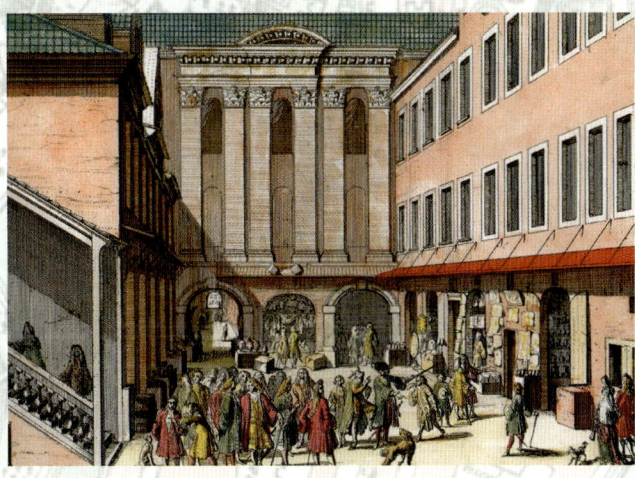

Messebetrieb in Breunigkes Hof.

Messen für gediegenes Shopping: feine Stoffe, Damast, Atlas und Seide, Pelze, Perlen und Edelsteine. Die „Partys" in Apels Garten boten ihnen eine weitere willkommene Abwechslung vom Leben am Dresdner Hof.

Besonders Augusts Mätresse Anna Constantia Reichsgräfin von Cosel, eine geistreiche und selbst höchst geschäftstüchtige Frau, ging während der Leipziger Messe gern auf Einkaufstour.
Ihr königlicher Liebhaber hatte sie mit einer jährlichen Pension von 100.000 Talern ausgestattet. Für die Geschäfte der Gräfin galt die Anweisung des Kurfürsten: „quittungen, so von mir unterschrieben sind, sohllen ohne weittere untersuchung giltig

Leipzig zur Zeit August des Starken von Süd-Osten her gesehen. Im Vordergrund die Bosischen Gärten.

Gräfin Cosel gehörte zu den regelmäßigen Messebesucherinnen.

sein." Gräfin Cosel fiel jedoch 1713 in Ungnade - der Kurfürst ließ sie später lebenslang auf Burg Stolpe inhaftieren. Bis zum Ende seines Lebens blieb August der Leipziger Messe treu. Schwer an Diabetes erkrankt und trotz der Amputation eines Zehs besuchte er gegen ärztlichen Rat 1727 wieder die Ostermesse und das Fischerstechen. Zur Neujahrsmesse 1733 begrüßten die Bürger der Stadt den schon vom Tode Gezeichneten zum letzten Mal. Am 1. Februar starb August in Warschau.

1713

Lotterie als Geldquelle - Kurfürst denkt um

Eine Lotterie für ein Waisenhaus – mit dieser Idee schrieb sich Leipzig 1697 in die Geschichte des Glücksspiels ein. Orientiert an einem in Holland entwickelten System, organisierte die Stadt die erste Landeslotterie Deutschlands. 1712 stößt sich Landesherr August der Starke an dem Leipziger Treiben, hat er doch „Glückstöpfe" bei Strafe von 100 Thalern verboten. Seine permanent leeren Kassen aber nötigen ihn zum Umdenken. 1713 gibt er selbst 10.000 Lose in der ersten Kurfürstlich-Sächsischen Landeslotterie aus.

Mit den seit dem 15. Jahrhundert in der Messestadt bekannten „Glücks-Töpffen" - einer Art Tombola mit Waren als Einsätzen - hatte die Leipziger Lotterie auch wenig zu tun. Häufig genug bereiteten betrügerische Kaufleute der Stadt Ärger, weil sie arglose Bürger mit Gewinnversprechen um ihr Geld brachten. Die Stadtlotterie hingegen sicherte nicht nur das Waisenhaus, sondern besserte auch mehrfach die Almosenkasse auf. 1763 half sie sogar, Kriegsschulden zu tilgen. Bis 1830 verbesserte die Messestadt ihr System von Los, Einsatz, Ziehung und Gewinn. Das Know-how sollte sich auszahlen: Leipzig ist bis heute die sächsische Lotto-Stadt.

Bekanntmachung der ersten Kurfürstlich-Sächsischen Landeslotterie von 1713.

Die Kurfürstlich-Sächsischen Landeslotterien agierten hingegen glückloser: 1713 ging nur eine von 20 geplanten Ziehungen über die Bühne. Mit großer Mühe erlebte die Lotterie 1720 ihre zweite Auflage. Und der dritte Versuch von 1755 blieb gleich in den Anfängen stecken. Erst 1771 bat der Landesherr seine Bürger wieder, Lose zu kaufen – für die Kurfürstliche Zucht- und Arbeitshauslotterie. Da seit 1760 Todesstrafe, Tortour und Landesverweisung der Vergangenheit angehörten, musste Sachsen Zuchthäuser einrichten. Sie dienten nicht nur als Verwahranstalt, sondern auch als Versorgungsstelle für Arme und Waisen. Deren Betrieb sollte die Lotterie unterstützen - bis 1831. In diesem Jahr meldete die Messestadt Begehrlichkeiten an. Einige Stadtväter wollten das Glück und Gewinn verheißende Spiel größer und lukrativer aufziehen, im Stil der preußischen Staatslotterie. Sie schickten einen Entwurf nach Dresden - und noch 1831 verschmolzen Leipziger Stadt- und Kurfürstliche Zucht- und Arbeitshauslotterie. Für mehr als 100 Jahre ließ sich die Königlich-Sächsische Landeslotterie in Leipzig nieder.

Erst 1938 verwaiste der Ziehungssaal. Die Nationalsozialisten gründeten in Berlin ihre Reichslotterie. 1946 richtete das Leipziger Ordnungsamt in der Karl-Tauchnitz-Straße Räume für die Direktion der sächsischen Landeslotterie ein. 1963 fasste der DDR-Ministerrat die Lottounternehmen im VEB Vereinigte Lotteriebetriebe Leipzig zusammen. Der spätere VEB Vereinigte Wettspielbetriebe platzierte seine Hauptdirektion in Berlin. Auch wenn die Gewinnquoten eher bescheiden waren: Republikweit spielten die DDR-Bürger Zahlenlotto 5 aus 90, Lotto-Toto 5 aus 45, Sport- und Fußball-Toto. 1972 kam die bald erfolgreichste Spielart hinzu: Tele-Lotto 5 aus 35. Einzig die Sächsische Landeslotterie in Leipzig hielt noch dagegen - bis sie 1974 aufgeben musste.

1990 wandelte sich das volkseigene Wettspielunternehmen selbst in eine GmbH um und eröffnete Gesellschaften in allen Bezirken. Unter neuer sächsischer Landeshoheit verschmolzen die Unternehmen in Dresden, Chemnitz und Leipzig zur Sächsischen LOTTO-GmbH - mit Sitz in der Messestadt. Als Mitglied im Deutschen Lotto-Toto-Block offeriert sie seit 1992 das bundeseinheitliche Spielangebot. Und steht dabei ganz in der Tradition ihrer Vorläufer: Die Überschüsse der Gesellschaft fließen in den sächsischen Landeshaushalt und dienen gemäß Staatslotteriegesetz ausschließlich gemeinnützigen Zwecken.

LOTTO-Zentrale in der Oststraße.

Los aus dem Jahr 1912 und Wiederaufbau Lotterie 1945.

Plakate aus DDR-Zeiten.

1719

„Kurze Not, schneller Tod"

Mit dem Privileg der niederen und hohen Gerichtsbarkeit herrschte das Leipziger Schöffengericht seit dem 15. Jahrhundert über Leben und Tod. Die Hinrichtung eines Angeklagten verlangte nach Einstimmigkeit unter den Geschworenen. In Zweifelsfällen stützte sich das Gericht auf Gutachten der juristischen Universitäts-Fakultäten in Leipzig oder Wittenberg. Auch das Obergericht des Landesherren zogen die örtlichen Richter hinzu.

Die Delinquenten saßen unterhalb des Rathauses in 13 Gefängniszellen ein (unten) - ohne Licht, Luft und ohne die geringsten sanitären Einrichtungen. Damit die Gerichtsherren den Gestank in den Katakomben ertragen konnten, standen ihnen Zitronen zur Besänftigung ihrer edlen Nasen zu. Wollte ein Beschuldigter trotz dringenden Verdachtes partout nicht gestehen, ordnete das Gericht die „Tortur" an. Das „peinliche Verhör" begann mit der Vorführung der Folter-Instrumente wie Halseisen (oben) und Daumenschrauben (unten rechts). Nützte die Horror-Schau nichts, schritten die Gerichtsknechte zur Tat. Denn: ohne Geständnis keine Verurteilung - so legte es die Gerichtsordnung fest. War

David Wagner, genannt „Mause David", in Ketten auf dem Weg zur Folter (rechts). Ein feierlicher Umzug von Stadtsoldaten, Reiterei, singenden Schülern der Thomaskantorei, Geistlichen, Ratsdienern und Vertretern der städtischen Behörden begleitete „Mause" am 21. November 1721 auf seinem letzten Weg zum Rabenstein (oben).

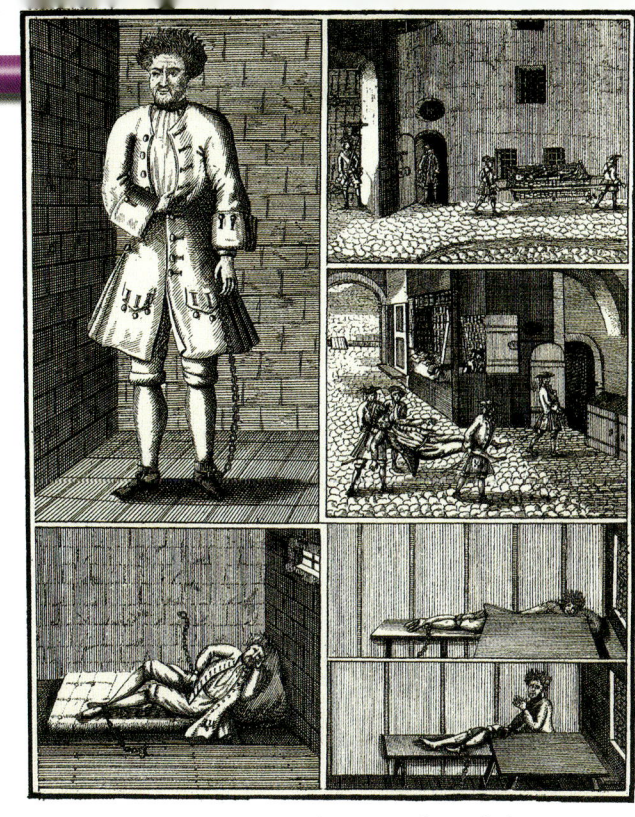

die Tat jedoch offensichtlich oder beeidet, setzten sich die Schöffen über diese Bestimmung hinweg. Die Gerichtsordnung sah auch vor, dass ein Geständnis noch einmal außerhalb der Folterkammer erfolgen musste.

Vor der Hinrichtung hatte der Geständige sich noch einmal zu seinem Verbrechen zu bekennen. Die Richter brachen den Stab, die Gerichtsknechte führten den Verurteilten zur Hinrichtungsstätte - entweder auf ein Schafott vor dem Rathaus oder aber zum Galgen auf dem Rabenstein vor den Toren der Stadt.

Dort drohte auch das besonders gefürchtete Rad: Mörder und Räuber mussten damit rechnen, dass die Henkersknechte ihnen Arme und Beine brachen. Anschließend „flochten" die sie den Delinquenten durch die Radspeichen. Diese vornehmlich Männern vorbehaltene Hinrichtungsart bereitete grauenvolle Schmerzen, der Tod ließ lange auf sich warten. Als „Normalfall" jedoch galt Hinrichtung durch das Schwert als ehrenvoll: „Kurze Not, schneller Tod."

Zur Abschreckung potenzieller Bösewichte hingen „Exekutionszettel" (links) mit Fallbeschreibung, Urteil und Darstellung des Vollzugs vor dem Ereignis öffentlich aus. In Scharen versammelten sich die Einwohner am Schafott oder Galgen: Die Schaulustigen legten Wert auf „gute Arbeit" des Henkers. Im 16. Jahrhundert sollen die Leipziger sogar einen Scharfrichter und seinen Knecht gesteinigt haben, weil jener mehrmals hatte zuschlagen müssen, um den Kopf des Delinquenten vom Körper zu trennen ...

In den Chroniken findet sich eine Reihe aufsehenerregender Strafprozesse: Im November 1719 hatten die Häscher den Anführer einer berüchtigten Räuberbande fassen können. Diesem David Wagner, genannt „Mause David", warfen die Leipziger Stadtrichter Mord, Diebstahl, unerlaubten Waffenbesitz und Ehebruch vor. Der Beschuldigte leugnete alle Vorwürfe.

Die Schöffen ordneten das „peinliche Verhör" an. Zwei verschärfte Foltergrade bewegten Mause beim Anblick der Streckbank zum Geständnis. Außerhalb der Folterkammer widerrief er jedoch und ließ sich auch nicht mehr zu einer Wiederholung des Geständnisses bewegen. Die Schöffen verurteilten ihn zum Tode, „ungeachtet er sein Bekäntniß vor öffentlich gehegtem peinlichen Hals=Gerichte widerruffen". Da das Gericht David Wagner nicht alle Anklagepunkte nachweisen konnte, zertrümmerten die Knechte ihm erst nach der Enthauptung „gnädigerweise" Arme und Beine; dann flochten sie ihn aufs Rad.

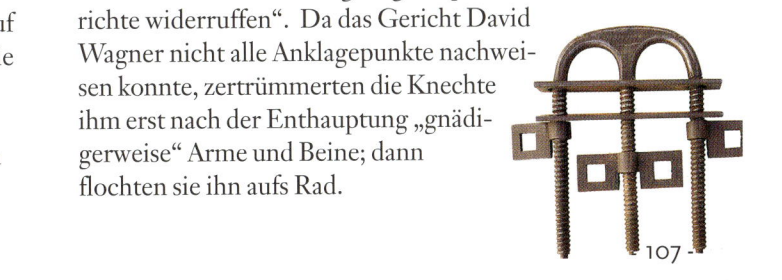

1723

„Favorables Gehalt" - aber eine „der Music wenig ergebene Obrigkeit"

Johann Sebastian Bach erblickte am 31. März 1685 in Eisenach als jüngstes von acht Kindern des Stadtpfeifers und Hof-Trompeters Johann Ambrosius Bach und seiner Frau Elisabeth das Licht der Welt. Nach dem Tod der Eltern lebte der Zehnjährige bei seinem Bruder, dem Organisten Johann Christoph Bach im nahen Ohrdruf. Hier besuchte Johann Sebastian das Lyzeum; sein Bruder erteilte ihm Musikunterricht. Im Jahr 1700 folgte Johann Sebastian seinem Freund Georg Erdmann nach Lüneburg, wo beide als Freischüler des Michaelis-Klosters ihre Schulausbildung abschlossen.

Um 1703 fand Bach als Lakai und Violinist Anstellung am Hof von Johann Ernst von Sachsen-Weimar. Eine Orgelprobe führte ihn nach Arnstadt; der dortige Rat hatte bereits früher Angehörige der weit verzweigten Familie Bach als Musiker beschäftigt und bestellte Bach nun zum Organisten der Neuen Kirche. Nach Konflikten mit dem Kirchenvorstand bewarb sich Bach in Mühlhausen, wo er 1707 seinen Dienst als Organist antrat und seine Cousine Maria Barbara heiratete. Bereits nach einem knappen Jahr ein erneuter Ortswechsel: 1708 trat er als Hoforganist und Kammermusiker in den Dienst von Herzog Wilhelm Ernst und zog nach Weimar. Hier kam seine erste Tochter zur Welt; fünf weitere Kinder folgten. Doch auch in Weimar blieb Johann Sebastian Bach nur wenige Jahre - ebenso wie in Köthen, seiner nächsten Wirkungsstätte. Schließlich bewarb sich Johann Sebastian Bach in Leipzig, weil er sich von der Anstellung als Thomaskantor und Musikdirektor ein „favorables" Gehalt versprach. Zudem wollte er seinen Söhnen eine fundierte Ausbildung an der Leipziger Universität sichern. Doch der geplante Orts- und Stellenwechsel stand von Anfang an unter keinem guten Stern: Aus einem ersten Probespiel am 14. Juli 1722 ging der damals weltberühmte Komponist Georg Philipp Telemann als Favorit hervor. Nach dessen Absage kam es zu einer zweiten Kantoratsprobe, in der wiederum ein anderer die Spitzenposition besetzte: der Darmstädter Kapellmeister Johann Christoph Graupner, ein ehemaliger Thomaner. Als dieser allerdings ablehnen musste, weil sich der hessische Landgraf weigerte, seinen Kontrakt aufzulösen, konnte Bach schließlich die ersehnte Stelle als Thomaskantor antreten, die er bis zu seinem Tod innehaben sollte. „Da man nun die besten nicht bekommen könne, müße man die mittleren nehmen", resümierte ein Eintrag im Ratsprotokoll.

Im April 1723 bezog der Kantor zusammen mit seiner neuen Ehefrau Anna Magdalena, der gemeinsamen Tochter sowie den Kindern aus erster Ehe die Wohnung in der Thomasschule. Weitere zwölf Kinder kamen hier zur Welt, von denen allerdings die Hälfte in jungen Jahren starb.

Zu den Aufgaben des Thomaskantors gehörte die regelmäßige Aufführung von Sonntagskantaten sowie von Passionen und Oratorien zu den hohen kirchlichen Festtagen. Hinzu kam die musikalische Begleitung von Hochzeiten, Begräbnissen und verschiedenen Festlichkeiten der Honoratioren aus Kirche, Stadt und Universität. Und schließlich hatte er die Schüler der Thomasschule in Gesang, Musiktheorie, Instrumentenspiel und Latein zu unterrichten. Ein 14 Punkte umfassender Arbeitsvertrag regelte Bachs Verpflichtungen genau. Danach sollte er die Kirchenmusik so einrichten, „daß sie nicht zu lange währen, auch also beschaffen sein möge, damit sie nicht opernhaftig herauskomme, sondern die Zuhörer vielmehr zur Andacht aufmuntere". Und vor allem musste er dem „Hochw[eisen] Rat allen schuldigen Respekt und Gehorsam erweisen und dessen Ehre und Reputation aller Orten bestermaßen beobachten und befördern".

Der Anstellungsvertrag (rechts) vom 5. Mai 1723 trägt die Unterschrift und das Siegel von Johann Sebastian Bach (oben). Links das Denkmal zu Ehren des Komponisten.

Die Arbeitsbedingungen an der Thomasschule müssen miserabel gewesen sein. Das Gebäude erwies sich als stark renovierungsbedürftig, die hygienischen Zustände waren katastrophal, und Geld für notwendige Verbesserungen fehlte. Dazu kamen immer wieder Auseinandersetzungen mit Schule, Kirche und Rat. So findet sich beispielsweise in einem Ratsprotokoll aus dem Jahr 1730 die Klage über den schlechten Lateinunterricht. Bach hatte diese Verpflichtung zwar gegen eine Geldzahlung auf einen Lehrer der Schule übertragen, war aber weiterhin dafür verantwortlich. Die zahlreichen Kontroversen kennzeichneten die unterschiedlichen Auffassungen von der rechten Amtsführung des Thomaskantors: Während die Stadtoberen erwarteten, dass Bach seine Aufgaben erfüllte und keine Ansprüche stellte, fühlte sich dieser vor allem der Musik verpflichtet. Johann Sebastian Bach, der einen hervorragenden Ruf als Komponist, Orgelvirtuose und Orgelsachverständiger genoss und ein gesuchter Lehrer war, schuf ein beispielloses Repertoire an Kirchenmusik. Außerdem übernahm er 1729 die Leitung des ehemaligen telemannschen „Collegium musicum". Mit dieser studentischen Instrumentalkapelle, für die er zahlreiche Werke komponierte, spielte er wöchentlich im zimmermannschen Kaffeegarten und entsprach damit dem Bedürfnis des Bürgertums nach gehobener musikalischer Unterhaltung.

Der ständige Kampf gegen „eine wunderliche und der Music wenig ergebene Obrigkeit" ließ Bach nach einigen Jahren ernsthaft darüber nachdenken, Leipzig zu verlassen. Er bemühte sich um den Titel eines Hofkompositeurs in Dresden; andere Pläne zielten auf eine Anstellung in Danzig. Schließlich arrangierte er sich jedoch mit den Bedingungen in Leipzig und widmete dem Rat sogar eine Huldigungskantate mit dem Titel „Erwählte Pleißenstadt". In den 27 Jahren seines Wirkens in der Stadt schuf er ein umfangreiches Werk, das sowohl Vokalmusik (Kantaten, Motetten, Messen, Oratorien, Choräle) als auch Instrumentalmusik für Soloinstrumente sowie Kammermusik und Concerti grossi umfasste. Besonders bekannt sind die Matthäus-Passion, die h-Moll-Messe und das Weihnachtsoratorium, zahlreiche Orgelwerke, die Brandenburgischen Konzerte, das Wohltemperierte Klavier und die Goldberg-Variationen. In seinen letzten Lebensjahren litt Johann Sebastian Bach an einer Augenkrankheit, die ihm das Arbeiten stark erschwerte. Am 28. Juli 1750 starb er an den Folgen eines Schlaganfalls. Leipzig nahm kaum Notiz von seinem Tod; der Rat ließ ihn außerhalb der Stadtmauern auf dem Johannisfriedhof beerdigen. Nach zweimaliger Umbettung hat er seine endgültige Ruhestätte in der Thomaskirche gefunden. „Alle, die diesen Namen geführt haben, sollen, soviel man weiß, der Musik zugetan gewesen sein, welches vielleicht daher kommen, daß auch sogar die Buchstaben *bach* in ihrer Ordnung melodisch sind", vermerkte ein Eintrag in Zedlers Universal-Lexicon. Vier von seinen Söhnen hatte Johann Sebastian Bach zu Komponisten ausgebildet: Wilhelm Friedemann (der Dresdner oder Hallesche Bach), Carl Philipp Emanuel (der Berliner oder Hamburger Bach), Johann Christoph Friedrich (der Bückeburger Bach) und Johann Christian (der Mailänder oder Londoner Bach). Sie bewahrten die Erinnerung an den musikalischen Nachlass ihres Vaters.

Thomaskirchhof zu Zeiten Bachs.

Schulordnung der Thomasschule.

Am 31. Juli 1750, drei Tage nach Bachs Tod, erfolgte die Bekanntgabe („sanfft und seelig entschlaffen", unten) durch den Pfarrer der Thomaskirche.

Johann Christoph Gottsched: Belehrung statt Harlekinaden

Die Brücke von den Leipziger Wegbereitern der Aufklärung - von Pufendorf, Leibniz und Thomasius - ins 18. Jahrhundert schlug der 1679 geborene Jurist und Mathematiker Christian Wolff (links). Er griff die Grundsätze von Leibniz auf, dass die Welt rational erklärbar sei - und damit auch Gott. Die Vernunft, so formulierte er, müsse im Mittelpunkt allen Handelns stehen, und die Wissenschaft habe nur dem Wohl der Menschheit zu dienen. Mit seiner Dissertation über die „Praktische Philosophie" erwarb Wolff die Lehrbefugnis an der Universität Leipzig und unterrichtete bis 1706 an der Philosophischen Fakultät als Privatdozent. Wolff setzte sich für Vorlesungen in deutscher Sprache ein und entwickelte anstelle der lateinischen Wissenschaftssprache eine deutschsprachige Terminologie der Philosophie. Die Nachwelt ehrte ihn deshalb mit dem Titel „Magister Germaniae". 1706 folgte Wolff einem Ruf der Universität Halle. Wiederholte Versuche, ihn nach Leipzig zurückzuholen, scheiterten. Mit seinen zahlreichen Artikeln in der von Johann Burckhardt Mencke herausgegebenen Wissenschaftszeitung „Acta eruditorum", die allerdings nur lateinische Texte annahm, blieb Wolff der Stadt aber zumindest als Autor treu.

Aus Königsberg war 1724 ein junger Philosophiedozent vor dem preußischen Militärdienst in die Pleißestadt geflüchtet: Johann Christoph Gottsched. Der Verleger Johann Burckhardt Mencke führte Gottsched in die Leipziger Gesellschaft ein. Dank Menckes Fürsprache fand Gottsched Aufnahme in die „Deutschübende poetische Gesellschaft". In den Jahren 1725/26 gab er zusammen mit Johann Georg Hamann und Johann Friedrich May die „Vernünftigen Tadlerinnen" heraus, die sich vorrangig an ein weibliches Lesepublikum richteten (die Herausgeber hatten sich die weiblichen Pseudonyme Calliste, Phyllis und Iris zugelegt, um ihre Sache glaubwürdiger vertreten zu können). Gottsched, 1727 zum „Senior" der „Deutschübenden poetischen Gesellschaft" gewählt, änderte deren Name in „Deutsche Gesellschaft in Leipzig". Sie bot ihm

Die „Gottschedin" wirkte an der Seite ihres Mannes als Übersetzerin und Verfasserin von Lustspielen.

Christian Wolff publizierte in der Zeitschrift „Acta eruditorum".

das ideale Forum für seine Reformbemühungen von Sprache und Literatur.
1730 stieg Gottsched zum „außerordentlichen Professor für Poetik" auf, vier Jahre später dann zum „ordentlichen Professor für Logik und Metaphysik". Mehrfach wählte ihn die Philosophische Fakultät zu ihrem „Rector magnificus" (Dekan). Gottsched verfasste als ein Lehrbuch der deutschen Poetik den „Versuch einer Critischen Dichtkunst vor die Deutschen". Er wandte sich gegen die als zu schwülstig empfundene Sprache der Barockdichtung und entwarf Regeln für die Abfassung von lyrischen und epischen Werken.
Statt der populären Harlekinaden plädierte Gottsched für die Aufführung von ernsthaften und belehrenden Werken. Dazu verfasste er 1732 das Trauerspiel „Der sterbende Cato". Besonders erfolgreich arbeitete Gottsched mit dem Theater-Ensemble von Friederike Caroline Neuber. In ihr fand er eine Mitstreiterin für seine Theaterreformen. Gottsched war mit Luise Adelgunde Viktorie geb. Kulmus verheiratet. Die „Gottschedin" - eine hoch gebildete Frau wirkte an der Seite ihres Mannes als Übersetzerin und Verfasserin von Lustspielen. Emanzipiert war sie weniger: Die Bestimmung des Weibes liege in der Ehe. Ihren Neigungen, Fähigkeiten und Begabungen dürfe die Frau nur im Nebengeschäft nachgehen. Eine gute Bildung von Mädchen und Frauen lag der „Gottschedin" jedoch am Herzen; dafür setzte sie sich zeitlebens ein. Bei der Reform der deutschen Poetik stand sie fest an der Seite ihres Mannes.

1736 gab Johann Christoph Gottsched (unten) ein Buch über die Redekunst (daneben) bei Breitkopf heraus.

„Fundament der deutschen sittlichen Kultur"

Zum „Papst der Literaturphilosophie" in Deutschland aufgestiegen, zog Gottsched junge Literaten zum Studium der Theaterwissenschaft, der Poesie und der Literatur nach Leipzig. Einer seiner großen Verehrer war Christian Fürchtegott Gellert, ein Pfarrerssohn aus Heinichen. Gellert hatte zunächst Theologie studiert, wechselte aber bald zum Studium der Philosophie und Literatur über. Ab 1744 wirkte er als Privatdozent, bis er 1751 eine ordentliche Professur antrat. Gellerts Vorlesungen zur Moral sollte Goethe später als das „Fundament der deutschen sittlichen Kultur" bezeichnen. Gellerts literarische Werke umfassten Fabeln, Lustspiele, Gedichte und Briefromane. Als Privatdozent begegnete Gellert dem jungen Studenten Gotthelf Ephraim Lessing, der sein Studium der Theologie zugunsten der Philosophie und Poesie vernachlässigte: „An einem Ort, wo man die Welt im kleinen sehen kann", bezeichnete er die Poesie in einem Brief an seine Mutter. Dank der Förderung und Ermutigung Gellerts schrieb Lessing Beiträge zur Leipziger Studentenpoesie, bis er die Theatergruppe von Friederike Caroline Neuber (der „Neuberin") kennenlernte. Fortan begeisterte er sich für das Theater. Das Ensemble führte 1747 unter großem Beifall Lessings Erstlingswerk „Der junge Gelehrte" in Quandts Hof in der Nikolaistraße auf. Lessing, gerade 19 Jahre alt, geißelt in diesem Stück die akademische Buchgelehrsamkeit und das von Gottsched propagierte „logische Schließen". Schulden einiger Schauspieler veranlassten Lessing zu Bürgschaften, die er nicht einlösen konnte. Und im November 1748 floh er vor seinen Gläubigern nach Berlin.
Zur Leipziger Literatur- und Poeten-Szene stieß 1746 Friedrich Gottlieb Klopstock, ebenfalls ein Student der Theologie. Er veröffentlichte in Leipzig die ersten drei Teile seines in Hexametern verfassten „Messias", der bei den Zuhörern ein Erweckungserlebnis hervorrufen sollte. In mehreren Oden, unter anderem dem „Wingolf", setzte er seinen Leipziger Weggefährten ein poetisches Denkmal. Die Stücke von Gellert, Lessing und Klopstock gefielen Gottsched jedoch nicht. Die Komödien Lessings und die Lustspiele Gellerts enttäuschten seine Erwartung nach Bildung für das Volk und die Werke Klopstocks erschienen ihm als Rückfall in barocken Schwulst. Nach heftigen Attacken bekannter Schweizer Autoren gegen Gottscheds Poesieregeln gründeten Leipziger Literaten eine eigene Zeitschrift: die „Bremer Beiträge". Die Neuberin überwarf sich mit Gottsched wegen der deutschen Textfassung von Voltaires „Alzire". Lessing versetzte dem Ansehen Gottscheds 1759 den Todesstoß: „Niemand wird leugnen, dass die deutsche Schaubühne einen großen Theil ihrer ersten Verbesserungen Herrn Professor Gottsched zu danken habe. Ich bin dieser Niemand."
Am 26. Juni 1762 starb die „Gottschedin". Ihr Mann trauerte drei Jahre und heiratete dann die erst 19-jährige Ernestine Susanne Katharina Neunes. Am 12. Dezember 1766 verstarb Johann Christoph Gottsched selbst im Alter von 66 Jahren in Leipzig. Lessing, Klopstock, Gellert und auch die Neuberin blieben im Geschichtsbewusstsein der Literaturwissenschaftler stets präsent.

Gotthelf Ephraim Lessing

Christian Fürchtegott Gellert

Rechts: 1746 veröffentlichte Gellert sein „Fabeln und Erzählungen" bei Wendler.

Gellert-Denkmal in der Schillerstraße, ehemals auf dem Schneckenberg.

Friedrich Gottlieb Klopstock gilt heute als einer der Protagonisten des „Sturm und Drang" der deutschen Aufklärung.

1731

Begnadigt - zum Tod durch Enthauptung

Exekutionsbericht von Johann Christoph Holla

Schandsteine

Der Dieb Johann Christoph Holla sollte eigentlich mit dem Galgen Bekanntschaft machen. Nach mehrmaligen Eingaben gegen die Vollstreckung gelang es ihm jedoch, als Strafminderung eine „ehrenvolle Enthauptung" zu erwirken - vollstreckt am 31. Juli 1731 auf dem Marktplatz. Der portugiesische Soldat und Abenteurer Gottfried Siegmund allerdings endete 1732 wegen einfachen Diebstahls am Galgen.

1737 hatte die Stadt die Hals-Gerichtsbarkeit wieder an den Landesherrn abtreten müssen. Die Schöffen konnten aber immer noch einen Übeltäter zum Tode zu verurteilen. Das Urteil musste jedoch der Landesherr bestätigen. Dieser ließ noch im gleichen Jahr den Mörder Jonas Maurer enthaupten und auf das Rad flechten.

1740 verhängte das Gericht gleich drei Todesurteile: Gottlieb Hesse ließen die Schöffen wegen Mordes an einem Lehrjungen lebendig rädern. Ihren Kopf verlor Maria Regina Lorenz wegen notorischen Diebstahls ebenso wie Johanna Sophia Hancke, die ihre kleinen Neffen mit einem Brotmesser ermordet hatte. Die „Hanckin" legten die Henkersknechte anschließend zur Abschreckung auf das Rad.

Als ehrlose Todesstrafe galt das Ertränken oder „Säcken". Diese Strafe traf vornehmlich Frauen nach Kinds- oder Gattenmord. Zum Vollzug nähten Gerichtsknechte die Verurteilte in einen Sack ein, oft zusammen mit einem Hund, einer Katze und einem Hahn. Diese Tiere sollten - selbst in Todesangst versetzt - die Delinquentin noch einmal übel zurichten.

1741 begnadigte der Landesherr die wegen Kindsmordes zum Tode durch Säcken verurteilte Sophia Schreiber und gewährte ihr angesichts ihres Geständnisses und ihrer Reue die Enthauptung durch das Schwert.

Die des gleichen Vergehens angeklagte Maria Dorothea Rölckin ließ das Gericht 1764 auf einer blutigen Kuhhaut zum Rabenstein schleifen, ihr dort den Kopf abschlagen und sie dann aufs Rad flechten. Zwei Jahre später verurteilte das Schöffengericht die 23-jährige Anna Catharina Schubert wegen Kindsmordes zum Tod durch Ertränken. Nach der Hinrichtung bat das hohe Gericht zu einem feierlichen Essen, zu dem alle Beteiligten des Verfahrens geladen waren, die Henker inklusive. Im „Fall Schubert" beliefen sich die Kosten auf 73 Gulden.

Nicht nur Mord und Totschlag beschäftigte die Justiz. Auf gelegentlichen Diebstahl, Meineid und Betrug standen „Leibstrafen" wie das Abschlagen von Händen, einzelner Finger, das Abschneiden von Zunge, Nase oder Ohren. Nach der Vollstreckung mussten die Bestraften die Stadt und oft auch das Land verlassen. Beleidigungen, Verleumdungen, kleine Händel und Marktschlägereien bestraften die Schöffen, indem sie die Täter am Pranger an der Vorderseite des Rathauses anketten ließen. Und keifenden Marktfrauen, die während der Wochenmärkte aneinandergeraten waren, hängten die Stadtknechte schwere „Schandsteine" um den Hals.

Unter Trommelschlägen mussten sie über den Markt und durch angrenzende Straßen ziehen. Besonders renitente Weibsbilder, nächtliche Ruhestörer, Tumultanten und Trunkenbolde steckte das Gericht für kurze Zeit in das „Narrenhäusl": einen Käfig, auf dem Naschmarkt über den Brotbänken - zum Spott der Leute und als „Zielscheiben" für faule Eier und noch schlimmeren Unrat.

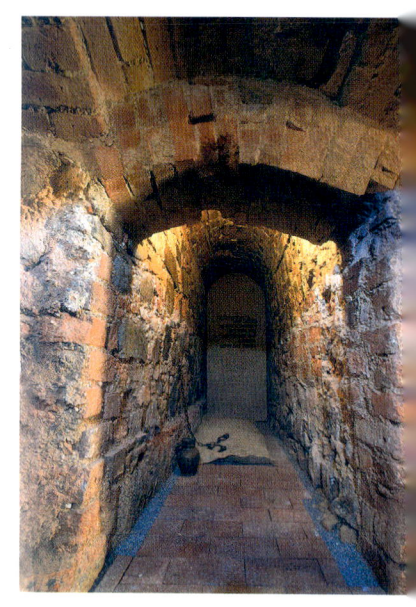

Bericht über die Hinrichtungen von Gottlieb Hesse wegen Mordes, Maria Regina Lorenz wegen Diebstahls und Johanna Sophia Hancke wegen Kindsmordes (links). Ebenfalls exekutiert: die Kindsmörderinnen Sophia Schreiber (rechts) und Maria Dorothea Rölckin (unten).

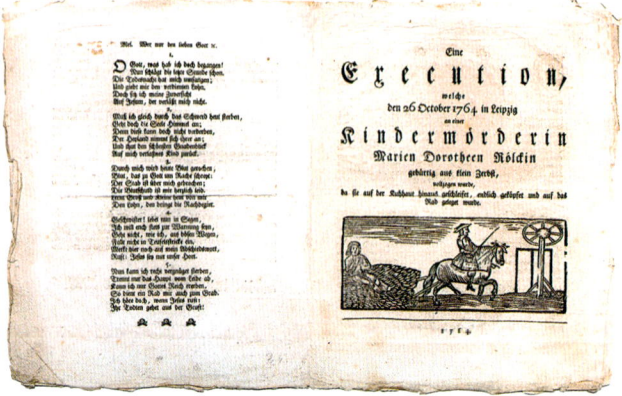

Gefängniszelle im Rathaus

1737

Ernsthaftes Schauspiel beendet „niederträchtige Possen"

„Herumreisende Gauklertruppen, die durch ganz Deutschland von einem Jahrmarkt zum anderen laufen, belustigen den Pöbel durch niederträchtige Possen…", beklagte ein Chronist das Niveau der Wandertheater, die zu Messezeiten in Leipzig weilten. Und zwischen den Messeterminen bestimmten allenfalls gelegentliche Aufführungen studentischer Laien das Theaterleben in der Stadt. Ausgerechnet Leipzig als Ausgangsort der ersten großen Theaterreform in Deutschland - das war einer fast schicksalhaft anmutenden Begegnung zu verdanken: 1724 hatte der Magister Artium Johann Christoph Gottsched die Aufführung einer Wandertheatergruppe besucht, der auch die Schauspielerin Friederike Caroline Neuber, genannt die „Neuberin", angehörte. Ihr Auftritt beeindruckte ihn stark und verdeutlichte ihm die Misere der örtlichen Theatersituation. Der Theologe und Philosoph Gottsched, ein überzeugter Anhänger der Aufklärung, setzte sich - angelehnt an klassizistische Vorbilder - für Klarheit und Verständlichkeit in Sprache und Dichtung ein. Bald schon erweiterte er dieses Anliegen zu einer Reform der Bühne und leitete den Übergang vom Jahrmarktsspiel zum Nationaltheater ein: Besonders wandte er sich gegen die Figur des Hanswurst, der mit seinen Possenreißereien jede dramatische Handlung störte sowie gegen die zeitgenössische Oper. Aus ihrer Überzeugung vom Theater als einer moralischen Anstalt entwickelten sie gemeinsame Theaterprojekte. Ab 1730 inszenierten die Neuberin und Gottsched Dramen nach französischem Vorbild; Stücke von Molière, Voltaire und Racine folgten. Zunehmend löste die Neuberin das bis dahin übliche Stegreifspiel durch ein exaktes Rollenspiel ab. 1737 findet diese neue Ausrichtung ihren symbolischen Höhepunkt: Auf Betreiben Gottscheds lässt die Neuberin während einer Aufführung zur Michaelismesse eine Hanswurst-Puppe öffentlich verbrennen und verbannt damit diese Figur, die mit ihren zotigen Späßen jedes ernsthafte Schauspiel ins Lächerliche zog, endgültig von der Bühne.

Heinrich Gottfried Koch, früher Mitglied der „Neuberschen Comödienbande" gründete 1749 ein eigenes Ensemble - zu dem auch seine Frau Christiane Henriette gehörte (beide links) - und beteiligte sich am Aufbau des Schauspielhauses auf der Ranstädter Bastei mit 1.186 Plätzen am späteren Richard-Wagner-Platz.
Das Theater - finanziert durch den Kaufmann Gottlieb Benedict Zehmisch - eröffnete am 10. Oktober 1766 mit der Tragödie „Herrmann" von Johann Elias Schlegel und bot einen ständigen Spielbetrieb auch außerhalb der Messen. Koch zeigte ein vielfältiges Programm: Harlekinaden und italienische Intermezzi ebenso wie bürgerliche Trauerspiele (zum Beispiel Lessings „Minna von Barnheim"). Triumphe feierte er jedoch mit deutschen Singspielen und kleinen ländlichen Operetten.
Sein Repertoire ist schließlich so sehr beliebt bei den Studenten, dass die Universität - besorgt um „Tugend und Fleiß" - 1768 ein Verbot sämtlicher Aufführungen außerhalb der Messe erwirkte, das jedoch bald wieder gelockert wurde.

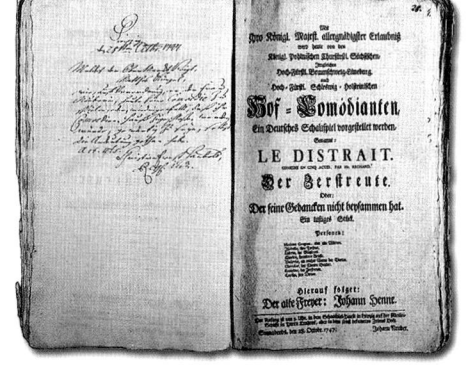

1747 brachte die Neuberin den „Zerstreuten" auf die Bühne.

Das Alte Theater auf der Ranstädter Bastei.

Zur Eröffnung des Theaters ließ Heinrich Gottfried Koch den „Herrmann" aufführen.

- 113 -

1737

Die Neuberin - kühn und talentiert

1770 eröffnete Johann Christian Wäser vor dem Grimmaischen Tor ein eigenes Schauspielhaus mit 900 Plätzen, dessen leichte Kost großen Zulauf fand. Das rief Koch auf den Plan. Er erwirkte, dass sein Konkurrent Wäser künftig nur noch während der Messen spielen durfte. Mit dem Fortzug Kochs nach Weimar und später nach Berlin fand die Idee eines ständigen, nicht nur auf Messezeiten beschränkten Theaters ihr vorläufiges Ende. Friederike Caroline Neuber (rechts), am 9. März 1697 in Reichenbach/Vogtland als Tochter des Gerichtsdirektors Weißenborn geboren, litt in ihrer Jugend so sehr unter der häuslichen Tyrannei des Vaters, dass sie aus dem Elternhaus fliehen wollte. Auf Betreiben des Vaters musste sie deshalb 1712/13 zur Strafe 13 Monate in Polizeigewahrsam verbringen. 1717 gelang ihr endgültig die Flucht: Gemeinsam mit ihrem Geliebten, dem Lateinschüler Johann Neuber, den sie im Jahr darauf heiratete, schloss sie sich in Weißenfels der Spielbergschen Schauspielertruppe an. Die Neuberin - schauspielerisch hoch talentiert und als scharfsinnig, kühn und gewandt beschrieben - hat rasch Erfolg und wechselt schließlich zur berühmtesten Wandertruppe der damaligen Zeit, der Königlich Polnisch-Sächsischen Komödiantengesellschaft, der sie von 1721 bis 1750 als Prinzipalin vorsteht. 1727 erwirbt sie das Schauspielprivileg und tritt nun - neben verschiedenen Gastspielen - vermehrt in Leipzig auf. Die in Deutschland angesehene „Neubersche Comödienbande", der unter anderen die renommierten Schauspieler Schönemann und Heinrich Gottfried Koch angehören, spielt während der Messen auf dem Boden über den Fleischbänken in der Reichsstraße, später auf einer eigenen kleinen Bühne im Großbosischen Garten. Dabei verkörpert die als „Mutter der deutschen Schauspielkunst" gepriesene Neuberin selbst in jedem Stück die weibliche Hauptrolle. Daneben verfasst sie Vor- und Nachspiele und führt als Prinzipalin ihre Truppe mit strenger Hand. Schließlich gesteht ihr der Leipziger Rat ein Standquartier zu; der Landesherr erlaubt ihr, auch außerhalb der Messezeiten aufzutreten.

Den Bühnenvorhang des Alten Theaters entwarf Adam Friedrich Oeser, der Zeichenlehrer Goethes.

Das umgebaute Alte Theater um 1820.

In enger Zusammenarbeit mit dem Leipziger Professor der Philosophie, Johann Christoph Gottsched, setzt sich die Neuberin für eine Theaterreform ein, was ihr zahlreiche Feindschaften einträgt. Als sie sich schließlich auch mit Gottsched überwirft, häufen sich die Intrigen und Angriffe gegen sie. Sie reist mit ihrem Ensemble nach Sankt Petersburg und hofft, bei Kaiserin Anna eine feste Anstellung als Hofkomödiantin zu finden. Der plötzliche Tod der Kaiserin macht diese Hoffnung allerdings zunichte - die neubersche Truppe muss nach Deutschland zurückkehren. In Leipzig sind ihre Vorstellungen immer schlechter besucht, sodass sie in finanzielle Bedrängnis gerät und ihre Truppe im Jahr 1743 vorübergehend auflösen muss. Mit neuem Repertoire nimmt sie jedoch den Spielbetrieb wieder auf und führt 1748 mit großem Erfolg Lessings Erstlingswerk „Der junge Gelehrte" auf. Neu gegründete Schauspieltruppen wie die von Johann Friedrich Schönemann und Heinrich Gottfried Koch schaffen Konkurrenz, und der Siebenjährige Krieg besiegelt das Ende: 1759 stirbt Johann Neuber. Die Neuberin selbst findet eine letzte Zuflucht in Laubegast bei Dresden, wo sie - vereinsamt und in bitterer Armut - am 30. November 1760 stirbt. Johann Wolfgang von Goethe (1749 - 1823) setzte der Neuberin in seinem Roman „Wilhelm Meisters theatralischer Sendung" (zwischen 1777 und 1785 entstanden) ein literarisches Denkmal. Darin verewigte er sie unter dem Namen „Madame de Retti". Die Stadt Leipzig stiftete 1997 anlässlich ihres 300. Geburtstages einen „Caroline-Neuber-Preis", der ab 1998 alle zwei Jahre an eine außergewöhnliche Theaterfrau vergeben wird.

1744

1,5 Millionen Taler verhindern Plünderung

Mit den Nachbarn im Norden erwuchs den Sachsen im Haus der Hohenzollern, dem brandenburgischen Preußen, ein straff verwaltetes Kurfürstentum mit einer gut geschulten Armee. Preußen strebte außerdem zunehmend nach wirtschaftlicher Macht.

Den Jahrmarkt in Frankfurt/Oder verlängerte der Kurfürst nach Leipziger Vorbild auf 20 Tage und führte zum Schutz seiner Messen eigene Zölle ein. Händler auf dem Weg zur Leipziger Messe hatten für die Nutzung preußischer Routen „Transit"-Gebühren zu zahlen. „Mit hohen Auflagen" sei der Handel „beschweret", während in Leipzig die „Freiheit derer gemeinnützlichen Commercien befördert" werde, so klagten Kaufleute der Pleißestadt.

Über einen Kanal zwischen Oder und Spree wollte der Kurfürst den Ost-West-Handel durch Preußen führen und der Leipziger Messe damit das Wasser abgraben. Brandenburgische Werber lockten Handwerker aus Sachsen mit günstigen Konditionen nach Preußen. Der Kurfürst als Calvinist untersagte das Studium an den lutherischen Universitäten in Wittenberg und Leipzig. Als Gegengewicht gründete er 1694 die reformierte Universität in Halle.

Kurfürst Friedrich III. hatte sich 1701 in Königsberg zum König Friedrich I. in Preußen krönen lassen. Ihm folgte Friedrich Wilhelm I., der zwar nie einen Krieg führte, aber als „Soldatenkönig" in die Geschichte einging. Während er auf eine Friedenspolitik aus einer Position der Stärke setzte, zeigte sich sein Sohn und Thronfolger Friedrich II. kriegerisch: Mit einem stehenden Heer von 80.000 Mann erhob er „berechtigten" Anspruch auf das österreichische Schlesien und marschierte im Dezember 1740 dort ein. Mit der Festung Magdeburg übernahmen 1741 die Preußen auch die Kontrolle über den Schiffsverkehr auf der Elbe. Sie beschlagnahmten alle Schiffe und legten den Handel der Leipziger Kaufleute in Richtung Nordsee lahm. Mit dem Frieden von Berlin am 28. Juli 1742 hatte Friedrich II. fast ganz Schlesien seinem Territorium einverleibt. In Breslau ließ er eine neue Messe eröffnen und forderte so die Konkurrenz in Leipzig heraus. Die betrachtete die preußische Rivalität einstweilen recht gelassen. Mit Verträgen gegen Rückforderungen der österreichischen Erzherzogin Maria Theresia abgesichert, überfiel Friedrich im August 1744 Böhmen. Der Kurfürst von Sachsen, Friedrich August II., sah sein Fürstentum in Gefahr und schloss sich mit England, den Niederlanden und Österreich zu einer „Quadrupel-Allianz" zusammen.

Im späten Herbst 1745 marschierte der preußische General Leopold I. von Anhalt-Dessau in Sachsen ein. Am 30. November kapitulierte Leipzig, ohne einen Schuss abgegeben zu haben. Der „alte Dessauer" zog in die Stadt ein, vom Magistrat außerhalb des Tores auf „das submisseste empfangen". Gegen eine Zahlung von 1,5 Millionen Talern verzichteten die Besatzer großzügig auf eine Plünderung. Sämtliches Gold und Geschmeide mussten die Einwohner ins Rathaus bringen, die Kirchen hatte ihre Preziosen abzuliefern. Die Besatzer verpflichteten die Bürgerschaft zur Einquartierung und damit zur Ernährung der Soldaten und Fütterung ihrer Pferde.

In der Schlacht bei Kesseldorf schlug am 15. Dezember 1745 das militärische Ende der Allianz. Im Friedensschluss von Dresden annektierte Preußen am 25. Dezember ganz Schlesien und erkannte im Gegenzug Franz I. Stephan, den Ehemann Maria Theresias, als Kaiser des Heiligen Römischen Reiches an. Für zehn Jahre herrschte nun eine trügerische Ruhe im Land.

Friedrich II. von Preußen erhob Anspruch auf Schlesien.

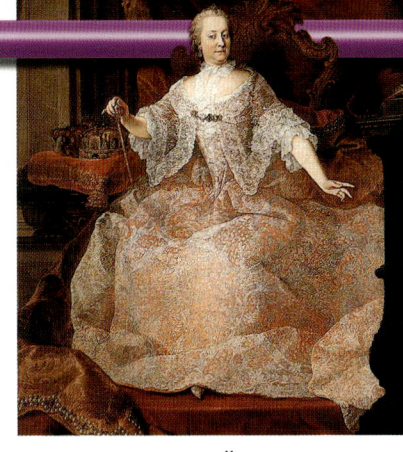

Maria Theresia von Österreich - die Gegenspielerin von Friedrich II.

Der „Alte Dessauer" nahm Leipzigs Kapitulation entgegen.

Friedrich August II. von Sachsen schloss mit England, den Niederlanden und Österreich ein Bündnis gegen Preußen. Rechts: Leipzig kapitulierte am 30. November 1745 und streckte kampflos die Waffen.

1745

Allerlei Leckereien - Susanna Eger schreibt sie auf

Mitten in die Zeit der militärischen Auseinandersetzungen zwischen Sachsen und Preußen veröffentlicht Friedrich Groschuff 1745 ein Buch der Autorin Susanna Eger, das noch heute als ein Meilenstein in der Geschichte der Kochkunst gilt: *„Das Leipziger Koch=Buch, welches lehret, was man auf seinen täglichen Tisch bey Gastereyen und Hochzeiten gutes und delikates auftragen [kann]"* - eine erweiterte Neuauflage einer Sammlung sächsischer Rezepte aus den Jahren 1706 und 1712.

Susanna Eger, 1640 unter dem Namen Bornin geboren, hatte schon früh ihren Mann Caspar verloren und verdingte sich als Köchin in gehobenen Bürgerkreisen der Stadt. Auf diese Weise verdiente sie den Unterhalt für sich und ihre vier Kinder. 1712 brachte sie ihren Erfahrungsschatz im Verlag des Leipziger Druckers Jacob Schuster zu Papier, bevor sie 1713 im Alter von 73 Jahren starb. 900 verschiedene Rezepte für Vor-, Haupt- und Nachspeisen stellte die Köchin zusammen. Ihre Zielgruppe: die Verantwortlichen in den Küchen des wohlhabenden Bürgertums. Das Kochbuch verzeichnet genaue Mengenangaben der Zutaten und bot so auch Anfängern eine Möglichkeit, sich mit der Kunst der Zubereitung von guter Hausmannskost und erlesenen Speisen vertraut zu machen. Umrechnungstabellen von Maßen und Gewichten runden das Werk ab.

Die Stadt Leipzig und der „Internationale Kochkunstverein zu Leipzig 1884 e.V." erinnern an ihre berühmte Köchin durch die Verleihung des „Susanna Eger-Wanderpokals" für angehende Köche. Außerdem trägt das Berufliche Schulzentrum der Stadt mit der Hotelfachschule ihren Namen.

358. Lerchen in Speck zu braten.
Wenn sie gerupfet und ausgewaschen, so besprenge sie mit Saltz und Gewürtze. Dann schneide frische Stücklein Speck ein wenig breitlich, und stecke die Lerchen an, zwischen jede ein solches Stücklein Speck. Man kan auch allemahl ein Salbey-Blättlein darzwischen thun. Wenn man nun betröpfeln will, so nimmt man ein Stücke Speck, wickelt es in ein Pappier, und zündet es an, daß der Speck zerschmeltzet, lässet es auf die Vögel tröpfen, bis sie gut gebraten, dann angerichtet.

„Leipziger Lerchen": Im 18. Jahrhundert zählten Feldlerchen zu den kulinarischen Spezialitäten der Stadt; oben das Originalrezept von Susanna Eger. Allein im Oktober 1720 gingen 404.340 Lerchen ins Netz. 1876 verbot der sächsische König die Lerchenjagd. Die pfiffigen Leipziger kreierten daraufhin als Ersatz mit Marzipan gefüllte Törtchen (kleines Bild). Gekreuzte Mürbeteigstreifen erinnern an die Speckstreifen, die einst die knusprigen Vögel umhüllten.

Gutbürgerliche Küche Anfang des 18. Jahrhunderts aus Susanne Egers Buch.

Zu Weltruhm in der Leipziger Kochkunst brachte es das nach der Stadt benannte „Allerlei" - erstmals als Rezept nachzulesen in einer Ausgabe des egerschen Werkes vom Ende des 18. Jahrhunderts:

Zutaten (4 Portionen):
je 250 g Möhren, Kohlrabi, Spargel, Blumenkohl und Morcheln; 500 g Erbsenschoten; 4 Flusskrebsschwänze; 200 g Butter; 2-3 Eier; 1 Muskatblüte; 4 geriebene Semmeln; 50 g Mehl

Rezept:
Morcheln zerteilen und in Butter dünsten. Möhren und Kohlrabi putzen, in gleichmäßig lange Streifen schneiden. Den Schoten die innere Haut abziehen und mit den Erbsen in Salzwasser kochen. Spargel in Bouillon dünsten. Blumenkohl zu Röschen zerlegen und in Milchwasser mit etwas Butter und Salz kochen. Die Krebsschwänze in 50g Butter dünsten. Unter 50g schaumig gerührte Butter die Eigelbe und den Eischnee mit etwas Muskatblüte sowie die geriebenen Semmeln unterheben. Daraus Klößchen formen und 5 Min. in Salzwasser kochen. Aus 100g Butter und 50g Mehl eine Mehlschwitze bereiten, mit dem Spargel- und Blumenkohlwasser zu einer Soße schlagen. Das Gemüse in eine Schüssel füllen und die Soße darüber gießen. Morcheln, Klößchen und Krebsschwänze dazulegen und mit 50g brauner Butter beträufeln.

„Brandenburger Mirakel" beendet Siebenjährigen Krieg

Viele europäische Staaten sahen in der ständig wachsenden Großmacht Preußen eine latente Gefahr. Österreich, Russland, Schweden und Frankreich verbündeten sich gegen das Königreich Preußen. Kurfürst Friedrich August II. von Sachsen - zugleich König von Polen - schloss sich dem Bündnis an. Friedrich II. fühlte sich in die Enge getrieben und begann einen Präventivkrieg. Sein erstes Ziel: ein Sieg über Sachsen. Der Reichtum des Landes sollte den Krieg finanzieren: „Sachsen ist wie ein Mehlsack", soll Friedrich II. gesagt haben, „man kann immer wieder draufschlagen, und es kommt noch etwas raus."
Am 29. August 1756 überschritten preußische Truppen die Grenze. Noch an diesem Tag zogen die Husaren von General Hans Joachim von Zieten in Leipzig ein. General Christoph Hermann von Manstein verlangte von den Leipzigern eine Sofortzahlung von 500.000 Talern. Derartige Forderungen wiederholten die Besatzer regelmäßig. Konnte die Stadt nicht zahlen, ließen die Preußen die Honoratioren auf der Pleißenburg in Zwinghaft nehmen oder in den Kerkern der Festung Magdeburg inhaftieren. Sie drohten sogar mit Landesverweis. Husaren ritten mit blankem Säbel in die Kirchen, plünderten die Opferstöcke und kassierten sämtliches Geld aus den Taschen der Gläubigen ein. Auf diese Weise sollen zweieinhalb Tonnen Gold in die Kriegsschatulle Preußens geflossen sein. „Alles für den alten Fritz", kursierte in der Bevölkerung. Friedrich II. ließ sächsische Münzstempel beschlagnahmen und über verschiedene Münzpächter Falschgeld prägen. Die Preußen drangen auf die Bereitstellung von 20.000 Rekruten aus Leipzig und dem Saalekreis. In allen Stadtvierteln ließen sie Aufforderungen an die Bürger anschlagen, sämtliche Wertgegenstände im Rathaus abzuliefern. Der Rat untersagte „alle Discurse von den itzigen Zeitläuften" und erließ ein Ausgangs- und Versammlungsverbot.

Das Kriegsglück wandte sich zwischenzeitlich von den Preußen ab. 1759 mussten sie Leipzig verlassen. Den österreichischen Truppen gelang es, weite Teile von Sachsen zurückzuerobern. Nach einem erneuten Sieg über die Österreicher am 3. November 1760 bei Torgau bezog Friedrich II. in Leipzig sein Winterquartier. Zwei Millionen Taler forderte er jetzt von der Stadt. Schon lange finanziell ausgeblutet, war Leipzig nicht mehr in der Lage zur Zahlung. Also mussten die Ratsmitglieder und die reichsten Kaufleute wieder den Gang in die Kerker der Pleißenburg antreten. Der Vertraute des Königs und Berliner Kaufmann Johann Ernst Gotzkowsky handelte schließlich die Summe auf 800.000 Taler herunter und übernahm eine Bürgschaft für die Zahlung.

Nun kam es zum „Mirakel des Hauses Brandenburg": Die Zarin Elisabeth starb, und ihr Neffe, Zar Peter III., schied 1761 aus der Koalition gegen Preußen aus. Im Frieden von Hubertusburg einigten sich 1763 die Kriegsparteien auf den „Status quo ante". In Halle vereinbarten Preußen und Sachsen, die Märkte in Frankfurt/Oder und Naumburg/Saale der Leipziger Messe gleichzustellen. Die sächsisch-polnische Union war aufgelöst. Sachsen blieb nun keine Möglichkeit mehr, im Konzert der europäischen Mächte mitzuspielen.

Zwar während der Besatzungszeit eingeschränkt, hatte Leipzig den Messebetrieb während des Siebenjährigen Krieges fortsetzen können. Das Potenzial der Stadt beeindruckte auch die Preußen. General Friedrich Wilhelm von Seydlitz schwärmte: „Und wenn der König das Pflaster von Leipzig ausreißen und sein Berlin damit pflastern ließe, so würde er doch den Segen von Leipzig nicht nehmen …"

Allerdings hatte sich die Stadt bei Banken und Finanziers tief verschuldet. Leipzig konnte diese Verbindlichkeiten erst Anfang des 19. Jahrhunderts vollständig tilgen. 1763 beschloss der Rat, die Festungsanlagen abzutragen: Sie hatten sich als völlig nutzlos erwiesen.

Ein Bürger beschwert sich über die Manieren eines einquartierten Offiziers.

Die Husaren von Hans Joachim von Zieten besetzten Leipzig. Zar Peter III. (unten) war ein Bewunderer Friedrich II.

Im November 1760 bezog Friedrich II. in Leipzig sein Winterquartier.

Die Preußen ziehen aus Leipzig 1763 wieder ab.

1760

Karikierte Stadtsoldaten: Sie beklagten sich beim Rat darüber, dass die Studenten sie auf ihren Wachgängen verspotteten und sich ständig weigerten, nachts das Torgeld zu zahlen.

Zwei alte Schwerenöter aus der Neuen Welt zu Gast in Leipzigs Betten: William S. Smith (rechts), der Stabschef von General George Washington, und General Francisco de Miranda aus Caracas.

Schwerenöter zu Gast in Leipzigs Betten

Sie waren bekannt: als Schwerenöter und für ihren lockeren Lebenswandel. Mehr als 600 junge Männer studierten um 1760 in Leipzig. Mit den Messebesuchern standen die Jung-Akademiker auf Kriegsfuß. Oft mussten sie ihre Quartiere für die Handelsleute räumen und in abgelegene Kammern umziehen. Und die auswärtigen Gäste stellten für sie eine Konkurrenz um die Gunst der Damen dar, deren Liebesdienste gegen Bares zu erhalten waren. Zur Zeit der Messe boten Frauen aus dem gesamten Umland in Weinkellern, Café- und Wirtshäusern ihre Dienste an: zu Messepreisen. Über das amouröse Angebot gingen die Meinungen allerdings weit auseinander. Ein Messebesucher empörte sich: „Es sind dies meist Dienstmädchen, die keine Lust haben zu arbeiten, oder solche, die der Verlust ihrer Jungfernschaft um Ehre und Kredit brachte. Viele, die sonst beim Anblick einer Mannsperson schamhaft die Augen niederschlugen, sehen jetzt mit wollüstigen Blicken nach ihnen in der Hoffnung, einen zu finden, der ihren viehischen Trieb befriedigt." Bei seinen „Feldforschungen" fand der Moralist heraus: „Mädchen von zehn bis zwölf Jahren sind schon in den Künsten der Liebe erfahren." Als ein „Hauptprodukt, das ganz vorzüglich die Leipziger Messen verschönert", beschrieb dagegen ein anderer Besucher seinem Brieffreund schwärmerisch die Qualität der Damen: „Oh, lieber Baron, soviel niederträchtige Geschöpfe und verworfene Mädchen jeder Art wirst Du wohl nie antreffen als zur Zeit der Messe in Leipzig, … welche alle nach Standesgebühr und Würden sich bemühen, junge und alte Wollüstlinge …einzuladen." Ähnlich sahen das auch William S. Smith, der Stabschef von General George Washington, und Francisco de Miranda aus Caracas, ein späterer General der französischen Revolutionsarmee: Über „zwei Stunden höchster Vulgarität" erfreuten sie sich, bevor ihnen die Damen zum Frühstück Schokolade reichten.

Mit „Rotlicht-Etablissements" konnte die Stadt allerdings nicht dienen: „Treffen sie einen, der ihrem Anerbieten Gehör gibt, so nehmen sie ihn mit sich nach Hause oder verrichten ihre schändliche Unzucht auf der Straße, in dem ersten besten Winkel." Offensichtlich kannte der Moralist nicht alle Tricks. Ein Genießer wusste Genaueres: „Nun kriecht man mit dem artigen Schäfchen in einen nahen Winkel oder meldet sich auf dem Markt bei den Wächtern der Buden, diese öffnen einem die Tür einer Budike, man schlupft hinein und der Kampf der Liebe beginnt."
Außerdem standen vor dem Peterstor (oben links) für Freier und Messeschwalben Droschken bereit. Für zwei Groschen fuhr der Kutscher ganz langsam durch das Gelände, „wo Nacht und Stille das Vordringen des kleinen Amors fördern und der Lose sich dann doppelt brüstet, auf vier Rädern eine Lanze zu brechen. So …kann man hier sein Mütchen kühlen und ungescheut der Vorübergehenden wackelt die verschwiegene Kutsche, in welcher eben zwei in einem Fleiße sind." „Porzellanfuhren" nannte der Volksmund die mit Gardinen verhängten Wagen.
Das Gesamturteil des Moralisten über die Frauen der Pleißestadt - vernichtend: „Es ist dahero kein solches Haus nötig, denn gewiss müssten alle Leipziger Frauenzimmer hinein kommen."

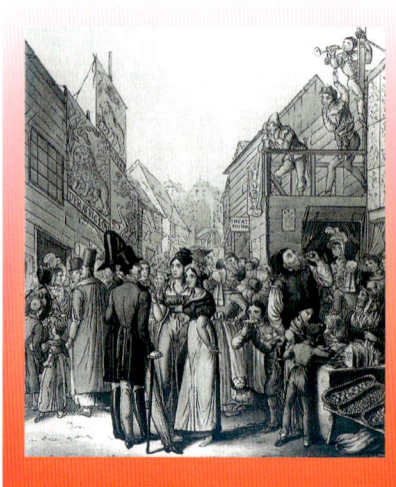

Rotlicht-Etablissements? Nicht in Leipzig; die Kontakte ergaben sich auf der Straße. Vor dem Peterstor warteten nachts ganz „spezielle" Droschken.
„In Leipzig sind zwei Trefflichkeiten, worüber alle Fremden schrein. Das sollen ohne Widerstreiten die Jungfern und die Lerchen sein": Picander (Christian Friedrich Henrici) 1737

1765

Von Jura hatte Johann Wolfgang schnell die Nase voll

Vier Tage in der Kutsche sind für Johann Wolfgang Goethe (unten links) eine Tortur. Er kommt aus Frankfurt, bei miserablem Wetter bleibt der Wagen abends bei Auerstedt stecken, bei der Bergung zieht er sich eine schmerzhafte Zerrung zu. Schließlich trifft er am 3. Oktober 1765 in Leipzig ein. Hier soll der 16-jährige Goethe Jura studieren – wie sein Vater, Kaiserlicher Rat zu Frankfurt am Main. Der hatte ihn in häuslichen Lektionen auf das künftige Studium vorbereitet. Allerdings: Johann Wolfgang neigte eher dem Gebiet der „Schönen Wissenschaften" zu und hätte viel lieber an der jungen Universität in Göttingen studiert. Vaters Machtwort jedoch hieß „Leipzig". Zumindest war Goethe junior froh, der häuslichen Aufsicht entkommen zu sein: „Die heimliche Freude eines Gefangenen, wenn er seine Ketten abgelöst und die Kerkergitter (…) durchgefeilt hat, kann nicht größer sein, als die meine war", schwärmt er über die neue Unabhängigkeit.

In Leipzig fühlt sich Goethe schnell heimisch: Das pulsierende Leben zur Messezeit erinnert ihn an das vertraute Frankfurt, und die imposante Barockarchitektur beeindruckt ihn mächtig. In einem der prächtigen Häuser bezieht Goethe standesgemäß als begüterter Student ein Privatquartier – „in der Feuerkugel zwischen dem alten und neuen Neumarkt. Ein paar artige Zimmer, die in den Hof sahen, der wegen des Durchgangs nicht unbelebt war, bewohnte der Buchhändler Fleischer während der Messe und ich für die übrige Zeit um einen leidlichen Preis." Um seine Finanzen brauchte sich Johann Wolfgang nicht zu sorgen – ihm standen pro Jahr satte 1.000 Taler zur Verfügung – und damit fast das Jahreseinkommen eines Meisters. Doch der junge Mann sollte auch in der fremden Stadt nicht völlig ohne Aufsicht bleiben: Mit einem Empfehlungsschreiben seines Vaters versehen, hatte er sich beim Hofrat Johann Gottlob Böhme vorzustellen, der als Professor an der Philosophischen Fakultät Geschichte und Staatsrecht lehrte. Als Goethe ihm gesteht, dass er sich lieber dem Studium der Antike als der Rechtswissenschaft widmen würde, hält ihm dieser – so Goethes Erinnerung – „aus dem Stegreif eine gewaltige Strafpredigt, worin er betheuerte, daß er ohne Erlaubniß meiner Eltern einen solchen Schritt nicht zugeben könne". Nach seiner Immatrikulation am 19. Oktober belegt der junge Student also eine Reihe juristischer Vorlesungen.

Allerdings lässt Goethes anfänglicher Wissensdurst bald nach: „Mein erst hartnäckiger Fleiß im Nachschreiben wurde nach und nach gelähmt, indem ich es höchst langweilig fand, dasjenige nochmals aufzuzeichnen, was ich bei meinem Vater, teils fragend, teils antwortend, oft genug wiederholt hatte, um es für immer im Gedächtnis zu behalten." So besucht er neben den juristischen Kollegien zusätzlich Vorlesungen zur Staatengeschichte bei seinem Mentor Professor Böhme sowie vor allem zur Literaturgeschichte bei dem berühmten Professor der Poesie und Beredsamkeit, Christian Fürchtegott Gellert. Bald jedoch beginnt er, seine Studien zu vernachlässigen und die vielfältigen gesellschaftlichen und kulturellen Möglichkeiten zu nutzen, die sich ihm in Leipzig bieten. Dies erforderte allerdings zunächst, sich dem weltoffenen und bürgerlich-wohlhabenden Charakter der Stadt anzupassen, wo „ein Student kaum anders als galant sein [konnte], sobald er mit reichen, wohl und genau gesitteten Einwohnern in einigem Bezug stehen wollte", so Goethe in seinen Erinnerungen.

Goethes Studienort: das Juridicum in der Schlossgasse.

Hofrat Johann Gottlob Böhme sollte auf den jungen Studenten aufpassen.

Goethes Quartier – die „Große Feuerkugel". Rechts seine Immatrikulation.

1766

Anna Catharina und die Wechselbäder einer Dichter-Seele

Zunächst einmal denkt Goethe an sein Outfit und entscheidet sich, seine „sämtliche Garderobe gegen eine neumodische, dem Ort gemäße, auf einmal umzutauschen, wodurch sie aber freilich sehr zusammenschrumpfte", und bemüht sich, seine Umgangsformen und den oberdeutschen Dialekt (seinen Frankfurter Akzent) abzulegen. Den feinen Ton der höheren Kreise findet er jedoch noch nicht und verzichtet weitgehend auf gesellige Pflichtbesuche.

Begeisterung stattdessen für das kulturelle Programm: Goethe besucht Theateraufführungen, das Leipziger Singspiel und das „Große Concert"; daneben übt er sein musikalisches Talent. Im Haus der Familie Breitkopf, mit der er freundschaftlich verbunden ist, spielt er regelmäßig Flöte bei Hauskonzerten.

Bei Adam Friedrich Oeser nimmt Goethe Zeichenunterricht und begegnet der antiken Kunst. Johann Michael Stock zeigt ihm die Technik des Radierens, des Kupferstechens und des Holzschnitts. Trotz des vielfältigen Programms beschäftigt sich Goethe jedoch hauptsächlich mit Lesen und Dichten. Zunächst noch unsicher im Urteil, lässt er sich von verschiedenen literarischen Strömungen beeinflussen. Besonders aber spricht ihn die heitere Lyrik an, die sich - abgehoben von der ernsten Aufklärungsliteratur - in schlichten Versen in „Wein, Weib und Gesang" ergeht.

Goethe durchlebt und durchleidet in seiner Leipziger Studienzeit diverse Amouren. In einer literarischen Gesellschaft bei Schönkopf lernt er 1766 die Tochter des Hauses Anna Catharina kennen: seine erste große Liebe. Goethes Launen und seine Eifersucht lassen jedoch die Beziehung zerbrechen. Auch Friederike Oeser, der ältesten Tochter seines Zeichenlehrers, ist der junge Goethe zugetan. Er widmet ihr eine Sammlung „Lieder mit Melodien".

Daneben entbrennt er voll Bewunderung für die gefeierte Sopranistin Corona Schröter. Ihr widmet er ein Lobgedicht. „Meine Natur, von hinlänglichen Kräften der Jugend unterstützt, schwankte zwischen den Extremen von ausgelassener Lustigkeit und melancholischem Unbehagen", wird der Dichterfürst später seine seelischen Wechselbäder beschreiben.

Nach sechs Semestern Studium nimmt Goethes Dolce Vita in Leipzig ein jähes Ende. An den Folgen eines Reitunfalls lebensgefährlich erkrankt, muss er sein Studium abbrechen. Am 28. August 1768, seinem 19. Geburtstag, tritt er die Heimreise an.

Dennoch bricht die Verbindung zu seinem Studienort nicht völlig ab: Im Jahr 1774 wendet sich der Leipziger Verleger Johann Friedrich Weygand mit der Bitte an Goethe, ihm ein Buchmanuskript für den Druck zu schicken. Goethe überlässt ihm das gerade beendete Werk „Die Leiden des jungen Werthers". Wegen des Selbstmords der Hauptperson stößt die Schrift in Leipzig auf Vorbehalte: Der Dekan der Theologischen Fakultät spricht sich gegen deren Verkauf des Buches aus, weil es „üble Impressionen machen kann, welche, zumal bei schwachen Leuten, Weibspersonen, bei Gelegenheit aufwachen und ihnen Verführung werden können". Der Bann erreichte jedoch genau das Gegenteil: der „Werther" schrieb Bestseller-Quoten...

Anna Catharina Schönkopf war Goethes erste große Liebe.

Goethes Zeichenlehrer Adam Friedrich Oeser.

Rechts: Die Töchter von Oeser. Besonders Friederike (rechts) war Goethe herzlich zugetan. Sie blieb unverheiratet.

1776

„Eine Versammlung wirklich netter Leute"

Sie ist kein Orchester und baut doch auf Wohlklang. Ihre Mitglieder legen Wert auf Einstimmigkeit, auf Stil - und vor allem auf bürgerschaftliches Engagement: die Gesellschaft Harmonie.

Im Winter 1776 schlossen sich Männer der Leipziger Kaufmannschaft, Gelehrte, Beamte und Künstler zu einer geselligen Vereinigung zusammen. Ihr Ziel: einen Beitrag zur Linderung unverschuldeter Armut zu leisten. Am 27. Februar gründeten sie bei Gastwirt Orb im „Blauen Engel" in der Petersstraße ihren Verein. Zur ersten Führungsriege gehörten Oberpostkommissarius Freystein, der spätere Bürgermeister Müller, die Professoren Platner und Pohle, die Kaufleute Dufour-Pallard, Divegneau senior und Frege junior.

Seit jenen Tagen nimmt im Leben der Harmonie die Wohltätigkeit einen besonderen Rang ein. Legendär ist die Initiative von Christian Frege. Der Bankier organisierte über die „Harmonischen" Garn und Stricknadeln, um Arbeitslosen eine Tätigkeit zu verschaffen. Fortan konnten diese Frauenstrümpfe produzieren. Gut 100 Jahre später richtete die Stadt auf Anregung der Gesellschaft ein Arbeitshaus für Freiwillige ein.

„Die Kaufmanns- und Gelehrtengesellschaft ist eine der traditionsreichsten in Deutschland", weiß der heutige Harmonie-Vorsitzende, Regierungspräsident Walter Christian Steinbach. „1948 strichen die neuen Machthaber den Verein aus dem Register und enteigneten ihn. Da die Enteignung eine besatzungsrechtliche Anordnung war, lässt sie sich nicht mehr rückgängig machen." Das Vermögen wie das Gesellschaftshaus am Roßplatz (zerbombt im Zweiten Weltkrieg) und eine Stiftung (fast 50 Millionen Reichsmark) kamen der Gesellschaft somit abhanden. Doch ihr Geist überlebte auch 40 Jahre Sozialismus: 1994 feierte die Harmonie ihre Wiedergeburt.

„Bei uns gibt es keinen Zwist", versichert Steinbach. Die „Harmonischen" sind, wie deren Mitglied und Jurist Dr. Frieder Schäuble bestätigt, „eine Versammlung wirklich netter Leute". Mit viel Engagement fürs Gemeinwohl: Sie unterstützten die Rekonstruktion der Thomaskirche, spendeten Geld für die Sanierung des Völkerschlachtdenkmals, helfen dem Hospizverein, mischen sich aber auch ein in aktuelle Stadt-Debatten, wie in die Gestaltung der Paulineraula, und pflegen mit namhaften Referenten den politischen und wirtschaftlichen Gedankenaustausch. Vorbilder liefert die lange Vereinsgeschichte genug. So hinterließ Obergerichtsrat und Harmonie-Mitglied Heinrich Blümner 1839 dem Königreich Sachsen ein Erbe von 20.000 Talern mit der Auflage, ein „der vaterländischen Betätigung angemessenes Institut für Kunst und Wissenschaft" zu gründen. Gewandhauskapellmeister Felix Mendelssohn Bartholdy schrieb an Kreishauptmann Johann Paul von Falkenstein, um sicherzustellen, dass das von Blümner finanzierte Institut (heute Hochschule für Theater und Musik) auch tatsächlich in Leipzig entstehe. Der Kreishauptmann wandte sich an Sachsens König und erreichte den Institutsbau unter der Bedingung, dass Mendelssohn nicht nach Berlin wechsle. Und so weihte dieser 1843 das Conservatorium ein.

Rund 150 Jahre später traf sich der Mendelssohn-Nachfolger Prof. Kurt Masur mit dem Falkenstein-Nachfolger Steinbach. „Wir müssen fürs Mendelssohn-Haus etwas tun", bat der Maestro. Die Harmonie half mit ihrem guten Namen - und natürlich mit Spenden.

Oben das 1887 von Arwed Rossbach für die Harmonie erbaute Gebäude, darunter das 1819 geschaffene Denkmal für Bürgermeister Carl Wilhelm Müller, einem der ersten Vorsteher der Harmonie. Unten: Das Gesellschaftshaus (rechts) im Ensemble prachtvoller Fassaden am Roßplatz.

Oben: Zur 225-Jahr-Feier der Harmonie begrüßte ihr Vorsitzender Walter Christian Steinbach Gewandhauskapellmeister Prof. Herbert Blomstedt (rechts) und seine Frau Waltraud als Ehrengäste. Unten links: Dr. Frieder Schäuble (rechts), Bruder von Bundesminister Dr. Wolfgang Schäuble, im Gespräch mit Prof. Dr. Kurt Biedenkopf. Unten rechts: Sachsens Innenminister Klaus Hardraht und der „auferstandene" Leipziger Bürgermeister Carl Wilhelm Müller beim Harmonie-Jubiläum 2001.

1781

„Drey Schwanen"-Gesänge - Konkurrenz zur Dresdner Hofkapelle

Am 25. November 1781 schrieb Leipzig ein Stück Musikgeschichte: Mit der Einweihung eines Musiksaales im Zeughausflügel des Gewandhauses. Der Konzertsaal und das Gewandhausorchester sollten Weltruhm erlangen. Eine lange, fruchtbare Zusammenarbeit der Musikschaffenden der Stadt hatte die Gründung des Orchesters befördert. Schon nach dem Dreißigjährigen Krieg hatte der Rat bis zu sieben Stadtmusiker beschäftigt, die zu feierlichen Ereignissen im Rathaus oder in den Bürgerhäusern auftraten. Die Studenten der Alma Mater Lipsiensis waren für ihre Musizier-Freudigkeit bekannt - und bei Nacht auch berüchtigt. Gesitteter ging es bei den Thomas- und Nikolai-Kantoren zu: Sie pflegten die geistliche Musik. Der Stadtpfeifer Johann Pezel und der Nikolai-Organist Adam Krieger hatten bereits Mitte des 17. Jahrhunderts einen ersten Versuch zur Vereinigung unternommen. Musiker verschiedener, meist akademischer Gruppierungen trafen sich wöchentlich in mehreren „Collegia musica" und probten gemeinsam. Sie gaben Nachtmusiken oder Ständchen für prominente Gäste und spielten bei akademischen Veranstaltungen auf.

Am 8. Mai 1693 eröffnete der Dresdner Kapellmeister Nicolaus Adam Strungk seine Oper als „Theater am Brühl". Ihr künstlerischer Leiter Georg Philipp Telemann band die „Collegia" in die Opernveranstaltungen und auch in die Kirchenmusik ein.

1743 gründete die auf Kommerz bedachte Kaufmannschaft unter Führung des Buchhändlers Johann Friedrich Gleditsch das „Große Concert" als Musikunternehmen. Als begehrter Auftrittsort erwies sich für Ensemble und Publikum der Saal des Gasthauses „Drey Schwanen" am Brühl. Die Qualität der Darbietungen verglich ein Zeitgenosse 1768 mit der fürstlichen Hofkapelle in Dresden. Nun begann eine Epoche des Leipziger Musiklebens, die eng mit dem Namen Johann Adam Hiller verbunden ist.

Die Aufführungen seiner Werke im 1766 neu eröffneten Comödienhaus auf der Ranstädter Bastei ließen Leipzig zu einem Zentrum des frühen deutschen Singspiels aufsteigen. Hiller übernahm die Leitung des „Großen Concerts" und gab zwischen 1766 und 1770 die erste deutsche Musikzeitschrift heraus: Er überwarf sich aber mit dem Direktorium und gründete 1775 die aus Berufsmusikern und Laien bestehende „Musikübende Gesellschaft", die bald mit viel beachteten Konzerten im Thomäischen Haus auftrat. Die „Musikübenden" begleiteten auch Gottesdienste und Feiern der Universität.

Die Zahl der Subskribenten für die Veranstaltungen des „Großen Concertes" nahm mehr und mehr ab. Einerseits reduzierte die Neueröffnung der Oper die Zahl der Abonnenten, andererseits die Konkurrenz durch die Gründung der „Musikübenden Gesellschaft". 1778 löste der Rat der Stadt daher das nun unrentable „Große Concert" auf.

Johann Adam Hiller schrieb auch die Oper „Die verwandelten Weiber oder der Teufel ist los".

Das „Große Concert" trat vornehmlich im Saal des Gasthauses „Drey Schwanen" (Bildmitte) am Brühl auf. Unten: Studentische Nachtmusik, nicht immer zur Freude der Einwohner.

Johann Adam Hiller   Johann Friedrich Gleditsch    Georg Philipp Telemann

Bei heißer Suppe tanzt die Welt

Im Bewusstsein des großen Bedarfs an musikalischen Veranstaltungen in der Messe- und Universitätsstadt beschloss der Rat auf Anregung des Bürgermeisters Carl Wilhelm Müller, den Zeughausflügel des Gewandhauses, des ehemaligen Zunftquartiers der Tuchmacher, zu einem festen Spielort umbauen zu lassen. Innerhalb kurzer Zeit entstand nach den Plänen des Stadtbaumeisters Johann Christian Friedrich Dauthe im zweiten Stock ein stattlicher Konzertsaal, der 500 Musikfreunden Platz bot. Die Entwürfe zu den Deckengemälden übernahm Adam Friedrich Oeser. Zu den Baukosten von rund 2.000 Talern steuerte die kaufmännische Gesellschaft „Freunde und Beförderer der Musik" mehr als 1.000 Taler Spenden bei.

Völlig unerwartet erwies sich die Architektur des Seitenflügels als Glücksfall für die Akustik des Saales: Der Tuchboden darunter bildete zusammen mit dem Dach und mit dem holzumkleideten Saal einen idealen Resonanzkörper: „Das Große Concert verdiente schon wegen des Saales, auf dem es gegeben wird, besucht zu werden", empfahl ein Zeitgenosse. Auf der Stirnseite des Saals stand zu lesen: „Res severa est verum gaudium" (Eine ernste Sache ist eine wahre Freude). Dieses Zitat des römischen Philosophen Seneca diente den „Musikausübenden" als Motto. Die Leitung des Konzertsaals übertrugen die Stadtväter Adam Hiller als Musikdirektor und Dirigenten. Nach einem Streit mit dem Direktorium verließ er 1785 Leipzig und kehrte vier Jahre später als Thomaskantor zurück.

Im Nebensaal des Gewandhauses spielten seit 1787 auch Musiker einer bürgerlichen Tanzgesellschaft auf. Deren Satzung beschränkte die Zahl der Mitglieder auf 50 Männer. Diese durften ihre Frauen sowie drei einheimische Gäste mitbringen. Adlige und Studenten waren von einer Mitgliedschaft ausgeschlossen und durften den Tanzsaal nur als Gäste betreten. Zur Bewirtschaftung des Saals bot ein Gastwirt bei den Tanzvergnügen jeweils eine heiße Suppe und kalte Speisen an und reichte auf Verlangen auch Weine verschiedener Herkunft. „Hier tanzt die große Welt", lobte ein Messebesucher. Der Name des Ortes für die Konzerte ging bald auf das Orchester selbst über. Unter dem Begriff „Gewandhausorchester" trug sich die Musikvereinigung in die Geschichte ein. Schon 1789 gab Mozart als Dirigent mit einem Konzert im Gewandhaus den Leipzigern die Ehre - allerdings vor nur spärlichem Publikum. Im 19. Jahrhundert folgten Carl Maria von Weber, Franz Liszt und Clara Wieck. Felix Mendelssohn Bartholdy schließlich führte das Orchester zu Weltruhm.

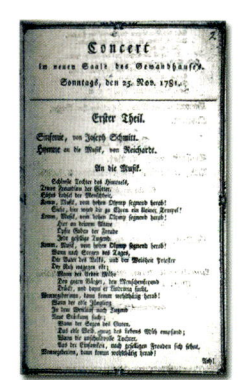

Das Gewandhaus um 1800.

Konzertsaal im Neuen Gewandhaus.

Im Südwesten der Stadt entstand zwischen 1881 und 1884 ein neues Konzerthaus. Mit der Bezeichnung „Neues Gewandhaus" wollten die Stadtväter an die alte Tradition anknüpfen. Der klassizistische Bau bot einen großen Saal mit 1.500 Plätzen und einen kleinen Saal, in dem 700 Zuhörer Platz fanden. Das Hauptportal schmückten Statuen von Mozart und Beethoven.

Als der Magistrat der Stadt beschloss, das nunmehr „Alte Gewandhaus" abzureißen, brach unter den Leipziger Musikfreunden ein Sturm der Entrüstung aus. Bis 1894 konnten sie dort noch Konzerte genießen. Am Ende aber mussten doch Teile des Gebäudes und mit ihnen der Saal einem Messekomplex weichen - dem Städtischen Kaufhaus.

Das von 1781 bis 1884 genutzte Dirigentenpult. Oben links: Konzertprogramm zur Eröffnung des Gewandhauses 1781.

1785

Ein armer Poet und seine umjubelte Jungfrau

Im Frühjahr 1785 erreicht Dr. Christian Gottfried Körner (links) ein Brief aus Mannheim: „Ich kann hier nicht leben. Menschen, Verhältnisse, Erdreich und Himmel sind mir hier zuwider. Würden Sie mich wohl aufnehmen?" fragt ein armer Poet den wohlhabenden Leipziger Advokaten. Der kennt den Autoren nicht persönlich, aber: Der Brief trägt die Unterschrift von Friedrich Schiller. Als Literatur-Mäzen der Autoren Friedrich Schlegel, Heinrich von Kleist und Ludwig Tieck ließ sich Dr. Körner nicht lange bitten. Denn zusammen mit seinem Freund, dem Schriftsteller Ludwig Huber (rechts), zählte der Advokat längst zu den frühen Schiller-Fans, insbesondere wegen dessen Schauspiels „Die Räuber". Schiller wiederum hatte seine besondere Beziehung zu Leipzig dadurch unterstrichen, dass er seinen (Chef-) Räuber Karl Moor in der Pleißestadt studieren ließ. „Dann wollen wir vereint unsere Kräfte aufbieten, und mit der Zeit einen Bund machen, um jeden unangenehmen Eindruck aus Ihrer Seele zu verwischen." Mit dieser Botschaft streckte der Mäzen 300 Taler Reisegeld vor, und Schiller machte sich am 9. April 1785 auf den Weg. Zwei Tage, nachdem sich Autor und Advokat persönlich kennengelernt hatten, schrieb der Dichter an seinen Mäzen: „Nur unserer innigen Verkettung, unserer heiligen Freundschaft allein war es vorbehalten, uns groß und gut und glücklich zu machen. Die gütige Vorsehung, die meine leisesten Wünsche hörte, hat mich Dir in die Arme geführt, und ich hoffe, auch Dich mir." Seinen schwülen Worten ließ Schiller bald darauf literarische Taten folgen - mit der „Ode an die Freude". Und nach der Vertonung durch Beethoven im Jahr 1800 bemerkte Schiller: „Nur für uns und nicht für die Welt, noch für die Dichtkunst."

Richters Kaffeehaus im Romanusgebäude: Treffpunkt der Leipziger Literatur-Szene.

Friedrich Schiller und das Programm zur Erstaufführung seiner „Jungfrau von Orleans" in Leipzig.

Schnell stieg der Mannheimer „Flüchtling" zum Shooting-Star der Leipziger Literaturszene auf, für die war in dieser Zeit gerade Richters Kaffeehaus im zweiten Stock des Romanus-Gebäudes „in". Hier ließen sich Künstler, Musiker, Literaten und Möchtegerne sehen (und bewundern). Die Intellektuellen der Stadt rissen sich um den jungen Mann. Sie hatten sich allerdings das Outfit des Autoren etwas revolutionärer vorgestellt. Schiller notierte: „Vielen wollte es gar nicht zu Kopf, dass ein Mensch, der ‚Die Räuber' gemacht hat, wie andere Muttersöhne aussehen soll. Wenigstens rund geschnittene Haare, Kourierstiefel und eine Hetzpeitsche hätte man erwartet."
Schiller zog die Konsequenzen - und nach Gohlis ins Sommerquartier. Dort teilte er sich ein Dachgeschoss mit dem jungen Verleger Georg Joachim Göschen, der 1785 mit Dr. Körners Unterstützung eine Verlagsbuchhandlung gegründet hatte. In dem Bauernhaus arbeitete Schiller an seinem Schauspiel „Don Carlos" weiter und modifizierte „Die Verschwörung des Fiesco zu Genua" für eine Aufführung im Leipziger Theater. Inzwischen hatte sein Mäzen Dr. Körner geheiratet und war nach Dresden gezogen. Schiller reiste ihm im September 1785 nach und lebte bis 1787 als dessen Gast in Elbflorenz. Mit Verleger Göschen (links) hielt er weiterhin Kontakt - und mit Leipzig. Hier erlebte seine „Jungfrau von Orleans" im September die Uraufführung. Zur dritten Vorstellung am 17. September reiste der Meister persönlich an. Die Leipziger feierten das Stück begeistert - und Schiller ebenfalls: Sie bildeten ein Spalier zum Ranstädter Tor und geleiteten den Dichter unter Hochrufen aus der Stadt. 
Nach Friedrich Schillers Tod in Weimar (1805) gab Dr. Körner dessen Gesamtwerk bei Göschen heraus und verfasste die erste Biografie seines einst gesponserten Poeten. Und die Stadt Leipzigs benannte zum ersten Mal eine Straße nach einem „Bürgerlichen" - die Schillerstraße zwischen Universitätsstraße und Peterstor.

1790

Freie Republik? „Wir leben hier französisch"

In Frankreich erhoben sich die niederen Stände gegen den Adel, die Geistlichkeit und den König. Anarchie brach aus. Es floss blaues Blut, die Guillotine ließ königliche Köpfe rollen. Die französische Nationalversammlung verkündete die Prinzipien von „Freiheit, Gleichheit und Brüderlichkeit" als unveräußerliche Rechte des Menschen. In allen europäischen Staaten regte sich Unmut in der Bevölkerung gegen die absolutistischen Herrscher. Die vielen Reisenden und Besucher der Messestadt brachten stets neue und beunruhigende Nachrichten mit.
In Sachsen brach 1790 ein Volksaufstand los, der besonders die bäuerlichen Schichten in der Gegend von Lommatzsch ergriff. Auf der Liste der Forderungen an den Landesherrn Kurfürst Friedrich August III. standen die Abschaffung der Frondienste, die Enteignung der adligen Herren und die Aufhebung der Leibeigenschaft. Der Kurfürst ließ Militär aufmarschieren und einen Aufstand bei Rochlitz niederschlagen. „Französischen Agitatoren" gab der sächsische Hof die Schuld. Die Regierenden ließen alle Nachrichten über die Bauernrevolte zensieren.
Aus Sorge um die durch den Siebenjährigen Krieg gestörten Absatzwege schwieg die Kaufmannschaft Leipzigs zu den neuen Ideen. Die Leipziger Akademiker hatten die Gedanken der Französischen Revolution jedoch bereits verinnerlicht. So sah sich Friedrich August in Zugzwang. Er ließ das Motto verbreiten: „Aufgeklärte Bürger werden keine Revolutionäre." Alle Schriften der Leipziger Universität mussten vor der Drucklegung ein Zensurkollegium passieren, das die Inhalte auf revolutionäres Gedankengut prüfte.
Dennoch verkündete Extraordinarius Johann Gottlieb Born laut und öffentlich das Ende von Krone, Thron und Adel in Deutschland. Borns Haftstrafe folgte postwendend; später vom Gericht in Wittenberg auf eine Geldbuße reduziert. Nur durch Flucht nach Frankreich entzog sich der Historiker und Philosoph Johann Friedrich Hilscher seiner Verhaftung wegen „aufwieglerischer Gesinnung".
Die revolutionäre Ideenwelt griff auf das handwerkliche Proletariat der Stadt über: Schneider, Schlosser, Wagner und Schuster streikten zwischen 1790 und 1796 mehrfach und forderten Gewerbefreiheit. Ihren Höhepunkt erreichten die Unruhen mit der Arbeitsniederlegung der Maurergesellen 1792. „Die Franzosen sind nicht mehr weit, die Nationalgarde wird einmarschieren", drohte der Maurergeselle Johann Carl Heinrich seinem Landesherrn an. „Wir leben hier französisch. Wir leben hier in einer freien Republik", rief der Schlossergeselle Georg Ludwig Eisenbeiß seinen Kameraden zu. Mehrfach handelten sich die Streikenden wegen ihrer „unbotmäßigen Reden" Haftstrafen ein.
Nach Bekanntgabe der Enthauptung von Ludwig XVI. ordnete Ratsherr Christian Gottlob Frege 1793 Stadttrauer an und der Kurfürst ließ vorsorglich das Karnevalsfest in der Stadt untersagen. Sein Ansinnen fand jedoch bei den feierfreudigen Gesellen kein Verständnis, denn so argumentierten sie - der enthauptete französische König sei schließlich kein Verwandter von ihnen. Um den Zuzug von auswärtigen Revolutionären zu unterbinden, erließ der Landesherr eine strikte Anmeldeordnung und warnte vor der Verbreitung aufrührerischer Schriften.

Leipzig war während des sächsischen Aufstandes zunächst noch ein „Ort der Ruhe", so notierte der Philosoph Johann Gottfried Fichte.

In der Gegend von Lommatzsch brach 1790 ein Aufstand gegen Kurfürst Friedrich August III. aus.

Leipzig zur Zeit der französischen Revolution (links). Die scheinbare Ruhe trügt. Anlässlich der Enthauptung von Ludwig XVI. (rechts) ließ der Kurfürst das Karnevalsfest in der Stadt untersagen.

1794

Zeit-Sprung

ins Jahr 1794: Eigentlich wollte der junge Astronom seiner Angebeteten die neue Universitätssternwarte auf dem Turm der Pleißenburg zeigen. Doch was muss er auf dem Weg dorthin erblicken?! Verborgen im Städtchen Schkeuditz beobachten schon Schulkinder mit wissenschaftlichem Gerät das Himmelszelt. Ihre Fernrohre sind ungewöhnlich klein, aber dennoch von unbekannter Leistungskraft. Fasziniert justiert Michael eines der Teleskope - und legt Victoria die Sterne zu Füßen.

Blick auf die Sterne

An der Universität Leipzig lehrte seit 1763 Georg Heinrich Borz Mathematik und hielt erstmalig Vorlesungen in Differenzial- und Integralrechnung. Der hannoversche Gelehrte Wilhelm Herschel hatte bereits großes Ansehen in der Himmelsbeobachtung erworben, beachtlich dabei der Anteil seiner Schwester Caroline. Borz drang darauf, auch in Leipzig ein Observatorium zu errichten.

Dazu bot sich eines der höchsten Gebäude der Stadt an - der Turm der Pleißenburg. Rat wie Landesherr stimmten zu und legten die Um- und Ausbauarbeiten in die Hände des Baudirektors Johann Friedrich Karl Dauthe. Am 3. Februar 1794 folgte die Einweihung der ersten Leipziger Sternwarte als Abschluss des Burgturms (unten mit Medaille zur Einweihung der Sternwarte). Zum Astronomen hatte die Universität bereits 1791 Christan Friedrich Rüdiger berufen, der am 3. März 1792 seine Antrittsvorlesung über die Brechung des Sternenlichtes hielt. Mit seinem „Handbuch der rechnenden Astronomie" erwarb der Forscher weltweites Ansehen.

Graf Moritz von Brühl, ein sächsischer Gesandter am englischen Königshof, verbesserte die zunächst recht bescheidene Ausstattung des Observatoriums: Er ließ moderne, leistungsfähige Fernrohre und Instrumente aus London nach Leipzig transportieren und spendete der Sternwarte Bücher über Mathematik und Astronomie.

Den Durchbruch zu internationaler Anerkennung des Leipziger Observatoriums erreichte Heinrich Louis d'Arrest (links) am 28. Juni 1851 mit der Entdeckung des nach ihm benannten Kometen 6P/d'Arrest.

D'Arrest hatte eine neue Sternwarte geplant, als er 1857 einen Ruf nach Kopenhagen erhielt. Die Universität entschloss sich, das von ihm initiierte Projekt auf dem Plateau im Johannisthal zu realisieren (oben). Im Frühjahr 1860 eingeweiht, stand das Observatorium bis 1881 unter der Leitung von Carl Christian Bruhns, einem Professor für Astronomie an der Philosophischen Fakultät.

Liberté, Egalité, Fraternité: Franzosen in Sachsen

Zeit-Zeichen

1702
Als erste englische Tageszeitung erscheint der „Daily Courant".

1707
England und Schottland werden zu Großbritannien vereinigt.

1709
Selkirk wird von seiner Robinsoninsel befreit.

1738
Im Schwarzwald beginnt die Produktion von Kuckucksuhren.

1750
Die erste Mondkarte wird erstellt.

1752
Der literarische Frauenkreis Londons trägt blaue Strümpfe.

1756
In Venedig entkommt Casanova aus den Bleikammern.

1764
James Watt baut die erste anwendungsreife Dampfmaschine.

1769
Napoleon Bonaparte wird in Korsika geboren.

1776
Verabschiedung der amerikanischen Unabhängigkeitserklärung.

1779
James Cook wird in Hawaii von Eingeborenen erschlagen.

1783
Die Brüder Montgolfier fliegen im Heißluftballon.

1786
Der Mont Blanc wird erklommen.

Liberté, Egalité, Fraternité. Vor diesen „umstürzlerischen Ideen" der Französischen Revolution zitterten die deutschen Fürsten. Und mit Schrecken erfüllte sie ein kleiner Mann: der Korse Napoleon Bonaparte (rechts) und dessen Vision, ganz Europa unter seiner Führung zu einem Gesamtstaat zu vereinen - auch mit Gewalt.

Als Napoleon seinen europäischen Feldzug in Deutschland begann, der ihn bis nach Moskau führen sollte, stellten sich ihm am 14. Oktober 1806 die Preußen und auch die Sachsen unter Kurfürst Friedrich August III. bei Jena und Auerstedt entgegen. In Jena standen 53.000 Soldaten der preußisch-sächsischen Koalition 95.000 Franzosen gegenüber. Die Schlacht endete mit einer vernichtenden Niederlage für die vereinigten deutschen Heere, deren Überreste sich in Panik nach Osten absetzten.

Die Franzosen rückten in Sachsen ein. 25 Millionen Francs hatte das Land an die Sieger abzuführen. Darüber hinaus musste es Nahrungsmittel zur Versorgung der Truppen und auch Pferde bereitstellen. Das Korps des Marschalls Louis Nicolas Davoust besetzte mit 42.000 Mann am 18. Oktober Leipzig.

Zur Unterbringung ihrer Truppen beschlagnahmten die Besatzer alle öffentlichen Gebäude. Die Offiziere bezogen in den Bürgerhäusern Quartier. In der Thomaskirche lagerten Heu, Stroh und Hafer für die Versorgung der Pferde, in der Peterskirche und der Neukirche sperrten die Franzosen ihre preußischen Gefangenen ein. Mit der Begründung, die Hornsignale verunsicherten die Soldaten, verboten die Besatzer die mittelalterliche Tradition der Turmbläser.

Die Franzosen konfiszierten die Reit- und Zugpferde der englischen, preußischen und russischen Messekaufleute. Noch im Oktober ließ ihr Stadtkommandant Pierre Macon englische Waren im Wert von neun Millionen Francs beschlagnahmen. Die Begründung kurz und knapp: „Das Glück der Waffen hat Leipzig in die Hände Napoleons des Großen gegeben. Ihre Stadt ist Europa als eine Hauptniederlage englischer Waren bekannt und in dieser Hinsicht Frankreichs gefährliche Feindin." Gegen eine Zahlung von sechs Millionen Francs konnten die Leipziger Kaufleute ihre Waren allerdings wieder zurückkaufen.

Am 11. Dezember 1806 beendete der Friedensschluss von Posen den Krieg zwischen Sachsen und Frankreich. Napoleon ließ zu, dass sich Kurfürst Friedrich August III. zum König erhob. Das Land musste sich aber dem im Juli 1806 gegründeten und von Napoleon dominierten Rheinbund anschließen: „Se. Kurfürstliche Durchlaucht von Sachsen treten dem am 12. Julius dieses Jahres zu Paris abgeschlossenen Konföderations- und Allianztraktate bei, und erhalten durch diesen Beitritt alle Rechte und alle Verbindlichkeiten des Bündnisses, als wenn dieselben Haupt-Mitkontrahent des besagten Vertrags gewesen wären." Darüber hinaus ernannte der Korse Friedrich August zum Herrscher im neu geschaffenen Herzogtum Warschau. Das Kontingent des Königreichs Sachsen für den Fall eines Krieges setzte der Vertrag auf „20.000 wirklich dienstthuende Mann von allen Arten von Waffen" fest. Kaiser Franz von Österreich legte am 6. August 1806 die deutsche Kaiserkrone nieder. Das Ende des „Heiligen Römischen Reiches Deutscher Nation" war gekommen.

Zum Königsbesuch errichteten die Leipziger auf dem Markt ein Ehrenpodest für Friedrich August I.

Frühstück im Dunkeln vor dem Russlandfeldzug

Im Frieden von Tilsit (rechts) musste Preußen am 9. Juni 1807 auf alle linkselbischen Gebiete verzichten. Als ernstzunehmende Gegner blieben Napoleon jetzt nur noch England und Russland. Auf dem Rückweg aus Ostpreußen wollte Bonaparte am 23. Juli 1807 in Leipzig frühstücken und seine Pferde umspannen lassen. Die Stadt ließ in aller Eile vor dem Grimmaischen Tor einen Triumphbogen zusammenzimmern und mit Kränzen schmücken. Weißgekleidete Jungfrauen sollten Blumen streuen. An die Bürger erging die Anweisung, um sechs Uhr morgens ihre Fenster hell zu erleuchten. Der „Cäsar" aber kam schon um fünf Uhr und fuhr schlafend durch die Stadt, die ebenfalls noch in Morpheus Armen lag. Ein Zeitgenosse persiflierte: „Kaum war der Gegenstand der Feier verschwunden, so flatterten gleich einer Schar weißer Tauben aus allen Straßen die Festmädchen herbei, und ganz zuletzt kamen die Centauren Merkurs (die berittenen Kaufleute) angeschnaubt, um mit dem verdutzten Magistrat bestürzte Blicke zu wechseln."

Die Kontinentalsperre gegen England verbot jeglichen Handel mit dem „perfiden Albion". Für Leipzig stellte dieses Dekret ein zweischneidiges Schwert dar: Einerseits lieferten die Engländer 75 Prozent aller in Deutschland gehandelten Produkte über die Kontore Leipziger Kaufleute aus; für sie bedeutete der Boykott zunächst die Katastrophe. Auf der anderen Seite schützte er aber auch das heimische Handwerk vor der unliebsamen Konkurrenz aus dem Inselstaat. Mit dem Rheinbund erschlossen sich den Leipzigern neue Handelswege nach Frankreich und Italien. Die Händler der Pleißestadt verdienten außerdem an den Lieferungen für die napoleonischen Heere. Der Schmuggel an der deutschen Küste blühte. Und auf dunklen Kanälen gelangten die begehrten englischen Stoffe doch nach Leipzig. Der sächsische König Friedrich August I. schickte 1811 eigene Beauftragte in die Stadt. Die Emissäre entdeckten englische Produkte im Handel - umetikettiert, mit getürkten Ursprungszertifikaten und gefälschten Einfuhrstempeln. In Amtshilfe für die französischen Besatzer ließen sächsische Zollbeamte in Leipzig eingeschleuste Waren vor dem Ranstädter Tor öffentlich verbrennen.

Die von vielen Menschen erhoffte Umsetzung der Prinzipien „Freiheit, Gleichheit und Brüderlichkeit", die Errungenschaften der Französischen Revolution - von diesen hehren Zielen bemerkten die Sachsen recht wenig. Die Einführung der Gewerbefreiheit - wie im Königreich Westfalen unter Jérôme - lag für Sachsen noch in weiter Ferne. König Friedrich August I. aber musste auf Veranlassung des Kaisers seinen Untertanen zumindest Glaubensfreiheit gewähren. Katholiken und Juden waren damit den Protestanten gleich gestellt. Allerdings regte sich in der Bevölkerung allmählich Widerstand gegen die Besatzer. Überall entstanden Freikorps, die mit kleinen Trupps den Kampf gegen die Franzosen aufnahmen. Zeitweilig diente die Pleißenburg als französischer Kerker für gefangene Freiheitskämpfer. Im Jahr 1809 gelangte die gegen Napoleon kämpfende Schar von Major Ferdinand von Schill bis vor Wittenberg, musste sich dann aber aus Sachsen zurückziehen. Unter dem Jubel der Bevölkerung zog der „Schwarze Herzog", der Welfe von Braunschweig-Oels, von Böhmen aus mit seiner 1.500 Mann starken Truppe zur Nordsee, um sich nach England einzuschiffen. Am 24. Juni 1809 öffneten ihm die Bürger Leipzigs das Grimmaische Tor. Hier ließ er Proviant laden und unter leichter Androhung von Gewalt auch seine Kriegskasse füllen. Und hier verließ sein erster Aufruf „Westphälische Krieger!" die Druckpresse, bevor er sich nach Hubertusburg wandte. 1812 begann Napoleon den Feldzug gegen Russland. Gemäß einer Klausel im Frieden von Posen mussten auf Befehl König Friedrich Augusts I. von Sachsen 21.000 sächsische Soldaten in den Krieg ziehen. Nur wenige sollten ihre Heimat jemals wieder sehen.

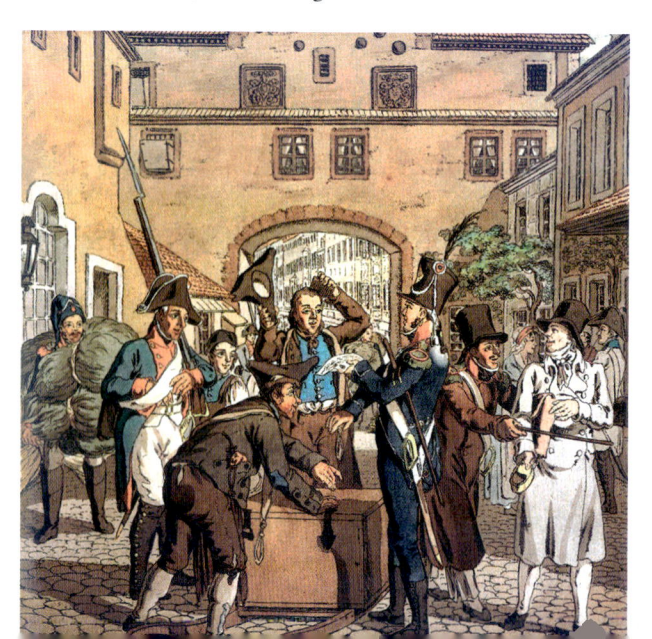

Der „Schwarze Herzog" von Braunschweig-Oels ließ sich in Leipzig nicht nur „verproviantieren". Mit sanfter Gewalt füllte der Rebell auch seine Kriegskasse.

Marschall Louis Nicolas Davoust ließ Leipzig besetzen.

Links: Während der Kontinentalsperre kontrollierten französische Soldaten den Handelsverkehr, hier am Grimmaischen Tor. Rechts: König Friedrich August I. von Sachsen.

1813

Napoleon verliert die Schlacht der Völker

Als Napoleon am 19. Oktober 1813 aus Leipzig floh, begann in Europa eine neue Epoche. Die Armee des französischen Kaisers war empfindlich geschlagen, seine Vorherrschaft über Deutschland vorbei. Vier Tage lang hatte Leipzig eines der blutigsten Gefechte der Geschichte erlebt. Preußen, Russen, Österreicher und Schweden standen Sachsen, Polen und Franzosen gegenüber. Die Kanonen donnerten noch, da trug das Gemetzel bereits den Namen Völkerschlacht.

Der französische Kaiser Napoleon Bonaparte.

Im März 1813 hatte Preußen dem französischen Kaiserreich den Krieg erklärt. Eine Antwort auf jahrelange Repression - und der Beginn der Befreiungskriege. Der Frühjahrsfeldzug der verbündeten Preußen und Russen brachte Leipzig einen rasanten Besatzerwechsel. Im April 1813 zogen russische Truppen ein, einige Tage später preußische Husaren.

Gebhardt Leberecht von Blücher, Oberbefehlshaber der Schlesischen Armee.

Doch im Mai waren wieder die Franzosen da: Das Blatt hatte sich gewendet. Bis Oktober sollte Leipzig unter napoleonischer Herrschaft bleiben - eine Zeit großer Anspannung. Auf die Plünderung der Dörfer Lindenau und Eutritzsch folgte ein wochenlanger Belagerungszustand. In der Stadt drängten sich die Menschen. Französische Deserteure suchten Unterschlupf, wollten so dem Krieg entkommen. Pauliner- und Thomaskirchgemeinde hielten keine Gottesdienste mehr ab: Sie brachten stattdessen Verwundete unter.

Der Kampf um Probstheida.

Außerhalb der Stadtmauern änderten sich die Konstellationen. Österreich hatte sich den Verbündeten angeschlossen, ein zwischenzeitlich vereinbarter Waffenstillstand mit Napoleon war zu Ende. Der korsische Feldherr bildete drei Armeen, um seine Gebiete zu verteidigen. Die Verbündeten teilten ihre Truppen ebenfalls auf. Der Herbstfeldzug begann.

Nebelschwaden über dem Schlachtfeld (Szenerie nachgestellt).

Napoleon und Poniatowski hoch zu Ross.

- 129 -

1813

100.000 Tote und Verletzte

Nachdem Napoleon mit seinen Gefolgsleuten zunehmend in die Defensive geraten war und Dresden als strategisch wichtige Stadt hatte aufgeben müssen, konzentrieren sich die Kämpfe auf Leipzig. Immer enger zog sich der Ring der Truppen um die Messestadt. Von Norden und Süden drängten die verbündeten Armeen heran, nahmen den Kontrahenten in die Zange. Napoleon traf am 14. Oktober in Leipzig ein. Sein Plan: Die Verbündeten zuerst im Süden schlagen, um danach gegen die Angreifer aus dem Norden zu siegen. Die Dörfer Kleinpösna, Liebertwolkwitz, Wachau und Markkleeberg ließ er stark befestigen, die Brücken über die Pleiße abreißen - bis auf eine am Rittergut Dölitz. Am 16. Oktober 1813 standen sich dort Tausende Österreicher und die für Frankreich kämpfenden Polen gegenüber. Ein heftiges Gefecht entbrannte, aus dem die Österreicher erst

Josef Anton Poniatowski

nach zwei Tagen siegreich hervorgingen. Dölitz war danach völlig zerstört.
Am 17. Oktober - die Waffen ruhten fast überall - sammelten beide Seiten neue Kräfte. Am 18. Oktober, gegen 8 Uhr, begann der Angriff der Russen und Preußen auf Liebertwolkwitz und Wachau. Napoleons Truppen zogen sich Richtung Leipzig zurück. Am Nachmittag folgte der Sturm auf Probstheida. Die Franzosen leisten erbitterte Gegenwehr, Napoleon leitete die Schlacht von der Quandtschen Tabaksmühle aus. Mitten im Gefecht wechselten die Sachsen die Fronten: Etwa 3.000 Mann schlugen sich auf die Seite der Verbündeten. Auch im Norden hallte inzwischen Kanonendonner: General Blücher und seine Truppen attackierten die Franzosen in Schönefeld.
Am 19. Oktober konnte die napoleonische Armee ihre Stellungen in Leipzig nicht mehr halten. Nach einem erbitterten Gefecht brachen die Angreifer in der Mittagszeit den letzten Widerstand. Während die Sieger auf dem Markt feierten, floh Napoleon mit den Resten seiner Armee über die Elsterbrücke am Ranstädter Steinweg, der heutigen Jahnallee. Noch einmal erlitten die Franzosen Verluste, als sie die Brücke aus Furcht vor Verfolgern voreilig sprengten (oben links) und 20.000 Mann zurückblieben. Viele ertranken, auch der von Napoleon geschätzte Marschall Poniatowski. Die Völkerschlacht war zu Ende - mit mehr als 100.000 Toten und Verletzten.

Traditionsvereine stellen jedes Jahr im Oktober die Ereignisse von 1813 detailgetreu nach.

Mehr als 20.000 Arbeitsstunden steckte der Verein Leipziger Zinnfigurenfreunde in das Diorama vom südlichen Schlachtfeld.

Geschichte bleibt lebendig

Die Ereignisse der Völkerschlacht sind bis heute lebendig. Jahr für Jahr im Oktober kommen Vertreter aller damals beteiligten Nationen zusammen. Jetzt allerdings als Freunde und mit einem gemeinsamen Anliegen: Sie wollen an die schweren Kämpfe von 1813 und deren geschichtliche Hintergründe erinnern. Sie treffen sich an Originalschauplätzen - dem Torhaus Dölitz oder den Grundwiesen bei Liebertwolkwitz. Die Traditionsvereine achten auf detailgetreue Uniformen, übernachten auf Stroh im Biwak, gestalten die Gefechte nach.
Die Veranstaltungen sind außerordentlich publikumswirksam. Tausende Gäste reisen alljährlich als Zuschauer an. So gehören die Treffen zu den größten ihrer Art in Europa.
Beliebt ist auch die Zinnfiguren-Dauerausstellung im Torhaus Dölitz. Dort zeigen zahlreiche Dioramen Ausschnitte der Völkerschlacht im Miniatur-Format. Die umfangreichste Szenerie misst 24 Quadratmeter und bildet mit mehr als 12.000 Figuren das südliche Schlachtfeld ab.

ALTE LEIPZIGER
1819

Den Berliner Kaufmann Carl-Friedrich Ernst Weiße verschlug die Liebe nach Leipzig. Die Familie seiner Braut Wilhelmine Schicht, Tochter des Thomaskantors und Bachforschers Gottfried Schicht, ermöglichte ihm Kontakt zu angesehenen Bürgern der Stadt. Der junge Mann, in Hamburg im Versicherungswesen ausgebildet, erkannte mit kaufmännischem Blick eine Marktlücke: Der Messe- und Handelsstadt mangelte es an einer Feuerversicherung. Weiße gewann einflussreiche Partner und erlangte 1819 das königliche Privileg. Er gründete die Leipziger Feuer-Versicherungs-Anstalt (heute: ALTE LEIPZIGER Versicherung AG). Der erste Brandschaden trat im Mai 1820 ein - nach sechs Tagen war er reguliert.

Heute ist sie die älteste noch bestehende deutsche Versicherungs-Aktiengesellschaft und eine der beiden Ursprünge der großen deutschen Versicherungsgesellschaften ALTE LEIPZIGER. Denn nachdem Weiße mit vier Direktoren und drei Mitarbeitern begonnen hatte, in allen deutschen Ländern Handwerker, Kaufleute, Fabrikanten und Landwirte gegen Brände zu versichern, ging in Leipzig ein zweiter Kaufmann ans Werk. Johann Friedrich August Olearius gründete 1830 das erste Unternehmen zur Lebensversicherung in Sachsen. Die mathematischen Grundlagen der Gesellschaft berechnete der Astronom der Leipziger Universität, Mathematiker August Ferdinand Möbius. Die Gesellschaft leistete Pionierarbeit: Sie schuf wesentliche Elemente heute gültiger Lebensversicherungen.

Beide Gesellschaften entwickelten sich bis zum Ersten Weltkrieg mit Erfolg. Mehr als 4.000 Vertreter schlossen in Europa, Asien und Südamerika für Kunden Versicherungen bei der „Leipziger Feuer" ab. Die „Leipziger Leben" bilanzierte 137.500 Verträge. Krieg, Inflation und Weltwirtschaftskrise setzten beiden Unternehmen hart zu. Nach erster Erholung suchten sie die Zusammenarbeit - und schlossen sich 1933 zusammen. Innerhalb von zehn Jahren verdoppelten sich die Versicherungsprämien.

Im Herbst 1945 untersagte die sowjetische Militäradministration die weitere Betätigung. Sie besetzte das Direktionsgebäude am Dittrichring, heute bekannt als „Runde Ecke". Im Dezember 1946 ging das Vermögen der Gesellschaften an die staatliche Versicherungsanstalt.

Die Leipziger Lebensversicherung verlegte ihren Sitz nach Bad Gandersheim, später nach Frankfurt am Main. Erst 1955 konnte sie dort die Zusammenarbeit mit der Leipziger Feuerversicherungsanstalt fortsetzen. Der Firmenverbund hielt an seinen Wurzeln fest und nannte sich ab 1970 „Alte Leipziger".

Nach der Wende 1989 kehrten die ALTE LEIPZIGER-Gesellschaften an den Ort ihrer Gründung zurück. Unweit der ersten Geschäftsstelle der Feuer-Versicherungs-Anstalt befindet sich heute am Markt 5/6 eine von 14 Vertriebsdirektionen. 20 Mitarbeiter koordinieren die Zusammenarbeit von rund 1.000 Vermittlern in Sachsen, Thüringen und Teilen von Brandenburg und Sachsen-Anhalt. Sie bieten nicht nur Lebens- und Sachversicherungen, sondern auch Kranken- und Rechtsschutzversicherungen, Bauspar- und Investmentprodukte sowie Konzepte für die betriebliche Altersvorsorge an. „Unsere Unternehmen am Gründungsstandort zu repräsentieren, ist für meine Mitarbeiter und mich Freude und Herausforderung zugleich", sagt Uwe Grüner, Leiter der Leipziger Vertriebsdirektion. „Wir arbeiten hart daran, für unsere Geschäftspartner die bestmöglichen Voraussetzungen für eine erfolgreiche Zusammenarbeit mit unseren Unternehmen zu schaffen."

Feuer und Leben: Pionierarbeit im Versicherungswesen

Johann Friedrich August Olearius

Versicherungsschein von 1831.

Carl-Friedrich Ernst Weiße

Geschäftsstelle am Markt um 1924.

Versicherungen und Vorsorge mitten in Leipzig: Verbund ALTE LEIPZIGER - HALLESCHE am Markt 5/6.

1824

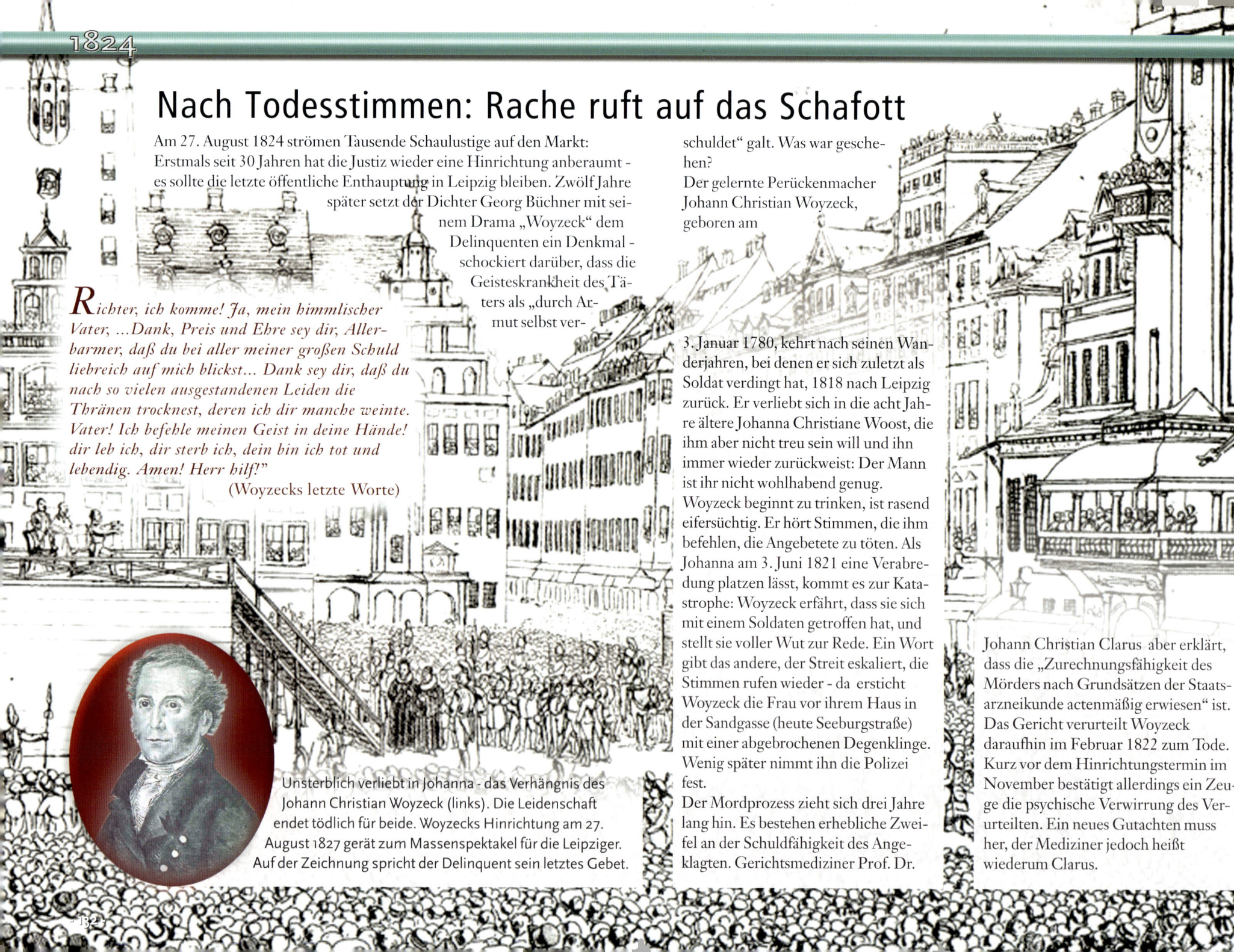

Nach Todesstimmen: Rache ruft auf das Schafott

Am 27. August 1824 strömen Tausende Schaulustige auf den Markt: Erstmals seit 30 Jahren hat die Justiz wieder eine Hinrichtung anberaumt - es sollte die letzte öffentliche Enthauptung in Leipzig bleiben. Zwölf Jahre später setzt der Dichter Georg Büchner mit seinem Drama „Woyzeck" dem Delinquenten ein Denkmal - schockiert darüber, dass die Geisteskrankheit des Täters als „durch Armut selbst verschuldet" galt. Was war geschehen?

Der gelernte Perückenmacher Johann Christian Woyzeck, geboren am 3. Januar 1780, kehrt nach seinen Wanderjahren, bei denen er sich zuletzt als Soldat verdingt hat, 1818 nach Leipzig zurück. Er verliebt sich in die acht Jahre ältere Johanna Christiane Woost, die ihm aber nicht treu sein will und ihn immer wieder zurückweist: Der Mann ist ihr nicht wohlhabend genug. Woyzeck beginnt zu trinken, ist rasend eifersüchtig. Er hört Stimmen, die ihm befehlen, die Angebetete zu töten. Als Johanna am 3. Juni 1821 eine Verabredung platzen lässt, kommt es zur Katastrophe: Woyzeck erfährt, dass sie sich mit einem Soldaten getroffen hat, und stellt sie voller Wut zur Rede. Ein Wort gibt das andere, der Streit eskaliert, die Stimmen rufen wieder - da ersticht Woyzeck die Frau vor ihrem Haus in der Sandgasse (heute Seeburgstraße) mit einer abgebrochenen Degenklinge. Wenig später nimmt ihn die Polizei fest.

Der Mordprozess zieht sich drei Jahre lang hin. Es bestehen erhebliche Zweifel an der Schuldfähigkeit des Angeklagten. Gerichtsmediziner Prof. Dr. Johann Christian Clarus aber erklärt, dass die „Zurechnungsfähigkeit des Mörders nach Grundsätzen der Staatsarzneikunde actenmäßig erwiesen" ist. Das Gericht verurteilt Woyzeck daraufhin im Februar 1822 zum Tode. Kurz vor dem Hinrichtungstermin im November bestätigt allerdings ein Zeuge die psychische Verwirrung des Verurteilten. Ein neues Gutachten muss her, der Mediziner jedoch heißt wiederum Clarus.

Richter, ich komme! Ja, mein himmlischer Vater, ...Dank, Preis und Ehre sey dir, Allerbarmer, daß du bei aller meiner großen Schuld liebreich auf mich blickst... Dank sey dir, daß du nach so vielen ausgestandenen Leiden die Thränen trocknest, deren ich dir manche weinte. Vater! Ich befehle meinen Geist in deine Hände! dir leb ich, dir sterb ich, dein bin ich tot und lebendig. Amen! Herr hilf!"

(Woyzecks letzte Worte)

Unsterblich verliebt in Johanna - das Verhängnis des Johann Christian Woyzeck (links). Die Leidenschaft endet tödlich für beide. Woyzecks Hinrichtung am 27. August 1827 gerät zum Massenspektakel für die Leipziger. Auf der Zeichnung spricht der Delinquent sein letztes Gebet.

Dieser verweist jetzt zwar auf Depressionen, Halluzinationen und offensichtlichen Verfolgungswahn, an Woyzecks Zurechnungsfähigkeit hat er dennoch keinen Zweifel. Von der Hinrichtung erwartet sich der Chef des Stadtphysikats (heute Gesundheitsamt) vor allem eine abschreckende Wirkung. Am 12. Juli 1824 beschließt das Gericht die Vollstreckung des Todesurteils - vermutlich an einem psychisch Schwerkranken.

Schockiert. Zwölf Jahre nach der Hinrichtung schrieb Georg Büchner sein Drama „Woyzeck". Die zeitgenössische Darstellung zeigt den Autor zusammen mit der Titelseite des Woyzeck-Manuskripts.

Woyzecks Ende: das Protokoll

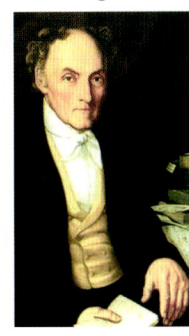

Augenzeuge: Lehrer Anschütz.

Der Leipziger Lehrer und Organist Ernst Gebhard Salomon Anschütz (schrieb Lieder wie „O Tannenbaum" oder „Fuchs, du hast die Gans gestohlen") hat in seinem Tagebuch die Hinrichtung Woyzecks protokolliert:

„*Freitag, den 27. August (1824). Heiter und sehr warm. Hinrichtung des Delinquenten Woyzeck. Das Schaffot war mitten auf dem Markt gebaut. 54 Cürassiere von Borna hielten Ordnung um das Schaffot; das Halsgericht (Urteilsverkündung) wurde auf dem Rathause gehalten. Kurz vor halb 11 Uhr war der Stab gebrochen, dann kam gleich der Delinquent aus dem Rathause, ...und die Rathsdiener (gingen zur Seite) in Harnisch, Sturmhaube und Piken voran, rechts und links; die Geistlichen blieben unten am Schaffot; der Delinquent ging mit viel Ruhe allein auf das Schaffot, kniete nieder und betete laut mit viel Umstand, band sich das Halstuch selbst ab, setzte sich auf den Stuhl und rückte ihn zurecht, und schnell mit großer Geschicklichkeit hieb ihm der Scharfrichter den Kopf ab, so daß er noch auf dem breiten Schwerdte saß, bis der Scharfrichter das Schwerdt wendete und er herabfiel. Das Blut strömte nicht hoch empor; sogleich öffnete sich eine Fallthür, wo der Körper, der noch ohne eine Bewegung gemacht zu haben auf dem Stuhl saß, hinabgestürzt wurde; sogleich war er unten in einen Sarg gelegt und mit Wache auf die Anatomie getragen. Alsbald wurde auch schnell das Schaffot abgebrochen, und als dies geschehen war, ritten die Cürassiere fort. Die Gewölbe, die vorher alle geschlossen waren, wurden geöffnet und alles ging an seine Arbeit. Daß Vormittags keine Schule war, versteht sich.*"

Zeit-Sprung

ins Jahr 1821: „Töte sie! Töte sie!" rufen die Stimmen in seinem Hirn. Und Woyzeck - rasend vor Wut und Eifersucht - sticht zu. Nie wieder soll sich Johanna mit anderen Männern vergnügen und ihn verspotten. Durch die Werner-Herzog-Verfilmung mit Klaus Kinski und Eva Mattes erlangte die Dolchstoß-Szene oscarreife Berühmtheit. Victoria und Michael stellen das historische Geschehen am Originalschauplatz in der heutigen Seeburgstraße nach - und die Foto-Crew ergreift ein leichtes Schaudern ...

1826

Sicherheit für alle -
Orientierung am Gemeinwohl

Der erste Direktor Ludwig Hartz arbeitete unentgeltlich, da es sich bei der Sparkasse Leipzig um eine sozialfürsorgliche Einrichtung handelte.

Betriebssparkarte, um 1900.

Ein Mann in Sorge: Johann Christoph Pultz, wohlhabender Leipziger Kaufmann, beunruhigte die unsichere Existenz der „niederen Stände" wie Handwerksgesellen, Tagelöhner, Dienstboten und Arbeiter. Leipzig hatte zu Beginn des 19. Jahrhunderts mit gravierenden sozialen Problemen zu kämpfen. Nach den Napoleonischen Kriegen belastete die Stadt ein riesiger Schuldenberg. Wirtschaftliche Zwangsmaßnahmen und Bevölkerungswachstum führten zur Zunahme von Armut und „Bettelwesen". Auch weite Teile des Mittelstandes waren bereits in ihrer Existenz bedroht. Einflussreiche Bürger wie Johann Christoph Pultz unterbreiten deshalb der Stadt eine innovative Idee - die Einrichtung einer „Sparcasse" als „Armenfürsorge". Lohnempfänger sollten erstmals die Möglichkeit erhalten, mit ihren Spargroschen eigenverantwortlich finanziell vorzusorgen. Geringste Beiträge zinsbringend anlegen und jederzeit wieder abheben - das konnten sie nur bei der 1826 gegründeten Sparkasse zu Leipzig. Im weiteren Verlauf ihrer Geschichte sollte sie jedoch noch viel mehr Aufgabenbereiche übernehmen…

Ab 1850 entwickelte sich Sachsen zu einem Vorreiter der Industrialisierung. Auch in Leipzig waren die Veränderungen bald spürbar: die Entwicklung des Stadtteils Plagwitz zum Fabrikstandort, der Bau von Eisenbahnverbindungen oder das Wachstum im grafischen Gewerbe. Die Sparkasse war über Vergabe von Staats- und Kommunalkrediten indirekt an der Finanzierung der städtischen Industrialisierung beteiligt. Direkte Unternehmerkredite vergab sie zwar erst in der ersten Hälfte des 20. Jahrhunderts, doch der private Besitz Leipziger Unternehmer ließ sich bereits im 19. Jahrhundert mit Hypotheken belasten. Die Sparkasse entwickelte sich immer mehr von einer Ersparnisanstalt zum universalen Geldinstitut. Das Reichsscheckgesetz ermöglichte ihr ab 1908 die Einführung des bargeldlosen Zahlungsverkehrs. Das belebte die Geschäftstätigkeit und Entwicklung vieler Leipziger Unternehmen, die der Sparkasse ihre Konten anvertraut hatten. Mit Beginn des Ersten Weltkrieges 1914 begann ein eher dunkles Kapitel der deutschen Sparkassengeschichte. Auch das Leipziger Institut war zur Platzierung von Kriegsanleihen und der Organisation des Heersparens verpflichtet. Zur Kriegsfinanzierung setzte die Reichsregierung einen inflationären Geldschöpfungsprozess in Gang, der die Spareinlagen zunächst in schwindelerregende Höhen steigen ließ. Eine enorme Geldentwertung war die Folge und führte bei allen Geldinstituten zum fast vollständigen Verlust des Eigen- und Fremdkapitals. Nach dem Währungsschnitt 1923 konnte die Sparkasse als Anmeldestelle für aufzuwertende Spargutheben bei den Leipzigern erneut eine Vertrauensbasis schaffen. Doch die deutsche Bankenkrise von 1931 führte zu einem neuerlichen Vertrauensverlust. Per Notverordnung gestaltete die Reichsregierung zu jener Zeit die öffentlichen Sparkassen zu Anstalten mit eigener Rechtspersönlichkeit um und verhängte ein Kommunalkreditverbot. Nach der Umstrukturierung des Sparkassenwesens durch die Nationalsozialisten reduzierte sich die Funktion der Sparkassen spätestens ab 1936 auf die Kapitalbeschaffung für Staatszwecke. Die Grundaufgaben der Sparkasse wie bürgerliche Daseinsvorsorge, kommunale Finanzierungshilfe und unternehmerische Förderung in der Region waren durch diese Politik bedroht.

1945 verfügte die sowjetische Militärregierung die Schließung aller Banken und Sparkassen im Gebiet ihrer Besatzungszone.

Eisernes Sparkassenbuch von 1942.

Schalterhalle der Geschäftsstelle Hainstraße, um 1945.

Plakatwerbung zu Spareinlagen in der DDR, um 1955.

Warten auf die D-Mark: Geschäftsstelle Coppistraße zur Währungsumstellung 1990.

Die neu eröffnete Stadtsparkasse Leipzig musste ihre Einlagen völlig neu aufbauen und ehemaligen Besitz vom Land Sachsen zurückkaufen. Bis in die 50er-Jahre bestimmten vor allem das Aufbausparen und die Finanzierung des kommunalen Wohnungsneubaus die Arbeit des Finanzinstituts in Leipzig. Auch mit zahlreichen alten und neuen Sparformen warb es um seine Kunden.

Um die Kaufkraft der Bürger aufgrund der Warenknappheit zu begrenzen, verfügte der Staat ab 1971 einen Einheitszinssatz von 3,25 Prozent für alle Kundeneinlagen - das Ende der vielfältigen Sparformen. Auch die Bedeutung des Kreditsektors blieb gering: Langfristige Darlehen flossen hauptsächlich in den staatlichen Wohnungsbau, die volkseigene Wirtschaft und die Genossenschaften. 1972 rief die Regierung jedoch ein besonderes Kreditprogramm für junge Eheleute ins Leben, das Familiengründungen und Geburten fördern sollte. Die von den Sparkassen angebotenen Kredite waren für Wohnungsausstattungen zweckgebunden. Bei der Geburt eines Kindes erließ der Staat Teile des zinslosen Kredits - mit dem dritten Kind war er getilgt. Weniger bekannt ist, dass die Sparkasse bereits in den 80er-Jahren ein Geldkartensystem einführte. Von 1987 bis 1989 stellte sie 22 öffentliche Geldautomaten in ihren Zweigstellen auf. Heute sind es mehr als 220 im gesamten Geschäftsgebiet.

Nach dem Mauerfall sah sich die Sparkasse Leipzig mit grundlegenden Veränderungen konfrontiert: der Währungsunion 1990, einem neuen Wirtschaftssystem, verstärktem Wettbewerb, der Euro-Einführung 2001 und drei großen Fusionen: Sparkasse Borna-Geithain 1994, Sparkasse Torgau-Oschatz 2004 und Sparkasse Delitzsch-Eilenburg 2005. Doch wie einst seine Gründerväter engagiert sich das Institut heute intensiv für gesellschaftliche Belange des Geschäftsgebietes. So ist die Sparkasse Leipzig der wichtigste Finanzpartner für mittelständische Unternehmen. Sie kennt die Herausforderungen, Chancen und Bedürfnisse vor Ort und setzt diese Stärke für ihre Kunden ein.

Und die Sparkasse Leipzig ist ein Unternehmen, das Verantwortung übernimmt: Regionalprinzip und Gemeinwohlorientierung sind in ihrem öffentlichen Auftrag gesetzlich verankert. Neben dem Sponsoring internationaler Sportereignisse wie Sparkassen-Athletics, „Partner Pferd" oder Damenflorett-Weltcup unterstützt sie auch zahlreiche Sportvereine. Besonders vielfältig ist ihr Engagement auf kulturellem Gebiet. Die Veranstaltungsreihe „Leipziger Gespräche" im Gewandhaus sowie die 2002 eröffnete Kunsthalle ziehen jedes Jahr Tausende Besucher an.

Seit 1990 erhalten soziale Einrichtungen wie Kindergärten, Schulen und kirchliche Einrichtungen regelmäßig Spenden. Hilfe im Dienst der Gesellschaft - ohne die viele Ereignisse und Initiativen nicht denkbar wären.

Kunsthalle der Sparkasse Leipzig, eröffnet 2002.

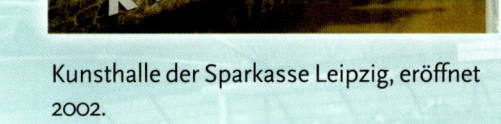

„Leipziger Gespräche" mit Karlheinz Böhm (rechts) von der Stiftung „Menschen für Menschen" und Moderator Dieter Zimmer, September 2003.

Oben: Sparkassen-Athletics in der Arena Leipzig 2007. Rechts: Sparkassenzentrale in Löhr's Carré.

1830

Polizei contra Polterabend: Volksseele kocht

Europa schaut 1830 gebannt nach Paris, wo die Julirevolution veraltete staatliche Strukturen abschütteln will. Wenige Wochen später bricht der Unmut auch in Leipzig offen aus. Die Stadt durchlebt im September 1830 stürmische Tage.

Die Gründe dafür liegen auf der Hand: Der Rat tritt arrogant auf und kollidiert immer häufiger mit den Interessen der Bürgerschaft. Eine Abwahl ungeeigneter Mitglieder des Stadtparlaments ist nicht möglich. Niemand kann die Verwaltung kontrollieren. Vor allem nervt die Zensur. Sie wirkt im weltoffenen Leipzig mit seinem bedeutenden Buchdruck- und Buchhandelsgewerbe besonders bedrückend.

Anmaßend tritt vor allem die seit 1810 königliche Polizei auf. Obendrein nagen die Steuern an der Substanz vieler Gewerbetreibender. Spottbilder gehen von Hand zu Hand. Sie zeigen „Bürger unter dem Pantoffel" (unten links).

Nun genügt allein schon ein nichtiger Anlass, um einen Straßenaufstand auszulösen. Am 2. September 1830 zündet der Funke: Auf dem Brühl feiert ein Brautpaar seinen Polterabend. Die Stimmung ist ausgelassen, doch die Polizei will unbedingt das Verbot nächtlichen Lärms durchsetzen. Sie misshandelt einen Lehrling. Die Volksseele kocht.

Mehrtägige Protestdemonstrationen und Menschenansammlungen auf dem Markt vor dem Rathaus sind die Folge. Irgendwann zertrümmern Steine die Scheiben in den Wohnhäusern verhasster Vertreter der Staatsgewalt. In der Klostergasse fliegt Mobiliar aus der Wohnung des Polizeipräsidenten. Studenten schließen sich den aufgebrachten Bürgern an.

Die Stadtverwaltung reagiert verstört. Sie fordert die Handwerksmeister auf, ihren Lehrlingen und Gesellen, die besonders aufmüpfig auftreten, den Ausgang zu verweigern. Doch das funktioniert schlecht: Die Stadt brodelt.

Jetzt eskalieren die Ereignisse. Der Zorn der „unteren Schichten" verliert seine politische Färbung und wendet sich deutlich den harten Arbeitsbedingungen zu. Entsetzte Bürger rufen die Studenten zu Hilfe. Ihnen gelingt es, eine aufgebrachte Menge zum Beispiel am Demolieren der Maschinen in der Druckerei von Brockhaus zu hindern.

Wieder einmal schaut Dresden verständnislos auf die Entwicklung in Leipzig. Die Dinge einfach laufen zu lassen, kommt für die Landesherren nicht in Frage. Daraufhin bestimmt der greise König Anton am 15. September den Prinzen Friedrich August zum Mitregenten. Die königliche Regierung schickt 1.000 Soldaten in die aufgewühlte Stadt Leipzig. Diese können die Lage tatsächlich beruhigen.

Allerdings setzen die Bürger eine ihrer wichtigsten Forderungen durch: In Leipzig konstituiert sich am 30. Oktober 1830 eine neue Ratsversammlung - die erste Stadtverordnetenversammlung Sachsens. Dann folgt eine Staatsreform. Am 4. September 1831 erlassen die Regenten die „Konstitution" - das Grundgesetz des Königreiches Sachsen.

Leipzig ist zu dieser Zeit mit seinen kaum mehr als 30.000 Einwohnern noch immer die häufig aus der Ferne bespöttelte „kleine Stadt mit dem großen Rufe". Eng ducken sich die Häuser aneinander - so wie sie seit dem Mittelalter entstanden sind. In den verwinkelten Gassen blaken noch immer die trüben Rüböllampen. Erst im Jahre 1838 leuchten die ersten Gaslaternen auf. Handel und Gewerbe erleben eine Blüte. Die von liberalem Geist geprägte Stadt Leipzig beginnt ihren rasanten Aufstieg.

Aufständische verwüsten die Wohnung des Polizeipräsidenten. Oben links: Forderungen der Dienstmädchenversammlung.

Treiben am Grimmaischen Tor nach dem Ende der Unruhen.

1832

Seit sechs Generationen: Jeden Tag perfekter Service

Werkstatt, Wohnung und Verkaufsraum: Bei Karl-Ernst Fischer fand sich alles unter einem Dach. Der Leinenwebermeister aus der Nähe von Nürnberg war nach Taucha gezogen und hatte am 15. April 1832 in der Eilenburger Straße sein Geschäft eröffnet. Der Webstuhl ratterte von früh bis spät - der Handel mit selbst gefertigten Leinenwaren und Flachsgarnen florierte.

Nach dem Tod des Firmengründers übernahm 1879 zunächst dessen Witwe Johanna die Geschäfte, zwei Jahre später ihr Sohn Ernst Wilhelm, ab 1898 schließlich Friedrich Oscar Fischer. Er richtete das Unternehmen neu aus: Der Verkauf guter Ware zu günstigen Preisen bei bestem Service rückte stärker in den Mittelpunkt. Fischers verkauften nicht nur im eigenen Laden, sondern fuhren auch über die benachbarten Dörfer und boten ihre Textilien direkt auf den Bauernhöfen an. In Gastwirtschaften organisierten sie firmeneigene Verkaufsmessen. An der Stelle des Stammhauses in der Eilenburger Straße errichtete die Familie 1903 ein neues Geschäftsgebäude mit großen Lagerräumen und einer modernen Anlage zur Bettfedernreinigung. „Zum Zweck des vorteilhaften Einkaufs" schloss sich der Betrieb vier Jahre später der Handelszentrale Deutscher Kaufhäuser an. Außerdem belieferten ihn 40 Fabriken direkt mit ihren Waren.

1917 eröffneten Fischers ihr neues Wohn- und Geschäftsgebäude an der Ecke Lindner- und Bahnhofstraße - bis heute Hauptsitz des Modehauses. Sechs Jahre später trat mit Max Fischer die nächste Generation ins Unternehmen ein, das er ab 1936 mit seiner Frau Senta leitete. Sie wollten die Kundschaft vor allem „gut, reell und preiswert" bedienen. Das Modehaus überlebte den Zweiten Weltkrieg, fiel Mitte 1945 aber Plünderern zum Opfer. Auch die Wohnung blieb nicht verschont: Fischers standen vor einem kompletten Neuanfang - und blieben ihrer Tradition treu.

1968 übernahm Axel Fischer nach dem Tod seines Vaters in fünfter Generation das Unternehmen. Modische Kleidung war allerdings schwer aufzutreiben, die DDR-Mangelwirtschaft auch im Textilhandel allgegenwärtig. Fischers mussten zudem eine staatliche Beteiligung akzeptieren, blieben aber die Herren im eigenen Haus - und unterhielten weiter direkte Beziehungen zur heimischen Textilindustrie. Wie seine Vorfahren achtete Axel Fischer auf besonderen Service. Generationen kleideten sich in seinem Modehaus ein, dessen Mitarbeiter oft nicht nur Väter und Mütter, sondern auch deren Söhne und Töchter betreuten - und bald darauf die Enkel. Die Eröffnung von Filialen erlaubte der Staat allerdings nicht. Das änderte sich mit der Wende 1989: Axel Fischer und seine Frau Renate knüpften umgehend Kontakte zu westdeutschen Bekleidungsunternehmen und auch wieder zur Handelszentrale Deutscher Kaufhäuser. Endlich konnte der Familienbetrieb expandieren: Neue Geschäfte in Leipzig und Umgebung öffneten, wenig später auch in Sachsen-Anhalt und Thüringen. 15 Filialen betreibt das Modehaus heute. Sechs Auszubildende beginnen jährlich im Unternehmen ihre berufliche Laufbahn.

1994 freuten sich Axel und Renate Fischer als Erste in den neuen Bundesländern über den Forum-Preis der deutschen Textilwirtschaft - in Anerkennung für Engagement, Unternehmergeist und zukunftsorientiertes Denken. Mit Sohn Ulrich und seiner Frau Birgit sieht sich bereits die sechste Generation der Familientradition des Hauses verpflichtet. Und die lautet heute wie 1832: Jeden Tag aufs Neue perfekter Service.

Oscar Fischer

Max Fischer

Axel Fischer im Verkaufsgespräch Ende der 70er-Jahre.

Axel (links), Renate und Ulrich Fischer. Links: Modehaus Fischer in der Leipziger Innenstadt.

Entwicklung des Stammhauses auf einer Jubiläumsanzeige.

Werbung von Oscar Fischer.

1832

Heimliche Hauptstadt der Kleingärtner

Kurios: Der Leipziger Mediziner Dr. Daniel Schreber (links) hat nie einen Schrebergarten gesehen. Es war vielmehr sein Schwiegersohn Dr. Ernst Innocenz Hauschild, (rechts oben) der 1864 mit dem ersten Spiel- und Turnplatz den Weg zu den berühmten kleinen Parzellen ebnete. Als Direktor der damaligen 4. Leipziger Bürgerschule in der Westvorstadt lagen ihm die Kinder schon von Berufs wegen am Herzen. Die älteste Kleingartenanlage Leipzigs ist allerdings das „Johannistal". 1832 gegründet, ging sie nicht aus der Naturheilkunde-Bewegung hervor, sondern gehörte zu den sogenannten Armengartenanlagen. Sie entstand in unmittelbarer Nachbarschaft des Johannis-Hospitals. Heute sind von den einst 300 Parzellen an der Stephanstraße noch 141 übrig geblieben.

Schreber hatte immer wieder die schlechten Lebensbedingungen von Kindern und Jugendlichen in den Städten angeprangert. Und gefordert, Spielplätze für die Mädchen und Jungen in freier Natur zu schaffen. Im Mai 1865 legte Hauschild einen solchen Platz an - und benannte ihn nach dem drei Jahre zuvor verstorbenen Schreber. Auch der Leipziger Rat unterstützte diesen Gedanken: Er bedachte den Schreberverein mit einer etwa 20.000 Quadratmeter großen Fläche nahe dem heutigen Johannapark. Oberlehrer Heinrich Karl Gesell ging noch einen Schritt weiter: Er legte eben dort kleine Beete an, auf denen die Kinder das Gärtnern lernen sollten. Doch fehlte es den Kleinen am Ende an Ausdauer: Die Flächen verwahrlosten. So zeigten schließlich die Eltern, was eine Harke ist. Und nachdem sie die Parzellen dann noch eingezäunt hatten, war die Idee für den heutigen Schrebergarten geboren.

1870 hatten die Bürger bereits mehr als 100 Parzellen. Allerdings stand den Kleingärtnern kurz darauf ein Umzug bevor: 1875 kündigte die Stadt dem Schreberverein, weil an dieser Stelle die Ferdinand-Lassalle-Straße gebaut werden sollte. Daraufhin siedelten die ersten Leipziger Kleingärtner aufs Gelände des heutigen Vereins „Dr. Schreber" an der Aachener Straße um. Dort erzählt das Deutsche Kleingärtnermuseum ihre Geschichte. Land und Bund spendierten Fördermittel in beträchtlicher Höhe, um dem historischen Vereinshaus seine alte Schönheit zurückzugeben. Unter freiem Himmel können die Besucher auch historische Lauben aus den Jahren 1890 bis 1925 besichtigen. Heute belegen die 38.900 Leipziger Kleingärten eine Fläche von 1240 Hektar - ein Drittel aller Grünflächen auf städtischem Terrain. Was dort allein an Sauerstoff produziert wird, möchten die Großstädter nicht missen. Nach den Worten von Bernd Weiner, Vorsitzender des 1990 gegründeten Stadtverbandes der Kleingärtner, filtert schon eine kleine Anlage mit 50 Gärten innerhalb von zwölf Stunden mehr als zwei Tonnen Kohlendioxid aus der Luft. Gleichzeitig erzeugt sie beachtliche 1,8 Tonnen Sauerstoff.

Auch in der DDR spielten die „Datschen" eine wichtige Rolle: als private Rückzugsräume, als „Eigenversorger" mit Obst und Gemüse - und als „Staatlich anerkannte Naherholungsgebiete". Mit 58.000 Mitgliedern war die Organisation Leipzig die größte des 1959 in der Messestadt gegründeten zentralen Verbandes der Kleingärtner, Siedler und Kleintierzüchter (VKSK).

Seit der Wende besinnen sich viele Vereine wieder verstärkt auf ihre Traditionen. In der Miltitzer Anlage „Dr. Karl Foerster" zum Beispiel setzt dem Namensgeber ein neu angelegter Staudenweg ein Denkmal. Mittlerweile ist fast jeder vierte Einwohner der Stadt Mitglied in einem der 278 Kleingartenvereine.

Nicht nur für sie steht fest: Leipzig ist die heimliche Hauptstadt der Laubenpieper.

Historische Gartenlauben (oben) können im Kleingartenmuseum an der Aachener Straße besichtigt werden, in dem auch der Gartenzwerg auf „Zuhörer" wartet. Rechts: Ein Blick in die älteste Leipziger Kleingartenanlage „Johannistal".

Kleingärtnerverein Johannistal 1832 e.V.

Der erste Schreberspielplatz der Welt
Ein einfacher Wiesenplan wurde 1864 von Dr. Hauschild hochweise erworben.

Um den Wiesenplan entstehen Kinderbeete
Spielvater Gesell legt 1869 Kinderbeete um den Spielplatz an.

Aus den Kinderbeeten werden Familienbeete
Am 7. Juni 1869 wurden diese Familienbeete eingeweiht.

Aus den Familienbeeten werden Gärten
So war 1870 die erste Schrebergartenanlage der Welt geschaffen.

1833

Börse, Bände, Bibliothek - Hauptstadt der deutschen Buchwelt

„...du Buchhändlers Feste, dich feiern wir heute beredt, im Frack und der weißen Weste, in die man sich mühsam presste, dem Börsenvereine zu Ehren" - so ertönte es 1925 im Festsaal des Deutschen Buchhändlerhauses. Der 100 Jahre zuvor am 30. April 1825 in Leipzig gegründete Börsenverein zählte zu diesem Zeitpunkt bereits 5.000 Mitglieder. Allerdings: Kein einziger Leipziger gehörte anfangs dem Vorstand an. Die Messestädter schmollten und sahen ihre Vorrangstellung bedroht. 1833 gründeten sie deshalb ihren eigenen Buchhändler-Verein. Der beschloss sofort den Bau eines Börsenhauses und gab 1934 die erste Nummer des Börsenblattes für den deutschen Buchhandel heraus - die bis heute wichtigste Zeitschrift der Branche. Das wiederum erregte den Unmut des Börsenvereins. Die Leipziger lenkten ein und übertrugen ihm die Herausgabe des Blattes. Für das Börsenhaus in der Ritterstraße bildeten sie einen gemeinsamen Bauausschuss - und weihten es 1836 feierlich ein. Die Buchhändler der Messestadt erkannten den deutschen Branchenverein schließlich an und traten ihm nach und nach bei. Ihr eigener Verein fand im Börsenhaus seine Heimat - und setzte noch einmal Maßstäbe: Am 2. Januar 1853 hob er die deutsche Buchhändler-Lehranstalt aus der Taufe. 49 der 77 Lehrlinge in Leipzigs Buchhandlungen drückten dort bereits im ersten Jahr die Schulbank. Ab 1870 übernahm der Börsenverein die Ausbildung des Nachwuchses.

In der zweiten Hälfte des 19. Jahrhunderts schnellten sowohl die Zahlen der verlegten Bücher als auch die der Buchhandlungen in die Höhe. Romane und Zeitschriften eroberten die Regale. Der Buchmarkt versprach schnelles Geld. Schwarze Schafe warfen billige Nachdrucke auf den Markt, warben mit Schleuderpreisen und Rabatten. Eine Reformdiskussion begann. 1888 sind die Debatten ausgestanden: Eine buchhändlerische Verkehrsordnung gilt für alle Mitglieder. Der Streit um die Ladenpreise ist geregelt. Der Börsenverein engagiert sich erfolgreich für das Urheberrecht und kämpft gegen Zensur. Im selben Jahr weiht er ein neues großes Buchhändler-Haus ein, in dessen Umfeld sich später das Graphische Viertel entwickelt. Entworfen von der Berliner Firma Kayser & Großheim, bietet das Gebäude in mehreren Flügeln viel Platz für Versammlungen, Ausstellungen, den Vereinsverlag, das Börsenblatt, die Buchhändler-Lehranstalt, für Archiv, Bibliothek und Verwaltung.

Von hier aus festigten die Händler Leipzigs Ruf als Hauptstadt der deutschen Buchwelt. Sie verwirklichten den alten Traum einer Nationalbibliothek und gründeten die Deutsche Bücherei zu Leipzig. Die Stadt besorgte den Bauplatz, das Land Sachsen das nötige Geld. Der Börsenverein überzeugte die Verleger, der Bibliothek fortan alle ihre Bücher kostenlos zu liefern. Seit 1916 lädt das Haus am Deutschen Platz zum Lesen ein.

Als im Juni 1927 der Verein deutscher Buchkünstler die erste internationale Buchkunstausstellung eröffnete, war der Börsenverein im Ehrenausschuss präsent. 1.100 Buchkünstler zeigten im Museum der bildenden Künste am Augustusplatz 20.000 Werke. Bis September interessierten sich 60.000 Besucher für die Ausstellung.

Auch wenn 1945 das Buchhändler-Haus in Schutt und Asche lag: Der Börsenverein lebte. Geteilt überstand er das geteilte Deutschland. Geteilt führte er die Idee der Nationalbibliothek weiter. Nach der friedlichen Revolution 1989 wuchs zusammen, was zusammengehörte: Seit 1. Januar 1991 ist der Börsenverein wieder gesamtdeutsch.

Das 1886 bis 1888 erbaute Haus der Buchhändler im Graphischen Viertel. Links: Blick in den großen Saal der deutschen Buchhändlerbörse zu Leipzig, Holzstich von 1854.

Feierstunde zur Verleihung des Friedenspreises des Deutschen Buchhandels 1958 an Karl Jaspers.

Blick in den großen Lesesaal der Deutschen Bücherei.

Gaslampenwärter im Stadtzentrum: Um 1870 brannten 2.000 Gaslaternen in Leipzig, Mitte der 20er-Jahre dann 10.000. Die Lampenwärter waren für das Anzünden, Reinigen und pünktliche Verlöschen verantwortlich.

Die Maschinenhalle im Südwerk: Zur Erstausstattung gehörten zwei liegende Kolbendampfmaschinen und ein Turbogenerator. Die Hochspannungskabel zu den sechs Unterwerken waren so großzügig dimensioniert, dass sie dem Bedarf für fast zwanzig Jahre genügten.

Das Werk II in Connewitz: Die Hauptgebäude links im Hintergrund stehen heute nicht mehr.

Gaslaterne und Dampfturbine – Energie für die Stadt

Eine Tafel erinnert in der Eutritzscher Straße an die erste Leipziger Gasbeleuchtungsanstalt.

Nach jahrelangen Debatten fasste Leipzigs Stadtrat am 6. August 1836 den Entschluss, den Dresdner Konstrukteur Rudolf Siegmund Blochmann mit dem Bau einer Gasbeleuchtungsanstalt zu beauftragen. Längst hatte der Rat von der glanzvollen und gegenüber den Öllampen preiswerteren Gasbeleuchtung in Wien und Dresden gehört. Blochmann baute die Anstalt an der Sandgrube vor dem Gerbertor. Heute erinnert eine Gedenktafel an der Einfahrt zum Heizkraftwerk Nord daran.

Am 4. September 1838 erstrahlten die ersten Gaslaternen auf dem Markt, dem Brühl, in der Hallischen Straße, der Katharinen- und der Gerberstraße. Die Anstalt erzeugte Gas für 877 öffentliche Flammen sowie für 60 Privatkunden – Messehäuser, Hotels und Gaststuben – mit insgesamt 1.100 Flammen.

Um 1860 erreichte das Werk seine Kapazitätsgrenze: So veranlasste der Stadtrat nicht nur dessen Erweiterung, sondern auch den Bau eines zweiten Gaswerkes in Connewitz. 1885 nahm es seinen Betrieb auf. Doch Leipzig wuchs unaufhörlich weiter. Ab 1889 „schluckte" die Stadt nach und nach 23 Vororte. Mit der zunehmenden Industrialisierung stieg der Bedarf an elektrischer Energie. Immer mehr Leipziger Firmen benötigten Strom und erzeugten diesen mit eigenen Dampf- und Dynamomaschinen. Um die Luft nicht zu belasten, gestattete das die Stadtverwaltung nur außerhalb des Promenadenringes.

Darum forderten Händler, Kaufleute, Hotel- und Gaststättenbesitzer in der Innenstadt schon bald eine zentrale Kraftstation, die auch das Zentrum mit Strom versorgen sollte. So vergab das Stadtparlament im Juni 1893 die Konzession für den Bau eines gemischten Stromverteilungssystems an die Firma Siemens & Halske. Die Betreiber gründeten die Leipziger Elektricitätswerke AG und bauten ein solches Werk auf dem Gelände der alten Gasanstalt in der Eutritzscher Straße. 1895 speiste es den ersten Strom ins Netz. Schon ein Jahr später musste das Unternehmen wegen der großen Nachfrage die Maschinenleistung verdoppeln. Nach Ablauf des Konzessionsvertrages am 1. September 1905 kaufte die Stadt das Elektrizitätswerk zum Preis von exakt 4.979.169 Mark – und gründete damit die Stadtwerke.

Bis Ende 1905 versorgte das Unternehmen über sein Stromnetz 85.000 Glühlampen, 2.679 Bogenlampen und 1.145 Elektromotoren mit einer Gesamtleistung von 2.331 PS. Angeschlossen waren 971 Häuser mit 1.571 Verbrauchern und 1.924 Elektrozählern. Und der Bedarf stieg rasant weiter: Bis 1910 erreichte die Einwohnerzahl fast die halbe Million. Mehr als 2.600 Industriebetriebe benötigten Elektroenergie. So lieferte schließlich ab April 1910 ein zweites Elektrizitätswerk Strom für Leipzig – das neue Südwerk in der Bornaischen Straße.

Darüber hinaus kümmerten sich die Stadtwerke auch um die Fernwärmeversorgung. So belieferte das Elektrizitätswerk in der Eutritzscher Straße das Stadtbad, eine Oberrealschule und das Städtische Leihhaus mit dem Dampf zum Heizen aus seinen Maschinen. Auch in der Gasanstalt fanden die Ingenieure eine Möglichkeit, die Abwärme zu nutzen: Ab September 1920 deckten sie fast die Hälfte des Warmwasserbedarfs für das Stadtbad.

Richtfest eines Gasometers im Gaswerk II in der Kaiserin-Augusta-Straße (heute Richard-Lehmann-Straße).

Maschinenhaus im Nordwerk um 1924.

Neue Turbine: Nach dem strengen Winter 1929 musste das Nordwerk die Kapazität zur Strom- und Dampferzeugung erweitern.

Und wieder war die Nachfrage rasch größer als das Angebot: So beschloss der Stadtrat die Errichtung einer Kraft- und Wärmezentrale im Nordwerk.
1924 bauten die Stadtwerke das Fernwärmenetz mit hohem Tempo aus: Der Nordring und der spätere Zooring entstanden, Warmwasserheiznetze für die Wohnviertel im vorderen Gohlis und um den Nordplatz. Das unterirdische Rohrleitungssystem wuchs - von sieben Kilometer im Jahr 1928 auf 20 Kilometer im Jahr 1937.
Trotz aller Widerstände gegen die Verstaatlichung der traditionell kommunalen Betriebe gingen Gaswerk, Gasrohrnetze, Energieverteilungsanlagen und Fernheiznetz am 1. April 1949 in der „Gruppe Energie" im Kommunalwirtschaftsunternehmen Leipzig auf, dem späteren VEB Gaswerk und VEB Energieverteilung. Die Kraftwerke Nord und Süd bildeten zusammen mit dem Heizwerk Lindenau den VEB Kraftwerke Leipzig. Das Südwerk trug jetzt den Namen von Ernst Thälmann, das Nordwerk den von Georgi Dimitroff, und das Gaswerk den von Max Reimann. Obwohl ihr Sanierungsbedarf dramatisch stieg, blieben die Anlagen seit Ende der 60er-Jahre unverändert. Nicht ohne Grund war Leipzig in der Wendezeit um 1989 eine der am stärksten schadstoffbelasteten Städte der DDR. 1992 erlebten die Stadtwerke ihre Wiedergeburt - als Querverbundunternehmen für Strom, Gas und Fernwär-

Links: Am Standort der ersten Gasanstalt sorgen die Stadtwerke heute mit dem modernen Heizkraftwerk Nord für umweltfreundliche Wärme. Mitte: Passt sich dem Stadtteilpark an: Fernwärmeleitung in Reudnitz. Rechts: Kontrolle der Wassertanks im Kraftwerk.

me, das für eine moderne, effiziente und ressourcenschonende Versorgung in Leipzig steht. Ende 1995 ging die neue Gas- und Dampfturbinenanlage zur Erzeugung von Fernwärme und Strom in moderner Kraft-Wärme-Kopplung auf dem Gelände des ersten Leipziger Gaswerkes in der Eutritzscher Straße in Betrieb - und im Frühjahr 1996 das letzte braunkohlebetriebene Heizwerk vom Netz. Am 12. Oktober 2005 beendeten die Stadtwerke offiziell die Sanierung des historischen Gas-Netzes. Dessen Leitungen aus Graugus hatten zum Teil schon 80 Jahre lang unter der Erde gelegen. Ab 1992 waren die Stadtwerke damit beschäftigt, 550 Kilometer Gasleitung zu erneuern, 16.600 Gashausanschlüsse zu verlegen und 230 Gasregelanlagen zu sanieren oder neu zu bauen. Heute besteht das Gasnetz ausschließlich aus Kunststoff- und Stahlrohren, die eine sichere und moderne Versorgung gewährleisten.
Durch ihre konsequente Wachstumsstrategie zählen die Leipziger Stadtwerke mittlerweile zu den größten ihrer Art in Deutschland. Das langfristige Unternehmenskonzept ist sowohl auf die weitere Entwicklung in der Region als auch auf ein rentables Wachstum außerhalb der Stadt ausgerichtet. Potenziale sieht die Geschäftsführung im nationalen und internationalen Energiegroßhandel mit maßgeschneiderten und standardisierten Produkten für Strom und Gas. Deutschlandweit will das Unternehmen sein mittelstandsorientiertes Großkundengeschäft mit Strom ausbauen. Die inländischen Beteiligungen sollen sich wertorientiert weiterentwickeln, ebenso die Fernwärmebeteiligung in Danzig. Auch das Engagement im Bereich Erneuerbare Energien, insbesondere mit Biomassekraftwerken und Biogasanlagen, möchte der kommunale Betrieb verstärken. Als einer der wenigen noch unabhängigen Energiedienstleister in Deutschland wollen die Stadtwerke dabei flexibel und kompetent neue Ideen entwickeln, Innovationen aktiv anstoßen und frühzeitig Marktchancen nutzen.

Blick in den Leitstand des Kraftwerkes.

Mitarbeiter der Stadtwerke entfernten im Oktober 2005 in der Mathildenstraße das letzte Stück Graugussrohr.

1839

Erste deutsche Ferneisenbahn rollt nach Dresden

In England rollten bereits die Züge, der Kontinent wollte nachziehen. Und Leipzig packte das Eisenbahnfieber. Der Nationalökonom Friedrich List hatte durch mehrere Berufsjahre in den USA die Vorzüge von leistungsfähigen Schienenwegen kennengelernt. Nach seiner Rückkehr aus Amerika rührte er die Werbetrommel. Für List stand fest, dass nur auf einer einigermaßen langen, möglichst ebenen Strecke zwischen zwei wichtigen Städten das neue Verkehrsmittel seine Überlegenheit ausspielen könnte.

Seine Wahl des Ausgangspunktes fiel auf Leipzig. Der Handel sorgte für ausreichende Nachfrage. Die erste Strecke - zugleich als „Grundlage eines allgemeinen deutschen Eisenbahn-Systems" gedacht - sollte 1839 nach Dresden führen.

Friedrich List fand begeisterte Mitstreiter. Drei tatkräftige Leipziger Kaufleute - Gustav Harkort, Albert Dufour-Feronce und Karl Lampe - sowie der Bankier Wilhelm Seyfferth griffen die Idee der Fernbahn auf und setzten sich gegen verbreitete Vorbehalte durch. Aktionäre, denen eine ordentliche Rendite winkte, standen alsbald Schlange.

Abschnitt für Abschnitt ging die Strecke nach Dresden in Betrieb. Am Ausgangspunkt in Leipzig war der hölzerne „Personeneinsteigeschuppen" - der spätere Dresdner Bahnhof - noch nicht einmal fertig, als am 24. April 1839 die Lokomotive „Blitz" den Eröffnungszug auf der ersten Teilstrecke nach Althen zog.

Links: Eisenbahnpionier Friedrich List (1789 bis 1846)

Obwohl gerade Messe war und sonst kein anderes Ereignis zu dieser Zeit einen echten Leipziger aus der Stadt hinauslocken konnte, strömte das Volk an die Bahnstrecke. Mancher versetzte in den Tagen zuvor Hab und Gut im Leihhaus, nur um sich eines der begehrten Billetts kaufen zu können.

Der Verleger Heinrich Brockhaus nahm an der Eröffnungsfahrt teil und schrieb in sein Tagebuch: Die Bahn fuhr durch die „unzählige Menschenmenge hindurch, die theilweise uns zujauchzte, theilweise sehr langweilig war, obwohl hintendrein manche versicherten, sie seien durch den seltenen, prächtigen Anblick so ergriffen gewesen, daß sie Thränen vergossen".

Am 7. April 1839 rollte nach dreijähriger Bauzeit der erste Zug über Wurzen, Oschatz und Riesa bis nach Dresden. Auf rund 115 Kilometern Länge war die erste deutsche Ferneisenbahn entstanden. Die Fahrzeit betrug drei Stunden.

Ein Porphyr-Obelisk mit Bronzeplatten an der Leipziger Goethestraße schräg gegenüber vom Hauptbahnhof hält die Erinnerung an den Bau der Leipzig-Dresdner Eisenbahn wach.

Die Pionierstrecke imponierte trotz ihres Charakters als Flachlandbahn mit markanten Bauwerken: dem ersten großen, 3.100 Meter langen und von mehr als 7.800 Arbeitern gegrabenen Einschnitt bei Machern, der ersten Eisenbahnbrücke über die Mulde bei Wurzen, dem später fast vollständig verfüllten Viadukt über das Tal der Döllnitz bei Oschatz, der Eisenbahnbrücke über die Elbe bei Riesa, dem ersten Viadukt im Hochflutbett der Elbe bei Röderau und dem ersten, 513 Meter langen Tunnel bei Oberau, den Freiberger Bergleute mehr als zwei Jahre lang gegraben hatten.

In Richtung Süden arbeitete sich von Leipzig die sächsische Staatsbahnstrecke No. 1 über Altenburg und durch das Vogtland nach Oberfranken und Bayern vor - mit dem 1842 entstandene Bayerischen Bahnhof in der Messestadt, einem der heute ältesten erhaltenen Bahnhöfe weltweit.

Seit Juni 1970 ist die erste deutsche Ferneisenbahnstrecke von Leipzig nach Dresden komplett elektrifiziert, seit dem Sommerfahrplanwechsel im Jahr 2000 gehört sie zum ICE-Netz der Deutschen Bahn AG.

Ein Obelisk gegenüber dem Hauptbahnhof erinnert mit dieser Inschrift an die erste deutsche Ferneisenbahn.

Rechts: „Leipzig und Dresden liegen jetzt 3 Stunden voneinander entfernt" jubelt das „Gewerbe-Blatt für Sachsen" am 25. April 1839 in fett gedruckten Lettern.

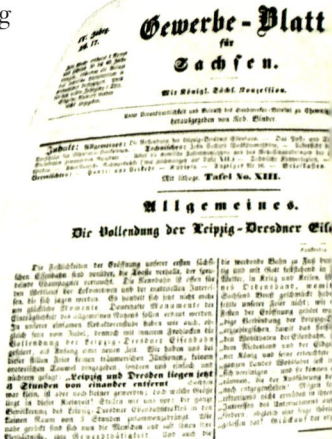

Links: Der Dresdner Bahnhof in Leipzig, rechts der „Blitz" auf seiner ersten Fahrt nach Althen.

1843

Einzigartig: Mendelssohns „Conservatorium der Musik"

Leipzig lebt Musik - und setzt dabei immer wieder Maßstäbe. Einen Meilenstein der Musikgeschichte setzt die Stadt im Jahr 1843: Am 2. April öffnet das erste „Conservatorium der Musik" auf deutschem Boden. Die Gründung der musikalischen Ausbildungsstätte verdankt Leipzig dem Umstand, dass sich materielle und ideelle Fundamente günstig zusammenfinden. Als Grundkapital dient der Nachlass des Oberhofgerichtsrates Heinrich Blümner, die künstlerisch-visionäre Energie entfaltet Gewandhauskapellmeister Felix Mendelssohn Bartholdy.

Die Initiative hatte bereits fünf Jahre zuvor Johann Georg Keil vom Gewandhausdirektorium ergriffen. Er forderte, dass *„unter Aufsicht des Direktoriums der großen Concerte eine Musikschule oder ein sogenanntes Conservatorium der Musik zu errichten"* sei. Der Grund lag auf der Hand: Die Gewandhausleitung wollte mit einer generalisierten Musikausbildung den sich allzu sehr unterscheidenden Lehrmethoden des Privatunterrichts entgegenwirken, um so den eigenen Orchesternachwuchs zu sichern.

Als erstes Domizil für das Konservatorium dient ein schlichtes zweistöckiges Gebäude auf dem Hof des alten Gewandhauses am Neumarkt. Zu den ersten Lehrern zählen neben Mendelssohn Bartholdy, der das künstlerische Konzept für die neue Einrichtung erarbeitet, auch Komponist Robert Schumann, Thomaskantor Moritz Hauptmann, Konzertmeister Ferdinand David und der englische Pianist Ignaz Moscheles. Schnell entwickelt sich das „Conservatorium der Musik" zu einer führenden Lehranstalt in Europa. Der gute Ruf zieht neben deutschen Studenten zahlreiche junge Musiker aus Osteuropa und Nordamerika, aus Skandinavien, England und der Schweiz an. Unter anderem studieren hier in den folgenden Jahrzehnten Edvard Grieg, Leos Janacek, Frederick Delius, Günther Ramin und George Szell. Nicht weniger prominent die Lehrenden: Arthur Nikisch, Max Reger, Karl Straube, Johann Nepomuk David, Julius Klengel und viele andere. 1887 bezieht das nunmehr „Königliche Konservatorium" den nach einem Entwurf des Architekten Hugo Licht im typisch wilhelminischen Stil errichteten Neubau in der Grassistraße - auch heute noch Hauptgebäude der Hochschule. Nationalsozialismus und Zweiter Weltkrieg hinterlassen einen zusammengebrochenen Studienbetrieb, das Gebäude in Trümmern und die Entehrung des Namens Mendelssohn. Doch bereits im Herbst 1946 kehrt mit der Wiedereröffnung der Hochschule für Musik unter dem Namen „Mendelssohn-Akademie" ein wichtiges Stück Kultur nach Leipzig zurück. Zu den späteren Berühmtheiten, die hier studieren, gehört auch Gewandhauskapellmeister Kurt Masur. 1992 schließen sich Theaterhochschule und Musikhochschule zur Hochschule für Musik und Theater zusammen - unter dem Namen ihres Begründers: Felix Mendelssohn Bartholdy.

Felix Mendelssohn Bartholdy und das „Conservatorium der Musik" am Neumarkt 1843.

Hochschule für Musik und Theater in der Grassistraße heute. Unten Konzertsaal mit Eule-Orgel und Meisterkurs Dirigieren mit Professor Kurt Masur.

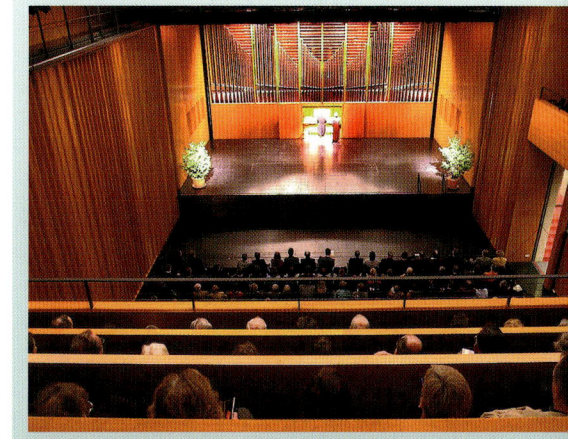

Liberaler Geist verlangt nach Freiheit

Schwarz-rot-goldene Freiheitsfahnen wehen im März 1848 in vielen deutschen Städten. Das Bürgertum begehrt gegen verkrustete politische Strukturen auf und fordert parlamentarische Demokratie. Arbeiter in den immer zahlreicheren Betrieben wehren sich gegen die Verschärfung der Ausbeutung. Erst drei Jahre liegt das „Leipziger Gemetzel" zurück: Bürger demonstrierten im August 1845 gegen den Bruder des sächsischen Königs, als dieser in Leipzig die Kommunalgarden inspizierte. Soldaten schossen in die Menge - sieben Menschen starben. Die Erinnerung an die Untat ist wach.

Die bürgerliche Revolution in Sachsen beginnt im März 1848 in Leipzig - mit Barrikaden in der Grimmaischen Straße. Die Bürger verhalten sich diszipliniert und warten ab, ob Verhandlungen in Dresden doch noch eine befriedigende Lösung bringen. Leipzig ist geprägt vom liberalen Geist. Viele gebildete Arbeiter gehen in den Druckereien und Verlagen täglich mit dem gedruckten Wort um. Die Publizistik der liberalen Opposition konzentriert sich in der deutschen Buchhandelshauptstadt Leipzig. Doch die strenge Pressezensur zermürbt.

Eine reiche Musikkultur mit Namen wie Felix Mendelssohn Bartholdy, Robert Schumann, Richard Wagner, Albert Lortzing und Carl Friedrich Zöllner prägte den Vormärz und atmete den Geist der Freiheit. Umso bedrückender wirkt die politische Bevormundung. Dagegen wehrt sich das fortschrittliche Bürgertum.

Als die Revolution in Wien und München schon ausgebrochen ist, tragen Leipziger Bürger dem sächsischen König ihre Forderung nach Pressefreiheit vor. Friedrich August II. lehnt ab. Doch er kommt nicht umhin, den reaktionären Minister Falkenstein zu entlassen und eine liberale Regierung einzusetzen.

Der aus dem Kleinbürgertum stammende Robert Blum, ein erfolgreicher Publizist und begnadeter Redner, gelangt als Leipziger Delegierter und Sprecher der Linken in die Nationalversammlung, das Frankfurter Parlament. Blum trägt die Forderungen der unteren Schichten brillant und kompromisslos vor. Seine Gegner nehmen ihn ins Visier und lassen ihn im Oktober 1848 nahe Wien standrechtlich erschießen, weil er den mutigen Aufständischen eine Beifallsadresse der Linken aus der Nationalversammlung überbringen wollte.

Das Schicksal der Revolution entscheidet sich am Umgang mit der Reichsverfassung, die in der Frankfurter Nationalversammlung entstand und jedermann das gleiche Recht vor dem Gesetz garantiert. Um das Grundgesetz durchzusetzen, müssen die liberalen und demokratischen Kräfte in den Ländern die Oberhand gewinnen.

Der Sächsische Landtag wählt ein Druckmittel und macht seine Bewilligung der Steuern von der Anerkennung der Reichsverfassung abhängig. Der König reagiert erbost und jagt den Landtag auseinander. Nun bricht in Dresden der Maiaufstand des Jahres 1849 los. Auch aus Leipzig eilt eine Bürgerwehr in die Landeshauptstadt. Doch der Aufstand wird mit Hilfe preußischen Militärs blutig niedergeschlagen: Die 48er-Revolutionäre erleiden eine Niederlage.

Robert Blum

Ansprache Robert Blums vom Balkon des Alten Rathauses. Oben: Am 1. Mai 1848 erscheint erstmals eine „Leipziger Arbeiter-Zeitung".

Barrikadenkämpfe in der Grimmaischen Straße. Unten: Dampfküche der Städtischen Speiseanstalt an der Esplanade (heute Leuschnerplatz).

Louise Otto-Peters (links) und Henriette Goldschmidt

Auguste Schmidt

Clara Zetkin

Proletarischer Frauenalltag: Die Arbeiterinnen vom Spinnsaal VII der Kammgarnspinnerei Stöhr & Co. (1897). Bürgerliche Frauenbildung (rechts): Der von Henriette Goldschmidt gegründete Verein für Familien- und Volkserziehung im Jahr 1903.

„Dem Reich der Freiheit werb' ich Bürgerinnen"

„Leipziger Frauenschlacht" witzelte die Presse. Doch die 300 Frauen beim ersten Deutschen Frauenkongress am 15. Oktober 1865 in der Buchhändlerbörse in der Ritterstraße stellten dem Spott Handfestes gegenüber: Sie gründeten den Allgemeinen Deutschen Frauenverein (ADF). Drei bürgerliche Leipzigerinnen machten die junge Frauenbewegung gesellschaftsfähig: Louise Otto-Peters, Auguste Schmidt und Henriette Goldschmidt. Nicht einmal per Gesetz konnte das Land Sachsen der jungen Louise Otto (1819 bis 1895) den Mund verbieten. „Dem Reich der Freiheit werb' ich Bürgerinnen" kündigte sie 1849 in ihrer Frauen-Zeitung an. Im Gegenzug setzte Sachsen die „Lex Otto" in Kraft: Nur Männer durften die verantwortliche Redaktion einer Zeitung innehaben. Doch die Schriftstellerin mischte sich weiter ein. Mit ihrem Mann August Peters gab sie die Mitteldeutsche Zeitung heraus, betreute das Feuilleton. Gemeinsam mit Auguste Schmidt gründete sie 1865 den Frauenbildungsverein in Leipzig, kurz bevor sie der deutschen Frauenbewegung zu ihrer ersten Organisation verhalfen. Louise Otto-Peters stand beiden Vereinen vor. Ihr lebenslang verfolgtes Ziel: das Recht der Frauen auf Bildung und Arbeit.

Auguste Schmidt (1833 bis 1902) ging den einzigen Bildungsweg, der Frauen offen stand: Als Lehrerin leitete sie in Leipzig das Steybersche Erziehungsinstitut. Mit Louise Otto-Peters verband sie eine enge Freundschaft. Zusammen gaben sie die Zeitschrift „Neue Bahnen" heraus. Die Pädagogin engagierte sich deutschlandweit dafür, dass Lehrerinnen ihre Interessen gemeinsam vertreten. Von 1894 bis 1899 leitete sie den Bund deutscher Frauenvereine.

Die bildungshungrige Henriette Goldschmidt (1825 – 1920) folgte ihrem Mann, dem Rabbiner Abraham Goldschmidt, 1859 nach Leipzig. Sie ermunterte Frauen, aus ihrer Passivität herauszutreten, gründete 1871 den Verein für Familien- und Volkserziehung, der vier Kindergärten und 1872 ein Kindergärtnerinnenseminar eröffnete. Auf ihren Rat rief die Stadt 1876 die Mädchen-Fortbildungsschule ins Leben. 1911 eröffnete sie eine Hochschule für Frauen mit 500 Studentinnen.

Ihre Mitstreiterinnen in der bürgerlichen Frauenbewegung erlebten nicht mehr, wie ihre Ziele Wirklichkeit wurden. 1908 erlangten Frauen die Vereinsfreiheit und konnten in politische Parteien eintreten. Zwischen 1900 und 1909 setzte sich in allen Ländern Deutschlands die Immatrikulation von Frauen an den Hochschulen durch. Clara Zetkin (1857 bis 1933), die bei Auguste Schmidt als Schülerin erste Denkanstöße zur Frauenbewegung erfuhr, lernte durch ihren Lebenspartner Ossip Zetkin den proletarischen Frauenalltag kennen. Arbeiterinnen schufteten schon lange Tag für Tag in Leipzigs Spinnereien und Websälen. Die von Clara Zetkin geführte proletarische Frauenbewegung positionierte sich sogleich politisch, forderte und erstritt das Frauenwahlrecht. In der Frauenzeitung „Die Gleichheit" und der Frauenbeilage der Leipziger Volkszeitung kämpfte die Sozialdemokratin und spätere Kommunistin für die ökonomische Unabhängigkeit und Selbstbestimmung der Frauen. Auch der Internationale Frauentag am 8. März geht auf ihre Initiative zurück. Clara Zetkins politisches Engagement führte sie als Abgeordnete der KPD bis in den Reichstag, zu dessen Alterspräsidentin sie 1932 aufstieg.

An Louise Otto-Peters erinnert ein Denkmal im Rosental. Auguste Schmidts Bildnisbüste bewahrt das Stadtgeschichtliche Museum auf, eine Straße trägt ihren Namen. Nach Henriette Goldschmidt sind eine Straße und eine Fachschule benannt. Und der streitbaren Frauenpolitikerin Clara Zetkin ist der größte Park Leipzigs samt Denkmal gewidmet.

1852

Erster Firmensitz in der Nürnberger Straße.

Alphonse Devrient

Hermann Giesecke

Stein- und Kupferdrucksaal

Wertpapiere, Banknoten – hohe Schule der „Schwarzen Kunst"

„Was Du ererbt von Deinen Vätern, erwirb es, um es zu besitzen." Treffender als mit diesem Goethe-Zitat lässt sich die Geschichte der Firma Giesecke & Devrient kaum beschreiben. Dabei konnte Mitte des 19. Jahrhunderts noch niemand ahnen, welche Bedeutung die Gründung der Leipziger „Officin für Geld- und Werthpapiere" in der Geschichte des Wertpapierdrucks erreichen sollte. 1849 lernt der 18-jährige Hermann Giesecke während seiner Ausbildung zum Setzer und Drucker in Leipzig den zehn Jahre älteren Buchdrucker Alphonse Devrient kennen. Die beiden Gutenberg-Jünger werden enge Freunde. Sie verbindet neben der gemeinsamen Berufsauffassung auch ihr künstlerisches Empfinden und die Liebe zur „Schwarzen Kunst". Die logische Folge: In der heutigen Nürnberger Straße 10 gründen sie am 1. Juni 1852 ihre eigene Firma.

Steht zunächst die Pflege der Buch- und Kunstdruckerei im Vordergrund, nehmen alsbald auch andere Aufträge immer mehr Raum ein. Den Grundstein für die spätere Ausrichtung der Firma zur Wertpapier- und Banknotendruckerei G&D legen die beiden Unternehmer durch den Aufbau einer Lithografieabteilung und den Kauf von Stein-, Kupfer- und Stahldruckpressen. Bereits 1854 realisieren sie den ersten Banknotenauftrag: den Druck einer „Zehn Thaler"-Note. Weitere Aufträge wie Kom-

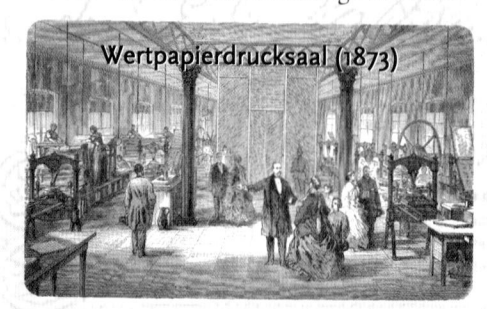

Wertpapierdrucksaal (1873)

munalobligationen, Pfand- und Grundschuldbriefe folgen.
1871 führt das neu gegründete Deutsche Reich die Mark als Zahlungsmittel ein. Einheitliche Zentralbanken sind noch unbekannt und so emittieren mehr als 30 private Geldinstitute ihre eigenen Banknoten. Davon profitiert die Leipziger Firma und steigt endgültig zur Banknoten- und Wertpapierdruckerei auf. Das Auftragsvolumen erhöhen zusätzlich noch Auslandsaufträge: Bulgarien und Spanien lassen Geldscheine drucken, auch Luxemburg, Kroatien, Griechenland und die Slowakei gehören zu den Auftraggebern. Ein Erweiterungs- und Neubau bis in die Johannisgasse 16 wird nötig und ist bis heute Domizil der Wertpapierdruckerei Leipzig (WDL).
Nach dem Zweiten Weltkrieg besetzt im Juni 1945 die Rote Armee die Stadt - für das Privatunternehmen G&D in Leipzig

das vorläufige Ende. Die Nachfahren der Firmengründer, Siegfried Otto und Ludwig Devrient, geraten in Haft, die Wertpapierdruckerei geht 1946 in Volkseigentum über. Ludwig Devrient verstirbt im Internierungslager Bautzen, Siegfried Otto errichtet nach seiner Haftentlassung eine neue Firma unter altem Namen in München. Die Firmengeschichte wird von nun an zweigeteilt weiter beziehungsweise neu geschrieben. Binnen kürzester Zeit entwickelt sich seine Druckerei zu einem Hochtechnologiezentrum.
Durch den Druck der D-Mark seit 1960, die Einführung des Eurocheque-Systems von 1968 bis 1971, den Bau modernster Banknotenbearbeitungsmaschinen und den Kauf der Papierfabrik Louisenthal gehört es bald zu einem der bedeutendsten Unternehmen im Bereich Banknoten- und Wertpapierdruck.

Buchdrucksaal (um 1950)

Verena von Mitschke-Collande

Die Wertpapierdruckerei Leipzig heute.
Rechts oben: Sicherheitsdruckmaschine „Rapida".
Rechts unten: Banknotendruckmaschine „Simultan".

Unterdessen besteht das Stammhaus in Leipzig auch nach der Enteignung 1946 als Wertpapierdruckerei weiter - seine Gründungsphilosophie von 1852 geht nie verloren.

Inzwischen dem Finanzministerium der DDR unterstellt, produzieren die Leipziger alle Druckerzeugnisse mit Wertcharakter - anfänglich Kohlen- und Lebensmittelkarten, später Pässe, Personalausweise und Briefmarken.

Nach dem Kauf von Spezialdruckmaschinen verlassen ab 1970 die ersten DDR-Banknoten die Druckerei. Auslandsaufträge gewinnen wieder mehr an Bedeutung: Der Betrieb liefert Geldscheine nach Vietnam, Angola, Mosambik und Nicaragua.

Um das steigende Auftragsvolumen bewältigen zu können, investiert die Leipziger Wertpapierdruckerei in den 80er-Jahren in hochmoderne Druckmaschinen. Im Gegensatz zu vielen anderen DDR-Unternehmen ist der Betrieb damit zur Wende technisch bestens ausgerüstet.

Nach dem Mauerfall im November 1989 wächst wieder zusammen, was zusammen gehört: Mit engagiertem Einsatz sorgt die Münchener Geschäftsführung dafür, dass die Treuhand das Leipziger Haus in den ursprünglichen Besitz von G&D zurücküberträgt.

Dazu Verena von Mitschke-Collande, Tochter Siegfried Ottos und heutige Eigentümerin von G&D: „*Zum einen bot sich uns nach mehr als 40 Jahren die Möglichkeit, wieder in den Besitz unseres Stammhauses zu gelangen und auf diese Weise die Verbindung zu unseren Wurzeln neu zu knüpfen. Außerdem waren und sind wir davon überzeugt, dass die Region Leipzig auch in Zukunft prosperiert. Und an dieser Entwicklung wollten und wollen wir teilhaben. Die Entwicklung von G&D in Leipzig nach der Wende ist eine Erfolgsstory. Mit dem erfahrenen Mitarbeiterstamm und gezielten Investitionen haben wir die Wertpapierdruckerei in kürzester Zeit auf international wettbewerbsfähiges Niveau gehoben und unsere Marktposition ausgebaut.*"

Längst fällige Investitionen in die marode Bausubstanz werten das Haus nun auch äußerlich wieder auf. Ab 2000 bereitet sich „G&D, Werk Wertpapierdruckerei Leipzig", wie inzwischen die offizielle Firmenbezeichnung lautet, technisch und organisatorisch auf die Euro-Produktion vor. Bereits ein Jahr später verlassen hohe Stückzahlen der neuen europäischen Währung das Werk.

Heute arbeitet die Wertpapierdruckerei Leipzig als hochmoderne Banknotenfabrik innerhalb der Firmengruppe. „*Es ist meine Absicht, auch in Zukunft die Unternehmensgeschichte in der mehr als 150-jährigen Tradition der Gründerfamilie fortzuführen. Eine unserer Stärken ist es, nicht kurzfristigen Modeerscheinungen Rechnung tragen zu müssen, sondern langfristig zu denken und damit für Nachhaltigkeit und Kontinuität zu stehen*", betont Verena von Mitschke-Collande. Und der Leipziger Werksleiter Frank Frenzel ergänzt: „*Hinter unseren historischen Mauern verbergen sich modernste Druckmaschinen und Verarbeitungstechnologien. Mit unserem hochmotivierten Team schreiben wir traditionelle Werte fort und etablieren uns als wichtiger Partner auf dem Wertpapiersektor. Und das nicht nur in Leipzig.*"

Giesecke & Devrient ist heute mit rund 50 Tochterunternehmen weltweit ein international tätiger Konzern, der sich seiner Geschichte, Tradition und den Visionen seiner Gründerväter von 1852 würdig erweist.

Werksleiter Frank Frenzel

1853

Im Himmel und auf Erden - Flügel treffen goldenen Ton

Leipzig präsentierte sich Mitte des 19. Jahrhunderts als große Bühne der Musik: Aufführungen in Gewandhaus und Oper fanden europaweit Beachtung. Das Konservatorium der Stadt genoss hohes Ansehen. Da gründete am 7. November 1853 Julius Ferdinand Blüthner (rechts) mit drei Gesellen im Leipziger Westen seine Pianoforte-Fabrik. Zehn Flügel und zwei tafelförmige Pianos stellte die kleine Belegschaft im ersten Jahr her. Rasch sprachen sich der außergewöhnliche Klang und die stilvolle Verarbeitung herum. Auf seiner ersten Messe 1862 in Merseburg konnte Blüthner bereits internationale Aufträge verzeichnen. Wenig später war er auf Ausstellungen und Messen in Amsterdam, Brüssel, Melbourne, Paris, Philadelphia, Sydney und Wien präsent. Zahlreiche Preise und Auszeichnungen dokumentieren die Überlegenheit seiner Instrumente mit dem „goldenen Ton".

Berühmte Komponisten und Musiker wie Brahms, Liszt, Mahler, Rachmaninow und Tschaikowsky gingen im Hause Blüthner ein und aus. Auf ihren Tourneen sorgten sie für die Verbreitung der Kunde, dass Julius Blüthner die wunderbarsten Instrumente baut. Zahlreiche Majestäten adelten die Leipziger Manufaktur durch die Ernennung Blüthners zu ihrem Hoflieferanten - darunter der deutsche Kaiser, Königin Queen Victoria von England, der russische Zar Nikolaus II., der dänische König, der türkische Sultan und der sächsische König.

1863 beschäftigte Blüthner 100 Mitarbeiter. Ein Jahr später zog seine Firma in einen Neubau mit Maschinenbetrieb um. 1868 baute der Unternehmer ein internationales Vertriebssystem auf, und 1890 war seine Produktionsfläche auf 85.000 Quadratmeter angewachsen. Die Herstellung der Instrumente hatte Blüthner wie in einer Fabrik nach Fertigungszweigen gegliedert, in denen er 1.200 Fachleute beschäftigte. Zum Betrieb gehörten ein Dampfkraft- und ein Sägewerk. Die Söhne Max, Robert und Bruno lernten bei ihrem Vater Julius Klavierbau und übernahmen später eigene Geschäftsfelder. Gemeinsam feierten sie 1903 das 50. Firmenjubiläum und das 50.000 Instrument. 1910 starb der Firmengründer. Die Brüder führten das Unternehmen sicher durch die schwierigen Zeiten des Ersten Weltkrieges und der Weltwirtschaftskrise. Zum 75. Firmengeburtstag 1928 erklangen Blüthner-Instrumente auf allen großen Konzertpodien der Welt. Und 1932 öffnete sich ihnen sogar der Himmel - mit dem Auftrag, einen besonders leichten Flügel für das Luftschiff „Hindenburg" herzustellen. Die Klavierbauer erfanden eine mit Pergament bespannte Aluminiumkonstruktion. 1936 erklang auf diesem Instrument bei einer Atlantiküberquerung das erste Klavierkonzert live aus der Luft, übertragen von 63 Rundfunkstationen weltweit. Rudolph Blüthner-Haessler führte in dieser Zeit das Unternehmen in dritter Generation.

Sieben Jahre später lag die Firma in Schutt und Asche. Nur das Sägewerk in Leutzsch blieb von den Bombardements im Zweiten Weltkrieg verschont. Mit den überlebenden Klavierbauern begann der Firmenchef noch einmal von vorn. Bereits 1948 signalisierte das Unternehmen der Musikwelt seine Lieferfähigkeit. Zum 100. Firmenjubiläum 1953 lief die Produktion fast wieder normal. 1972 verstaatlichte die DDR auch die Julius Blüthner Pianofortefabrik, 1990 kehrte sie in den Besitz der Familie zurück.

1997 weihte Ingbert Blüthner-Haessler mit seinen Söhnen Knut und Christian ein neues Firmengebäude in Großpösna ein. Sie setzen in fünfter Generation die erfolgreiche Familientradition fort. Ihre Flügel erklingen auf den Bühnen aller Kontinente, gespielt von namhaften Interpreten von Klassik bis Pop. Jährlich gehen 1.500 Instrumente aus Leipzig auf die Reise in alle Welt - und bestechen heute wie damals durch ihren besonderen Klang.

Lieferfahrzeug in London.

Zahlreiche Songs wie „Let it be" spielten die Beatles auf einem Blüthner ein. Auch Andrew Lloyd Webber komponierte Musicals wie „Cats" und „Das Phantom der Oper" auf einem seiner Flügel aus Leipzig.

Christian, Ingbert und Knut Blüthner-Haessler (von links) führen das weltweit erfolgreiche Familienunternehmen in fünfter Generation.

1855

Der Tempelbau am Centralplatz

Einlasskarten zur Synagogen-Weihe.

Er gefällt ihm gar nicht, der enge, zwischen hohe Nachbar-Gebäude eingekeilte Bauplatz an der Centralstraße (heute Gottschedstraße). Der Semper-Schüler Otto Simonson klagt, die Umstände schränkten die Fantasie des Künstlers ein. Dennoch baut er der Israelitischen Religionsgemeinde zu Leipzig ihr lang ersehntes Gotteshaus: Am 10. September 1855 kann sie die Synagoge (oben) feierlich einweihen.

Der Tempel fasste anfangs weit mehr Juden als in der Stadt wohnten. Aus gutem Grund: Zweimal jährlich konnten hier auch Hunderte Messegäste jüdischen Glaubens öffentlich ihre Religion ausüben. „Seit der Zeit der ersten mittelalterlichen Gemeinde war zum ersten Mal wieder ein behördlich anerkannter Gemeindegottesdienst im eigenen Gotteshause möglich", feierte 1930 die Festschrift zum 75-jährigen Bestehen das Ereignis. Zu diesem Zeitpunkt war die Synagoge der rasch wachsenden jüdischen Gemeinde längst zu klein geworden.

„Juden in Leipzig" - diese Bezeichnung stand über mehrere Jahrhunderte für die jüdischen Händler, die an den Messetagen aus ganz Europa anreisten. Ansiedeln durften sie sich allerdings nicht. Obendrein schränkte der Leipziger Rat auch noch die Freiheit des Handels der „Messjuden" ein. Er verbot ihnen 1687, Waren in den Gewölben anzubieten und verbannte sie in Privaträume. Erst 1810 verlieh August der Starke dem ersten Juden Wohnrecht: Er berief Gerd Levi als Münzjuden in die Stadt - der Silber kaufte und Münzen lieferte. Doch es dauerte noch eine Generation, bevor sich weitere jüdische Familien ansiedeln durften. 1837, zu der Zeit lebten 162 Juden in Leipzig, gestattete ihnen ein Gesetz, sich zusammenzuschließen. 1846 gründeten sie die Israelitische Religionsgemeinde zu Leipzig. Ihre Blütezeit erlebte sie zu Beginn des 20. Jahrhunderts. Ende der 20er-Jahre zählte sie 14.000 Mitglieder. Die Gemeinde schuf sich ein dichtes soziales Netz: Vereine, Stiftungen, Hilfsorganisationen, Häuser für Kinder und Alte und die einzige jüdische Klinik in Sachsen - das Eitingon-Krankenhaus. Die jüdischen Mitbürger mehrten das Ansehen der Stadt. Leipzig verdankte seinen Ruf als Weltzentrum des Pelzhandels den am Brühl ansässigen Familien Ariowitsch, Eitingon, Harmelin, Fränkel und Weiss. Anton Hoffmeister, Ambrosius Kühnel, Max Abraham und Henri Hinrichsen verschafften dem Musikverlag C. F. Peters Weltgeltung. Das von Felix Mendelssohn Bartholdy gegründete Leipziger Konservatorium erlangte mit Lehrern wie Salomon Jadassohn, Ignaz Moscheles und Ferdinand David internationale Anerkennung. Nachdem Julius Fürst, Privatdozent orientalischer Sprachen, als erster Jude eine Professur der Leipziger Universität angetreten hatte, riss die Reihe namhafter jüdischer Wissenschaftler nicht mehr ab. Und natürlich gehörte auch eine Frau zu den jüdischen Persönlichkeiten, die weit über die Messestadt hinaus wirkten: Henriette Goldschmidt. Ihr Motto für ihr kommunales Engagement: „Wir haben wohl Väter der Stadt - wo bleiben die Mütter?"

Das Eitingon-Krankenhaus war die einzige jüdische Klinik in Sachsen.

Die Ariowitsch-Stiftung betrieb im Waldstraßenviertel ein Altenheim.

Das Tora-Zentrum der Israelitischen Religionsgemeinde in der Uferstraße. Links: Der Alte Jüdische Friedhof an der Berliner Straße.

Handelstreiben am Brühl, Tuschezeichnung um 1860.

Leipzig setzte Felix Mendelssohn Bartholdy vorm Gewandhaus im Musikviertel ein Denkmal.

Aus-Zeit

An dieser Stelle eine Auszeit nehmen und mehr zum Thema erfahren? Hier einige Literatur-Tipps: „Mein Leipzig. Gedenken an die Juden meiner Stadt" von Simson Jakob Kreutner ist 2002 im Sachsenbuch-Verlag erschienen. „Jüdische Spuren in Leipzig" (Forum-Verlag) suchte Bernd-Lutz Lange 1993. Zahlreiche Publikationen gab zudem die Ephraim-Carlebach-Stiftung (www.carlebach-stiftung-leipzig.de) heraus - so auch „Judaica Lipsiensia. Zur Geschichte der Juden in Leipzig" (1994).

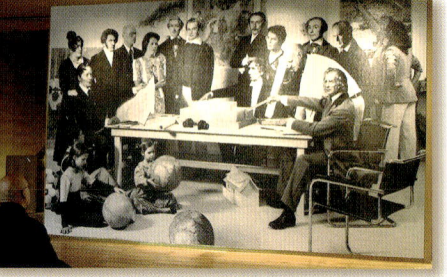

Auf einem Mosaik im 2004 eröffneten Bildermuseum sind die Stifter aus drei Jahrhunderten vereint.

Das Bildermuseum am Augustusplatz auf einer historischen Postkarte.

Ein Schatz im Bildermuseum

Leipzigs Bürgerschaft ist kunstsinnig. Und die Kaufleute und Händler sind seit jeher Sammler schöner Dinge. Kein Wunder, dass sie schon 1837 einen Kunstverein gründeten. Als dann 1853 der Seidenwarenhändler Adolf Heinrich Schletter starb, hinterließ er nicht nur wertvolle Bilder, sondern auch ein opulentes Bar-Vermögen. In seinem Testament erteilte der Kaufmann die Auflage, aus seiner Hinterlassenschaft binnen fünf Jahren ein Kunstmuseum zu errichten. Und tatsächlich: Am 18. Dezember 1858 öffnete das Haus am Augustusplatz seine Türen. Bis 1886 musste Architekt Hugo Licht schon einen Erweiterungsbau schaffen.

1943 stand auch das Museum nach den Luftangriffen auf Leipzig in Flammen. Die meisten Exponate hatten die Mitarbeiter gerade noch rechtzeitig auslagern können. Das Gebäude wurde nicht wieder aufgebaut.

Ab 1952 fand die Stadt im ehemaligen Reichsgericht ein neues Forum für den Sammlungsbestand: mehr als 2.700 Gemälde, 750 Plastiken, 55.000 Zeichnungen und grafischen Arbeiten. Unter sozialistischer Ägide Georgi-Dimitroff-Museum genannt, beherbergte das Haus bis zu seiner Wiedernutzung als Gericht auch eine der prominentesten bürgerlichen Kunstsammlungen Europas. Diese wollte zu tiefen DDR-Zeiten ein West-Besucher namens Wolf-Dietrich Freiherr Speck von Sternburg in Augenschein nehmen.

Vom Museum blieb nach den Bombenangriffen im Zweiten Weltkrieg nur eine Ruine.

Er meldete sich mit einigen Bedenken bei der Direktion, wurde aber nach eigenen Angaben „sehr freundlich empfangen und auch gut geführt". Er sah den familiären Schatz, die Sternburg-Sammlung. Sein Ur-Urgroßvater Maximilian (rechts oben), ein vermögender Wollhändler zu Goethes Zeiten, hatte sie zusammengetragen. Im Lützschenaer Familien-Schloss hatte er die Kunstwerke aufbewahrt und auch ausgestellt.

Als 1945 die Russen kamen und der Kommandeur die Hausherrin Ilse Speck von Sternburg fragte, was denn das für Bilder seien, sagte sie geistesgegenwärtig: „Alles nur Kopien, die Originale hängen in Museen." Mit Hilfe des damaligen Direktors des Bildermuseums, Johannes Jahn, wurden die Sternburg-Schätze nach Leipzig gebracht. Jahn nahm eines der berühmtesten Gemälde der Sammlung, einen Rogier van der Weydens, in einer Decke eingepackt gleich in der Straßenbahn mit. Das Bildermuseum hielt die nächsten 50 Jahre seine schützende Hand über die private Sammlung. Nach der Wende 1989 erwies sich der Freiherr dann als großer

Wolf-Dietrich Freiherr Speck von Sternburg

Mäzen der Stadt. Die von ihm initiierte und 1996 gegründete Speck-von-Sternburg-Stiftung überließ dem Museum der bildenden Künste den familiären Schatz an Gemälden, Zeichnungen, Grafiken und eine Bibliothek als Dauerleihgabe: seit Dezember 2004 zum Teil eindrucksvoll präsentiert im modernen Museumsbau auf dem früheren Sachsenplatz. Das neue Haus selbst, von den Architekten Hufnagel, Pütz, Rafaelian entworfen, gehört eher zu den umstrittenen Bauten Leipzigs. Fachleute loben zwar den Kubus. Und der ehemalige Museumsdirektor Herwig Guratzsch spricht sogar vom „spannendsten Museumsneubau der vergangenen Jahrzehnte in Deutschland". Die Leipziger aber können den Klotz nicht lieb gewinnen. Was wohl auch daran liegt: Vier Eckbauten sollten einen Rahmen um das Bildermuseum bilden. Doch bisher steht nur einer.

Am einstigen Sachsenplatz ist heute das neue Museum der bildenden Künste zu finden.

1863

Lassalle, Bebel, Liebknecht: Mit Energie zur SPD

Ungewöhnlich viele Bootsfahrten mit eifrig diskutierenden „Ausflüglern" führten in den 1880er-Jahren durch den Leipziger Auwald. Rund um die Weiße Brücke ging es oft hoch her. Eingeweihte wussten: Sozialdemokraten, getarnt als unverdächtige Erholungssuchende, trafen sich hier zu ihren Versammlungen. Offizielle Treffen - die waren den gefürchteten „linken Umstürzlern" in den Jahren der bismarckschen Sozialistengesetze strikt verboten. Leipzig war nach der misslungenen Revolution von 1848 zu einem Zentrum der fortschrittlichen Arbeiterbewegung aufgestiegen. Im „Pantheon" an der Dresdner Straße (Seitenmitte) gründete Ferdinand Lassalle 1863 den Allgemeinen Deutschen Arbeiterverein. Zwei Jahre später hob August Bebel den Arbeiter-Bildungsverein aus der Taufe. Mit rastloser Energie leistete Bebel zusammen mit Wilhelm Liebknecht die entscheidenden Vorarbeiten für die Gründung der Sozialdemokratischen Arbeiterpartei 1869 in Eisenach. Politisches „Nervenzentrum": das heutige Liebknecht-Haus in der Leipziger Braustraße, in dem 1871 auch Karl, Sohn des Namensgebers, zur Welt kam.

Die Obrigkeit reagierte äußerst gereizt auf die linke Bewegung und zerrte als „preußische Rache" August Bebel und Wilhelm Liebknecht 1872 wegen Hochverrats vor Gericht. Zwei Jahre mussten die angesehenen Arbeiterführer ins Gefängnis - doch ihre politischen Schriften fanden im Anhang der Prozessakten unvermittelt weite Verbreitung.

Die besondere Rolle Leipzigs in der Geschichte der deutschen Sozialdemokratie ist eng mit der herausragenden Stellung der Stadt in der deutschsprachigen Buchproduktion verbunden. Hier hatte sich eine außergewöhnlich große Zahl von gebildeten Arbeitern versammelt: Schriftsetzer, Drucker und Buchhandelsgehilfen - durch täglichen Umgang mit dem gedruckten Wort immer auf dem aktuellen Stand des Wissens ihrer Zeit. Als das Sozialistengesetz 1890 fiel, blieb Leipzig erst recht die „rote Hochburg". August Bebel, angesehener Führer der deutschen Sozialdemokratie, errang sein Reichstagsmandat in der Messestadt. Die 1894 als „Organ für die Interessen des werktätigen Volkes" gegründete „Leipziger Volkszeitung" prägte ein sozialdemokratisches Profil.

Im 20. Jahrhundert bietet die Geschichte der SPD ein getreues Spiegelbild dieses aufgewühlten Zeitalters: Innerlich zerrissen von der Katastrophe des Ersten Weltkrieges und erschöpft durch die zähen innenpolitischen Auseinandersetzungen der Weimarer Republik, traf auch die Sozialdemokraten der Terror des Nazi-Regimes. Erst nach dem Ende des Zweiten Weltkriegs war wieder eine legale politische Tätigkeit möglich. Erich Zeigner brachte als Oberbürgermeister der Messestadt beste fortschrittliche Traditionen und über Jahrzehnte erworbene Stärken der Sozialdemokratie in die Kommunalpolitik ein.

Doch wie überall im Osten Deutschlands musste sich auch in Leipzig die wieder erstarkte SPD der „von oben" befohlenen Vereinigung mit der KPD fügen. Der politische Umbruch in der DDR im Herbst 1989 führte rasch zur Neugründung der SPD und zur Rückübertragung ihres Eigentums - in Leipzig gut sichtbar an der Sanierung des SPD-Hauses in der Rosa-Luxemburg-Straße (unten). Vor allem in der Kommunalpolitik gewannen die Sozialdemokraten ihre Stärke zurück: Alle drei seit 1990 frei gewählten Oberbürgermeister der Stadt gehören der SPD an.

Von oben: August Bebel, Ferdinand Lassalle, Wilhelm Liebknecht

Gründungs-Banner aus dem Jahr 1863 und Postkarte anlässlich des 50-jährigen Bestehens der Partei im Jahr 1913.

1864

Traum vom Meer: Karl Heines Kanal

Der Weg bis ans Meer ist weit: Schon seit vielen Jahren träumen die Leipziger von einer durchgängigen Route, auf der sie bis zur Nordsee schippern könnten. Einer, der mit kluger Voraussicht daran arbeitete, war Karl Heine (1819 bis 1888). Der Rechtsanwalt dachte allerdings weniger an fröhliche Bootstouren: Er hatte effektive Transportwege im Blick. Der spätere Karl-Heine-Kanal stand am Anfang seines kühnen Planes - am 25. Juni 1864 war der erste Abschnitt vollendet.

Karl Heine

Blick auf den Karl-Heine-Kanal in Plagwitz.

Ein Auestreifen - sumpfig, wasserreich und oft überschwemmt - hinderte die Stadt daran, sich nach Westen auszubreiten. Dort warteten große Flächen für Gewerbe und Wohnstätten - falls sie jemand trockenlegte. Das dafür 1850 von der Stadt Leipzig beschlossene Programm befriedigte Querdenker Heine nicht. Er kaufte Wiesen und Äcker auf den Plagwitzer Höhen und nahm sechs Jahre später den Wasser-, Wege- und Brückenbau selbst in Angriff. Dabei bereitete ihm die Grauwacke, ein festes Sedimentgestein, besondere Schwierigkeiten. Dieser „Heine-Knack" erwies sich jedoch für das Befestigen der Wege und Straßen von besonderem Wert. Auf der Elster ließ Karl Heine zwischen der Stadt und ihrem Vorort Plagwitz Schlepper und Kähne verkehren. Der Kanal folgte Stück für Stück. 1862 fuhren bereits 16 Schiffe, um Ziegelsteine, Kohle, Heu und sonntags auch Personen zu befördern. Weitsichtig erkannte Heine das Potenzial der Flüsse, die Leipzig und die Weltmeere verbinden könnten. Seine Vision erfüllte sich bis heute allerdings nicht - obwohl spätere Generationen mit dem Lindenauer Hafen und dem Elster-Saale-Kanal dem Ziel ein Stückchen näher rückten.

Mit der politischen Wende im Herbst 1989 gewannen Leipzigs Flüsse eine neue Bedeutung. Sie stanken zwar nach Phenol und waren deswegen teilweise in Rohren unter der Erde verschwunden. Doch die Zeiten, als Betriebe ihre Abwässer ungeklärt in die Flüsse kippen konnten, waren vorbei. Fische und Angler kehrten zurück. Im Mai 1996 gründeten die ersten Wasserstadt-Visionäre den Förderverein „Neue Ufer", der sich für die Öffnung der Mühlgräben einsetzt. Einen ersten Erfolg verzeichnete der Verein im Dezember 1998: Auf 235 Meter Länge fließt seitdem der Pleißemühlgraben neben der Wundtstraße wieder unter freiem Himmel. Die Freilegung kostete 3,4 Millionen Mark, was damals mancher Leipziger für Geldverschwendung hielt. Doch Abschnitt für Abschnitt holten die Bagger die verborgenen Gewässer wieder ans Licht. Inzwischen leben die Leipziger wieder an und auf ihren Flüssen. Sie entdecken die Idylle von Bootsfahrten auf der Weißen Elster oder auf dem Karl-Heine-Kanal. Der Verein „Wasser-Stadt Leipzig" möchte Heines Wasserstraße bis zum Lindenauer Hafen verlängern und anschließend mit dem Elster-Saale-Kanal verbinden. Im Sommer 2006 haben es Leipziger bereits ausprobiert: Vom Stadtteilpark Plagwitz sind sie bis nach Hamburg gepaddelt - 471 Kilometer weit. Allerdings: An den unpassierbaren Stellen mussten sie ihre Boote tragen.

Auch in den Leipziger Süden werden Wassertouristen bald gelangen. Vom Elsterflutbett über Pleiße, Floßgraben und Waldsee Lauer sollen Boote bis zum Cospudener und Zwenkauer See fahren. Beide sind zwar kein Meer - mit ein bisschen Fantasie stellen sich aber auch dort Nordseegefühle ein...

Bilderreihe von oben: Der Lindenauer Hafen verfällt - die Schiffsverbindung über Kanäle und Flüsse bis nach Hamburg blieb bislang ein Traum.
Pleiße ans Licht: Am Regierungspräsidium fließt der Mühlgraben wieder unter freiem Himmel.
Bootsparade auf dem Karl-Heine-Kanal: Jedes Jahr im August feiert der Verein „Wasser-Stadt Leipzig" ein großes Fest.

1865

Feuer und Flamme für die Stadt

Aufsehenerregend: 1846 stand in der Hainstraße das Hotel de Pologne in Flammen - von einem alles vernichtenden Stadtbrand blieb Leipzig aber verschont. Kleines Bild: Die Leipziger Berufsfeuerwehr im Jahr 1885.

Mindestens dreimal in ihrer Geschichte begab sich Leipzigs Feuerwehr in „tierisch große Gefahr": 1951, 1979 und 1988 waren Elefanten im Zoo in den Graben ihres Geheges gefallen - und die Feuerwehrleute mussten die tonnenschweren Dickhäuter mit Seilen aus ihrer misslichen Lage befreien. Spektakuläre Einsätze gehören für die Retter seit 1. März 1865 zum Beruf: An diesem Tag gründete Leipzig seine Berufsfeuerwehr. Die Messemetropole hatte bereits mehrere große Brände erlebt, von einem alles vernichtenden Stadtbrand war sie in ihrer langen Geschichte aber verschont geblieben - und das sollte auch in Zukunft so bleiben. Der Dienst in den fünf Wachen begann 12 Uhr und dauerte 48 Stunden. Die Wache am Fleischerplatz, ein kleines zweistöckiges Fachwerkhaus, bestimmte die Stadt zum Hauptsitz. 1881 weihte sie an selber Stelle ein neues, nach den Plänen von Max Bösenberg erbautes Backsteingebäude als Hauptdepot ein. Die Mannschaften zweier Löschzüge mit je drei Fahrzeugen bezogen das Quartier mit Wachstuben, Tagesraum und Schlafsälen (oben Bild 1). Im Erdgeschoss standen acht Pferde bereit. Sie zogen die schwere Dampfspritze, die Mannschafts- und die Gerätewagen durch die Straßen (2).

Die Dampfspritzenführer, gelernte Schlosser und Maschinenbauer, fuhren in ihrer dienstfreien Zeit auch die städtischen Dampfwalzen. Leipzig hatte Ende des 19. Jahrhunderts eine in ganz Europa anerkannte Berufsfeuerwehr, die als technisch und organisatorisch vorbildlich galt.

Seit 1890 schickten die Brandmeister den Mannschaften, die mit Pferdewagen zum Einsatz fuhren, einen Kundschafter per Fahrrad voraus (3).

Er erkundete den Brandherd und wies die Mannschaften zum Löschen ein. 1913 stellte die Feuerwehr für diesen Zweck den ersten Kraftwagen für zwei Personen in Dienst. Seit 1926 ist die Wehr durchweg motorisiert.

Das Depot am Fleischerplatz platzte mit den Jahren aus den Nähten. Feuerwehrleute mussten sich die Betten teilen. Der Gerätepark wuchs. 1928 bis 1930 ließ die Stadt das Gebäude unter Leitung von Stadtbaurat Hubert Ritter auf das Doppelte erweitern - mit drei Fahrzeughallen und einer Tankstelle. Feuermeldezentrale sowie Räume und Schlafsäle für die Mannschaften waren weiterhin im ersten Stock untergebracht. Darüber entstanden Büros: Zu den Aufgaben der Feuerwehr gehörten ab 1920 auch Rettungswesen und Krankentransport. Von 1933 an stand die Wehr im Dienst der Polizei. Auch zu DDR-Zeiten änderte sich daran nichts. Erst seit der Wende untersteht die Berufsfeuerwehr wieder der Stadt. Ihre Hauptwache ist dieselbe geblieben.

In diesem Fachwerkhaus begann 1865 die Geschichte der Leipziger Berufsfeuerwehr.

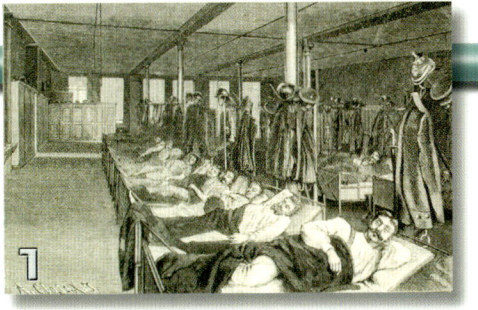

Großeinsätze nach 1945

Die schlimmsten Zerstörungen in der Geschichte Leipzigs hatten die Bombenangriffe im Zweiten Weltkrieg angerichtet. Danach vermerkt die Feuerwehr-Chronik folgende Großeinsätze:
• 10. Juli 1947: Das Untergrundmessehaus am Markt brennt aus.
• 10. bis 14. Juli 1954: Ein Jahrhundert-Hochwasser überflutet die Stadt.
• 6. September 1957: Spielende Kinder verursachen ein Großfeuer in der Erich-Zeigner-Allee mit einer Million Mark Schaden. Ein Mensch stirbt.
• 21. April 1963: Fahrlässigkeit führt zu einem Großbrand im Kraftwerk „Ernst Thälmann" mit einem Schaden von vier Millionen Mark.
• 15. Mai 1966: Im Hafengelände an der Plautstraße explodiert eine Ölmühle. Zwei Tote, 1,2 Millionen Mark Sachschaden.
• 15. Oktober 1971: Im Hauptbahnhof brennt der Dachstuhl, Sachschaden 1,1 Millionen Mark.
• 16. Dezember 1974: Ein Brand im Opernhaus richtet einen Schaden von drei Millionen Mark an.
• 26. September 1977: Die Gaststätte auf dem Messegelände brennt, drei Millionen Mark Schaden.
• 3. April 1982: Im Centrum-Warenhaus in der Petersstraße bricht ein Großfeuer aus. Acht Millionen Mark Schaden.
• 4. November 1994: Im Kraftwerk Nord explodiert eine Gasturbine. Vier Arbeiter sterben.

Die 1881 erbaute und 1930 erweiterte Hauptfeuerwache ist bis heute Sitz der Branddirektion und der Berufsfeuerwehr Leipzig.

1867

Die 1932 umgestaltete Leipziger Galopprennbahn. Die sanierte Tribüne sorgt für beste Aussicht auf das Rennspektakel.

Der berühmte „Birkhahn" verschaffte dem VEB Vollblutrennbahnen gute Umsätze.

Birkhahn & Co.: Legenden im Scheibenholz

Leipzig schmückt sich mit vielen Attributen - auch mit denen des „Turfs", der für die angelsächsische Tradition des Galopprennsports steht. Zwar gehören Glanz und Gloria der Pferderennen eher der Vergangenheit an, im Scheibenholz aber ziehen bis heute Wettkämpfe das Publikum in ihren Bann. 1867 entstand die für deutsche Verhältnisse recht einmalig in die Stadt integrierte Bahn, 1932 umgestaltet in ihre endgültige Form.

Alles begann anno 1863 mit der Gründung des Leipziger Rennclubs, des ersten Sportklubs der Stadt. Am 13. September 1863 lud er auf der Schönauer Flur nahe Lindenau zu seinem ersten Renntag. 1867 folgte der Umzug ins Scheibenholz. Die Stadtväter hatten die Ratswiesen dort fürs Galoppen freigegeben. Die Förderer des Rennclubs hießen zu jener Zeit Graf Georg von Lehndorff, Ullrich von Oertzen und Carl Ferdinand Rhode. 1879 ratterte erstmals eine Wettmaschine: der Totalisator. Und 1907 konnten die Zuschauer sogar auf einer Tribüne Platz nehmen. Diese blieb bis heute in ihren Grundzügen erhalten und wurde mittlerweile saniert. Die Bombenangriffe auf Leipzig im Zweiten Weltkrieg richteten auf der Rennbahn mit ihren Stallungen schwere Schäden an. Die Galoppsport-Szene aber ließ sich nicht unterkriegen. Mit Unterstützung des sowjetischen Stadtkommandanten Nikolai Trufanow rief sie schon am 12. August 1945 zum ersten deutschen Nachkriegsrenntag ins Scheibenholz. Nachdem die Bombentrichter auf dem Geläuf beseitigt waren, starteten insgesamt 27 Galopper in sechs Rennen.

Zu DDR-Zeiten geriet der Rennsport als Privatunternehmen fast völlig ins Abseits. Dennoch blieb das Scheibenholz eine gute Adresse. Bis zu 30 Veranstaltungen im Jahr lockten die Besucher. Leipzig war für den VEB Vollblutrennbahnen der wichtigste Umsatzbringer.

Zu den erfolgreichsten hier beheimateten Pferden gehörten Wildschütz und Isonzo, Turfgeschichte schrieben ebenso die Trainer Walter Dammbeck und Eugen Sippenauer, Frank Breuß und Peter Hirschberg. Im Scheibenholz begann auch der spätere DDR-Jockei-Champion Martin Rölke als Lehrling seinen beruflichen Erfolgsweg. Inzwischen trainiert er seit einigen Jahren in Hoppegarten seine Pferde.

Wer sich mit Galopprennen in Leipzig beschäftigt, kommt an einem Vierbeiner namens Birkhahn nicht vorbei: Im Leipziger Rennstall von Hendrik und Hans-Volkmar Gaitzsch erinnert eine Gedenktafel an den legendären Crack. 1948 gehörte „Birkhahn" dem Leipziger Kunsthändler Karl-Heinz Wieland und gewann sowohl das Derby Ost in Hoppegarten als auch das Derby West in Hamburg-Horn. Der Galopper brachte es in seiner Rennlaufbahn bei 39 Starts auf 21 Siege und 13 Plätze. Auch nach seiner aktiven Zeit blieb er eine gefragte Größe: in der Vollblutzucht im Gestüt Schlenderhan. Bis zum nächsten Derbysieg, der Krone aller Erfolge im Turf, mussten Leipzigs Rennfreaks bis 1962 warten. Der Birkhahn-Sohn „Foliant" gewann als letzter Außenseiter das Derby der DDR: Auf Sieg lockten damals für zehn Mark Einsatz 420 Mark Gewinn. Danach durften Pferde in Privatbesitz nicht mehr an Zuchtrennen teilnehmen.

Die Faszination des Pferderennsports und die Wettleidenschaft lockt zahllose Besucher an.

Der einstige Jockei-Champion Martin Rölke mit Trainer Frank Breuß (rechts).

1870

Historische Muster für neue Pracht - Gründerzeit prägt Stadt

Im Verlauf mehrerer Jahrhunderte hatte sich Leipzig zum dominierenden Wirtschafts-, Handels- und Verkehrszentrum der mitteldeutschen Region entwickelt. Kleinstädte und Dörfer des Umlandes standen in enger Beziehung zur Stadt. Leipziger Großbürger waren auch die bestimmenden Landbesitzer und Agrarunternehmer. Als in Leipzig der industrielle Aufschwung begann, erwies sich diese Verflechtung als äußerst günstig für die Erweiterung der Wirtschaftsstandorte auf Gebieten vor der Stadt - so zum Beispiel in Wahren, Lützschena, Plagwitz, Kleinzschocher, Böhlitz und Ehrenberg. Da sich stadtnahe Ortschaften wie Lindenau und Plagwitz sehr schnell zu Industriedörfern entwickelten, stand Leipzig vor der Entscheidung, diese zu Kleinstädten zu erklären oder einzugemeinden. Die traditionelle Verflechtung von Stadt und Umland sprach für die Eingemeindungen: 1889 Reudnitz und Anger-Crottendorf, ein Jahr später unter anderem Eutritzsch, Gohlis, Neustadt und weitere Orte im Osten. Wohnten in Leipzig am Beginn der Industrialisierung um 1830 nur 40.000 Menschen, so waren es 1870 bereits rund 100.000. Durch Zuzug und Eingemeindungen verdreifachte sich diese Zahl auf rund 300.000 Einwohner im Jahr 1890.

Zuvor hatten die Reparationszahlungen aus dem deutsch-französischen Krieg an die Siegermacht Deutschland sehr viel Kapital auch in die Leipziger Region fließen lassen. Die Großunternehmer reagierten mit einer Neustrukturierung ihrer Firmen. Familienbetriebe entwickelten sich zu Aktiengesellschaften - häufig verbunden mit einem Generationswechsel an der Unternehmensspitze. Schlagartig änderte sich auch die Situation im Bauwesen, um den enormen Bedarf an neuen Fabrik- und Wohnräumen zu bedienen. Nur bei gehobeneren Ansprüchen waren noch renommierte Architekten wie Max Bösenberg oder Arwed Rossbach für die Planung gefragt. Die Massenproduktion dagegen basierte auf Musterbüchern. Diese orientierten sich an Vorlagen aus der deutschen Renaissance, gelegentlich auch der Gotik - in Leipzig vor allem propagiert vom Kunstschriftsteller und Architekten Oscar Mothes. Seine Villa neben der Heiligenbrücke steht dafür als eindrucksvolles Beispiel.

Mit den historischen Vorbildern glaubten die Unternehmen, dem angestrebten neuen Nationalbewusstsein am besten zu entsprechen. Wohngebiete, die in jener Zeit in großem Tempo entstanden, sahen sehr einheitlich aus.

Oben: Villa Mothes, darunter das Rossbach-Haus im Musikviertel. Unten: Blick über das Waldstraßenviertel in Richtung Innenstadt.

Rechts: Treppenhaus in der Funkenburgstraße, darunter Gründerzeithäuser in der Tschaikowskistraße. Unten: Zur Jahrhundertwende baute die Schokoladenfabrik Riquet & Co. in der Innenstadt ihr prächtiges Haus in fernöstlichem Stil.

Heute bilden sie Leipzigs Gründerzeitviertel.

Die zentrumsnahen Industrie-Areale behinderten bald die weitere Stadtentwicklung. Leipzig strebte in die erste Reihe der deutschen Großstädte. Mit dem Reichsgericht entstand in der Messestadt das neben dem Reichstag in Berlin zweitwichtigste Verwaltungsgebäude des Deutschen Reiches. Neben den Anforderungen der Messe bediente Leipzig nun auch staatspolitische Belange von hohem Rang. Die Stadt benötigte repräsentative, anspruchsvolle Wohngebäude, Straßen, Parks, ein neues Museum für die Bürgersammlungen und ein neues Theater. Beide Häuser entstanden am Augustusplatz.

1870

Augustusplatz mit Universität (links) und Neuem Theater 1906. Oben: Meyersche Häuser mit Kleingärten in Lindenau.

Zentrum der Arbeiter- und Bildungsbewegung

Beim gründerzeitlichen Stadtumbau spielte Repräsentation eine große Rolle. Bei neuen Kauf- und Bürohäusern verhüllte gotisierendes, historisierendes Dekor die modernen Eisenkonstruktionen. Leipziger Unternehmen hatten den Markt bis nach Amerika und Indien erobert: Der Prunk ihrer Stammhäuser sollte diesen Erfolg demonstrieren.

Wegen der hohen Grundsteuern ließen die Eigentümer ihre stadtnahen privaten Gartenflächen parzellieren und bebauen. Das Areal der Großen Funkenburg, das sich beiderseits der heutigen Funkenburg- und Tschaikowskistraße erstreckte, entwickelte und verkaufte die wohlhabende Leipziger Kaufmanns- und Bankiersfamilie Frege nach strengen Bauregeln. So entstand die gründerzeitliche Pracht des Waldstraßenviertels - ein Architekturdenkmal von Weltrang. Während an der heutigen Käthe-Kollwitz-, Karl-Tauchnitz- und Ferdinand-Lassalle-Straße prunkvolle Mietwohnungen entstanden, wanderten die Fabriken an den Stadtrand oder in neue Industriegebiete wie das Grafische Viertel.

1870 war Leipzig zur achten Großstadt Deutschlands aufgestiegen - und kämpfte mit allen Problemen, die das neue Industriezeitalter in den Städten schuf: Wohnungsnot, gesundheitliche Belastungen, soziale Missstände, enorme Unterschiede im Wohlstand und in der Bildung der Bürgerschaft.

Doch in Leipzig hatten gesellschaftspolitische Impulse der Aufklärung, der studentischen Bewegungen und der Revolution von 1848 gefruchtet: Die Stadt entwickelte sich zu einem Zentrum der deutschen Arbeiter-, Frauen-, Kleingarten-, Sport- und Bildungsbewegung. Das wirkte sich auch auf den Bau neuer Wohnungen und Fabriken aus. So ließ beispielsweise der Verleger Julius Hermann Meyer (Meyers Lexikon, Brehms Tierleben) durch seinen Hausarchitekten Max Pommer Wohnungen für Geringverdienende in den „Meyerschen Häusern" bauen - die Anlagen der Stiftung in Lindenau, Kleinzschocher, Eutritzsch und Reudnitz existieren bis heute.

Eines der bedeutendsten europäischen Unternehmen für Aromastoffe, die Leipziger Firma Schimmel & Co., war auf die firmeneigenen Rosenfelder in Miltitz umgezogen. Nach englischem Vorbild ließ sie von Max Bösenberg einen Komplex aus Fabrik, Forschungsinstitut, Post, Bahnhaltepunkt sowie Wohnhäusern für Unternehmerfamilie und Mitarbeiter bauen.

Im Kern von Alt-Leipzig blieb noch bis Ende des 19. Jahrhunderts die zum Teil enge und morbide Baustruktur mit Fassaden aus dem Mittelalter erhalten. Das änderte sich mit dem Übergang von der Waren- zur Mustermesse: Prächtige neue Gebäudekomplexe wie das Städtische Kaufhaus verknüpften Grundstücke und Räume zu einem bis heute in seiner Größe und architektonischen Vielfalt einzigartigen innerstädtischen Passagen-System. Thomas- und Paulinerkirche zeigten zur Jahrhundertwende gotische Schaufassaden, die Universität präsentierte ihre neue Bibliothek im Musikviertel und eine Prachtfront am Augustusplatz - beide entworfen von Arwed Rossbach. Der Architekt hatte gerade den Neubau der Leipziger Bank im Stil der italienischen Hochrenaissance vollendet, als das Kreditinstitut Konkurs anmelden musste. Die damals noch zweitrangige Deutsche Bank aus Berlin übernahm das Gebäude.

Am Nikischplatz öffnete das Leipziger Künstlerhaus - geplant vom jungen Architekten Fritz Drechsler im damals gerade modernen Jugendstil.

Doch spätestens mit Ausbruch des Ersten Weltkrieges ging dann auch in Leipzig die bauliche Ära der Gründerzeit zu Ende.

Oben rechts: der Eingang zu Steibs Hof. Rechts: die Mädler-Passage.

1871

Links ein historisches Schaubek-Album, daneben Geschäftsführer Stefan Lutter. Rechts oben: Redakteur Michael Büttner bei der Seitengestaltung, darunter das sorgfältige Aufkleben von Klemmtaschen.

Briefmarkenalbum macht sich einen Namen

Er ist einer der ältesten Briefmarkenalben-Hersteller der Welt und schreibt seit 1871 an seiner Erfolgsgeschichte: der Schaubek-Verlag in Leipzig. Bereits Jahre zuvor hatte Buchhändler Gustav Wuttig dafür den Grundstein gelegt. Mit zahlreichen Messebesuchern tauschte er Korrespondenzen aus - und so sammelten sich bei ihm Briefe aus aller Herren Länder samt deren Marken. Der Buchhändler fand schnell Gefallen an den „bunten Bildchen" und sah im Tauschen oder Verkaufen eine Idee zur Ausweitung seines Geschäfts.

1862 ließ Wuttig ein deutsches „Album für Briefmarken" drucken - zunächst in losen Blättern im Karton, dann in gebundener Form. Sein Fachangestellter Gustav Bauschke übernahm 1865 alle Rechte an dem Album, erkrankte aber drei Jahre später plötzlich und übertrug das gesamte Verlagsgeschäft an Julius Kümmel. Dieser verkaufte es wiederum 1878 an den Leipziger Verleger Luis Senf weiter. Nachdem Bauschke 1869 in Dresden den führenden Philatelisten Dr. Alfred Moschkau kennengelernt hatte, wollte er trotz seiner Krankheit noch einmal ein eigenes Briefmarkenalbum herausgeben. Er stellte die Buchstaben seines Namens um - und 1871 erschien das erste „Album für Briefmarken unter Mitwirkung der ersten Autoritäten Deutschlands, herausgegeben von G. Schaubek". Sein Gesundheitszustand verschlechterte sich in den Folgejahren jedoch erneut. Am 1. Oktober 1877 verfasste Dr. Alfred Moschkau das Vorwort zur vierten Auflage des Albums, „deren Neubearbeitung und Revision von der nunmehrigen Verlagshandlung mir anvertraut wurde, da der Verfasser G. Schaubek leider seit Langem geistesumnachtet ist". Irgendwann zwischen 1879 und 1883 muss Gustav Bauschke gestorben sein - Datum und Ort unbekannt.

Doch Bauschkes Album lebte weiter. 1894 erwarb es der Leipziger Carl Friedrich Lücke von den Gebrüdern Senf. Inhaltliche Verbesserungen, dreisprachige Texte, Ausgaben für unterschiedliche Altersgruppen und die Entwicklung des bis heute bewährten Nachtragssystems führten zum weltweiten Erfolg - kräftig befördert ab 1906 durch die ersten Permanent-Ausgaben mit auswechselbaren Blättern. 1930 übernahm die Leipziger Familie Junck den Verlag C.F. Lücke unter Beibehaltung des Namens. Mit der Entwicklung der Deutschland-Alben vollzog das Unternehmen den ersten Schritt zu den heute üblichen Länderausgaben. Trotz aller Schwierigkeiten während des Zweiten Weltkrieges und danach: Der Name Schaubek blieb - und der Verlag C.F. Lücke seinem Firmensitz in Leipzig treu. 1955 wartete er mit seiner wichtigsten Neuerung auf: der „Schaufix-Klemmhülle", der besonders sicheren Folientasche mit doppelter Klemmnaht zur Aufnahme und Fixierung der Briefmarke. 1972 erreichte das Unternehmen die Verstaatlichungswelle der DDR. Der VEB Schaubek-Verlag nutzte den berühmten Namen des Albums, um die Sammlerartikel weiter weltweit zu vertreiben. Papier- und Verarbeitungsqualität entsprachen aber oftmals nicht mehr den einstigen Ansprüchen. Die „Brillant"-Ausführung mit den Schaufix-Klemmtaschen war nur für den Export in das westliche Ausland bestimmt, die einfachere „Diamant"-Ausführung hingegen für die Sammler in der DDR und Osteuropa. Seit 1. September 1990 befindet sich der Schaubek-Verlag Leipzig wieder im Besitz der Familie Junck und deren Nachkommen. Das im Oktober 1994 bezogene neue Verlagsgebäude in Großlehna (oben), die ständige Erweiterung und Aktualisierung des Sortiments, ein Netz von zuverlässigen Geschäftspartnern im In- und Ausland sowie fachkundige Mitarbeiter sorgen dafür, dass Sammler überall auf der Welt auch in Zukunft ihr Schaubek-Album kaufen können - wie seit mehr als 135 Jahren hergestellt in Leipzig.

1872

Pferdebahn auf der Linie zwischen Thonberg und Südfriedhof.

Pferdebahn bringt Stadtverkehr auf Trab

Die Reise in der Pferdedroschke: einst das Privileg begüterter Leute. 1872 aber eroberten die braven Vierbeiner den öffentlichen Stadtverkehr. In jenem Jahr fuhr die erste Pferdeeisenbahn durch Leipzig: die Urform der heutigen Leipziger Verkehrsbetriebe (LVB) GmbH.

Die Stadt hatte zu jener Zeit gerade die 100.000-Einwohner-Grenze überschritten, betrieb fünf Fernbahnhöfe und dehnte sich in alle Richtungen aus. Als sie jedoch alle zehn Jahre um weitere rund 100.000 Einwohner zulegte, hatte die Pferdebahn schnell ausgedient: Die Leistungen des innerstädtischen Verkehrs auf der Schiene mussten erheblich steigen.

Zwei konkurrierende Gesellschaften entdeckten darin ein gutes Geschäft. 1896 schickten die Große Leipziger Straßenbahn (GLSt) und die Leipziger Elektrische Straßenbahn (LESt) ihre schmucken, farblich unterschiedlich gestalteten Wagen auf verschiedene Linien.

Ein dichtes Netz überzog bald die ganze Stadt. Für viele Menschen war durch die „Bimmel" der tägliche Weg bei Wind und Wetter zu einer weiter entfernten Arbeitsstätte überhaupt erst möglich und erschwinglich.

Nun wollte auch die immer größer werdende Zahl der Pendler in die Messestadt die Vorteile der Straßenbahn genießen. So taucht im Jahr 1900 die Leipziger Außenbahn AG in den Annalen der Verkehrsgeschichte auf. Kopfzerbrechen bereitete dem Unternehmen die Straßenbahnlinie nach Schkeuditz. Immerhin führte sie gemäß der damaligen Ländergliederung von Sachsen nach Preußen. Die vorbereitenden Arbeiten glichen dem Abschluss eines Staatsvertrags. So benötigte die Leipziger Außenbahn AG auf dem Teilabschnitt zwischen Modelwitz und Schkeuditz, der jenseits der sächsischen Grenze lag, eine Konzession des preußischen Regierungspräsidenten in Merseburg. Das Privileg, eine Straßenbahn über die Grenze zu lenken, blieb wenigen vorbehalten. Bis in die 30er-Jahre brauchten die Fahrer dafür eine gesonderte Erlaubnis, denn in Preußen galt die Trasse als Kleinbahn. Am 27. Oktober 1910 verkehrte die Straßenbahn erstmals von Wahren bis nach Schkeuditz. Die intensive Nutzung der Linie zwang bereits 1914 zum teilweise zweigleisigen Ausbau.

Schon im Jahr zuvor – der Hauptbahnhof zeigte auf der Westseite seine fertige Gestalt – sah sich die Straßenbahn im Stadtverkehr mit einem neuen Wettbewerber konfrontiert: der Leipziger Allgemeine Kraftomnibus AG.

Keiner der Stadtväter und kein maßgeblicher Unternehmer zweifelte in jenen Jahren daran, dass seine geliebte Stadt schon bald eine Million Einwohner zählen würde. Dafür galt es, ein leistungsfähiges Nahverkehrssystem zu schaffen.

Es hätte für Leipzig als 13. Stadt in der Welt sogar fast zur U-Bahn gereicht. Doch dann begann der Erste Weltkrieg und die kühnen Projekte verschwanden in den Schubladen.

Frauen nahmen nun auch bei der Straßenbahn viele Stellen von Männern ein, die an die Front ziehen mussten.

Hart waren die wirtschaftlichen Konsequenzen und die langen krisenhaften Nachwirkungen des Krieges. Straßenbahnen zu betreiben, war für ein privates Unternehmen nicht mehr profitabel. Die Stadt Leipzig übernahm 1919 die GLSt, die sich bereits drei Jahre zuvor mit der LESt zusammengeschlossen hatte. 1927 fuhren ihre Bahnen bis nach Engelsdorf und Taucha, ein Jahr später auch nach Liebertwolkwitz.

In den 30er-Jahren trugen Straßenbahnen und Busse den Hauptteil des Verkehrs in der „Reichs-

Seit 1910 rollt die „Bimmel" bis Schkeuditz.

Oben: Die Große Leipziger Straßenbahn, darunter ein Blick in einen Fahrgastraum.

Das Abspringen während der Fahrt ist verboten. Schaffnerplatz

Die Leipziger Elektrische Straßenbahn und die Warntafel in einer „Funkenkutsche".

Doppelstock-Kraftomnibus um 1913. Rechts: LVB-Bus „Solaris" heute.

- 158 -

Schaffnerin im Ersten Weltkrieg.

messestadt". 1938 änderte das Unternehmen seinen Namen in Leipziger Verkehrsbetriebe. Technisch war es das Jahr der Aufnahme des O-Bus-Betriebes. Bis 1975 kurvten die Oberleitungsbusse durch Leipzig.

Aus dem Zweiten Weltkrieg gingen die Verkehrsbetriebe erheblich geschwächt hervor. Viele Mitarbeiter hatten ihr Leben verloren, Depots und Wagen waren in den Bombennächten in Flammen aufgegangen. Als „letztes Aufgebot" stand mancher Straßenbahnwagen im April 1945 sinnlos mit Pflastersteinen gefüllt als „Panzersperre" auf der Straße - so zum Beispiel an der Angerbrücke.

Dabei bildete die Straßenbahn nach dem Kriegsende erst recht das Rückgrat des Nahverkehrs. Improvisation bei der Stromversorgung, den Gleisanlagen und den weitgehend verschlissenen Waggons war das Gebot der Stunde. Entspannung brachte erst das Jahr 1951 mit den ersten Neubaufahrzeugen aus dem VEB Lokomotiv- und Waggonbau (LOWA) Werdau, später erweitert um Gotha-Gelenkzüge. Im Leipziger Alltag und insbesondere zu den Messen oder Sportfesten leisteten die LVB Enormes: 300 Millionen Fahrgäste pro Jahr waren in jener Zeit, als erst wenige Leipziger ein Privat-Auto besaßen, ein üblicher Wert. Technisch begann 1969 eine neue Ära. Die ersten Tatra-Straßenbahnen aus der damaligen Tschechoslowakei rollten in Leipzig an und sollten in den kommenden Jahrzehnten das äußere Erscheinungsbild der LVB nachhaltig prägen. Ihre wichtigste Bewährungsprobe mussten sie bestehen, als ab den 70er-Jahren die Großsiedlungen am Stadtrand entstanden - vor allem Grünau, aber auch Lößnig und Paunsdorf.

Anfang der 90er-Jahre wandelten sich die Leipziger Verkehrsbetriebe aus einem ehemaligen Kombinat zu einem modernen kommunalwirtschaftlichen Unternehmen, seit 1993 in der Rechtsform einer GmbH. Der schlagartig losbrechenden Massen-Motorisierung und dem damit

Tatra-Bahn im Neubaugebiet Grünau.

verbundenen drastischen Rückgang der Fahrgastzahlen begegnete das Unternehmen in dreierlei Richtungen: Mit dem Einsatz moderner Fahrzeuge, darunter den ersten Niederflurbussen ab 1992 und den ersten Niederflurgelenkwagen im Jahre 1995. Mit dem schrittweisen Ausbau moderner Stadtbahntrassen, darunter die Linie 16 im Jahre 1996 bis zur Neuen Messe. Und schließlich ab 2001 mit der Einführung des 10-Minuten-Taktes in einem neu konzipierten Netz, das die geänderte Verteilung von Wohn- und Arbeitsstätten berücksichtigt. Zwischen 1998 und 2006 stieg die Zahl der Fahrgäste kontinuierlich wieder von 85 auf fast 125 Millionen pro Jahr. Busse und Bahnen der LVB befördern an jedem Werktag mehr als 340.000 Kunden, legen dabei zusammen fast eine Runde um den Erdball zurück - und leisten damit einen wichtigen Beitrag zum Klimaschutz. Unter einem gemeinsamen Dach besteht die LVB-Gruppe heute aus einer ganzen Reihe von Unternehmen. Sie kümmern sich beispielsweise um den städtischen Nahverkehr, die Infrastruktur der Straßenbahn, den Busverkehr im Umland, die Aus- und Weiterbildung und seit 2005 auch um den Bau von Straßenbahnen. Die Eigenentwicklung „Leoliner", vorwiegend aus Komponenten regionaler Zulieferer gefertigt, rollt seit 2006 in Serie aus den Montagehallen in Plagwitz und Leutzsch.

Daneben stellten die LVB vor der Fußball-WM die ersten zwölf von 24 Großraum-Triebwagen Classic XXL in Dienst: Die Riesen aus den Bombardier-Werken in Bautzen verkehren auf den ausgebauten Stadtbahntrassen. Und wer will, kann von Mai bis September an jedem dritten Sonntag im Monat den historischen Straßenbahnhof Möckern besuchen. Dort stehen viele historische Fahrzeuge zur Besichtigung bereit, die den weiten Weg von der Pferdebahn bis zur modernen Stadtbahn in Leipzig mit zurückgelegt haben.

Postkarte zum Stadtjubiläum 1965.

Made in Leipzig: der „Leoliner".

Die 2006 neu gestaltete Zentralhaltestelle vorm Hauptbahnhof.

1877

Oberbürgermeister: Der Erste regierte am längsten

Einst formten sie das Stadtbild, nun sind sie selbst ein Teil davon. Wer aufmerksam schaut, kann einige von ihnen auf der Straße treffen – wenn auch nur auf Namensschildern: Zeigner, Goerdeler, Georgi ... Als Oberbürgermeister lenkten sie Leipzigs Geschicke. Dabei weist die Liste der Amtsinhaber noch gar nicht so viele Einträge auf.

1877 führte die Stadt den Oberbürgermeister-Titel ein – beschlossen von den Stadtverordneten auf einer Sitzung kurz vor Jahresende. Sie legten die Bezeichnung zusammen mit dem neuen Orts-Statut fest. Für den Juristen Dr. Otto Robert Georgi war es eine begriffliche Beförderung: Er durfte – nach einem Jahr als Bürgermeister – als Erster den neuen Titel tragen.

Knapp zwei Dutzend Nachfolger verzeichnet die Stadtchronik – von Dr. Carl Bruno Tröndlin bis Burkhard Jung (seit 2006). Zwei Dutzend Männer mit einigen Gemeinsamkeiten. Viele von ihnen waren studierte Juristen. Die meisten hatten zudem eine längere politische Karriere hinter sich, als sie in das höchste Amt der Messestadt gelangten. Und sie hinterließen Spuren: Wie beispielsweise Wolfgang Tiefensee, Oberbürgermeister von 1998 bis 2005, als er Leipzig auf Olympia-Kurs brachte.

Amtskette des Leipziger Oberbürgermeisters.

Andere ruderten gegen den Strom: Dr. Carl Friedrich Goerdeler gelangte 1930 als Mitglied der Deutschnationalen Volkspartei an die Rathausspitze. Die Ideologie des erstarkenden Nationalsozialismus lehnte er ab. Als während seiner Auslandsreise im November 1936 in Leipzig das Mendelssohn-Denkmal fiel, trat er trotz erfolgreicher Wiederwahl von seinem Amt zurück. Goerdeler schloss sich dem bürgerlichen Widerstand an und war am Attentat vom 20. Juni 1944 auf Hitler beteiligt. Am 2. Februar 1945 richteten ihn die Nazis hin.

Insbesondere zwei Stadtoberhäupter stehen für den Neubeginn in Leipzigs Geschichte: Professor Dr. Erich Zeigner und Dr. Hinrich Lehmann-Grube. Zeigner führte Leipzig nach dem Zweiten Weltkrieg in die Normalität zurück. Die Messe sollte schnell wieder öffnen, ebenso die Universität. Das Rathaus brauchte neue, unvorbelastete Mitarbeiter. Lehmann-Grube ergriff als erster Nachwende-Oberbürgermeister das Steuer im Rathaus. Noch 1990 hatte der ehemalige Oberstadtdirektor Hannover verlassen und die DDR-Staatsbürgerschaft angenommen, um sich der Wahl zu stellen. Mit dem Neuaufbau der Verwaltung und dem „Leipziger Modell", einer sachorientierten Kommunalpolitik frei von Fraktionszwängen, stellte er die Weichen für einen raschen Aufschwung in der „Boomtown des Ostens".

Aufgaben und Einfluss der Oberbürgermeister haben sich seit 1878 immer wieder verändert. Auch die Amtszeiten variierten stark: Johannes Vierling führte 1945 nur in den ersten drei Nachkriegsmonaten die Geschäfte, Dr. Karl-Heinz Müller hingegen blieb ab 1970 insgesamt 16 Jahre im Amt. Den Rekord allerdings hält noch immer der erste in der Liste: 23 Jahre regierte Dr. Otto Georgi die Stadt, davon 22 Jahre als Oberbürgermeister. Dann verabschiedete er sich in den Ruhestand – und Leipzig schenkte ihm

Otto Georgi (links) und Carl Friedrich Goerdeler, darunter ein Zeigner-Transparent aus dem Jahr 1946.

zum Abschied die Umbenennung der Bahnhofstraße in Georgiring. Auch ein Relief am und eine Büste im Neuen Rathaus erinnern an den einstigen Stadtvater. Mehr noch: Der Oberbürgermeister der ersten Stunde hat Leipzig stärker geprägt als manch anderer. In seiner Amtszeit entstanden unter anderem Reichsgericht, Universitätsbibliothek und Königliche Akademie für graphische Künste und Buchgewerbe (heute Hochschule für Grafik und Buchkunst). Und Georgi begann, was andere später noch oft wiederholten: die Eingemeindung zahlreicher Ortschaften.

Umzug in die DDR: Hinrich Lehmann-Grube bei seiner Ankunft in Leipzig 1990.

Wolfgang Tiefensee (Mitte) 2005 mit den Georgi-Enkeln Maxine und Fred Bruhns aus Pittsburgh (USA) an der Büste ihres Großvaters im Neuen Rathaus.

1878

Astronom eröffnet Wetterdienst

Leipziger Landwirte hatten die Universität gedrängt, Astronom Carl Christian Bruhns nahm sich der Wünsche an: Am 1. Juli 1878 eröffnete er in der Schulstraße ein „Meteorologisches Bureau für Witterungsprognosen" – der erste regionale Wetterdienst auf Grundlage der Daten aus der Seewarte Hamburg. Neben Landwirten zählten auch Zeitungen zu den Kunden.

Schon 1826 hatte Heinrich Wilhelm Brandes bei seiner Bewerbung um den Uni-Lehrstuhl für Physik die bis heute gültige wissenschaftliche Grundlage für Wettervorhersagen vorgelegt. Carl Christian Bruhns wiederum initiierte den Bau der Universitätssternwarte in der Stephanstraße, knüpfte mit anderen Wissenschaftlern ein sächsisches Wetter-Beobachtungsnetz und organisierte eine Konferenz von 52 führenden Meteorologen - Vorläufer der heutigen Weltorganisation für Meteorologie.

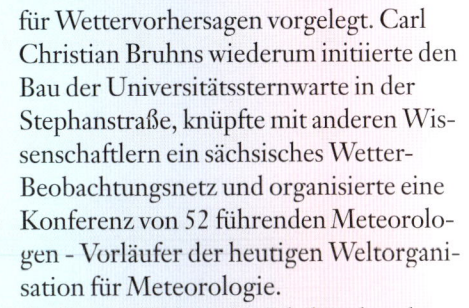

Auch wenn sich im 19. Jahrhundert der Übergang von der beschreibenden zur erklärenden Wetterkunde vollzogen hatte: Eine kontinuierliche Vorhersage etablierten die Meteorologen in Leipzig erst ab 1927 - auf dem neuen Schkeuditzer Flughafen.

Am 1. Mai 1950 ging in einer Villa an der heutigen Prager Straße die Mitteldeutsche Wetterdienststelle (später Amt für Meteorologie) in Betrieb – ab 1966 mit einem 30 Meter hohen Radarturm als Wahrzeichen.

Nach der Wiedervereinigung entwickelte sich das Amt zu einer von sieben großen Niederlassungen des Deutschen Wetterdienstes (DWD).

2004 zogen die Meteorologen in einen Neubau in Holzhausen um - und hoffen, dass die DWD-Zentrale in Offenburg auch in Zukunft den traditionsreichen Leipziger Standort stärkt.

Von oben links: Carl Christian Bruhns, darunter das im Zweiten Weltkrieg zerstörte Gebäude mit dem „Meteorologischen Bureau für Witterungsprognosen", und das Wetteramt 1984.

Panorama erlebt Wiedergeburt

Nach dem Deutsch-Französischen Krieg bauten viele Städte Ende der 1870er-Jahre Panoramen - spezielle Rundbauten mit Gefechtsdarstellungen auf riesigen Gemälden. In Leipzig öffnete ein solches Panorama 1884 am Rossplatz (oben). Unter dem Glasdach im oberen Stockwerk des Gebäudes konnten die Besucher in wechselnden Ausstellungen Szenen der Kämpfe bei Mars-la-Tour oder auch der Völkerschlacht betrachten. Bei vielen Leipzigern beliebt war das Panorama nicht zuletzt wegen seiner „Groß-Gaststätte" mit Weinkeller, Probierstuben und Konzertgarten. Während des Zweiten Weltkrieges trafen im Jahr 1943 Fliegerbomben den Rundbau.

60 Jahre später erweckte der in Leipzig aufgewachsene Künstler und Architekturprofessor Yadegar Asisi die Panorama-Idee zu neuem Leben. Im ehemaligen Gasometer Südost zeigte er mit Unterstützung der Stadtwerke den höchsten Berg der Erde auf dem größten Rundumbild der Welt: 36 Meter hoch, 106 Meter lang. Etwa 500.000 Besucher standen in der Ausstellung „8848 Everest 360 Grad" mitten im Himalaya, schauten von einem sieben Meter hohen Podest im effektvoll inszenierten Wechsel der Tageszeiten über das „Tal des Schweigens" hinauf zur Spitze des Mount Everest.

2005 folgte die Schau „Rom CCCXII": Illusionskünstler Asisi druckte diesmal sein digital erschaffenes Bild vom Einzug Kaiser Constantins am 27. Oktober 312 in Rom auf die mehr als eine Tonne schweren Stoffbahnen. Und der frühere Gasometer - inzwischen komplett modernisiert - heißt jetzt Panometer.

Blick auf „Rom 312".

Gasometer mit Everest-Bild.

1878

Pinkert trifft Seifert: Amüsement und vierbeinige Stars

Ernst Pinkert, rechts, im fiktiven Gespräch mit Siegfried Seifert.

Ernst Pinkert und Siegfried Seifert: Der eine gründete 1878 den Zoo, der andere leitete ihn von 1964 bis 1992. Bei den Leipzigern waren beide außerordentlich beliebt. Wenn sie sich treffen könnten, worüber würden sich der Gastwirt und der Biologie-Professor wohl unterhalten? Dieser Frage ging die LVZ zum hundertjährigen Bestehen des Tiergartens im Juni 1978 nach:

Seifert: Guten Tag, Herr Kollege! Freue mich, Sie persönlich kennenzulernen: Schließlich übe ich als Ihr vierter Nachfolger das Amt des Leipziger Zoodirektors aus.

Pinkert: Ich entbiete Ihnen ebenfalls einen artigen guten Tag! Es braucht geraume Zeit, zu Ihnen vorzudringen, da männiglich Besucher die Pforte versperrten. Mich dünkt, es kennen inzwischen recht viele Leipziger unseren Tiergarten?

Seifert: Das kann man wohl sagen! Pro Tag kommen etwa fünf- bis siebentausend Besucher, an sonnigen Sommer- und Ferientagen sogar bis zu 30.000.

Pinkert: Fürwahr imponierende Zahlen. Am 9. Juni 1878 haben wir wesentlich bescheidener angefangen, konnten wir doch an diesem Tage der Eröffnung des Zoologischen Gartens nur etwa 2.100 Besucher empfangen. Wir stellten damals auf dem Gelände des ehemaligen Fettviehhofes nicht nur Tiere zur Schau, sondern hatten auch manch anderes Amüsement zu bieten, so zum Beispiel Rollschuh- und Radrennbahn sowie eine Kuriositätenschau.

Seifert: Nicht so bescheiden, Herr Kollege! Immerhin legten Sie auf der rund einen Hektar großen Fläche den Grundstein für vieles, was auch heute die Zoobesucher erfreut.

Pinkert: Das will ich nicht leugnen! Zu meiner Freude brachten die Leipziger schon zu meiner Zeit dem Zoo große Sympathie entgegen. Die Zahlen der Tiere und der Besucher stiegen an und bald schon wurde der Raum zu eng. Anfang der 80er-Jahre erwarben wir deshalb ein Stück des Rosentales hinzu, wo Kängurus, Antilopen, Hirsche und anderes Getier Unterkunft fanden. Bis 1907 erreichte der Garten eine Größe von sieben Hektar. Im Laufe dieser Zeit entstanden das Neue Raubtier- und Affenhaus sowie das Verwaltungsgebäude. Um 1900 wuchs dann das stattliche Gebäude des großen Festsaales empor …

Seifert: … das uns noch heute als Kongresshalle unentbehrlich ist. War denn eigentlich für diese doch recht kostspieligen Unternehmungen stets genügend Geld in der Kasse?

Pinkert: Mit Verlaub gesagt: Bei Weitem nicht. Zumal wir auf Schenkungen aus der Bevölkerung angewiesen waren. Diese blieben gänzlich aus, als der Garten in städtische Verwaltung überging. Die Direktion sah sich gezwungen, die damals schon berühmten Leipziger Löwen im In- und Ausland als „Filmschauspieler" (rechts) auftreten zu lassen und sich so die notwendigen Mittel zu verschaffen …

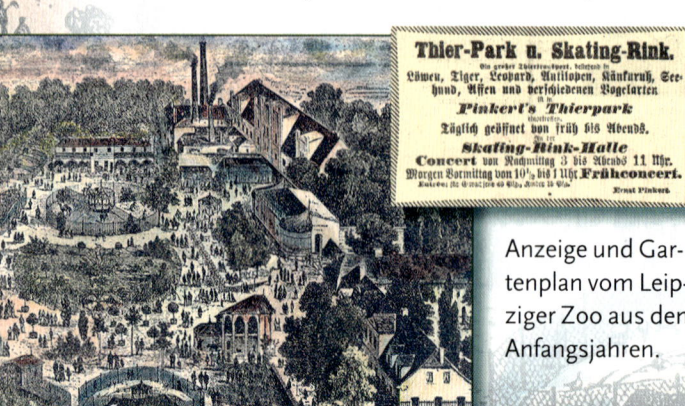

Anzeige und Gartenplan vom Leipziger Zoo aus den Anfangsjahren.

„Löwenfabrik" beliefert sogar Afrika

Am 15. Oktober 1880 vermeldete der Zoo die Geburt des ersten Leipziger Löwen: Der Grundstein für die „Löwenfabrik" war gelegt. Die große Nachfrage von Tiergärten und Zirkussen machte die Zucht zu einem einträglichen Geschäft. Außerdem bildete sich in Leipzig ein Raubtiertyp mit großer Schauwirkung heraus: Sein Wuchs war stattlich, die Mähne dunkel und groß. Sogar nach Afrika lieferte der Zoo seine Löwen. Mehr als 2300 Tiere kamen im Laufe der Jahre an der Pleiße zur Welt. Der große steinerne Raubtierkopf über dem Zoo-Eingang kündet davon.

Aus-Zeit

Die Zeitreise unterbrechen, bei diesem Thema verweilen, eine Auszeit nehmen? Kein Problem! Hier drei Buch-Tipps: „Die Löwenfabrik: Lebensläufe und Legenden" heißt der 2006 erschienene Band von Mustafa Haikal. Gemeinsam mit Zoo-Direktor Jörg Junhold veröffentlichte er außerdem „Vorsicht Löwe! Humorvolles aus dem Leipziger Zoo" (2004) und „Auf der Spur des Löwen: 125 Jahre Leipziger Zoo" (2003).

1880

Graphisches Viertel - Zentrum der großen Verlage

Leipzig – die Stadt der Verlage. Unzählige Bücher gelangten von hier aus zu Ruhm. Bis heute aktuell und immer wieder diskutiert: der Duden. 1880 veröffentlichte der studierte Pädagoge und Muttersprachen-Enthusiast Konrad Duden in Leipzig erstmals sein „Vollständiges orthographisches Wörterbuch der deutschen Sprache". Unter dem Namen seines Schöpfers gehört der Bestseller trotz (oder gerade wegen) aller Reformen nach wie vor zu den meist verkauften Büchern im deutschsprachigen Raum.

Über Jahrhunderte hielt Leipzig im Verlagswesen eine nahezu konkurrenzlose Spitzenstellung: Friedrich Arnold Brockhaus, Anton Philipp Reclam, Benedictus Gotthelf Teubner, Ernst Arthur Seemann und viele andere schrieben mit ihren Unternehmen deutsche Buch- und Kulturgeschichte.

Bereits seit dem 15. Jahrhundert war das Druckgewerbe in der Messestadt heimisch. Die Industrialisierung verhalf dem Buch zum Massenprodukt - und zahlreiche Verlage siedelten sich an. Im Graphischen Viertel östlich des Stadtkerns konzentrierte sich am Ende des 19. Jahrhunderts das „Who is who" des deutschen Verlagswesens - auf lediglich 1,2 Quadratkilometern.

Konrad Dudens Regeln zur allgemeinen Rechtschreibung waren im Bibliographischen Institut erschienen. Der 1826 in Gotha gegründete Verlag war 1874 unter Hermann Julius Meyer nach Leipzig gezogen. Neben dem Duden gehörten Lexika und „Brehms Tierleben" zu den Bestsellern des Hauses. Auch der Brockhaus-Verlag spezialisierte sich auf enzyklopädische Werke. Den Grundstein dafür hatte er 1810 mit seinem „Conversationslexikon" gelegt - 2006 erschien der „Brockhaus" in 21. Auflage in 30 Bänden.

Von einer langen Tradition sprechen auch die Werke aus dem Insel-Verlag. Auf Anregung von Erfolgsautor Stefan Zweig gründete Anton Kippenberg 1912 die Insel-Bücherei. Konzeption und Gestaltung, insbesondere die farbigen Einbände, verschafften der Reihe ein unverwechselbares Profil. Bei Sammlern bis heute gefragt: die berühmte Nummer eins: „Die Weise von Liebe und Tod des Cornets Christoph Rilke".

Als 1943 Bomben auf Leipzig fielen, ging auch das Graphische Viertel zu Grunde. Zum Verlust gehörte fast die gesamte Auflage einiger Ausgaben der Insel-Bücherei. Die wenigen bereits verkauften Exemplare gehören längst zu den begehrten, teuren Liebhaberstücken.

Geschichte schrieben ebenfalls die Bücher aus Reclams Universalbibliothek. Die Edition des Verlages Philipp Reclam jun. startete 1867 mit dem ersten Teil von Goethes „Faust" - gefolgt von Tausenden weiteren Titeln. Der Verlag achtete von Anfang an auf Qualität und bot damit der Konkurrenz auf dem Billigbuch-Sektor Paroli.

Stadt der Verlage - mit dieser Bezeichnung schmückt sich Leipzig heute nicht mehr. Viele der einst prominenten Unternehmen überstanden zwar mit unterschiedlichen Dependancen in Ost und West sogar die deutsche Teilung. Doch nach der deutschen Wiedervereinigung hatten die in Frankfurt am Main (Insel), Mannheim (Bibliographisches Institut und Brockhaus) oder Ditzingen bei Stuttgart (Reclam) ansässigen Verleger nur geringe Ambitionen, mit ihren Firmen nach Leipzig zurückzukehren - und zeigen meist nur noch durch Filialen ihre Präsenz.

Friedrich Arnold Brockhaus

Konrad Duden und sein Bestseller. Rechts: Bibliographisches Institut am Täubchenweg um 1875.

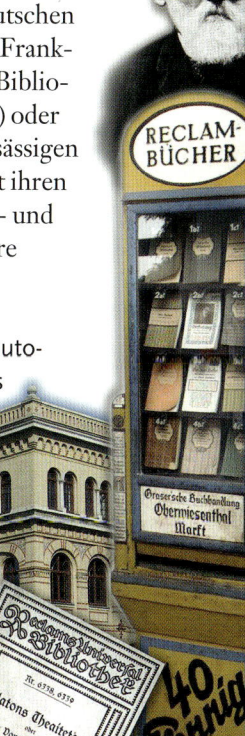

Die Nr. 1 der Insel-Bücherei von Rainer Maria Rilke.

Brockhaus-Gelände an der Querstraße um 1830.

Anton Philipp Reclam mit einem seiner Buchautomaten und einem Buch von Platon in Reclams Universalbibliothek. Im Hintergrund das Reclam-Karree an der Inselstraße.

Die Drahtseilbahn in Teutschenthal baute Adolf Bleichert 1874 für die Halle-Leipziger Eisengießerei und Maschinenbau-Actien-Gesellschaft zu Schkeuditz. Statt der Drahtseile verwendete er bei diesem ersten Modell noch Rundstäbe als Schienen.

Adolf Bleichert (1845 bis 1901), einer der bedeutendsten Leipziger Industriellen.

Seilbahnen für alle Welt

27 Jahre alt ist Ingenieur Adolf Bleichert (1845-1901), als er 1872 den Auftrag übernimmt, die erste Schwebebahn für den Transport von Braunkohle zu bauen. Gemeinsam mit dem Ingenieur Theodor Otto entwickelt er Lösungen, von denen sein Unternehmen über Generationen hin profitieren wird.

Bereits neun Jahre später geht die hundertste Drahtseilbahn in Dienst. Bleichert weiht am 1. Juli 1881 in Gohlis seine neuen, vom Architekten Max Bösenberg entworfenen Fabrikgebäude ein. „Adolf Bleichert & Co." liefert mit 70 Arbeitern sowie 20 technischen und kaufmännischen Beamten Seilbahnen in alle Welt.

Vor allem die Rohstoff- und Schwerindustrie zeigte großes Interesse an den neuen Anlagen. Ohne Straße oder Schiene: In unwegsamem Gelände ließen sich mit den Seilbahnen große Mengen Material kontinuierlich transportieren. Bleichert und seine Ingenieure sicherten sich für ihre Ideen die Patente. 1890 waren 600 Bleichertsche Anlagen in Betrieb: In Berg- und Hüttenwerken, Steinbrüchen, Ziegeleien, Zement- und Zuckerfabriken, Spinnereien und Webereien. Adolf Bleichert erlebte noch den Bau seiner 1000. Seilbahn. 1901 starb er, erst 56 Jahre alt. Seinen Söhnen Max und Paul hinterließ er ein florierendes Unternehmen.

Die Söhne bringen Jahr um Jahr neue Transportanlagen für die unersättliche Industrie auf den Markt: Aufzüge, Elektro-Hängebahnen, Becherwerke, Seil- und Kettenförderer, Bagger, Transportbänder. Sie bauen Seilbahnen in den Kordilleren, in Afrika und anderen Erdteilen. Skiurlauber und Bergtouristen genießen bald allerorten das muskelnschonende Bewegungsmittel.

Zum 75-jährigen Firmenjubiläum 1949 bilanzierte die Festschrift 3800 Transportanlagen in Deutschland, 2060 in Europa und 280 in anderen Erdteilen.

Ende der 20er-Jahre gerieten die Bilanzen des Unternehmens ins Wanken. Der Erste Weltkrieg hatte die Verbindungen zu den Absatzmärkten unterbrochen. Die Weltwirtschaftskrise traf den deutschen Maschinenbau empfindlich. Max Bleichert ließ im März 1932 die Liquidation einleiten. Der Gläubigerbeirat gab den Carlswerken den Zuschlag. Am 23. Juni 1932 gründeten sie die Bleichert Transportanlagen GmbH, die mit 73 Angestellten und 96 Arbeitern an alter Stätte die weltberühmten Anlagen weiter produzierte. Kein Mitglied der Familie Bleichert gehörte mehr dem Unternehmen an. Die Nationalsozialisten bezogen den Betrieb in die Rüstungswirtschaft ein. An den Drehbänken produzierten die Arbeiter Granathülsen. Die Bomben auf Leipzig beschädigten die Werke in Gohlis und Eutritzsch zum Teil schwer.

Nach Kriegsende blieb der Betrieb von Demontagen durch die sowjetische Besatzungsmacht verschont. Die Produktion begann mit Reparaturen und Ersatzproduktion: Handwagen, Feuerzeuge, Spaten. Im Sommer 1946 überführten die sowjetischen Behörden das Unternehmen als Sowjetische Aktiengesellschaft (SAG) in den Besitz ihres Staates. Die Produkte hatte das Werk als Reparation in die Sowjetunion zu liefern. Dafür versorgten die Besatzer die SAG Bleichert bevorzugt mit Material und Arbeitskräften. Der Betrieb produzierte weiter Verlade- und Transportanlagen und Seilbahnen, dazu in Serie den Autokran vom Typ SIS, die Elektrolok Karlik. Zwei riesige Hellingkrane entstanden für die Werften in Wismar und Warnemünde.

1953 ging die SAG Bleichert als einer der letzten Betriebe in das Volkseigentum der DDR über. Dabei tilgte das Ministerium für Maschinenbau entgegen dem Wunsch der Betriebsleitung den Namen Bleichert aus der Anschrift: Aus der SAG wurde der VEB Schwermaschinenbau Verlade- und Transportanlagen (VTA), das Denkmal des Firmengründers verschwand kommentarlos vom Betriebsgelände. Zu DDR-Zeiten ist VTA eines der größten Leipziger Unternehmen, 1991 endet seine 110-jährige Geschichte in der Liquidation. Seither stehen die Werkhallen leer. Im Unternehmen Takraf lebt das Ingenieurwissen heute weiter.

Personenseilbahn aus Bleicherts Produktion auf dem Kohlererberg bei Bozen in Südtirol (Aufnahme von 1911/12).

Ein florierendes Unternehmen: Die 1906 erbaute Montagehalle der Bleichert-Werke.

Blick auf das Fabrikgelände (nach 1911).

Die Werkhallen verfallen: Der Nachfolge-Betrieb der Bleichert-Werke, der VEB Verlade- und Transportanlagenbau, endete 1991 in der Liquidation.

1882

Senkrechtstart zur Weltspitze

18 Dampfmaschinen mit insgesamt 240 PS und einige Hundert Arbeiter halten Mitte des 19. Jahrhunderts Leipzigs wenige Fabriken in Bewegung. Doch das sollte sich gründlich ändern. Die Gewerbezählung von 1882 vermeldet erstmals einen Rekordzuwachs bei Firmengründungen. Wie überall in Sachsen hatte sich die Zahl der Fabriken von 1875 bis 1882 mehr als verdoppelt - von 4.551 auf 10.516. Im Jahr 1907 zählen die Statistiker bereits 21.382 Unternehmen, darunter 17 Prozent aller deutschen Großbetriebe. Leipzig gewinnt in raschem Tempo einen neuen Ruf als Industriemetropole.

Die Messe förderte den Übergang vom Handwerk zum Fabrikbetrieb - allerdings gemächlicher als anderswo. Handelsherren der Messestadt ließen ihre Waren in der Umgebung herstellen und begründeten auf ihren Höfen nahe der Stadt die Hausindustrie. Daraus entwickelten sich die ersten größeren Unternehmen: Buchdruckereien, Seiden- und Samtweberei, Strumpfwirkerei, Wachsleinwand- und Tabakfabrikation. Ende des 16. Jahrhunderts arbeiteten im Schatten der Buchmesse bereits drei größere Druckereien. Dreißigjähriger Krieg und der erst 1861 aufgehobene Zunftzwang behinderten die Entwicklung. Die meisten der frühen Fabrikanten gaben auf. Einzig Buchgewerbe und Tabakindustrie blieben in der Stadt verwurzelt. Die Anfänge aller anderen Zweige der Leipziger Großindustrie reichen nicht weiter als bis zum Anfang des 19. Jahrhunderts zurück. Aber viele Unternehmer schafften es im Senkrechtstart bis zur Weltspitze. Nach kurzem Anlauf in oft gemieteten Räumen nahmen sie in den Vorstädten Quartier und dehnten sich binnen Kurzem mit neuen Produktionsstätten aus - in Plagwitz, Lindenau, Kleinzschocher, Reudnitz.

Innerhalb von 15 Jahren wuchs die Einwohnerschaft dieser Ortsteile um das drei- bis fünffache. Zählte Leipzig 1880 noch 244.285 Einwohner, waren es 1895 bereits 399.969. Die rasant wachsende Industrie zog Arbeitskräfte an. In dieser Zeit entstanden die Großbetriebe, die bis 1990 Leipzigs Industriestruktur prägten. Die von Meier & Weichelt 1871 gegründete Eisengießerei war 1910 bereits zur größten der Stadt aufgestiegen. 1.500 Beschäftigte arbeiteten in den Werken in Lindenau und Großzschocher.

Karl Krause baute 1857 mit neun Arbeitern die ersten 38 Maschinen für Buchbinder. 1910 führte er ein Werk mit Weltgeltung: 1.350

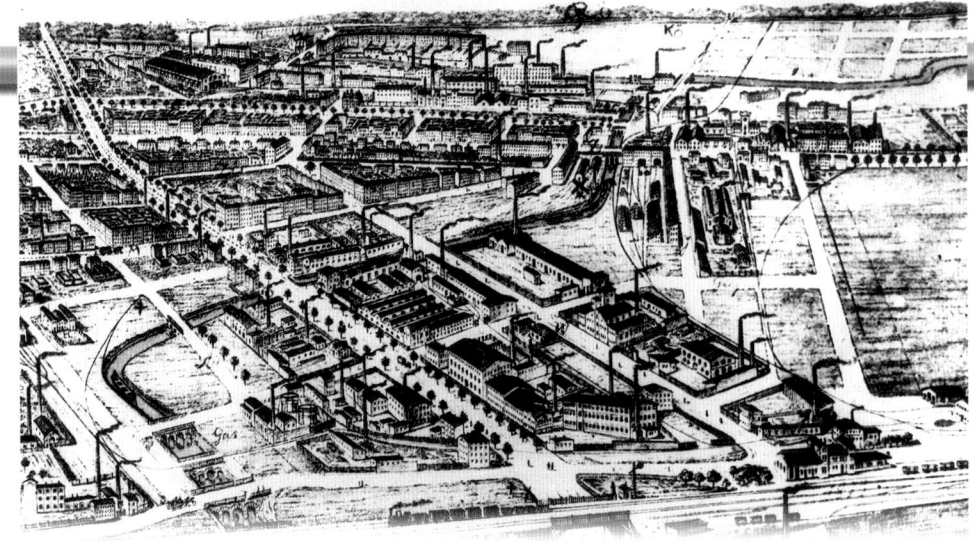

Blick auf die Leipziger Industrie-Stadtteile Plagwitz und Lindenau um 1900.

Arbeiter montierten 7.343 Maschinen. Die Hälfte davon ging ins Ausland. Die Firma meldete 50 Patente an.

Rudolf Sack mietete sich mit fünf Arbeitern 1863 in Plagwitz ein. Sein Ziel: Selbst erfundene Landmaschinen so billig und so ausgefeilt wie möglich herstellen. Der „Sacksche Universalpflug" - ein Exportschlager - grub sich weltweit ins Erdreich.

1910 produzierten 1.645 Arbeiter exakt 182.759 Pflüge für den Einsatz in Europa, Sibirien, Kleinasien. Nord- und Südafrika, Mexiko und Südamerika.

Wilhelm Pittler brachte von Leipzig aus die von ihm erfundene Revolverdrehbank zu Weltgeltung, Adolf Bleichert baute Drahtseilbahnen auf fast allen Kontinenten, Carl Hermann Jaeger entwickelte Pumpen und Gebläse für die Berg- und Hüttenindustrie. Textilbetriebe breiteten sich aus. Die Buchindustrie boomte. Leipziger Pianos waren weltweit begehrt. Das industrielle Fundament hielt dem Ersten Weltkrieg, der Weltwirtschaftskrise und der Inflation stand. Die großen Betriebe verschwanden erst mit dem Zusammenbruch der DDR und ihrer Wirtschaft. Ob Pflüge, Pumpen oder Pianos: Die überlebt haben, behielten mit dem traditionsreichen Leipziger Namen ein gewichtiges Argument für die Qualität ihrer Produkte.

Einer der ersten von Rudolf Sack (rechts) entwickelten Pflüge.

Turbinenpumpe (um 1900) von Carl Hermann Jaeger (rechts).

Firmengründer Karl Krause neben seiner Maschinenfabrik (um 1900).

„Unverfälschte Waren zu guten Preisen"

Anrührend und spannend zugleich: die Gründungsgeschichte der Leipziger Konsumgenossenschaft. Nicht Ingenieure und Kaufleute, sondern Arbeiter haben sie 1884 ins Leben gerufen. Ihr Ziel: „Unverfälschte Waren zu guten Preisen". Aus dem Gewinn gewähren die Genossenschaftsgründer ihren Mitgliedern schon bald eine Dividende: acht Prozent im Durchschnitt der ersten Jahre.

Auch wenn die Anfänge bescheiden sind und der kleine Laden in Plagwitz kaum mehr als das Nötigste bietet: Die Eigentümer setzen auf Qualität. Ohne Wenn und Aber schicken sie minderwertige Lieferungen zurück und verlangen einwandfreie Produkte - einer der wichtigsten Gründe für den raschen Aufstieg der Genossenschaft.

Bereits um 1900 hat sie alle Einzelhandelsunternehmen der Region überflügelt. Rund 50 Verkaufsstellen und zwei Warenhäuser gehören zum Unternehmen. Hinzu kommen eine Reihe von Werkstätten und Zweigfirmen. So betreibt die Konsumgenossenschaft eine der größten Bäckereien Deutschlands, eine Mühle und ein Dutzend weiterer Einrichtungen - für eigenes Mehl, eigene Limonade, eigenen Käse und vieles andere mehr.

Auch hier gelten strenge Maßstäbe - vor allem für empfindsame, leicht verderbliche Produkte: Butter oder Fleisch, Kaffee oder Milch zum Beispiel. „Wie in früheren Jahren waren wir bemüht, möglichst ohne die Tagespreise zu überschreiten, nur tadellose, vollständig einwandfreie Ware anzubieten", resümiert der Vorstandsvorsitzende Karl Arnold im Juli 1904. „Wir sind sogar noch einen Schritt weitergegangen und haben mit einem hiesigen Nahrungsmittelchemiker einen Vertrag geschlossen, wonach derselbe sogleich nach Eingang der Ware in unserem Hauptlager selbst Proben zur Untersuchung entnimmt. Unseres Wissens befindet sich in Leipzig kein zweites Unternehmen, das seinen Abnehmern gleiche oder ähnliche Garantien bietet."

Genau diese Geschäftspolitik, verbunden mit den jährlichen Rückvergütungen, überzeugt viele Leipziger. Vertritt doch die „Konsumgenossenschaft für Plagwitz und Umgegend" - wie sie sich lange Zeit nennt - ein innovatives Modell: Von den Großhändlern zu günstigen Konditionen einkaufen, den Gewinn zum Teil an die Mitglieder weiterreichen. Deutschlandweit tauschen die Konsumvereine ihre Erfahrungen aus - eine Gemeinschaft mit gleichen Zielen. Selbst als der Erste Weltkrieg und die Inflation das Wirtschaften stark behindern, wächst die Zahl der Mitglieder. Fast 77.000 Genossenschaftler zählt das Leipziger Unternehmen im Sommer 1923.

Wie ein lang gezogenes, hochmodernes Schiff liegt die wenige Jahre später errichtete Konsumzentrale noch heute gegenüber dem Karl-Heine-Kanal. Das von dem Hamburger Architekten Fritz Höger entworfene Gebäude gehört zu den Höhepunkten Leipziger Architekturgeschichte. Es verdeutlicht das Selbstbewusstsein der Bauherren und verbindet sich mit der Hoffnung vieler Mitglieder auf eine gerechtere Gesellschaft. Wenn sich diese Erwartungen auch nicht erfüllen: Die Konsumgenossenschaft behauptet sich. Jahrzehntelang gehört sie zum Alltag der Leipziger, betreibt noch zum Ende der DDR rund 600 Ladengeschäfte sowie 70 Gaststätten - und überlebt selbst die dramatische Zeit

Die erste 1884 eröffnete Warenabgabestelle in der Weißenfelser Straße. Links der 1887 gewählte Vorstand mit seinem Vorsitzenden Georg Fell (Mitte), unten das Plagwitzer Konsum-Areal (um 1900).

Konsum-Geschäft um 1900.

Typisches Konsum-Werbeplakat um 1950.

der Nachwendewirren. Über Nacht muss das Unternehmen unrentable Geschäfte schließen und Warenbestände neu bewerten - schmerzhafte Sanierungsmaßnahmen sind unausweichlich.

Inzwischen gehört auch das zur Konsum-Geschichte. „Wir sind ein modernes Unternehmen mit klaren Visionen", erklärt Vorstandssprecherin Petra Schumann-Abend die gegenwärtige Geschäftspolitik. „Verwurzelt in Leipzig, suchen wir die Nähe zum Kunden. Statt auf der ‚grünen Wiese' bieten wir unsere Waren direkt in den Wohngebieten an."

Der Konsum um die Ecke - ein Konzept, das die Leipziger honorieren. In den 72 Geschäften fühlen sie sich nicht abgefertigt, sondern fach- und sachkundig beraten. „Leben & Genießen" heißt das Motto. Wer im Konsum einkauft, kann heute mehr erwarten als nur Waren in Regalen. Schrittweise modernisiert die Genossenschaft ihre Filialen und lässt mediterranes Ambiente einziehen: Warme Farben, Holz und Metall im Wechselspiel vermitteln eine entspannte Atmosphäre, in der die Kunden ihren Einkauf nicht als lästige Pflicht, sondern als angenehmes Erlebnis empfinden sollen.

An die Mitarbeiter stellt das hohe Anforderungen: „Regelmäßige Schulungen, vor allem im Frischebereich und zum Weinsortiment, qualifizieren sie zu kompetenten Ansprechpartnern", beschreibt Petra Schumann-Abend den großen Vorteil der Konsummärkte. Das Bonussystem „KUSS" gewährt Konsum-Kunden zusätzlich Vergünstigungen bei mehr als 90 Partnern des Unternehmens in der Region. Und wer keine Zeit zum Einkaufen vor Ort hat, dem bringt der Lieferservice „LOFEX" das Gewünschte nach Hause: Einfach per Telefon oder Internet aus dem Konsum-Sortiment bestellen - und die Lieferung erfolgt in der Regel noch am gleichen Tag, im Expressdienst sogar innerhalb von 90 Minuten.

Mit 850 Mitarbeitern und 67 Auszubildenden gehört der Konsum zu den wichtigsten Arbeitgebern der Region. Jedes Jahr stellt er 20 bis 25 neue Lehrlinge ein. „Besonders wichtig ist es uns, jungen Menschen eine Perspektive zu bieten", sagt die Vorstandssprecherin. „Von denen, die ihre Lehre erfolgreich beendeten, wurden alle in ein festes Arbeitsverhältnis übernommen."

Der „Konsum von nebenan" wirkt zudem im Umfeld seiner Filialen als aktiver Partner: Er bietet Kindergartengruppen oder Schulklassen Einblicke in die Welt der Waren, unterstützt seit Langem die Universitätskinderklinik oder auch die jungen Handballer des HCL - gelebte Verantwortung eines Leipziger Traditionsunternehmens.

Die Konsum-Zentrale in Plagwitz, ein Baudenkmal von europäischem Rang. Nach ihrer denkmalgerechten Sanierung beherbergt sie einen modernen Bürokomplex.

Der erste nach 1989 in Eigenregie gebaute Supermarkt in der Gohliser Coppistraße, eröffnet im September 2006.

Vorstandssprecherin Petra Schumann-Abend und Vorstandsmitglied Martin Rother.

1885

Blühendes Unternehmen - im Bahnhof zu Hause

Aus einem Samenkorn wächst eine Pflanze - und manchmal auch ein stattlicher Familienbetrieb: 1836 hatte Johann Christian Hanisch an der Dresdner Straße eine kleine Gärtnerei mit Samen-, Pflanzen- und Blumenhandlung eröffnet. Seinem Sohn Carl Julius verlieh König Albert von Sachsen 1882 sogar den Titel eines Hoflieferanten. Doch größte Bekanntheit erlangte der Name „Blumen-Hanisch" erst mit der Eröffnung eines Stadtgeschäftes 1885 in der Grimmaischen Straße. Es entwickelte sich zum Herzstück des Unternehmens, zu dem nach wie vor eine Gärtnerei gehörte. Von deren hoher Qualität kündeten zahlreiche internationale Auszeichnungen.

Mit der Einweihung des Hauptbahnhofes 1915 begann die Tradition des Blumenhandels in der Ost- und Westhalle. Auch den Laden in der Innenstadt erweiterte die Familie und errichtete in Holzhausen einen neuen Gartenbaubetrieb. Nach der Bombennacht vom 4. Dezember 1943 blieben nur Trümmer.

Alfred Hanisch ließ sich nicht unterkriegen: Im Juli 1949 eröffnete er ein 2.000 Quadratmeter großes Blumenhaus am Augustusplatz. Der private Betrieb mit 150 Angestellten florierte. Doch die DDR verstaatlichte ihn, sein Besitzer floh nach Frankfurt am Main, begann 1956 mit einem drei Quadratmeter kleinen Blumenstand erneut von vorn - und beschäftigte fünf Jahre später schon wieder 130 Mitarbeiter. Sohn Carl gründete zudem eine eigene Firma: Blumen-Hanisch in Düsseldorf.

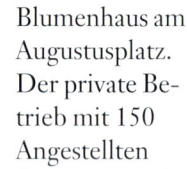

Nach der Wende 1989 kehrte das Familienunternehmen in seine Heimatstadt zurück. In sechster Generation betreiben Stephan und Jeanette Hanisch heute mit rund 25 Mitarbeitern die beiden Bahnhofsgeschäfte. Und auch in den Hauptbahnhöfen von Halle/Saale und Frankfurt am Main erfreut Blumen-Hanisch mit seinem floristischen Können die Kunden.

Historische Pflegefibel.

Blumen-Hanisch im Leipziger Hauptbahnhof. Links: Blumen-Boten 1935.

Ärger in der Schule - Leidenschaft im Zoo

Samoaner-Schau im Leipziger Zoo.

Der große Dichter Joachim Ringelnatz - seine Kindheit verbrachte er in Leipzig. 1883 als Hans Bötticher in Wurzen geboren, zog er als Vierjähriger mit seiner Familie in die nahe Messestadt. Zuerst wohnten die Böttichers An der Alten Elster, später in der Poniatowskistraße. Der kleine Hans liebte den Fluss: Jeden Sonntag durfte er auf einem Ausflugsdampfer die Billetts entwerten und die große Schiffsglocke läuten. Ein Graus war ihm hingegen die Schule. Unter den Lehrern am Königlichen Staatsgymnasium galt der Junge als wild, unordentlich und trotzig. Dafür brachte ihm sein Schreib- und Zeichentalent 1896 das erste Honorar ein: 20 Mark für die in den „Leipziger Meggendorfer Blättern" veröffentlichte Humoreske „Änne Heringsgeschichte". Wann immer er konnte, durchstreifte Hans den Zoo direkt gegenüber dem Gymnasium. Sogar die Schulpausen nutzte er dafür. Besonders faszinierten ihn die Völkerschauen. Einer Gruppe „herrlicher, stattlicher Samoanerinnen" schenkte der pubertierende Junge nach und nach den Christbaumschmuck der Familie, den die Frauen alsbald im Haar trugen. Sie dankten ihm mit einer Unterarm-Tätowierung - und Hans flog von der Schule. Auf seinem Abgangszeugnis von 1897 steht der Vermerk: „Schulrüpel ersten Ranges". Ein Lehrer ergänzte Jahre später: „Kaufmann in Hamburg; dann als Schriftsteller Joachim Ringelnatz bekannt, als welcher er seiner Tradition von der Schule her treu blieb". Nachdem er auf der Tollerschen Privat-Realschule die Reifeprüfung abgelegt hatte, erfüllte sich Hans Bötticher seinen Kindheitstraum: 1901 heuerte er in Hamburg als Schiffsjunge an und reiste auf einer hölzernen Barke um die Welt. Die Erinnerungen an seine Leipziger Zeit verarbeitete Ringelnatz später in mehreren Gedichten.

Joachim Ringelnatz (1883 - 1934) alias Hans Bötticher.

Das Geburtshaus des Dichters in Wurzen.

1886

Am 1. Juni 1886 geweiht, zählt der Südfriedhof mit seinen prächtigen Grabanlagen heute zu den bedeutendsten Parkfriedhöfen Europas.

Prächtige Gräber, prominente Namen und ein Publikumsmagnet

Die Gegend wirkte trist und karg: Nichts außer Ackerland, und die Stadt mehr als drei Kilometer entfernt. Doch der Leipziger Rat hatte gute Gründe, gerade dort eine durch das Bevölkerungswachstum erforderliche neue Beerdigungsstätte zu gründen: Die Hygienevorschriften erlaubten nur eine außerstädtische Anlage. Außerdem konnte Leipzig die rund 30 Hektar Land vom Probstheidaer Grundbesitzer Hieronymus Gärtner und der dortigen Kirchgemeinde günstig erwerben. Und schließlich besaß das Areal nebenbei noch einen hohen ideellen Wert: Hier hatten 1813 die entscheidenden Kämpfe der Völkerschlacht getobt. Architekt Hugo Licht und Stadtgärtner Otto Wittenberg erarbeiteten gemeinsam die Pläne für den neuen Südfriedhof. Mit einer bis dahin weitgehend neuen Form der Friedhofsanlage wollten sie durch eine vielfältige Gestaltung und Bepflanzung den Eindruck einer Parklandschaft erwecken. Mehr als 1.000 verschiedene Sträucher und Bäume wählten die Planer dafür aus: Linden, Ahorn, Hängebirke, Rosskastanie, Pyramidenpappeln, Platanen... Die zunächst auf 13 Hektar gestaltete Erde kostete stolze 500.000 Mark. Am 1. Juni 1886 geweiht, zählt die Anlage heute zu den bedeutendsten Parkfriedhöfen Europas. Anfangs war der Südfriedhof bei den Leipzigern wenig beliebt. Wer Geld hatte, bevorzugte die Wandgräber des Neuen Johannesfriedhofes. Um die Attraktivität zu steigern, „erfand" die Friedhofsleitung 1906 das erste Wahlgrab mit einer Grundfläche von 27 Quadratmetern. Gartenkünstlerisch gestaltet, erwies sich diese Form der privilegierten Ruhestätte als Erfolg, obwohl diese 2.025 Mark kostete. Dagegen war 1886 ein einfaches Reihengrab für 15 Mark zu haben. Es zeugt vom Reichtum der Handelsstadt und ihrer Bürger, dass auf dem Südfriedhof heute mehr als 400 Wahlgräber zu finden sind.

Nach den Plänen von Otto Scharenberg entstand innerhalb des ständig wachsenden Geländes ein neoromanischer Gebäudekomplex mit einer dreiteiligen Kapellenanlage, deren Mittelbau bis zu 600 Menschen Raum bietet. Nach der ersten Trauerfeier am 11. Dezember 1908 in der östlichen Seitenkapelle ging knapp zwei Jahre später auch das Krematorium in Betrieb. Es erwies sich als Publikumsmagnet: Für seine Besichtigung kassierte die Friedhofsverwaltung wegen des Ansturms sogar Eintritt. Heute sind es vor allem die prächtigen Grabanlagen, die Spaziergänger anlocken - und ihre Neugier auf Prominenz stillen. Herausragende Persönlichkeiten haben im Park ihre letzte Ruhe gefunden. Verleger wie Georg Thieme und Fritz Baedecker, Schriftsteller wie Christian Fürchtegott Gellert und Georg Maurer, die Komponisten Georg Trexler und Ottmar Gerster sowie drei Gewandhaus-Kapellmeister und drei Thomaskantoren. Unter den bildenden Künstlern wurden erst vor wenigen Jahren Wolfgang Mattheuer und Werner Tübke beigesetzt. Samuel Heinicke, Gründer der ersten deutschen Taubstummen-Lehranstalt, liegt hier begraben und Oswald Faber, Gründer der ersten deutschen Turngerätefabrik. Ein schmuckloser Gedenkstein erinnert an Marinus van der Lubbe, der als Reichstagsbrandstifter 1933 im Hof des Leipziger Gefängnisses hingerichtet und auf dem Südfriedhof anonym beigesetzt wurde - ganz in der Nähe des erst 1999 aufgestellten Steins.

1889

Fünf Sterne für fürstlichen Genuss

Der Fürstenhof Leipzig - seit vielen Jahren eine der ersten Adressen der Stadt: In dem von 1770 bis 1772 errichteten Patrizierpalais residierte einst die Familie des angesehenen Leipziger Ratsherrn und Bankiers Karl Eberhard Löhr. Das ungewöhnliche Haus galt mit seinen kleinen feinen Musikveranstaltungen, Lesungen und Ausstellungen als Mittelpunkt des gesellschaftlichen Lebens der Messestadt. 1813 starb das Familienoberhaupt, Napoleons Truppen belagerten die Stadt und vertrieben die Familie von ihrem Besitz. Erst nach dem Ende der Völkerschlacht konnten die Eigentümer ihr Haus wieder beziehen. 1865 richteten sie den berühmten Serpentinsaal ein, verkauften das Gebäude aber 1886 an eine Immobiliengesellschaft. Diese baute „Löhr's Haus" um und eröffnete es - ganz im Sinne der gastlichen Tradition - 1889 als Hotel Fürstenhof (unten links).

1911 erwarb der Leipziger Industrielle Matthias Erwig das Anwesen sowie ein Nachbargrundstück. Sein Ziel: „ein neuzeitliches, allen Ansprüchen genügendes, großstädtisches Hotel" zu schaffen. Er ließ einen neuen Gebäudeflügel bauen, verlegte den Serpentinsaal vom Ober- ins Erdgeschoss - und zum 100. Jahrestages der Völkerschlacht öffnete das Hotel wieder seine Tore. In den folgenden Jahren entwickelte sich der Fürstenhof zur beliebten Adresse bei Geschäftsleuten und Besuchern aus aller Welt. Als „Hotel International" gehörte das Haus nach dem Zweiten Weltkrieg zur Gruppe der staatlichen Interhotels. Nach der Wende übernahm es die Kempinski-Gruppe, bis 1995 folgte eine komplette Schönheitskur. Seit Oktober 2000 gehört der Fürstenhof als Herberge der „Fünf Sterne Superior Kategorie" zur berühmten Marke „The Luxury Collection" der Starwood Hotels & Resorts.

Die Kombination aus unauffällig vollkommenen Service, gutem Namen und perfekter Lage führt Gäste aus aller Welt in das elegante Haus - darunter viel Prominenz aus Politik, Kultur, Sport und Wirtschaft. Schon Marlene Dietrich und Hans Albers weilten im Fürstenhof. Und auch die Weltstars von heute genießen die besondere Atmosphäre: Bob Dylan, Mick Jagger, Tina Turner, Michael Jackson, Mariah Carey ... An der Wand der hauseigenen Vinothek „1770" haben sich die Prominenten mit ihren positiven Eindrücken verewigt.

Auch königliche Häupter betten sich in Leipzig fürstlich, so zum Beispiel das schwedische Königspaar Sylvia und Carl Gustav.

Fünf Sterne für Weltstars (von oben im Uhrzeigersinn): Muhammad Ali, Mick Jagger, Michael Jackson, Tina Turner, Hans Albers, Marlene Dietrich und Bob Dylan (Sternmitte) weilten bereits im Fürstenhof.

Eine kunsthistorische Kostbarkeit stellt der in seiner Art weltweit einmalige Serpentinsaal dar. Die reiche und zum Teil filigrane Ausstattung mit dem „Marmor der sächsischen Könige" aus dem Erzgebirge bietet einen eleganten Rahmen für festliche Empfänge und exklusive Bankette - ein Juwel, dessen Türen sich nur zu besonderen Anlässen öffnen. Vom eleganten Vestibül über die Bar „Wintergarten" bis zum Restaurant „Villers" breitet sich im Fürstenhof eine anheimelnde Atmosphäre aus - in der sich der anspruchsvolle Gast wohl und stets willkommen fühlt.

Fürstliches Ambiente (unten von links): Serpentinsaal, Suite und Wellnessbereich „AquaMarin".

1891

Schatzkammer des Wissens

Die Leipziger Universitätsbibliothek (unten) - seit 1891 ist sie im Musikviertel zu Hause. Protegiert von Herzog Moritz von Sachsen und befördert durch die Reformation schlug schon 1543 die Geburtsstunde der nach Heidelberg zweitältesten universitären Drucksachen- und Handschriftensammlung Deutschlands. Damals fand sie noch als Bibliotheca Paulina in den Universitätsgebäuden am Augustusplatz ihren ersten zentralen Standort. Das Schriftgut stammte vor allem aus aufgelösten Klöstern. Verzeichnet waren im ersten Katalog bereits 6.000 Bände. Durch Zukäufe, Schenkungen oder Erblassungen nahmen die Bestände rasch zu. Und als sich die Bibliothek unter Joachim Feller ab 1675 noch die Sammlungen der Uni-Kollegien und der Philosophischen Fakultät einverleibte, platzte der Fundus aus allen Nähten.

Dennoch dauerte es bis 1885, ehe sich Sachsen auf Betreiben der Alma Mater Lipsiensis dazu durchrang, dem Hort des gebundenen Wissens eine neue Herberge zu schaffen. In jenem Jahr startete der Architektenwettbewerb für einen Prunkbau gegenüber dem Neuen Concerthaus - der Bibliotheca Albertina. Baumeister Arwed Roßbach konnte sich mit seinem imposanten Entwurf im Stil der Neorenaissance durchsetzen. Und so entstand die Albertina unter seiner Regie - auf dass sie das mittlerweile im Paulinum überquellende Pergament und Papier wohlgeordnet aufnehmen möge. 1891 öffnete die neue, für rund 800.000 Bände ausgelegte Schatzkammer ihre Tore - und residierte in der Beethovenstraße bis zum Zweiten Weltkrieg.

Bombentreffer verwandelten den Bibliotheksbau in eine Ruine, 60 Prozent der Albertina fielen in Schutt und Asche. Später fand die DDR nicht die Kraft, den alten Glanz des Gebäudes wiederherzustellen. Notdürftig repariert, standen Wissensdurstigen nur Teilbereiche zur Verfügung.

Auf den Trümmern des geschundenen Areals wuchsen Bäume; erst mit der deutschen Einheit wendete sich das Blatt. Von 1992 bis 2002 flossen 65 Millionen Euro in die Runderneuerung der Albertina: Ein architektonisches Wahrzeichen feierte Wiederauferstehung.

Fünf Millionen Bände finden sich derzeit unter ihrem Dach plus 7.000 Zeitschriftentitel und kostbare Sonderbestände - so zum Beispiel die 1902 begründete Papyrussammlung oder die im 19. Jahrhundert zu erster Blüte gelangte Münzkollektion. Längst hält die Uni-Bibliothek nicht mehr nur Gedrucktes und Autografen bereit: Mit Datenbanken und Online-Katalogen ist die ehrwürdige Albertina im virtuellen Zeitalter angekommen.

Ihre vom Hauch der Geschichte durchwehten Magazine sind ständig für Überraschungen gut. Im Frühjahr 2006 schlug wieder eine solche Entdecker-Sternstunde, als Bibliotheksmitarbeiter Thomas Döring ein Mitte des 9. Jahrhunderts verfasstes Heliand-Fragment aufstöberte (links oben): Ein Schriftzeugnis der wohl ältesten Bibelnachdichtung der Welt.

Verfall: Die DDR hatte nicht die Kraft, Kriegsschäden an der Uni-Bibliothek zu beseitigen. Daneben Einblicke in Foyer und Lesesaal der restaurierten Albertina.

1892

Aus Tradition für Innovation - Klinikum bleibt Leitspruch treu

82 Jahre nach Eröffnung der ersten „Entbindungsschule für Ärzte und Hebammen" weihte die Leipziger Universität 1892 ihren dritten Neubau einer Frauenklinik ein. Ihr Direktor Prof. Dr. Paul Zweifel hatte das Projekt seit seiner Berufung 1887 konsequent vorangetrieben - das alte Krankenhaus mit zwölf Betten und einem Hörsaal war den Anforderungen längst nicht mehr gewachsen. In der neuen Klinik an der Liebig-, Ecke Stephanstraße - nach ihrer Stifterin Rahel Amalia Augusta Trier „Triersches Institut" genannt - standen nicht nur Patientenzimmer, Entbindungsräume und ein Hörsaal zur Verfügung, sondern auch ein moderner Operationssaal.

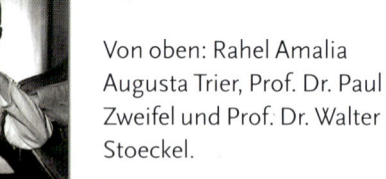

Von oben: Rahel Amalia Augusta Trier, Prof. Dr. Paul Zweifel und Prof. Dr. Walter Stoeckel.

Uni-Frauenklinik von 1892.

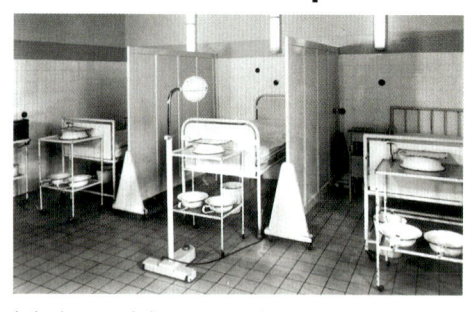

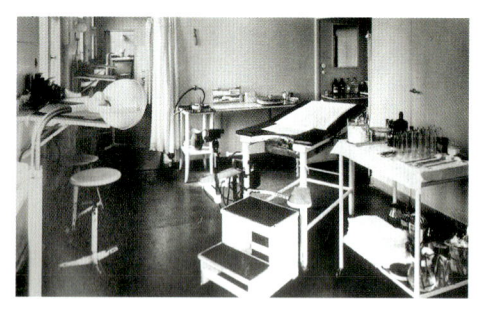

„Triersches Institut" 1928, daneben der Kreißsaal (links) und der OP-Saal. Seitenmitte: Säuglingsschwestern bringen die Neugeborenen zu ihren Müttern. Unten rechts: Die Fassade der alten Chirurgie am neuen Zentrum für Frauen- und Kindermedizin.

Doch nur wenige Jahre später hielt Zweifels Nachfolger Prof. Dr. Walter Stoeckel, damals namhaftester Gynäkologe Deutschlands, die Klinik bereits wieder für hoffnungslos veraltet. Er nahm den Ruf nach Leipzig erst an, nachdem ihm Land und Stadt einen großzügigen Neubau zugesagt hatten. Der von Stoeckel initiierte, geplante und gegen viele Widerstände durchgesetzte Neubau der vierten Frauenklinik - „der größten und modernsten Europas" - öffnete 1928. Stoeckel jedoch hatte davon keinen Nutzen mehr - zwei Jahre zuvor war er einem Ruf an die Berliner Charité gefolgt. Sein Nachfolger Prof. Dr. Hugo Sellheim, das Krankenhauspersonal und die jährlich mehr als 1.800 Patientinnen fanden in dem Neubau mit Poliklinik, einer konservativen, septischen, gynäkologischen, geburtshilflichen und einer Privatstation hervorragende Bedingungen vor.

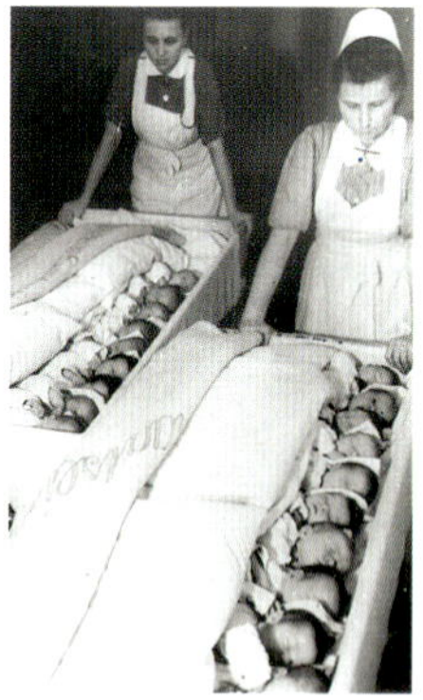

79 Jahre später hat auch diese vierte Frauenklinik ausgedient. 2007 geht an der Liebigstraße das Zentrum für Frauen- und Kindermedizin in Betrieb. Und nicht nur das: Getreu dem Leitspruch „Forschen, Lehren, Heilen - Aus Tradition für Innovation" entsteht bis 2008 einer der modernsten Krankenhaus-Komplexe Europas. Zu diesem gehören neben der Frauen- und Kindermedizin und dem bereits 2003 eröffneten Operativen Zentrum auch der Neubau des Zentrums für Konservative Medizin sowie die Kopf-Kliniken am Bayrischen Platz. In diesen vier Bereichen konzentriert das Uni-Klinikum ab 2008 rund 95 Prozent seiner Krankenhausleistungen. Das Besondere daran: Innerhalb der gesamten Hochschulmedizin entstehen neue Strukturen. Klassische Grenzen schwinden, das umfangreiche ärztliche und pflegerische Know-how konzentriert sich in interdisziplinären Zentren. Kurze Wege, eine umfassende Vernetzung aller Bereiche und schlanke interne Abläufe ermöglichen eine optimale Gestaltung des Behandlungsprozesses von der Aufnahme des Patienten bis zu seiner Entlassung. Die alten, dezentralen Strukturen standen dabei oft im Weg. Im neuen Klinikum orientiert sich die Infrastruktur an der interdisziplinären Zusammenarbeit und nicht mehr umgekehrt.

Universitäre Hochleistungsmedizin - ein Markenzeichen Leipzigs - bestimmen aber in erster Linie die Menschen: Ärzte, Wissenschaftler, Pflegekräfte, Logistiker, Techniker, Medizinisch-Technische Assistenten, Verwaltungsfachleute, Computer-Spezialisten und noch viele Berufsgruppen mehr - sie sind die Seele des Klinikums. Mehr als 330.000 Patienten betreuen sie jedes Jahr stationär oder ambulant. Sie bilden 3.300 Studenten aus und treiben die wissenschaftliche Arbeit an den 28 Kliniken und Instituten voran. Krankenversorgung, Forschung und Lehre - diese drei Säulen eines Universitätsklinikums kennzeichnen seine besondere Stellung unter den rund 2.000 deutschen Krankenhäusern. Hier wenden die Ärzte die jeweils aktuellsten Behandlungsmethoden an, hier steht die gesamte Bandbreite modernster Medizintechnik zur Verfügung.

Auf vielen Gebieten spielt die Leipziger Hochschulmedizin in der ersten Liga: Aus der Messestadt stammen die jüngsten Methoden der computerassistierten Chirurgie - von der OP-Planung bis zum Training der Operateure. Im internationalen Ausbildungszentrum der Urologischen Klinik erlernen Ärzte aus aller Welt die Anwendung der hier entwickelten minimal-invasiven Operationsverfahren: Computergesteuerte Eingriffe in „Schlüsselloch-Technik" statt klassischer Chirurgie. Für internationales Aufsehen sorgen Forschungen der Frauenklinik zu Tumoren. Und in der Knochenmark-Transplantationseinheit gewinnen die Mediziner schrittweise Boden im Kampf gegen den Krebs.

Auch in der Ausbildung des medizinischen Nachwuchses hat die medizinische Fakultät mit ihren POL-Kursen eine neue Richtung eingeschlagen. POL steht für problemorientiertes Lernen: In kleinen Gruppen erarbeiten sich die Studenten

Das Klinikum im Modell.

den Unterrichtsstoff interdisziplinär und am Beispiel eines konkreten Falls. Sie erstellen und diskutieren Diagnose, Therapie und Nachbehandlung. Sie lernen Patientengespräche zu führen, im Team zusammenzuarbeiten, mit Konflikten umzugehen und die richtigen Schritte für eine erfolgreiche Behandlung einzuleiten. Vor allem aber erfahren sie, den Patienten und somit auch die 141 Fächer der Medizin immer ganzheitlich zu betrachten.

Den Fortschritt vorantreiben - das zeichnet die universitäre Medizin in Leipzig seit Jahrhunderten aus. Bereits 1409 gehörten zwei Mediziner zu den Gründervätern der Universität. Sechs Jahre später nahm die Medizinische Fakultät ihre Arbeit auf. Ende des 17. Jahrhunderts setzte sich die Erkenntnis durch, dass Theorie und Praxis während des Studiums eine Einheit bilden müssen: Fortan standen im städtischen St. Jacobs-Hospital vier „akademische Lehrbetten" bereit. Weil das nicht reichte, zog das Universitätsklinikum schließlich 1871 an die Waisenhausstraße (heute Liebigstraße) um. Seitdem wuchs es rasant - und zog zahlreiche hervorragende Ärzte und Wissenschaftler an. An einige erinnern Leipziger Straßennamen: Morawetz, Strümpell, Semmelweiss…

Heute gehört die Hochschulmedizin zu den größten Arbeitgebern der Stadt. Mit einem Jahresumsatz von etwa 240 Millionen Euro bildet sie einen wichtigen Wirtschaftsfaktor. Zahlreiche Unternehmen profitieren von der Zusammenarbeit mit ihren Einrichtungen. Und nicht zuletzt spielt das Medizinische Viertel nahe der City auch für die Stadtgestaltung eine große Rolle. Das Uni-Klinikum verfolgt weiter ehrgeizige Pläne: Es will sich in naher Zukunft zu einem der modernsten und innovativsten Medizin-Standorte in Deutschland entwickeln - was allen Leipzigern nützen wird.

Links: Das 1871 eröffnete „St. Jacob" in der Waisenhausstraße.

Hubschrauberlandung auf dem Dach des Universitätsklinikums.

Blick ins Innere des Klinikums.

Ansicht des neuen Hochschulmedizin-Komplexes an der Liebigstraße.

Leipziger Volkszeitung

Organ für die Interessen des gesamten werkthätigen Volkes.

1894

In der Mittelstraße 6 (heute Hans-Poeche-Straße) residierte das erste „Redaktionslokal" (Foto Mitte). Die Autoren saßen im Erdgeschoss rechts. Ihre Manuskripte mussten sie über die Straße zur Setzerei tragen. Dort stand in einem Hintergebäude auch die Druckmaschine. 1899 kaufte die LVZ das Grundstück Tauchaer Straße 19 bis 21 (heute Rosa-Luxemburg-Straße) und ließ einen imposanten Neubau errichten (oben). Nach dem Zweiten Weltkrieg wies das Land Sachsen der LVZ den Peterssteinweg 19 zu.

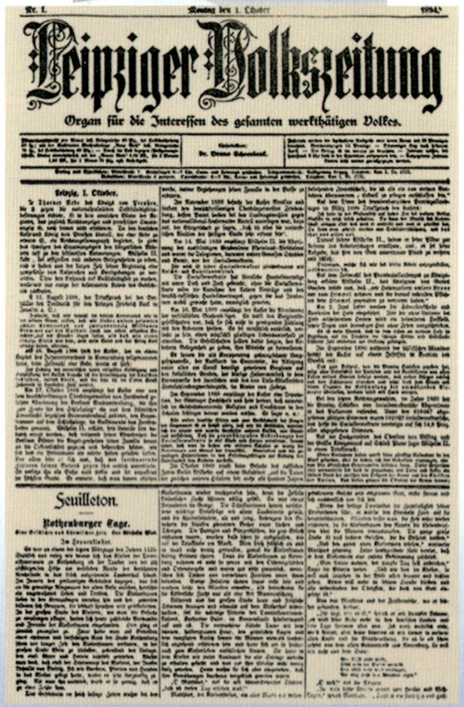

Die erste Ausgabe umfasste acht Seiten, enthielt kein Foto und politisch wie publizistisch war alles klar: „Die Leipziger Volkszeitung wird ein Organ der deutschen Sozialdemokratie sein", schrieb ihr erster Chefredakteur Dr. Bruno Schoenlank. 15.000 Leser hatte die LVZ beim Start am 1. Oktober 1894, rund 100.000 Ende 1918. Zu ihren Autoren zählten Rosa Luxemburg und Karl Liebknecht. Franz Mehring übernahm 1902 nach Schoenlanks Tod die Chefredaktion. Clara Zetkin verantwortete von 1917 bis 1919 die Frauenbeilage.

Gewichtige Stimme in der Presselandschaft

Zum Erfolg des Blattes, das sich zu einer gewichtigen Stimme in der deutschen Presselandschaft entwickelte, trug auch das Feuilleton bei - mit Texten von Zola, Maupassant, Ebner-Eschenbach, Gorki, Andersen-Nexö, Tschechow, Turgenjew oder Fontane. 1897 präsentierte die LVZ die erste politische Karikatur, in den 20er-Jahren arbeitete sie täglich mit eigenen Karikaturisten, allen voran Max Schwimmer.

Die Nationalsozialisten verboten am 1. März 1933 das Erscheinen der Zeitung. Mindestens acht ehemalige Mitarbeiter und Redakteure verloren in den folgenden Jahren im Kampf gegen die Nazi-Diktatur ihr Leben - darunter Hermann Liebmann, Richard Lehmann und Georg Schumann.

Dreizehn Jahre später, am 19. Mai 1946, durfte die LVZ wieder erscheinen. Die SED war diesmal der Herausgeber und achtete über Jahrzehnte streng auf Linientreue - auch als die Zeit der friedlichen Revolution anbrach. Wenig später aber trennte sich die Redaktion von der SED. 1991 übernahmen der Axel-Springer-Verlag und die Verlagsgesellschaft Madsack die Zeitung. In das 1993 eröffnete neue Druckzentrum in Stahmeln investierten sie rund 350 Millionen Mark.

Auch inhaltlich erhielt die LVZ ein neues Profil - mit breit gefächerten, sachlichen Informationen und davon klar abgegrenzten Meinungsbeiträgen. „Wir wollen niemandes Amtsblatt und niemandes Kampfblatt sein," sagte Hartwig Hochstein, der die LVZ von 1991 bis 2003 als Chefredakteur prägte. Die Zeitung tritt für die Menschenrechte, die Stärkung der Freiheit des Individuums, den Ausbau der freiheitlich-demokratischen Grundordnung und des sozialen Rechtsstaats ein, wendet sich gegen alle rechts- und linksextremen Tendenzen.

Von Berlin bis Peking spannte die LVZ ein Korrespondentennetz- und erweiterte vor allem die lokale Berichterstattung. Das führte auch zu wirtschaftlichem Erfolg. Nicht ohne Stolz lasen die Leipziger Zeitungsmacher in der Hannoverschen Allgemeinen Zeitung vom 5. Juli 1995 über die Bilanzpressekonferenz des Mutterkonzerns: „Osttochter trägt erstmals zum Ertrag von Madsack bei".

Umgekehrt flossen weiterhin hohe Investitionen nach Leipzig: 1999 ließen die Gesellschafter für 50 Millionen Mark das LVZ-Gebäude am Peterssteinweg 19 zu einem mo-

Die Titelseite der ersten LVZ vom 1. Oktober 1894.

Dr. Bruno Schoenlank, erster LVZ-Chefredakteur von 1894 bis 1901.

Franz Mehring, Chefredakteur von 1902 bis 1907.

Rosa Luxemburg veröffentlichte in der LVZ zahlreiche Artikel.

Georg Schumann, Lokalredakteur von 1914 bis 1916, hingerichtet am 11. Januar 1945.

LEIPZIGER VOLKSZEITUNG
www.lvz-online.de

dernen Redaktions- und Verlagshaus umbauen. Direkt gegenüber bezogen fünf Jahre später unter anderem die Geschäftsstelle und die Online-Redaktion die denkmalgerecht sanierten Häuser Petersteinweg 14 und 16. Und im Januar 2007 ging schließlich die neue Rotationsanlage in Stahmeln in Betrieb - eine Technik-Investition im Umfang von 30 Millionen Euro. „Nicht nur die Druckqualität hat sich verbessert. Wir können den Lesern jetzt vor allem inhaltlich deutlich mehr bieten", sagt Chefredakteur Bernd Hilder. „Die LVZ erscheint durchgehend farbig, mit größerem Umfang und in besserer Gliederung. Auch das weiterentwickelte Layout sorgt für mehr Übersichtlichkeit."
Hintergründe vermitteln das Magazin und der ausgeweitete Politik-Teil, für Sachsen und Mitteldeutschland steht ebenfalls mehr Platz zur Verfügung. Nicht zuletzt auch für junge Leser hält das Blatt attraktive Angebote bereit. Sie schätzen den wöchentlichen „Querschläger" und das

LVZ-Titelseite von 2007.

Max Schwimmer zeichnete regelmäßig für die LVZ.

Veranstaltungsmagazin „Leipzig Live", das Journal mit Spezialseiten für Lifestyle, Essen & Trinken, Rock & Pop sowie die zunehmende Vernetzung von Zeitungsartikeln mit vertiefenden Informationen von LVZ-Online.
Seit der Wende hat sich die LVZ vom einstigen Parteiblatt zu einer modernen, politisch unabhängigen Zeitung gewandelt. Sie meistert den Spagat zwischen dem Geschehen in der weiten Welt und dem vor der Haustür, vergisst über internationalen Meisterschaften nicht die Fußball-Kreisklasse, hat das Gewandhaus im Blick, ohne die schillernden Leipziger Szene-Klubs aus den Augen zu verlieren. Dabei baut das Blatt auf ein dichtes Kontaktnetz und bringt als seriöse Informationsquelle ans Licht, was andere unter der Decke zu halten versuchen - egal, ob in Bundes-, Landes- oder Kommunalpolitik, in Firmen oder Verwaltungen.

Hartwig Hochstein, Chefredakteur von 1991 bis 2003.

Bernd Hilder, Chefredakteur ab 2003.

Zitate als Markenzeichen

„Wie die Leipziger Volkszeitung berichtet…" „In einem Interview mit der Leipziger Volkszeitung sagte…" „Nach einer Meldung der Leipziger Volkszeitung…" Ob der ARD-Presseclub diskutiert, ob der Deutschlandfunk Interviews zitiert, ob die Deutsche Welle Gastkommentare ausstrahlt - die LVZ ist immer wieder dabei. Analysen bescheinigen ihr seit Jahren, dass sie zu den meistzitierten Blätter der Republik gehört, dabei unter den Regionalzeitungen ganz vorn liegt und eine der wichtigsten Stimmen der neuen Bundesländer ist. Ein Anspruch, dem sich das Hauptstadtbüro in Berlin, Korrespondenten von Dresden bis Brüssel und die Leipziger Zentralredaktion Tag für Tag stellen. Und mit dem sie der Tradition eines der ältesten deutschen Zeitungstitel gerecht werden: „Die LV wird, wie Sie wissen, sowohl in Deutschland als auch im Ausland viel gelesen und sehr geschätzt", sagte Rosa Luxemburg schon 1913. Das „Z" gehörte damals noch nicht zum populären Zeitungskürzel.
LVZ-Redakteure sind gut informiert. Über Jahre geschaffene Netzwerke zahlen sich aus. So auch bei der Entführung der Ingenieure Thomas Nitzschke und René Bräunlich im Januar 2006 im Irak. Während offiziell nur spärlich Informationen durchsickerten, kam der entscheidende Hinweis aus der Lokalredaktion im Muldental. Die Leipziger Zentrale zapfte umgehend alle Quellen und Informationskanäle an, das Berliner Korrespondentenbüro recherchierte parallel bei Regierungspolitikern. Schließlich bestätigte sich, dass die Entführten für die Bennewitzer Firma Cryotec arbeiteten. Sofort schwärmten Redakteure aus, suchten das Gespräch mit Betroffenen und Angehörigen. Der Umgang der Zeitung mit dem Thema fand Anerkennung - auch bei den beiden Geiseln. Als sie nach wochenlangem Bangen endlich frei waren, gaben sie nur der LVZ ein ausführliches, exklusives Interview.

Ein Prachtbau für Justitia

Augenfällig der Schluss-Stein in der Mitte der Eingangshalle (links) mit zwei wichtigen Daten der Baugeschichte: 1895 legte Kaiser Wilhelm II. persönlich den letzten Stein für das Gebäude des Reichsgerichtes. 2002 etablierte das vereinte Deutschland hier sein Bundesverwaltungsgericht. Die Daten kennzeichnen Leipzigs lange Tradition als sächsischer und deutscher Gerichtsort.

Die Messestadt war in Dingen der Justiz anderen stets eine Nasenlänge voraus - seit dem Stadtbrief von 1165, der für Leipzig wesentliche Züge eines neuen Ortsrechtes festschrieb. Der Handelsplatz für den gesamten Kontinent bedurfte moderner bürgerlicher Gesetze und aufgeschlossener Juristen: Leipzig sorgte mit Selbstbewusstsein für beides.

Seit der Universitätsgründung 1409 lehrten an der Juristischen Fakultät berühmte Rechtsgelehrte, deren Dienste gern die Landesherren in Anspruch nahmen. Die Fakultät sprach wöchentlich in mehrfachen Kollegien zudem selbst Recht. Die Stadt übte die Gerichtsbarkeit für ihr Territorium aus, seit 1434 war ein Ratsherr Stadtrichter. Der mit der Urteilsfindung betraute „Leipziger Schöppenstuhl" errang solches Ansehen, dass die Fürsten ihn 1432 landesweit zur Rechtsbelehrung empfahlen. 1572 erhob ihn Kurfürst August von Sachsen gänzlich zu seinem Landesherrlichen Spruchkollegium.

1483 richteten die Wettiner in der Leipziger Pleißenburg das kursächsische Oberhofgericht ein, das mehr als 300 Jahre lang Urteile fällte. Mit der sächsischen Verwaltungs- und Gerichtsreform vom 1831 bis 1835 büßte die Stadt zunächst ihren Rang als Justizstandort ein. Das Oberste Gericht tagte in Dresden, in Leipzig nur eines der vier Appellationsgerichte und eines der sieben Landgerichte.

Doch wieder vermeldete die Messestadt mit ihren Welthandelsbeziehungen spezifischen Bedarf. Die Leipziger Kaufmannschaft regte 1869 einen obersten Gerichtshof in Handelssachen an. Ein Jahr später eröffnete der Norddeutsche Reichstag in Leipzig das Oberhandelsgericht. Es tagte in der Georgenhalle am Brühl.

Eben dieser Vorstoß der Leipziger Kaufleute bewegte die Reichsregierung, auch das neue Reichsgericht in der Messestadt anzusiedeln. Eduard von Simson übernahm das Amt des ersten Präsidenten. Leipzig

Von links: Das Portal des Bundesverwaltungsgerichts. In Stein gemeißelt: Justitia. Die Figur „Wahrheit" krönt das Gebäude. Prächtige Fenster in der Eingangshalle, unten das Foyer des Gebäudes.

Der große Sitzungssaal.

Das Reichsgericht nach seiner Eröffnung 1895.

förderte mit günstigem Baugrund im entstehenden Musikviertel seinen Ruf als Gerichtsort. Von 1888 bis 1895 setzte der junge Architekt Ludwig Hoffmann sein preisgekröntes Projekt für einen zweckmäßigen und zugleich repräsentativ ausgestatteten Justizbau um. Die größte Pracht entfaltete der Baumeister im Sitzungssaal.

Zeitgenossen fühlten sich an den goldenen Saal im Augsburger Rathaus erinnert. Die glänzende Symbolik der Wappen sollte die hohe Stellung des Gerichts im Lande hervorheben. Auch in der weiten, hohen Eingangshalle verdeutlichte Ludwig Hoffmann in vielen Details die herausragende Position als höchstes Gericht in deutschen Landen.

An einen italienischen Palast erinnert der Festsaal in der Wohnung des Präsidenten, eines der höchsten Beamten im Reich.

Nur 50 Jahre diente das nobel ausgestattete Gebäude als Reichsgericht. Zu DDR-Zeiten beherbergte es die Gemäldesammlung und das Dimitroff-Museum.

Als 2002 das Bundesverwaltungsgericht in den für 65,5 Millionen Euro sorgsam sanierten Bau am Simsonplatz einzieht, hat Leipzig schon wieder die Nase vorn als sächsische Justizstadt: Verfassungsgericht und Finanzgericht sprechen von hier aus Recht im Lande.

Revolution der Messe: Muster statt Warenmassen

Jahrhundertelang trafen die Pferdegespanne der Händler hoch beladen zur Leipziger Messe ein. Metallwerkzeuge, Stoffe oder Bücher rollten mitten in die geschäftige Stadt. Weil die Kutscher ihre Fuhrwerke in den engen Handelshöfen nicht wenden konnten, hatten die größten dieser Warenumschlagplätze vorn eine Einfahrt und im hinteren Teil eine großzügig bemessene Ausfahrt. Der junge Goethe zeigte sich während seiner Leipziger Studienzeit interessiert und begeistert, was da so alles hinein- und wieder hinausrollte.

Später entstanden aus den Durchgangshöfen die berühmten Leipziger Passagen. Denn spätestens am Ende des 19. Jahrhunderts genügte das starre System der Handelshöfe den anschwellenden Warenmassen nicht mehr. Die findigen Leipziger Kaufleute hatten eine verblüffende Idee, die das Messewesen revolutionieren sollte und später überall auf der Welt Nachahmer fand: die Mustermesse. 1895 erstmals ausgerichtet und von den Stadtoberen unterstützt, festigte sie den Leipziger Ruhm im internationalen Geschäft. In dieser Zeit wuchs auch das Städtische Kaufhaus als weltweit erstes Gebäude für die Zwecke des neuen Ausstellungstyps in die Höhe.

Das Prinzip war verblüffend einfach: Ein Hobel zum Beispiel ließ sich leicht transportieren, eine Hobelmaschine dagegen nicht - ganz abgesehen davon, dass es mühsam war, die Maschine zum Hersteller zurückzubringen, falls sie während der Messe keinen Interessenten fand. Auf der neuen Mustermesse zeigten die Aussteller immer nur ein Exemplar der jeweiligen Ware - egal, ob es sich um eine Maschine, ein Kaffeeservice, einen Baumwollballen oder einen Teddybären handelte. Zu den wichtigsten „Marketing-Instrumenten" der Kaufleute gehörte nun der Katalog für die Geschäftspartner, der Prospekt für die riesige Schar der „Seh-Leute" und natürlich der Auftragsblock nach dem erfolgreichen Gespräch mit den Kunden. Für die Geschäftsanbahnung in Leipzig genügten die Muster vollauf. Auch die Räumlichkeiten änderten sich. Der Innenhof der Handelshäuser als Umschlagplatz sperriger Güter wich dem gediegenen Messehaus. Viele dieser Gebäude zeigten schmucke Fassaden mit Bezügen zur langen Leipziger Handelsgeschichte oder waren bewusst modern gestaltet.

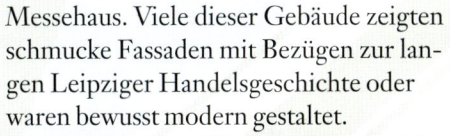

Die Bezeichnung „Hof" im Namen vieler innerstädtischer Messehäuser wies auf deren Herkunft hin. Parallel zur rasanten Verbreitung der Mustermesse-Idee spezialisierten sich die einzelnen Handelspaläste. Erfahrene Besucher wussten: Im Dresdner Hof fanden sie Arzneimittel, im Petershof Spielwaren und in Stentzlers Hof leckere Dinge rund um Nahrung und Genuss. Schwere Maschinen gehörten seit 1920 zur Technischen Messe - dem neu eröffneten Ausstellungsgelände mit riesigen Hallen in der Nähe des Völkerschlachtdenkmals.

Zu dieser Zeit entschloss sich die Leipziger Messe zu einem neuen Signet: Zwei übereinander gestapelte „M" für Muster-Messe (Seitenmitte) - ein Zeichen, das bis heute alle Krisen überstanden hat.

Leipzigs Städtisches Kaufhaus - das weltweit erste Mustermesse-Haus. Die Figur zeigt Kaiser Maximilian, der Leipzig 1497 das Messeprivileg erteilte.

Trubel und Reklame in der Petersstraße zur Mustermesse 1909.

Die Fassade des Zentralmessepalastes erinnert an die Leipziger Handelsgeschichte.

Der Petershof zur Frühjahrsmesse. Unten: Das technische Ausstellungsgelände am Völkerschlachtdenkmal (1929). 1996 verabschiedete sich die Messe von hier in den Norden der Stadt.

1896

Das erste Geschäft in der Könneritzstraße.

Wo 300 Jahre Geschichte lebt

Bodo Zeidler in seinem renommierten Fachgeschäft für Meissener Porzellan.

Filigrane Kunstwerke: Goethe als Struwwelpeter, Mephisto und Faust. Links das Kaffeegespenst und der Leipziger Löwe.

Der Name Zeidler steht in Leipzig für eine lange Kaufmannstradition. Bereits 1896 öffnete Heinrich Zeidler in der Könneritzstraße ein Textil- und Kurzwarengeschäft. Später entstand daraus die Firma Heinrich Zeidler & Sohn, Großhandel mit Sattler- und Karosseriewarenbedarf. Nach dem Zweiten Weltkrieg fertigte das Unternehmen aus Planen und Kunstleder-Resten unter anderem die begehrten „Hamster-Rucksäcke". Otto und Irmgard Zeidler entwickelten den Betrieb schließlich zu einer der bekanntesten Lederwarenfabriken der DDR (unten links). 1972 kam die Verstaatlichung. Doch auch im Volkseigenen Kombinat „Aktuell Lederwaren Leipzig" blieben Zeidlers präsent: Die Söhne Wolfgang und Bodo übernahmen verschiedene Leitungsposten.

Nach der Wende 1989 gingen im Kombinat die Lichter aus. Wolfgang Zeidler und sein Sohn Kai-Uwe stiegen ins Schuhgeschäft ein, Bodo Zeidler träumte von einem Laden in der Innenstand mit den besten Produkten aus Sachsen. Natürlich wollte er dort auch eine Vitrine mit Meissener Porzellan präsentieren. Doch die Vertreter der Manufaktur fragten ihn, welche ihrer zurzeit 150.000 verschiedenen Produkte er denn da hineinstellen wolle. Eine neue Liebe begann …

Im Mai 1991 öffnete Bodo Zeidler sein autorisiertes Fachgeschäft für Meissener Porzellan: zunächst in der Katharinenstraße, ab 1993 unter den Arkaden des Alten Rathauses.

„Viele Leipziger führen ihre Gäste ganz bewusst durch unsere Räume, da bei uns 300 Jahre stolze sächsische Geschichte erlebbar sind", berichtet Bodo Zeidler. „Und die ist untrennbar mit Leipzig verbunden." August der Starke höchstselbst präsentierte der staunenden Weltöffentlichkeit zur Ostermesse 1710 die ersten Gefäße und Plastiken aus Meissener Porzellan. Fortan war die Manufaktur in Leipzig immer präsent. Bis die DDR kam: Das weiße Gold musste Devisen in die Staatskasse bringen, die Einheimischen sahen es nur noch zweimal im Jahr zur Messe.

Dank Bodo Zeidler lebt die lange Tradition des Meissener Porzellans in Leipzig heute weiter. Und auch für die Zukunft stehen schon Tochter und Schwiegersohn bereit. Von den 100 Fachgeschäfts-Inhabern in ganz Europa berief die Manufaktur Bodo Zeidler als Einzigen in ihren Beirat. Rund 150 Mitglieder betreut er zudem im Club der „Freunde des Meissener Porzellans". Wer sich von ihm fachkundig beraten lässt, kann hinterher tatsächlich von einem „Erlebniseinkauf" sprechen: Immer wieder würzt Bodo Zeidler seine Ausführungen mit amüsanten sächsischen Anekdoten. So erzählt er zum Beispiel, dass August der Starke sogar ein goldenes Kaffeegeschirr mit weißer Emaille überziehen ließ, damit es wie Porzellan aussah. Und dass die selbstbewusste Leipziger Bürgerschaft dem Adel nicht nachstehen wollte und sich von Anfang an das königliche Geschirr leistete. Extra für Leipzig entstanden in Meißen exklusive kleine Kunstwerke: Faust und Mephisto, Goethe als Struwwelpeter, Wandplatten, Medaillen und Plaketten mit Stadt-Motiven und vieles andere mehr. In individuell gestalteten Kartons finden sie in Zeidlers Fachgeschäft den passenden Rahmen. So liegt das „Kaffeegespenst" stilecht auf Kaffeebohnen. Und den Leipziger Löwen rahmt ein Spruch vom Neuen Rathaus: „Fortiter in re, Svaviter in modo, Constanter in se - Stark in der Sache, Mild in der Art, Konstant in sich". Ein Zitat, das auch für Bodo Zeidler und seine Mitarbeiter steht.

Medaillen mit Motiven aus Leipzig.

So jung wie nie: Deutschlands älteste Handelshochschule

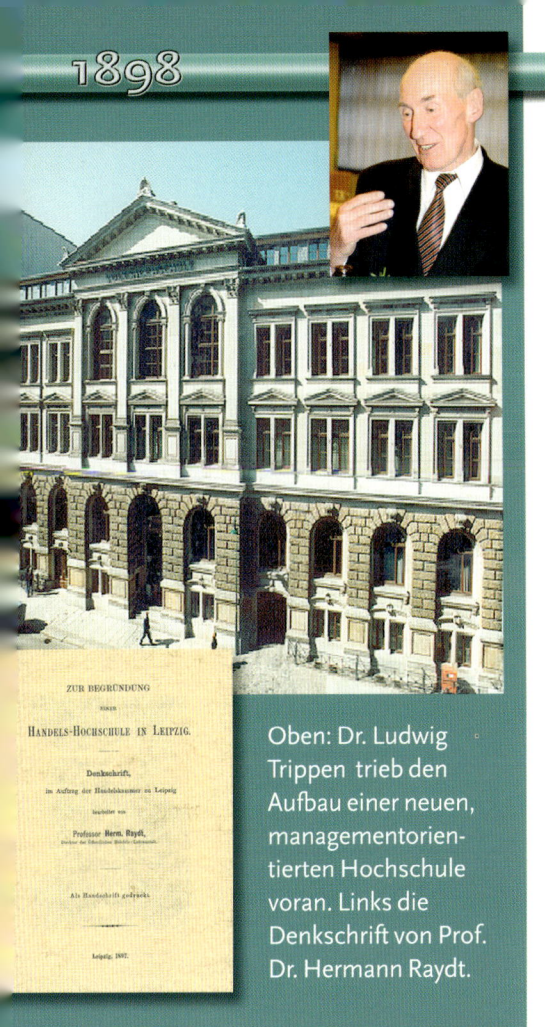

Die Empfehlung kam vom Deutschen Verband für das kaufmännische Unterrichtswesen: Leipzig bietet die besten Voraussetzungen für die Gründung einer Handelshochschule. Die Handelskammer bildete daraufhin einen Schulverfassungsausschuss, in dessen Auftrag der Direktor der Öffentlichen Handelslehranstalt (Öhla) eine Denkschrift verfasste - und am 25. April 1898 schlug die Geburtsstunde der ersten deutschen Handelshochschule. Den Unterricht übernahmen Uni-Professoren und Öhla-Lehrer. Die bereits seit dem frühen Mittelalter existierende Kramerinnung hatte die Öhla 1831 als erste kaufmännische Berufsschule Deutschlands gegründet. In ihr Gebäude in der Löhrstraße (links oben) zog die Handelshochschule (HHL) anfangs mit ein.

Als einer der ersten Studenten an der neuen Einrichtung schrieb sich Eugen Schmalenbach mit der Matrikel-Nummer 43 ein - später bekanntester Professor der Betriebswirtschaftslehre in Deutschland. 1902 bezog die HHL ein Haus in der Schulstraße, 1910 dann ein eigens für sie errichtetes größeres Gebäude in der Ritterstraße. Bis zum Ende des Zweiten Weltkrieges konnte die Hochschule ihre Eigenständigkeit behaupten, im Januar 1946 musste sie sich als Wirtschafts- und Sozialwissenschaftliche Fakultät der Universität anschließen. 1953 entstand noch einmal eine Hochschule für Binnenhandel, die aber nur knapp zehn Jahre existierte und dann wieder an die Universität zurückkehrte.

Die neuerliche „Ausgründung" einer Handelshochschule 1969 hatte Bestand bis zum 30. September 1992. Dann stellte die Einrichtung in der Markgrafenstraße gemäß Sächsischem Hochschulstrukturgesetz ihre Tätigkeit ein. Zwei Tage später ließen die Industrie- und Handelskammer und die wiedergegründete Gesellschaft der Freunde der Handelshochschule die „Handelshochschule Leipzig gGmbH" ins Handelsregister eintragen.

Dr. Ludwig Trippen, vormals Vorstandsmitglied der WestLB, kam nach Leipzig und trieb den Aufbau einer neuen managementorientierten Hochschule voran. Im Februar 1996 begann mit der ersten Diplomklasse der Studienbetrieb. Und bereits acht Jahre später zertifizierte die renommierte amerikanische Akkreditierungsorganisation AACSB International die HHL (Foto unten) als erste private Hochschule in Deutschland mit ihrem begehrten Gütesiegel.

In ihren Lehrprogrammen reagiert die HHL weniger auf schon ersichtliche Trends. Vielmehr ist sie bemüht, Entwicklungen vorwegzunehmen und selbst neue Standards in der Aus- und Weiterbildung zu setzen. Damit kommt der HHL die Rolle eines Wegbereiters („leadership role") zu - mit einem gewichtigen Einfluss auf die Praxis des Managements in der privaten Wirtschaft („managerial impact"). Dies zeigt sich besonders in der deutlichen Betonung der Querschnittsfunktion des Integrierten Managements mit einem Corporate Responsibility-Profil.

Das aktuelle Pogramm der HHL umfasst ein zweijähriges BWL-Hauptstudium in Unternehmensführung, die Möglichkeit, den international anerkannten Titel „Master of Science" zu erwerben, ein Voll- und ein Teilzeit MBA-Programm in International Management sowie ein berufsbegleitendes Promotionsprogramm. Darüber hinaus offeriert die Tochtergesellschaft „HHL Exekutive" Weiterbildungskurse und spezielle Lehrgänge für Führungskräfte.

HHL-Absolventen bieten sich nach erfolgreichem Studienabschluss interessante berufliche Perspektiven. Praktika während des Studiums in namhaften Firmen, sowie Rekrutierungsveranstaltungen und Unternehmenspräsentationen in der HHL garantieren überdurchschnittlich gute Einstiegsmöglichkeiten in die Praxis. Ehemalige Studenten bestätigen: Die Studiengebühren, deren Finanzierung auch über günstige Kredite möglich ist, sind eine sichere Investition in die Zukunft.

Oben: Dr. Ludwig Trippen trieb den Aufbau einer neuen, managementorientierten Hochschule voran. Links die Denkschrift von Prof. Dr. Hermann Raydt.

Die HHL in der Ritterstraße, kurz nach dem Umzug im Jahr 1910.

Geschafft! Studenten der HHL nach dem erfolgreichen Abschluss.

1898

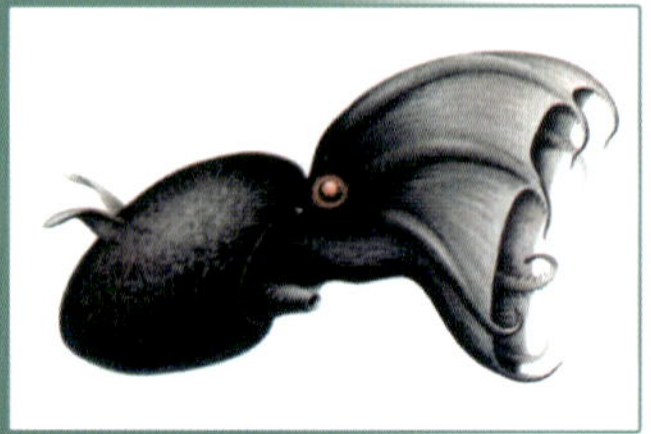

Leipziger leitet erste deutsche Tiefsee-Expedition

Am 31. Juli 1898 sticht in Hamburg die „Valdivia" in See. An Bord: 13 Forscher unter der Leitung des Leipziger Zoologie-Professors Carl Chun. Ihr Ziel: die Ozeane rund um den afrikanischen Kontinent. Ihr Auftrag: die systematische Erkundung der Tiefsee. Bislang verkehrte die „Valdivia" als Passagierdampfer auf der Hamburg-Amerika-Linie. Jetzt dient sie den Forschern als Expeditionsschiff mit modernster Labor-, Lot- und Fangtechnik.

Die meisten großen Seefahrer-Nationen hatten das Meer als Forschungsgebiet längst für sich entdeckt. Carl Chun: „Die Überzeugung, dass Deutschland sich der Ehrenpflicht, im Wettstreit mit anderen Kulturnationen an der Erforschung der Tiefsee zu beteiligen, nicht länger entziehen kann, bricht sich allmählich Bahn." Mit 300.000 Mark Fördermitteln unterstützten Kaiser und Reichstag die erste deutsche Tiefsee-Expedition.

Den Forschern gingen mehr als 180 neue Fischarten ins Netz, die zum Teil Tausende von Metern unter der Meeresoberfläche lebten. Mit deutscher Gründlichkeit beschrifteten und zeichneten, fotografierten und konservierten die Wissenschaftler ihre Funde gleich an Bord.

Am 1. Mai 1899 kehrte die „Valdivia" in ihren Heimathafen zurück. Rund 60.000 Kilometer vom Nordatlantik bis in den Indischen Ozean und das Südpolarmeer hatte das Schiff zurückgelegt. Es war voll beladen mit wissenschaftlich wertvoller Fracht: Pflanzen, Steinen und Tieren. Experten in aller Welt beteiligten sich an der Bestimmung der Materialien. Bis 1940 dauerte die komplette Auswertung. In 24 Bänden sind die Ergebnisse dokumentiert. Bereits 1900 brachte Carl Chun zudem das Buch „Aus den Tiefen des Weltmeeres" heraus: ein unterhaltsamer Reisebericht, der bis heute in Antiquariaten zu finden ist.

Oben: Forschungsarbeit auf der „Valdivia". Carl Chun berichtete in einem Buch über seine Erlebnisse auf dem Schiff. Ihre Funde dokumentierten die Wissenschaftler akribisch (unten).

Studenten entdecken wertvolle Nadeln

60.000 Stücke umfasste die einzigartige Zoologische Sammlung der Universität. Doch nach der DDR-Hochschulreform in den 60er-Jahren wanderte ein Teil der Präparate in Naturkundemuseen, ein anderer verstaubte in Abstellkammern. Vor der Rekonstruktion ihres Institutsgebäudes machten Biologiestudenten dann im Jahr 2002 einen wertvollen Fund: Sie entdeckten auf dem Dachboden mehrere Dezimeter lange Pfahlnadeln eines Tiefseeschwammes. Diese galten als längst verschollen. Und: Sie stammten aus der ersten deutschen Tiefsee-Expedition von Professor Carl Chun. Seit Juli 2005 ist die Zoologische Lehr- und Studiensammlung wieder geöffnet.

Verleger-Sohn bezwingt Kilimandscharo

Ob tief unten oder hoch oben: Leipziger schrieben überall Wissenschaftsgeschichte. So stand der Geograf und Afrikaforscher Hans Meyer (oben) am 6. Oktober 1889 als erster Mensch auf dem Gipfel des 5.895 Meter hohen Kilimandscharo. Zuvor war der Sohn des berühmten Verlegers Hermann Julius Meyer (Lexika, Duden, Brehms Tierleben) bereits zweimal gescheitert: 1887 an mangelnder Ausrüstung, 1888 an einem Bürgerkrieg. Erst gegen Zahlung eines hohen Lösegeldes ließen die Rebellen den Leipziger Forschungsreisenden weiterziehen. Bei seinem erfolgreichen dritten Versuch begleitete ihn der erfahrene Salzburger Bergsteiger Ludwig Purtscheller. Seine Erlebnisse hielt Hans Meyer in dem heute noch erhältlichen Buch „Die Erstbesteigung des Kilimandscharo" fest (links). In Tansania erinnert ein Gedenkstein (unten) an seine Pioniertat.

1899

Palmengarten und Luna-Park - Vergnügen für jedermann

Von Palmen fehlt heute jede Spur: Nur die Überreste der alten Parkanlagen erinnern noch an eine der schönsten Vergnügungsstätten Leipzigs. Von der Frankfurter Straße (heute Jahnallee) bis zur Elster und Luppe erstreckte sich der Palmengarten auf etwa 225.000 Quadratmetern. Am 29. April 1899 öffnete er seine Tore - und war sofort eine Attraktion.

Die Geschichte des Palmengartens begann mit der Internationalen Gartenausstellung 1893. Um sie zu realisieren, schrieb die Stadt einen Wettbewerb aus. Den gewann Otto Moosdorf, ein Leipziger Baumschulen- und Gärtnereibesitzer. Geschickt integrierte er Wege und Teiche, Blumenrabatten und sogar einen künstlichen Wasserfall mit Felsengrotte in den Auenwald. Doch all diese Herrlichkeiten für nur drei Wochen? Begeistert kündigte Oberbürgermeister Otto Georgi in seiner Festrede an, einen großen Landschaftsgarten für jedermann zu entwickeln. Dieser sollte den Leipzigern die Palmen des Südens näher bringen. Fünf Jahre später entstand eine architektonisch beeindruckende Konstruktion aus Stahl und Glas für das Palmenhaus - schützende Hülle für die empfindliche Vegetation. Exklusive Restaurants und eine vornehme Café-Konditorei prägten das Gelände ebenso wie der Ausschank am Ziergarten. Im großen Saal des Hauptrestaurants „Palmengarten" feierten die Leipziger ihre Festlichkeiten, Jubiläen und Bälle. Dabei waren die Eintrittspreise für das Gelände recht hoch. Damit auch weniger Wohlhabende den Park besuchen konnten, richtete die Stadt Rabatte bis hin zum freien Eintritt ein.

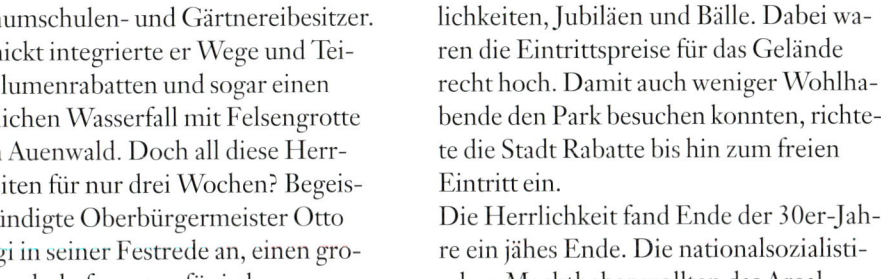

Die Herrlichkeit fand Ende der 30er-Jahre ein jähes Ende. Die nationalsozialistischen Machthaber wollten das Areal grundlegend verändern. Sie planten die größte Bücherschau aller Zeiten. Diese sollte Johannes Gutenberg ehren, der einst den Buchdruck mit beweglichen Lettern erfunden hatte. Palmenhaus und angrenzende Gebäude ließen sie daher 1939 sprengen. Zum Bau der riesigen Bücherhalle ist es nach Ausbruch des Krieges allerdings nicht mehr gekommen. Noch heute ein beliebtes Ausflugsziel ist auch der Auensee. Er entstand als schönes „Nebenprodukt" des Leipziger Hauptbahnhofs. Für dessen Erbauer war es ein Glücksfall, dass sie südlich der Elster bei Wahren Kies gewinnen konnten. Das ersparte weite Transportwege. Da Wasser in die Kiesgrube drang, entstanden schon 1908 die ersten Pläne für einen Park mit See. Der im Juli 1913 offiziell eröffnete Luna-Park am Auensee entwickelte sich zu einer der größten Vergnügungsstätten Deutschlands.

Deren Attraktionen, eine Gebirgsszeneriebahn, eine Achterbahn in Alpenkulisse, der Luna-Express, mehrere Restaurants, ein Tanzpalast sowie das Strandbad. Der Betrieb fiel allerdings der Weltwirtschaftskrise zum Opfer. 1932 löste sich die Luna-Park GmbH in einzelne Unternehmen auf. Die Schmalspurbahn fuhr noch bis kurz vor dem Zweiten Weltkrieg. 1951 erlebte sie als Pioniereisenbahn ihr Comeback und dreht heute als Parkeisenbahn ihre Runden.

Vom ursprünglichen Luna-Park sind das Haus Auensee, die gesperrte Betonbrücke sowie wunderschöne große Kastanien geblieben. An das beliebte Strandbad (unten) erinnert nur noch eine Wiese. Wegen Befalls mit Blaualgen ist das Baden im See seit den 80er-Jahren verboten. Alle Versuche, die Verunreinigungen zu beseitigen, schlugen bislang fehl.

Der Leipziger Palmengarten damals (oben) und heute.

Die Parkeisenbahn schnauft nach wie vor um den See.

Gustav Stresemann

Walter Ulbricht. Im Hintergrund das gemeinsam bewohnte Haus in der Gottschedstraße.

Der große Gustav und der kleine Walter

In der Gottschedstraße 4 wohnten sie unter einem Dach: 1899 zog Gustav Stresemann als 21-jähriger Student in das Haus ein, in dem der damals sechsjährige Walter Ulbricht lebte. Am 30. Juni 1893 war Walter in der engen Dachwohnung seiner Eltern zur Welt gekommen. 1900 und 1901 folgten seine Geschwister Erich und Hilde. Vater Ernst August und Mutter Pauline Ida

Walter mit seiner kleinen Schwester Hilde. Rechts die Eltern.

Ulbricht arbeiteten beide als Schneider und sympathisierten mit den Sozialisten. Im Wohnzimmer hing ein Bild von Arbeiterführer August Bebel. Ansonsten führten sie ein eher kleinbürgerliches Leben. Gustav Stresemann und Walter Ulbricht müssen sich mehrfach im Haus über den Weg gelaufen sein. Gustav studierte ab 1899 an der Uni Nationalökonomie, Walter kam im selben Jahr zur Schule. Er tobte durchs Haus zum Spielen - am liebsten „Räuber und Gendarm" oder „Trapper und Indianer". Erst mussten aber alle Schulaufgaben erledigt sein, darauf achteten seine Eltern.

1901 ging Stresemann nach Dresden und arbeitete dort für den Verband der Schokoladenhersteller. Mit dem Eintritt in die Nationalliberale Partei 1903 begann seine politische Karriere. Diese führte ihn über den Dresdner Stadtrat und den Reichstag bis auf den Stuhl des Reichskanzlers. Nach nur drei Monaten Amtszeit scheiterte Stresemann im November 1923 an einem Misstrauensantrag. Als deutscher Außenminister blieb er aber weiter in der Regierung und bemühte sich fortan um ein besseres Verhältnis insbesondere zu Frankreich. Für seine Versöhnungspolitik erhielt Stresemann 1926 den Friedensnobelpreis.

1928 kreuzten sich noch einmal die Wege von Walter und Gustav: diesmal unter dem Dach des Deutschen Reichstages. Ulbricht kam als Abgeordneter der Kommunistischen Partei Deutschlands (KPD) ins Parlament, Stresemann als Vorsitzender der rechtsliberalen Deutschen Volkspartei (DVP). Im Jahr darauf starb der Außenminister im Alter von 51 Jahren an den Folgen eines Schlaganfalls. Die Weimarer Republik stand vor ihrem Ende.

Ulbricht emigrierte nach der Machtübernahme der Nazis 1933 erst nach Paris, dann nach Prag und später nach Moskau. 1919 hatte er in Leipzig die KPD mitbegründet, nach dem Ende des Zweiten Weltkrieges organisierte er deren Zwangsvereinigung mit der SPD zur SED. Mehr als 20 Jahre prägte der gelernte Tischler die Entwicklung der DDR. Als Partei- und Staatschef

Walter Ulbricht (Kreis) auf einem Klassenfoto um 1899.

verkörperte er den Prototyp eines Stalinisten. Er ließ in Berlin die Mauer bauen und in Leipzig die Uni-Kirche sprengen. 1973 starb Ulbricht, ebenfalls an den Folgen eines Schlaganfalls.

Zu DDR-Zeiten huldigte eine Tafel an seinem Geburtshaus in der Gottschedstraße 4 dem „hervorragenden Führer beim Aufbau des Sozialismus und Förderer der Jugend". Heute trägt das Gebäude die Nummer 25 - und bald wieder eine Gedenktafel. Diesmal erinnert sie an den Friedensnobelpreisträger Stresemann. Die Idee stammt vom Verein „Leipziger Ehren", das Geld stiftete das Brauhaus zu Reudnitz. Schließlich promovierte der Sohn eines Bierhändlers einst an der Leipziger Universität zum Thema „Das Wachstum der Berliner Flaschenbier-Industrie". Zum 125. Geburtstag Gustav Stresemanns im Mai 2003 enthüllte Ex-Außenminister Hans-Dietrich Genscher (unten) die Tafel, die bis zur Komplett-Sanierung der Häuserzeile von den Reudnitzern aufbewahrt wird. Der Leipziger Verein musste Genscher nicht lange bitten: Stresemann ist sein Vorbild. Ein Porträt von ihm hing stets in seinem Büro.

1900

Zeit-Zeichen

1800
In den USA beginnt die Serienproduktion von Feuerwaffen.

1814
Stephenson baut in England die erste Dampflokomotive.

1828
Reclam gründet seinen „low-cost paperback"-Buchverlag.

1838
Daguerre entwickelt ein erstes fotografisches Verfahren.

1848
Marx und Engels veröffentlichen in London „Das Kommunistische Manifest".

1859
Darwin veröffentlicht „Über die Entstehung der Arten."

1865
Busch veröffentlicht „Max und Moritz".

1867
Nobel lässt das Dynamit patentieren.

1871
In Afrika findet der Brite Stanley seinen vermissten Kollegen Livingstone.

1885
Benz baut einen dreirädrigen Kraftwagen, Daimler das erste Benzinmotorrad.

1895
In Paris und Berlin werden erste Filme gezeigt.

1898
Die österreichische Kaiserin „Sissi" Elisabeth wird in Genf ermordet.

„Hipp, hipp, hurra!" für den deutschen Fußball

Die Gaststätte „Zum Mariengarten" geht am 28. Januar 1900 in die Geschichte ein: In der Karlstraße 10 gründen Vertreter von 86 nach Leipzig entsandten Vereinen den Deutschen Fußball-Bund (DFB). Die Gründung des Verbandes gilt als überfällig: In den 70er-Jahren des 19. Jahrhunderts aus England importiert, hatte das Fußballspiel in kürzester Zeit vor allem zahlreiche junge Leute begeistert. Der DFB-Gründungstag wirkt daher eher untypisch für eine Versammlung von Sportfunktionären zu jener Zeit: Die meisten der Delegierten sind unter 30 Jahre alt. Ihren Tagungsort Leipzig haben sie mit Bedacht gewählt. Hier hatte schon 1883 Turnlehrer Wortmann seinen Zöglingen an der Petrischule das Fußballspiel nahe gebracht. Außerdem hatte am 1. Februar 1893 in der Gohliser Gastwirtschaft „Zur Mühle" die Geburtsstunde für den FC Lipsia geschlagen, den ersten Leipziger Fußballverein.

Das Lokal „Zum Mariengarten" war zur Jahrhundertwende ein anerkanntes Haus. Wirt Theodor Schröter annoncierte im Leipziger Tageblatt: „Hiermit erlaube ich mir, einem geehrten Publikum bekannt zu geben, dass mein Saal vollständig renoviert und mit der neuesten Ventilation versehen ist. Ich empfehle, denselben zur Abhaltung von Hochzeiten und sonstigen Feierlichkeiten unter den coulantesten Bedingungen." Auch „vorzügliche Biere" seien im Angebot - für die DFB-Gründer ein guter Grund mehr, den Ersten Allgemeinen Deutschen Fußballtag an diesem Ort abzuhalten.

Die Presse berichtet ausführlich über das Treffen. Zur entscheidenden Abstimmung heißt es: „Nach ausgedehnten Debatten wurde in namentlicher Abstimmung die Gründung eines Deutschen Fußball-Bundes mit 64:22 Stimmen beschlossen und die vollzogene Gründung mit dreifachem Hipp-Hipp-Hurra begrüßt."

Als die Begeisterung durch den Mariengarten hallt, da besteht der VfB - der Verein für Bewegungsspiele - schon mehrere Jahre. Leipzigs Traditionsverein war am 25. Juni 1896 gestartet - am 31. Mai 1903 schreibt er deutsche Sportgeschichte. Mit einem 7:2-Sieg über den DFC Prag wird der VfB Leipzig erster Deutscher Fußballmeister. 1906 (2:1 gegen den 1. FC Pforzheim) und 1913 (3:1 gegen den Duisburger SV) folgen zwei weitere Titel. Dreimal erringen die Leipziger damit die legendäre Victoria, den Pokal mit der Siegesgöttin. Zu den ganz groß aufspielenden „Lilien", so bezeichnet wegen ihrer weißen Sportkleidung, gehört Heinrich „Heini" Riso. Er ist der Torschütze vom Dienst, trifft im Finale von 1903 in Hamburg-Altona drei Mal und erzielt im Endspiel drei Jahre später in der 85. Minute das Siegtor. Seine Schussgewalt ist gefürchtet. Zweimal spielt „Heini" im deutschen Nationalteam.

Als der Stürmerstar 1903 nach dem ersten Titel-Triumph mit seiner Mannschaft auf dem Leipziger Bahnhof eintrifft, warten nur zwei Fans. Zehn Jahre später sieht das schon ganz anders aus: Da bejubeln Tausende die siegreichen Helden.

Stürmerstar Heinrich Riso

Links: Die Victoria, Trophäe der Deutschen Fußballmeister von 1903 bis 1944.

Das DFB-Gründungslokal auf einer historischen Postkarte und die Erinnerungstafel in der Karlstraße.

VfB-Meistermannschaft von 1913.

Kongreßhalle: Bei Live-Sendung kommt die Bahn nicht

„Erinnerungen sind aus einem wunderbaren Stoff gemacht - trügerisch und doch zwingend, mächtig und schattenhaft. Es ist kein Verlass auf die Erinnerung, und dennoch gibt es keine Wirklichkeit außer der, die wir im Gedächtnis tragen."

Die Worte von Klaus Mann (1906-1949) könnten für die Leipziger Kongreßhalle geschrieben sein. Seit einigen Jahren strahlt das Haus an der Pfaffendorfer Straße mit seiner sanierten Fassade zwar wieder die Zoo-Besucher an (links). Doch die Fenster sind blind, das Innere des imposanten Gebäudes ist ungenutzt. Die Stadt möchte es wiederbeleben. Aber das Geld dafür fehlt. Und wenn mal ein Investor Interesse zeigt, dann passt das Betreiberkonzept nicht.

Die Geschichte der Kongreßhalle ist aber auch so ein gutes Stück Leipzig: 1898 entwarf Heinrich Rust das Saalgebäude als bürgerliches Gesellschaftshaus (links mitte). Am 29. September 1900 lud die Stadt zur feierlichen Eröffnung. Allein schon die blanken Fakten beeindrucken: Auf einer Netto-Grundfläche von 10.880 Quadratmetern beherbergte die Kongreßhalle den Großen, den Weißen, den Richard-Wagner- und den Bach-Saal, das Foyer, das Goethe-, das Mendelssohn-Bartholdy- und das Bastei-Zimmer, den Lortzing-, den Lessing- und Leibniz-Saal sowie ein Sonderpostamt. Die Zwischendecke gilt als eines der bedeutendsten Beispiele für Art Déco in Leipzig (links unten). Der Boden im Großen Saal ist eine der größten schwingenden Tanzflächen Europas (rechts).

Von 1946 bis zur Eröffnung des dritten Leipziger Gewandhauses im Jahr 1981 spielte das Gewandhausorchester in diesem Ambiente. Auch das Rundfunksinfonieorchester und das Rundfunkblasorchester (rechts mitte) musizierten hier. Die Leipziger wussten dabei: Immer wenn die Straßenbahn nicht vor der Kongreßhalle hält, dann überträgt der Rundfunk live.

Meister ihres Faches traten auf: Paul Dessau, Krzysztof Penderecki, Ernst Krenek, Herbert Kegel, Václav Neumann und Kurt Masur dirigierten. Die internationale Violinen-Elite mit David Oistrach und Henryk Szeryng spielte. Am Flügel saßen Maurizio Pollini, Swjatoslaw Richter und Emil Gilels. Welt-Stars der U-Musik gaben umjubelte Konzerte: Becaud und Greco, Matthieu und Adamo, die Traditional-Jazzer Bilk, Barber und Ball. Hier swingte Fips Fleischers Big Band. 1946 bis August 1989 diente der Weiße Saal als Spielstätte für das erste deutschsprachige Kindertheater - das Theater der Jungen Welt. Genau hier schlug auch die Geburtsstunde für Leipzigs ältestes Kabarett: die Pfeffermühle.

Im September 1988 begann das Ende eines Kulturhauses der besten Art: Die Baupolizei sperrte das Gebäude; lediglich der Weiße Saal blieb geöffnet. Ein Jahr später brannte das Bühnenhaus: Die komplette Schließung folgte.

Das schmerzt die Leipziger. Sie verbinden viele Erinnerungen mit ihrer Kongreßhalle und wünschen sich sehnlichst, dass sie wieder als Gesellschaftshaus öffnet. 2003 der erste Lichtblick: Das Zoo-Restaurant im Richard-Wagner-Saal empfing wieder Gäste. Die Bürgerinitiative Kongreßhalle kämpft dafür, dass das Traditionshaus nicht in Vergessenheit gerät (unten). Und hält es dabei mit Honoré de Balzac: „Die Zukunft wächst durch Hoffnung".

1903

"Vier plus eins" auf dem Mount Rushmore: die US-Präsidenten (von links) George Washington, Thomas Jefferson, Theodore Roosevelt, zu dem sich nur auf unserem Bild ein Teddy gesellt hat, und Abraham Lincoln.

Der Siegeszug des Teddybären

In fast jedem Kinderzimmer dieser Welt ist er zu Hause: der Teddybär. Sein Siegeszug beginnt vor einem Jahrhundert in Leipzig. Dabei sieht es für den „PB 55" (Plüsch, beweglich, 55 Zentimeter) der Filzspielwaren-Herstellerin Appolonia Margarete Steiff (links unten) aus Giengen bei Ulm zunächst gar nicht gut aus. Kein Mensch interessiert sich auf der Frühjahrsmesse 1903 für den kuscheligen Gesellen, den die Unternehmerin auf Anregung ihres Neffen Richard ein Jahr zuvor ins Sortiment aufgenommen hat. Erst am letzten Ausstellungstag verliebt sich ein New Yorker Händler in das „Bärle" mit den beweglichen Gelenken und dem Knopf im Ohr - und ordert gleich 3.000 Stück.

Als drei Jahre später Alice Roosevelt heiratet, ist die Festtafel der Tochter des US-Präsidenten Theodore Roosevelt (rechts) mit den kleinen Plüschbären aus Deutschland geschmückt. Weil ein Gast den Präsidenten nach deren Namen fragt und dieser nicht gleich eine Antwort parat hat, ruft ein anderer in die Runde: „Das sind die neuen Teddies". Teddy, so lautet der Spitzname des 26. Präsidenten der Vereinigten Staaten von Nordamerika. Und mit einem Bären in Verbindung gebracht wird er seit November 1902. Zu jener Zeit ist Roosevelt im Grenzgebiet von Louisiana und Mississippi tagelang erfolglos auf der Jagd. Seinen Begleitern gelingt es schließlich, einen kleinen Bären zu fangen. Sie binden ihn an einen Baum und geben ihn zum Abschuss frei. Doch Roosevelt verweigert sich diesem unwaidmännischen „Jagd-Erfolg". Die Washington Post veröffentlicht die Geschichte am 16. November 1902 mit einer Karikatur (oben links), auf der ein kleiner niedlicher Bär zu sehen ist. Die Leser sind begeistert – und „Teddys Bear" wird fortan zahllose Zeichnungen mit dem Präsidenten zieren. Weil ein Spielzeughändler in Brooklyn die Karikatur mit einem Plüschbären ins Schaufenster gestellt und damit eine riesige Nachfrage ausgelöst haben soll, gilt der Teddy heute gemeinhin als Deutsch-Amerikaner. Zu seinem 100. Geburtstag kehrt er im Dezember 2002 in ein altes Leipziger Messehaus zurück - den Handelshof. Rund 2000 Petze sind in einer viel besuchten Ausstellung zu sehen - darunter der mit 6,83 Metern größte (unten) und der mit sechs Millimetern kleinste Plüschbär der Welt.

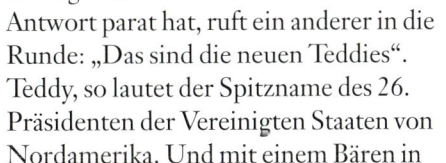

Da staunt die Welt

Nicht nur die Erfolgsgeschichte der Steiff-Teddybären beginnt in Leipzig. Auch anderen Produkten verhilft die Messe zu Superlativen:

Mit einer Goldmedaille prämieren Juroren einen Exportschlager aus Halberstadt: Würstchen in Dosen. 1896 hat sie Fleischermeister Friedrich Heine als Weltneuheit präsentiert, 1913 ist seine Fabrik die größte ihrer Art in Europa.

*

1881 gelingt Theodor Bickel die Herstellung maschinengestickter Tüllspitze - ebenfalls eine Weltneuheit. Die Plauener Spitzen-Hersteller streichen auf den Leipziger Messen 33 Goldmedaillen ein und verkaufen ihre Produkte in mehr als 40 Länder.

*

Und auch „Chronistenpflicht" dieses Ausmaßes hat die Welt noch nicht gesehen: Am 16. März 1987 erscheint das SED-Zentralorgan „Neues Deutschland" mit 41 (!) Fotos von DDR-Staats- und Parteichef Erich Honecker, die ihn beim Rundgang zur Eröffnung der Leipziger Messe mit Ausstellern und Politikern zeigen.

Hoch, höher, am höchsten - Leipziger Riesen

Leipzig wollte schon immer hoch hinaus. Und es liebt die Superlative. Davon kündet auch so manches Bauwerk. Weithin sichtbar ist der mit 114,70 Metern höchste Rathausturm Deutschlands.

Sein Stumpf stammt noch von der alten Pleißenburg. An ihrer Stelle entstand nach den Plänen von Hugo Licht von 1899 bis 1905 das Neue Rathaus. Der Leipziger Stadtbaurat hatte sich mit seinem Entwurf unter 51 Bewerbern durchgesetzt. Das Motto für seinen Bau steht bis heute in Stein gemeißelt über dem Haupteingang: Arx nova surrexit (Eine neue Burg ist entstanden). Majestätisch wie ein Schloss, monumental wie eine Burg thront das Gebäudeensemble am südwestlichen Altstadtrand.

Im September 1899 legte Oberbürgermeister Otto Georgi den Grundstein, bereits zwei Jahre später stand der Turm. 250 Stufen führen vom Dachgeschoss bis zum oberen Turmgang mit seiner herrlichen Aussicht. 1905 konnten Rat und Stadtverordnete Abschied vom viel zu eng gewordenen Alten Rathaus nehmen. Im Neuen erwarteten sie 578 Räume. Am 7. Oktober 1905 übergab Oberbürgermeister Bruno Tröndlin im Beisein des Sächsischen Königs feierlich den acht Millionen Mark teuren Bau. Sein gewaltiger Turm mit der zwiebelförmigen Kuppel und der weit ausladenden Wetterfahne bestimmte fortan das Stadtbild. Und er durchbrach die Dominanz der zehn Jahre zuvor errichteten, 68,50 Meter hohen Reichsgerichtskuppel.

Nur knappe 45 Meter misst hingegen Leipzigs erstes Hochhaus. An seiner Höhe entzündete sich dennoch heftiger Streit: Darf ein elfgeschossiger Stahlbetonbau an so prominenter Stelle stehen? Bankier Hans Kroch ließ das Bürogebäude 1927 am Augustusplatz errichten. Mit seinem Münchner Architekten German Bestelmeyer sorgte er dafür, dass die Leipziger das kantige Haus doch noch lieb gewannen - mit der Verkleidung aus Muschelkalk, der großen Uhr und dem zu seiner Zeit größten Turmschlagwerk der Welt. Mit den beiden Glockenmännern und den Löwenreliefs erinnert das Kroch-Hochhaus an den Uhrenturm auf dem Markusplatz in Venedig.

Viel höher hinaus ging es beim Universitätsneubau 1968 bis 1975 am Augustusplatz: Nach den Entwürfen von Hermann Henselmann entstand das mit 142,40 Metern (plus 13 Meter Antennenmast) höchste Gebäude der Stadt.

Bis 1996 hatten hier die geistes- und sozialwissenschaftlichen Bereiche ihr Quartier. Eigentlich sollte der Uni-Riese ein aufgeschlagenes Buch darstellen, der Volksmund jedoch sprach vom „Weisheitszahn". Heute lautet die offizielle Bezeichnung „City-Hochhaus". Von seiner Aussichtsplattform bietet sich den Besuchern ein fantastischer Blick über die Stadt.

Eine tolle Aussicht genießen auch die Bewohner des Wintergartenhochhauses am Hauptbahnhof. 1974 zogen die ersten Mieter in das mit 95 Metern höchste Wohnhochhaus der DDR. Der Entwurf für den 26-Geschosser stammte von Architekt Frieder Gebhardt. Mehr als zwei Millionen Kilogramm Stahl, fast fünf Millionen Kilogramm Zement und 12.000 Kubikmeter Beton verschlang der Bau des achteckigen Gebäudes. Auf seinem Dach steht das 18 Meter große Doppel-M, das Symbol der Leipziger Messe. Es dreht sich und leuchtet blau-gelb in der Nacht - und macht das Wintergartenhochhaus zu einem weiteren Wahrzeichen der Stadt.

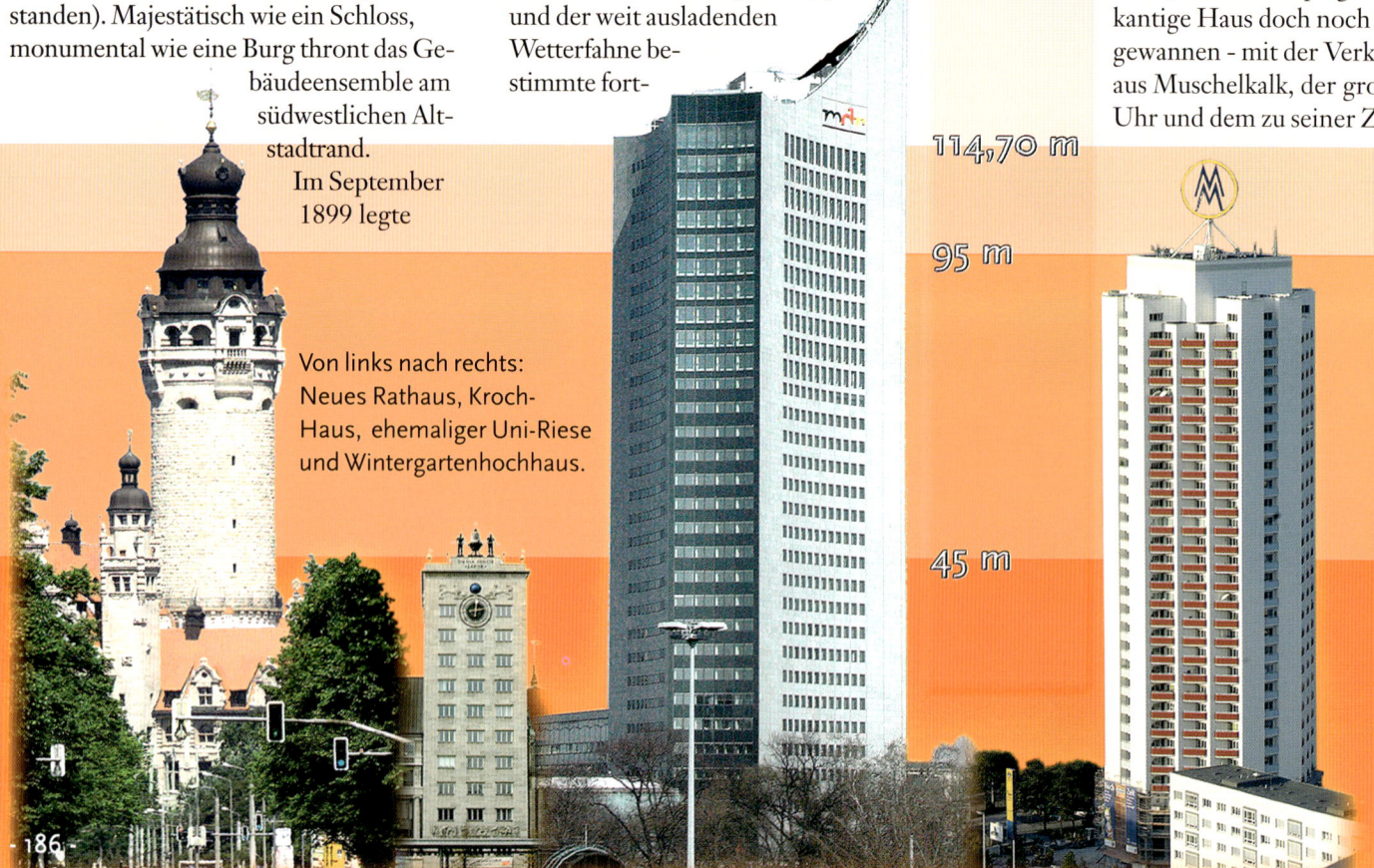

Von links nach rechts: Neues Rathaus, Kroch-Haus, ehemaliger Uni-Riese und Wintergartenhochhaus.

1906

Pharaonen an der Pleiße

Ein Mann mit Tropenhut steht inmitten von Arbeitern, die Ruinenfelder nahe der Pyramiden von Gizeh freilegen. Er wirkt wie ein Feldherr, der Regie führt im Kampf um jeden Stein und jedes Fragment der untergegangenen Pharaonen-Welt. Es ist Georg Steindorff (unten), der Leipziger Professor für Ägyptologie anno 1906.

Dreizehn Jahre zuvor hatte die Universität den gebürtigen Dessauer berufen - ein Glücksgriff für die Akademikerschmiede. Steindorff baute nach und nach die kleine Lehrsammlung aus. Zunächst mit Stücken, die er bei Besuchen an den Nil-Nekropolen erwarb. Doch zufrieden stellte ihn das nicht. Der Wissenschaftler wollte die Sammlung zu einem attraktiven Museum aufwerten - und dafür musste die Zahl der Ausstellungsobjekte gehörig wachsen. Dies und die Neugier des Forschers trieben ihn an der Wende vom 19. zum 20. Jahrhundert zu antiken Stätten wie den Tempel des Amun oder den nubischen Festungen.

Aber Gizeh lockte. Steindorff wollte und konnte es nicht links liegen lassen. 1903 startete der Professor seine Expedition, 1906 kehrte er mit zahlreichen Funden heim. Diese stammten unter anderem von der Offenlegung einer Ruhestätte für höhere Untergebene des Pharaos. Doch das war nur die Ouvertüre: Immer wieder rückte der Gelehrte bis 1931 in pharaonische Gefilde aus. Er barg Kunst-, Kult- und Alltagsgegenstände der untergegangenen Reiche und stockte damit den Besitz des Museums auf, das im Uni-Hauptgebäude, dem Augusteum, residierte. Keine andere ägyptologische Hochschulsammlung in Deutschland konnte da mithalten.

Die Nazi-Zeit sollte für die Sammlung wie für Steindorff schicksalhaft werden. Wegen seiner jüdischen Herkunft erlebte er immer wieder Anfeindungen. 1939 emigrierte der Ägyptologe in die USA - sechs Jahre nach seiner Emeritierung. Im Bombenhagel des Zweiten Weltkrieges gingen viele großformatige Museumsstücke unter. Andere galten nach Kriegsende als verschollen und waren, wie sich später herausstellte, in die Sowjetunion gelangt.

Als Professor Steindorff 1951 in Kalifornien starb, richteten die Ägyptologen an der Pleiße gerade wieder eine kleine Ausstellung ein - im neuen Domizil in der Schillerstraße. Doch bis zur Wiedereröffnung des Museums an gleicher Stelle sollte es noch 25 Jahre dauern. Am 12. Mai 1976 nahmen es die Leipziger dankbar als kulturelles Highlight an. Das änderte sich auch nicht, als die Exposition, die mehr als 4.000 Jahre altägyptische Kultur widerspiegelt, 2003 in ein Interim in der Burgstraße umziehen musste. Letztlich sesshaft könnte sie im Kroch-Haus am Augustusplatz werden. Steindorffs Erbe ist bei den Experten nicht nur in pflegenden Händen, sie erschließen es auch weiter. Fotos, Expeditions-Tagebücher und Fundbeschreibungen sind inzwischen digitalisiert und auf Datenträger archiviert - auf Steindorffs Spuren lässt sich so per Mausklick wandeln.

Die Exponate im Ägyptischen Museum spiegeln 4.000 Jahre Kultur wider.

Wie ein Feldherr: Der Leipziger Universitätsprofessor Georg Steindorff während der Ausgrabungen in Ägypten.

1907

Kleinmesse zieht vor die Stadt

Jahrmarkt, Rummel, Kirmes - Leipzig kennt dafür nur einen Begriff: Kleinmesse. 1907 richtete die Stadt ein eigenes Gelände für das Volksfest ein. Seine Anfänge aber liegen mehr als 1.000 Jahre zurück...
Bereits Ende des 10. Jahrhunderts tauschten Händler aus allen Himmelsrichtungen im Schutz der Burg Libzi ihre Waren aus. Zu ihnen gesellte sich alsbald das „Fahrende Volk": Gaukler, Seiltänzer, Possenreißer, Bärenführer. Sie sorgten am Rande der Handelsgeschäfte für Unterhaltung - und schon bald waren Märkte ohne das bunte Völkchen unvorstellbar. „Das Vergnügen sind wir", sagt Bernd Schleinitz vom Vorstand des Leipziger Schaustellervereins heute dazu. 1497 erteilte Kaiser Maximilian I. der Stadt nicht nur das Reichsmesseprivileg: Er verlieh ihr gleichzeitig auch das Recht zu regelmäßigen Jahrmärkten. Diese „kleinen Messen" entwickelten sich harmonisch mit dem allgemeinen Messegeschehen in der Stadt - und erfreuten sich größter Beliebtheit. Im Mittelalter bestimmten vor allem Puppenspieler, Akrobaten, Magier und Dresseure die Szenerie: Ein Seiltänzer balancierte mit einer Art Schubkarre vom Turm des Alten Rathauses hinunter bis auf den Markt. Ein Pferd konnte angeblich die Stunde angeben, Geld zählen oder sich betrunken stellen. Später zogen auch die ersten Karussells das Publikum magisch an - die Schausteller hatten sich auf den Oster- und Michaelismessen in der Innenstadt etabliert.
Doch Anfang des 20. Jahrhunderts reichte der Platz nicht mehr aus: Der Vergnügungsteil des Messegeschehens zog vor das Frankfurter Tor. Von 1907 bis 1935 organisierte die Stadt 58 Kleinmessen auf dem neuen Gelände an der heutigen Friedrich-Ebert-Straße. Dann mussten die Schausteller auf die andere Seite des Elsterflutbetts ziehen: Am Frankfurter Tor richteten die Nationalsozialisten einen riesigen Aufmarschplatz ein - das „Adolf-Hitler-Feld". Der Krieg brachte die Kleinmesse schließlich zum Erliegen. Als ihre größte Attraktion galt bis dahin

Morocco, das rechnende Pferd - Holzschnitt aus dem 16. Jahrhundert.

die „Himalaya-Gebirgsbahn" - eine hölzerne Achterbahn mit den beachtlichen Ausmaßen von 173 mal 28 Metern. Obwohl sie die Umsetzung vom „Lunapark" am Auensee zum Messplatz am Frankfurter Tor und danach zum Kleinmessegelände am Cottaweg gut überstanden hatte, ging die Attraktion nach dem Zweiten Weltkrieg nicht wieder in Betrieb: Mit dem Holz der Achterbahn reparierte die Stadt das schwer beschädigte Dach des Alten Rathauses.
Im April 1946 - noch vor der ersten Nachkriegs-Mustermesse im Mai - kehrte die Kleinmesse zurück. Und entwickelte sich erneut zum regionalen Volksfest Nummer eins. Dabei hatten die Schausteller mit allen Widrigkeiten der sozialistischen Mangelwirtschaft zu kämpfen: Zuteilung von Material und Treibstoff, Schließzeit um 21 Uhr, Verkleinerung des Geländes, Verbot des Bierausschanks, Verweigerung von Gewerbeerlaubnissen. Mit großem Geschick hielten die Schausteller ihre alten Karussells immer auf

Buntes Treiben am Frankfurter Tor

Am 7. April 1907, einem Sonntag, eröffnete der neue Kleinmessplatz (Anzeige unten). Ein Reporter der „Leipziger Neuesten Nachrichten" berichtete darüber:
„Aus der Häuser engen Reihen hinaus vor die Stadt sind sie versetzt worden, die Verkaufsbuden und -stände mit ihrem tausendfachen Kleinkram, mit ihren vielbesuchten Schau- und Vergnügungsstätten. Eine ganz eigenartige Umwandlung, die sich da in der Messestadt Leipzig, den Zeitverhältnissen Rechnung tragend, vollzogen hat. Mit altem Brauch, mit alten Gewohnheiten mußte gebrochen werden, und in der Außergewöhnlichkeit dieser Veränderung des Meßbildes liegt zunächst der Reiz, der die gesamte Leipziger Bevölkerung innerhalb dreier Wochen fast ausnahmslos wird hinauspilgern lassen vor das Frankfurter Tor, um hier auf weitem Plane in freier, frischer Luft ungehindert und unbeengt das Meßtreiben zu genießen. Die Vergnügungsstadt mit ihren Freuden, die bis in der Kindheit Tage zurückreichen, nimmt uns auf und wahrhaftig, sie kann sich sehen lassen im Rückblick auf die zerrissene Armseligkeit, die in den letzten Messen Königs- und Roßplatz sowie Fleischer- und Schulplatz beherrschte."

Der Messplatz am Frankfurter Tor um 1928.

Attraktionen aus sieben Jahrzehnten (rechts oben, von links): „Himalaya-Gebirgsbahn" (1935), Weltraum-Feeling im „Kosmoplane" (1955) und das mit 60 Metern höchste transportable Riesenrad der Welt aus dem 21. Jahrhundert.

dem technisch bestmöglichen Stand - und entwickelten mit viel Eigeninitiative auch manche Neuheiten. So baute Walter Seifert nach dem Krieg die „Kosmoplane", ein druckluftgesteuertes Fliegerkarussell.

Seiferts Oscar - das Original

Oft kopiert, nie erreicht: Oscar Seifert. Auf keiner Kleinmesse am Frankfurter Tor durfte das Original aus Leipzig-Connewitz fehlen. Sein quadratischer, nach allen Seiten offener Stand war stets dicht umlagert. Mit deftig-sächsischem Mutterwitz verschleuderte Seiferts Oscar allerlei Waren: Nadeln, Garn, Löffel, Kämme, Hosenträger... Am ersten Weihnachtsfeiertag 1932 starb Oscar Seifert im Alter von 71 Jahren. Seine Nachkommen blieben dem Schaustellergewerbe bis heute treu. Erich Kästner setzte Seiferts Oscar in „Alte Träume bleiben jung" ein Denkmal. Auch der Leipziger Medienpreis „Oscar" erinnert an ihn.

Erich Schleinitz entwickelte den hydraulischen „Weltraumbummler", sein Sohn Bernd das „Drehende Haus" und einen elektronischen Schießstand. Der mit Devisen ausgestattete DDR-Staatszirkus sorgte zudem für einige moderne Fahrgeschäfte aus dem Westen: Twister, Satellit, Baby-Flug.

Viele Leipziger verbinden mit der Kleinmesse zu DDR-Zeiten auch die Erinnerung an rote Fassbrause für 21 Pfennige, Geflügelbratwurst ohne Darm und Waffeln mit Schlagschaum. „Nach der politischen Wende haben uns die West-Kollegen dann mit ihren hochmodernen Fahrgeschäften fast überrollt", erinnert sich Bernd Schleinitz. Die Schausteller schlossen sich zusammen, reaktivierten am 23. Januar 1990 ihren 1886 gegründeten Verein - und kämpften gemeinsam ums Überleben. Bernd Schleinitz: „Das war im wahrsten Sinne des Wortes ein Kampf um den Arbeits-Platz. Viele gierige Finger streckten sich nach dem Gelände am Cottaweg mit seinen unterirdischen Versorgungsleitungen." Die Stadt erkannte die Kleinmesse als Einnahmequelle - und übertrug dem Schaustellerverein ab 1991 die Verantwortung für das Volksfest: ohne Subventionen, dreimal im Jahr, jeweils vier Wochen zur Frühjahrs-, Herbst- und Winterkleinmesse. Im Gegenzug versprach die Kommune die Sanierung des Kleinmesseplatzes. Im Umfang von 3,2 Millionen Euro soll diese nun bis 2010 erfolgen.

An Attraktionen herrscht auf der Kleinmesse inzwischen kein Mangel mehr: Power Tower, Break Dance oder Eurostar heißen die Publikumsmagneten von heute. Vorrang genießen Schausteller aus der Region - „damit Geld und Jobs hier bleiben", sagt Bernd Schleinitz. An Familientagen locken ermäßigte Preise, an Samstagen die traditionellen Höhenfeuerwerke. Und wer den besten Blick auf das bunte Treiben sucht: Das Riesenrad bietet ihn garantiert.

Freifall-Turm „Power Tower"

Kleinmessegelände am Cottaweg.

1907 EdK EDEKA

(Eingetragenes Warenzeichen.)

Historisches Logo von 1911.

Die Vorstände und Aufsichtsratsorgane im Jahr 1908 mit den Gründervätern Dr. Karl Biller (sitzend, Mitte) und Fritz Borrmann (rechts daneben).

Das Hotel de Pologne, Gründungsort der Edeka.

Artikel über den Einkaufsverein Leipzig in der Festschrift zum 25-jährigen Bestehen.

Anzeige aus der Nachkriegszeit.

Edeka-Läden um 1927 und Anfang der 50er-Jahre.

Mit 800 Mark zur deutschen Nummer eins

Sie genießt das Vertrauen von vielen Millionen Verbrauchern. Wie ein Familienmitglied gehört sie zu ihrem Alltag und begleitet sie durchs Leben. Sie hat bittere Wirtschaftskrisen und zwei Weltkriege überstanden: die Marke Edeka. 1907 schlug die Geburtsstunde des heutigen Einzelhandelsriesen in Leipzig.

Bereits neun Jahre zuvor hatte der Berliner Kaufmann Fritz Borrmann gemeinsam mit 20 weiteren Kaufleuten die erste regionale „Einkaufsgenossenschaft der Kolonialwarenhändler im Halleschen Torbezirk zu Berlin" gegründet – kurz E.d.K. Die erste Zwischenbilanz fiel durchaus stattlich aus: 715 Goldmark Umsatz buchten die 21 Mitglieder in den ersten sechs Wochen. Für Borrmann Ermunterung, seinen Weg zielstrebig und energisch weiterzuverfolgen. Am 21. Oktober 1907 gründete er gemeinsam mit Dr. Karl Biller im Leipziger Hotel de Pologne den „Verband deutscher kaufmännischer Genossenschaften e.V." - einen Zusammenschluss von insgesamt 23 Einkaufsgenossenschaften. Ihr ungeschriebenes und ebenso einfaches wie überzeugendes Motto: „Gemeinsam sind wir stark." Gut einen Monat später, am 25. November 1907, trafen die Verbandsgründer erneut zusammen und riefen die „Zentraleinkaufsgenossenschaft des Verbandes deutscher kaufmännischer Genossenschaften eGmbH" ins Leben. Das Startkapital belief sich auf 800 Mark - und wohl keiner der Unterzeichner ahnte, dass daraus einmal die heutige Edeka Zentrale AG & Co. KG werden könnte. Vorausschauend waren diese Kaufleute aus Leidenschaft trotzdem. Ihre Ideen und Aktivitäten prägen die Edeka-Gruppe. Die 1908 gegründete „Deutsche Handels-Rundschau", die älteste Lebensmittel-Fachzeitschrift Deutschlands, entwickelte sich alsbald zum wichtigsten Kommunikationsmedium der Händler. Drei Jahre später übernahmen Verband und Zentrale die Rechte an dem Wort- und Bildzeichen „E.d.K.". Damit war der Weg für ein einheitliches Werbe- und Warenzeichen der Gruppe geebnet. Ebenfalls 1911 brachten die Edeka-Kaufleute die ersten Eigenmarken auf den Markt. So konnten sie unabhängiger von den großen Markenartiklern agieren und Kunden stärker an sich binden. Bereits 1925 bot Edeka 25 Eigenmarken an - darunter Kakao, Malzkaffee, Tafelsalz und Haferflocken, aber auch Kernseife, Kerzen und Bohnerwachs. 1914 unterstützte die Edeka-Gruppe ihre Kaufleute durch die Gründung einer eigenen Genossenschaftsbank. Der Erste Weltkrieg war inzwischen ausgebrochen - und die etablierten Banken waren in dieser Situation nicht bereit, den Kaufleuten Geld zu leihen. Die Genossenschaftsbank tat es, riskierte viel und sicherte damit das Geschäft.

Um dem Nachwuchs die Existenzgründung zu ermöglichen, hob die Edeka-Gruppe 1930 die „Spar- und Ar-

Zeitschrift „Die kluge Hausfrau" von 1959. Nach der Wende übernimmt Edeka 1990 im Osten ehemalige HO-Kaufhallen und baut zahlreiche neue Märkte.

beitsgemeinschaft der Jungkaufleute des deutschen Kolonialwaren- und Feinkosteinzelhandels" aus der Taufe. 1935 zählte die Gruppe bereits 525 Genossenschaften mit insgesamt 45.000 Mitgliedern. Allein in Leipzig und Umgebung entstanden in den 30er-Jahren mehr als 350 Geschäfte. Der „Edeka Waren-Einkaufsverein Leipziger Kaufleute eGmbH" residierte samt Hauptkontor, Lager, Weinkellerei und Kaffee-Großrösterei in der Berliner Straße.

Mit dem Ende des Zweiten Weltkrieges 1945 boten die Kaufleute im zerbombten Deutschland ihre Waren in Kellern und Ruinen an. Nur 120 Genossenschaften blieben in den Westzonen übrig - mit Hamburg als Hauptgeschäftsstelle. Das Leipziger Stammhaus fiel an das staatliche Großhandelskontor. In Westdeutschland gelangte Edeka in den Folgejahren zu neuer Blüte, die Wurzeln im Osten hingegen gerieten zunehmend in Vergessenheit.

1954 schwappte ein neuer Einkaufstrend von Amerika nach Deutschland: die Selbstbedienung. Edeka reagierte umgehend, kaufte 150 Vorverpackungsmaschinen und stellte sie den Genossenschaften zur Verfügung. Die eigene Kunden-Zeitschrift „Die kluge Hausfrau" machte die moderne Art des Einkaufens zusätzlich schmackhaft. Immer stärker kam es jetzt auch darauf an, wie die Waren präsentiert wurden. Edeka erkannte als erste Handelsgruppe die Vorzüge der Tiefkühlkost, die 1955 flächendeckend eingeführt wurde. Im selben Jahr startete erstmals auch das Edeka-eigene Fruchtkontor. Und 1963 ging schließlich als das Jahr der Frische in die Edeka-Geschichte ein: Neben frischen Backwaren und Molkereiprodukten wurde erstmals Frischfleisch verkauft. 1983 begann die warenwirtschaftliche Zusammenarbeit mit der Bielefelder AVA AG, die heute - unter dem Namen Marktkauf - eine 100-prozentige Tochter ist.

Seit der politischen Wende 1989 ist die Edeka-Gruppe wieder im Osten Deutschlands und damit auch in ihrem Geburtsort Leipzig präsent. Das Unternehmen übernahm alte HO-Märkte und eröffnete neue Verkaufsflächen: Mit einem Einzelhandelsumsatz von 5,5 Milliarden Mark bedeutete das bereits 1992 die Marktführerschaft in den neuen Bundesländern.

Ein strategisch wichtiger „Coup" gelang im Jahr 2005: Der Beitritt zur internationalen Vermarktungsallianz Alidis stärkte die Position der Edeka-Gruppe auf europäischer Ebene deutlich. Hierzulande baute sie ihren Marktanteil erheblich aus - durch die Übernahme der Spar Handels AG und den Einstieg in das wachsende Discount-Segment durch die Akquisition von Netto Marken-Discount und die 25-prozentige Finanzbeteiligung an Netto Stavenhagen. Ebenfalls 2005 startete die Edeka-Gruppe ihre inzwischen mehrfach ausgezeichnete Imagekampagne unter dem Motto „Wir lieben Lebensmittel", mit der sie sich als sympathische Händlermarke präsentieren und von Mitbewerbern deutlich abgrenzen will. 100 Jahre nach ihrer Gründung ist die Edeka-Gruppe mit einem Umsatz von mehr als 38 Milliarden Euro, 250.000 Mitarbeitern und einem Vertriebsnetz von rund 11.000 Märkten die Nummer eins im deutschen Lebensmittel-Einzelhandel. Mit den drei Vertriebsschienen unternehmergeführter Supermarkt, SB-Warenhaus und Discount sieht sich der Einzelhandelsriese schlagkräftig aufgestellt. Kerngeschäftsfeld der Gruppe bleibt das von selbstständigen Edeka-Unternehmern geführte Supermarkt-Geschäft. Aus Frankreich, Polen, Österreich, Russland und Tschechien hat sich die Unternehmensgruppe schrittweise wieder zurückgezogen - die volle Konzentration gilt dem deutschen Markt. Allein in Dänemark kooperiert Edeka weiter mit der norwegischen Reitan-Gruppe, die in Skandinavien zu den führenden Handelsunternehmen zählt.

Die Leipziger Filialen gehören zur Edeka-Regionalgesellschaft Nordbayern-Sachsen-Thüringen. Ihre 25.000 Beschäftigten erwirtschaften einen Jahresumsatz von rund vier Milliarden Euro. Mit etwa 1.000 Auszubildenden ist die Regionalgesellschaft nicht nur der größte Arbeitgeber, sondern zugleich auch der größte Berufsausbilder im Einzugsgebiet.

Werbung damals und heute: In den 70ern tanzt Showmaster Rudi Carrell als Kaufmann über die Bildschirme (rechts). Seit 2005 stehen die Liebe zu Lebensmitteln und attraktiven Märkten im Mittelpunkt.

1909

Ostwald, Heisenberg, Katz: Leipzigs Nobelpreisträger

Wilhelm Ostwald, 1853 in Riga geboren, 1932 in Großbothen nahe Grimma gestorben - ein Großgeist in der Welt der Wissenschaft. 1887 berief die Leipziger Universität den studierten Chemiker zum Professor. Aus seinem Institut - Keimzelle und später Weltzentrum der physikalischen Chemie - gingen etwa 70 namhafte Professoren hervor. Ostwald fand das nach ihm benannte Verdünnungsgesetz und entwickelte das erste großtechnische Verfahren zur Salpeterherstellung. Für seine Arbeiten auf dem Gebiet der Katalyse nahm er 1909 den Nobelpreis für Chemie entgegen. Ostwald entwickelte darüber hinaus Ansätze einer Naturphilosophie und engagierte sich vor dem Ersten Weltkrieg in der bürgerlichen Friedensbewegung. Im Wahnsinn des Krieges erkannte er den „gefährlichsten Feind der Kulturentwicklung". Ostwald setzte sich zudem für ein ständig aktualisiertes Esperanto, das „Ido" ein. 1906 zog er sich auf den Landsitz Großbothen zurück. Im „Haus Energie", heute Wilhelm-Ostwald-Gedenkstätte, arbeitete er noch 20 Jahre an einer Farbenlehre. 1921 erschien sein 2.500 Farben umfassender Atlas.

Der Chemiker Ostwald blieb nicht der einzige in Leipzig tätige Wissenschaftler, der zu höchsten Ehren kam. 1932 erhielt Werner Heisenberg, geboren am 5. Dezember 1901 in Würzburg, für seine Arbeiten zur Quantenmechanik den Nobelpreis für Physik. Fünf Jahre zuvor hatte ihn Leipzigs Universität gerufen, wo er ein Zentrum für theoretische Physik schuf. Heisenberg verweigerte 1933 die Zustimmungserklärung deutscher Professoren für Hitler, konnte aber auf Grund seines prominenten Namens und seiner Fähigkeiten weiter wissenschaftlich arbeiten. Die Nazis hofften, dass sie ihn für ihre Atomrüstungspläne vereinnahmen könnten. 1940 entwickelte Werner Heisenberg mit Robert Döpel eine „Uranmaschine". Diese sollte den Nachweis erbringen, dass sich die Kernspaltung in Form einer Kettenreaktion nutzen lässt. Die Neutronenvermehrung reichte allerdings nicht aus. War Heisenberg 1941 noch an den Planungen für den Bau einer deutschen Atombombe beteiligt, so wandte er sich später strikt gegen eine militärische Nutzung der Kernenergie. Der Physiker starb 1976 in München.

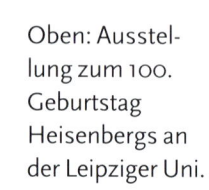

Unten: Werner Heisenberg

Bernard Katz (links) bei der Nobelpreisverleihung 1970 in Stockholm.

Sechs Jahre zuvor konnte sich Bernard Katz, 1911 als Sohn eines Pelzhändlers in Leipzig geboren, über den Nobelpreis für Medizin freuen. Katz hatte an der Medizinischen Fakultät seiner Heimatstadt studiert und promoviert. 1935 war er nach England emigriert und dort zu einem der führenden Neurophysiologen aufgestiegen. 2003 starb der bislang einzige in Leipzig geborene Nobelpreisträger in London. An Sir Bernard Katz erinnert im Park der Universitätsklinik an der Liebigstraße ein Gedenkstein.

Links: Friedrich Wilhelm Ostwald und die Wilhelm-Ostwald-Gedenkstätte in Großbothen.

Oben: Ausstellung zum 100. Geburtstag Heisenbergs an der Leipziger Uni.

Rechts: Katz-Gedenkstein im Park der Uni-Klinik.

Professor in Turnschuhen

Der 94-jährige Werner Holzmüller (unten), emeritierter Leipziger Professor für Experimentalphysik, kann sich noch genau an die berühmten Physiker und Nobelpreisträger Werner Heisenberg und Peter Debye erinnern: „Ich erlebte Heisenberg als einen den Studenten sehr nahe stehenden 32-jährigen Lehrer. Heisenberg kam oft in Turnschuhen und Tenniskleidung in die Vorlesungen. Außerdem spielte er gern Tischtennis mit seinen Seminarteilnehmern. Genau erinnern kann ich mich auch noch an ein persönliches Gespräch mit ihm. Es ergab sich nach einem Seminar bei Debye. Heisenberg spendierte Kaffee und Kuchen. Schon damals beschäftigte ich mich mit der Speicherung von Informationen in den menschlichen Keimzellen. Ich äußerte gegenüber Heisenberg die Ansicht, dass die Zahl der Moleküle in der menschlichen Keimzelle nicht ausreichen würde, um die unermessliche Zahl der Erbanlagen zu speichern. Heisenberg antwortete mir: Es kommt nicht auf die Zahl der unterschiedlichen Eiweißmoleküle, sondern auf deren wechselseitige räumliche Zuordnung an. Damit deutete er schon 1935 auf die erst 18 Jahre später entdeckte Informationsspeicherung in der DNA hin."
1936 verfasste Werner Holzmüller seine Doktorarbeit. Betreuer war zunächst der Experimentalphysiker Peter Debye. Als dieser ans Kaiser-Wilhelm-Institut nach Berlin wechselte, übernahm Theorie-Professor Heisenberg die abschließende Beurteilung. Holzmüller im Jahr 2007: „Beide haben meine wissenschaftliche Entwicklung sehr geprägt."

Erlauchter Kreis der Wissenschaft

Nicht nur Ostwald, Heisenberg und Katz - auch andere Nobelpreisträger standen mit Leipzig in Verbindung. Theodor Mommsen, 1902 mit dem Nobelpreis für Literatur geehrt, erwarb Grundlagen seiner Forschung in Recht und Geschichte in Leipzig. Mommsen hat immer wieder betont, dass die Zeit in der Messestadt „zu den glücklichsten Erinnerungen Anlass gibt".
Von 1874 bis 1877 arbeitete Ferdinand Braun, 1909 Nobelpreisträger für Physik, als Lehrer für Mathematik und Naturkunde an der Thomasschule. Hier entdeckte Braun den für die Entwicklung der Halbleiterelektronik fundamentalen Gleichrichtereffekt an Grenzschichten. Bekanntheit erlangte er insbesondere durch die nach ihm benannte Braunsche Röhre.
Mit Ehrendoktorwürden bedachte die Universität unter anderen Otto Wallach (Nobelpreis für Chemie 1910) und Gerhart Hauptmann (Nobelpreis für Literatur 1912). Der Friedensnobelpreisträger von 1926, Reichsaußenminister Gustav Stresemann, hatte an Leipzigs Philosophischer Fakultät studiert.
Zu den Professoren, die an der Universität gewirkt haben und später Weltruhm erlangten, gehören Gustav Ludwig Hertz (Nobelpreis für Physik 1925), Walther Hermann Nernst (Nobelpreis für Chemie 1920) Peter Debye (Nobelpreis für Physik 1936) und Felix Bloch (Nobelpreis für Physik 1950).
Von 1884 bis 1986 hielt sich Ivan Petrowitsch Pawlow (Nobelpreis für Medizin 1904) am Physiologischen Institut der Universität auf. John Richard McLeod, 1923 Nobelpreisträger für Medizin, eignete sich in Leipzig Arbeitstechniken der Physiologischen Chemie an. Und auch der Begründer der Chemotherapie und Nobelpreisträger für Medizin von 1908, Paul Ehrlich, hatte sich einst als Student an der Leipziger Universität eingeschrieben.

Ganz oben rechts: Theodor Mommsen, darunter Ferdinand Braun, links daneben Otto Wallach. Rechts die Nobelpreismedaille.

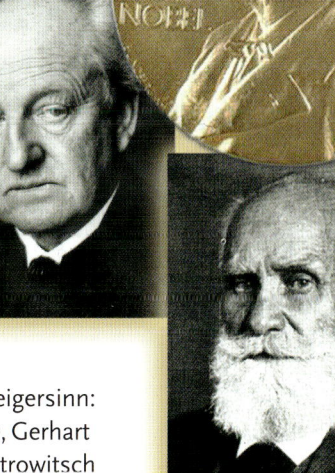

Von links unten im Uhrzeigersinn: Paul Ehrlich, Peter Debye, Gerhart Hauptmann und Ivan Petrowitsch Pawlow.

1910

Geschäftsmann und Rennfahrer: Jellinek lässt Stern aufgehen

Als die Daimler-Motoren-Gesellschaft 1910 ihre Leipziger Niederlassung am Rathausring (heute Martin-Luther-Ring) eröffnet, ist Mercedes in der Messestadt schon ein klangvoller Name. Dafür sorgte der am 6. April 1853 in Leipzig geborene Emil Jellinek. Der Geschäftsmann, Rennfahrer und Automobilpionier bestand 1899 bei der Tourenfahrt Nizza - Magagnone - Nizza darauf, seinen 16 PS starken Daimler-Rennwagen auf den Namen seiner Tochter Mercedes zu taufen. Ab dem 23. Juni 1902 nutzte Jellinek den Namen auch als Produktbezeichnung für den Vertrieb von Wagen und Motoren der Daimler-Motoren-Gesellschaft (DMG) - der Aufstieg zu einer weltweit einzigartigen Erfolgsmarke begann. 1909 führte das Unternehmen den berühmten Mercedes-Stern ein, der seit 1910 die Kühlerhauben seiner Fahrzeuge schmückt.

1926 fusioniert die DMG mit der Firma Benz & Cie. - der Name Mercedes-Benz entsteht. Mit dem Autoverkauf in einem Ausstellungsraum am Blücherplatz im ehemaligen Hotel Astoria entwickelt sich der Vertrieb am Standort Leipzig weiter. Im Jahr 1932 werden die Weichen endgültig auf Wachstum gestellt: Geschäftsräume und Reparaturwerk wechseln in die Groitzscher Straße.

Im Zweiten Weltkrieg kommt der Geschäftsbetrieb jedoch fast völlig zum Erliegen. Nach 1945 verlässt Mercedes-Benz die sowjetische Besatzungszone, wodurch der weltbekannte Stuttgarter Automobilhersteller auch in der Messestadt mehr als 40 Jahre lang keine Fahrzeuge anbieten kann. Nach der Wende dann die Rückkehr: Im Wiedervereinigungsjahr 1990 eröffnet ein Verkaufsstützpunkt in der Bautzner Straße. Von dort wird der Vertrieb von Nutzfahrzeugen und Pkw gesteuert. Der Auftritt bei der Leipziger Messe bildet den Höhepunkt im Jahr darauf - gekrönt durch den Besuch von „Fußball-Kaiser" Franz Beckenbauer am Stand der Firma.

Nach der Eingliederung eines Kundendienstbetriebes entwickelt sich der Standort Bautzner Straße zum Verkaufs- und Servicestützpunkt, an dem die Niederlassung Kompetenz auf allen Gebieten beweisen und ausbauen kann. Der Expansionskurs wird dabei durch den Kauf des ehemaligen VEB Autoservice Leipzig in der Richard-Lehmann-Straße 120 konsequent fortgesetzt. Ein weiterer Stützpunkt insbesondere für die Kunden aus dem Süden und Südosten des Einzugsbereiches entsteht. Das Unternehmen nutzt dabei zunächst die vorhandenen Räumlichkeiten und technischen Gegebenheiten des früheren Lada-Betriebes - inklusive der zu DDR-Zeiten einzigen automatischen Fahrzeugwaschanlage Leipzigs.

Nach der Übernahme der Nutzfahrzeugwerkstatt der Geophysik GmbH mit 86 Mitarbeitern und der Eröffnung einer Filiale in der Bautzner Straße kauft die Mercedes-Benz Niederlassung im März 1993 das Grundstück Torgauer Straße 333: Ein Nutzfahrzeugbetrieb mit Verkauf und Service soll entstehen. Im März 1994 erfolgt die Grundsteinlegung - und nur zehn Monate später, am 25. Januar 1995, kann die Niederlassung mit einer großen Party und viel Prominenz den ersten Neubau nach der Wende feierlich einweihen. Im selben Jahr öffnet zudem ein Ausstellungsraum am Brühl - im Herzen von Leipzig.

Die erste Filiale am Rathausring.

Jellineks Tochter Mercedes.

Emil Jellinek

Erster Nachwende-Standort in der Bautzner Straße.

Niederlassung Groitzscher Straße in den 30er-Jahren.

Mercedes-Betrieb in der Torgauer Straße.

Chrysler und Jeep® - seit 2003 mit unter einem Dach.

Sonntagsmatinee mit dem Zwinger-Trio.

Im März 1996 beginnt der Abbruch des alten Betriebes an der Richard-Lehmann-Straße - im modernen Neubau an gleicher Stelle werden ab April 1997 die Modelle von Mercedes-Benz präsentiert. Auf einer Fläche von mehr als 26.000 Quadratmetern können die Kunden Neu- und Gebrauchtwagen kaufen, ebenso Nutzfahrzeuge wie beispielsweise Transporter. Außerdem steht ihnen ein 24-Stunden-Service zur Verfügung.

Ergänzend dazu nimmt im März 2003 die Chrysler & Jeep® Niederlassung ihre Geschäfte auf - unter einem Dach mit Mercedes-Benz, aber als eigenständige Marke der DaimlerChrysler AG. Seit Juni 2006 gehören auch Fahrzeuge von Dodge dazu. Heute vertreibt die Mercedes-Benz Niederlassung Leipzig mit ihren Betrieben in der Torgauer- und Richard-Lehmann-Straße jährlich rund 5.000 Fahrzeuge. Sie engagiert sich in Kultur und Sport sowie im Sozialbereich der Stadt. Mit ihren 320

Neubau in der Richard-Lehmann-Straße.

Vorstellung der neuen C-Klasse in der Richard-Lehmann-Straße im März 2007.

Mitarbeitern, darunter etwa 40 Auszubildende, leistet sie einen wichtigen Beitrag zum Wirtschaftsstandort Leipzig. Kunden und Besucher können in beiden Häusern die Marke Mercedes-Benz erleben und sich von der offenen, freundlichen und kundenorientierten Atmosphäre überzeugen. Dabei ist der Betrieb in der Richard-Lehmann-Straße mehr als ein Verkaufs- und Servicestützpunkt: Er ist auch als Veranstaltungsort für viele Gelegenheiten bekannt. So gehen hier neben Verkaufspräsentationen und Markteinführungen auch zahlreiche kulturelle Events über die Bühne. Besonders lieben die Leipziger die Sonntagsmatinee-Reihe mit bekannten Künstlern. Beim Auftritt des Dresdner Zwinger-Trios mit Tom Pauls im Februar 2007 besuchten fast 2.000 Gäste die Niederlassung. Auch der Marketingclub Leipzig, der Bundesverband der Mittelständischen Wirtschaft oder der Förderverein des Leipziger Zoos haben die Räumlichkeiten wiederholt genutzt.

Im Betrieb Torgauer Straße liegt der Schwerpunkt im Bereich Nutzfahrzeuge. Für sie gelten hier die deutschlandweit längsten Servicezeiten: von Montag 7 Uhr durchgängig bis Samstag 18 Uhr. Neben allen Karosserie- und Lackarbeiten bietet der Betrieb zusätzlich das gesamte Pkw-Programm an. Zahlreiche Kunden wissen das zu schätzen - nicht nur wegen der idealen Lage nahe der Autobahn A14.

Blick auf das Nutzfahrzeugzentrum Torgauer Straße.

1911

Bankiers stellen Weichen auf Wachstum

Schon kurz nach ihrer Gründung 1870 in Hamburg konnte die Commerz- und Disconto-Bank auch Kreditkunden in Leipzig gewinnen. Ab 1906 beteiligte sie sich am Kapital der Leipziger Credit- und Spar-Bank AG, erwarb im November 1911 deren restliche Aktien und wandelte sie in eine Filiale um. Die Leipziger Niederlassung, damals in der Schillerstraße 6, gehört damit zu den ältesten der Commerzbank.

In der Folgezeit standen die Zeichen weiterhin auf Wachstum: 1920 fusionierte die Commerz- und Disconto-Bank mit der Mitteldeutschen Privat-Bank und nannte sich Commerz- und Privat-Bank, ab Anfang der 40er-Jahre schließlich nur noch Commerzbank AG. Ihre Leipziger Hauptniederlassung befand sich am Tröndlinring 3. Außerdem verteilten sich zehn „Depositenkassen" über das gesamte Stadtgebiet. Die Firmenkundschaft der Commerzbank Leipzig stammte aus den verschiedensten Branchen - vom Buchhandel bis zum Konfektionsgewerbe. Auch die bekannte Bogenlampenfabrik Körting & Mathiesen hatte ein Konto bei der Commerzbank eröffnet. Enge Beziehungen existierten zur Werkzeugmaschinenfabrik von Pittler. Die Bank arrangierte mehrere Emissionsgeschäfte für das Traditionsunternehmen und übte den stellvertretenden Vorsitz im Aufsichtsrat aus. Neben den Firmen nutzten auch viele Privatkunden den umfassenden Service der Universalbank. Beim Luftangriff auf Leipzig am 4. Dezember 1943 trafen Bomben das Bankgebäude am Tröndlinring. Den gesamten Geschäftsverkehr mussten nun die Zweigstellen übernehmen. Mit dem Befehl der Sowjetischen Militäradministration vom 23. Juli 1945, die Banken in der Sowjetischen Besatzungszone zu schließen, endete die Tätigkeit der Commerzbank in Leipzig.

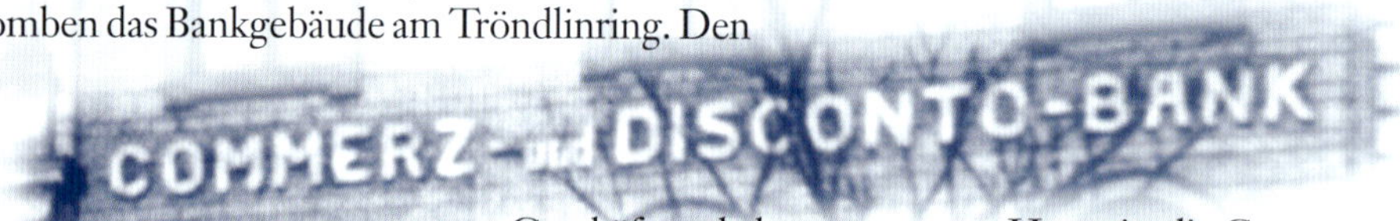

Nach der deutschen Wiedervereinigung 1990 knüpfte die Commerzbank an ihre frühere starke Position in Mittel- und Ostdeutschland an. Es gelang ihr in kürzester Zeit, ein eigenes Filialnetz in den neuen Bundesländern aufzubauen. In Leipzig startete die Bank am 2. Mai 1990 zunächst mit einer Vertretung. Am 1. Juli, dem Tag der Währungsunion, eröffnete sie einen Pavillon. Wenig später zog die Filiale in größere Räumlichkeiten am Wilhelm-Leuschner-Platz. Seit Juli 1996 fügt sich das neue Hauptgebäude der Commerzbank Leipzig am Georgiring 3 in den zentralen städtebaulichen Kontext von Augustusplatz, Oper und Gewandhaus ein. Eine weitere, repräsentative Filiale nahm am Thomaskirchhof 22 ihre Tätigkeit auf. Diesen traditionsreichen Ort hatten einst das Kurfürstlich-Sächsische Amtshaus, das Oberpostamt sowie das Textilwaren-Kaufhaus Topas geprägt. Die Commerzbank hat das historisch bedeutende Gebäude von 1990 bis 1994 mit großem Aufwand in enger Zusammenarbeit mit dem Denkmalschutz liebevoll restauriert.

Heute ist die Commerzbank ein umfassender Finanzdienstleister mit komplexen und maßgeschneiderten Angeboten aus einer Hand. In 21 Filialen in Sachsen, Thüringen und Sachsen-Anhalt beschäftigt die Gebietsfiliale Leipzig mehr als 450 Mitarbeiter. Auch außerhalb der Bankgeschäfte identifiziert sich das Unternehmen mit der Region. Aus Mitteln der Commerzbank-Stiftung unterstützt sie seit Jahren das Bachfest und den Thomanerchor.

Mitteilung über ein Wertpapierdepot von 1928, links.
Rechts: Werbung der Leipziger Filiale Mitte der 30er-Jahre.

Erste Filiale 1911 in der Schillerstraße.

Bankgebäude am Tröndlinring Mitte der 20er-Jahre.

Hauptgebäude am Georgiring.

Filiale am Thomaskirchhof.

1913

Ehrenamtlich gegen das Ertrinken: Lebensretter gründen Gesellschaft

Der Tod durch Ertrinken war Anfang des 20. Jahrhunderts keine Seltenheit: Viele Tausend Deutsche verloren jährlich ihr Leben im Wasser, nur zwei bis drei Prozent der Bevölkerung konnten damals schwimmen. Als im Sommer 1912 die Anlegestelle an der Seebrücke Binz auf Rügen brach, 100 Menschen in die Ostsee stürzten und 17 ertranken, gab das den letzten Anstoß: Das amtliche Organ des Schwimmverbandes, der „Deutsche Schwimmer", rief zur Gründung einer Deutschen Lebens-Rettungs-Gesellschaft (DLRG) auf. Am Tag nach der Einweihung des Völkerschlachtdenkmals, am 19. Oktober 1913, schlug im Leipziger Hotel de Prusse die Geburtsstunde der DLRG. 435 Mitglieder zählte die junge Organisation bereits am Jahresende.

Nach dem Zweiten Weltkrieg konnte sie nur im Westen Deutschlands wieder ihre Arbeit aufnehmen. Erst nach der politischen Wende 1989 entstanden im Osten neue DLRG-Landesverbände: am 10. November 1990 auch in Sachsen. An den traditionellen Hauptaufgaben der Lebensretter hat sich seit der Gründung nichts geändert: die Aufklärung der Bevölkerung über Gefahren im und am Wasser, die Ausbildung im Schwimmen und Rettungsschwimmen (oben), der Wasserrettungsdienst und die Mitwirkung im Katastrophenschutz sowie im Rahmen der Rettungsdienstgesetze der Länder.

Die Jahrhundertflut 2002 konfrontierte die DLRG mit dem größten Einsatz in ihrer Verbandsgeschichte (unten): 4.500 Helfer retteten zahlreiche Einwohner aus den überschwemmten Gebieten, sicherten die Deiche und verhinderten damit weitere Schäden in Millionenhöhe.

Im Vergleich zum Gründungsjahr 1913 ertrinken heute 90 Prozent weniger Menschen. 80 Prozent der Bevölkerung können schwimmen. Und mit mehr als 900.000 ehrenamtlich tätigen Mitgliedern und Förderern ist die DLRG die größte Wasserrettungsorganisation der Welt.

Zeit-Sprung ins Jahr 1913: Im Prießnitzbad geht das erste Freischwimmbecken Deutschlands in die zweite Saison. Auch Victoria und Michael wollen die neue Attraktion in Leutzsch besuchen. Doch dann haben sie in Paunsdorf diesen ungewöhnlichen gläsernen Badetempel entdeckt: Palmen, Fontänen, wohltemperiertes Nass - und keine Schiebetür, die das Becken für Damen und Herren teilt! Nur die Kleidung der anderen Badegäste scheint den beiden Turteltäubchen dann doch etwas „unzüchtig".

1913

Völkerschlachtdenkmal: Gigant aus 300.000 Tonnen Stein

Die Stadt legte Festschmuck an. Zwölf eigens errichtete Obelisken führten zum Augustusplatz. Die Straßen nach Probstheida säumte ein Wald aus Fahnen, Kränzen und Tannengirlanden. Schulkinder bildeten mit ihren Lehrern Spalier. Veteranen-, Militär- und Kriegerverbände, Studenten, Turner und Handwerksinnungen zogen zu vorher festgelegten Plätzen. Sie betrachteten es als ihre vaterländische Pflicht, das Ereignis gebührend zu würdigen. Ein kurzes Hurra erschallte - und Kaiser Wilhelm II. sowie zahlreiche Ehrengäste betraten das Fürstenzelt. Leipzig erlebte zum 100. Jahrestag der Völkerschlacht am 18. Oktober 1913 ein gigantisches Spektakel mit stark nationalistischem Anstrich: die Weihe des Völkerschlachtdenkmals.

Bis dahin war es ein weiter Weg: Am 22. April 1894 fanden Leipziger Bürger einen Aufruf im Briefkasten, sich an der Gründung eines Vereins zu beteiligen. Dieser sollte die Sieger der Völkerschlacht von 1813 mit einem monumentalen Bauwerk ehren. Vier Tage später formierte sich der Deutsche Patriotenbund zur Errichtung eines Völkerschlacht-National-Denkmals. 1908 zählte der Bund bereits 90.000 Mitglieder. Initiator war der bis dahin weitgehend unbekannte Leipziger Architekt Clemens Thieme (1861 bis 1945). Er prägte entscheidend das ungewöhnliche Erscheinungsbild des steinernen Kolosses mit. Zwar hatte der namhafte Architekt Bruno Schmitz (1858 bis 1916) die Entwürfe geliefert. Dennoch war es Thieme, der Schmitz seine sehr genauen Vorstellungen von der endgültigen Gestalt des Denkmals nahezu aufzwang. Auch steuerte Thieme das Riesenprojekt um finanzielle Klippen. So initiierte er beispielsweise erfolgreich die Denkmalslotterien.

15 Jahre dauerte es bis zur Denkmalsweihe. 82.000 Kubikmeter Erdreich mussten der Baugrube weichen. Die Müllabfuhr lieferte zehn Jahre lang Hausmüll und Schutt, um die Wälle und Hügel aufzuschütten. Aus den Granitbrüchen um Leipzig schafften die beteiligten Handwerker 26.500 bearbeitete Steinblöcke herbei. Vier gigantische Hauptpfeiler tragen das Gewicht des etwa 300.000 Tonnen schweren Kolosses.

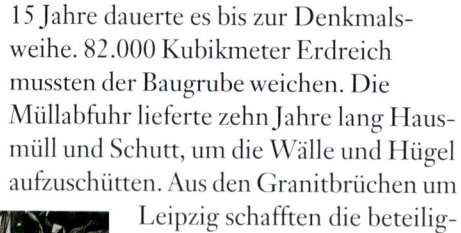

Die Besucher waren vom Ergebnis begeistert: Von überall her strömten sie herbei, um den größten Denkmalsbau Europas zu bestaunen. Bereits einen Tag vor dem Denkmal, am 17. Oktober 1913, hatte die Geistlichkeit einen der bemerkenswertesten Kirchenbauten geweiht. Die Russische Gedächtniskirche hat Leipzig nicht etwa einer russisch-orthodoxen Gemeinde zu verdanken. Das Geld dafür, etwa 620.00 Goldrubel, stammte aus Gottesdiensten im Zarenreich. Den Entwurf lieferte der St. Petersburger Sakralbaumeister Wladimir Pokrowski. Seine Leipziger Kollegen Richard Tschammer und Georg Weidenbach steuerten Ausführungspläne bei und betreuten das Baugeschehen. So spiegelte sich die Verbundenheit beider Völker beim Kirchenprojekt ebenso wider wie 100 Jahre zuvor im Kampf gegen Napoleon und seine Truppen.

Am 11. November 1911 hing der Richtkranz über dem steinernen Koloss. Rechts das Fürstenzelt bei der feierlichen Denkmalsweihe.

Kaiser Wilhelm II. (vorn links) und König Friedrich August III. von Sachsen (daneben) auf den Stufen des Monumentes.

Oben: Völkerschlachtdenkmal und Russische Kirche im Vordergrund, unten die Krypta des steinernen Ehrenmals.

Völkerschlachtdenkmal und Russische Gedächtniskirche gehören heute zu den Sehenswürdigkeiten Leipzigs. Beide eint ein Problem: Sie harren der Sanierung. Bis Oktober 2013, dem 200. Jubiläum der Schlacht, will die Stadt ihren Koloss in wesentlichen Teilen in alter Pracht erstrahlen lassen. Wann dies mit dem Gotteshaus gelingt, ist offen - auch dort bröckelt der Putz...

Großvater meißelt die „Volkskraft" aus dem Stein

„Unsere Familien- und Firmengeschichte taugt für einen spannenden Roman", sagt Klaus-Michael Rohrwacher. Der Chef der Rohrwacher GmbH kann bei seinen privaten und geschäftlichen Erzählungen aus dem Vollen schöpfen. Immer spielt dabei Leipzigs berühmtestes Wahrzeichen eine bedeutende Rolle: das 1913 geweihte Völkerschlachtdenkmal.

Gegründet hat den Naturstein- und Steinmetzbetrieb Großvater Richard Walther Rohrwacher 1921. Er war schon Steinmetz, als die großen Figuren für das Denkmal entstanden. Die „Volkskraft", jene Mutter mit zwei Kindern in der Ruhmeshalle, hat er mit Kollegen aus dem Stein gemeißelt.

Nach dem Zweiten Weltkrieg übernahm Sohn Hans-Joachim die Verantwortung. Auch er war häufig mit Arbeiten am Denkmal beschäftigt. Sein Filius Klaus-Michael begleitete ihn oft zum steinernen Koloss, der quasi vor der Haustür stand. „Vater geriet bald mit den neuen Machthabern in Konflikt. Sie haben ihn enteignet und in Bautzen inhaftiert. Die Größe der privaten Firma war dem Arbeiter- und Bauernstaat ein Dorn im Auge. 1960 kam Vater frei, an einen eigenen Betrieb war aber lange nicht zu denken. Nach der Wende war er dann schnell rehabilitiert", erzählt der Sohn. Erst 1981, als der Inhaber einer Steinmetz-Werkstatt im Westen blieb, konnte Hans-Joachim Rohrwacher den plötzlich herrenlosen Betrieb übernehmen. Seit 1987 steht dem Unternehmen Klaus-Michael vor - und dessen Sohn Lars ist längst auserkoren, die Familientradition weiterzuführen.

„Wir können nicht klagen", sagt der heutige Chef. Nach einigen flauen Jahren spürt der Mittelständler den wirtschaftlichen Aufschwung. Rohrwachers Steinmetze hinterließen ihre Handschrift unter anderem am neu entstandenen Messehof in Leipzig und an einem Büro- und Geschäftshaus an der Prager Straße in Dresden. Die GmbH zählt 15 Beschäftigte und setzt auf ihre jahrelange Erfahrung. Auch für Klaus-Michael Rohrwacher hat der Koloss von Probstheida große Bedeutung. Seit 2002 wirkt er ehrenamtlich als Vorsitzender des Fördervereins Völkerschlachtdenkmal. 2013 feiert das Mahnmal sein 100-jähriges Bestehen. Dann wird Rohrwacher, der Mittlere, 60

Die „Volkskraft" in der Ruhmeshalle des Völkerschlachtdenkmals.

Lars, Klaus-Michael, Hans-Joachim (von links) und Richard Walther Rohrwacher (kleines Foto).

Fassadengestaltung aus dem Hause Rohrwacher.

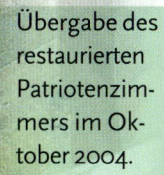

Übergabe des restaurierten Patriotenzimmers im Oktober 2004.

Vereinte Kraft fürs Denkmal

„Das Denkmal ist hässlich, aber liebenswert", sagt der Leipziger Schriftsteller Erich Loest. Nicht nur, dass er dem Völkerschlachtdenkmal mit dem Titel eines Romans zu literarischer Unsterblichkeit verhalf, Loest gehört auch dem Denkmal-Förderverein an. Dieser besteht seit 1998 und zählt 250 Mitstreiter - engagierte Bürger der Stadt, darunter finanziell potente Sponsoren. Geld und gute Worte sind nötig, um das Völkerschlachtdenkmal bis zum Jubiläum 2013 auf Vordermann zu bringen. Rund 30 Millionen Euro kosten die Arbeiten. Der Verein trägt seinen Teil dazu bei. Er sammelte Spenden, ließ davon das Patriotenzimmer restaurieren und will sich um die Sanierung des Wasserbeckens kümmern. Dabei hat er nicht nur die bauliche Sanierung im Blick: „Wir wollen aus dem Völkerschlachtdenkmal *das* europäische Friedensdenkmal machen", sagt Vereinschef Klaus-Michael Rohrwacher.

Jahre alt sein. „Das Denkmal bleibt im Leben meiner Familie und meines Betriebes dominant. Die Kraft seiner Steine zieht uns magisch an", sagt er. Kein Wunder, dass in der Werbemappe seines Betriebes der steinerne Riese auf einer Seite steht mit Großvaters Gewerbeanmeldung (links) und einem Foto des neuen Firmengebäudes in Mölkau.

Firmenchef Klaus-Michael Rohrwacher in Aktion.

1913

In der City brüllen Löwen: Schutzmann zieht Revolver

Das Gastspiel ist beendet, die Pferde sind eingespannt - der Circus Barum zieht am Abend des 19. Oktober 1913 von Leipzig weiter nach Köthen. In der Berliner Straße machen die Kutscher jedoch noch einmal Halt und kehren in das beliebte Restaurant „Graupeter" ein. Ihre Gespanne lassen sie ohne Aufsicht zurück. Den Pferden des Eisbär-Wagens dauert die Rast zu lange. Unruhig zerren sie an der Deichsel und drücken damit den vor ihnen stehenden Löwen-Wagen ein. Hartnäckig hält sich auch die auf zeitgenössischen Zeichnungen dargestellte Version, dass eine Straßenbahn den Tier-Transporter gerammt habe. Wie auch immer: Plötzlich sind acht Löwen frei.

Als Schutzmann Bruno Weigel von seiner abendlichen Runde aus Schönefeld kommt, traut er seinen Augen kaum: In der Berliner Straße irren Raubtiere umher. Erschrocken zieht er seinen Trommelrevolver und holt geistesgegenwärtig Verstärkung aus der Polizeiwache im nahen Leihhaus - die Leipziger Löwenjagd beginnt.

Zahlreiche Einwohner verfolgen lärmend das Spektakel. Dabei wollten sie sich am Tag nach der Einweihung des Völkerschlachtdenkmals eigentlich nur die bunt geschmückte und illuminierte Innenstadt (links unten) anschauen. Die Löwen rennen verstört durch die Straßen. Einer springt fauchend auf den Rücken eines Kutschpferdes. Zirkusdirektorin Kreiser eilt herbei und versucht noch, die Polizisten vom Schießen abzuhalten - vergebens: Sechs Tiere liegen am Ende tot auf der Straße.

Eine Raubkatze namens Polly verirrt sich auf die Toilette im Hotel Blücher. Die Hotelgäste lugen teils verängstigt, teils belustigt aus ihren spaltweit geöffneten Türen hervor. Zirkusdirektor Kreiser, Zoochef Gebbing, Oberwärter Fischer und weitere Pfleger locken die Löwin in einen Transportkäfig und retten ihr so das Leben. Ein zweiter angeschossener Leu kommt ebenfalls in eine Kiste und ebenso wie Polly in den Zirkus zurück.

Noch eine Woche lang stellt der Zoo in seinem Wirtschaftshof die sechs toten Löwen zur Schau (unten Mitte). Nach den Worten von Oberwärter Fischer locken sie „mehr Besucher an als lebendige". Auch Direktor Johannes Gebbing (oben) erinnert sich später: „Die Bewohner Leipzigs sind in langen Reihen an ihnen vorübergezogen. Wie tote Fürsten hat man sie geehrt ..." Und das Hotel Blücher wechselt alsbald seinen Namen - in „Hotel zum Löwen".

Raubtierkopf im Büro

Zur Raubkatzenjagd anno 1913 hat der Leipziger Karsten Wallberg bis heute eine enge Beziehung. In seinem Büro in der Schomburgkstraße hängt der Kopf eines der damals getöteten Löwen. „Meinem Großvater Alfons gehörte eine Heizungs- und Sanitärfirma", erzählt Wallberg. „Mit dieser arbeitete er auch für den Zoo. Doch der konnte die Rechnungen nicht immer begleichen." Deshalb nahm der Handwerksmeister als Ausgleich den präparierten Raubtierkopf an. Der im Sternbild des Löwen geborene Enkel hält ihn weiter in Ehren.

Graf Zeppelin reiste persönlich an. Sein Luftschiff hieß „Sachsen". Am Boden erwartete ihn der sächsische König Friedrich August III. Leipzig weihte am 22. Juni 1913 seine erste und mit 17.765 Quadratmetern Fläche zugleich weltgrößte Luftschiff-Halle in Mockau ein. Graf Zeppelin bestimmte den riesigen Hangar sogleich zum Heimathafen der „Sachsen", die rund 400 Mal von hier aus aufstieg.

Die Mockauer Anlage mit Hotel, Flugzeughalle für 20 Maschinen und Werkstätten zog zahlreiche Flugpioniere an. Und sie beförderte Pläne vom Flugzeugbau. Der Leipziger Erich Thiele war schon 1909 schlagzeilenträchtig mit einem Eindecker vom kleinen Flugplatz Lindenau aufgestiegen. Seine mit Bernhard Meyer gegründeten Sächsischen Flugzeugwerke, später Deutsche Flugzeugwerke GmbH, produzierten im Ersten Weltkrieg Doppel- und Eindecker sowie die ersten Bomber. Flugzeuge für den Krieg - Leipzigs Flugzeugbau kennt nur dieses Kapitel. Nach dem Versailler Vertrag gingen die DFW in Liquidation. Auch die 1915 nach Leipzig

Links: Eine IL-14 P der Deutschen Lufthansa der DDR vor dem modernisierten Abfertigungsgebäude auf dem Flughafen Leipzig-Mockau 1958. Hintergrundbild: Zeppelins Luftschiff „Sachsen" in der Mockauer Luftschiffhalle 1913.

Aufstieg mit Luftschiffen, Niedergang mit Nazi-Bombern

Mockau umgesiedelten Germania-Werke, die Luftaufklärer bauten, stellten 1919 die Produktion ein. Ein jähes Ende fand der Luftschiffbau Schütte-Lanz (LSL) in Mockau. Sieben imposante Gefährte montierten LSL-Mitarbeiter in der großen Halle. Am 8. Februar 1917 stürzt sie plötzlich zusammen: Ausströmendes Treibgas war explodiert, die Halle brannte völlig nieder. Leipzigs Stadträte erkannten Mockaus zentrale Lage im Liniennetz des wachsenden zivilen Luftverkehrs. Mit mehreren Millionen Mark griffen sie dem Flugplatzbetreiber, der Leipziger Luftschiffhafen- und Flugplatz AG, unter die Arme. Messeflugplatz und Weltflughafen sollte Mockau werden.

Junkers demonstrierte das 1923 mit einer Parade von vierzehn Junkers F 13. Auch die Aero Lloyd Gruppe stieg in den Wettbewerb ein. Aber die Reichsregierung fasste einen anderen Beschluss. Sie zwang die Konkurrenten unter das gemeinsame Dach der „Deutsche Luft Hansa AG" und fördert den Bau eines neuen Großflughafens für Halle und Leipzig bei Schkeuditz.

Die Nationalsozialisten entwickelten Leipzig zu einem Zentrum der militärischen Flugzeugindustrie. Die Allgemeine Transportanlagengesellschaft, das Erla Maschinenwerk, die Junkers-Reparaturwerft und die Mitteldeutschen Motorenwerke Taucha (Mimo) rüsteten die nationalsozialistische Luftwaffe mit Bombern der Junkersreihe und Jagdflugzeugen vom Typ Heinkel und Messerschmidt aus. Mockau entwickelte sich zum Industrieflughafen. In Schkeuditz eröffneten die Siebel-Flugzeugwerke Halle einen Zweigbetrieb. Die Alliierten nahmen Flughäfen und Werke ins Visier ihrer Bomber. Mit mehreren Angriffen aus der Luft versuchten sie, die Produktion der Maschinen zu stoppen.

Weniger schwer zerstört als Schkeuditz, bot sich Mockau bereits ab 1949 wieder als Messeflughafen an. Bis 1957 baute die DDR-Lufthansa das Areal zum ständigen Flughafen aus.

Aber Mockau verlor das Rennen erneut: 1963 bestimmte die DDR mit der Übernahme des gesamten Luftverkehr durch die Interflug wieder Schkeuditz zum Messeflughafen. Und auf den alten Mockauer Flugpisten entstanden die Neue Messe und das Quelle-Versandzentrum.

Der Flughafen Mockau als Sehenswürdigkeit auf einer Postkarte.

Flugzeugmontage in der Allgemeinen Transportgesellschaft Leipzig (1939-1945).

Einladung zum Messeflug, Plakat von 1950.

Im Januar 1959 startet die erste Maschine auf der neuen Fluglinie Leipzig - Dresden.

1914

Zu allen Zeiten: Kaufhaus sorgt für Aufsehen

Ein gewaltiger Gebäudekomplex (unten links) war innerhalb von zwei Jahren zwischen Petersstraße und Neumarkt emporgewachsen, seit Tagen hatten Zeitungsanzeigen bei den Leipzigern die Vorfreude auf das große Ereignis geweckt: Am 14. Dezember 1914 öffnete in der Innenstadt das Kaufhaus Althoff. Unzählige Menschen drängten sich in der Vorweihnachtszeit in dem aufsehenerregenden Neubau mit seinen hellen Verkaufsräumen und Lichthöfen. Als „Monument von ausgeprägtem Stilgefühl" lobten Fachleute das repräsentative Gebäude aus Stahl und Beton, errichtet von der Düsseldorfer Firma Gebrüder Schoendorff. Sein Eigentümer, Textilkaufmann Theodor Althoff, war 1885 in Dülmen mit einem „Kurz-, Weiß- und Wollwarengeschäft" gestartet - knapp 20 Jahre später hatte er ein Kaufhaus-Imperium mit Filialen in großen Städten wie Münster, Duisburg und Dortmund aufgebaut. Die Neueröffnung in Leipzig galt als „Krönung des unaufhaltsamen Aufstiegs", wie die Neue Leipziger Zeitung schrieb. Trotz der Kriegszeiten konnten die Kunden in eine für damalige Verhältnisse paradiesische Welt eintauchen. Auf sechs Etagen bot sich ihnen eine enorme Warenvielfalt - von Kleiderstoffen und Parfümen im Erdgeschoss über Konfektions- und Sportartikel im ersten, Schuhe und Teppiche im zweiten, Spielwaren und Möbel im dritten bis zur Lebensmittelhalle im vierten Stock. Gleich unterm Dach waren die Lagerräume untergebracht; das technische Herz des Hauses mit Zentraldampfheizung und Warmwasseraufbereitung schlug im Keller. 1920 fusionierten die Firmen Theodor Althoff und Rudolph Karstadt. Drei Jahre zuvor hatten die beiden Unternehmer ersten Kontakt aufgenommen. Zum gemeinsamen Besitz der neuen Rudolph Karstadt AG zählten nunmehr 44 Warenhäuser überall in Deutschland. In Leipzig blieb der traditionsreiche und etablierte Name Theodor Althoff erhalten - ebenso Eleganz und Angebotsvielfalt, die vor allem die betuchte Kundschaft in großer Zahl anzog. Rund 1.500 Mitarbeiter beschäftigte die blühende Filiale in der Messestadt.

Im Zweiten Weltkrieg war es damit vorbei: Nach einem Bombenangriff im Dezember 1943 brach im benachbarten Wohngebäude mit dem Restaurant „Zur Hohen Lilie" ein Brand aus, der rasch auf das Kaufhaus übergriff. Durch die Innenstadt fegte ein Feuersturm, dem die wenigen Leipziger Brandschützer hilflos gegenüberstanden. Das Stahlskelett des Kaufhauses hielt der Hitze nicht stand und sank in sich zusammen - nur die Fassade blieb stehen (unten Mitte). Ein Notverkauf in der Ruine sicherte vorläufig das Überleben.
Nach Kriegsende blieb die Zukunft des inzwischen enteigneten Kaufhauses zunächst im Dunkeln: Zwar eröffnete Oberbürgermeister Erich Zeigner im November 1948 das Erdgeschoss als „Freies Kaufhaus" unter Regie der staatlichen Handelsorganisation (HO), doch erst 1949 folgte der Beschluss zum kompletten Wiederaufbau. Von 1950 bis 1956 stieg das traditionsreiche Gebäude etappenweise wie Phönix aus der Asche - bei laufendem Verkauf. Zunächst in der Lebensmittel-, danach in der Schuhwarenabteilung erreichte dann Ende der 50er-Jahre eine neue Verkaufsform auch das HO-Kaufhaus in Leipzig: die Selbstbedienung.

Rechts: Festschmuck zum 25-jährigen Geschäftsjubiläum.

Prospekt von 1920. Rechts: Vorfreude auf die Kaufhaus-Eröffnung 1914.

Centrum-Warenhaus 1985.

Ab 1. Januar 1965 gehörte die Handelseinrichtung zur Vereinigung volkseigener Warenhäuser Centrum. Diese unterzog die vier Etagen mit ihrer Verkaufsfläche von rund 9.600 Quadratmetern noch einmal einer Schönheitskur – „bei voller Sicherung der Versorgungsleistungen", wie es im DDR-Deutsch hieß.

Zum überregionalen Anziehungspunkt entwickelte sich das Centrum-Warenhaus einmal mehr in den 80er-Jahren: Dafür sorgte die Eröffnung einer „Exquisit-Boutique", später erweitert zum Einkaufszentrum für junge Leute. Außerdem unterhielt das Haus zu 31 Betrieben und Kombinaten enge Kooperationsbeziehungen: Das wirkte sich positiv auf das Warenangebot aus – sehr zur Freude insbesondere der Heimwerker.

Nach der politischen Wende in der DDR löste sich im Frühjahr 1990 die Centrum-Gruppe auf. Die Karstadt AG schloss mit der Leipziger Einrichtung, der sie sich nach wie vor eng verbunden fühlte, einen Kooperationsvertrag. Ein Jahr später gliederte das Unternehmen das Warenhaus in sein Filialnetz ein – und eröffnete es nach Erweiterung der Verkaufsfläche auf 11.800 Quadratmeter am 9. Oktober 1991 neu.

Im neuen Jahrtausend setzte Karstadt neue Maßstäbe: 90 Jahre nach Eröffnung des Kaufhauses Althoff in Leipzig nahm das Unternehmen auf dem Areal zwischen Petersstraße und Neumarkt einen spektakulären Neubau in Angriff – unter Einbeziehung der stadtbildprägenden historischen Fassaden. Der Verkauf ging unterdessen in der „Blechbüchse" am Brühl als Interimslösung weiter.

Rund 200 Millionen Euro ließ sich die KarstadtQuelle AG den Bau des überregionalen Einkaufsmagneten kosten. Am 29. September 2006 feierte sie Eröffnung: „Mit diesem Haus, seinem bestechenden Ambiente und dem attraktiven Warenangebot werden wir in Leipzig wieder die erste Einkaufsadresse", freute sich Peter Wolf, Vorsitzender der Geschäftsführung der Karstadt Warenhaus GmbH. Einzigartig die Architektur, entworfen vom Düsseldorfer Büro RKW (Rhode, Kellermann, Wawrowsky): Ein großzügiger Lichthof mit 30 Meter hohem Springbrunnen, breite Gänge zum Bummeln auf allen sechs Etagen und verschiedene Gastronomie-Angebote schaffen Wohlfühl-Atmosphäre und laden zum Verweilen ein. In zwei Tiefgeschossen stehen den Kunden rund 430 Parkplätze zur Verfügung.

Etwa ein Drittel der 33.000 Quadratmeter Verkaufsfläche belegen namhafte Mietpartner. „Diese ergänzen unser Sortiment in idealer Weise, verleihen dem Haus einen gewissen Center-Charakter und sorgen somit für weitere Zugkraft", sagt die Leipziger Karstadt-Geschäftsführerin Marlies Göllnitz-Gellert. Insbesondere mit seinen Mode-Abteilungen setzt das Kaufhaus deutliche Akzente. Marlies Göllnitz-Gellert: „Im gesamten Segment Fashion kommt in Leipzig niemand mehr an uns vorbei." Weitere Schwerpunkte liegen in den Bereichen Personality („Alles für den persönlichen Bedarf"), Living („Schöner Wohnen"), Elektro, Multimedia, Spielwaren und Sport – ergänzt durch Aktionen, Präsentationen und Events mit Prominenten.

„Das Großstadt-Warenhaus von Theodor Althoff war für alle Kunden bis weit hinein ins sächsische Umland ein Begriff für gutes Einkaufen", sagt die Geschäftsführerin. „Beim neuen Erlebniswarenhaus von Karstadt wird es wieder so sein."

Umzug ins neue Haus: Geschäftsführerin Marlies Göllnitz-Gellert.

Links: Lichthof mit 30 Meter hoher Fontäne.
Rechts: Karstadt-Warenhaus heute.

1914

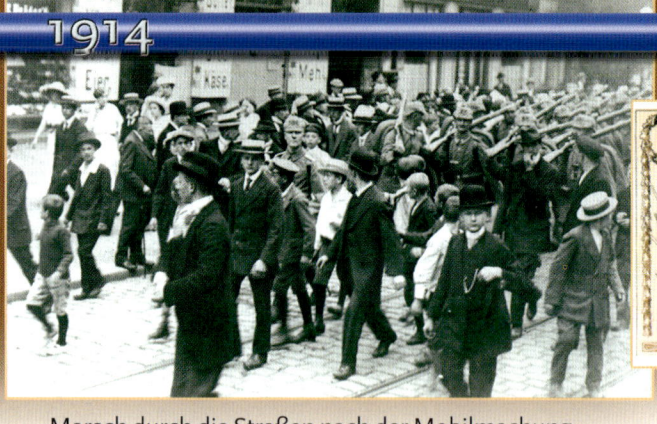

Marsch durch die Straßen nach der Mobilmachung.

Abfahrt der Truppen auf dem Freiladebahnhof Eutritzsch.

Verpflegung von Soldaten auf einem Leipziger Vorortbahnhof.

Ankunft von Verwundeten auf dem Hauptbahnhof.

Reservelazarett in der Turnhalle am Nordplatz.

Der jüngste deutsche Soldat: ein 14-jähriger Leipziger.

Vorlage für eine Todesanzeige.

Bekanntmachung von Kriegsregeln in der Heimat.

"Der Krieg ist für die Reichen, die Armen werden Leichen"

Der Trommelwirbel zwischen 16 und 17 Uhr vor der Leipziger Hauptwache verkündete es: Deutschland befand sich im "Zustand drohender Kriegsgefahr". An jenem 31. Juli 1914 unterzeichnete der Kommandierende General des XIX. Armeekorps einen Aufruf an die Bevölkerung, die Militär- und Zivilbehörden „freudig und rückhaltlos" zu unterstützen.

Am Abend des 1. August erreichte die Garnison der Befehl zur Mobilmachung. In den Kasernen Leipzigs setzte große Hektik ein: Die Soldaten tauschten die bunten Friedensuniformen gegen die feldgrauen Kriegsgarnituren, schliffen ihre Säbel und Seitengewehre, begrüßten die Reservisten. Am nächsten Tag übernahmen sie scharfe Munition und die eisernen Rationen. 18.15 Uhr rückte das Infanterieregiment 106 aus, gefolgt vom „107er". Ihr Marsch führte von der Kaserne über die Landsberger, Lindenthaler und Äußere Hallische Straße zum Freiladebahnhof am Chausseehaus – „ernst, feierlich, aber stolz und siegesentschlossen", begleitet von vielen „Hurras", aber auch von den Tränen der Frauen, Kinder und Eltern.

Breite Kreise der Bevölkerung waren von einem nationalistischen Begeisterungstaumel erfasst. Die meisten Leipziger glaubten, dass der Krieg gegen Frankreich und Russland nach etwa vier Monaten beendet sein werde. Mobilmachung und Abzug der Truppen gestalteten sich fast zu einem Volksfest. Und das in einer Stadt, in der wenige Tage zuvor noch 200.000 Menschen gegen den Krieg protestiert hatten.

In großer Zahl meldeten sich Freiwillige an den Erfassungsstellen des Militärs. Die Presse feierte besonders das „leuchtende Beispiel edlen Opfermutes" des Theologie-Professors Caspar René Gregory. Der gebürtige Amerikaner lehrte seit 1874 als Dozent an der Leipziger Universität. Am 11. August 1914 setzte er durch, dass er trotz seines Alters von 68 Jahren als Kriegsfreiwilliger im 1. Ersatzbataillon des Infanterieregimentes 106 dienen durfte. Er kehrte nicht von der Front zurück.

Mit den ersten Siegesmeldungen schlugen die Wogen der Begeisterung nochmals hoch, sie glätteten sich jedoch nach den ersten Todesnachrichten. Der erhoffte Blitzsieg blieb Illusion, die Lage in der Stadt verschlechterte sich - Kriegsalltag zog ein.

Als das zweite Jahr des Ersten Weltkrieges endete, erschienen an Leipziger Hauswänden mit großen Schablonen angefertigte Parolen wie „Der Krieg ist für die Reichen, der Mittelstand muß weichen, die Armen werden Leichen". In den Kasernen kursierten Handzettel mit dem Vers: „Gleiche Löhnung - gleiches Fressen, wär' der Krieg schon längst vergessen!"

An den Fronten im Westen und Osten hatte das große Sterben eingesetzt. In der Heimat erlebten die Familien den ersten Hungerwinter. Ihre Rationen waren erbärmlich: pro Woche etwa 60 Gramm Butter und drei Kilogramm Kartoffeln. Fleisch war meist nicht vorhanden, Milch nur für Kinder und Kranke. Und dann noch die hohen Preise:

Frauen in einer Leipziger Munitionsfabrik.

Denkmal für die getöteten Uni-Angehörigen.

Ehrenmal für die Gefallenen der Israelitischen Religionsgemeinde.

Heimkehrende Soldaten auf dem Markt im Dezember 1918.

Postkarte gegen den Krieg.

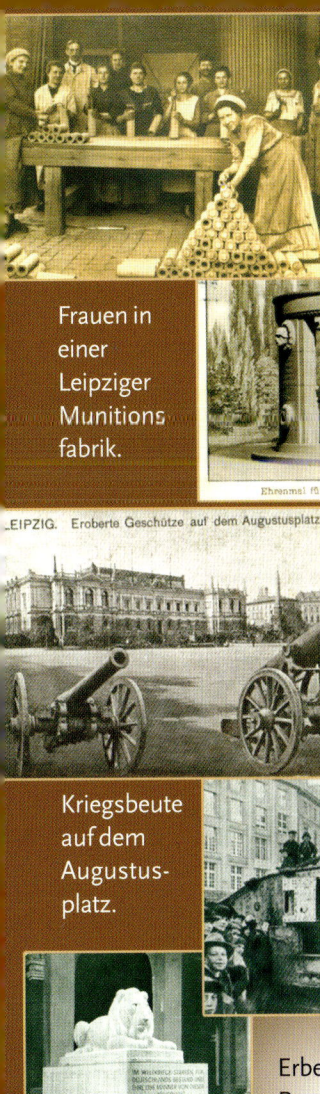

Kriegsbeute auf dem Augustusplatz.

Erbeuteter englischer Panzer auf dem Markt.

Heldendenkmal für die gefallenen Soldaten des Infanterieregimentes 107.

Ein Ei kostete 32 Pfennige. Eine Arbeiterin schilderte ihre Lage damals so: „Mein Mann mußte 1915 ins Heer eintreten. Krank und schwach, wie es eine Frau ist, die fünf Operationen hinter sich hat, blieb ich mit vier kleinen Kindern zwischen zwei und neun Jahren zurück. Unterstützung gab es die ersten sechs Wochen keine. Sechs Wochen keinen Pfennig - das bedeutete für eine Proletarierfamilie verhungern. Also mußte ich arbeiten. Viel konnte ich nicht tun. Man schickte mich zur Fürsorge. Dort wurde an jede Frau ein Pfund Strickwolle ausgegeben, davon mußte sie drei bis vier Paar Socken für die Soldaten in der Woche fertig stricken. Es gab eine Mark für ein Paar Strümpfe, also wurden in der Woche drei bis vier Mark verdient." Konnte eine Frau arbeiten, warteten auf sie täglich zwölf Stunden Dienst. Anschließend musste sie noch vier bis fünf Stunden vor den Geschäften anstehen, teilweise nachts ab 2 Uhr. „Begüterte Damen" versuchten, den Armen ihre wegen Geldmangel nicht einlösbaren Lebensmittelmarken abzukaufen. Obendrein gebärdeten sich die Händler, die sich als Herren der Stunde fühlten, den armen Schichten gegenüber grob und gemein. Der angestaute Hass entlud sich erstmals am 13. Mai 1916, einem Sonnabend, gegen das Buttergeschäft Funke in der Gundorfer Straße (heute Georg-Schwarz-Straße). Hungernde Frauen und Kinder schlugen die Schaufenster ein, stürmten den Laden und nahmen alles Essbare an sich. Die Nachricht verbreitete sich wie ein Lauffeuer in der Stadt. Schon am Abend meldete die Polizei weitere Unruhen in Lindenau und Plagwitz. Zwei Kompanien Infanterie mit etwa 150 Mann und 50 Ulanen zu Pferd marschierten gegen die Frauen und Jugendlichen auf. Nur langsam beruhigte sich die Lage. 124 Personen mussten sich nach den Ausschreitungen vor Gericht verantworten, davon 106 Jugendliche. Nur in einigen Fällen überschritten die Strafen ein Jahr Gefängnis.

Den unpolitischen Unruhen folgte im April 1917 ein großer Streik, der vor allem auch die Leipziger Rüstungsindustrie traf. Die Streikenden forderten vor allem die ausreichende Versorgung der Bevölkerung mit preiswerten Lebensmitteln und Kohle. Aber sie verlangten auch die Beendigung des Krieges, wandten sich gegen die Pressezensur, die Beschränkung der Versammlungsfreiheit und andere Zwangsgesetze. Darüber hinaus wollten sie die Freilassung aller politischen Gefangenen erzwingen. Bereits im Juli 1917 traf die Leipziger Industrie der zweite große Streik. An ihm beteiligten sich etwa 6.000 Personen. In den nächsten Monaten folgten weitere kleineren Ausstände, Massenkundgebungen und Demonstrationen - Polizei, Militär und Justiz gingen massiv dagegen vor. An der Front näherten sich die blutigen Kämpfe immer mehr dem Ende. Am Abend des 4. November 1918 bestand das Leipziger Infanterieregiment 106 nur noch aus drei Offizieren sowie 48 Unteroffizieren und Soldaten. Der Krieg war verloren: Am 11. November 1918 unterzeichneten Deutschland und die Alliierten den Waffenstillstand.

Eine Woche vor Weihnachten strömten Tausende Leipziger in die Innenstadt, um die von der Westfront heimkehrenden Soldaten zu begrüßen. Die Verluste der Truppen waren furchtbar: Das Regiment 106 meldete 63 Offiziere und 3.087 Unteroffiziere und Soldaten als tot oder vermisst. Vom Regiment 107 kehrten 3.720 Mann nicht in die Heimat zurück. Das Feldartillerieregiment 77 beklagte 1.463 Gefallene. Nur ein kleines Häuflein hatte das „Stahlgewitter" überlebt und war nicht in Gefangenschaft geraten. Auf dem Markt erklärte Oberbürgermeister Dr. Karl Rothe den Soldaten, dass sie unbesiegt und stolz erhobenen Hauptes zurückgekehrt seien. Er rief sie auf: „Ihr seid an Ordnung gewöhnt, helft sie auch im Lande aufrechtzuerhalten!" Doch die Männer schlossen sich zumeist den Soldatenräten an und bekannten sich zur Novemberrevolution.

1915

Riesenbahnhof: sächsisch, preußisch, symmetrisch

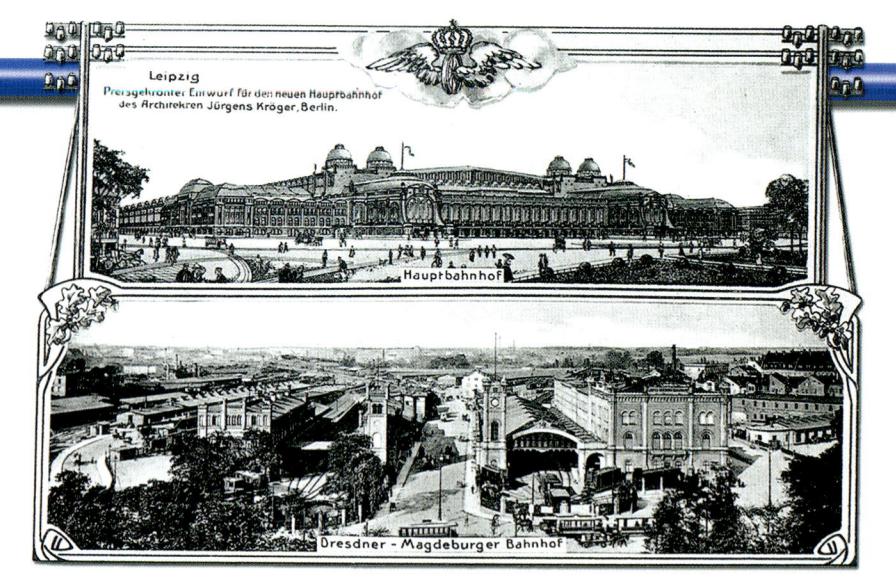

Erst hörten sich die Gäste die ergreifenden Worte des Sächsischen Staatsministers Ernst von Seydewitz an. Anschließend verspeiste die Festgesellschaft Markklößchensuppe, Rinderbraten und gedünstetes Obst: Die Eröffnungsfeier des Leipziger Hauptbahnhofs mit der Schlusssteinsetzung auf der Empore der Osthalle am 4. Dezember 1915 fiel bescheiden aus. Der 18. Monat des Ersten Weltkrieges war angebrochen. Der „Markstein in der Geschichte des europäischen Eisenbahnwesens" fand nicht dieselbe Beachtung wie in Friedenszeiten. Statt in beschwingte Ferien rollten die Züge an die Front...

Dass Leipzig eine „Centralbahnhofsanlage" brauchte, war seit Ende des 19. Jahrhunderts klar. Verschiedene konkurrierende Bahngesellschaften hatten zwischen 1837 und 1874 ihre Linien bis in die aufstrebende Messestadt vorangetrieben und in sechs Fernbahnhöfen enden lassen. Wer von einem Bahnhof zum anderen wollte, um zum Beispiel von Erfurt nach Cottbus zu reisen, war auf die Droschke angewiesen - oder auf gutes Schuhwerk und später auf die Straßenbahn. Pläne für einen repräsentativen Bahnhof lagen ausreichend vor. Da sich jedoch die Sächsische und die Preußische Staatsbahn einigen mussten, dauerten die Verhandlungen jahrelang - von 1896 bis 1902. Der wichtigste Punkt des umfangreichen Vertragswerkes lautete, einen Hauptbahnhof direkt am Promenadenring in der Nähe der innerstädtischen Messehäuser zu bauen und in diesem Kopfbahnhof sieben Hauptlinien der Eisenbahn enden zu lassen. Nacheinander mussten der Thüringer, der Magdeburger und der Dresdner Bahnhof weichen. Auf den frei werdenden Grundstücken wuchs zwischen 1909 und 1915 der neue Hauptbahnhof von West nach Ost. Schrittweise ging er in Betrieb.

Zu seiner Eröffnung war der Leipziger Hauptbahnhof mit einer Bausumme von 60 Millionen Mark der teuerste der Welt - und mit 26 Bahnsteiggleisen der größte in Europa. Insgesamt floss in die Umgestaltung der Leipziger Bahnanlagen die für damalige Verhältnisse gewaltige Summe von 137 Millionen Mark.

Die Einigung zwischen Sachsen und Preußen verlangte auch einen symmetrischen Bau des Hauptbahnhofs: Beide Seiten wollten gleichberechtigt in Erscheinung treten - mit zwei Eingangshallen sowie unterschiedlichen Wartesälen und Fahrplänen. Und natürlich residierte über jede Hälfte ein Bahnhofsvorsteher. Dieser Anachronismus, der den Leipziger Hauptbahnhof zwischen den Gleisen 13 und 14 unsichtbar teilte, hielt bis 1934 an. Aus der Aufteilung zwischen Sächsischer und Preußischer Staatsbahn hatte sich 1920 mit Gründung der Deutschen Reichsbahn die Aufteilung zwischen den Bahndirektionen Dresden und Halle ergeben. Ab 1934 gehörte der gesamte Leipziger Hauptbahnhof zur Reichsbahndirektion Halle. In seiner weiteren Geschichte entwickelte sich der 4. Dezember zum „Schicksalsdatum": Am 4. Dezember 1915 eröffnet, am 4. Dezember 1943 zerbombt, am 4. Dezember 1965 in altem Glanz wieder eröffnet. Höchstleistungen mit teilweise Hunderten von Sonderzügen musste der Hauptbahnhof im alten Leipziger Messe-Rhythmus jeweils im Frühjahr und Herbst erbringen, aber auch zu den Turn- und Sportfesten oder Kinderferienaktionen. In den 90er-Jahren überlebte die dringend renovierungsbedürftige Riesenstation dank des teilweisen Umbaus in das Einkaufszentrum „Promenaden Hauptbahnhof" und der anschließenden Sanierung der eindrucksvollen Längsbahnsteighalle.

Rechts: Architektenentwurf auf einer Postkarte von 1908.

Links der Hauptbahnhof um 1930, darüber die Stahlkonstruktion für die Bahnsteighalle 1911. Rechts: Die Sonne im Norden - auf einer mit viel Fantasie kolorierten Ansichtskarte. Daneben städtischer Nahverkehr auf dem Bahnhofsvorplatz.

1918

Stürmische Zeiten: Revolution, Putsch, Inflation

Vier Jahre nach seinem Beginn haben die Leipziger den Ersten Weltkrieg satt: Hunger im „Kohlrübenwinter", Kriegsinvaliden auf den Straßen, Frauen in Männerberufen. Da passiert in Kiel Unerhörtes: Matrosen der kaiserlichen Marine meutern und fordern das sofortige Ende des Völkermordens. Der Funke springt auf viele deutsche Städte über - auch auf Leipzig. Am 8. November 1918 schließen sich in der Messestadt Matrosen, Soldaten und Arbeiter zu einem Demonstrationszug zusammen. Soldaten auf Durchreise erfahren im Hauptbahnhof, was sich in der Stadt zusammenbraut, und reihen sich spontan ein. Der Marsch führt unter roten Fahnen vom Hauptbahnhof quer durch die Innenstadt bis zum Volkshaus in der Zeitzer Straße (heute Karl-Liebknecht-Straße). Auf einer Kundgebung fordern die Demonstranten eine demokratische Republik anstelle der Monarchie - die Novemberrevolution hatte Leipzig erreicht.

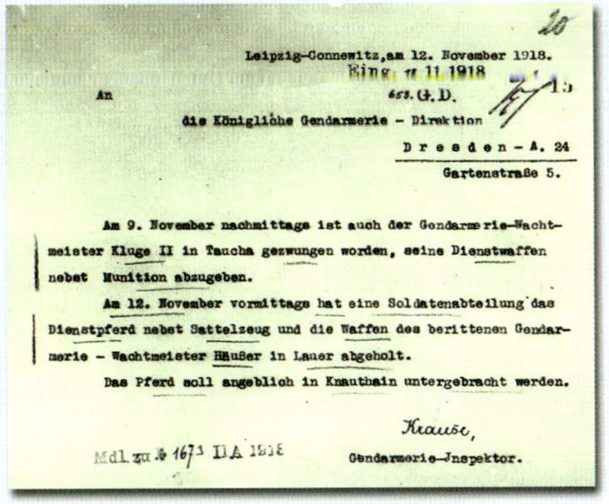

Die Stadtverordnetenversammlung löste sich auf, ein Arbeiter- und Soldatenrat übernahm das Kommando - die Macht lag auf der Straße. Erst im Januar 1919 flaute der revolutionäre Elan ab. Doch da war der Erste Weltkrieg längst vorbei, der Kaiser hatte abgedankt, in Sachsen war die Herrschaft der Wettiner zu Ende - und Deutschland eine Republik. Zur Tagung der Nationalversammlung in Weimar, die eine der damals demokratischsten Verfassungen annahm, spielte Leipzig seine Stärke auf einem ureigenen Gebiet aus: den bestätigten Text der neuen Verfassung innerhalb einer Nacht ordentlich zu setzen, sauber zu drucken und gediegen zu binden. Am nächsten Morgen fanden alle Abgeordneten ein frisches Exemplar des hoffnungsvollen Grundgesetzes auf ihren Plätzen vor.

Telegramm an die Königliche Gendarmerie-Direktion in Dresden am 12. November 1918.

LVZ vom 8. November 1918.

Im März 1920 der Gegenangriff: Ein rechtsextremer Verschwörerkreis um Wolfgang Kapp von der Deutschnationalen Volkspartei versucht, die Weimarer Republik zu stürzen. In Leipzig ermordet das Freikorps 40 Arbeiter. Die Reichswehr setzt das Volkshaus in Brand. Gewerkschaftskarteien, die wertvolle Bibliothek und historische Gesellenfahnen gehen für immer verloren. Nach vier Tagen ist der Putsch beendet. Kapp stirbt 1922 in Leipziger Untersuchungshaft.

1923 erreichte die instabile Entwicklung der jungen und von vielen Seiten angefeindeten Weimarer Republik ihren Höhepunkt. Krieg und Nachkriegswirren hatten die Wirtschaft ausgelaugt. Deutschland war durch tributartige Reparationszahlungen geschwächt und vom internationalen Handel weitgehend abgeschnitten. Die Inflation begann zu rasen. Wehmütig stimmende Abbildungen vergangener glänzender Messetage der einst reichen Stadt Leipzig zierten unter anderem das Notgeld. Was die Männer an Milliarden nachmittags nach Hause brachten, versuchten die Frauen schnell vor Ladenschluss wenigstens noch in ein halbes Brot oder ein paar Kartoffeln umzusetzen. Hungernde sahen, dass sich wenige Reiche selbst in diesen schlimmen Zeiten ein süßes Leben leisten konnten - und stürmten das Café Felsche am Augustusplatz.

Der Wirtschaftskreislauf taumelte ab Oktober 1923 seinem völligen Zusammenbruch entgegen. Über Jahrzehnte mit großem Fleiß aufgebaute Existenzen zerrannen innerhalb weniger Tage. Erst die Einführung der Rentenmark leitete eine Stabilisierung der Währung und den Übergang zu den später als „Goldene Zwanziger" verklärten Jahren ein - die jedoch nur ein geringer Teil des Volkes tatsächlich so euphorisch erlebte.

Werbung 1919 für das Zeitfreiwilligen-Regiment.

Das Volkshaus nach und vor dem Kapp-Putsch.

Massenkundgebung am 10. November 1918 auf dem Augustusplatz. Rechts Inflationsgeld von 1923.

- 207 -

Leipzig im Erzgebirge: Erst Kohle, dann Verluste

Manfred Heidel (rechts oben mit Bernd Sikora, links) lebt in Oelsnitz im Erzgebirge. Er ist Rentner und Zeitzeuge des örtlichen Steinkohlebergbaus. Heidel arbeitete als Bergbaumechanist und sorgte dafür, dass die Kumpel gut nach unten und auch wieder nach oben kamen. „Der letzte Hunt wurde in diesem Revier 1971 gefördert", berichtet der Veteran. „An frühere Zeiten erinnert nun das Museum auf dem ehemaligen Karl-Liebknecht-Schacht." Hier fuhr Adolf Hennecke (1) im Oktober 1948 seine legendäre Aktivistenschicht.

Heidel weiß auch, dass Oelsnitzer Bergbaugeschichte über mehr als 100 Jahre mit der Stadt Leipzig verbunden ist. Schon 1846 stieg Bankier Dufour ins Kohlegeschäft ein, indem er Aktien verkaufte. Advokat Volkmann folgte Dufour 1876 als Aufsichtsratsvorsitzender des Lugau-Niederwürschnitzer Steinkohlebauvereins. Und Kaufmann Clement übte dieses Amt für die Kaisergrube im nahen Gersdorf aus. 1919 avancierte sogar die Stadt Leipzig selbst zum Steinkohle-Unternehmer. Oberbürgermeister Carl Friedrich Goerdeler (2) firmierte als Aufsichtsratsvorsitzender der sogenannten Gewerkschaft Deutschland, die bis 1946 mehrere Gruben betrieb. Und die Leipziger Bleichert-Werke errichteten für die Deutschlandschächte in Oelsnitz eine Kabelkrananlage (oben links). Die Sache lohnte sich. 1934 verkaufte die Stadt für zehn Millionen Mark Kohle. Auch über die Weltkriegszeit ging die Förderung weiter. 1945 besagten Hochrechnungen: Noch für zwölf Jahre ist Kohle da. Der Aufwand für den Abbau des schwarzen Goldes aber stieg. So fuhr die Stadt 1945 über 1,5 Millionen Mark Verlust ein.

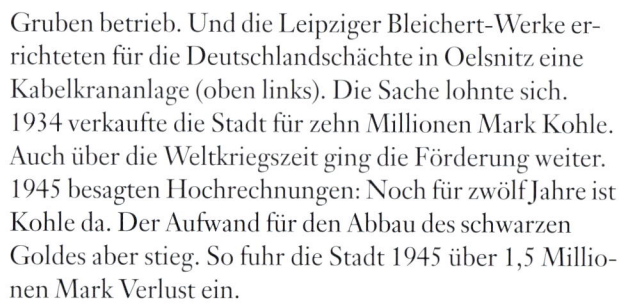

Das Aus für Leipzigs Steinkohlebergbau-Aktivitäten kam jedoch 1946 nicht aus wirtschaftlichen Erwägungen, sondern mit dem Volksentscheid zum „Gesetz über die Übergabe von Betrieben von Nazi- und Kriegsverbrechern in das Eigentum des Volkes". Die Schächte der Stadt galten als Rüstungs- und Kriegsgewinnlerbetriebe. Oberbürgermeister Erich Zeigner (3) protestierte zwar noch und forderte einen Wertausgleich. Als Antwort übermittelte ihm aber die Landesregierung: Er solle sich freuen, von so einer Last befreit zu sein, die auf lange Zeit einen ständigen Zuschuss benötigt hätte.

Am 22. August 1946 ist Leipzigs Unternehmertum im Erzgebirge zu Ende.

„Stahl-Werk" mit Rundblick

Leipzig ist auch heute noch in Oelsnitz im Erzgebirge präsent. Nicht nur, weil die alte Halde thermische Aktivitäten entwickelt und ein bisschen illegal der privaten Holzkohleproduktion dient. Seit einigen Jahren zieht vielmehr ein futuristisch gestalteter Aussichtsturm die Blicke auf sich. Auf der Halde des ehemaligen Deutschlandschachtes erinnert er an einen Förderturm. Geschaffen hat dieses „Stahl-Werk" der Leipziger Architekt Bernd Sikora. Er kam in Oelsnitz zur Welt und blieb seiner alten Heimat stets verbunden. Von der Aussichtsplattform in 36 Metern Höhe genießen die Besucher einen wunderbaren Erzgebirgsrundblick. Und wenn die Sicht besonders gut ist, taucht sogar ganz hinten am Horizont das Völkerschlachtdenkmal auf.

1924

Die Harth: Kampf um eine Landschaft

Idyllisch hat sich der Verleger der Leipziger Neuesten Nachrichten, Edgar Herfurth, in seiner Villa am Rande des größten Waldes in der Leipziger Umgebung eingerichtet: der Harth. Die aber birgt einen besonderen Reichtum - Braunkohle. 1924 geht das Waldstück, Staatsforst des Landes Sachsen, in das Eigentum der Aktiengesellschaft Sächsischer Werke (ASW) über. Die will ran an die Kohle. Es ehrt die Leipziger, wie sie in den 20er-Jahren den 760 Hektar großen Wald verteidigten. Der Wert einer intakten Umwelt sei nicht mit Geld zu bemessen, argumentierten sie öffentlich. Ihr Protest schwillt an, als die ASW 1921 den Tagebau Böhlen aufschließt und 1923 ein Großkraftwerk baut. Die Leipziger sorgen mit der Harth für einen Dauerbrenner im Sächsischen Landtag. Mit prophetischen Worten malt der 1925 gegründete Verein zur Erhaltung der Harth ein Bild von Leipzigs Zukunft - „eine schmutzige rußige Stadt, ohne die Möglichkeit, sich nach irgendeiner Seite hin ausdehnen und erweitern zu können". Die Leipziger erringen immerhin einen Kompromiss: Der nördliche Teil der Harth soll 50 Jahre lang Naturschutzpark bleiben. Für den südlichen Teil will das Land Ersatzflächen ankaufen und aufforsten.

Bis 1932 hielt Sachsen den Vertrag ein. Dann ergriffen die Nationalsozialisten die Macht. Im Leipziger Südraum setzten sie sich rigoros über alle Bemühungen hinweg, Teile der Natur zu erhalten. Hinter dem Rücken der Gemeinden entwickelten sie Flächenpläne für den Bornaer Bezirk und den Großraum Leipzig. Aus diesen Jahren stammen die Listen, nach denen später zahlreiche Ortschaften der Braunkohle zum Opfer fielen. Die Planer erklärten 1940 Rüben und Zehmen in der Pleißenaue nahe der Harth zu Bergbauflächen, weitere Orte sollten bis 2033 folgen.

Die Nationalsozialisten planten für hundert Jahre. Nach zwölf Jahren brach ihre Herrschaft zusammen. Die Pläne zum Kohleabbau aber führt die DDR nahtlos weiter. 1956 holen sich die Bagger Rüben und 1958 Zehmen. 1957 krallen sie sich in die nördliche Harth. Die Tagebaue fressen sich bis an den Rand der Großstadt. Zeitweise arbeiten 54.000 Menschen an der Gewinnung von Energie. Sie bauen 3,3 Milliarden Tonnen Kohle ab.

Der Preis: In 70 Jahren baggert die Braunkohlenindustrie 60 Orte weg, nimmt 24.000 Menschen die Heimat. Sie reißt eine Fläche von 250 Quadratkilometern auf und höhlt sie bis in große Tiefen aus. Restlöcher, Kippenflächen und Halden prägen die zerstörte Landschaft.

Mit dem Ende der DDR verlieren Zehntausende Menschen ihre Arbeit in der ausschließlich von Kohle lebenden Region. Tagebaue und Fabriken sind stillgelegt. Die Lausitzer und Mitteldeutsche Bergbau-Verwaltungsgesellschaft LMBV rekultiviert seither die zerstörte Landschaft mit einer bereits sichtbaren Vision: Neuseenland. Auf rund 450 Quadratkilometern wächst eine Landschaft mit zehn Seen, mit Wäldern und Hügeln - ein Paradies für Wassersportler und Wanderer. Verleger Herfurth könnte seine Villa heute wieder im Leipziger Süden bauen - vielleicht am Ufer des Cospudener oder des Markkleeberger Sees.

Der Verein „Verlorene Orte" hält mit einer Ausstellung die Erinnerung an die weggebaggerten Gemeinden wach. Die Maschinen hinterließen eine zerschundene Landschaft.

Der Leipziger Südraum mit der Harth im Jahr 1931.

Markkleeberger See: Im Tagebau von einst vergnügen sich heute Wassersportler.

Zukunft: das Leipziger Neuseenland auf dem Reißbrett.

Sächsische Klassiker: Lene Voigt und Erich Kästner

Lene Voigt

So änne Buddelei

Wo de ooch laatschtst in Leibzich grade,
sei's inne Schtadt, sei's Bromenade,
gebuddelt wärd an allen Enden,
als wolltense de Schtraßen wenden.

Hier wärd ne Schleise uffgerissen,
dort änne Mauer umgeschmissen,
schrägniewer gähnt ä diefer Schlund,
drin hockt ä Maurer uffn Grund.

Gurz, wo mr wandelt, wo mr schlendert,
da wärd beschtimmt äwas verändert.
Wenn eener dorkelt da im Suff,
där schtärzt ins Diefe un geht druff.

In der Sidonienstraße 14 (heute Paul-Gruner-Straße) erblickt dank Hebamme Alma Jansen am 3. Mai 1891 die kleine Helene Wagner das Licht der Welt. Als Lene Voigt wird sie sich in die Tiefe des „Säk'schen Gemüts" schreiben. Erste Texte erscheinen bereits 1906; der große Wurf gelingt ihr 1925 mit der Veröffentlichung der „Säk'schen Balladen" und „Säk'schen Glassiger". Der Kritiker der „Neuen Leipziger Zeitung" schreibt dazu: „Da ist ja wieder einmal die sächsische Seele schön durchgegangen. Zur allgemeinen Verwunderung ist es ein weiblicher Sachse, der da unsere Klassiker durcheinanderjagt. Die meisten Leute, welche Sächsisch schreiben und damit Geld verdienen wollen, denken, unsere Sprache sei nur eine Parodie auf das Hochdeutsche. Lenchen Voigt denkt das nicht, echa. Die sitzt ja schon Jahre an der sprudelnden Sachsenquelle, und was sie selbst ausschenkt, ist garantiert naturell. Ihre ‚Glassiger' sind sächsischer Edelsekt. Wem Schiller und Goethe bisher nicht viel geben konnten, versuche es ruhig mal mit Lene Voigts Parodien."

Lene Voigt schreibt unermüdlich, leidet unter dem Verbot ihrer Schriften durch die Nazis, lebt vorübergehend in Bremen, Lübeck, Flensburg, Hamburg, München und Berlin, hat aber ihr Leipzig immer im Sinn. 1940 kommt sie zurück und stirbt schließlich 1962 im Bezirkskrankenhaus für Psychiatrie in Dösen. Sie wird auf dem Südfriedhof beigesetzt - und fast vergessen.

Doch 1985 lassen die Lene-Voigt-Forscher und -Liebhaber Monica und Wolfgang Schütte sowie das Leipziger Kabarett academixer einen Grabstein setzen (unten links), auf dem zu lesen ist: „Was Sachsen sin von echtem Schlaach, die sin nich dod zu griechn …" An Lenes Wohnhaus in der Schletterstraße 18 erinnert zudem seit 1998 eine Gedenktafel an die Autorin. Heute sind Lene Voigt und ihr Werk populärer denn je. Die nach ihr benannte Gesellschaft pflegt das Andenken und gibt mit der Connewitzer Verlagsbuchhandlung Peter Hinke eine Werkausgabe ihrer Dichtungen heraus.

So etwas hat Erich Kästner schon zu seinen Lebzeiten erfahren. Er ist zwar bekennender Sachse, schreibt aber nicht in Mundart. Der 1899 in Dresden geborene Autor, der später in Berlin mit Romanen wie „Emil und die Detektive" berühmt wird, veröffentlicht von 1923 bis 1927 im „Leipziger Tageblatt" und in der „Neuen Leipziger Zeitung" feuilletonistische Texte. Der aufmerksame Leser entdeckt schnell Kästners ganz eigenen Stil. Der junge Mann hat Talent, ist seit 1919 Student der Leipziger Universität und ab 1925 sogar Doktor der Philosophie. Er wird Kultur- und Politik-Redakteur, verfasst Kritiken, Rezensionen, Glossen und Gedichte. Kästner fühlt sich wohl in Leipzig, er quartiert sich in Czermaks Garten 7 ein, lernt hier auch die spätere Lebensgefährtin Luiselotte Enderle kennen. Die Trennung von seiner Jugendliebe Ilse Julius wiederum verarbeitet er in dem Gedicht „Sachliche Romanze". In einem Brief an seine Mutter schreibt er: „Wenn ich 30 bin, will ich, dass man meinen Namen kennt. Bis 35 will ich anerkannt, bis 40 sogar ein bisschen berühmt sein." 1927, am Ende seiner Leipziger Jahre, ist Erich Kästner der ersten Zielstellung dieses Lebensplanes schon sehr nahe gekommen.

Wolfgang Schütte (rechts) überreichte 1999 eine „Ehren-Gaffeeganne" an Lene Voigts Sohn Wolfgang.

LENE VOIGT
3.5.1891 — 16.7.1962
Was Sachsen sin von echtem Schlaach, die sin nich dod zu griechn …

Erich Kästner

Sachliche Romanze

Als sie einander acht Jahre kannten
(und man darf sagen: sie kannten sich gut),
kam ihre Liebe plötzlich abhanden.
Wie andern Leuten ein Stock oder Hut.

Sie waren traurig, betrugen sich heiter,
versuchten Küsse, als ob nichts sei,
und sahen sich an und wußten nicht weiter.
Da weinte sie schließlich. Und er stand dabei.

Vom Fenster aus konnte man Schiffen winken.
Er sagte, es wäre schon Viertel nach Vier
und Zeit, irgendwo Kaffee zu trinken. –
Nebenan übte ein Mensch Klavier.

Sie gingen ins kleinste Café am Ort
und rührten in ihren Tassen.
Am Abend saßen sie immer noch dort.
Sie saßen allein, und sie sprachen kein Wort
und konnten es einfach nicht fassen.

Damals: Fliegende Kisten erobern den Himmel
Heute: Drehkreuz in alle Welt

Der Flughafen Halle/Leipzig zu seiner Eröffnung 1927.

Am Terminal B erfolgt die Abfertigung der Flugzeuge.

Seit Erich Thiele 1909 in Lindenau erstmals mit einem Eindecker seine Runden gedreht hatte, griff das Flugfieber in Leipzig um sich. Tollkühne Männer in ihren fliegenden Kisten eroberten den Himmel. 1911 nahm in Lindenthal der erste zivile Flugplatz Sachsens seinen Betrieb auf, 1913 der Flughafen in Mockau. Hier residierte hauptsächlich die Gesellschaft „Junkers-Luftverkehr", die 1926 in der Deutschen Lufthansa aufging. Mit der Neuordnung der Luftfahrt im mitteldeutschen Raum entstand die Idee, nahe Schkeuditz einen gemeinsamen Großflughafen für die Ballungsräume Leipzig und Halle zu errichten. Nach nur knapp acht Monaten Bauzeit eröffnete am Ostermontag des Jahres 1927 ein neuer Flugplatz. Zwei Tage später landete die erste Lufthansa-Maschine. 1928 kam noch eine 400 Meter lange betonierte Startbahn hinzu. Bis zum Ausbruch des Zweiten Weltkrieges entwickelte sich der Flughafen Halle/Leipzig zu einem der wichtigsten Airports Deutschlands, dessen Erscheinungsbild insbesondere ein im Bauhausstil errichtetes gläsernes Restaurant prägte. Nach einer eher beschaulichen Existenz in den Jahren 1959 bis 1990, die vor allem durch die Nutzung als Messe- und somit Saisonflughafen bestimmt war, startete der Airport mit Beginn der 90er-Jahre durch. Bis zum Jahr 2000 entstand neben dem 1996 eröffneten Terminal B die neue 3.600 Meter lange Start- und Landebahn Nord, deren Verfügbarkeit den Aufbruch in die Epoche des uneingeschränkten Interkontinentalverkehrs rund um die Uhr einleitete. 2003 folgte die Inbetriebnahme des Zentralterminals mit ICE-tauglichem Fernbahnhof, Check-in, Parkhaus und Einkaufspassage unter einem Dach. Es besitzt eine Kapazität für mehr als 4,5 Millionen Passagiere pro Jahr.

Das gläserne Flughafenrestaurant 1931.

Im August 2005 war mit dem „ersten Spatenstich" zum Neubau der Start- und Landebahn Süd der nächste wegweisende Schritt in Richtung Zukunft vollzogen. Mit der 2007 geplanten Fertigstellung der Südbahn sowie dem dazugehörigen Vorfeld sind die Voraussetzungen für die Einrichtung des europäischen Drehkreuzes der DHL am Flughafen gegeben, dessen Betrieb ab 2008 bis zu 10.000 Arbeitsplätze schaffen wird.
Der Flughafen fungiert als Entwicklungsmotor der Region - mit seiner leistungsfähigen Infrastruktur, die nur dank der weitsichtigen Planung und Unterstützung der Gesellschafter realisiert werden konnte. Folge: namhafte Ansiedlungen in Airport-Nähe wie Porsche, BMW, Quelle, Dow Chemical, Amazon, Total oder Dell. Schon heute ist der Standort Flughafen Leipzig/Halle mit rund 2.700 Arbeitsplätzen einer der größten Arbeitgeber der Region. Und diese Zahl wird sich in den kommenden Jahren noch um ein Vielfaches vergrößern: Take-off in Richtung Zukunft.

1929

Grassi: Drei Museen und eine berühmte Messe

Franz Dominic Grassi war ein reicher Mann - und von nobler Gesinnung. Als Enkel eines aus Italien eingewanderten Seidenhändlers 1801 in Leipzig geboren, vermachte er seiner Stadt das enorme Vermögen von 2,3 Millionen Mark. Es sei „auf Annehmlichkeiten und Verschönerungen unserer Stadt" zu verwenden, legte der Junggeselle fest. Die Leipziger haben diesem Mäzen neben Parkanlagen und den Denkmälern für Bach und Goethe auch das Gewandhaus im Musikviertel und das Bildermuseum auf dem Augustusplatz mit zu verdanken: Prächtige Bauwerke, die dem Krieg zum Opfer fielen. Grassi bleibt trotzdem unvergessen, auch wenn nicht jeder weiß, dass der größte Museumskomplex in Leipzig den Namen des Kaufmanns und Bankiers trägt. Das 1929 vollendete Gebäude aus rotem Porphyrtuff-Gestein entwarfen die Leipziger Architekten Carl William Zweck und Hans Voigt als betont sachliche Eisenfachwerkkonstruktion. Es sollte den durch Stiftungen und Schenkungen vermögender Leipziger Bürger rasant wachsenden Beständen der völkerkundlichen und kunsthandwerklichen Sammlungen angemessenen Raum bieten. Das alte Grassi-Museum am Königsplatz (heute Stadtbibliothek am Wilhelm-Leuschner-Platz), 1892 bis 1895 aus dem Grassi-Nachlass im Stil des Neorenaissance erbaut, genügte diesen Ansprüchen längst nicht mehr. 1925 begann der Bau auf dem Gelände neben der Johanniskirche. 1926 richteten führende Innenarchitekten bereits verschiedene Räume ein. Die wertvollste künstlerische Zierde bildete die vom Dessauer Bauhausmeister Josef Albers konzipierte Verglasung der Treppenhaus-Fenster des Hauptaufgangs. Der 1920 gegründeten Grassi-Messe stand ein Flügel an der Hospitalstraße (heute Prager Straße) zur Verfügung. Die dort groß angelegte Schau „Europäisches Kunsthandwerk" verhalf dem neuen Museum 1927 zu internationalem Ruhm. Das Museum für Völkerkunde besitzt nach Berlin und Hamburg die größte ethnografische Sammlung Deutschlands, das Museum für Musikinstrumente der Universität ist eines der weltweit größten und bedeutendsten. Vorausschauend hatten die Architekten bereits eine zweite Bau-Etappe geplant. 1928 musste das Johannishospital weichen - und am 30. September 1929 öffnete der im Art-deco-Stil gestaltete und nunmehr vollendete Komplex. Der im Volksmund „Goldene Ananas" genannte Aufbau markierte seinen Eingangsbereich.

Im Zweiten Weltkrieg erlitten die Sammlungen schwere Beschädigungen und schmerzhafte Verluste. Es folgten Jahrzehnte der Provisorien, der teilweisen und völligen Schließung. 2000 war die Sanierung des Grassi-Komplexes endlich beschlossene Sache: Ein zähes Verfahren, da die drei dort beheimateten Museen in unterschiedlicher Trägerschaft arbeiten: Land, Stadt und Universität. Die lähmende Zeit des Interims konnte das Museum für Völkerkunde Ende 2005 mit einer neuen Dauerschau im rekonstruierten Grassi beenden, das Musikinstrumenten-Museum eröffnete im Frühjahr 2006 teilweise seine Ausstellung, das Museum für Angewandte Kunst erst Ende 2007. Das Art-deco-Gebäude, einst Leitbild für neue Museumsarchitektur, mit den drei Einrichtungen unter einem Dach hat einen festen Platz im Blaubuch der Bundesregierung und damit in der Konferenz Nationaler Kultureinrichtungen - ein Leuchtturm mit Strahlkraft weit über Leipzig hinaus.

Franz Dominic Grassi

Grassi-Messe 1999

Altes Grassi-Museum am Königsplatz (heute Stadtbibliothek am Leuschnerplatz).

2005 frisch saniert: die „Goldene Ananas".

Das Museum für Völkerkunde heute, oben der Grassi-Komplex im Herbst 1929.

1930

Millionen fließen für edle Felle

„Pleiteausstellung" schimpfen leise die Leipziger Stadtverordneten. Die Internationale Pelzausstellung (IPA) von Mai bis September 1930 sei für die Stadt eine Nummer zu groß gewesen - mit 1,7 Millionen Reichsmark hatte sie ein enormes Loch im Stadtsäckel hinterlassen. Die Leipziger Pelzhändler, Veredler und Kürschner hingegen profitieren von der internationalen Anerkennung. 1930 ist Leipzig neben London und New York eines der führenden Pelzzentren der Welt.

Eine Attraktion der IPA ist ein originalgetreu nachgestalteter alter Brühlhof. Pelzhändler in der ganzen Welt kennen das Geschäftsgebaren am Brühl: Den Handel per Handschlag, die Treffen auf offener Straße oder im Kaffeehaus, die Namen der Pelzhändler, ihre sagenhaften Umsätze. Die 50 größten Rauchwarenhändler auf dem Brühl erzielten von 1927 bis 1929 einen Gewinn von mehr als 23 Millionen Reichsmark. Anfangs blühte der Rauchwarenhandel nur zur Messe. Hierher fanden Pelze aus Russland ebenso ihren Weg wie edle Felle aus Amerika. Zu Beginn des 19. Jahrhunderts siedelten sich die ersten Rauchwarenhändler in Leipzig an. Erfahren im Pelzgeschäft in Osteuropa und Übersee, gründeten sie zunächst Filialen. 1836 gestattete die sächsische Regierung Händlern aus den deutschen Ländern den Rauchwarenverkauf auch außerhalb der Messe. Das war ein Signal. Am Brühl schossen die Firmen wie Pilze aus dem Boden. 1914 verzeichnet das Adressbuch 267 Rauchwarenhändler, zumeist mit Sitz an der mittlerweile weltbekannten Pelzstraße im Herzen der Stadt.

Den wohlhabenden Unternehmern genügten die alten engen Höfe nicht mehr. Sie errichteten zweckmäßige, repräsentative Geschäftshäuser: Läden in den Erdgeschossen, darüber Büros, auch zum Vermieten während Messen und Auktionen. Die großräumigen Innenhöfe beherbergten mehrstöckige Magazine. Neben dem Firmenschild kündete das traditionelle Fellbündel vom Gewerbe des Eigners.

Der Erste Weltkrieg beraubte Leipzig jäh seines Platzes an der Spitze der Rauchwarenindustrie. Aber den Unternehmern am Brühl glückte es, ihn zurückzuerobern. 1929 importierten sie für 259,8 Millionen Reichsmark Rohware - so viel wie noch nie. Die UdSSR war der wichtigste Partner beim Import, die USA beim Export. Auf die 50 größten Firmen am Brühl entfielen 90 Prozent des Ein- und Verkaufs. Schon 1921 gelangte der russische Zobel wieder in bunten Kisten nach Leipzig. Die Sowjetunion organisierte in Leipzig die erste Rauchwarenauktion, der bis 1933 weitere folgten, zuletzt im Krystallpalast.

1930 glänzte der Brühl wie nie. Ein Weltpelzkongress begleitete die Internationale Pelzausstellung. Sein Ziel: eine internationale Organisation der Rauchwarenwirtschaft.

Ein Jahr später traf die Weltwirtschaftskrise auch diese Branche: Jeder dritte der 50 umsatzstärksten Gewerbetreibenden am Brühl gab auf. Kurz darauf entzogen die Nationalsozialisten dem Handel mit russischen Pelzen den Boden. Zielgerichtet vertrieben sie die jüdischen Geschäftsleute vom Brühl und aus dem Land. Die Einflussreichen nahmen ihre Verbindungen mit und etablierten sich im internationalen Pelzhandel in London oder New York. Im Zweiten Weltkrieg entfesselte der alliierte Luftangriff vom 4. Dezember 1943 in Leipzigs Innenstadt ein Flammenmeer. Bis zum 15. Dezember brannte das Rauchwarenviertel nahezu komplett nieder.

Der einst so prächtige Brühl ist bis heute nur noch ein Schatten seiner selbst.

Plakat zur Internationalen Pelzausstellung, Mai 1930. Rechts: Feinste Pelzmode stellten die Kürschner ab 1921 in Leipzig auf der deutschen Pelzmodenschau vor. Dieses Model flanierte 1924 über den Laufsteg im Krystallpalast.

Die „Pelzkathedrale" des Leipziger Unternehmers Heinrich Lomer, hier ein Blick in die Magazine.

Der Brühl zu seiner Blütezeit um 1910.

Ein Feuersturm vernichtete im Dezember 1944 das Rauchwarenviertel.

Von der einstigen Pracht des Brühls ist nicht viel geblieben. Eine Gedenktafel erinnert an die frühere Bedeutung der Straße.

1930

Zeit-Sprung ins Jahr 1930: „Ach, mein Micha, kaufst du uns dieses schicke Automobil?" Die gönnerhafte Miene des Angesprochenen lässt vermuten, dass er Victoria ihren Herzenswunsch erfüllt. Die „Goldenen Zwanziger" haben dem Jungunternehmer die Geldbörse gefüllt. Etwas verunsichert Michael aber dann doch: Wen schmachtet Victoria eigentlich mehr an - ihn oder die chromglänzenden Karossen?

„Sozialistische Wartegemeinschaften" an der Ticket-Kasse.

Als Keglerheim eröffnet, als Klubhaus legendär: das Haus Leipzig.

Klubhaus, Kegeln, Kult

Ein Name, ein Begriff: Für das Haus Leipzig in der Elsterstraße gilt das ganz besonders. Unzählige Leipziger verbinden mit dem Vergnügungslokal und seinem großen Tanzsaal persönliche Erinnerungen. Tausende haben hier schon geschwoft, gefeiert und gelacht.

Ob Konzert, Disko oder Karneval - wenn der Ticket-Schalter öffnete, bildeten sich zu DDR-Zeiten oft lange Schlangen. Ursprünglich war das Haus Leipzig das mit 45 Bahnen größte Keglerheim Deutschlands. Für 1,2 Millionen Reichsmark entstand es auf dem 3.100 Quadratmeter großen Gelände einer alten Reithalle. Am 25. Mai 1930 konnte der Verband Leipziger Kegelklubs seinen Neubau eröffnen. Nur 14 Jahre später traf ihn der Bombenhagel des Zweiten Weltkrieges.

Seit Juni 2000 rollen die Kugeln wieder.

Mitte 1946 richtete die sowjetische Firma „Intourist" das schwer beschädigte Gebäude wieder her: als Hotel mit Restaurant und Tanzsaal. Erst hieß es „Haus Antifa", dann „Haus Leipzig", von 1961 bis 1989 „Zentraler Klub der Jugend und Sportler Artur Becker", danach erneut „Haus Leipzig". Immer rollten auf den verbliebenen zehn Kegelbahnen auch die Kugeln, seit 30. Juni 2000 wieder auf einer modernen Trainings- und Wettkampfanlage.

Als Glückstreffer für die Spielstätte erwies sich das Ein-Personen-Kultstück „Caveman" in der Regie von Esther Schweins: Publikumsliebling Karsten Kaie (rechts) philosophiert auf der Bühne im großen Saal über das besondere Verhältnis von Mann und Frau. Ein Dauerbrenner seit August 2002 - und meist vor ausverkauftem Haus.

1933

„Reichsneinstadt" unter dem Hakenkreuz

Als die Mitteldeutsche Rundfunk AG im Oktober 1932 in Wiederau den leistungsstärksten Großsender Deutschlands einweiht, weiß noch niemand, dass sie damit ein starkes Instrument für eine mörderische Propaganda geschaffen hat. Kein halbes Jahr später, im März 1933, reißen die Nationalsozialisten auch in Leipzig die Macht an sich. Aus der selbstständigen Rundfunkgesellschaft MIRAG wird 1934 der vom Reichspropagandaministerium gesteuerte „Reichssender Leipzig". Die Gleichschaltung des öffentlichen Lebens mit der Politik und Ideologie der Nationalsozialisten ist in vollem Gange.

Die weltoffene Messestadt mit starker Arbeiterbewegung galt den nationalsozialistischen Funktionären als glattes Parkett. „Reichsneinstadt" hieß sie auf den Korridoren ihrer Macht. Noch bei Hitlers Ernennung zum Reichskanzler schätzte SPD-Funktionär Hermann Liebmann ein: „Hitlers Drittes Reich wird nicht kommen. Es ist gescheitert an dem Kampfwillen der Sozialdemokratie ..." Darin irrte die SPD, 1932 stärkste Kraft in der Leipziger Stadtverordnetenversammlung. Bei den Reichstagswahlen am 5. März 1933 wählten in der 713.500 Einwohner zählenden Großstadt 189.000 NSDAP, 157.000 SPD und 92.000 KPD. In Leipzig hatte sich die SPD mit Kampfstaffeln auf die bewaffnete Übernahme öffentlicher Einrichtungen vorbereitet. Die LVZ warnte davor, den Boden der Verfassung zu verlassen. Und die SPD blies per Mehrheitsbeschluss den bewaffneten Aufstand wieder ab.

Für das nationalsozialistische Regime war spätestens seit dem Reichstagsbrand die Verfassung nur noch Makulatur. KPD-Mitglieder erklärte die NSDAP zum „Freiwild". Sozialdemokratische Einrichtungen wurden von den Nazis besetzt, geschlossen, beschlagnahmt. Schließlich verboten die Nationalsozialisten die SPD. SA-Leute plünderten am 2. Mai das Volkshaus, das 40 Arbeiterverbände 1906 aus eigenen Mitteln als Gewerkschaftshaus errichtet hatten. Sie zerstörten dabei eine der größten Bibliotheken Deutschlands. Die NS-Organisation „Kraft durch Freude" nutzte das Gebäude danach als „Haus der Arbeit".

Der Börsenverein des Deutschen Buchhandels versuchte, sich den Machthabern anzudienen. Noch vor den Bücherverbrennungen am 10. Mai 1933 veröffentlichte er in Erwartung eines Lohnes für vorauseilenden Gehorsam die Liste der Bücher, die „für das deutsche Ansehen als schädigend zu betrachten sind". In der Deutschen Bücherei lagen stets die aktuellen Listen der „unter Verschluss gestellten" Bücher bereit.

Die Kultur-Ensembles der Stadt entließen auf Druck der Nazis die nicht arischen und missliebigen Mitglieder. Das weltbekannte Gewandhausorchester verlor 120 seiner 280 Musiker. Ihr Kapellmeister Bruno Walther durfte das Konzerthaus nicht mehr betreten. Das Bildermuseum musste sich von 245 „entarteten" Werken entschädigungslos trennen.

Wahlplakat der SPD.

Rechts: Nach dem Verbot der Gewerkschaften verbrannten die Nazis im Mai 1933 in Leipzig deren Dokumente.

Rechts: Hitler während eines Aufmarschs der Nationalsozialisten 1933 auf dem Augustusplatz (Hintergrund).

Noch 1933 übernahmen die ersten Großbetriebe Aufträge für die Rüstung. Die Allgemeine Transportanlagen Gesellschaft (ATG) begann mit dem Bau von Kampfflugzeugen. In der sächsischen Industriemetropole fanden die Nazis beste Voraussetzungen. Zu Kriegsbeginn arbeiteten bereits 81 Unternehmen für das Militär. Fachkräfte wurden knapp, Zwangsarbeiter und Häftlinge mussten in den Fabriken schuften.

Leipziger Betriebe fertigten unter anderem Bomber, Bunker, Munition, U-Boot- und Panzerteile. Auch die Panzerfaust, mit der noch kurz vor Kriegsende Greise und Kinder ihre Orte verteidigen sollten, stammt aus Leipzig - gefertigt von der Hasag, der Hugo Schneider AG in Paunsdorf.

1933

Reichstagsbrand: Rededuell im Reichsgericht

„Der Reichstag in Flammen! Von Kommunisten in Brand gesteckt!" - so schreit es im ganzen Land von den Plakaten der NSDAP. Die Nationalsozialisten wollen eine Propagandaschau: Vor dem Leipziger Reichsgericht haben sie den linksradikalen Niederländer Marinus van der Lubbe und vier Kommunisten angeklagt. Sie sollen in der Nacht vom 27. zum 28. Februar 1933 den Berliner Reichstag (unten) in Brand gesteckt haben: der KPD-Fraktionsführer im Reichstag Ernst Torgler, Georgi Dimitroff und seine bulgarischen Mitangeklagten Wassil Taneff und Blagoi Popoff. Mit großem Aufwand beginnt am 21. September 1933 der Prozess: Rundfunkreporter drängen sich im Plenarsaal des Leipziger Reichsgerichts, dazu Journalisten von 82 großen Zeitungen.

Die Nazis benutzten den Reichstagsbrand, ihre eben errungene Macht zur Alleinherrschaft auszubauen. Schon am Morgen nach dem Feuer setzten sie mit der „Brandverordnung" wesentliche Verfassungsrechte außer Kraft - zur „Abwehr kommunistischer staatsgefährdender Gewaltakte". Im ganzen Land ließen sie Kommunisten und Sozialdemokraten verhaften.

Mit dem als „Lex van der Lubbe" bekannten Gesetz vom März 1933 ermöglichten sie die Todesstrafe auch rückwirkend - bis zum Tag der Ernennung Hitlers zum Reichskanzler.

In einem „Braunbuch" tragen Kommunisten in Europa Beweise zusammen. Sie sollen belegen, dass die Nazis den Reichstag selbst angezündet haben. In London tagt 1933 eine internationale Juristenkommission. Unter der Leitung des britischen Anwalts Denis N. Pritt sammelt sie in einem Gegenprozess zahlreiche Indizien. Auch diese lassen nur eine Schlussfolgerung zu: Die Nazis sind selbst die Brandstifter.

Der von ihnen erhoffte propagandistische Effekt des Leipziger Reichstagsbrandprozesses bleibt aus. Der Bulgare Georgi Dimitroff, später Ministerpräsident Bulgariens, treibt bei seiner Verteidigung Hermann Göring und Joseph Goebbels im Zeugenstand in die Enge. So können sie seine Frage nicht schlüssig beantworten, weshalb die Regierung keine Maßnahmen zur Vereitelung des angeblichen kommunistischen Aufstandes getroffen habe. Der Vorsitzende Richter, Dr. Wilhelm Bünger, ruft dem redegewandten Dimitroff schließlich zu: „Im Ausland ist man schon der Meinung, dass nicht ich, sondern Sie die Verhandlung leiten!"

Weder Torgler noch Dimitroff und seinen bulgarischen Mitangeklagten kann das Gericht die Tat anlasten: Die Richter sprechen sie frei. Marinus van der Lubbe hatte sich in widersprüchlichen Aussagen selbst beschuldigt, den Reichstag in Brand gesetzt zu haben. Obwohl das Gericht seine alleinige Täterschaft anzweifelt, verurteilt es ihn zum Tode. Der Niederländer stirbt am 30. Januar 1934 unter dem Fallbeil und wird auf dem Südfriedhof verscharrt. Torgler sperren die Nazis ins KZ, Dimitroff reist in die Sowjetunion aus. Moskau feiert

Die Anklagebank mit Marinus van der Lubbe (stehend) und Georgi Dimitroff (Zweiter von rechts). Darunter Dr. Wilhelm Bünger, Vorsitzender Richter im Prozess.

Im ehemaligen Reichsgericht dokumentierte zu DDR-Zeiten das Georgi-Dimitroff-Museum den Reichstagsbrandprozess. Heute tagt hier das Bundesverwaltungsgericht. Rechts: In der Nähe der einstigen Grabstelle erinnert seit Januar 1999 dieser Gedenkstein auf dem Südfriedhof an Marinus van der Lubbe.

ihn als den „Helden von Leipzig". Später wird die DDR das Reichsgerichtsgebäude zum Georgi-Dimitroff-Museum umgestalten.

Historiker arbeiten bis heute vergeblich daran, das Geschehen in der Brandnacht zu rekonstruieren. War van der Lubbe Alleintäter, wie Fritz Tobias in den 50er-Jahren im „Spiegel" behauptete? Oder hatte er Mittäter aus den Reihen der Nationalsozialisten? War der Reichstagsbrand ein böser Zufall der Geschichte, der den Nazis in die Hände spielte, oder war er heimtückisch vorbereitet? An historischer Stelle versuchten im Dezember 2003 Wissenschaftler, mit neuen Dokumenten den Fall zu lösen. Im Sitzungssaal des ehemaligen Reichsgerichts verdichteten sie die Indizienkette zu Lasten der Nationalsozialisten. Aber der erbitterte und lange Zeit ideologisch überlagerte Streit fand auch hier kein Ende.

1938

Pogromnacht: Die Synagoge brennt

Unweit der Synagoge, in der Gottschedstraße 10, besiegelten die Ortsgruppenleiter der NSDAP und die Führer der SA-Standarten befehlsgemäß ihren feigen Plan. Unter dem verharmlosenden Namen „Reichskristallnacht" sollten sie die Angriffe auf Gotteshäuser, Schulen und Geschäfte der Leipziger Juden als „spontane Vergeltungsschläge" ausgeben.

Ohne Hoheitszeichen und Uniformen, in Fahrzeugen des NS-Kraftfahrkorps, rückt der braune Mob in der Nacht vom 9. zum 10. November 1938 wie überall in Deutschland zum Brandschatzen aus. Der Weg zur Synagoge in der Gottschedstraße 3 ist nicht weit. Und die Brandstifter sind gründlich. Vom Gotteshaus bleiben nur die Mauern stehen. Die Nazis legen Feuer an die Höhere Israelitische Schule in der Gustav-Adolf-Straße, am Kaufhaus Bamberger & Hertz am Augustusplatz, in der Privatsynagoge Ez Chaim in Apels Garten, im Kaufhaus Ury am Königsplatz und auf dem neuen Israelitischen Friedhof an der Delitzscher Landstraße. In mehreren Betstuben zerschlagen die aufgehetzten Trupps Fenster, Türen und Mobiliar. Zielgerichtet zerstören sie Einrichtungen jüdischen Gemeindelebens und 193 Geschäfte.

Im nordwestlichen Stadtgebiet brechen Nazis in Wohnungen ein, zertrümmern die Einrichtungen, werfen Möbel auf die Straße, verhöhnen und schlagen die Bewohner. Sie zerren die Menschen aus ihren Betten und jagen sie nahe dem Zoo in das ausgemauerte Flussbett der eiskalten Parthe. Am Morgen beginnen die Verhaftungen. In der 37. Volksschule in der Halleschen Straße warten die zusammengetriebenen, meist ahnungslosen Juden. 552 Namen weist die Liste aus, Menschen aus allen sozialen Schichten. Die Gestapo stopft sie am Hauptbahnhof in Züge Richtung Vernichtungslager. Bereits am 1. Januar 1939 meldeten die Nazis: Alle jüdischen Geschäfte arisiert!

4.000 Leipziger Juden ereilte bis Mai 1939 ein furchtbares Schicksal: verhaftet, abgeschoben, geflohen, ausgewandert. Wer blieb, den pferchten die Machthaber in „Judenhäuser", alle in der Nähe der Humboldtstraße. Dort entstand ein gettoähnliches Stadtviertel - Durchgangsstation für den Abtransport zu Vernichtung. Die Wellen der Deportationen begannen 1942. Rund 14.000 jüdische Leipziger Bürger schickten die Nazis in die Konzentrationslager zur „Endlösung".

Nur wenige überleben. Am 8. Mai 1945 zählt die jüdische Gemeinde nur noch 24 Mitglieder. Doch auch Stalin ist den Juden feindlich gesonnen. Sie sind weiteren Verhaftungen und Prozessen ausgesetzt. Die israelitische Religionsgemeinde zu Leipzig zählt zum Ende der DDR nur 30 Mitglieder. Erst jüdische Aussiedler aus der ehemaligen Sowjetunion sorgen wieder für Zuwachs. Am Ort der Synagoge in der Gottschedstraße weiht die Stadt Leipzig 2004 eine Gedenkstätte ein. Viele Reihen leerer Stühle auf dem Platz berichten von der Vertreibung und Ermordung der jüdischen Mitbürger. Eine nach dem Gründer der jüdischen Schule in Leipzig, Rabbiner Dr. Ephraim Carlebach, benannte Stiftung bewahrt ihr Andenken.

Unter den Augen vieler Schaulustiger brannte die Synagoge in der Gottschedstraße bis auf die Grundmauern nieder und stürzte teilweise ein.

Die Synagoge in der Keilstraße überstand wegen der Mietwohnungen in den Obergeschossen die „Reichskristallnacht".

Die Nazis klebten überall in Deutschland Hetzplakate an jüdische Geschäfte.

Zu ihren Gottesdiensten trifft sich die jüdische Gemeinde in der Synagoge in der Keilstraße. Wegen der Mietwohnungen in diesem Gebäude hatten sich die Nazis in der Pogromnacht beim Angriff auf das Bethaus zurückgehalten. Der wieder wachsenden jüdischen Gemeinde ist es bereits zu klein. Am Ariowitsch-Haus im Waldstraßenviertel, dem ehemaligen Altenheim der israelitischen Religionsgemeinde, beginnt sie 2006 mit dem Bau eines neuen Begegnungszentrums.

1939

Jubel über Blitzkrieg - Ernüchterung folgt bald

„Seit 5 Uhr 45 wird jetzt zurückgeschossen. Und von jetzt ab wird Bombe mit Bombe vergolten", verkündete Adolf Hitler am 1. September 1939 – der Zweite Weltkrieg begann. Für die Leipziger war der Überfall auf Polen keine besondere Überraschung mehr. Sie nahmen die Nachricht relativ gelassen hin. Zumal der schnelle Vormarsch der Wehrmacht erst gar keine schlechte Stimmung aufkommen ließ.

Bereits im August hatten in Leipzig die Kriegsvorbereitungen begonnen - mit der ersten großen Luftschutz-Verdunklungsübung, der Erfassung der militärischen Ersatzreserve und dem Verteilen von Lebensmittelkarten, was die Leipziger seit dem Ersten Weltkrieg nicht mehr kannten. Mit Kriegsausbruch folgte der Erlass über die völlige Verdunkelung der Stadt „bis auf Weiteres". Und „nebenbei" lösten die Nationalsozialisten gleich noch den „Reichsbund jüdischer Frontsoldaten" auf - die letzte offiziell zugelassene jüdische Vereinigung in Leipzig.

In den ersten Kriegstagen jagte eine Erfolgsmeldung die andere. Der Siegestaumel erfasste große Teile der Bevölkerung. Doch am 14. September erschien in den „Leipziger Neuesten Nachrichten" auch die erste Gefallenen-Anzeige: „Für das Vaterland" war zehn Tage zuvor der 20-jährige Soldat Hans Neumerkel, Sohn des Reichsgerichtsrates, gestorben. Bereits am 5. Oktober verließ das Leipziger Infanterie-Regiment 11 Polen und zog in Richtung Westen. Am 10. Mai 1940 überschritt es die Grenze zum neutralen Holland und erreichte bereits nach wenigen Stunden die Maas - die Demarkationslinie zum ebenfalls neutralen Belgien. Leipziger Offiziere zwangen den Bürgermeister Brüssels zur Übergabe der Stadt. Und auch die Siegesparade in der belgischen Hauptstadt bestritten Leipziger Soldaten.

Am 3. Oktober 1940 kehrte das Regiment in seine Heimat zurück - von der Bevölkerung mit großem Jubel empfangen. Der Erfolg in zwei Blitzkriegen hatte das Unrechtsbewusstsein weitgehend ausgeschaltet. Viele glaubten, dass nun der Frieden kommen werde. Doch da arbeitete der bisher in Leipzig stationierte General Friedrich Paulus mit seinem Stab bereits am „Unternehmen Barbarossa", dem Überfall auf die Sowjetunion. Auch daran beteiligte sich das Infanterie-Regiment 11. Als die anfänglichen Siegesmeldungen nachließen, verflog allerdings bei den meisten Leipzigern die Begeisterung recht schnell. Dennoch glaubten vor allem viele Jugendliche weiter an den „Endsieg".

1943 formierten sich an der Medizinischen Fakultät der Universität vier Studentenkompanien mit angehenden Ärzten für die Front. Reserve-Einheiten sorgten immer wieder für „Nachschub" an Soldaten. In Leipzig bewachten sie Kriegsgefangenenlager, die der Wehrmacht unterstellt waren. Die feldgrauen Uniformen prägten das Bild der Stadt. Und die Soldaten wurden immer jünger - bis sogar Kinder die an allen Ecken Leipzigs postierten Flakgeschütze bedienten.

Flak-Ausbildung in Schönau.

Das letzte Aufgebot: Volkssturm in Leipzig (links).

Flakhelfer beim Unterricht im Küchenholz. Daneben: Als „Symbol der Heldenhaftigkeit" gefeiert - General Friedrich Paulus (links) und Kapitänleutnant Günter Prien.

Vorbereitung auf den Krieg: Parade der schweren Artillerie vor dem Völkerschlachtdenkmal. Unten die 1935 gebaute Hindenburgkaserne an der Danziger Straße (heute Max-Liebermann-Straße).

1943

Zerstörter Hauptbahnhof

Turnerstraße

„Operation Haddock": Tote, Trümmer, Feuersturm

Der Ausbau von Kellern zu Luftschutzräumen, die großen weißen Pfeile und Buchstaben „LSR" an den Häuserwänden - vielen Leipzigern erschien das übertrieben. Sachsen galt nach den ersten Angriffen auf Städte an der Nordseeküste und im Rheinland als „Luftschutzkeller Deutschlands", wo Kinder aus den betroffenen Gebieten Zuflucht fanden.

Doch am 17. August 1940, um 0.27 Uhr, heulten in der Messestadt die Sirenen nicht nur zum Probealarm: Bomber überflogen die Stadt. Am frühen Morgen des 16. Oktober 1940 detonierten auf dem Freiladebahnhof an der Eutritzscher Straße die ersten Sprengkörper: Noch war der Sachschaden gering. Am Abend des 20. Oktober 1943 dann der erste Flächenangriff vor allem auf Stötteritz und Paunsdorf - 38 Menschen starben.

Grimmaische Straße

Den schwersten Angriff auf Leipzig flogen am 4. Dezember 1943 in den frühen Morgenstunden 536 Bomber der Royal Air Force. Nach englischen Angaben regneten bei der „Operation Haddock" 311 Minen-, 451 Spreng-, 313 große und 12.550 kleine Phosphorbomben sowie 281.035 Stabbrandbomben auf die Stadt. Sie entfachten 2.262 Groß-, 888 mittlere und 2.184 kleinere Brände, die sich zu einem Feuersturm vereinigten. Dieser fegte mit Geschwindigkeiten von maximal 270 Stundenkilometern durch die Straßen und erreichte Temperaturen von bis zu 1.000 Grad Celsius. Die Leipziger Feuerwehr stand dem Inferno machtlos gegenüber. Offiziell starben 1.408 Menschen, vermutlich waren es mehr als 2.000. Hinzu kamen zahlreiche Verletzte, Vermisste und mehr als 140.000 Obdachlose. Dass sich die Leipziger über die Weisungen der Luftschutzbehörden hinwegsetzten, rettete vielen das Leben. Sie blieben nicht bis zur Entwarnung im Keller, wollten die Brände löschen und konnten so dem nahenden Feuersturm rechtzeitig entkommen. Zwei Wochen später warf eine alliierte Flugzeugbesatzung an der Kläranlage Rosental einen Kranz mit Schleife ab - vermutlich für den Piloten, der am 4. Dezember an dieser Stelle abgestürzt war.

Am 20. Februar 1944 traf es Leipzig erneut: Nach einem britischen Flächenbombardement griffen erstmals auch 239 amerikanische Boeing gezielt 15 Rüstungsbetriebe an. Danach waren die Erla-Werke Heiterblick zu 70 Prozent und die Junkers-Werke Mockau zu 60 Prozent zerstört. Bei dem Doppelangriff starben etwa 900 Menschen, darunter auch viele Kriegsgefangene und Zwangsarbeiter.

1944 folgten weitere sieben Bombardements, 1945 noch einmal fünf. Am 27. Februar 1945 starteten amerikanische Bomber zur Zerstörung der Hauptbahnhöfe in Leipzig und Halle, der Verkehrsknotenpunkte Wahren und Engelsdorf sowie der Junkers- und der Büssingwerke. Da die Verbände vom Kurs abkamen, beschlossen die Kommandeure, die 2.000 Tonnen Bomben auf den Hauptbahnhof zu konzentrieren. Der nächste Angriff folgte am 7. März und traf vor allem medizinische Einrichtungen - „irrtümlich", wie es hinterher hieß.

Am 6. April flog die US Air Force ihren dritten Angriff auf Leipzig - und wieder fielen 828 Tonnen Bomben auf die Innenstadt, trafen die Universitätsbibliothek, das Reichsgericht, das Neue Rathaus, die Hauptpost und wiederum den Hauptbahnhof. Die britische Bomberflotte übernahm schließlich am 10. April die letzten Attacken auf die wichtigsten Verkehrsknotenpunkte. Am Ende des Krieges waren von den 43.045 Gebäuden der Stadt 9.389 total zerstört und 16.447 beschädigt. Etwa 5.000 bis 6.000 Menschen hatten den Tod gefunden.

Rechts: Kondolenzbrief des Oberbürgermeisters an Hinterbliebene von Bombenopfern.

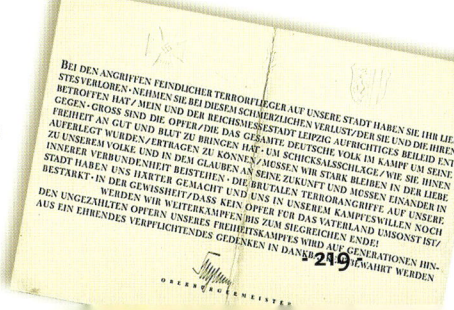

1944

Lager, Zwangsarbeit und Todesmärsche

Die Männer mussten an die Front, der Rüstungsindustrie gingen die Arbeitskräfte aus. Auch die Einstellung von Frauen und die Dienstverpflichtung von Beschäftigten aus anderen Wirtschaftszweigen reichte bald nicht mehr aus. So begannen die großen Unternehmen, Arbeiter in den von der Wehrmacht besetzten Ländern anzuwerben. Diese Männer und Frauen lebten in Leipzig relativ frei, waren privat untergebracht und durften sogar Urlaub nehmen. Doch in ihren Heimatländern waren sie schnell verpönt. Neue Fachkräfte ließen sich nur noch im Ausnahmefall freiwillig anwerben: Statt Fremdarbeiter schufteten vor allem nach Deutschland verschleppte Zwangsarbeiter in den Fabriken: untergebracht in Lagern, bewacht vom Werkschutz, mit einem „O" für Ostarbeiter, einem „P" für Pole oder einem „T" für Tscheche an der Kleidung. Neben den betriebseigenen Lagern von Großunternehmen wie Hasag, Erla, Sack oder Krause richtete die Wirtschaftskammer noch mehrere Gemeinschaftslager für etwa 200 Betriebe ein. Die Insassen stammten vor allem aus den östlichen Ländern. Ein Vertreter der Deutschen Arbeitsfront bekannte: „Die Russen sind nicht dazu da, hier menschlich gefördert zu werden, sondern durch Ausnutzung ihrer Muskelkraft die deutsche Produktion zu steigern."

Billige Arbeitskräfte fand die Rüstungsindustrie zunächst auch unter den Kriegsgefangenen in und um Leipzig. Als der „Nachschub" ausblieb, entstanden ab 1944 Außenlager der Konzentrationslager Ravensbrück und Buchenwald für Erla-Werke, Hasag, Junkers-Flugzeugwerke, ATG und Mansfeld AG. Die Bewachung übernahmen SS-Leute und angeworbene Betriebsangehörige. Allein in Schönefeld waren rund 5.000 Frauen interniert, vorwiegend polnische und ungarische Jüdinnen sowie Sinti und Roma. Die örtliche SS richtete zudem „Arbeitserziehungslager" ein, so zum Beispiel bei den Landkraftwerken in Kulkwitz. Dort quälte sie Häftlinge, die zu langsam arbeiteten oder flüchten wollten.

Als die US-Armee im April 1945 immer näher an Mitteldeutschland heranrückte, wollten die Nationalsozialisten und ihre Helfershelfer die Zeugen ihrer Verbrechen von den Tatorten entfernen. Sie schickten KZ-Häftlinge, Zwangsarbeiter, zum Teil auch Kriegsgefangene und Gefängnisinsassen auf Todesmärsche. Der größte Teil der Häftlinge starb - an Entkräftung oder durch gezielte Schüsse der SS-Mannschaften.

Unter den in Leipzig Verbliebenen richteten die Nazis noch in den letzten Stunden ihrer Herrschaft drei Massaker an. Im KZ-Außenlager Abtnaundorf ermordeten SS und Volkssturm 84 Tschechen, Russen, Polen und Franzosen. In der Kaserne an der Heerstraße (heute General-Olbricht-Kaserne) erschoss ein Wehrmachtskommando 32 vorher zum Tode Verurteilte. Und auf dem Standortübungsplatz Lindenthal brachten Leipziger SS-Leute 52 deutsche, polnische, russische, tschechische und französische Gefangene um.

Häftlingsbaracken am Hasag-Werk in Meuselwitz. Rechts: „P"-Winkel für polnische Zwangsarbeiter.

Heute erinnern Mahnmale an den Orten des Geschehens an die Opfer. Mit der Gedenkstätte an der Permoserstraße besitzt Leipzig zudem eine der bundesweit wenigen Erinnerungsstätten für Zwangsarbeiter. Darüber hinaus lädt die Stadt jedes Jahr ehemalige Leipziger Juden, ausgebeutete Zwangsarbeiter und geschundene Häftlinge zum Besuch ein.

Ausstellung in der Leipziger Zwangsarbeiter-Gedenkstätte.

Gedenkstein in der Permoserstraße. Links die Gedenktafel an der General-Olbricht-Kaserne. Im Hintergrund das KZ-Außenlager Abtnaundorf.

Leipziger im Widerstand

83 Straßen und Plätze in der Messestadt tragen die Namen von mutigen Leipzigern, die ihr Leben im Kampf gegen das Hitler-Regime verloren haben – für viele von ihnen die einzige Ehrung. An andere erinnern Denkmale, Grabstätten, Gedenktafeln oder auch die Namen von Schulen und öffentlichen Einrichtungen.

Carl Friedrich Goerdeler, Oberbürgermeister von 1930 bis 1937, steht heute zumeist als Symbol für den Leipziger Widerstand. Das resultiert nicht zuletzt aus dem hohen Ansehen, den die Akteure des 20. Juli 1944 inzwischen genießen. An jenem Tag versuchte eine Gruppe um General Claus Schenk Graf von Stauffenberg, die Herrschaft der Nationalsozialisten zu beenden. Doch das Attentat auf Adolf Hitler schlug fehl, die Verschwörer wurden hingerichtet. Goerdeler, der nach dem Umsturz die Regierungsgeschäfte übernehmen sollte, starb am 2. Februar 1945 unter dem Fallbeil des Henkers in Berlin-Plötzensee.

Der Widerstand gegen die nationalsozialistische Gewaltherrschaft begann bereits zu einer Zeit, als Goerdeler noch als Oberbürgermeister amtierte. Nach der Machtergreifung der Nationalsozialisten ging als Erste die Kommunistische Partei (KPD) in den Widerstand. Die Nazis reagierten mit massenhaft Prozessen und der Verschleppung von Kommunisten in Konzentrationslager. Ihnen folgten schon bald Sozialdemokraten sowie bürgerliche Hitler- und Kriegsgegner. Allein im Jahr 1933 gerieten in Leipzig 5.709 Personen in Haft, davon 4.088 wegen der Weiterführung verbotener Organisationen.

Die aus der Kriegsvorbereitung resultierenden wirtschaftlichen und später auch die militärischen Erfolge der Nationalsozialisten begeisterten die große Mehrheit der Leipziger – und erschwerten den Widerstand gegen die NS-Gewaltherrschaft. Trotz immer neuer Verhaftungswellen gelang es der Gestapo jedoch nie, die Widerstandsgruppen völlig zu zerschlagen. Antifaschisten, die aus Lagern und Zuchthäusern in die Stadt zurückkehrten, nahmen zumeist ihre Tätigkeit wieder auf. So formierten sich in vielen Betrieben und Einrichtungen kleine Widerstandsgruppen, die nach der Niederlage der Wehrmacht bei Stalingrad im Februar 1943 zunehmend kooperierten. Die daraus entstehende Widerstandsorganisation unter Führung von Georg Schumann, Otto Engert und Kurt Kresse vereinte Kommunisten, Sozialdemokraten und Parteilose: das „Nationalkomitee Freies Deutschland – Leipzig" (NKFD). Zehn von ihnen, darunter der sozialdemokratische LVZ-Redakteur Richard Lehmann und der den Kommunisten nahe stehende Kunstmaler Alfred Frank, starben im Januar 1945 auf dem Schafott.

Andere Leipziger kämpften in der französischen Resistance, in sowjetischen Partisanenverbänden oder im spanischen Bürgerkrieg, wo die bekannte jüdische Fotografin Gerda Taro den Tod fand.

Die russischen Zwangsarbeiter Nikolai Rumjanzew, Boris Losinski und Taja Tongonog bildeten zusammen mit Max Hauke und anderen Anitfaschisten die vermutlich einzige russisch-deutsche Widerstandsgruppe in Deutschland. Nach Verrat und Verhaftung starben die Russen im Konzentrationslager, ein Teil der Deutschen konnte bei einem Bombenangriff flüchten und so der Todesstrafe entgehen.

Trotz aller Verhaftungen und Hinrichtungen: Die Leipziger Nazigegner formierten sich immer wieder neu, verteilten Flugblätter, organisierten die „Flüsterpropaganda". Sie hatten einen wesentlichen Anteil daran, dass die Amerikaner die Stadt im April 1945 fast kampflos übernehmen konnten. Die Zeitung der US-Armee „Hessische Post" berichtete: „Eine Ortsgruppe des NKFD soll bereits vor dem Einmarsch der Amerikaner 6.000 Mitglieder gezählt haben".

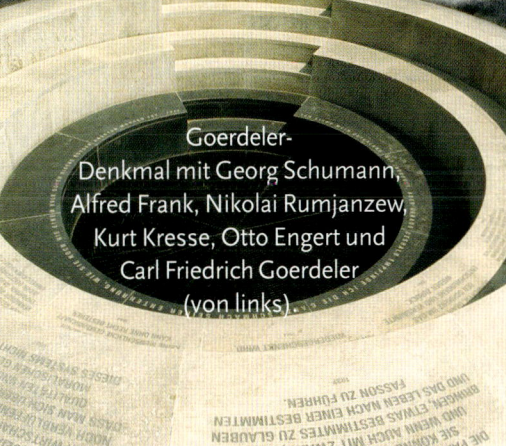

Links: Erinnerung an Gerda Taro.

Tarostraße – Gerda Taro: 1913–1937, eigentlich Gerta Pohorille, Fotoreporterin im Spanischen Bürgerkrieg

Goerdeler-Denkmal mit Georg Schumann, Alfred Frank, Nikolai Rumjanzew, Kurt Kresse, Otto Engert und Carl Friedrich Goerdeler (von links)

1945

Dramatische Stunden am Denkmal

Als in den Abendstunden des 18. April 1945 die US-Panzerkampfgruppe von Oberst David T. Zwiebol das Völkerschlachtdenkmal passiert, gerät sie unter starken Beschuss. Ein Panzer und ein Jeep gehen in Flammen auf. Völlig unvermutet hat sich der deutsche Kampfkommandant Oberst Hans von Poncet mit etwa 200 Soldaten, Volkssturmmännern und Hitlerjungen im Monument verschanzt. Poncet, Jahrgang 1899, ist ein fanatischer Durchhalteoffizier.

Nach einem ersten, eher unüberlegten Angriff der US-Army bleiben mehrere verwundete und tote Soldaten an der Böschung zum Denkmal liegen. Die Deutschen können sogar Gefangene nehmen. Auch der Versuch, das Monument mit Artillerie sturmreif zu schießen, zeigt zunächst wenig Wirkung: Die Geschütze lösen nur Splitter aus dem Gestein. Erst als ein Geschoss durch ein Fenster ins Innere fliegt, ist die Denkmalsbesatzung zu Verhandlungen bereit. Am 19. April gegen 15 Uhr gehen der deutsch-amerikanische Hauptmann Hans Trefousse und sein Chef, Oberstleutnant George Knight, mit angriffsbereiten Truppen im Rücken und weißer Fahne in der Hand zum Andenkenstand des Denkmals. Der deutsche Oberst kommt ihnen mit zwei Offizieren entgegen. Vereinbart wird zunächst eine zweistündige Waffenruhe zum Abtransport der Toten und Verwundeten. Als die Frist um 17 Uhr abgelaufen ist, entschließt sich der Oberst zu weiteren Gesprächen. Es folgen dramatische Verhandlungen. Poncet meint, dass man sich in vier Jahren in russischer Gefangenschaft in Sibirien wiedersehen werde. Trefousse argumentiert mit Kleists „Prinz von Homburg", dessen Held eine Schlacht gewann, weil er einem Befehl zuwider handelte. Der US-Hauptmann verspricht dem deutschen Oberst sogar, dass er ihm und seinen Offizieren die Gefangenschaft ersparen werde.

Die 69. US-Infanteriedivision auf dem Weg nach Leipzig. Rechts: US-Soldaten erstürmen den Hauptbahnhof.

Links: Das umkämpfte Völkerschlachtdenkmal am 19. April 1945.

Der „Führergeburtstag" (20. April) ist nur zwei Stunden alt, als sich die Besatzung des Völkerschlachtdenkmals ergibt. Der amerikanische Divisionskommandeur, Generalleutnant Reinhardt, bestätigt die Versprechungen Trefousses jedoch nicht. Lediglich der Kampfkommandant verlässt das Denkmal als freier Mann. Die Offiziere entlassen die Amerikaner auf

Links: Die Spuren des Gefechts sind noch Jahrzehnte später an den Monumentalfiguren sichtbar.

Ehrenwort für 48 Stunden zu ihren Familien. Alle bis auf einen, der ein ärztliches Attest schickt, melden sich danach in die Gefangenschaft.

Das letzte Gefecht in Leipzig hat etwa zehn amerikanische und eine nicht bekannte Zahl deutscher Soldaten das Leben gekostet. Am Völkerschlachtdenkmal richtete der Kampf einen Schaden von rund 1,5 Millionen Reichsmark an.

Erinnerung I

Dr. Delbert Philpott aus Sunnyvale (Kalifornien) war Gefreiter der US-Army. Er erinnert sich: „Die Stadt Leipzig hatte sich am Nachmittag des 19. April ergeben, doch noch immer lagen wir am Völkerschlachtdenkmal. Die Übergabeverhandlungen zogen sich in die Länge. Da entschloss sich unser Hauptmann, rund um das Denkmal Benzin auszuschütten. Als ich bei einem der Kanister saß, überlegte ich, was das für eine gefährliche Arbeit war. Würden wir es im Dunkeln entzünden und zurückrennen, dann würden die Flammen unsere Silhouetten zu perfekten Schießscheiben machen. Um 2 Uhr in der Nacht zum 20. April ergab sich die Besatzung. Ich konnte die Benzinkanister verlassen und mir endlich Schlaf gönnen."

Regiments-Chroniken der US-Army.

Erinnerung II

Über seinen Besuch am 19. April 1945 auf dem neben dem Denkmal gelegenen Südfriedhof schrieb der Leipziger Arno Knapp in sein Tagebuch: „In der Mittagszeit hatte ich wieder einmal das Bedürfnis, an das Grab meiner Kinder zu gehen - zumal ich vom Fenster meiner Wohnung die Einschläge verfolgen konnte, die die schwere Artillerie der Amerikaner am Völkerschlachtdenkmal verursachte. Der Friedhof war zwar verschlossen, aber über eine zerschossene Mauer konnte ich ihn mit meiner Tochter ungehindert betreten. Bald mussten wir zu unserem Schrecken feststellen, daß sich auch Granaten auf den Friedhof verirrten. Als dann in unmittelbarer Nähe des Grabes meiner Tochter Granatsplitter in die Friedhofsbäume schlugen, wurde es Zeit, fluchtartig die Stätte des Friedens zu verlassen."

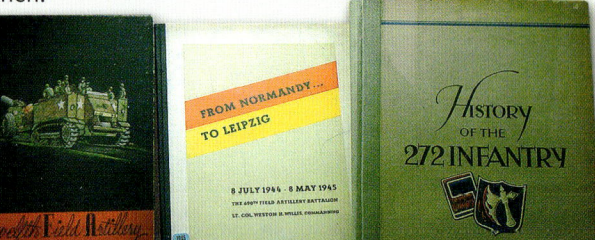

Am Hitler-Geburtstag ist der Krieg vorbei

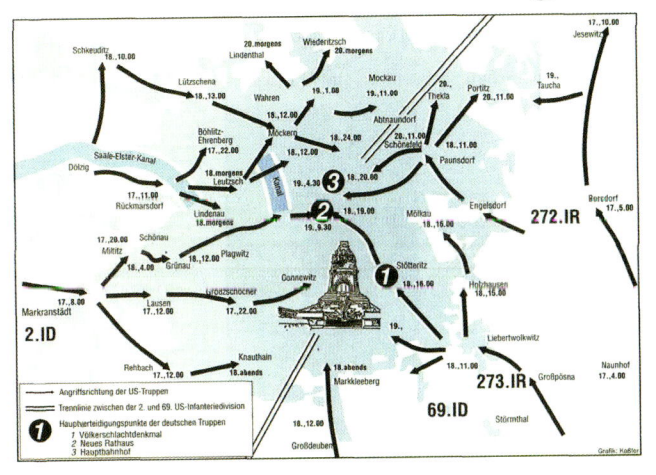

Vorrücken der US-Armee in Leipzig.

In der Nacht zum 18. April 1945, einem Mittwoch, ging über Leipzig ein starkes Gewitter nieder. Danach folgte der Sturm der US-Army. Die von Westen angreifende 2. Infanterie-Division erreichte gegen 15 Uhr die Elsterbrücken. Am Felsenkeller schoss ein schmächtiger 16-jähriger Junge den ersten von sechs Sherman-Panzern aus nächster Nähe mit einer Panzerfaust ab. Die Besatzung starb, der deutsche Junge auch - durch Schüsse aus dem zweiten Panzer. Gegen Abend hatten die US-Soldaten eine Linie westlich von Neuem Rathaus und Chausseehaus erreicht. Am selben Tag hatte die 69. Division von Süden und Osten angegriffen - in Markkleeberg, Liebertwolkwitz, Mölkau, Paunsdorf und Abtnaundorf erwartete sie ein Meer aus weißen Fahnen. Am 20. April, dem Geburtstag Adolf Hitlers, war für Leipzig

Neues Rathaus am letzten Kriegstag.

der Zweite Weltkrieg zu Ende. Die Zahl der Opfer bei den letzten Gefechten ist nicht bekannt: Schätzungen gehen von 120 bis 200 getöteten deutschen Soldaten, Volkssturmmännern, Hitlerjungen und Zivilisten sowie auf amerikanischer Seite von etwa 20 Gefallenen aus.

Den Einmarsch der Amerikaner empfanden die meisten Leipziger als Befreiung von Bomben, Angst und Tod. Dass es zugleich eine Befreiung vom Faschismus war, das bemerkten sie erst später. Für so manchen brach eine Welt zusammen, ging doch das mühsam aufgebaute Selbstwertgefühl als Blockwart oder Fähnleinführer plötzlich verloren.

Die Besatzungstruppen bezogen Quartier in Kasernen und Privatwohnungen - bevorzugt in Villen und Einfamilienhäusern. Die Bewohner mussten ausziehen oder mit Keller, Dachboden und Nebenräumen vorlieb nehmen. In ihren ersten Proklamationen stellte die amerikanische Militärregierung unter Stadtkommandant Keaton klar: „Deutschland wird nicht besetzt zum Zwecke seiner Befreiung, sondern als besiegter Feindstaat". Neben Geboten und Verboten für die Bevölkerung erließen die Behörden auch Anweisungen an die eigenen Soldaten: Jegliche Verbrüderung mit den Deutschen war streng untersagt. Die Besatzungsmacht bemühte sich vorrangig um die Wiederherstellung der Verbindungswege und Transportmittel, die Gewährleistung der Sicherheit und die Erhaltung der Versorgungseinrichtungen wie Gas-, Elektrizitäts- und Wasserwerke. Damit sicherte sie ihren eigenen Bedarf und verhinderte Unruhen unter der Bevölkerung. Zum Oberbürgermeister ernannten die Amerikaner den deutsch-nationalen Rechtsanwalt Dr. Hans Vierling. Ihm zur Seite als Polizeipräsident stand der Sozialdemokrat Heinrich Fleißner. Da nur die höchsten Nazi-Funktionäre, sofern sie sich nicht selbst gerichtet hatten, ihre Posten räumen mussten, bestand unter den Polizeibeamten kein gesteigertes Interesse daran, Nazi- und Kriegsverbrecher aufzuspüren.

Oben: Straßenbahn an der zerstörten Johanniskirche. Links: Proklamation Nr. 1 vom 19. April 1945, gültig ab 16.30 Uhr.

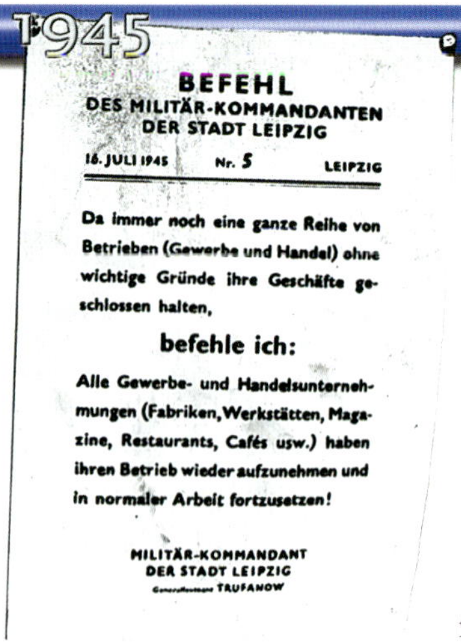

Auf Sternenbanner folgen Hammer und Sichel

Auf Anraten einiger Polizisten ließ der Offizier für öffentliche Sicherheit der Militärkommandantur Jagd auf Anti-Nazi-Organisationen machen, ihre Literatur einziehen und 350 Personen ins Gefängnis werfen. Und so verhaftete die einstige Nazipolizei wieder die ehemals schon Verfolgten.

Die Masse der Bevölkerung ließ sich davon wenig beeindrucken: Sie hatte einfach nur Hunger - mit schlimmen Folgen: Am 10. Mai 1945, dem Himmelfahrtstag, stürmten Leipziger im Bahnhof Kleinzschocher einen Zug mit Methylalkohol - die Folge: Tote, Vergiftete, Erblindete. Plünderungen waren an der Tagesordnung. Der Hunger verursachte hohe Kindersterblichkeit, die Ruhr grassierte. Viele Leipziger zogen über Land und versuchten, ihre letzten Habseligkeiten gegen etwas Essbares einzutauschen. Tausende Ausgebombte und Flüchtlinge plünderten Felder und Gutshöfe, gruben Frühkartoffeln aus und schlachteten fremdes Vieh.

Die Gier nach Leben hatte auch noch andere Auswirkungen: Wo Amerikaner wohnten, waren die „Froilleins" nicht weit, die den Soldaten für ein Stück Brot, einen Riegel Schokolade oder eine Schachtel Chesterfield ihre Liebesdienste anboten. Zudem liefen die Soldaten geschniegelt und gebügelt durch die Stadt, gesunde deutsche Männer waren äußerst rar - und schließlich hieß die Parole: „Wir leben nur einmal!" Eine der ersten Aktivitäten der Besatzungsmacht war obendrein die Einrichtung mehrerer Bordelle.

Ende Juni begannen die Amerikaner, ihren Abmarsch vorzubereiten. Sie nahmen nicht nur wissenschaftliche Unterlagen sowie Geräte der Universität und der ehemaligen Rüstungsbetriebe mit: Auch eine große Zahl von Wissenschaftlern, Konstrukteuren und Rüstungsexperten schloss sich ihnen an.

Für viele Leipziger kam der Abmarsch der Amerikaner am 1. Juli 1945 überraschend. Gemäß den Siegermächte-Vereinbarungen von Jalta besetzte die Rote Armee tags darauf die Gebiete Sachsens und Sachsen-Anhalts westlich von Elbe und Mulde sowie Thüringen.

An diesem 2. Juli 1945 begannen 47 Jahre Stationierung russischer Truppen in der Messestadt. Niemand erwartete, dass die Soldaten in ihren Pferdewagen als Freunde kamen: Sie hatten die Mörder ihres Volkes in die Knie gezwungen und besetzten nun als Sieger den Osten Deutschlands. Sie sorgten für die Durchsetzung der Beschlüsse des Alliierten Kontrollrats und der sowjetischen Militäradministration, gingen hart gegen echte und vermeintliche Nationalsozialisten vor. Dabei gerieten auch Unschuldige in das Räderwerk der Verfolgung.

Zugleich bemühte sich Stadtkommandant Generalmajor Nikolai Trufanow sehr um das Wohl der Bevölkerung. Er und sein Stab versuchten gemeinsam mit antifaschistischen Organisationen und der Stadtverwaltung, das Leben allmählich zu normalisieren. In diesen Wochen und Monaten war alles vorrangig: die Schaffung neuer Machtorgane, die Sicherung der Lebensmittelversorgung, die Wiederaufnahme der Produktion und des Schulunterrichts, die Rückführung ausgelagerter Bestände der Deutschen Bücherei, die Eröffnung neuer Spielstätten für Gewandhausorchester und Theater, das Futter für die Tiere im Zoo und im Zirkus Aeros, die Beseitigung der Trümmer, die Straßenbeleuchtung und der öffentliche Nahverkehr, die Organisation des Post- und Fernmeldewesens, die Einrichtung eines Stadtfunks und nicht zuletzt der Wiederaufbau des Gesundheitswesens. Zu einer der ersten Maßnahmen Trufanows gehörte am 5. Juli die Einsetzung des Sozialdemokraten Dr. Erich Zeigner als Oberbürgermeister, der bis 1949 die Stadt in schwierigster Zeit regierte.

Am Ende des Jahres 1945 hatte Leipzig die ersten wichtigen Schritte zur Überwindung der Kriegsfolgen geschafft - die Grundlage für den Wiederaufbau der Stadt.

Stadtkommandant Nikolai Trufanow

Links: Sowjetische Kommandantur in der Döllnitzer Straße. Links außen: Einzug der Roten Armee in der Lützner Straße.

Rechts: General Prof. Pjotr Solotuchin, Chef der Volksbildungsabteilung der Sowjetischen Militäradministration in Deutschland (SMAD), bei der Wiedereröffnung der Universität.

Unten: Oberbürgermeister Dr. Erich Zeigner mit seiner Frau Annemarie.

Hunger, Kälte, Ruinen - der Kampf ums Überleben

Ende April 1945 bot Leipzig ein verheerendes Bild: Der Hauptbahnhof eine gigantische Trümmerwüste. Neun Zehntel der Straßenbahnschienen unbenutzbar. 100.000 Wohnungen kaputt, 37.522 komplett zerstört. Nur sechs der 102 Schulen ohne Schäden. In den Straßen 700.000 Kubikmeter Schutt. Die Leipziger stiegen aus den Luftschutzkellern, viele das erste Mal seit Tagen. Die Amerikaner rationierten die Lebensmittel. Ein Erwachsener erhielt täglich 214 Gramm Brot, 89 Gramm Kartoffeln, 20 Gramm Nährmittel, neun Gramm Zucker, fünf Gramm Fett, 14 Gramm Fleisch, 4,5 Gramm Kaffeeersatz und zwei Gramm Käse. Die Amerikaner blieben nur zwei Monate. Ab 2. Juli gehörte Leipzig zur sowjetischen Besatzungszone. Alle Kraft galt dem Überleben: Essen, Kleidung, Wärme. Zwar hatte die sowjetische Militärverwaltung die Lebensmittelrationen erhöht - ab November galten in der sowjetischen Besatzungszone einheitliche Versorgungssätze. Selten aber war vorhanden, was die Lebensmittelkarten versprachen. Die ersten Bezugsscheine für Textilien und Schuhe erhielten die Leipziger erst 1947. Kinder belagerten Kohlen-Züge auf den Bahnhöfen, stellten sich nach Sonderzuteilungen bei Lebensmitteln an. Glücklich, wer einen Garten oder ein Stück Land ergatterte, um etwas anzubauen. „Geheimtipps" breiteten sich in Windeseile aus: für Hamsterfahrten in die Dörfer, für Tauschgeschäfte, den schwarzen Markt und drohende Razzien, für Plünderungen. Und die Not machte erfinderisch. Rezepte gingen von Hand zu Hand, was sich aus den wenigen Lebensmitteln und Ersatzstoffen zaubern ließ: falsches Fett, falscher Brathering, Kekse aus Rübensaft. Gardinen, Decken, Uniformen, Fallschirme, Säcke - alles verwandelte sich in Kleidung.

Der zweite Nachkriegswinter, bitter kalt bei minus 20 Grad, verlangte den Leipzigern alles ab. Die Kohleförderung brach zusammen. Pro Haushalt standen nur fünf Zentner Brikett zur Verfügung. Dazu schlecht heizende Nasspress-Steine aus Rohbraunkohle. Die Stadt gab die nahen Auewälder wie das Rosental zum Abholzen frei, die Menschen holten alles Brennbare aus den Ruinen. Meist konnten sie nur einen einzigen Raum für wenige Stunden warm halten. Gas und Strom waren streng kontingentiert und reichten kaum zum Kochen. Oft standen die Frauen nachts, wenn das Gas kam, am Herd und hielten das Essen in ausgepolsterten Kisten warm.

Dennoch gingen die Kinder bereits seit 1. Oktober 1945 wieder in die Schule. Notdürftig instand gesetzte Schulgebäude, aber immerhin: 62.750 Kinder freuten sich täglich über eine warme Mahlzeit. Schnell ausgebildete Neulehrer übernahmen den Unterricht - anstelle des wegen seiner Zugehörigkeit zur NSDAP entlassenen Personals.

Die ersten Betriebe nahmen ihre Arbeit wieder auf. Die Hälfte aller Leipziger Fabrikgebäude existierte nicht mehr, ebenso zwei Drittel der Maschinen und des Materials. Die Arbeiter brachten Werkzeug von zu Hause mit und improvisierten. Sie stellten zunächst her, was am nötigsten gebraucht wurde: Kochtöpfe, Werkzeuge, landwirtschaftliche Geräte. 1945 zeigte die erste Leipziger Nachkriegs-Mustermesse diese Waren.

Nach den Nächten der Angst im Luftschutzkeller drängte die Leipziger jetzt die Sehnsucht nach Leben: Tanzlokale öffneten, wo immer sich geeigneter Raum fand. Der Zirkus Aeros lud noch 1945 zur ersten Vorstellung in die Wintergartenstraße.

Und in der Kongresshalle erklang 1946 wieder das erste Konzert.

Alltag in Ruinen. Rechts: Die „Volkskontrolle" macht gegen Schwarzhändler mobil.

Täglich eine warme Mahlzeit für Leipzigs Schulkinder.

Studenten und Lehrkräfte beim Arbeitseinsatz.

Agitationswand vor der Ruine des Neuen Theaters.

1945

Entlausen im Hauptbahnhof

Nach Kriegsende wälzte sich auf Leipzig ein Strom von Flüchtlingen zu: Heimkehrer, Evakuierte und Ausgesiedelte. Zwölf Millionen Menschen suchten irgendwo im Land eine neue Heimat. Die meisten völlig mittellos. Die Städte wiesen die Flüchtlinge wegen der schlechten Ernährungslage ab. Fleckthyphus und Seuchen drohten. Ab Herbst 1945 überwachte die Stadt Leipzig die Gesundheit der Flüchtlinge in den Durchgangstransporten. Im Hauptbahnhof, wo die Menschen oft in Güterzügen ankamen, richtete das Gesundheitsamt eine Entlausungsstelle ein. In den Quarantäne-Lagern in der Plagwitzer Dietzmannstraße, in Taucha sowie in der 106. Kaserne (heute Georg-Schumann-Straße 148) blieben die Heimatlosen zwei Wochen. Dann mussten sie weiterziehen. Eine Million Umsiedler und 400.000 Heimkehrer passierten die Lager.

Erst im Herbst 1946 begann Leipzig, die Ausgesiedelten aufzunehmen. Als erster Anlaufpunkt diente die Umsiedlerstelle, später Neubürgerstelle genannt. Bis zu 14 Lager nahmen die Menschen zeitweilig auf: 14.850 Plätze auf beengtem Raum. Die Stadt versorgte die verzweifelten Menschen mit Taschengeld, Überbrückungsgeld, Lebensmittelkarten und medizinischer Betreuung. Die Wohlfahrtsverbände sammelten und verteilten Kleidung, Betten und Hausrat - ein Tropfen auf den heißen Stein. Die Neuankömmlinge suchten Arbeit und Wohnraum. Arbeit fanden sie beim Wiederaufbau. Für die Wohnungen mussten die Leipziger zusammenrücken. Flüchtlinge zogen als Untermieter ein. Aber noch viele Jahre lebten Menschen in den Auffanglagern.

Trümmerbahn zum Fockeberg

Rund 1.200 Bombentrichter, mindestens 8,3 Millionen Kubikmeter Trümmer - und auf dem Augustusplatz ein Riesenschuttberg. Diesen hatten die Leipziger schon während des Krieges nach den Bombenangriffen aufgeschüttet. Vor allem Trümmerfrauen übernahmen die schwere Arbeit des Aufräumens - auch mit Blick auf höhere Lebensmittelrationen. An den Wochenenden leisteten zudem Arbeiter, Studenten und Vereine unzählige Trümmereinsätze. Von überallher organisierte die Stadt Gleise für eine Trümmerbahn mit Depot auf dem Königsplatz (heute Wilhelm-Leuschner-Platz). Von da aus führten Schienennetze durch die gesamte Innenstadt. Mehr als 30 Lokomotiven zogen Schutt durch die Straßen. Trümmer füllten das Bett der Pleiße und bedeckten das alte Johannistal. Trümmer dienten als Material für das Rund des Zentralstadions und türmten sich auf den Bauernwiesen an der Fockestraße zum heute 153 Meter hohen Fockeberg. Bis in die 50er-Jahre gehörten die Trümmerfrauen zum Stadtbild. Sie verhalfen Leipzig rasch zu dem Ruf, die am besten aufgeräumte Stadt im Nachkriegs-Deutschland zu sein.

Heimkehrer im Hauptbahnhof.

Aus-Zeit

Die Literatur zum Alltag in Ruinen ist vielfältig. Hier drei Tipps für eine Aus-Zeit: Thomas Ahbe und Michael Hofmann haben in „Hungern, Hamstern, Heiligabend" (Kiepenheuer Verlag 1996) Erinnerungen an die Nachkriegszeit zusammengetragen. Mark Lehmstedt befasst sich mit „Leipzig in Trümmern" (Lehmstedt Verlag 2004). Und Christoph Kaufmann erzählt in „Mit Volldampf durch die Stadt" (Lehmstedt Verlag 2006) die Geschichte der Leipziger Trümmerbahnen.

Unten: Die Trümmerbahn auf dem Augustusplatz. Trümmerfrauen schufteten in den Ruinen.

Heiß ersehnte Kohlelieferung aus Polenz.

Das Theater der Jungen Welt öffnet am 7. November 1946 mit „Emil und die Detektive".

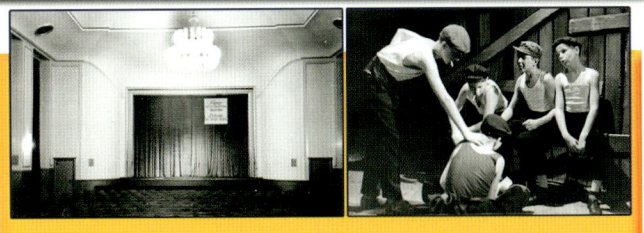

Links oben: Der Weiße Saal in der Kongreßhalle am Zoo ist die erste Spielstätte des ersten deutschen Kinder- und Jugendtheaters. Kannte in der DDR jedes Kind: „Timur und sein Trupp" (oben rechts).

Ein Riesenerfolg: die Kinderoper „Katz und Kätzchen".

Premiere: Erstes Theater für Kinder und Jugendliche

Beim Luftangriff vom 4. Dezember 1943 verliert Leipzig in einer Nacht alle drei stadteigenen Theater: Neues Theater am Augustusplatz, Altes Theater am Blumenberg und Schauspielhaus in der Sophienstraße (heute Shakespearestraße). Die Stadt baut die Häuser nicht wieder auf: Interimslösungen müssen her! Im Haus Dreilinden in Lindenau geht am 29. Juli 1945 mit Beethovens „Fidelio" die erste Opernaufführung über die Bühne. Acht Wochen später hebt sich im Weißen Saal der Kongreßhalle am Zoo der Vorhang für Büchners „Woyzeck". Damit gehören die Leipziger zu den Ersten im Nachkriegsdeutschland, die wieder ins Theater gehen können. Und das Dezernat Volksbildung beim Rat der Stadt verwirklicht zusammen mit Künstlern und Pädagogen sogar einen alten Plan der Lehrerschaft aus den 20er-Jahren: Sie gründen ein Theater für Kinder und Jugendliche, das erste im deutschsprachigen Raum. Am 7. November 1946 hat im Weißen Saal, aus dem das Schauspiel inzwischen ausgezogen ist, Erich Kästners „Emil und die Detektive" Premiere. Als Eintritt müssen die Zuschauer ein Stück Kohle mitbringen. In der Weihnachtszeit 1947 führt das Theater „Die Schneekönigin" von Jewgenij Schwarz auf. Allein dieses Stück lockt in 79 Vorstellungen mehr als 55.000 junge Besucher an.

In den nächsten 60 Jahren stehen Märchen aus Europa und Übersee, Klassiker wie Goethes „Urfaust", Schillers „Kabale und Liebe", Kleists „Zerbrochener Krug", Shakespeares „Romeo und Julia", dramatisierte Bestseller wie „Tom Sawyers Abenteuer" und zeitgenössische Kinder- und Jugendstücke auf dem Spielplan. Mindestens vier Generationen erleben Spannung, Frohsinn und Unterhaltung - zuweilen durchaus mit pädagogischem Zeigefinger oder auch real-sozialistisch verbrämt. Unter teilweise ungünstigen DDR-Bedingungen - das Geld ist immer knapp, die Technik nie modern - wird ge- und bezaubert. Die Liste der Direktoren reicht von Josef Stauder, Herta Greeff, Hans-Dieter Schmidt, Günter Schwarzlose bis zu Hanns Gallert, der jahrelang auch als Schauspieler das Ensemble verstärkt. Als im August 1989 der Weiße Saal einer Brandstiftung zum Opfer

Blick in den Zuschauersaal am Lindenauer Markt.

fällt, sorgen er und seine Crew dafür, dass das Kinder- und Jugendtheater die Wende überlebt. Das Haus der Deutsch-Sowjetischen Freundschaft (heute: Musikhochschule), für sieben Jahre das Haus Leipzig und ein Zelt auf dem Plagwitzer Jahrtausend-Feld werden zu Interimsspielstätten. Im Juni 1993 beschließt die Stadtverordnetenversammlung den Umbau des Hauses der Volkskunst am Lindenauer Markt zum Theaterhaus Leipzig. Zehn Jahre dauert es, bis im Oktober 2003 das Theater der Jungen Welt dort im großen Saal wieder eine feste Bleibe findet.
Viele prominente DDR-Künstler - von Ingeborg Krabbe, Wolfgang Dehler, Edwin Marian bis Rolf Hoppe - verdienten sich an dem Theater ihre ersten schauspielerischen Sporen. Mit dem Komponisten Siegfried Tiefensee (unten rechts), dem Vater des späteren Leipziger Oberbürgermeisters Wolfgang Tiefensee, hatte das Kinder- und Jugendtheater von 1958 bis 1990 einen ideenreichen musikalischen Leiter - seine Kinderoper „Katz und Kätzchen", 1960 uraufgeführt, war ein Renner. Seit 2002 ist Jürgen Zielinski Intendant (oben rechts).
Er und sein Team setzen wie ihre Vorgänger auf engen Kontakt mit Lehrern und laden sich andere, auch internationale Ensembles zum Erfahrungsaustausch ein. 45.000 junge Zuschauer bevölkern jährlich das älteste deutschsprachige Kinder- und Jugendtheater: mit 80 Prozent die bestausgelastete Spielstätte der Messestadt.

1945

Immer dabei: Goethes "Faust"

1962

Fräulein Julie

Das Schauspielhaus in der Bosestraße.

Bilder links und unten: Goethes „Faust" in den Inszenierungen von 1962, 1982 und 1999.

Das Leipziger Sprechtheater zieht nach dem Krieg ins „CT" (Central-Theater), eine ehemalige Operettenbühne. Von Beginn an auf dem Spielplan: Goethes „Faust". In verschiedenen Inszenierungen kommt der Klassiker bis heute immer wieder auf die Bühne. 1954 erteilt die Stadt den Leipziger Architekten Karl Souradny, Rolf Brummer und Franz Herbst den Auftrag, das Schauspielhaus umzubauen. Was sie in zwei Jahren zwischen Bosestraße und Dittrichring für 10 Millionen Mark schaffen, ist beachtlich: Denn der geplante Umbau entspricht fast einem Neubau. Künstlergarderoben, Werkräume, Magazine und anderes mehr entstehen. Bei gleich bleibender Gebäudehöhe müssen die Architekten (statt bis dahin drei) nun fünf Geschosse unterbringen. Sie errichten einen Bühnenhausturm, der den Gesamtbau dominiert. Gleichzeitig betonen sie den Eingang des Theaters direkt unter der Hauptbühne. Den Zuschauerraum drehen sie um 180 Grad, um die gesamte Tiefe des Bühnenhauses - fast 15 Meter - zu nutzen und um durch Einbeziehen der Hinterbühne eine Bildtiefe bis 21 Meter zu erreichen.

In den nächsten Jahrzehnten verändert sich der Zuschauerraum: Bei der Eröffnung 1957 bot er noch 1.079 Plätze. In den 80er-Jahren stehen 750 Stühle in Parkett und Rang. Nach der Modernisierung ab 2002 schrumpft die Zahl weiter auf 654.

Zu DDR-Zeiten gehörte das Haus zum Verbund der Städtischen Bühnen: Max Burghardt, Johannes Arpe und drei Jahrzehnte Karl Kayser leiteten ihn als Generalintendanten. Kayser inszenierte den „Faust" gleich zweimal. Das „Theater-Kombinat" war 1950 entstanden - durch die Vereinigung von Oper, Schauspiel, Kammerspielen (heute Neue Szene), Jugend- und Operettentheater für mehr Effizienz im künstlerischen und technischen Betrieb sowie bei der Verwaltung. In Schauspielhaus und Oper standen den Leipzigern täglich 5.000 Theaterplätze zur Verfügung. Der Vorhang hob sich jeden Abend, am Wochenende auch nachmittags.

Das Sprechtheater zeigte neben Werken der Klassiker, Stücke von Brecht, Dürrenmatt, Frisch und anderen Dramatikern aus Europa und Übersee. Uraufführungen von DDR-Autoren wie Heiner Müller, Harald Hauser, Hans Pfeiffer und Volker Braun bestimmten neben Stücken aus der Sowjetunion, Polen, der Tschechoslowakei und Ungarn das Repertoire. Ende der 80er-Jahre, als das Land schon in Agonie lag, brachte das Schauspiel Dramatisierungen von Romanen Michail Bulgakows und Tschingis Aitmatows auf die Bühne - mit großer Resonanz beim Publikum.

Nach der Wende 1990 gehen alle Sparten des Theaterverbundes wieder eigene Wege. Nur die Werkstätten nutzen sie noch gemeinsam. Intendant des Schauspiels wird 1995 Wolfgang Engel. Unter seiner Ägide inszenieren Nachwuchsregisseure neue Werke von jungen Autoren. Engel lässt seinen „Faust" auf der Bühne, aber auch in Auerbachs Keller und auf dem Johannisfriedhof agieren. Anfang 2007 inszeniert er Schillers „Wallenstein"-Trilogie, deren erster Teil „Wallensteins Lager" als Freilichtaufführung am Völkerschlachtdenkmal spielt. 2008 verlässt Wolfgang Engel auf eigenen Wunsch das Leipziger Schauspiel.

1982

1999

Uraufführung von Heiner Müllers „Lohndrücker" 1960.

Szene aus „Der Meister und Margarita" von Michail Bulgakow.

Intendant Wolfgang Engel

- 228 -

Photo captions (top collage):
- Friederike Karoline Neuber.
- Albert Garbe 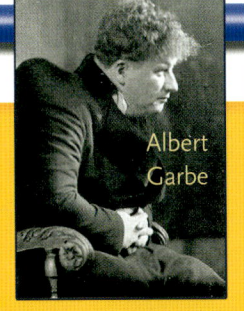
- Christa Gottschalk 
- Günter Grabbert 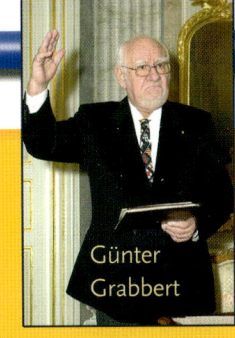
- Ellen Hellwig (v.), Silke Matthias (l.) und Claudia Wenzel in Tschechows „Drei Schwestern". 
- Ingeborg Ottmann 
- Marylu Poolmann 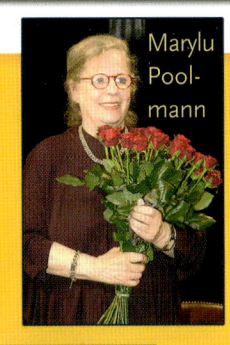
- Friedhelm Eberle 
- Wolf Kaiser (r.) im Fernsehfilm „Kleiner Mann, was nun?". 
- Martin Flörchinger 
- Manfred Zetzsche und Ruth Friemel als Karl und Jenny Marx. 
- Gert Gütschow 
- Hans-Joachim Hegewald 
- Dieter Bellmann 
- Wolfgang Pampel 

Gesichter und Konturen: von Mephisto bis Marx

Beim Neuanfang 1945 blickt Leipzigs Sprechtheater auf eine rund 250-jährige Tradition. An deren Beginn stand die Prinzipalin Friederike Karoline Neuber (1697-1760), die mit Gottsched und Lessing zur Hebung des Schauspielerstandes und der Bühnenkunst beigetragen hat. An die Neuberin erinnert ein Preis, den die Stadt an hervorragende Künstlerinnen vergibt.

In den Nachkriegsjahren bestimmen die Mimen das Profil des Schauspiels: Der Ur-Leipziger Albert Garbe, der dann an die Berliner Volksbühne geht. Martin Flörchinger, der später am Berliner Ensemble (BE) den „Schwejk" verkörpert. Und nicht zuletzt Wolf Kaiser, dessen Mackie Messer in Erich Engels legendärer „Dreigroschenoper"- Inszenierung am BE für Furore sorgt.

Auch zwei junge Akteure machen auf sich aufmerksam, die anschließend viele Jahrzehnte das Theater schauspielerisch prägen: Christa Gottschalk und Manfred Zetzsche. Die Schauspielerin, die im April 1948 in der Messestadt debütiert, ist nach Abstechern nach Weimar und zum Deutschen Theater Berlin ab 1958 eine der tragenden Säulen des Ensembles. Eine ihrer letzten großen Rollen: die Winnie in Becketts „Glückliche Tage" (1995). Manfred Zetzsche, zwischenzeitlich in Weimar engagiert, entwickelt sich vom jugendlichen Helden zum exzellenten Charakterdarsteller - mit einem Spektrum von Mephisto bis Marx. Zu diesem Duo gesellen sich im Laufe der Jahre andere herausragende Könner. Ingeborg Ottmann brilliert in Dürrenmatt-Stücken. Ihre Frau von Stein im Monodrama über Goethe ist ein Ereignis. Hans-Joachim Hegewald, der Brecht-Figuren starke Konturen gibt, ist auch Shakespeares Timon von Athen und Schillers Tell. Günter Grabbert spielt Faust, Peer Gynt, Macbeth, König Lear und Nathan. Er versteht es, die Probleme von Zeitgenossen glaubhaft widerzuspiegeln. Gert Gütschow interpretiert Mephisto und Fiesko, aber auch Millers Handlungsreisenden oder Brechts Bettlerkönig Peachum. Patrick Süßkinds Monodrama „Der Kontrabass" wird durch ihn zum Kabinettstück.

Von der Berliner Max-Reinhardt-Schule kommt 1956 die junge Niederländerin Marylu Poolman nach Leipzig, um die Anne Frank zu verkörpern. Sie bleibt bis 2001 und entwickelt sich zu einer exzellenten Rollengestalterin: Mirandolina, Minna von Barnhelm, Mutter Courage sind nur einige von ihren mehr als 80 Rollen. Die Bretter, die die Welt bedeuten, haben diese Schauspieler inzwischen verlassen. Aber durch ihre Arbeiten für Funk, Film, Fernsehen und Synchronstudios begegnet das Publikum ihnen immer wieder.

Zu den Akteuren, die seit Jahrzehnten dem Schauspielhaus verbunden sind und noch nach 2000 dort auf der Bühne stehen, gehören Ellen Hellwig und Friedhelm Eberle. Die Künstlerin besticht durch Präzision und darstellerische Wandlungsfähigkeit. Einer ihrer Hits: Georg Kreislers kabarettistisches Solo-Stück „Heute Abend: Lola Blau". Der Künstler, der in seine bedeutenden Rollen ungewohnte Sichten einbringt, überzeugt nicht zuletzt auch als Beckett-Interpret. Seinen Figuren in Stücken von Gerhart Hauptmann verleiht er unnachahmliches Profil. An vortreffliche Aufführungen erinnern auch der in Wien lebende Wolfgang Pampel - die deutsche Stimme von Harrison Ford und „Dallas"-Ekel J.R. Ewing - sowie Dieter Bellmann, der Professor Simoni in der Fernsehserie „In aller Freundschaft".

1948

Schaufelradbagger auf Raupenkette um 1930.

„Stahlbauriesen" und „Lebende Brücken"

Tagebauausrüstungen, **Kra**ne und **F**örderanlagen - die Leipziger kennen dafür einen prägnanten Begriff: TAKRAF. Er hat seinen Ursprung im Jahr 1948, als sich traditionsreiche Maschinenbaubetriebe im Osten Deutschlands zur ABUS (Ausrüstungen für die Bergbau- und Schwermaschinenbauindustrie) zusammenschlossen. 1964 tauchte dann erstmals der Name TAKRAF auf. Nicht nur die Beseitigung der Schäden an Maschinen und Anlagen, sondern auch die „Ersatzproduktion" von Konsumgütern bestimmte die Arbeit des Firmenverbundes in den Nachkriegsjahren. Handwagen, Schubkarren, Spaten und Schaufeln waren für viele Bürger überlebenswichtig. Unter der Losung „Konsumgüter aus dem Schwermaschinenbau" wiederholte die DDR-Wirtschaftsführung in den 80er-Jahren diese Art der Produktion. TAKRAF-Betriebe stellten nun auch Auto-Zubehörteile her, ebenso Sonnenschirme, Badewannen, Holzkohlegrills oder Heckenscheren. Mehr als 200 Erzeugnisse zur besseren Versorgung der DDR-Bevölkerung gehörten zur Konsumgüterproduktion.

TAKRAF - das steht in Leipzig aber vor allem für hohe Ingenieurkunst. Die Ende des 19. Jahrhunderts gegründeten Fabriken von Adolf Bleichert in Gohlis und Karl Richard Liebig in Reudnitz zählen zu den Wurzeln des Unternehmens. Insbesondere Bleichert prägte die technische Entwicklung der Transport-, Verlade- und Förderanlagen - die TAKRAF sieht sich in seiner Tradition. Mit der Bildung der Vereinigung Volkseigener Betriebe für Bergbauausrüstungen und Förderanlagen 1958 und deren Umbenennung in VVB TAKRAF sieben Jahre später entwickelte sich Leipzig zur Zentrale für einen kompletten Industriezweig. Zu diesem gehörten mit einer fast 300-jährigen Bergbaugeschichte die Bagger- und Förderbrückenbauer in Lauchhammer, die Magdeburger Baggerbauer, die Köthener Absetzerexperten, die Aufzugsbauer aus Mylau, Berlin und Dresden, die Kranhersteller aus Eberswalde, Saalfeld, Schmalkalden - und nicht zuletzt die Leipziger Großbetriebe Verlade- und Transportanlagen (VTA), Kirow-Werk, Transportanlagenprojekt (später Anlagenbau), das Institut für Fördertechnik und Montan. Die TAKRAF-Zentrale war im Lipsia-Haus im Stadtzentrum untergebracht. Das legendäre Kino „Filmeck" im Erdgeschoss, welches der Volksmund wegen seines geteilten Zuschauerraumes „Hose" nannte, musste einem Beratungssaal weichen. Dort fielen fortan wichtige Entscheidungen zum technischen Fortschritt in der DDR-Schwerindustrie.

Auf den Leipziger Messen war TAKRAF 45 Jahre lang an exponierter Stelle vertreten. Die Schwermaschinenbauer belegten mit ihren Erzeugnissen einen großen Teil der Freiflächen. 1963 holten sie für das „Drehstützenlager eines Schaufelradbaggers" das erste Messegold - bis 1990 folgten weitere 68 Goldmedaillen. TAKRAF-Betriebe hatten auch Anteil an der städtebaulichen Entwicklung. Den Wohnungsbau unterstützten sie mit Ausrüstungen für die Plattenwerke. Und das Messe-Symbol „Doppel-M" auf dem Wintergartenhochhaus am Bahnhof sowie die inzwischen wieder demontierte

Ehemalige Firmenzentrale im „Filmeck".

Brecheranlage in Chile.

Werftkran „Goliath" und Völkerschlachtdenkmal.

TAKRAF Leipzig in der Torgauer Straße.

Förderbrücke F60 und Eiffelturm im Größenvergleich.

Haldenschütt- und Rückgewinnungsgerät in Russland.

Fußgängerbrücke an der „Blechbüchse" stammen von den VTA-Stahlbauern. Bis zu 40.000 Menschen waren in Spitzenzeiten im TAKRAF-Verband beschäftigt, versorgten die Tagebaue der DDR mit leistungsfähigen Maschinen und realisierten wichtige Aufträge weltweit.

In Häfen, Umschlagplätzen und vielen Industriebauwerken zeugen Geräte und Anlagen von den ingenieurtechnischen Leistungen der TAKRAF in Leipzig. Die eindrucksvollsten Beispiele: Abraumförderbrücken F60, auch „lebende Brücken" genannt, die Tagebaue überspannen, den Abraum transportieren und damit die Kohle freilegen, übertreffen in ihrer Länge den Eiffelturm um etwa 180 Meter. Und der Werftbockkran „Goliath" in Munkebo bei Odense (Dänemark) ist nicht nur so hoch wie das Völkerschlachtdenkmal, er kann auch in einem Hub eine Last von 1.000 Tonnen bewegen - das entspricht dem Gewicht von mehr als 200 Leoliner-Straßenbahnen.

Nach zwölf Jahren in der MAN-Gruppe wirkt die TAKRAF GmbH mit ihren beiden Firmenstandorten Leipzig und Lauchhammer seit 2006 selbstständig unter dem Dach der Münchner VTC Industrieholding GmbH. Vom modernen Bürogebäude an der Torgauer Straße aus bringt die Firma weltweit ihr Know-how ein. Sie projektiert, konstruiert und realisiert Vorhaben rund um die technologische Kette Gewinnung, Transport, Verkippung und Rekultivierung von Rohstoffvorkommen. Mehr als 1.350 Anlagen für den Kohle- und Erzbergbau hat die TAKRAF schon errichtet. Leipziger Ingenieurwissen schätzen die Kunden in den Häfen von St. Petersburg oder Wanino im fernen Sibirien genauso wie in den Kupferminen der chilenischen Anden, den indischen Tagebauen von Neyveli oder den Förderstellen von Ölsanden in Kanada. Auch in den Stahlwerken von Saudi-Arabien und der Rohstoffindustrie von Kasachstan und Usbekistan ist TAKRAF ein Begriff. Zur effektiven Gestaltung seiner Geschäfte betreibt das Unternehmen Auslandsgesellschaften in den USA, in Indien, Kanada, Chile, Südafrika, Australien und Brasilien sowie Repräsentanzen in Russland, Usbekistan, Kasachstan, Bulgarien und Rumänien.

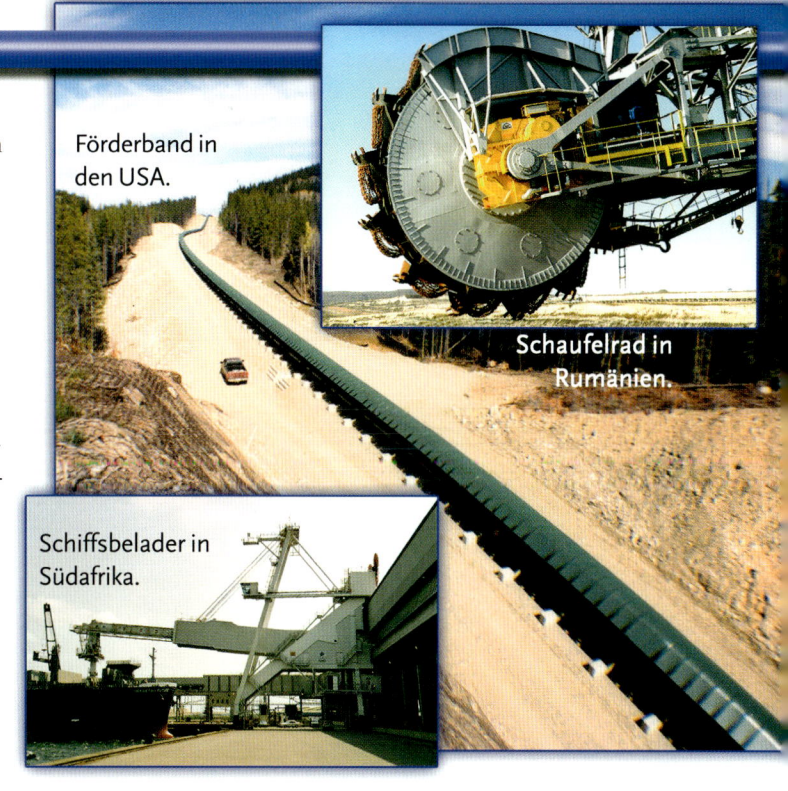

Förderband in den USA.

Schaufelrad in Rumänien.

Schiffsbelader in Südafrika.

TAKRAF-„Stahlbauriesen" können die Leipziger auch in der Umgebung ihrer Stadt besichtigen. Im Bergbautechnik-Park an der Autobahn 38 oder in „Ferropolis - der Stadt aus Eisen" stehen die Dinosaurier der Neuzeit, zeugen von der Bergbaugeschichte der Region und ihrer großen Ingenieurkompetenz. Die Braunkohlentagebaue hinterließen zwar gewaltige „Mondlandschaften". Ihre Rekultivierung und Flutung lässt nun aber auch attraktive Naherholungsgebiete entstehen. Das Neuseenland im Süden der Stadt zum Beispiel haben die Leipziger längst ins Herz geschlossen.

„Ferropolis - die Stadt aus Eisen" bei Gräfenhainichen - Schauplatz von Rockkonzerten und Theateraufführungen.

1949

Löwen, Donkosaken und „Musike": Tummelplatz der Musen

Kurz nach Kriegsende denkt kaum ein Leipziger an Show und Unterhaltung. Um so verwunderter verfolgen Passanten das emsige Baugeschehen in den Ruinen an der Wintergartenstraße. Dort wächst ein 24-eckiger hölzerner Flachbau, gekrönt von einem freitragenden Kuppeldach: Im Dezember 1945 heißt es hier „Manege frei!" für den Zirkus Aeros. Julius Jäger, geboren 1889 in Hamburg, steckt hinter dem kühnen Projekt: ein Artist und Spezialist für Löwendressur, bekannter unter dem Künstlernamen Cliff Aeros. 1942 hatte er einen Reisezirkus gegründet. Nun bespielt er den festen Bau mit 1.500 Plätzen in Leipzig - und macht sich mit "Warum weinst Du, Bambino?" unsterblich. Rund 100.000 Besucher erleben im November und Dezember 1949 die Clownstragödie.

Als 1956 der provisorische Holzbau einer Stahlkonstruktion für 2.000 Besucher weicht, ist Cliff Aeros bereits vier Jahre tot. Sein Unternehmen übernimmt der Staatszirkus der DDR.

Cliff Aeros in „Warum weinst Du, Bambino?".

Für die Leipziger bleibt der Name Aeros eine unvergängliche Legende. Auch deshalb, weil der Zirkusbau auf geschichtsträchtigem Gelände stand: Bis zur Bombennacht vom 4. Dezember 1943 erhob sich auf dem 24.000 Quadratmeter umfassenden Areal das größte Varieté-Theater Deutschlands: der Krystallpalast. Zur Ostermesse 1882 eröffnet, nahm der Komplex aus Glas und Eisen schnell gigantische Dimensionen an: mit einem 800 Quadratmeter großen Theatersaal, Kolonnaden und Ausstellungshallen. 1887 öffnete die Alberthalle für 3.500 Besucher mit einer 46 Meter überspannenden Decke. Wintergärten, Restaurants, Freisitze, später auch Kinos und unzählige Gesellschaftsräume boten 15.000 Menschen Platz.

Wer Rang und Namen hatte, trat im Krystallpalast auf - die Tenöre Benjamino Gigli und Richard Tauber, der Bass Fjodor Schaljapin, der Jongleur Rastelli, Clown Grock, die Tänzerinnen Josephine Baker, Isadora Duncan und Anna Pawlova, die Sängerinnen Claire Waldoff oder Trude Heesterberg, der Humorist Otto Reutter, der Donkosaken-Chor. In der Alberthalle begründete 1918 Gewandhauskapellmeister Arthur Nikisch mit der Aufführung von Beethovens 9. Sinfonie die Tradition der Leipziger Silvesterkonzerte.

Im Dezember 1943 versank alles in Schutt und Asche. Einige Historiker glauben, die anglo-amerikanischen Bomberpiloten hätten das Areal mit dem nahe gelegenen strategisch wichtigen Hauptbahnhof verwechselt. Einzig die Heizanlage des Palastes blieb unversehrt - auch ein Grund, warum Cliff Aeros seinen Zirkusbau genau an jener Stelle errichtete.

Immerhin: Die Musen blieben dem Gelände treu. Nach Ende der Aeros-Ära erwartet die Leipziger zwischen 1956 und 1960 wieder Varieté und andere Unterhaltung. Von 1971 bis 1991 dient der schmucklose Rundbau - inzwischen „Haus der heiteren Muse" genannt - dem DDR-Fernsehen als Vorproduktionsstudio. Hier entstehen 100 Folgen der beliebten Samstagabend-Show „Da liegt Musike drin", moderiert von Kammersänger Reiner Süß. Mit dem Berliner „Kessel Buntes" und seinen Weststars kann die „Musike" allerdings nicht konkurrieren - sie hat nur 6.000 Westmark pro Jahr im Gagentopf. Aber das Studio an der Wintergartenstraße mit seiner Manegen-Atmosphäre lieben die Künstler: „Sah riesig groß aus im Fernsehen, war aber klein und intim", erinnert sich Reiner Süß. Und die Leipziger strömten in Massen zu den öffentlichen Generalproben und Aufzeichnungen - trotz enger Gänge im ewigen Provisorium, nie ausreichender Garderoben, harter Holzsitze und lausiger Studiobeschallung.

Im Oktober 1992 brennt das zu dieser Zeit bereits funktionslose und leer stehende Gebäude nieder. Alle Pläne zur Errichtung neuer gigantischer Showtempel auf dem brach liegenden Areal bleiben Luftschlösser.

Kammersänger Reiner Süß in der Fernsehsendung „Da liegt Musike drin" aus den 70er-Jahren.

Von oben: Der Krystallpalast-Komplex um 1900. Die 1887 eröffnete Alberthalle und das Areal mit dem Nachkriegs-Rundbau an der Wintergartenstraße.

1950

Rätsel um den Thomaskantor

Ob es wirklich Bachs Gebeine sind? „Ganz sicher ist das bis heute nicht", sagt Bachforscher Dr. Michael Maul. Ein Jahr vor seinem 200. Todestag 1950 hatte der weltberühmte Komponist und Thomaskantor eine neue Ruhestätte in der Thomaskirche gefunden.

Bestattet am 31. Juli 1750 auf dem Johannisfriedhof, war Bachs Grab fast 100 Jahre in Vergessenheit geraten. Bei den Arbeiten an der neuen Johanniskirche entdeckten Bachfreunde 1894 an vermuteter Stelle zwei Eichensärge. Wilhelm His, Anatom der Leipziger Uni, identifizierte die Gebeine in einem davon mit hoher Wahrscheinlichkeit als die von Bach. Rund 50 Jahre ruhte der Sarg danach in einer Gruft unter dem Altar der Johanniskirche (oben links). Nach deren Zerstörung im Zweiten Weltkrieg ließ Oberkirchenrat Dr. Heinrich Schumann den Sarg am 28. Juli 1949 in die Thomaskirche überführen. Es sei nicht ungewöhnlich gewesen, dass kein Grabstein an Bach erinnert habe. „Der Kantor war weder reich noch adelig", weiß Musikwissenschaftler Dr. Michael Maul. Der junge Forscher vom Leipziger Bach-Archiv sorgte mit seinen Entdeckungen bereits mehrfach international für Aufsehen. So fand er in der Anna-Amalia-Bibliothek in Weimar eine bislang unentdeckte Arie Bachs: „Alles mit Gott und nichts ohn' ihn", versteckt in einer Kollektion Huldigungsschriften auf Bachs Weimarer Dienstherren.

In 400 Städten sichtet Maul sämtliche musikgeschichtlichen Quellen vor 1800: „Wir haben in der Bibliothek gute Kompositionen und keine Ahnung, wo der Komponist zu suchen ist", beschreibt er das Dilemma. Jeder vierte Thomaner, der durch Bachs musikalische Schule ging, sei Kantor oder Organist geworden. So offenbare sich, wie stark die Thomasschule als Eliteschmiede mitteldeutscher Kirchenmusiker wirkte. Die Spuren der Schüler sind Spuren der Verbreitung bachscher Werke, allesamt per Hand kopiert. Bei seiner Bach-Expedition durch Mitteldeutschland hat Maul schon mehrere Rätsel gelöst.

In Borna erwies sich der einstige Kantor Carl Friedrich Barth als lange gesuchter Generalpräfekt der Thomaskirche und Interimskantor nach Bachs Tod. Zudem gehörte er zu den bedeutendsten Kopisten bachscher Werke. „Jedes entdeckte Dokument wirkt wissenschaftlich Wunder", freut sich Maul. Es erschüttere oder bestätige lange gültige Hypothesen.

In vielen Städten hat vor ihm noch niemand gesucht. Er fahndet nach Musikern, Lebensläufen, Bewerbungen, Briefwechseln, Kopien von Kompositionen. Wie nebenbei entsteht dabei ein Verzeichnis der Kantoren und Organisten zwischen Reformation und 18. Jahrhundert – ein umfangreiches Netzwerk musikalischen Austauschs. „Wir sind permanent dabei, den Zufall herauszufordern", lacht der junge Wissenschaftler. So wird das Leipziger Bacharchiv gegenüber der Thomaskirche auch in Zukunft weiter weltweit im Gespräch bleiben.

Bach-Archiv pflegt Erbe

Das Leipziger Bach-Archiv im Bosehaus am Thomaskirchhof kümmert sich um Bachs Wirken und Werk. Seine Mitarbeiter der Forschungsstätte sammeln die bis zu seiner Gründung 1950 in Archiven verstreuten Werke Bachs, die Dokumente seines Lebens und internationale Forschungsergebnisse in einer weltweit einzigartigen Bibliothek. In einem Museum und in Sonderausstellungen informiert das Archiv über das Wirken des Leipziger Thomaskantors. Seit 1950 – anfangs alle vier Jahre, seit 1996 im Zwei-Jahres-Rhythmus – treffen sich junge Interpreten zum international renommierten Bachwettbewerb. Alljährlicher Höhepunkt ist das Leipziger Bachfest an den Original-Wirkungsstätten des Thomaskantors – mit hochkarätigen Künstlern und Tausenden Besuchern aus aller Welt.

Bachforscher Dr. Michael Maul vor den Noten der von ihm entdeckten Arie.

Kranzniederlegung zum 200. Todestag.

Thomaner beim Bachfest in der Thomaskirche.

Zeit-Zeichen

1900 Max Planck erläutert die Quantentheorie.
1901 Marconi gelingt die transatlantische drahtlose Telegrafie.
1905 Einstein berichtet über die Relativitätstheorie.
1911 Amundsen erreicht vor Scott den Südpol.
1912 Untergang der Titanic.
1913 Der Büstenhalter wird patentiert.
1920 Die Jungfrau von Orleans wird heilig gesprochen.
1922 Howard Carter findet das Grab des Tut-Ench-Amun.
1927 Erster Alleinflug über den Atlantik von Charles Lindbergh.
1929 Schwarzer Freitag an der New Yorker Börse.
1936 Konrad Zuse baut den ersten Digitalrechner.
1937 Explosion des Luftschiffs „Hindenburg".
1945 Atombomben über Hiroshima und Nagasaki.
1946 Erfindung des Zweikomponentenklebers.
1948 IBM bringt einen Computer mit Lochkartensteuerung auf den Markt.

Rennbahn und Friedensfahrt - Hochburg des Radsports

In Leipzig pilgerten seit jeher Zehntausende zu den zahlreichen Radsportveranstaltungen. Doch nach dem Abriss des traditionsreichen „Sportplatzes Leipzig" mit seiner Betonstrecke, fehlte 13 Jahre eine Radrennbahn. Am 15. September 1951 war die Lücke geschlossen: In Kleinzschocher ging nach nur 68 Tagen Bauzeit anstelle der dort schon 1949 installierten Piste aus Filterasche eine 400 Meter lange und sieben Meter breite Zementbahn in Betrieb. 12.000 Fans erlebten auf halbfertigen Traversen den ersten Wettkampf, ein Zweier-Mannschaftsfahren.

Seitdem gehörte die Alfred-Rosch-Kampfbahn zu den attraktivsten Sportstätten der DDR. Ein Höhepunkt jagte den anderen: 1957 das Weltkriterium der Steher, ein Jahr später die Amateursteher-Weltmeisterschaft, die der DDR-Fahrer Lothar Meister vor 15.000 Fans gewann. 1960 hatte der internationale Radsportverband die kompletten Titelkämpfe der Amateure und der Profis an die DDR vergeben. Die Wettbewerbe auf der Bahn richtete Leipzig aus. Ein neues Sozialgebäude, elektrische Zeitmessung, 145 Lux-Lichtanlage und ein in den Innenraum gebauter Tunnel sorgten für hohen internationalen Standard. Meist verfolgten 20.000 Besucher die Wettbewerbe, die ihren deutsch-deutschen Höhepunkt im 5.000-Meter-Verfolgungsfahren der Profis hatten. Gold gewann Rudi Altig aus Westdeutschland. Wolfgang Schoppe, Leipzigs Radsport-Intimus, damals als Bahnkehrer aktiv, erinnert sich: „Das Deutschlandlied erklang nur einige Takte und brach ab. Die Zuschauer sangen noch für einige Momente weiter. Dann war Totenstille. Altig zuckte mit den Schultern und verließ das Podium."

Zu den Besonderheiten dieser WM gehörte auch, dass die Sieger ihre Medaillen erst nachträglich in Empfang nehmen konnten.

Mit dem Championat von 1960 hatte sich Leipzig ein weiteres Mal in die Annalen des Radsports eingeschrieben. Die Liaison begann freilich schon viel früher - in der zweiten Hälfte des 19. Jahrhunderts. Den Leipziger Studenten Wilhelm Heyne faszinierte 1877 auf der Weltausstellung in Paris ein stählernes Hochrad aus England. Er ließ es nachbauen und strampelte damit fortan durch Leipzig. Am 24. Juni 1881 gründeten Heyne, ein weiterer Deutscher, drei Engländer, zwei Italiener und zwei Amerikaner den „Leipziger Bicycle-Club". Die erste Wettfahrt über 23 Kilometer von Leipzig nach Grimma gewann Heyne in 56 Minuten.

Der Radsport blühte auf. Wegen des oft noch miserablen Zustandes der Straßen suchten die Pedaleure nach speziellen Pisten. Zu den Mitgliedern des Clubs gehörte auch Ernst Pinkert, Gründer und Direktor des Zoologischen Gartens. Er stellte die mittleren Parkwege seiner Anlage als „Erste Radrennbahn Mitteldeutschlands" zur Verfügung. Auf der 292 Meter langen Piste begeisterte am 22. Oktober 1882 die erste „Velocipeden-Wettfahrt" die Besucher.

Keine zwei Jahre später nahmen Leipzigs Radrenner ihre neue Piste in Besitz: die „Moritzburgbahn" am Rande des Rosentals in Gohlis. 400 Meter lang und mit 40 Zentimetern Kurvenüberhöhung samt überdachter Tribüne, ge-

Oben: Weltmeisterschaften 1960 auf der Alfred-Rosch-Kampfbahn. Darunter der Radsport-Enthusiast Wolfgang Schoppe mit seiner Privatsammlung. Links: Rudi Altig am 5. August 1960 auf dem Siegerpodest in Leipzig.

Signet des ersten Bicycle-Clubs und ein Plakat zum „Velocipeden-Wettfahren".

Eröffnungsrenntag vor 8.000 Zuschauern am 9. Oktober 1927 in der Achilleion-Messehalle.

hörte sie zu den modernsten in Deutschland. Leipzig war zur Hochburg des Radsports aufgestiegen, in der sich am 17. August 1884 in der an der Radrennbahn liegenden Gaststätte „Moritzburg" der Deutsche Radfahrer-Bund gründete.

Leipzig und der Radsport blieben auch in den folgenden Jahrzehnten in enger Verbindung. 1891 organisierten die Herausgeber der Zeitschrift „Stahlrad" das Straßenrennen Leipzig-Berlin-Leipzig-Dresden-Leipzig über 500 Kilo-

Treffen der Radsport-Legenden (von links): Klaus Ampler, Bernhard Eckstein, Georg Stoltze, Siegfried Wustrow und „Täve" Schur im Dezember 2002.

meter, das der Bingener Arthur Blank in 27 Stunden und 52 Minuten für sich entschied und dafür die „ungeheure Siegprämie" von 600 Goldmark erhielt. Eine neue Bahn, vom Volksmund nur „Lindenauer Zement" genannt, sorgte für spektakuläre Rennen. 1903 siegte der Leipziger Walter Engelmann bei der WM in Kopenhagen im Sprint. Er blieb der einzige Leipziger Sprinter, dem ein solcher Titelgewinn gelang. 1909 startete zum ersten Mal das Rennen Berlin-Leipzig - bis 1992 mehr als 70-mal ausgetragen und einer der wenigen Straßenrenn-Klassiker Deutschlands. Leipzig war ebenso eine Hochburg der Sechstagerennen: mit der Winterbahn in der Achilleion-Halle, dem späteren Sowjetpavillon auf der Messe.

Als 1954 die Sektion Radsport des SC DHfK entstand, begann unter den Trainern Herbert Weisbrod und Werner Schiffner eine neue Erfolgs-Ära in Leipzigs Radsportgeschichte. Gustav-Adolf Schur stieg schon bald zum Symbol einer ganzen Generation auf: Unvergessen seine Straßen-WM-Titel 1958 und 1959 sowie der Silberrang auf dem Sachsenring, wobei er dem Freund und Teamkameraden Bernhard Eckstein unverzichtbare Hilfestellung für dessen WM-Triumph gab.

Freudig begrüßten die Leipziger zwischen 1952 und 1962 jährlich die Friedensfahrer. 1955 siegte „Täve" Schur im Bruno-Plache-Stadion, 1960 Erich Hagen im Zentralstadion. Warum 1976 bis 1987 Leipzig als Etappenort fehlte, erklärt Wolfgang Schoppe: „Nachdem der Russe Tscherepowitsch zweimal im Zentralstadion gewonnen hatte und gnadenlos ausgepfiffen wurde, gab es keine Gnade für Leipzig. Die Stadt musste wohl den knallharten Konkurrenzkampf zwischen den Sowjets und der DDR um den Mannschaftssieg ausbaden. Der hatte seinen unrühmlichen Höhepunkt im Duell zwischen Melichow und Weißleder erreicht. So soll der Deutsche den Russen, weil der ihm im Sprint behinderte, mit der Luftpumpe geschlagen haben."

Deutsch-sowjetische Freundschaft entwickelt sich auch 1988 nicht, als Olaf Ludwig im Sprint im Clara-Zetkin-Park siegte und sich mit Dschamolidin Abduschaparow anlegte. Der Russe hatte Ludwig 300 Meter vorm Zielstrich laut Radsport-Chronist Schoppe „am Wanst gezerrt", Ludwig gewann trotzdem, weigerte sich aber, gemeinsam mit seinem Konkurrenten in einer Kutsche auf die Siegerrunde zu gehen. Als er doch noch einwilligte, hatte ein Fan den goldenen Ehrenkranz gestohlen.

Radsportgeschichten - die haben für und in Leipzig ebenso Petra Roßner, Jens Lehmann, Klaus und Uwe Ampler, Maic Malchow, Erich Hagen, Martin Goetze, Axel Grosser, Thomas Liese, Günter Lörke, Jan Schur und viele, viele andere geschrieben.

Ganz oben: Friedensfahrer 1958 an der steilen Wand von Meerane, daneben das Friedensfahrt-Logo. Darunter: Zweimal Olympiagold, viermal Weltmeister: Bahnradsportler Jens Lehmann. Martin Goetze (rechts daneben) holt 1990 den letzten Friedensfahrt-Etappensieg für eine DDR-Mannschaft. Im unteren Bild die Versöhnung zweier Friedensfahrt-Konkurrenten: Dschamolidin Abduschaparow (rechts) beim Abschiedsrennen von Olaf Ludwig 1996.

1951

Sportforum: Symbol der Veränderung

Albert Gipp stand immer an vorderster Front. Leipzigs Fecht-Legende (gest. 1996), erinnerte sich bei vielen Gesprächen an die gute Stimmung beim Aufbau des Sportforums mit seinem Kernstück Zentralstadion nach dem Zweiten Weltkrieg. Und vor allem an eins: „Die Fußballer haben sich gar nicht sehen lassen." Auch wenn das in dieser Ausschließlichkeit nicht stimmen mag - richtig ist: Leipziger wie Albert Gipp schafften mit großem Eifer und viel Enthusiasmus die Kriegstrümmer aus der Stadt und errichteten an den Frankfurter Wiesen ein Stadion für 100.000 Zuschauer. Das neue Sportforum mit seinen Bauten galt als Symbol des nationalen Aufbauwerkes der DDR: 1952 öffnete das Schwimmstadion, 1956 das Zentralstadion, 1957 die Deutsche Hochschule für Körperkultur und Sport (DHfK).

Schon vor 1945 waren die Frankfurter Wiesen Schauplatz vieler sportlicher Großveranstaltungen: 1863, 1913 und 1922 auch für das Allgemeine Deutsche Turnfest.

Acht Turn- und Sportfeste erlebte Leipzig nach 1945. Die offizielle Bezeichnung des Großereignisses hatte sich in der Bevölkerung nie durchgesetzt, immer war nur vom Sportfest die Rede. Darum reagierten viele Leipziger irritiert, als 2002 das 31. Deutsche Turnfest in ihrer Stadt Einzug hielt. Turnfest, Sportfest - letztlich war die Bezeichnung egal. Die meisten Leipziger freuten sich wie zu den Messen über den Trubel. Und erlebten Pfingsten 2002 im rohbaufertigen Zentralstadion auf Sitzkissen die Eröffnungsshow.

Zwei Jahre zuvor hatte Bundeskanzler Gerhard Schröder den Grundstein für den Umbau der Arena gelegt. Die alte „Schüssel" war baufällig, der Kriegsschutt auf den Wällen wenig stabil. Nach langem Hin und Her fiel 1998 die Entscheidung, ein neues Stadion in das alte hineinzubauen - dadurch kleiner und ausschließlich als Fußball-Arena für 45.000 Zuschauer. Die Weltmeisterschaft 2006 in Deutschland und die Fürsprache von DFB-Präsident Egidius Braun hatten den Ausschlag gegeben. Die Stimmung für die Gründungsstadt des Deutschen Fußballbundes war auch deshalb günstig, weil der damalige Zweitligist VfB Leipzig noch als Hoffnungträger galt.

47 Länderspiele hatte das alte Zentralstadion erlebt. Bei 39 war Heinz Rossberg (unten rechts) dabei - als Sprecher. Er hat die Franzosen mit Michel Platini, die Italiener mit Dino Zoff, die Engländer mit Bobby Charlton begrüßt, ebenso Fritz Walter mit dem 1. FC Kaiserslautern und Diego Maradona mit dem SSC Neapel. Auch Rossbergs 40. Länderspiel stand schon fest: die Partie DDR gegen BRD im November 1990. Die ursprünglich für die EM-Qualifikation ausgeloste Partie sollte nach der Wende wenigstens noch als Freundschaftsspiel über den Rasen gehen. Doch die Verantwortlichen sagten es aus Sicherheitsgründen ab. Wenige Wochen zuvor hatten Randalierer beim Spiel des FC Sachsen gegen den BFC Dynamo schwere Auseinandersetzungen mit der Polizei provoziert, die mit dem tragischen Tod eines Berliner Fans endeten.

Die DDR-Sportfest-Geschichte war bereits 1987 zu Ende gegangen. Die 21-jährige Annett Liedtke (heute Ampler) lachte damals vom offiziellen Programmheft. Das Bild hat ihr nie besonders gefallen. Sie fand sich ein bisschen zu dick, auch das Lächeln um ihre Mundwinkel wirkte nach ihrer Meinung gequält. Die junge Frau gehörte zum Übungsverband der Sportstudenten, die zwei Jahre lang für die Eröffnungsfeier geprobt hatten. Es habe viel Spaß gemacht, versichert sie noch heute: „Vielleicht empfanden das die Studen-

Bau des Zentralstadions in den 50er-Jahren.

Zentralstadion in den 80er-Jahren und heute. Bundeskanzler Gerhard Schröder legte im Januar 2000 den Grundstein für den Stadionumbau.

Albert Gipp

Festprogramm 1987

Annett Ampler (damals Liedtke) auf dem Programmheft von 1987 - und 15 Jahre später.

Osttribüne 1977.

ten anders, die zum Beispiel Ruderer waren. Die turnerischen Übungen haben ihnen natürlich große Schwierigkeiten bereitet." Ihr als Gymnastin mit Vorliebe zum Tanz hingegen gar nicht. Die Atmosphäre sei großartig gewesen, als sie mit den anderen Studenten den Innenraum des Stadions erreicht hatte: „So viele Zuschauer, das war einmalig."

Die „Osttribüne" spielte bei den Turn- und Sportfesten eine besondere Rolle. Etwa 10.000 Personen hielten auf Kommando ihre Fahnen hoch, sodass imposante Bilder entstanden - selbstverständlich mit politisch-korrekter Vorgabe: vom Gruß an den Sozialismus bis zum Kampf für den Frieden. Als 1987 Leipzig aber Berlin grüßen sollte, mussten die Tribünen-Choreografen das Vorhaben wieder zu den Akten legen. So weit ging die Liebe zur allseits geförderten Hauptstadt schon lange nicht mehr...

Zur gleichen Zeit plante Bürgerrechtler Uwe Schwabe für DDR-Verhältnisse Unerhörtes: „Wir hatten nichts gegen den Sport, aber die Politisierung des Turnfestes stank uns an, erinnerte an Nazi-Aufmärsche. Der Sport wurde nur benutzt, um die DDR als Hort der Lebensfreude darzustellen." Mit zwei Freunden bereitete er zeitgleich zum Massentreffen ein Gegen-Fest für Kinder und Behinderte vor. Motto: „Sportfest – nein danke, Umweltschutz - ja bitte". Uwe Schwabe: „Die Erlöserkirche Leipzig-Thonberg besaß an der Alten Messe eine Wiese, die uns der Pfarrer sofort zur Verfügung stellte. Wir schrieben kirchliche Kindergärten und Behindertenheime an, luden sie zum Spielen ein." Was Schwabe nicht ahnte: Jener Pfarrer stand als „IM Carl" im Dienst der Stasi, die umgehend auf ihre Art handelte. „Offenbar wurde Druck ausgeübt, damit sich die Kircheneinrichtungen nicht beteiligten. So kam kaum jemand auf die Wiese", erinnert sich Schwabe. Als das Trüppchen ein Transparent aufhängen wollte, gebot der Pfarrer sofort Einhalt.

Das Sportforum steht heute erneut als Symbol für Veränderung: Altes verschwand, Neues entstand. Das Gelände des Schwimmstadions, 1962 Austragungsort der Europameisterschaften, dient heute als Parkplatz bei großen Veranstaltungen. Mark Spitz (unten rechts vor dem alten Schwimmstadion), 1972 in München mit sieben Goldmedaillen nach wie vor erfolgreichster Schwimmer aller Zeiten, gehörte 1971 beim Länderkampf gegen die USA zum Aufgebot der Gäste. 1999 musste die Sportstätte schließen. Dafür beschloss die Stadt, eine neue Schwimmhalle an der Antonienstraße zu bauen. Auf dem einstigen Hockey-Feld im Süden des Sportforums steht heute die „Arena Leipzig" (kleines Bild, rechts). In der modernen Mehrzweckhalle bestreiten die Handballerinnen des HCL ihre Heimspiele - oft vor mehr Zuschauern als der FC Sachsen im Zentralstadion. Als sich die Schüssel - in früheren Zeiten auch Austragungsort großer Leichtathletik-Wettkämpfe - in eine Fußball-Arena verwandelte, erhielten die Leichtathleten im Norden des Sportforums eine kleinere Anlage (oben). Die geplanten transportablen Zuschauer-Tribünen fehlen allerdings - und damit die Möglichkeit für größere Veranstaltungen dieser Sportart. Albert Gipp würde sich wundern, dass für diese vergleichsweise kleine Investition in der neuen Zeit das Geld nicht reicht.

1951

Mutiger Pater baut eine Kirche

Er kam 1951 aus Düsseldorf und sollte in Leipzig eine Kirche bauen: Dominikaner-Pater Gordian Landwehr. Er hat es geschafft: Zwei Jahre später stand Sankt Albert in Wahren - der erste Kirchenneubau seit 40 Jahren in der Stadt. Und Pater Gordian wurde in Leipzig heimisch...
Bereits 1229 hatten sich die ersten Mönche des Dominikanerordens in der Stadt niedergelassen. Sie errichteten das Paulinerkloster und die dazugehörige Kirche. Nach der Reformation übereignete Herzog Moritz von Sachsen 1543 das Gotteshaus der Universität. Seine Entwicklung zu einem Zentrum deutscher Geistesgeschichte begann.
425 Jahre später musste Ordenspriester Gordian den kaum vorstellbaren Untergang der Paulinerkirche miterleben. In seinen Memoiren schrieb er sogar, er sei „mit Schuld gewesen" an jenem beispiellosen Akt der Kulturbarbarei im Mai 1968. „Wissen Sie denn nicht, dass man die Universitätskirche Ihretwegen in die Luft sprengte?", hatte ein Leipziger den Geistlichen gefragt. Und der erinnerte sich in der Tat an folgendes Geschehen: „Eines Abends hatte der Vorsitzende des Staatsrates, Walter Ulbricht, vor Gästen in der Oper gesprochen. Zur gleichen Zeit beendete ich gerade eine Jugendpredigt in der Universitätskirche. Die Menge der Jugendlichen strömte anschließend wie immer auf den Karl-Marx-Platz. Ulbricht sah es und fragte: ‚Was ist das, was ist das für eine Versammlung?' Da wurde ihm gesagt: ‚In der Universitätskirche hat soeben eine Jugendpredigt stattgefunden, und das sind die Jugendlichen, die daran teilgenommen haben.' Daraufhin Ulbricht: ‚Das Ding kommt weg!'
Die Kirche fiel, Pater Gordian blieb standhaft. Er wurde ein anerkannter Seelsorger und versuchte, in atheistischer Umgebung weiterhin christliche Werte zu vermitteln. Und es gelang ihm sogar, für seine Kirche in Wahren eine Madonna zu besorgen. Als er einmal die evangelische Schlosskirche zu Landsberg besuchte, fragte er den Pfarrer: „Haben Sie nicht eine Madonna für uns?" Der führte ihn, kaum zu glauben, in einen Schuppen: „Die hier können Sie mitnehmen." Die „Wettiner Madonna" (unten) gehörte fortan zu den bedeutenden Entdeckungen kirchlichen Kunstgutes in der DDR.
Dass er die friedliche Revolution von 1989 in seiner längst zur Heimat gewordenen Stadt Leipzig erleben durfte, dankte Pater Gordian später den Menschen auf der Straße und seinem obersten Dienstherrn auf ureigene Weise: „Und ganz sicher, das möchte ich betonen, wäre das alles nicht geschehen, wenn nicht ein anderer noch seine Hand im Spiel gehabt hätte, wenn Er nicht die Möglichkeit zu alledem geschenkt hätte - Gott".

Die Paulinerkirche um 1900.

Oben: Der junge Pater Gordian. In der Mitte die von ihm erbaute Kirche Sankt Albert in Wahren. Unten: Der Geistliche an seinem 85. Geburtstag vor „seinem" Gotteshaus.

Die neue Zeit machte es nun auch möglich, dass an der Kirche St. Albert ein Konvent entstand. Es war der erste Klosterneubau nach der Wende in den neuen Bundesländern (oben). Wenige Tage nach der Weihe betteten die Dominikaner Pater Gordian Landwehr in seiner Kirche zur letzten Ruhe. Am 11. Juni 1998 war er im Alter von 85 Jahren an den Folgen eines Schlaganfalls gestorben. Seit 2001 trägt eine Straße in Wahren seinen Namen.

Pater-Gordian-Straße

Pater Gordian - aufgebahrt in der Wahrener Kirche.

1953

Butter und freie Wahlen: Volksaufstand am 17. Juni

Straße des 17. Juni
Benannt nach dem Tag des Volksaufstandes 1953. Beim Versuch, in die Haftanstalt einzudringen und politische Gefangene zu befreien, wurde hier ein Demonstrant von Volkspolizisten erschossen.
~~Beethovenstraße~~

Noch im Dezember 1989 trägt die Stasi-Bezirksverwaltung Material für ihr geplantes Traditionskabinett zusammen. Tafel 7: „17. 6.1953, Konterrevolution auch in Leipzig geschlagen". Während die Bundesrepublik den 17. Juni als Tag der deutschen Einheit feierte, wollte ihn die DDR möglichst vergessen. Nach offizieller Lesart hatten Agenten und Provokateure des Klassenfeindes einen Putsch angezettelt…

Es brodelte schon seit Wochen: Auch in Leipzig streikten Arbeiter stundenweise gegen hohe Normen und sinkende Löhne. Die DDR-Führung wollte mit dem ersten Fünfjahrplan die Produktion verdoppeln. Händler verloren per Regierungsbeschluss ihre Existenzgrundlage. Die SED forcierte die Gründung von Landwirtschaftlichen Produktionsgenossenschaften (LPG). Auf die evangelische Kirche, der vier Fünftel der Bevölkerung angehörten, übte sie starken Druck aus. Die Unzufriedenheit reichte tief. Selbst alte Kommunisten warfen der DDR-Führung vor, über die Köpfe hinweg zu entscheiden. In Moskau schrillten die Alarmglocken: Der SED-Spitze musste ihren Kurs ändern und öffentlich Fehler eingestehen. Doch die Notbremse kann den Zug der Unzufriedenheit nicht mehr stoppen. Wie in Berlin sind Leipzigs Bauarbeiter die Ersten, die am 17. Juni streiken. Mit ihnen Arbeiter der SAG Bleichert und großer volkseigener Betriebe. Bis zum Nachmittag sind 81 Belegschaften im Ausstand. Von der Rechtmäßigkeit ihrer Forderungen überzeugt, ziehen sie in mehreren Demonstrationszügen in die Innenstadt. „Wir fordern Butter statt Kanonen, Freiheit und mehr Lohn" heißt es bei den Kirow-Werkern. „Weg mit der HO", „Wir fordern ein besseres Leben" und „Nieder mit der Regierung" steht auf den Transparenten. Forderungen nach Erhöhung des Grundlohnes um 30 Prozent und Abschaffung der Leistungslöhne werden laut, freie und geheime Wahlen für Gesamtdeutschland verlangt.

Vor der Untersuchungshaftanstalt Beethovenstraße eskaliert die Situation: Demonstranten fordern die Freilassung aller politischen Häftlinge und versuchen, in das Gebäude einzudringen. Um 15.15 Uhr setzt die Polizei Schusswaffen ein. Der erste Tote des Tages ist Dieter Teich (links), ein junger Straßenbahnfahrer aus Wiederitzsch. Aus den Fenstern der FDJ-Zentrale in der Ritterstraße werfen Demonstranten Möbel und Akten und zünden sie auf der Straße an. Bis zum Abend belagern sie das Gewerkschaftshaus. Auf dem Markt gehen der „Pavillon der Nationalen Front" und ein Zeitungskiosk in Flammen auf. Vor dem HO-Kaufhaus in der Petersstraße verlangen wütende Menschen die sofortige Schließung. Als sie versuchen, in das Gebäude einzudringen, schießt die Volkspolizei scharf - und trifft die 64-jährige Rentnerin Elisabeth Bröcker tödlich. Vor der LVZ und dem Sender Leipzig in der Springerstraße machen die Demonstranten ihrem Unmut über die Berichterstattung Luft.

Um 16 Uhr verhängt der sowjetische Militärkommandant für den Bezirk Leipzig den Ausnahmezustand: Panzer rollen in die Stadt. Der Kommandant lässt drei aufständische Arbeiter standrechtlich erschießen, Hunderte geraten in Haft. Die Kugeln der Volkspolizei hatten fünf Demonstranten tödlich getroffen, 120 Menschen sind verletzt. Erst am 11. Juli 1953 ist der Kriegszustand beendet.

50 Jahre später rekonstruiert die Ausstellung „Ausnahmezustand" die Leipziger Ereignisse in jenen Junitagen.

In Erinnerung an die Ereignisse vor 50 Jahren benennt die Stadt 2003 einen Teil der Beethovenstraße in Straße des 17. Juni um.

Rechts unten: Panzer auf dem Markt: Die Sowjetarmee schlägt den Aufstand nieder. Darunter die FDJ-Zentrale in der Ritterstraße.

Aus-Zeit

Wer mehr über den 17. Juni in Leipzig erfahren möchte, kann sich im Internet auf einen virtuellen Rundgang zu den Original-Schauplätzen begeben oder in einer ausführlichen Chronik blättern. Die Adressen: www.runde-ecke-leipzig.de und www.17juni53.de.

Demonstrationszug am Hauptbahnhof.

Der „Pavillon der Nationalen Front" und ein Zeitungskiosk gehen in Flammen auf.

1954

Luxemburg und Telekom: Hochschulen im Zeitenwandel

„Ba-huuu!" - der legendäre karnevalistische Schlachtruf der Leipziger Bauhochschule (Bahu) hat die Zeiten überdauert, sie selbst allerdings nicht. 1954 aus der Taufe gehoben, bildete die Bahu ab 1977 den Kern der Technischen Hochschule (TH), zu der noch die drei auf Energiewirtschaft, Polygraphie sowie Maschinenbau und Elektrotechnik spezialisierten messestädtischen Ingenieurschulen gehörten. Neben der Uni war es zu DDR-Zeiten vor allem die TH mit ihrem Stammsitz in Connewitz, die das studentische und akademische Leben an der Pleiße prägte. Als der Wissenschaftsrat nach der Wiedervereinigung seine Empfehlungen für die Neuordnung der Hochschullandschaft im Osten aussprach, bescherten diese auch der TH strukturelle Veränderungen inklusive eines neuen, langen Namens. Seit 1992 firmiert sie als Hochschule für Technik, Wirtschaft und Kultur - eine Wortschlange, die auf das Ausbildungsspektrum der mit 5.600 Kommilitonen mittlerweile größten Fachhochschule Sachsen verweist. Unter dem Dach der meist nur HTWK genannten Einrichtung fanden sich ab Anfang der 90er-Jahre auch das Institut für Museologie, die Fachschule für Bibliothekare und Buchhändler und die Fachschule für wissenschaftliches Bibliothekswesen wieder.

Fast 30 Studiengänge, verteilt über die Ingenieur-, Wirtschafts-, Kultur-, Sozial- und Medienwissenschaften, bestimmen heute die Bandbreite der HTWK, deren Connewitzer Campus auch baulich an Kontur gewonnen hat - beispielsweise mit dem neuen Laborgebäude für Physik und Chemie oder der unterirdisch gelegenen Mensa Academica.

Ganz in der Nähe residiert mit der Telekom-Hochschule für Telekommunikation Leipzigs zweite Fachhochschule, deren Wurzeln bis 1953 zurückreichen: als Fachschule für Post- und Fernmeldewesen, 1954 auf „Rosa Luxemburg" getauft. Namensnennungen nach Revolutionären oder sozialistischen Vordenkern waren zu jener Zeit bei akademischen Einrichtungen in Mode. 1953 wählte Leipzigs Universität Karl Marx als Namenspatron, von dem sie sich nach der deutschen Einheit wieder verabschiedete.

Telekom statt Luxemburg - 1991 engagierte sich die damalige Bundespost als Träger der gewandelten Hochschule, später übernahm die Telekom AG diesen Part. Technisch und baulich steht die Ausbildungsstätte für Nachrichtentechniker und Telekommunikations-Informatiker heute blendend da. Ebenso wie an der Leipziger Handelshochschule, 1992 als GmbH wieder erweckt, lautet die Devise: klein, aber fein.

Zuweilen vermischen sich die Ursprünge der Leipziger Hochschulen. So verweisen HTWK und Hochschule für Grafik und Buchkunst (HGB) gleichermaßen auf die „Zeichnungs-, Mahlerey- und Architectur-Akademie". Die HTWK führt in ihrer Chronik diese 1764 vom sächsischen Kurfürsten Friedrich Christian gestiftete

Links: Campus der HTWK, in der Seitenmitte die Mensa Academica. Rechts: Wal-Skelett im Anatomie-Zeichensaal.

Fachhochschule der Telekom. Unten: Lichthof der HGB.

Schule als eine Art frühen Vorläufer der Bahu. Und die HGB sieht in der Akademie ihren ureigensten historischen Kern.

Wie auch immer: Die Akademie, an der auch Uni-Student Johann Wolfgang von Goethe einst Zeichenstunden

nahm, zog 1891 in das eigens errichtete Gebäude in der Wächterstraße ein und erlebte in den 20er- und frühen 30er-Jahren unter dem Direktorat von Walter Tiemann ihre Blütezeit. Nach dem ideologisch-künstlerischen Gleichschritt in der Nazi-Zeit öffnete sie 1947 als Akademie für Grafik und Buchkunst - Staatliche Kunsthochschule wieder ihre Tore. Malerei spielte zunächst nur eine Nebenrolle. Doch Ende der 60er-Jahre gewann das Fach an Gewicht. An der HGB lehrende Künstler wie Bernhard Heisig, Werner Tübke und Wolfgang Mattheuer entwickelten die „Leipziger Schule" zu einem internationalen Kunstbegriff. Nach der Wende weitete sich das Studienprofil. Neben den Ausbildungen Buchkunst und Grafikdesign, Malerei und Grafik sowie Fotografie bietet die HGB jetzt auch die Profilrichtung Medienkunst an. HGB und HTWK liegen aber nicht nur bei der Akademie geschichtlich eng beieinander. Im Nachbarhaus der Kunsthochschule lehren und lernen die HTWK-Elektrotechniker. Und deren Domizil ziert üppige Kunst am Bau - geschaffen von Michael Fischer-Art, der 1997 an der HGB diplomiert hatte. Ob künstlerisch oder technisch ausgerichtete Hochschulen - viele Leipziger Einrichtungen haben sich neben ihrem deutschen Namen noch einen englischen Titel zugelegt. Die HGB nennt sich Academy of Visual Arts, die Handelshochschule hat sich zur Leipzig Graduate School of Management gemausert und die HTWK internationalisiert sich als Leipzig University of Applied Sciences. Auch die Hochschule für Musik und Theater „Felix Mendelssohn Bartholdy", 1843 als Conservatorium der Musik gegründet, präsentiert sich weltläufig - als University of Music and Theatre. Leipzigs Universität schwimmt da namentlich gegen den Trend. Sie bleibt auch in ihrem englischsprachigen Internet-Auftritt wahlweise die „Universität Leipzig" oder die „Alma mater lipsiensis". Im Spanischen firmiert sie unter Universidad de Leipzig, im Französischen als L'Université Leipzig, im Italienischen als l'Università di Lipsia und im Türkischen als Leipzig Üniversitesi.

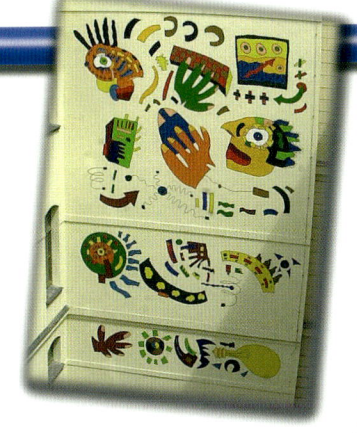

Kunst am Hochschulbau von Michael Fischer-Art.

Gedränge bei Uni-Immatrikulationsfeier im Gewandhaus. Links: Chemie-Studenten im Hörsaal.

Ein Her(t)z für die Physik

Er war der einzige Nobelpreisträger, der in der DDR lehrte und forschte: Gustav Ludwig Hertz. 1954 übernahm der gebürtige Hamburger an der Leipziger Universität das Direktorat des Physikalischen Instituts. Zu diesem Zeitpunkt war er schon 67 Jahre alt und hatte eine bewegte Karriere hinter sich. 1925, als Hertz gerade eine Professur in Halle innehatte, erhielt er zusammen mit James Franck den Physik-Nobelpreis für seine Elektronenstoß-Versuche.

Weil Hertz keine Loyalitätserklärung für Hitler abgeben wollte, legte er 1935 in Berlin sein Lehramt nieder und ging zum Siemens-Konzern. Dort beschäftigte er sich mit Trennanlagen für leichte Isotope, die sich später als zentrale Technologie bei der Entwicklung von Uranbomben erweisen sollten. Die Sowjets brachten den „Atom-Spezialisten" 1945 nach Suchumi und beauftragten ihn mit der Entwicklung von Trennkaskaden zur Erzeugung waffentauglichen Urans. Das atomare Wettrüsten der Großmächte hatte begonnen - und erreichte nach den Atombombenabwürfen der Amerikaner im August 1945 auf die japanischen Städte Hiroshima und Nagasaki eine neue Dimension.

1954 durfte Hertz in den Osten Deutschlands zurückkehren. Ab 1955 leitete er den „Wissenschaftlichen Rat für die friedliche Anwendung der Atomenergie beim Ministerrat der DDR". Bis zu seiner Emeritierung 1961 hielt Hertz der Leipziger Alma mater die Treue und gab unter anderem das dreibändige Lehrbuch der Kernphysik heraus. Als Gast hielt er noch 1973 und 1974 Kolloquiumsvorträge an der Universität. Hertz, dessen Name ein Leipziger Gymnasium trägt, starb 1975 in Berlin. Seine letzte Ruhestätte fand er im Hamburger Familiengrab.

1954

Die Pfeffermühle am Thomaskirchhof weist den Weg zum ältesten Kabarett der Stadt.

Hunger nach Kabarett

Neun Jahre nach dem Krieg: Noch immer ist Schmalhans Küchenmeister. Und die Lebensmittelmarken sollen auch erst in vier Jahren abgeschafft werden. Trotzdem können die Leipziger lachen. Dafür sorgen Schauspieler des Theaters der Jungen Welt. Im Weißen Saal der Kongreßhalle am Zoo zeigen sie tagsüber für Kinder Märchen und Jugendstücke. Wenn ihr junges Publikum in den Betten liegt, haben sie frei. Freie Zeit für Kabarett, für das sie glühen. Am 22. März 1954 hat das erste - noch namenlose - Programm Premiere. Die enthusiastischen Brett'l-Künstler nennen ihr Wunschkind „Leipziger Pfeffermühle". Die Zeichen stehen günstig: Nach dem Volksaufstand vom 17. Juni 1953 fährt die DDR-Regierung ihren „Neuen Kurs" - ein bisschen Selbstkritik, ein paar Vergünstigungen fürs Volk, auch in der Kultur. Schon im Sommer 1954 übernimmt der Rat der Stadt das Kabarett in seine Trägerschaft. Ende 1961 bezieht die Pfeffermühle ihr eigenes Haus im Thomaskirchhof. Leichtes Spiel haben Kabarettisten trotzdem nicht: Ihr Satireverständnis kollidiert mit der Kritikempfindlichkeit der Mächtigen. „Unsere Werktätigen sind nicht so, und sie wollen das nicht so", dozieren die Funktionäre gereizt, wenn die Programme das Leben in der DDR persiflieren und Missstände attackieren. Nicht immer bleibt es bei der verbalen Drohgebärde: Schon ein Jahr nach Gründung erhält der erste Pfeffermühlen-Chef Conrad Reinhold für ein pressekritisches „Zeitungscouplet" Auftrittsverbot. Ein Jahr später müssen die Kabarettisten die 70. Vorstellung des Programms „Rührt euch!" nach inszenierten Tumulten von Kampfgruppen-Mitgliedern abbrechen. 1964 folgt das Verbot für das Programm „Woll'n wir doch mal ehrlich sein": Direktor Edgar Külow muss seinen Hut nehmen. Und nach dem Verbot für „Wir können uns gratulieren" verliert 1979 nicht nur Pfeffermühlendirektor Horst Günther, sondern auch Leipzigs Kulturstadtrat Dr. Rudolf Gehrke seinen Job. Aber die Pfeffermüller geben nicht auf - und die Leipziger lieben ihr Kabarett. Sie sind geübt darin, die zwischen den Textzeilen versteckte Kritik an den Zuständen zu entschlüsseln: Psychohygiene für frustrierte DDR-Bürger. Prominente Künstler gehören über Jahre zum Ensemble - so Manfred Uhlig, der später zu einem der Stars ostdeutscher Rundfunk- und Fernseh-Unterhaltung aufsteigt. Oder die im November 1991 gestorbene Entertainerin Helga Hahnemann. Den 50. Geburtstag feiern die Pfeffermüller am 22. März 2004 bei einer Gala mit 600 Gästen im Schauspielhaus. Das Jubiläumsprogramm „Durch die Mühle gedreht" ist das 89. in der Geschichte des Kabaretts. Das 33. hieß „Vorbeugen ist besser als Heulen", hatte 1966 Premiere und markiert das Ende der Pfeffermühlen-Alleinherrschaft in Leipzig. In jenem Jahr gründen die Studenten Christian Becher, Gunter Böhnke, Jürgen Hart und Bernd-Lutz Lange an der Karl-Marx-Universität das Kabarett academixer. Die Geschichte wiederholt sich: Auch sie brennen fürs Kabarett, bleiben nach dem Studium zusammen und erhalten 1977 Berufsausweise. Leipzig hat sein zweites Profi-Kabarett, das 1980 seine eigene Spielstätte eröffnet - den academixer-Keller im Messehaus Dresdner Hof: 254 Plätze in einem Theatersaal mit Art-déco-Ambiente und einer urgemütlichen Kabarettkneipe. Rivalität entsteht zwischen den beiden Kabaretts nicht. Die Pfeffermühle zeigt fast ausnahmslos aktuell-politische Programme, während die academixer einen Repertoire-Spielplan mit politischen Inszenierungen, satirischem Theater, literarischen und sächsischen Mundartprogrammen entwickeln. Sie sind die Ersten, die in den 80er-Jahren den bis dato auf Bühnen verpönten Dialekt wieder salonfähig machen. Der wichtigste Grund für das konkurrenzlose Nebeneinander aber ist der Hunger

Edgar Külow

Manfred Uhlig

Helga Hahnemann

Auftritt des Kabaretts Pfeffermühle im Sommer 1972 in der LPG Schenkenberg.

Ausschnitt aus dem Jubiläumsprogramm „Durch die Mühle gedreht".

Das Kabarett Sanftwut in der Mädler-Passage.

Blick in die academixer-Kellerkneipe.

Gemeinsam für Leipzigs Kleinkunstszene (v.l.): Thorsten Wolf (Funzel), Uta Serwuschok (Sanftwut), Klaus Kitzing (academixer) und Katrin Hickel (Pfeffermühle)

der Leipziger nach Kabarett, den auch zwei Spielstätten nicht stillen können. Zweimal im Jahr werden an einem Tag die Tickets für das kommende halbe Jahr verkauft. Wer als Kabarettfan auf Nummer sicher gehen will, bewaffnet sich in der Nacht zuvor mit Klappstuhl und Thermosflasche – und belagert eisern die Kasse. Warteschlangen sind für DDR-Bürger schließlich nichts Ungewöhnliches.

Mit der Wende im Herbst 1989 scheint für die Kabaretts Schluss mit lustig. Die Ereignisse überrollen die kleinen Bühnen: Das Publikum bleibt weg. Die Texte der Programme veralten noch in den Schreibmaschinen der Autoren. Fragen nach dem Woher und Wohin werden existenziell wichtig. Durch die neuen wirtschaftlichen Strukturen bricht die ökonomische Basis weg – der Rat der Stadt als bisheriger Arbeitgeber verlangt die Privatisierung. Zunächst gründen die academixer ihre GmbH, kurze Zeit später folgen ihnen die Pfeffermüller auf den privaten Kabarettmarkt.

Und der explodiert: 1990 meldet sich das Kabarett Sanftwut mit seinem ersten Programm zu Wort, zwei Jahre später hat die Funzel als Bühnen-GmbH Premiere. 1993 verblüffen die jungen Wilden von gohglmohsch die Szene mit experimenteller Satire. In der Südvorstadt etabliert Ex-Pfeffermühlenchef Rainer Otto ein Kabarett im Hinterhoftheater Boccaccio. In der Westvorstadt wird das zu DDR-Zeiten verbotene Lindenauer Brett1 neu gegründet. Ex-Pfeffermüller Siegfried Mahler will mit dem Kabarett Kleine Freiheit die literarisch-musikalische Brett1-Kunst neu beleben. Leipzig schmückt sich mit dem Titel Kabaretthochburg, in den Glanzzeiten werben acht Häuser um die Gunst des Publikums. Weit über 1000 Plätze warten Mitte der 90er-Jahre Tag für Tag auf zahlende Kundschaft. Überlebt haben die Goldgräberjahre vier Bühnen: Pfeffermühle, academixer, die Funzel in der Nikolaistraße und Sanftwut in der Mädler-Passage. Unterschiedlich in Spielweise und Profil, bedienen alle ein künstlerisches Spektrum von politischer Satire bis Comedy. Dem Besucher bleibt die Qual der Wahl.

Und die eskaliert seit 1991 Jahr für Jahr im Herbst. Denn im Oktober öffnen Leipzigs Kabarettisten an elf Tagen ihre Häuser für Kollegen aus ganz Deutschland und dem europäischen Ausland: Zum europäischen Humor- und Satirefestival Leipziger Lachmesse kommen Stars und Newcomer der Szene in Scharen in die sächsische Metropole. Dem Interpreten des publikumswirksamsten Programms winkt der Festival-Preis „Leipziger Löwenzahn": ein Glaswürfel mit dem Reißzahn der Raubkatze.

Die Liste der Lachmesse-Preisträger liest sich wie das „Who is Who" der deutschsprachigen Kabarettszene: Missfits, Georg Schramm, Tom Pauls, Bruno Jonas, Horst Schroth, Thomas Freitag, Magdeburger Zwickmühle, das Duo Gunter Böhnke und Bernd-Lutz Lange aus Leipzig, die Schweizer Weltklasse-Clowns Ursus und Nadeschkin, Reiner Kröhnert ...

Bruno Jonas mit dem Lachmesse-Preis „Leipziger Löwenzahn".

Die academixer-Gründer Bernd-Lutz Lange, Jürgen Hart, Gunter Böhnke und Christian Becher (von links).

Der Leipziger Kabarett-Szene schon zu DDR-Zeiten eng verbunden: Dieter Hildebrandt und Werner Schneyder bei einem Gastspiel 1985.

Das Kabarett Funzel bezieht 1997 seine neue Spielstätte in der Strohsack-Passage.

1954

Boote statt Busse - Hochwasser in der Stadt

Kein Durchkommen mehr: Fassungslos stehen die Menschen im Leipziger Westen vor den Fluten, die binnen Stunden mehrere Stadtteile vereinnahmt haben. Wo am Vortag noch Straßenbahnen und Autos fuhren, steht alles unter Wasser. Nach tagelangen Regenfällen sind die Flüsse über die Ufer getreten, haben sich neue Wege durch die Häuserschluchten gesucht. Die Stadt erlebt ab dem 10. Juli 1954 eine der verheerendsten Hochwasser-Katastrophen ihrer Geschichte. Dass die Pegelstände deutlich steigen würden, hatte sich bereits angekündigt - allerdings nicht in diesem Ausmaß. Weiße Elster, Pleiße und andere, sonst kleine Flüsse und Bäche schwellen zu reißenden Strömen an. Angrenzende Areale, die nicht hoch genug liegen, sind der Naturgewalt ausgeliefert: Land unter von Großzschocher bis Böhlitz-Ehrenberg.

In den betroffenen Gebieten beginnt ein verzweifelter Kampf mit Eimerketten und Sandsäcken - oft vergebens. Anwohner versuchen, Habseligkeiten auf höhere Etagen zu retten. Andere, die von der Arbeit nach Hause kommen, sind von ihren Wohnungen abgeschnitten. Nur mit Booten können sie noch die überfluteten Stadtteile erreichen. Etlichen bleibt nur die Evakuierung.

Und zu allem Unglück auch noch das: Leipzig richtet gerade den Kirchentag aus. Viele Gäste aus beiden Teilen Deutschlands weilen in der Stadt. Helfer starten eine Notversorgung. Eilends richten Konsum und HO Sonderverkaufsstellen ein. Die Stadtverwaltung verbreitet stündlich Informationen zur aktuellen Lage, warnt in Aufrufen vor Plünderungen. Immer mehr Schaulustige eilen herbei - viele melden sich schließlich als Freiwillige für Hilfseinsätze.

Leipzig teilt im Sommer 1954 sein Schicksal mit zahlreichen Städten und Gemeinden nördlich des Erzgebirges. Eine kritische Wetterlage hatte wasserreiche Luftmassen vom Mittelmeer östlich um die Alpen geführt - gleich mehrere Tiefausläufer hintereinander. Die Folge: Binnen weniger Tage fällt so viel Niederschlag wie sonst in neun Monaten.

Auch 2002 führte eine ähnliche Konstellation zum Jahrhundert-Hochwasser an Mulde und Elbe. Doch Leipzig hatte Glück: Die Metropole blieb von den Gewalten der Flut weitgehend verschont - auch dank eines besseren Hochwasserschutzes. Neue Deiche, Flutrinnen und Überschwemmungsgebiete sollen auch in Zukunft eine Wiederholung der Ereignisse von 1954 verhindern.

Zu jener Zeit verharren die Schutzmaßnahmen noch auf niedrigem Niveau. Anwohner vermuten, dass das Palmengartenwehr nicht richtig funktioniert und sich das Wasser dort unnötig staut. Viele begreifen das Ausmaß der Zerstörung erst, als die Pegel wieder sinken. Zwei Tage dauert es, bis sich die Lage entspannt. Zurück bleiben Schlamm, Chaos, Verwüstung. Viele Tiere sind verendet, die Feuerwehr pumpt noch tagelang Wasser aus den Kellern. Auch die Landwirte kämpfen mit den Folgen der Flut. Um den Ernte-Schaden zu begrenzen, müssen Bauern mit Pumpen und Gräben die nassen Felder entwässern. Erneut packen Freiwillige mit an - später geehrt mit einer eigens geschaffenen Medaille: „Für die Bekämpfung der Hochwasserkatastrophe".

Kurz vor der Katastrophe: Anwohner verfolgen in der Antonienstraße das Anschwellen der Weißen Elster.

Käthe-Kollwitz-Straße

Nadelöhr Palmengartenwehr

Rechts: Kolonnadenstraße

Otto-Schill-Straße

Der deutsche evangelische Kirchentag 1954 in Leipzig: Gläubige aus ganz Deutschland fanden in der Stadt zusammen.

Junge Leute genießen gut gelaunt das christliche Event.

Kirchentage im Zeichen der Einheit: „Seid froh in Hoffnung"

Für wenige Tage war Leipzig im Juli 1954 das Zentrum Deutschlands: Evangelische Christen aus Ost und West trafen sich zum Deutschen Evangelischen Kirchentag in der Stadt. Leipzig präsentierte sich dabei als unerwartet offener Gastgeber. Auf einer Pressekonferenz in Bonn sprach Bundestagspräsident Hermann Ehlers anerkennend über die Tage in Leipzig. Die Förderung durch die Behörden der DDR „verdiene hohes Lob", ebenso die Verkehrsregelung, die reibungslose Verpflegung und auch die Tatsache, dass die Sowjetunion ihren Pavillon auf dem Messegelände für Kirchentagsveranstaltungen zur Verfügung stellte. Zum Abschlussgottesdienst mit 200.000 Gläubigen auf der Rosentalwiese merkte der hessische Superintendent Schmidt von Puskas an: „Man muss sagen, dass sich die westdeutschen Behörden bei den letzten Kirchentagen nicht so angestrengt haben, wie die Organe der DDR." Die Zusammenkunft Zehntausender Christen in Leipzig sei ein lebendiger Beweis dafür, dass eine friedliche Verständigung zwischen den beiden Teilen Deutschlands durchaus möglich und erstrebenswert ist. Auch die internationale Presse nahm diese Stimmung auf. „Der Gedanke der Einheit lag dem ganzen Kongreß zugrunde", schrieb beispielsweise die „Times". Bezeichnend in diesem Sinne auch das Motto des Kirchentages: „Seid froh in Hoffnung".

43 Jahre mussten allerdings vergehen, bis sich im Juni 1997 erneut evangelische Christen aus Ost und West in Leipzig treffen konnten - nunmehr im wiedervereinigten Deutschland. 1978 und 1989 hatte es auch hinter dem Eisernen Vorhang evangelische Kirchentage an der Pleiße gegeben, allerdings deutlich kleiner.

„Zunächst war die Skepsis groß: Was wollen über 100.000 Christinnen und Christen in einer Stadt, in der es nur zwölf Prozent davon gibt?", erinnert sich die damalige Generalsekretärin des Kirchentages und heutige Landesbischöfin in Hannover, Margot Käßmann. Die Sorge blieb unbegründet. Leipzig erwies sich erneut als großartiger Gastgeber: Alte und Neue Messe entwickelten sich zu Zentren unzähliger Begegnungen. In der Stadt und ihren Kirchen herrschte buntes Treiben. 102.000 Dauergäste bevölkerten Leipzig, davon 80.000 aus den alten Bundesländern. Pro Tag kamen noch 20.000 Besucher hinzu. 2700 Veranstaltungen standen auf dem Programm.

Alt-Bundespräsident Richard von Weizsäcker sah die Kirchentagsbesucher zwar „wie einen Heuschreckenschwarm in die unschuldige Stadt einbrechen". Doch verstopfte Straßen, volle Bahnen und Kneipen verstanden die Leipziger eher als neue sympathische Art des deutsch-deutschen Gemeinschaftsgefühls. „Wer hätte denn gedacht, dass es noch so viele Christen gibt - und noch dazu so junge?", schwärmte eine Zeitungsverkäuferin am Hauptbahnhof.

Das Motto der Tage im Juni 1997 lautete „Auf dem Weg der Gerechtigkeit ist Leben". Zum Abschlussgottesdienst sangen 90.000 Menschen begeistert Kirchen- und andere Lieder. Und wie bei einem Fußballspiel rollte eine La-Ola-Welle nach der anderen durchs alte Zentralstadion.

Margot Käßmann auf dem Kirchentag 1997. Zur Abschlussfeier kamen 90.000 Menschen (rechts).

1954

Servicefamilie setzt auf Zufriedenheit

Der Name Heil ist seit 1954 in Leipzig ein Begriff: Firmengründer Erich Heil übernahm damals die Werkstatt seines pensionierten Chefs – und führte sie unter eigenem Namen weiter. Sein Sohn Günter wuchs mit in der Werkstatt auf, absolvierte bei seinem Vater die Lehre und übernahm 1977 nach erfolgreicher Meisterprüfung die Firma. Zu DDR-Zeiten mit Werkstattverträgen für Trabant und Wartburg ausgestattet, gelang es Vater und Sohn, sich gegen die Verstaatlichung zu wehren – die Firma blieb stets in privater Hand. 1989 zählte der Familienbetrieb neben Günter Heil sechs weitere Mitarbeiter. Die Wende fegte Wartburg und Trabi von den Straßen – und 1990 avancierte das Autohaus Heil zum Volkswagen- und Audi-Partner. In der Rehbacher Straße eröffnete es den ersten VW-Audi-Neubau in Leipzig. 1995 kam das heutige Stammhaus in der Dieskaustraße hinzu: Allein hier entstanden 65 neue Arbeitsplätze. Auf Anregung des Volkswagenkonzerns folgten zwei Jahre später die Filiale in Grünau und 2001 der Audi-Exklusiv-Betrieb in der Dieskaustraße 102.

2002 übernahm Heil den Betrieb eines Wettbewerbers in Markkleeberg und eröffnete ihn im Januar 2003 unter eigenem Namen neu: Die 35 Arbeitsplätze blieben dadurch erhalten. Noch im gleichen Jahr legte Günter Heil die Geschicke der Firma in die Hände seines Sohnes Markus. Heute beschäftigt das Autohaus Heil mehr als 350 Mitarbeiter an fünf Standorten in Leipzig und Markkleeberg. Jährlich bildet das Unternehmen rund 60 Lehrlinge in handwerklichen und kaufmännischen Berufen aus. Eine eigene Aus- und Weiterbildungsgesellschaft samt Schulungszentrum sichert dabei die Qualität.

„Heil – die Servicefamilie" lautet seit vielen Jahren das Credo des Unternehmens. Immer wieder lässt es mit für die Branche richtungsweisenden Innovationen aufhorchen. So stehen im eigenen Kunden-Management-Center (KMC) acht Mitarbeiterinnen im telefonischen Kontakt zu allen Kunden des Hauses, um persönliche Kontakte zu pflegen, Beratung und Hilfe aus erster Hand anzubieten. Neuland betrat das Autohaus auch mit der 2006 gestarteten Offensive „Zahlen Sie, soviel Sie wollen". Die Kunden wissen, dass sie bei berechtigter Kritik an Qualität, Termintreue oder Freundlichkeit den Rechnungsbetrag über die Arbeitsleistung nach eigenem Ermessen kürzen können. Dadurch wächst das Vertrauen in die Auftragsvergabe – und die Mitarbeiter sind noch stärker motiviert, da nachvollziehbare Fehler bares Geld kosten würden. Inzwischen ist die Zufriedenheitsgarantie fester Bestandteil der Unternehmenskultur im Hause Heil.

Als leistungsfähiger Arbeitgeber aus dem Mittelstand nimmt die Firmengruppe auch ihre gesellschaftliche Verantwortung in der Region wahr. Neben zahlreichen Sponsoring-Aktivitäten im Sport und in sozialen Bereichen engagieren sich vor allem die Führungskräfte der einzelnen Häuser in Vereinen und öffentlichen Institutionen. Auch das Sächsische Zentrum für Behindertenfahrzeuge gehört zur Unternehmensgruppe. Über den Verkauf hinaus werden Betroffene hier ganz persönlich betreut – von der ersten Beratung über die Unterstützung bei Behördengängen bis hin zu individueller Fahrzeug-Anpassung und nachfolgenden Servicearbeiten.

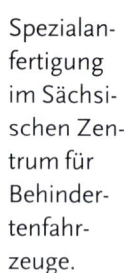

Seniorchef Günter Heil sieht in der Entwicklung seines Autohauses die klassische Story eines mittelständischen Familienbetriebes – das noch viele neue Kapitel schreiben wird.

Rechts: Die Marke Audi präsentiert Heil seit 2001 getrennt von VW in einem Exklusiv-Betrieb.

Firmengründer Erich Heil.

Trabant- und Wartburg-Werkstatt zu DDR-Zeiten.

Stammhaus in der Dieskaustraße.

Spezialanfertigung im Sächsischen Zentrum für Behindertenfahrzeuge.

Günter (links) und Markus Heil

1955

Ringbebauung und Zetkinpark - die Stadt entwickelt sich

Leipzig, seit 1952 Bezirkshauptstadt und nach Ostberlin die größte Stadt in der DDR, nahm angesichts seiner wirtschaftlichen und kulturellen Bedeutung in den 50er-Jahren eine herausgehobene Position unter den „Aufbaustädten" ein.

So hatte schon während der Nachkriegsjahre im schwer zerstörten Zentrum die Instandsetzung der Mustermessepaläste und der Ausstellungshallen auf der Technischen Messe begonnen: Leipzig sollte den Anschluss an das internationale Messegeschehen nicht verlieren. Zu den herausragenden Bauleistungen zählten auch ambitionierte Kultur- und Hochschulobjekte wie das Schauspielhaus (1955 bis 1956) und das Opernhaus (1956 bis1960), die Deutsche Hochschule für Körperkultur (ab 1952), die Anlage des Sportforums mit dem Zentralstadion (eingeweiht 1956) und die Institutsneubauten der Universität im Medizinischen Viertel sowie an anderen Standorten. Die Stadtplanung lag allerdings nicht mehr in der Hand der Kommune, sondern als Bestandteil der Volkswirtschaftsplanung beim Ministerium für Aufbau. Bis zum Ende der 50er-Jahre hielt die Behörde am Leitbild der kompakten Stadt und des vorrangigen Wiederaufbaus des Stadtzentrums fest. Im Mittelpunkt seiner Entwicklung standen ein zentraler Platz (der schon 1945 in Karl-Marx-Platz umbenannte Augustusplatz) und eine breite, als innerstädtische Demonstrationsachse und Hauptverkehrsader fungierende Magistrale (der den historischen Stadtkern umschließende Ring) mit Bauten nach dem Vorbild der Ostberliner Stalinallee. Das an der südöstlichen Außenseite des Promenadenrings in den Jahren 1953 bis 1956 errichtete sieben- bis neungeschossige Roßplatz-Ensemble mit dem Ringcafé beweist in seiner monumentalen Erscheinung noch heute diesen Anspruch. Als nach 1956 der industrielle Wohnungsbau rasch an Bedeutung gewann, gaben die Planer das Konzept eines strikten Aufbaus der Stadt vom inneren Kern nach außen vorübergehend fast völlig auf und konzentrierten stattdessen die Baukapazitäten auf verschiedene Kriegsbrachen in den inneren Vorstädten - in den 60er-Jahren zunehmend auch auf Wohngebiete an neu erschlossenen Standorten in Gohlis, Möckern und Sellerhausen.

Eine fast in Vergessenheit geratene, aber sehr nachhaltige Leistung der damaligen Entwicklungsplanung war der Ausbau der städtischen Grünbereiche zu einem großzügigen Verbund älterer und neuer Parkanlagen unter Einbeziehung des Auenwaldes. Dieser grenzt in seinen südwestlichen Ausläufern unmittelbar an das Stadtzentrum. Das Kernstück dieses Parksystems bildet der nach einem Stadtratsbeschluss von 1955 angelegte Zentrale Kulturpark „Clara Zetkin" - kombiniert aus Johannapark, Albertpark, Palmengarten und Scheibenholz. Nach den zu jener Zeit modernsten Prinzipien der Landschaftsgartengestaltung konzipiert und um neue Partien ergänzt, bietet er seither vielfältige Möglichkeiten zur Naherholung. Nach Renovierung der Parkgaststätte „Glashaus" und der 2.000 Zuschauer fassenden Freilichtbühne (beide 1955 erbaut) hat sich die Attraktivität des Zetkinparks in den 90er-Jahren wieder deutlich erhöht: eine grüne Oase im Herzen der Stadt - bevölkert zu jeder Jahreszeit.

DDR-Publikumsliebling O.F. Weidling auf der Parkbühne.

Von links: Freisitz am „Glashaus", Karl-Marx-Platz (Augustusplatz) in den 60er-Jahren, „Stalin-Barock" am Roßplatz und Idylle mit Fischreiher im Clara-Zetkin-Park.

1955

Einer der ersten Preisträger: Heinz Sielmann.

Petersstraße mit Festivalkino „Capitol". Links: Der Festivalpreis „Goldene Taube".

Regisseur Santiago Alvarez (r.) 1979 im Gespräch mit Annelie Thorndike und Ronald Trisch.

Jane Fonda präsentiert 1974 in Leipzig ihren Film „Vorstellung des Feindes".

Direktor seit 2004: Claas Danielsen.

Schauspieler Erwin Geschonneck mit vietnamesischen Filmemachern 1966 vor dem Hotel Astoria.

Dokfilmwoche: Fenster zur Welt

Die DDR verbreitet noch die Parole „Deutsche an einen Tisch" - und in Leipzig treffen sich Dokumentarfilmer aus Ost und West zum Gedankenaustausch. Bei der ersten Dokfilmwoche 1955 sind 53 Arbeiten zu sehen. Einer der Preisträger: Tierfilmer Heinz Sielmann. Ein Jahr später können die Zuschauer im Informationsprogramm auch ausländische Streifen sehen. Dann schläft die Filmwoche wieder ein, der Kalte Krieg nimmt an Schärfe zu.

Als die Festivals in Oberhausen und Mannheim die Aufführung des DEFA-Films „Du und mancher Kamerad" verbieten, entschließt sich die DDR, ab 1960 in Leipzig ein Zentrum für den progressiven und engagierten Dokumentarfilm zu schaffen. Andrew Thorndike gelingt es, internationale Persönlichkeiten aus aller Welt als Paten zu gewinnen: Theodor Christensen, John Grierson, Paul Rotha, Joris Ivens, Alberto Cavalcanti, Roman Karmen …

Unter dem Motto „Filme der Welt – für den Frieden der Welt" mit Pablo Picassos Friedenstaube als Signet entwickelt sich das Herbstfestival bald zum Branchentreff besonders für junge Filmemacher aus Asien, Afrika und Lateinamerika. „Leipzig hat die Hand am Puls des Planeten", meint der russische Schriftsteller Konstantin Simonow.

Aber nicht nur mit ihrem Wettbewerbs- und Informationsprogramm, sondern auch mit den vom Staatlichen Filmarchiv gestalteten Retrospektiven genießt die Filmwoche bald internationales Renommee. Für die Bürger des kleinen abgeschotteten Landes öffnet sie ein Fenster zur Welt. Junge Leute bevölkern die Kinos „Capitol" (heute ein Kaufhaus) und „Casino" (heute eine Senioren-Residenz) und bringen sich in die Diskussion ein.

Ab 1973 verantwortet ein von Annelie Thorndike geleitetes Komitee das Welttreffen. Ihm gehören Film- und Fernsehschaffende der DDR an. Direktor Ronald Trisch gelingt es, internationale Persönlichkeiten an Leipzig zu interessieren. Jane Fonda zeigt ihren Vietnam-Film. Joan Jara, die Witwe des ermordeten chilenischen Sängers Victor Jara, kommt zu Besuch. Bedeutende Dokumentaristen, Komponisten, Schriftsteller, Regisseure und andere Persönlichkeiten aus Europa und Übersee fungieren als Juroren. Leipzig ist für sie immer eine Reise wert - wenngleich nicht jeder Festivaljahrgang überzeugt.

In den 80er-Jahren spiegeln sich zum Leidwesen der Parteioberen zunehmend Perestroika und Glasnost in den Beiträgen wider. Kurt Tetzlaffs Film über den Braunkohleabbau um Leipzig und die Belastung der Bürger flimmert ebenso über die Leinwand wie kritische Streifen über die Rote Armee oder Rauschgiftprobleme in Kasachstan. Protest ruft bei Festivalgästen aus aller Welt 1988 eine Polizeiaktion hervor, bei der friedlich mit Kerzen demonstrierende junge Leuten aus dem „Capitol" abtransportiert werden. Im Wendejahr tritt das Festivalkomitee zurück. Christiane Mückenberger und dann Fred Gehler als Direktoren sorgen dafür, dass die Filmwoche überlebt. Das Motto verschwindet, die Taube als Preis bleibt. Seit 2004 leitet Claas Danielsen das Festival im „Cinestar" - 2006 laufen rund 400 Streifen aus 50 Ländern. Erstmals können 250 Filme von Fachbesuchern und internationalen Einkäufern am PC aufgerufen werden.

Der englische Regisseur Stanley Forman, von Anfang an Gast des Festivals, formuliert rückblickend: „Leipzig war eine Kombination aus der Wärme der Internationalen Solidarität und der Kälte des Kalten Krieges. Das Besondere war aber immer die politische Leidenschaft."

Literaturinstitut - mehr als eine Schreibschule

Was sich heute stolz Deutsches Literaturinstitut Leipzig nennt und zur Philosophischen Fakultät der Universität zählt, wurzelt in der jungen DDR. Am 30. September 1955 nahm - deutschlandweit einzigartig - das Institut für Literatur den Lehrbetrieb auf. Ab Mai 1958 Hochschule, trug die Einrichtung ein Jahr später den Namen des kurz zuvor verstorbenen Schriftstellers und DDR-Kulturministers Johannes R. Becher. In vier Studienrichtungen absolvierten bis 1989 fast 1.000 Direkt- und Fernstudenten die Ausbildung. Im Mittelpunkt standen dabei die schöpferischen Seminare für Lyrik, Prosa und Dramatik. Der Leipziger Schriftsteller Georg Maurer, der von 1955 bis 1970 die Seminare leitete, gilt als einer der bedeutendsten Lehrer des Institutes. So schrieb der Lyriker Bernd Jentzsch noch zu tiefen DDR-Zeiten über ihn: „Ein zigarrenrauchendes Kind von vierundsechzig Jahren, in dem die auf den Teppich fallende Asche philosophisch-poetische Blitze zündet".

Adel Karasholi, ein gebürtiger Syrer, der seit 1961 in Leipzig lebt und ebenfalls am Literaturinstitut studierte, nannte Maurer einen „großen Humanisten, der mir und vielen meiner damaligen Kommilitonen den Zugang zur Moderne öffnete".

Von links: Hans-Ulrich Treichel, Adel Karasholi, Georg Maurer, Bernd Jentzsch, Clemens Meyer, Angela Krauß, Kerstin Hensel und Josef Haslinger.

Instituts-Villa in der Wächterstraße.

Zu den Studenten, die sich nach dem Besuch des Literaturinstitutes zu anerkannten Schriftstellern entwickelten, zählen neben vielen anderen Heinz Czechowski, Kurt Drawert, Adolf Endler, Ralph Giordano, Sarah und Rainer Kirsch, Erich Loest, Dieter Mucke, Andreas Reimann, Gerti Tetzner und Fred Wander.

Nach der Wende wollte die Landesregierung das Institut zum 31. Dezember 1990 auflösen. Es hagelte scharfe Proteste von Studenten, namhaften Literaten und Publizisten, darunter die Professoren Hans Mayer und Walter Jens. Ehemalige Studenten erinnerten sich der Freiräume, die sie an der Dichterschule (trotz allem) genossen hatten. So bezeichnete der Lyriker Bernd Rump das Literaturinstitut eben nicht „als Kaderschmiede der SED", sondern sogar als „Schule der Dissidenten". Die in Leipzig lebende Schriftstellerin Angela Krauß nannte es „einen Ort, an dem man frei reden und schreiben konnte". Und Kerstin Hensel, Studentin von 1983 bis 1985, erinnerte sich: „Noch war die Zeit nicht reif, den ideologischen Schlamm verlogener Menschen- und Lebensdarstellung vollends zu ignorieren, aber es gab genug, auch ein oder zwei Dozenten, die ihre Augen vor der Wirklichkeit nicht schließen wollten und lernten und lehrten, worauf es ankam."

Die Landesregierung musste neu über das Fortbestehen der einzigartigen Schreibschule nachdenken: Sie löste das Literaturinstitut „Johannes R. Becher" auf - und gründete es als „Deutsches Literaturinstitut Leipzig" neu. 1995 begann der Lehrbetrieb wieder. Unter dem Motto „Gottsched plus Beuys" setzte Gründungsdirektor Bernd Jentzsch auf das Miteinander von Tradition und Moderne. Jentzsch blieb bis 1999 Chef im Haus. Seither teilen sich die beiden Instituts-Professoren, die Schriftsteller Josef Haslinger und Hans-Ulrich Treichel, die Funktion des geschäftsführenden Direktors.

Zu den jungen Autoren, die am neuen Literaturinstitut lernten und danach erfolgreich Bücher publizierten, gehört der Leipziger Clemens Meyer. Sein Szene-Roman „Als wir träumten" über Jugendliche in Wendezeiten geriet zum Bestseller - und sein Autor zum gefeierten Star.

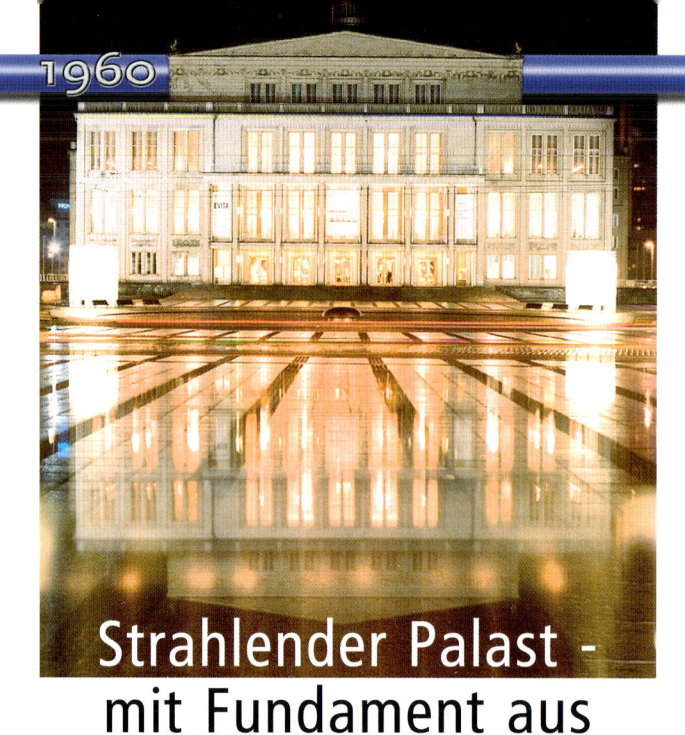

1960

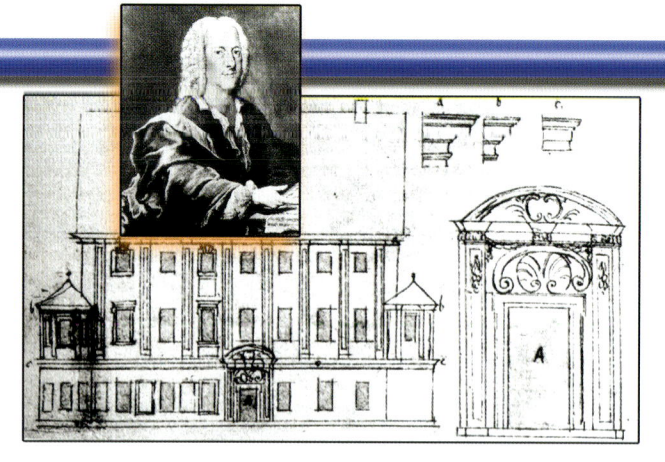

Links: Opernhaus am Augustusplatz. Erstes Opernhaus am Brühl, oben. Kleines Bild: Georg Philipp Telemann.

Das Comödienhaus auf der Ranstädter Bastei, später Theater der Stadt Leipzig. Ganz oben: Albert Lortzing.

Strahlender Palast – mit Fundament aus 300 Jahren

Franz Konwitschny dirigiert Beethovens 5. Symphonie und das Violinkonzert von Brahms. Das Gewandhausorchester und Solist David Oistrach musizieren auf höchstem Niveau. Am selben Abend folgen noch „Die Meistersinger von Nürnberg" unter der Leitung von Helmut Seydelmann, inszeniert von Joachim Herz: Mit einem furiosen Programm eröffnet Leipzig am 8. Oktober 1960 seine neue Oper. Der Entwurf stammte vom Leipziger Architekten Kunz Nierade und dem Berliner Spezialisten für Theaterbauten Kurt Hemmerling. Ein klassisches Portal im Zentrum einer 85 Meter langen neoklassizistischen Fassade, ein weiträumiger Zuschauerraum mit 1.680 Plätzen, großzügige Foyers im Stil der 50er-Jahre, eine riesige Bühne, die mit ihren 750 Quadratmetern zu den größten Europas zählt – voller Neugier betrachteten die Leipziger den Prestigebau, der sich laut Zeitungsberichten in der Dunkelheit „wie ein strahlender Palast mitten im Stadtzentrum darbietet".

Schon 1693 hatte das Leipziger Bürgertum seinen Anspruch auf eine öffentliche Oper erhoben. Sie gehörte mit Venedig und Hamburg zu den ersten weltweit. Das Theater aus Holz existierte nur rund 20 Jahre am Brühl, hatte mit dem Komponisten Georg Philipp Telemann aber eine prominente „Direction über die Opern". 1766 öffnete die zweite Leipziger Oper unter dem Namen Comödienhaus auf der Ranstädter Bastei, später dann „Theater der Stadt Leipzig". Mit der Uraufführung von „Der Teufel ist los oder Die verwandelten Weiber" von Johann Adam Hiller startete hier ein neues Genre in eine große Zukunft: das deutsche Singspiel. Von 1783 bis 1788 entstand mit den Aufführungen von „Die Entführung aus dem Serail", „Don Giovanni" und „Le Nozze di Figaro" eine Mozart-Tradition, die bis weit in das 19. Jahrhundert reichte. 1813 und 1814 wirkte E.T.A. Hoffmann am Theater als Dirigent. „Der Vampir" von Heinrich Marschner (1828) und „Genoveva" von Robert Schumann (1850) erlebten in Leipzig ihre Weltpremiere, „Oberon" von Carl Maria von Weber (1826) seine deutsche Erstaufführung. Von Albert Lortzing, als Schauspieler, Sänger und Dirigent am Theater verpflichtet, gelangten in Leipzig sechs von neun Opern zur Uraufführung – darunter „Zar und Zimmermann" (1837) und „Der Wildschütz" (1842). Dabei soll Lortzing nie seinem großen Zeitgenossen, dem Gewandhauskapellmeister Felix Mendelssohn Bartholdy, begegnet sein. 1868 feierte Leipzig sein Neues Theater. Das prachtvolle Bauwerk des königlich-preußischen Hofarchitekten Carl Ferdinand Langhans jr. spiegelte auf der Nordseite des Augustusplatzes gegenüber dem Museum der Bildenden Künste den Wohlstand der großen Handels- und Geistesstadt wider. Mit Angelo Neumann als Operndirektor begann 1876 eine glanzvolle Ära: Er widmete sich insbesondere Christoph Gluck und Richard Wagner: 1878 inszenierte Neumann den ersten vollständigen „Ring" außerhalb Bayreuths. Im selben Jahr engagierte er

Neues Theater, Rückseite mit Schwanenteich.

Arthur Nikisch

Angelo Neumann

Gustav Mahler

Arthur Nikisch als Dirigent - von 1895 bis 1905 in Personalunion auch Gewandhauskapellmeister. Gustav Mahler, ab 1886 Opernkapellmeister, dirigierte mit großem Erfolg erst „Lohengrin", dann „Tannhäuser", verließ aber 1888 die Stadt - vermutlich aus Rivalität zu Nikisch. Ab 1923 setzte Dirigent Gustav Brecher auf Uraufführungen: 1927 mit „Jonny spielt auf" von Ernst Krenek, 1930 mit „Aufstieg und Fall der Stadt Mahagonny" von Bertolt Brecht und Kurt Weill sowie mit „Der Rosenbusch der Maria" von Erwin Dressel. Auch Georg Friedrich Händel lag ihm besonders am Herzen. Davon zeugten die Aufführungen von „Tamerlano" (1924) und „Alcina" (1928).

Paul Schmitz, Schüler von Wilhelm Furtwängler, nahm anlässlich des 125. Geburtstags von Richard Wagner 1938 das gesamte szenische Werk des Leipziger Komponisten in den Spielplan auf - darunter auch „Die Feen", „Das Liebesverbot" und „Rienzi". Im November 1943 folgte „Catulli Carmina" von Carl Orff. Es war die letzte Uraufführung am Neuen Theater: Dem Bombenangriff vom 4. Dezember 1943 fallen alle Leipziger Theater zum Opfer. Im Haus Dreilinden, der heutigen Musikalischen Komödie, spielte die Oper bis 1960 weiter.

Operndirektor und Regisseur Joachim Herz prägt das neu eröffnete Haus am Augustusplatz entscheidend. 1961 bringt er mit Riesenerfolg Prokofjews „Krieg und Frieden" und 1965 Dimitri Schostakowitschs „Katerina Ismailowa" auf die Bühne. Er führt die Leipziger an Benjamin Britten und Werner Egk heran. Seine Inszenierung von Händels „Serse" füllt die Säle und beschert Gastspiele in 13 Ländern. Seine Vision von Wagners Werk, von den „Meistersingern" über den „Fliegenden Holländer" (1967) bis zum „Ring" (1973 und 1976), setzt sich in ganz Europa durch. Im November 1989 zieht sich Karl Kayser zurück, der seit 1958 als Generalintendant der Leipziger Theater wirkte. Die vier Spielstätten gehen wieder administrativ getrennte Wege, nur die seit 1952 der Oper angegliederten Zentralwerkstätten nutzen noch alle gemeinsam. Für Aufsehen sorgt Udo Zimmermann, seit März 1990 Intendant der Oper, beim achtwöchigen Programm zum 300. Geburtstag des Hauses mit den Uraufführungen von „Dienstag aus Licht" von Karlheinz Stockhausen und „Nachtwache" von Jörg Herchet. Zimmermann arbeitet mit den Regisseuren Peter Konwitschny, Andreas Homoki und Willy Decker zusammen. Uraufführungen misst er große Bedeutung bei, ebenso dem Tanztheater. Er ernennt den Choreografen Uwe Scholz zum Direktor des Leipziger Balletts, das sich zu einer der größten zeitgenössischen neoklassizistischen Compagnien entwickelt. Die Musikalische Komödie, das beliebte Spezialtheater für Operette und Musical, gliedert Zimmermann 1990 als künstlerisch eigenständigen Bestandteil der Oper an.

Henri Maier, Intendant ab 2001, erweitert das Repertoire um Berlioz, Belcanto und die Barockoper und errichtet die drei traditionellen Säulen der lyrischen Kunst: Mozart, Wagner, Verdi. Er öffnet die Musikalische Komödie für die komische Oper und bemüht sich um Kontinuität beim Ballett, als er Paul Chalmer zum Nachfolger des 2004 verstorbenen Uwe Scholz bestimmt. Maier pflegt enge Kontakte zu anderen großen europäischen Häusern und entspricht damit einem der grundlegenden Leipziger Charakterzüge - seiner Internationalität. Dafür sorgt auch Riccardo Chailly: 2005 übernimmt er die Doppelfunktion des Generalmusikdirektors der Oper und des Gewandhauskapellmeisters - wie 110 Jahre vor ihm Arthur Nikisch.

Joachim Herz

Richard Wagners „Ring des Nibelungen" in der Inszenierung von Joachim Herz.

„Die Trojaner" von Hector Berlioz, inszeniert 2003 von Guy Joosten. Rechts: Henri Maier vor Wagner-Büste.

Uraufführung 2006: Philippe Hersant „Der schwarze Mönch", Inszenierung Tatjana Gürbaca.

Udo Zimmermann (links) und Uwe Scholz. Unten: „Bruckner 8" in der Choreografie von Uwe Scholz.

Arnold Schönbergs „Moses und Aron", 1994 in Szene gesetzt von George Tabori.

1960

Auf dem falschen Gleis: P 466 rollt in den Tod

Planmäßig setzt sich im Hauptbahnhof der Personenzug P 466 in Richtung Halle in Bewegung. Was der Lokführer am Abend dieses 15. Mai 1960 nicht wissen kann: Auf dem Befehlstellwerk B 3, dem größten des Hauptbahnhofs, haben sich der Fahrdienstleiter und sein Mtarbeiter nicht wie vorgeschrieben davon überzeugt, dass alle Weichen richtig gestellt sind - der Personenzug biegt in das falsche Gleis ein.

Hoch über dem komplizierten Gewirr aus Schienen und Weichen vertrauen die Eisenbahner an den Schaltpulten der Freimeldung des Gleises, so wie sie vom weiter nördlich gelegenen Weichenstellwerk W 7 eintraf. Etwa im selben Moment wird dort der Stellwerker stutzig. In schneller Fahrt nähert sich aus Richtung Halle der Eilzug E 237 Halberstadt - Bad Schandau. Und auf demselben Gleis rollt inzwischen der aus Leipzig kommende Zug. Hektisches Telefonieren beginnt: Doch niemand kann die Lokführer warnen.

An der Berliner Straße in Höhe der Wollkämmerei verlässt der Eilzug aus Halle mit Schwung die leichte Rechtskurve - da taucht vor ihm plötzlich der P 466 auf. Mit hoher Geschwindigkeit stoßen die beiden Züge frontal zusammen. Anwohner berichten später, es hätte wie eine dumpfe Explosion geklungen. Der Unglücksort: ein furchtbares Knäuel aus ineinandergekeilten Fahrzeugen. Schreie dringen zu den Helfern, doch das Ausmaß der Zerstörungen bereitet ihnen Probleme, die Verletzten rasch zu bergen.

Inzwischen sind alle verfügbaren Krankenwagen und die Feuerwehr alarmiert. Streifenwagen der Volkspolizei rasen zum Unglücksort. Viele Taxifahrer beteiligen sich kurzentschlossen am Krankentransport in die Leipziger Kliniken, wo Ärzte und Schwestern die Notaufnahme vorbereiten. Eisenbahner, die an diesem Abend dienstfrei haben, eilen in Richtung Wollkämmerei. Alle wollen den Verletzten helfen.

Beim schwersten Eisenbahnunglück am Leipziger Hauptbahnhof verloren 54 Reisende und die beiden Lokomotivführer ihr Leben; 106 Menschen erlitten schwere und 240 leichte Verletzungen. Der Sachschaden erreichte Millionenhöhe.

Der Unglücksort an der Wollkämmerei.

Nach dem Flugzeugabsturz am 1. September 1975: Die Trümmer liegen weit verstreut.

Messe-Flug endet mit Katastrophe

Während der Messe bot die DDR eine Reihe internationaler Sonder-Flugverbindungen an, darunter auch in die Bundesrepublik Deutschland. Die DDR-Gesellschaft „Interflug" konnte damit „harte Währung" erwirtschaften. Am Nachmittag des 1. September 1975 näherte sich eine aus Stuttgart kommende TU 134 der Interflug dem Flughafen Leipzig-Schkeuditz. Für den Anflug war ein Präzisionsradar im Einsatz. Doch der Fluglotse verfolgte die letzten 3.200 Meter des Gleitweges nicht. Die vermeintlich sichere Landung vor Augen, blieb auch der Besatzung verborgen, dass sie viel zu früh viel zu tief anflog. Weit vor der Landebahn prallte das Flugzeug an den Antennenmast des Funkfeuers. Der Rest ging rasend schnell: Beschädigung der linken Tragfläche, Verlust des linken Triebwerks, mehrfacher Überschlag des Rumpfes. In drei Teilen krachte die Maschine auf den Boden, der verbliebene Treibstoff fing Feuer. 23 Passagiere und drei Stewardessen fanden den Tod. Im abgerissenen Cockpit überlebten Pilot, Co-Pilot und Navigator. Sie mussten sich ebenso wie der Radar-Operator vor Gericht verantworten. Das Urteil: Mehrere Jahre Haft für alle vier, später ausgesetzt zur Bewährung.

1961

Mauerbau und „Republikflucht"

„Niemand hat die Absicht, eine Mauer zu errichten", hatte DDR-Staats- und Parteichef Walter Ulbricht (3, mitte), ein gebürtiger Leipziger, noch am 15. Juni 1961 während einer internationalen Pressekonferenz in Berlin erklärt. Doch nur zwei Monate später: Am 13. August 1961 beginnen Armee und Grenztruppen, das Land abzuschotten. Der „antifaschistische Schutzwall" soll in Wirklichkeit das weitere Ausbluten der DDR verhindern: Mehr als 150.000 Menschen haben seit Jahresbeginn ihrer Heimat den Rücken gekehrt. Nun sitzen über Nacht rund 16 Millionen DDR-Bürger fest, werden Familien in Ost und West auseinandergerissen.

Ob in Berlin oder Leipzig - die Menschen sind geschockt. Schnell wird klar, dass die Mauer keine vorübergehende Erscheinung ist, bis sich die Wirtschaft des Landes wieder stabilisiert hat. Im Gegenteil: Die SED-Führung lässt die Grenzbefestigungsanlagen mit ihren tödlichen Fallen im Lauf der Jahre immer weiter ausbauen. Und spätestens mit der gewaltsamen Niederschlagung des Prager Frühlings 1968 stirbt die letzte Hoffnung, dass sich der Stalinismus überwinden und ein weltoffener Sozialismus mit menschlichem Antlitz gestalten lässt.

Aus dem Staat, der seine eigenen Bürger einsperrt, bevormundet, bespitzelt und auf der „Republikflucht" erschießt, wollen viele nur noch weg - darunter zahlreiche prominente Leipziger. Als der Philosoph Ernst Bloch (2) („Prinzip Hoffnung") während seines Bayreuth-Besuchs im August 1961 vom Bau der Mauer erfährt, kehrt er erst gar nicht wieder in sein Haus nach Schleußig zurück und nimmt eine Gastprofessur in Tübingen an. Auch der Literaturwissenschaftler Prof. Dr. Hans Mayer (1) („Zur Gegenwartslage unserer Literatur") bleibt 1963 nach einer Dienstreise im Westen und lehrt ab 1974 ebenfalls in Tübingen. Viele werden noch folgen: Schriftsteller Erich Loest, Gewandhauskapellmeister Václav Neumann, Rockmusiker Klaus „Renft" Jentzsch ...

„Die Mauer wird in 50 und auch in 100 Jahren noch bestehen bleiben", behauptet Ulbricht-Nachfolger Erich Honecker im Januar 1989 unverdrossen. Ein gründlicher Irrtum. Im Herbst bricht sich die politische Wende von Leipzig aus Bahn und bringt nach 28 Jahren schließlich auch die Mauer zu Fall.

Durch die Ostsee in die Freiheit

Spektakulär ist die Flucht des Leipziger DHfK-Schwimmers und DDR-Meisters Axel Mitbauer durch die Ostsee in die Freiheit. Von oben bis unten mit Vaseline eingeschmiert, einem Broiler und drei Tassen Kaffee im Bauch, steigt er am 17. August 1969 um 21 Uhr am Strand von Boltenhagen ins Meer. Die ein bis zwei Minuten, die der Suchscheinwerfer der Grenztruppen abkühlen muss, nutzt der Hochleistungssportler, um unbemerkt den Küstenstreifen hinter sich zu lassen. Mitbauer orientiert sich am Sternenhimmel, schwimmt immer Richtung Nordwesten. Nach drei Stunden und 22 Kilometern Kraul erreicht er dank Flossen und günstiger Strömung die Leuchtboje 2a in der Kieler Bucht. Am Morgen nimmt das Fährschiff „Nordland" den 19-Jährigen an Bord. „Welchen Weltrekord willst du denn aufstellen?", fragt ihn der verdutzte Kapitän. „Ich heiße Axel Mitbauer, aus Leipzig. Ich will in die Bundesrepublik, weil ich von der DDR die Schnauze voll habe", antwortet er.

Der junge Mann absolviert die Sporthochschule in Köln, lässt sich später mit Frau und Sohn an der deutsch-schweizerischen Grenze nieder. Dem „nassen Element" bleibt er treu: als erfolgreicher Schwimmtrainer.

1964

Sensation: Chemie holt den Meistertitel

Das wochenlange Kopf-an-Kopf-Duell mit Empor Rostock ging am 10. Mai 1964 zu Ende: Die BSG (Betriebssportgemeinschaft) Chemie Leipzig war DDR-Meister im Fußball. Mit einem 2:0-Sieg bei Turbine Erfurt standen die Grün-Weißen sensationell als Titelträger fest.

Dabei hatte die von höchster SED-Ebene angeordnete Umbildung der Leipziger Fußballvereine ein ganz anderes Ziel: 1963 mussten die vermeintlich leistungsstärkeren Spieler zum SC Leipzig, dem Vorgänger des 1. FC Lokomotive, wechseln. Der „Rest" ging zur BSG Chemie. Für viele Experten stand diese Truppe schon vor Beginn der Saison als sicherer Absteiger fest. Mit einer Statistenrolle wollten sich aber die Chemiker um ihren bald zur Legende aufsteigenden Trainer Alfred Kunze nicht zufrieden geben.

Der 1909 in Leipzig geborene Fußball-Lehrer, der bei einem Arbeitersportverein in Stötteritz das Fußballspielen gelernt hatte, packte seine Spieler bei der Ehre - den 18-jährigen Jörg Ohm genauso wie den zehn Jahre älteren Konditor Bernd Herzog oder den bald unverzichtbaren Torjäger Bernd Bauchspieß.

Die Meisterelf von 1964 ...
... 40 Jahre später ...
... und in Beton gegossen am Alfred-Kunze-Sportpark.

Kunze formte aus den Außenseitern ein schlagkräftiges Team, das spielerische Defizite durch großen Einsatz ausgleichen konnte. Schon der Saisonstart am 11. August 1963 verlief nach Wunsch: Im Leutzscher Sportpark besiegten die Grün-Weißen vor 20.000 Zuschauern die Favoriten von Wismut Aue mit 2:0. Kunze hatte seine Jungs „heiß gemacht", sie mit der Order aufs Feld geschickt: „Zeigt es allen, die euch als Versager hinstellen!" Und an der Kabinentür standen die Worte: „Wer nicht alles gibt, gibt nichts!"

Der Titelgewinn entwickelte sich zum Politikum: Chemie galt als Mannschaft des Volkes, der SCL, später 1. FC Lok, als die der Partei. Die Trennung der Fußballmächte wirkt bis in die Gegenwart: Der harte Kern der Fans von Chemie, heute FC Sachsen, und von Lok, steht sich unversöhnlich gegenüber. Alfred Kunze aber ist längst in die Fußballgeschichte eingegangen. 1967 trat er von seinem Traineramt bei Chemie zurück und arbeitete als Lehrer am Wissenschaftlichen Zentrum der Deutschen Hochschule für Körperkultur und Sport (DHfK). Dem Verein hielt er stets die Treue. So konnte er noch erleben, wie der Leutzscher Sportpark, zu DDR-Zeiten nach dem Antifaschisten Georg Schwarz benannt, den Namen „Alfred-Kunze-Sportpark" erhielt. Am 19. Juli 1996 starb die Trainerlegende im Alter von 86 Jahren in Leipzig.

Jubelnde Fans am 10. Mai 1964 und Trainerlegende Alfred Kunze.

Von der BSG Chemie zum FC Sachsen.

Der „Spießer"

Bernd Bauchspieß hatte 1950 im Alter von elf Jahren bei Chemie Zeitz als aktiver Fußballer begonnen. Nach dem Aufstieg der Zeitzer in die Oberliga feierte er 1959 sein Debüt in der höchsten Spielklasse der DDR - und holte mit 18 Treffern sofort die Krone des Torschützenkönigs. In der folgenden Saison verteidigte er diesen Titel mit 25 Treffern. Nach dem Abstieg seiner Mannschaft wechselte er zu Dynamo Berlin, kehrte aber schon nach einem Jahr zu Chemie Zeitz zurück. Ab 1962 spielte Bauchspieß dann bei Chemie Leipzig - und erlebte hier die Höhepunkte seiner Karriere. Mit seinen Toren hatte der „Spießer", wie ihn die Fans nannten, großen Anteil an der Glanzzeit von Chemie. Im Meisterjahr 1964 schoss er sich mit 14 Treffern zum dritten Mal an die Spitze der Oberliga-Torschützenliste. Insgesamt traf Bernd Bauchspieß in 264 Oberliga-Spielen 120-mal ins Tor. Bis heute gilt er als der bekannteste Spieler in Grün-Weiß.

Bernd Bauchspieß in Aktion.

Fußballmomente - großartig, dramatisch, unvergesslich

Ein Foto, leicht verschwommen in Schwarz-Weiß, gehört zu den Kultaufnahmen vom Fußballgeschehen in Leipzig: Fritz Walter, 1954 einer der WM-Helden von Bern, erzielt am 6. Oktober 1956 vor offiziell 110.000 Zuschauern im neu eröffneten Leipziger Zentralstadion sein legendäres Hackentor. Seine Kaiserslauterer gewinnen gegen den SC Wismut Karl-Marx-Stadt 5:3, das Tor mit der Hacke sorgte für den 4:1-Zwischenstand.

„Ich habe in meiner Karriere einige Tore mit der Hacke geschossen, aber keines vor so vielen Zuschauern", erinnerte sich der Ehrenspielführer der deutschen Nationalmannschaft später an das auch für ihn unvergessliche Spiel. Vermutlich waren es sogar 120.000 Besucher (400.000 Kartenanfragen), die in der riesigen Stadionschüssel die damals sehr populäre Mannschaft des 1. FC Kaiserslautern mit ihren Weltmeistern live erlebt haben. Nur einige Wochen später wollten 250.000 Fans das Spiel des SC Leipzig gegen Schalke 04 verfolgen. Gut 100.000 sahen den 3:1-Sieg der Knappen.

Das Zentralstadion war der wichtigste Austragungsort für die Länderspiele der DDR-Auswahl. Am 19. Mai 1957 erlebte Leipzig mit dem ersten WM-Qualifikationsspiel der Nationalmannschaft den Einstieg in den großen internationalen Fußball. Die DDR siegte 2:1 gegen Wales. Unvergessen auch der 26. September 1973, als die Mannschaft gegen Rumänien 2:0 gewann und damit die WM-Endrunde in der Bundesrepublik erreicht hatte.

Volksfeststimmung herrschte ebenso am 29. Mai 1974. Die DDR-Elf unter Trainer Georg Buschner trat zum dritten Mal gegen England an und wollte nun endlich gewinnen. Das Spiel hatte eine besondere Bedeutung, war es doch der letzte Test vor der erstmaligen WM-Endrunden-Teilnahme. Am Ende stand es 1:1. Der Magdeburger Joachim Streich hatte den Treffer zum 1:0 erzielt, die Briten im Gegenzug ausgeglichen.

Zu den Spielen, die Fußball-Leipzig nie vergessen wird, gehören auch Auftritte des 1. FC Lokomotive Leipzig. Drei Tage vor Weihnachten 1966 besiegten die Blau-Gelben den haushohen Favoriten Benfica Lissabon mit ihrem Weltstar Eusebio 3:1. 1974 schaltete Lok nacheinander im Europapokal AC Turin, Wolverhampton Wanderers, Fortuna Düsseldorf und Ipswich Town aus. Erst im Halbfinale scheiterte die Mannschaft an Tottenham Hotspurs.

1987 dann das große Spiel im Zentralstadion um den Einzug ins Europacup-Finale gegen Girondins Bordeaux: Die Ordner hatten nach 73.000 verkauften Eintrittskarten kapituliert und ließen die „Schüssel" einfach bis auf den letzten Stehplatz zulaufen. Das Match gegen die Franzosen gestaltete sich zu einem der dramatischsten in der Geschichte des Stadions, das erst im Elfmeterschießen ein für die Leipziger glückliches Ende fand. Torhüter René Müller hatte den Schuss von Zoran Vujovic pariert und verwandelte danach selbst den letzten Elfmeter zum 6:5-Endstand. Das Finale in Athen verloren Müller und Co. dann 0:1 gegen Ajax Amsterdam. Marco van Basten schoss das Siegtor. Einige Hundert gut ausgewählter Fans durften per Bahn oder sogar mit dem Flugzeug in die griechische Hauptstadt reisen und für wenige Stunden die freiere Welt genießen.

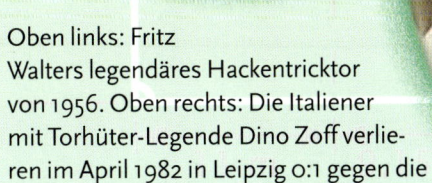

Oben links: Fritz Walters legendäres Hackentricktor von 1956. Oben rechts: Die Italiener mit Torhüter-Legende Dino Zoff verlieren im April 1982 in Leipzig 0:1 gegen die DDR. Darunter: WM-Teilnahme 1974 perfekt - Joachim Streich beim 2:0 gegen Rumänien.

Wolfram Löwe erzielt im Europapokal-Halbfinale 1974 gegen Tottenham Hotspurs (1:2) ein Kopfballtor.

Rechts: Fußballstars Torres und Eusebio (r.) 1966 beim Training im Zentralstadion.

Ein bisschen „freie Welt" verbreitete 1988 auch der EC-Auftritt des SSC Neapel in Leipzig. Beim 1:1 sahen fast 100.000 Fans noch den ranken, schlanken Diego Armando Maradona. Leipziger Fußballgeschichte schrieben ebenfalls Begegnungen auf anderen Plätzen - darunter ein eigentlich ganz normales Oberliga-Spiel im Bruno-Plache-Stadion. Am 22. März 1986 trafen in Probstheida der 1. FC Lok und der BFC Dynamo aufeinander. Bei einem Sieg hätten die Leipziger noch mit Chancen auf die DDR-Meisterschaft rechnen können. Durch ein frühes Tor von Olaf Marschall führte Lok nach zwei Minuten mit 1:0. Erst in einer schier endlosen Nachspielzeit, die Schiedsrichter Bernd Stumpf gewährte, konnte der BFC die drohende Niederlage abwenden. Frank Pastor verwandelte in der 94. Minute einen mehr als umstrittenen Foul-Elfmeter. Im Sächsischen Tageblatt war die Rede von einem „Fall-Elfmeter". Die Bevorzugung des BFC, Lieblingsklub von Stasi-Chef Erich Mielke, hatte mit dem Spiel in Leipzig ihren unrühmlichen Höhepunkt erreicht. „Quo vadis, Oberligafußball? Wohin gehst du, wenn Spitzenspiele unter solch irregulären Bedingungen ablaufen?", hieß es übrigens - ziemlich kühn für damalige Zeiten - auch noch im Tageblatt.

Aufstieg und Abstieg des VfB

1993 feiert der VfB Leipzig, ein Jahr zuvor aus dem 1. FC Lokomotive neu hervorgegangen, seinen 100. Geburtstag. Wie auf Bestellung gelingt in dieser Saison der sensationelle Aufstieg in die 1. Fußball-Bundesliga. Vor 38.000 Zuschauern wird im Zentralstadion mit einem 2:0-Sieg gegen den FSV Mainz 05 das Wunder wahr. Doch das Erstliga-Abenteuer endet kurze Zeit später wenig erfreulich. Ab dem 18. Spieltag gelingt nicht mehr der Sprung vom letzten Tabellenplatz. Auch die dringend benötigten Zuschauer bleiben aus. Der VfB spielt noch bis 1998 zweitklassig, steigt danach aber weiter ab. 1999 muss der Verein mit einem Defizit von 19 Millionen Mark die Insolvenz beantragen. Die Schulden wachsen weiter, sportlich folgt die Viertklassigkeit. Am 21. April 2004 entscheidet die Gläubigerversammlung die Auflösung des Traditionsvereins. Die erfolgreichen Nachwuchsteams und die weiter bundesligageprüften Fußballerinnen übernimmt der neu gegründete 1. FC Lokomotive Leipzig. Die erste Fußball-Männermannschaft muss ganz von vorn anfangen - und arbeitet sich von der untersten Spielklasse wieder Schritt für Schritt nach oben.

Dieter Kühn nach dem EC-Halbfinalsieg 1987 gegen Girondins Bordeaux.

Maradona (Mitte) 1988 im Zentralstadion.

Als Skandalspiel geht die Partie von 1986 zwischen Lok Leipzig und BFC Dynamo in die Fußballgeschichte ein.

Riesenjubel beim Aufstieg des VfB 1993 in die 1. Fußball-Bundesliga.

Ex-Nationalspieler Lothar Matthäus unterstützt den 1. FC Lok mit einem „Gastspiel" im Stadtpokal-Halbfinale 2005.

Nach der Wende gab der SC Leipzig noch ein zwölfmonatiges Gastspiel in der Bundesliga, dann verschwand die einstige Handball-Hochburg von der Bildfläche. Allerdings nur bei den Männern. Leipzigs Handballerinnen hingegen sind in Deutschland die Nummer eins, holen mehrfach Meisterschaft und Pokal – und damit weiter die öffentliche Anerkennung, die sie sich im April 1966 mit ihrem ersten Europapokalsieg gegen HG Kopenhagen verschafft hatten. Im selben Monat schlug auch für die Männer des SC DHfK unter ihrem Trainer Hans-Gert Stein die große Stunde, als sie sich im EC-Finale gegen Honved Budapest 16:14 durchsetzten. Einer ihrer herausragenden Akteure war Paul Tiedemann, für viele der beste Leipziger Handballer aller Zeiten. „Da gab es auch viele andere", wehrt Tiedemann ab – und nennt stellvertretend Peter Randt, die Brüder Karl-Heinz und Peter Rost, Axel Kählert, Sigi Voigt, Peter Hofmann, Lothar Doering, Klaus Franke, Horst Jankhöfer, Horst Palitzsch und Peter Kretzschmar. Aber Tiedemann, Jahrgang 1935, galt schon früh als Handball-Legende. Er war der erste Deutsche mit 100 Länderspielen, dazu kam der Europacup-Sieg und vor allem seine Art zu spielen. Mit 1,85 Meter als Handballer eher klein, brillierte er mit seiner Eleganz, seinem Spielwitz und seinen Finten. Als Trainer war Tiedemann nicht weniger erfolgreich. 1980 holte er in Moskau als DDR-Nationaltrainer den Olympiasieg. „Eine Klasse-Mannschaft, in der alles stimmte", lobt er noch heute und kann sich nahezu an jede Szene des 23:22-Sieges über den Gastgeber Sowjetunion erinnern.

„Aber die Entwicklung des Leipziger Männerhandballs tut schon weh", seufzt Tiedemann, der seit vielen Jahren im österreichischen Linz lebt. Den dortigen Verein führte er 1994 bis ins Endspiel des EHF-Cups. Leipzig besucht er hin und wieder, trifft einstige Weggefährten und erzählt von alten erfolgreichen Zeiten. Auch von jenem Spiel mit einem Zuschauer-Weltrekord für die Ewigkeit: 80.000 Besucher saßen am 14. Juli 1957 im Leipziger Zentralstadion auf den Rängen, als die DDR (ohne Tiedemann) gegen die Bundesrepublik 14:19 verlor – auf dem Großfeld. Peter Kretzschmar erinnert sich noch gut daran und flachst darüber oft mit seinem Sohn Stefan, Magdeburger Linksaußen und ehemaliges Aushängeschild der Nationalmannschaft: „Du kannst im Gegensatz zu mir Weltmeister, Olympiasieger oder Europapokalsieger werden", sagt der Vater, später in Leipzig erfolgreicher Frauen-Trainer. „Vor so vielen Zuschauern wie ich wirst du aber nie spielen."

Die Verhältnisse in der Familie Kretzschmar wären somit geklärt. Wobei auch Mutter Waltraud noch ein gewichtiges Wort mitreden könnte. Sie gehörte vor allem in den 70er-Jahren zu den besten Spielerinnen der Welt. Petra Uhlig, das Temperamentsbündel am Kreis, stand ihr kaum nach. Auch an Maria Winkler, Hannelore Zober, Beate Kühn-Kreische, Bärbel Braun oder Barbara Helbig erinnern sich die Handballfreunde gern. Nach der Wende sorgten Kerstin Mühlner, Kerstin Nindel, Andrea Stolletz oder Anja Krüger dafür, dass die Tradition in Leipzigs Frauen-Handball erhalten blieb. Grit Jurack vor allem setzte sie fort – auch wenn die wurfgewaltige Linkshänderin und deutsche Nationalspielerin inzwischen nach Dänemark wechselte. Dass der HCL auch ohne sie zu den besten Adressen in Europa gehört, lässt die Anerkennung für den Verein nur noch wachsen.

Handball-Sternstunden: Europacup im Doppelpack

Grit Jurack (links) wird 1998 mit dem VfB (HCL) erstmals Deutscher Meister.

Kerstin Nindel, Kerstin Mühlner und Anja Krüger (von links).

Waltraud Kretzschmar (links) mit dem Weltmeister-Pokal 1978.

Links: Die Doppel-Europapokalsieger von 1966 bei der Ehrung als „Meister des Sports".
Rechts: DDR-Nationaltrainer Paul Tiedemann jubelt mit seiner Mannschaft über den Olympiasieg 1980.

Paul Tiedemann

1964

Von eins auf 170: Karosseriebauer schafft Quantensprung

Schwerer Anfang 1964 auf dem Gelände in der Bernhardtstraße.

Karosserie-Werkstatt mit Trabis in den 60er-Jahren.

Neustart nach der Wende mit BMW-Händlervertrag.

Skoda-Autohaus heute.

Das Autohaus im Gewerbepark am Paunsdorf Center.

Rolf Müller war gerade 25 Jahre alt, als er den Weg in die Selbstständigkeit wagte. Er begann mit dem, was er gelernt hatte: Karosseriebauer. Mit einer spartanischen Werkstatt in der Bernhardtstraße übernahm er Anfang 1964 auch den einzigen Mitarbeiter des Vorgängers. Heute beschäftigt das Autohaus Müller 170 Angestellte in mehreren Filialen, vertritt die Marken BMW samt Mini und Motorrädern sowie Skoda und Seat.

„Was ich mit meinen Händen gelernt habe, können nur noch wenige", sagt der heutige Seniorchef. Rolf Müller erlernte sein Fach von der Pike auf. 1952 bis 1955 stand er in einem kleinen Schmiedebetrieb im Werkstättenweg eine harte Lehrzeit durch. „Bei einem alten und strengen Lehrmeister, der noch mit der Hand erzog", erinnert er sich. Die Autos in der Werkstatt stammten zum großen Teil aus der Zeit vor dem Zweiten Weltkrieg. Findigkeit und Können mussten den Mangel an Ersatzteilen und Material ausgleichen. Später, im VEB Karosseriewerk in der Holbeinstraße, dankte Müller seinem Lehrmeister im Stillen - und gewann Selbstbewusstsein im Beruf. Der Betrieb vertraute ihm rasch knifflige Aufgaben wie den Bau von Bus-Karosserien an. Die eigene Werkstatt forderte Rolf Müller nicht nur fachlich heraus. „Eigentlich war das nur ein Bretterschuppen", sagt er. „Keine Wasserleitung, keine Kanalisation, ungepflasterter Hof, kein Büro - heute undenkbar. Wir haben alles selbst bauen müssen - nach Feierabend, auch am Wochenende, mit Unterstützung der ersten Mitarbeiter." Erika und Rolf Müller lernten, unter schwierigen Bedingungen einen Betrieb in Gang zu bringen. Sie schlossen für Trabant und Wartburg Verträge ab. Erika Müller führte die Bücher, beschaffte die Teile für den Trabant, war im Lastwagen mit Anhänger unterwegs, putzte Büro und Werkstatt. Der junge Meister bot von der Unfallreparatur bis zur Generalüberholung alles an. „Wir haben ganze Karosserien gebaut und aus alten Autos neue zusammengeschraubt", schaut Müller auf die Jahre der Mangelwirtschaft zurück. Die Kunden rannten ihm die Werkstatt ein. „Einem von zehn konnten wir helfen, mehr Material war nicht da", sagt er.

Bald beschäftigte der Betrieb zehn Mitarbeiter und bildete Lehrlinge aus. Als Obermeister stand er der Innung der Karosserie- und Fahrzeugbauer vor. Er lernte die Sorgen und Nöte der Branche kennen. Im gesamten Bezirk Leipzig nahm er Meister- und Gesellenprüfungen ab - und bedauert heute, dass die industrielle Fertigung das handwerkliche Können immer mehr verdrängt hat.

Als die DDR 1972 private Betriebe verstaatlichte, verschwanden Müllers einfach vier Wochen - in Urlaub. „Es waren grausame Wochen", gesteht er. Aber als das Ehepaar zurückkehrte, war die Welle vorbei - und die Eigenständigkeit gerettet. In den 80er-Jahren errichtete Rolf Müller eine moderne Lackiererei - einmalig in der DDR: mit einer Sondergenehmigung,

Frank, Elke und Rolf Müller (von links).

mehr als die zehn erlaubten Mitarbeiter anzustellen. Die von ihm erdachte und in den Sprio-Werken Holzhausen gefertigte Anlage lief hervorragend. Doch wieder griff der Staat danach - und entzog die Sondergenehmigung. Müllers holten kurzerhand Sohn Frank aus dem Hörsaal der Ingenieur-Schule und teilten den Betrieb. Der Bürokratie war damit Genüge getan. 1989 beschäftigten die beiden erfolgreichen Firmen zusammen 24 Mitarbeiter.

Karosserie-Lackierung heute.

Treffpunkt für Biker.

Gebrauchtwagenzentrum „CarHall". Links: Präsentation von Neuwagen.

Spaß mit Bio: Alfred Biolek (l.) und Rolf Müller kochten 2003 gemeinsam im Autohaus.

Mit Volldampf voraus: Elke Müller beim 40-jährigen Geschäftsjubiläum 2004.

Gleich nach der Wende fuhr der Innungsobermeister über die geöffnete Grenze gen Westen, um Kontakt zu den dortigen Berufsverbänden zu knüpfen. Rolf Müller hielt die Nase aufmerksam in den Wind der Marktwirtschaft, denn auch sein Unternehmen brauchte eine neue Perspektive. Wer sollte noch Trabis und Wartburgs reparieren lassen, wenn alle ein modernes Auto fahren konnten?

Die Firma übernahm einen BMW-Händlervertrag, erlebte wieder einen Ansturm - und schaffte den Quantensprung von der Trabi-Werkstatt zum modernen BMW-Autohaus: Nach nur neun Monaten Bauzeit eröffneten Müllers am 5. September 1994 im Gewerbepark am Paunsdorf Center ihr neues Domizil. Jetzt zahlte sich aus, dass beide Kinder auf die Übernahme des elterlichen Betriebes vorbereitet waren - Sohn Frank als gelernter Karosseriebauer, Tochter Elke als Autosattlerin. Rolf Müller wandelte den Betrieb 1994 in eine GmbH um. Sohn und Tochter traten als Gesellschafter und Geschäftsführer an seine Seite. Und das Unternehmen wuchs weiter. 1994 übernahm es den Händlervertrag für Eilenburg. Auf dem erweiterten Grundstück des Vorgängers errichtete die Firma ein zweites modernes Autohaus mit 17 Mitarbeitern. Hier führte sie auch Rover-Modelle, bis BMW die Marke abgab. Zur Markteinführung des BMW Mini 1998 übernahm das Autohaus die Händlerrechte auch für diese Marke.

2000 erschloss das Unternehmen den Markt in Wittenberg - anfangs in einem Provisorium, seit 2002 in einem repräsentativen Neubau an der Dessauer Straße. 18 Mitarbeiter verkaufen hier Autos und Motorräder von BMW und Seat.

„Wer heute bestehen will, muss mit mehreren Marken handeln", meint der Seniorchef. Wo er einst mit einem Mitarbeiter startete, verkauft er heute Skodas. 2002 übernahm die Müller-Gruppe auch den Bereich Wurzen für die tschechische Automarke - und errichtete in der Kleinstadt eine weitere moderne Filiale für den Verkauf von BMW und Skoda.

95 Angestellte arbeiten im Paunsdorfer Stammhaus. Hier treffen sich auch die BMW-Biker zu ihren Stammtischen, planen Ausfahrten und gemeinsame Reisen. Hier etablierten die drei Geschäftsführer auch die Marke Seat und konzentrierten den Handel mit Gebrauchtwagen - vornehmlich der eigenen Marken. Wer „nur" einen Gebrauchten kauft, dem rollen Müllers trotzdem den roten Teppich aus. Perfekter Service sei oberstes Gebot, sagt der Seniorchef: mit maßgeschneiderten Angeboten für jeden Kunden und perfekter Rundum-Betreuung der Fahrzeuge. „Der Markt hat sich total verändert, die Leute rennen uns nicht mehr die Tür ein", beschreibt Rolf Müller die neuen Herausforderungen. Sein Unternehmen der nächsten Generation in die Hände zu legen, fällt ihm nicht schwer. Mit Respekt spricht Rolf Müller von den Leistungen des Nachwuchses: „Mein Sohn hat mit großer Konsequenz das Ruder in der Hand. Und meine Tochter, verantwortlich für alle Verkaufsaktivitäten, gehört mittlerweile zum Verbandspräsidium und Vertriebsausschuss der BMW-Handelsorganisation - gewählt von allen deutschen BMW-Händlern."

1965

Beat-Demo: Jugendprotest am Reformationstag

Es war die größte oppositionelle Kundgebung seit dem Arbeiteraufstand 1953: Am Vormittag des 31. Oktober 1965 versammelten sich etwa 2.000 Jugendliche auf dem Wilhelm-Leuschner-Platz zu einem Protestmarsch, der als „Beat-Demo" in die Geschichte eingehen sollte (Aufruf oben rechts). Anlass für das Aufbegehren war das Verbot der in Leipzig sehr beliebten Band „The Butlers". Klaus „Renft" Jentzsch hatte sie 1964 gegründet. Doch die Kulturfunktionäre teilten ihm mit: „Während Tausende junge Menschen unserer Stadt in der Volkskunstbewegung Freude, Erholung, Bildung und ästhetische Befriedigung suchen und finden, müssen wir feststellen, dass Ihre Gitarrengruppe der sozialistischen Laienkunstbewegung Schaden zufügt." Die Presse bezeichnete die Musiker als „Steuerhinterzieher", „Arbeitsbummelanten" und „Gammler".

Als die Fans am Reformationstag dagegen protestieren wollten, schlug die Staatsmacht mit aller Härte zu: Ein Wasserwerfer trieb die Demonstranten durch die Innenstadt, gefolgt von Polizisten mit Hunden und Gummiknüppeln. 107 junge Leute mussten danach „als notwendige Erziehungsmaßnahme" im Braunkohle-Tagebau schuften. Einige durften erst Weihnachten zurück nach Hause und trugen noch dieselbe Kleidung wie bei ihrer Festnahme. Und in Berlin erregte sich SED-Chef Walter Ulbricht: „Ist es denn wirklich so, dass wir jeden Dreck, der vom Westen kommt, kopieren müssen? Ich denke, Genossen, mit der Monotonie des Yeah, Yeah, Yeah und wie das alles heißt, ja, sollte man doch Schluss machen."

Einige Jahre später darf nach einer vorübergehenden Liberalisierung der DDR-Kulturpolitik die Klaus Renft Combo wieder auftreten. Die Illustrierte „Stern" nennt sie „die Stones des Ostens". Nach erneutem Verbot 1975 wegen „staatsfeindlicher Hetze" gehen drei Band-Mitglieder in den Westen. Erst nach der Wende können die Fans ihren Idolen von einst wieder zujubeln: Renft und die Butlers geben zahlreiche Konzerte, darunter auch zum 40. Jahrestag der Beat-Demo. Am 9. Oktober 2006 stirbt Klaus „Renft" Jentzsch im Alter von 64 Jahren an Krebs. Ein großes Gedenkkonzert versammelt sechs Wochen später im Leipziger Klubhaus „Anker" noch einmal alle Weggefährten auf der Bühne.

Oben: Mit Karikaturen wie dieser verhöhnte die „sozialistische Pesse" die „amerikanisierten Halbstarken". Links die Klaus Renft Combo Anfang der 70er-Jahre und 2006.

Aus-Zeit

An dieser Stelle eine Auszeit nehmen und mehr zum Thema lesen? Hier drei Buchtipps: Die „Jugendsubkultur in Leipzig 1957-1968" beschreibt Yvonne Liebing in ihrem Buch „All you need is beat" (Forum-Verlag, 2005). Eine wichtige Rolle spielt die Beat-Demo auch in „Es geht seinen Gang" (Mitteldeutscher Verlag, 1978), dem Kult-Roman von Erich Loest. Und Klaus Renft blickte in seiner Autobiografie „Zwischen Liebe und Zorn" (Schwarzkopf & Schwarzkopf Verlag, 1997) auf die Ereignisse zurück.

Lipsi contra Elvis

„Heute tanzen alle jungen Leute nur im Lipsi-Schritt", sang 1959 DDR-Schlagersternchen Helga Brauer. Doch die Jugendlichen in der DDR hatten ihre eigene Version: „Wir brauchen keinen Lipsi und keinen Ado Knoll, wir brauchen Elvis Presley mit seinem Rock and Roll!" Ado Knoll war Chef eines staatlichen Unterhaltungsorchesters und der Lipsi die kuriose ostdeutsche Antwort auf den „westlich-dekadenten" Rock 'n' Roll und Twist.
Auf der Tanzmusikkonferenz 1959 in Lauchhammer hatten die Funktionäre die „Weltneuheit" präsentiert. Erfinder waren der Komponist René Dubianski und das Tanzlehrer-Ehepaar Christa und Helmut Seifert aus Leipzig. Die Verbindung zweier Walzertakte zu einem 6/4-Takt meldeten die Behörden sogar zum Patent an. Doch nicht nur Helmut Seifert erkannte bald: „Wenn ein junger Mensch gern Rock 'n' Roll tanzen will - und dabei wird eben gehüpft - da kann man nicht hingehen und sagen: ‚Nun lass doch mal das Hüpfen weg!'" Und so tanzten alle jungen Leute nie im Lipsi-Schritt ...

The Butlers 1965 und 28 Jahre später.

Die „Lipsi-Kings": Das Ehepaar Seifert demonstriert seine Tanz-Kreation. Daneben zeigt Elvis, wie es im Westen „abging".

Hits erobern Millionen

Ob Rock, Pop oder Schlager: Hits aus Leipzig eroberten ein Millionenpublikum. 1962 startete Frank Schöbel seine außergewöhnliche Karriere. Nach „Lucky-Lucky" und „Blonder Stern" stand er schon drei Jahre später in der Publikumsgunst ganz oben. Als kleine Sensation galt der Auftritt des DDR-Schlagerstars 1971 in „Studio B" und anderen West-Sendungen. Mit „Wie ein Stern" hatte es der Sunnyboy aus Leipzig geschafft, die Charts in beiden Teilen Deutschlands zu erobern. Sogar zur Eröffnung der Fußball-WM 1974 im Frankfurter Waldstadion durfte er singen - auf Weisung der DDR-Politbürokraten aber nicht „Der Fußball ist rund wie die Welt" sondern die B-Seite „Freunde gibt es überall". Mit „Weihnachten in Familie" veröffentlichte „Frankie Boy" 1985 das meistverkaufte Album der DDR. 2002 feierte er mit einer Tournee 40-jähriges Bühnenjubiläum und 60. Geburtstag. Eine der erfolgreichsten deutschen Popgruppen aller Zeiten kommt ebenfalls aus Leipzig: die Prinzen. In den 80er-Jahren traten die fünf ehemaligen Thomaner bereits als „Herzbuben" auf. Doch erst nach der Umbenennung 1991 ging es steil bergauf: Für ihre frechen Texte und den unnachahmlichen A-cappella-Gesang heimsten die Prinzen 14 goldene Schallplatten, sechs Platinscheiben, den Echo, die Goldene Stimmgabel und viele andere Preise ein. „Millionär", „Küssen verboten" und „Soviel Spaß für wenig Geld" gehören zu ihren größten Hits. Bereits 1978 marschierte Karat „Über sieben Brücken" an die Spitze der Charts - und verschaffte nebenbei auch Peter Maffay mit seiner Cover-Version des Titels einen Riesenerfolg. Der Text, inzwischen in viele Sprachen übersetzt, stammte aus Leipzig: Schriftsteller Helmut Richter hatte 1975 eine deutsch-polnische Liebesgeschichte unter dem Titel „Über sieben Brücken mußt du gehn" geschrieben. Zwei Jahre später interessierte sich das DDR-Fernsehen für die Erzählung - und Richter verfasste den Text für die Filmmusik. „Die Hit-Zeile existierte schon, sie wartete gewissermaßen darauf, vertont zu werden. Und sie wirkte plötzlich wie eine Harpune: Es war mir ein großes Vergnügen, den Text zu Ende zu schreiben", erinnert sich der Schriftsteller. Mehr als zehn Millionen Käufer fand der 1978 erstmals auf Platte erschienene Mega-Hit „Am Fenster" von City. Den Text entdeckten die Berliner Musiker in einem Lyrik-Bändchen der Leipziger Schriftstellerin Hildegard-Maria Rauchfuß. Nach ihrem ersten Auftritt in West-Berlin feierte die bundesdeutsche Presse die Gruppe und den Titel als „gesamtdeutsche Sensation mit Weltniveau". Radio Fritz kürte das Lied im Jahr 2000 zum besten deutschen Rocksong des 20. Jahrhunderts.

Als „Hit-Text-Fabrik" für unzählige Interpreten galt der in Leipzig lebende Liedermacher Kurt Demmler. 1965 trat er mit seinen ersten eigenen Songs auf. Für Nina Hagen ist Demmler „der erfolgreichste Songtexter der DDR". Fast alle Rock- und Popgrößen des Landes arbeiteten mit dem gelernten Allgemeinmediziner zusammen. Mit seinen eigenen Platten, darunter „Die Lieder des kleinen Prinzen", schrieb der 1943 geborene Demmler ebenfalls DDR-Musikgeschichte. Und auch der erfolgreichste Schlager-Komponist des Ostens war ein Leipziger: Arndt Bause (1936-2002). Gassenhauer wie „Erna kommt", „Ich geh' vom Nordpol zum Südpol" oder „Jetzt kommt dein Süßer" entsprangen seiner Feder. Mit „Spielverderber" verhalf Bause zudem seiner Tochter Inka zum Durchbruch. Einen seiner größten Hits landete er mit dem Leipziger Kabarettisten Jürgen Hart als Interpreten: „Sing, mei Sachse, sing" trällerte 1979 die halbe Republik.

Seit mehr als 40 Jahren erfolgreich: Frank Schöbel.

Als „Herzbuben" in den 80er-Jahren gestartet, in den 90ern in den Charts ganz oben: die Prinzen.

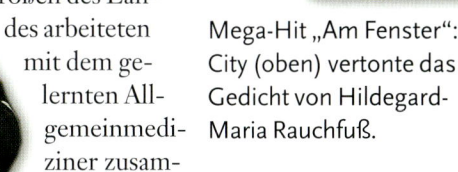

Erfolgreichster Songtexter der DDR: Liedermacher Kurt Demmler.

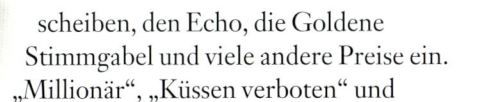

„Über sieben Brücken": Helmut Richter (oben) schrieb den Text für Karat.

Mega-Hit „Am Fenster": City (oben) vertonte das Gedicht von Hildegard-Maria Rauchfuß.

Erfolgreichster Schlager-Komponist der DDR: Arndt Bause.

Satchmo, Fips Fleischer und die Jazz-Szene

Am Tag, als die SED mit viel Polit-Pomp die Eröffnung der Frühjahrsmesse zum 800. Geburtstag der Stadt feiern lässt, ist in der Leipziger Volkszeitung auf Seite eins unten rechts noch Platz für eine Nachricht - und eine Sensation für die Leser: „Louis Armstrong kommt nach Leipzig".
Knapp vier Wochen später, am 23. und 24. März 1965, ist es so weit. In der Messehalle 3 gibt der King of Jazz drei Konzerte vor jeweils mehr als 4.000 Fans. Die Auftritte beginnen mit Satchmos Erkennungsmelodie „When it's sleepy time down south" und erleben ihren Höhepunkt mit „Hello Dolly", das der fast 65 Jahre alte Vollblutmusiker mit seinen All Stars sogar dreimal wiederholen muss. Am Ende: Beifallsstürme und Sprechchöre für Armstrong, der zum Abschluss seines DDR-Gastspiels sagt: „Das Publikum war fantastisch. Wir alle haben jede Minute des Zusammenseins in den Konzerten ausgekostet."
So geht es auch der Leipziger Swing-Legende Fips Fleischer, der das Vergnügen hat, mit Satchmo zusammenzutreffen. „Fips has feeling. He is like my son", sagt der Welt-Star zum etwas regionaleren. Der König des Jazz trifft den King of Swing, wie „FF" im Osten Deutschlands genannt wird. Fleischers Bands glänzen mit internationalem Format, sie sind Devisenbringer, sorgen für Furore auch dort, wo sonst die Kollegen namens Greger, Strasser und Kuhn agieren. Fips hat den Swing im Blut, und er denkt nicht in musikalischen Grenzen: „Für mich gibt es nur gute und schlechte Musik."
Seit 1947 lebt Fleischer, der aus dem Erzgebirge stammt, in Leipzig. Hier ist er zunächst Drummer im Orchester Kurt Henkels, bevor er 1957 seine erste eigene Musikformation gründet. Später begleiten die „FF"-Bands internationale Stars wie Udo Jürgens oder Caterina Valente. Zum 30. Bandjubiläum begeistert der Meister seine Fans bei einer riesige Party in der Kongreßhalle. Fips Fleischer, der sich auch mit seinem „Pinguin Mambo" in die Herzen der Fans jazzt, stirbt im Juni 2002 im Alter von 79 Jahren.
Doch seine Musik lebt weiter - dank des Jazzclub Leipzig und dessen Jazztage. Was ganz klein, bescheiden und im Windschatten der sozialistischen Kulturpolitik 1976 zunächst nur mit einzelnen Konzerten im Kino oder Hörsaal beginnt, entwickelt sich zu einem der wichtigsten Modern-Jazz-Feste Deutschlands. Als eine der wenigen kulturellen Organisationsformen überlebt der Jazzclub die Wende 1989. Stars aus aller Welt wollen in Leipzig spielen: John McLaughlin, Jan Garbarek, Chick Chorea. Nat Adderley, Albert Mangelsdorff, Abdullah Ibrahim - alle kommen sie, erobern als Auftrittsort die Opernbühne und ehren mit ihren Auftritten immer auch ein bisschen Satchmo und Fips, mit denen die Jazzstadt Leipzig unsterblich verbunden ist.

1968

Mit 700 Kilo Dynamit ins „Grab von St. Pauli"

Noch immer hören ältere Leipziger jenen dumpfen Knall, der am 30. Mai 1968 durch die Stadt hallt und das Ende der 750 Jahre alten Universitätskirche bedeutet. Punkt 10 Uhr lassen Sprengladungen das Gotteshaus in einer mächtigen Staubwolke zusammenstürzen – eine Kirche, die das Bombardement des Zweiten Weltkrieges unversehrt überstanden hat. Die Stadt handelt getreu der Maßgabe von Walter Ulbricht, SED-Chef, Kirchenfeind und Leipziger: „Das Ding muss weg!" Eine neue Universität samt Hochhaus, im Volksmund später „Weisheitszahn" genannt, soll entstehen. Gegen den mit einer Gegenstimme gefassten Beschluss der Stadtverordneten hatten Bürger zwar protestiert. Allerdings nicht laut und lange: Nicht umsonst hatte SED-Bezirkssekretär Paul Fröhlich angedroht, mit aller Härte durchzugreifen.

Zuvor hatten die Behörden noch hastig die meisten der Kunstwerke aus dem Inneren der Kirche abtransportieren lassen. Mehr als 700 Kilo Dynamit stecken an jenem Mai-Morgen des Jahres 1968 in den Bohrlöchern des Sandgesteins, als der Sprengmeister die Ladung zündet. Die Kirche stürzt wie berechnet zusammen. In Windeseile gelangen deren Trümmer per Lastwagen in die Etzoldsche Sandgrube nach Probstheida, wo noch heute das „Grab von St. Pauli" zu finden ist – längst überwuchert mit Grün.

Fünf Physik-Studenten der Karl-Marx-Universität (Stefan Welzk, Harald Fritzsch, Rudolf Treumann, Dietrich und Eckhard Koch) demonstrieren drei Wochen nach jenem 30. Mai offen gegen die Kirchensprengung. Beim Abschlusskonzert des internationalen Bachwettbewerbes in der voll besetzten Kongreßhalle entrollen sie mittels Zündautomatik ein Plakat mit der Forderung nach Wiederaufbau. Wie die Staatssicherheit in ihrer Sofortmeldung nach Berlin notiert, hängt das Transparent „cirka acht Minuten herab und veranlasst einen Teil der Besucher zu längerem Applaudieren". Der publikumswirksame Protest gehört zu den erfolgreichsten Aktionen von Oppositionellen in der DDR seit dem 17. Juni 1953. Erst zwei Jahre später kommt die Stasi den fünf mutigen Studenten auf die Spur: drei von ihnen bringt sie hinter Gitter, zwei fliehen in den Westen.

Als im Herbst 1989 in Leipzig der Anfang vom Ende des Sozialismus naht, steht auch der Wiederaufbau der Universitätskirche wieder zur Debatte. Der neu gegründete Paulinerverein wirbt für internationale Unterstützung und gewinnt Medizin-Nobelpreisträger Prof. Dr. Günter Blobel in New York als einen der prominentesten Befürworter. Jahrelang tobt ein heftiger Streit. Stadt und Universität sind gegen eine originalgetreue Rekonstruktion, die Landesregierung schwankt. Als die Auseinandersetzungen Anfang 2003 eskalieren, tritt Uni-Rektor Volker Bigl zurück. Im Jahr darauf dann doch noch ein Kompromiss: Wenn 2009 die Leipziger Alma Mater ihren 600. Geburtstag feiert, soll eine multifunktionale Kirchen-Aula mit Würde und zugleich modern-spektakulär an das Gotteshaus erinnern, das jahrhundertelang auch als Geisteszentrum galt. Der niederländische Star-Architekt Erick van Egeraat (unten) baut die Aula, die in ihrer kühnen Dachkonstruktion und ihrem Kathedralen-Charakter deutlich Bezug auf die alte Paulinerkirche hat.

1969

Vom VEB zur AG: Unternehmen gibt Gas

Bereits zwei Tage vor dem Inkrafttreten der deutschen Wirtschafts- und Währungsunion am 29. Juni 1990 entstand in Leipzig die private Verbundnetz Gas Aktiengesellschaft (VNG). Vorläufer des Unternehmens war die im Juli 1958 in Leipzig gegründete Technische Leitung Ferngas, die ab 1963 zum VEB Verbundnetz Berlin als Direktionsbereich Gas gehörte und schließlich ab 1. Januar 1969 als juristisch selbstständiges Unternehmen VEB Verbundnetz Gas agierte. Die Betriebsleitung blieb zunächst in Berlin, erst im Oktober 1980 zog sie nach Böhlitz-Ehrenberg. Bis 1969 hatte der DDR ausschließlich Stadtgas zur Verfügung gestanden. Nun ließ sie ihr Anlagensystem für einheimisches und sowjetisches Erdgas ausbauen. Die Bevölkerung bezog weiter Stadtgas, das minderwertige einheimische Erdgas nutzte die Industrie in speziell entwickelten Brennern, das hochwertige Import-Erdgas fand vor allem in Chemiebetrieben Verwendung.

Der VEB Verbundnetz Gas entwickelte sich bis 1990 zu einem leistungsstarken Betrieb. Er betrieb 8.400 Kilometer Hochdruck-Gasleitungen und sieben Untergrund-Gasspeicher. 97 Milliarden Kilowattstunden Gas lieferte das Unternehmen an die staatlich vorbestimmten Abnehmer. Nach der politischen Wende 1989 galt der Gasversorger als „Filetstück" der ostdeutschen Industrie: Namhafte europäische Unternehmen bemühten sich frühzeitig bei der Treuhandanstalt um den Aktienerwerb. Der VEB Verbundnetz Gas musste sich völlig neu orientieren – und war gut gerüstet. Bereits 1989 hatten führende Mitarbeiter um den damaligen

Einstiges Firmengelände in Böhlitz-Ehrenberg, rechts die alte Gasregelzentrale.

Hauptabteilungsleiter Dr.-Ing. Klaus-Ewald Holst (links) ein Konzept erarbeitet. Es beschrieb wesentliche Ziele des Unternehmens unter marktwirtschaftlichen Bedingungen: Ausweitung der Gasbezüge, Umstellung der Versorgung von Stadt- auf Erdgas, Einkauf auf internationalen Märkten und Ausbau des Leitungsnetzes mit Anschluss an das europäische Erdgastransportsystem, begleitet von zielorientiertem Marketing. Nicht zuletzt durch diese frühe Initiative gelang der rasche, erfolgreiche Wandel von einem ausschließlich technischen Gasversorgungsbetrieb zum privatisierten, leistungsfähigen Erdgasimporteur, Gashändler und Energie-Dienstleister. Im Oktober 1990 bestätigte der Aufsichtsrat des Unternehmens Dr.-Ing. Klaus-Ewald Holst als neuen Vorstandsvorsitzenden der VNG.

„1991 befanden wir uns mitten in einem rasanten Umbruchprozess", erinnert sich der VNG-Chef. „Nachdem wir bereits im Sommer 1990 eine Teilprivatisierung erreicht hatten, konnten wir im September 1991 die vollständige Privatisierung feiern. Eine lange Abhängigkeit von der Treuhandanstalt blieb uns dadurch erspart. Dieser außerordentlich frühe Erfolg eines ehemaligen VEB bei der Aufstellung für die Marktwirtschaft hat das Selbstbewusstsein in unserem Unternehmen gestärkt und allen Mut gemacht, auch die folgenden Schritte zu gehen – mit unseren Anteilseignern als Partnern."

Im September 1992 verknüpfte die VNG ihr Netz mit dem westdeutschen und damit westeuropäischen Erdgas-Transportsystem. Ein Jahr darauf schloss sie einen langfristigen Liefervertrag für norwegisches Erdgas ab – und beseitigte damit die einseitige Abhängigkeit vom russischen Erdgas. Innerhalb von vier Jahren avan-

VNG-Gebäude in der Braunstraße, rechts das Gasregelzentrum heute.

Wartungsarbeiten an Erdgasanlage, Verdichterstation für russisches Erdgas in Sayda (rechts).

Rechts: Bundeskanzlerin Angela Merkel, Russlands Präsident Vladimir Putin und Sachsens Ministerpräsident Georg Milbradt (rechts) weihen 2006 das von der VNG gestiftete Dostojewski-Denkmal in Dresden ein. Unten rechts: Öffentliche Erdgas-Tankstelle.

cierte das Unternehmen zur zweitgrößten deutschen importierenden Ferngasgesellschaft mit einem bundesweiten Marktanteil von 13 Prozent. Bis 1995 investierte das Unternehmen 767 Millionen Euro in die Umstellung von Stadt- auf Erdgas. Klaus-Ewald Holst: „Es gelang uns, gemeinsam mit Kunden, Handwerkern, Geräteherstellern und Behörden in nur viereinhalb Jahren rund drei Millionen Haushalte in der ehemaligen DDR, davon 41 Prozent in Sachsen, mit Erdgas zu versorgen und den Endgeräten auszustatten - das hatte uns kaum jemand zugetraut."

Im Juni 1995 erlosch in Leipzig die letzte Stadtgasflamme Ostdeutschlands.

1996 erzielte die VNG erstmals seit der Umwandlung des VEB in eine AG einen Gewinn in Höhe von 13,8 Millionen Euro. Im Frühjahr 1997 bezog sie ihr neues Gebäude in der Braunstraße 7 im Gewerbegebiet Leipzig-Nordost - mit dem Regelzentrum Gas, einem der modernsten in Europa. Von Leipzig aus messen, steuern und überwachen die Dispatcher rund um die Uhr die Gas-Ströme im VNG-System.

Zunehmend erschloss die VNG auch neue Geschäftsfelder. Dazu gehören ein 24-Stunden-Telefon-Service und das Engagement für Erdgas als Kraftstoff: Im September 1996 öffnete das Unternehmen in Leipzig die erste öffentliche Erdgastankstelle Sachsens. Inzwischen treibt Erdgas mehr als 150 Fahrzeuge des VNG-Fuhrparkes an.

Auch im Ausland entwickelte die VNG Aktivitäten. Ihre Beteiligungen in Polen, Tschechien, der Slowakei, Österreich, Italien und Norwegen tragen inzwischen mehr als 40 Prozent zum Jahresüberschuss bei. 2006 gründete das Leipziger Unternehmen die VNG Norge AS zur Gasgewinnung aus der norwegischen Nordsee. Über eine Tochtergesellschaft betreibt die VNG-Gruppe ein Leitungsnetz von mehr als 7.000 Kilometern Länge. 2006 erzielte sie einen Gasabsatz von rund 164 Milliarden Kilowattstunden - und gehört damit zu den zehn größten Importeuren Europas.

Wirtschaftlicher Erfolg, Einsatz für das Gemeinwohl und Umweltschutz bilden für den Gasversorger eine Einheit. Sein Engagement legt er vor allem langfristig an. Klaus-Ewald Holst, zugleich als norwegischer Honorar-Generalkonsul in Leipzig akkreditiert, bringt seine Erfahrungen auch auf Bundesebene ein, zum Beispiel in der Kommission für Energiepolitik des Wirtschaftsrates. „Der Rat ist eine wichtige Plattform für den Dialog zwischen Politik und Wirtschaft. So manche politische und unternehmerische Entscheidung in den zurückliegenden Jahren profitierte von diesem Erfahrungsaustausch", sagt der VNG-Chef.

Mit dem „Verbundnetz der Wärme" fördert sein Unternehmen das Ehrenamt im Osten Deutschlands. Die 2006 gestartete Initiative „Verbundnetz für Demokratie und Toleranz" widmet sich insbesondere der Demokratieentwicklung auf kommunaler Ebene. Jungen Leistungssportlern auf ihrem Weg in die Weltspitze hilft das „Verbundnetz für den Sport". Unter der Marke „VNG art" unterstützt der Erdgasimporteur zudem Kunst aus den neuen Bundesländern. Und nicht zuletzt: Das Bildarchiv des Unternehmens zählt zu den wichtigsten zeitgenössischen deutschen Fotokunstsammlungen. Insgesamt 625 Aufnahmen von 18 Fotografen dokumentieren die Veränderungen von Orten und Landschaften Ostdeutschlands nach der Wiedervereinigung.

Rohrleitungsbauer überwinden die Zwickauer Mulde.

1970

Generalpläne: Neues entsteht, Altes verfällt

Generalbebauungsplan, Generalverkehrsplan, Generalplan der technischen Versorgung: Am 24. Juni 1970 bestätigte die Stadtverordnetenversammlung ein komplexes Werk, das die Grundlage für die Entwicklung der Stadt in den kommenden zwei Jahrzehnten bilden sollte. In enger Verflechtung mit der Entwicklungsplanung für das Leipziger Umland trug es den damals neu formulierten baupolitischen Zielen der DDR Rechnung: qualitative Steigerung des Wohnungsbaus durch neue Gebiete an der Peripherie und Umgestaltung der innerstädtischen Bereiche durch forcierten Ersatzneubau. Das auf eine optimale Überlagerung und Verdichtung aller städtischen Funktionen abzielende Konzept sah außerdem den Ausbau der Stadtschnellbahn und der Naherholungsgebiete vor. Über seine bisherigen Grenzen hinaus wollte Leipzig seinen zentralen Bereich vom Sportforum bis zur Technischen Messe und dem Völkerschlachtdenkmal räumlich erweitern und durch neue Einrichtungen der Kultur, des Sports und der Naherholung aufwerten. Die „Stadtregion Leipzig", die als Planungsgröße nun ein Gebiet von zirka 30 Kilometern Durchmesser umfasste und neben dem Landkreis Leipzig auch Teile der Kreise Wurzen, Grimma und Borna einschloss, war mit mehr als 13.000 Einwohnern pro Quadratkilometer und zahlreichen Produktionsstätten einschließlich der Braunkohlentagebaue die kompakteste Industrieregion in der DDR. Ihre großräumige Umgestaltung in eine neuartige Seenlandschaft durch Rekultivierung der Tagebaue und Ausweisung neuer Naherholungsgebiete wie den Kulkwitzer See wollten die Planer nun zielstrebig vorantreiben. Parallel dazu entwickelten sie die Standorte für den komplexen Wohnungsbau der 70er- und 80er-Jahre. Als größtes Neubaugebiet Leipzigs und nach Berlin-Marzahn zweitgrößtes in der DDR wuchs Grünau mit rund 35.000 Wohnungen für 90.000 Einwohner im Nordwesten der Stadt. Ihm entsprach als östliches Gegenstück das 1987 begonnene Wohngebiet Paunsdorf, gedacht für 30.000 Bewohner. Weitere neue Standorte für den extensiven Wohnungsbau erschlossen die Planer in Lößnig, Dölitz, Schönefeld (unten rechts) und an der zur Messe-Magistrale ausgebauten Straße des 18. Oktober. Zu den größten Problemen der Stadt gehörten der sich rapide verschlechternde Zustand der Altbausubstanz und die völlig überalterte Infrastruktur. Da die DDR ihre Baukapazitäten über Jahrzehnte vorwiegend auf den Wohnungsneubau konzentriert und die kontinuierliche Werterhaltung in den Altbaugebieten auf geradezu sträfliche Weise vernachlässigt hatte, galt als praktikabelste Strategie der innerstädtische Ersatzneubau mit industriellen Bauverfahren. Ein frühes Beispiel dafür war die Ostvorstadt. Zwar begannen ab den 80er-Jahren verstärkt auch Modernisierungs- und Instandsetzungsarbeiten an Altbauten, doch reichte die wirtschaftliche Kraft nicht aus, um den in allen Stadtbezirken dramatisch um sich greifenden Verfall zu stoppen. Wenige Ausnahmen wie das innerstädtische Rekonstruktionsgebiet „Dorotheenplatz und Kolonnadenstraße" bestätigten eher die Regel. Entgegen den Zielvorgaben des Generalbebauungsplanes von 1970 stagnierte der weitere Ausbau des Stadtzentrums in den 70er-Jahren immer mehr. Zwar gelang es, den Durchgangsverkehr aus dem historischen Stadtkern zu verbannen und das Zentrum zur Fußgängerzone zu entwickeln - doch der Verfall der größtenteils unter Denkmalschutz stehenden Gebäude nahm weiter zu. Als einziger Leipziger Kulturneubau mit überregionaler Bedeutung öffnete 1981 das Neue Gewandhaus an der Südseite des Karl-Marx-Platzes (heute Augustusplatz) - zu DDR-Zeiten 1987 nur noch gefolgt vom inzwischen stillgelegten Bowlingzentrum am Leuschnerplatz (oben rechts).

Montage der ersten Platte in Paunsdorf-Heiterblick.

Zukunftspläne: Innenstadt-Modell 1977 (links). Rechts: Typischer Altbau nach dem Ende der DDR, daneben Plattenbauten in Südvorstadt und Schönefeld (hinten).

1972

"Karicartoon" - zum Heulen lustig

Die Leipzig-Information auf dem Sachsenplatz.

Plakat zur ersten Ausstellung „Mit spitzer Feder".

Die Leipzig-Information an der Nordost-Seite des Sachsenplatzes ist ein Ort der flüchtigen Begegnung. Hier kaufen Leipziger und Auswärtige ihre Veranstaltungstickets, erwerben Stadtpläne, buchen Reisen oder lassen sich Hotelzimmer vermitteln. Wer in der Leipzig-Info aufkreuzt, hastet zu den Schaltern und verschwindet wieder. Im Sommer 1972 ist alles anders. Viele Besucher haben plötzlich Zeit. Sie schlendern durch das Foyer und den weitläufigen Rundgang. Staunen, schmunzeln oder schütteln amüsiert die Köpfe. Tickets kaufen sie nicht - sondern betrachten kleine und größere Zeichnungen, Grafiken oder Collagen an langen Stellwänden: Wie später noch oft in seiner Geschichte hat sich das Informationszentrum in ein Ausstellungshaus verwandelt. Es sind Karikaturisten und Pressezeichner aus dem Süden der DDR, die hier erstmals eine Ausstellung mit aktuellen Werken zeigen - ihr Titel: „Mit spitzer Feder".

Die Schau läuft in Verantwortung des DDR-Künstlerverbandes mit seinen zwei Sektionen für Pressezeichner und Karikaturisten. In der für den Süden des Landes haben sich 25 Mitglieder organisiert, die nun mit großem Enthusiasmus im Zwei-Jahres-Rhythmus ihre „spitze Feder" zeigen. Ab 1981 heißt die Ausstellung „Karicartoon". Fünf Folgen zwischen 1977 und 1987 organisiert der Leipziger Cartoonist Andreas J. Mueller, Absolvent der Hochschule für Grafik und Buchkunst. 1990 endet - vorerst - die Reihe dieser Ausstellungen.

In der DDR standen die Satiriker mit dem Zeichenstift vor den gleichen Problemen wie ihre Wort-Kollegen in den Kabaretts: Die allgegenwärtige Zensur lauerte hier vor jeder Ausstellungseröffnung, dort vor jeder Premiere. Die Auswahl-Jury aus Sektionsmitgliedern stand stets zwischen Baum und Borke: Einerseits sollte sie unter den argwöhnischen Blicken diverser Funktionäre das „ideologisch Schlimmste" verhüten, andererseits wollte sie verhindern, dass der kritische Geist aus den Ausstellungen verschwand - eine ständige Gratwanderung.

In der 87er-Schau - Gorbatschows Ideen von Glasnost und Perestroika hatten längst von den DDR-Bürgern Besitz ergriffen - eskalierten die Probleme. In der Ausstellung standen Wände, auf die Besucher ihre Meinung schreiben konnten. Darauf erschienen Aufschriften wie „DDR-Perestroika von Gorbatschow mit Radierungen von Kurt Hager": eine Anspielung auf die besonders starre Haltung des für

Ganz links: Gruppenbild mit Kanone - Karikaturisten in der Leipzig-Info, daneben Andreas J. Mueller.

„Karicartoon" 1987

Kultur zuständigen SED-Politbüromitglieds. Trotz mehrfacher Aufforderungen entfernte die Ausstellungsleitung die Wände nicht. Als die Dokfilmwoche nahte, zu der Leipzig viel internationales Publikum begrüßte, machte die Stasi kurzen Prozess - und beschlagnahmte die Wände. Am Ende hatten mehr als 78.000 Besucher die Ausstellung gesehen. Der aufmüpfige Geist jener Jahre erklärt das Rekordergebnis einer Schau, die sich trotz aller Behinderungen kritisch-satirisch mit dem DDR-Alltag auseinandersetzte. Ausstellungsmacher Mueller ist sich sicher, dass der Herbst ´89 in Leipzig viele „kleine Vorgeschichten" hatte. Die „Karicartoon" rechnet er dazu.

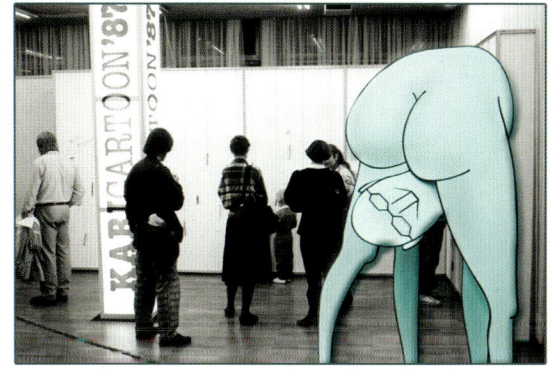

Zeichnung von Gerhard Haderer für das Plakat zur ersten Nachwende-Ausstellung 1997.

1972

Altes Rathaus als neues Domizil - von Andreas J. Mueller.    Karikatur von Ralf Alex Fichtner.

Lothar Otto

Rainer Schade

Lutz Hirschmann

Gefragter Porträtzeichner: Ulrich Forchner bei der „Karicartoon" 2005.

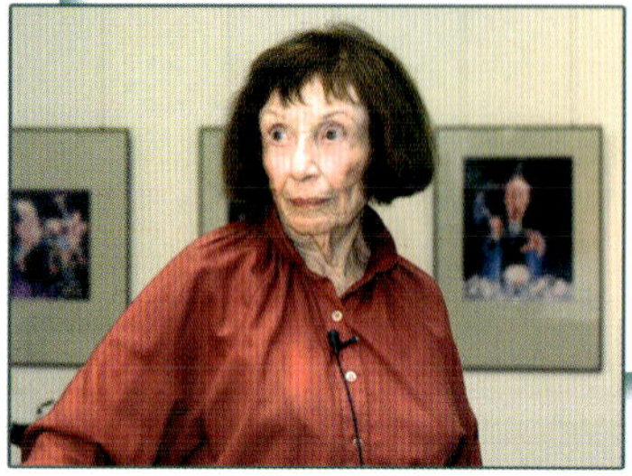

Friedel Stern 2005 in Leipzig.

Nach der Wende sieben Jahre Pause

Nach 1990 herrscht zunächst sieben Jahre Ruhe. Wie so manches nach der Wende 1989 ist auch die „Karicartoon" von der Bildfläche verschwunden. Doch 1997 feiert sie ihr Comeback - als Überblicksschau mit Werken bekannter Meister des frechen Zeichenstifts aus dem deutschsprachigen europäischen Raum. 23 Karikaturisten stellen in der Leipzig-Information aus. Mueller, der alte und neue Initiator und Organisator der Schau, kann mit der Resonanz zufrieden sein. Auf mehr als 10.000 klettert die Besucherzahl bei diesem Versuchsballon für eine künftige regelmäßige Karikaturenschau in Leipzig. „Ich bin in der letzten Zeit immer öfter von Berufskollegen und ehemaligen Besuchern darauf angesprochen worden", gibt Mueller 1997 als Motiv für seinen Wiederbelebungsversuch an. Im Kulturamt rennt er damit offene Türen ein, in der Sparkasse findet er einen verlässlichen Sponsor und im Stadtgeschichtlichen Museum einen neuen Partner. In dessen Räume zieht die Ausstellung 1999 um, weil die Leipzig-Information dem Neubau des Bildermuseums weichen muss. Muellers heimlicher Traum geht in Erfüllung: Seit 1999 präsentiert sich Leipzigs „Karicartoon" als Biennale der satirischen Zeichnung - ein Neuanfang mit Tradition.

Nun können die Leipziger und ihre Gäste Bekanntschaft mit Stars der satirischen Zeichnung schließen. Mit namhaften Künstlern wie Gerhard Haderer, Wolf-Rüdiger Marunde, Gerhard Glück, Hans Traxler, Klaus Staeck, Horst Haitzinger oder Klaus Stuttmann (links). Ein Wiedersehen erleben sie mit prominenten Ostdeutschen wie Barbara Henniger, Henry Büttner, Ralf Alex Fichtner oder Lokalmatadoren wie Lothar Otto, Rainer Schade, Lutz Hirschmann und Ulrich Forchner. Die Sonderschau mit den liebenswürdigen Arbeiten der israelischen Karikaturistin Friedel Stern ist bewegender Höhepunkt der fünften Biennale 2005. Friedel Stern, 1917 als älteste Tochter des jüdischen Ehepaares Stern in Leipzig geboren, wird 1936 von den Nazis vertrieben, lebt und arbeitet in Tel Aviv. Nach fast 70 Jahren besucht die rüstige Künstlerin 88-jährig ihre Geburtsstadt und sagt: „Lange wollte ich nicht kommen. Jetzt komme ich gern, weil es eine offizielle Einladung der Stadt Leipzig ist. In meiner Geburtsstadt ausstellen zu können, ist für mich eine große Genugtuung." Friedel Stern stirbt 2006 in Israel.

Die erste „Karicartoon" der Neuzeit 1997 hatte noch keine thematische Vorgabe. Für die Nachfolger steht jeweils ein Motto: „Im Namen der Freiheit" (1999) erinnert an zehn Jahre Leipziger Herbst '89. Mit „Endstation Zukunft" (2001) begleiten die Künstler das Publikum auf der Reise in ein neues Jahrtausend. Den „Nabel der Welt" suchen 36 Zeichner bei der Biennale 2003. Ganz ohne bissige Zuspitzung geraten sie 2005 mit „Magere Zeiten" nah an die Realität - und die Ausstellungsmacher legen dazu selbst einen fühlbaren Beweis in die Waagschale: Wegen steigender Kosten müssen sie den Katalog gegenüber den vergangenen Jahren von 100 auf 50 Seiten abspecken.

2007 gilt von Mai bis Juli das Motto „Die nackte Wahrheit". Der Inhalt reicht von menschlich-privat über philosophisch bis aktuell-politisch, die Formenvielfalt von der Strichzeichnung über die Collage bis zur Malerei. Für die Besucher bleibt als Summe unterm Strich: Auch wenn in der Welt vieles zum Heulen ist - in der „Karicartoon" dürfen sie über alles lachen.

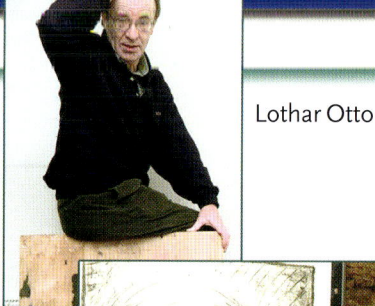

1975

Erst „Nackt unter Wölfen", dann Ehrenbürger

„Nackt unter Wölfen" von Bruno Apitz: Übersetzt in rund 30 Sprachen, ging die Geschichte um die Welt - von dem kleinen verwaisten Jungen, den Häftlinge im KZ Buchenwald versteckt halten, vom Lageralltag kurz vor Kriegsende, vom Befreiungsschlag der Inhaftierten im Frühjahr 1945. Auch die Verfilmung unter der Regie von Frank Beyer sorgte international für Aufsehen. Namhafte Schauspieler hatten die Rollen übernommen: Erwin Geschonneck, Armin Mueller-Stahl, Fred Delmare und Herbert Köfer. Die DDR verlieh Bruno Apitz den Nationalpreis - seine Heimatstadt würdigte ihn 1975 mit der Ehrenbürgerschaft. In Leipzig war der Schriftsteller am 28. April 1900 zur Welt gekommen.

Als Ehrenbürger rückte der Autor in eine ganz besondere Riege. Nur jene, die zu ihrer Zeit als besonders verdienstvoll galten, erteilte die Stadt diese Würde. Darunter viele Juristen, Politiker und Wissenschaftler - insgesamt mehr als 80. Bislang jedoch ausnahmslos Männer. Wegbereiter, Vordenker und Leipzig-verliebte Engagierte zählen dazu, die den Ruf der Stadt in die Welt trugen.

Die Auflistung beginnt 1832. Ab jenem Jahr gestattete es die Sächsische Stadtordnung der Stadt Leipzig, Ehrenbürger zu ernennen. Vor allem im 19. Jahrhundert nutzte die Metropole dieses Recht. Kaum ein Jahr verging ohne einen neuen Titelträger, mitunter waren es auch gleich mehrere.

Leipzigs erste Ehrenbürger hatten sich vor allem militärisch hervorgetan: Friedrich Otto von Goldacker, Kommandant der Kommunalgarde, und Hauptmann Adolf Heinrich Ludwig von Schulz. Sie sollten unter den Gewürdigten nicht die letzten ihres Standes bleiben. Auch Juristen ernannte die Stadt häufig zu Ehrenbürgern, so zum Beispiel 1883 Dr. Eduard von Simson, erster Präsident des Reichsgerichts. Ebenso Schuldirektoren und Universitätsprofessoren. Oder verdienstvolle Buchhändler, die Leipzigs Tradition auf diesem Gebiet bewahrten und stärkten.

Zu den bekanntesten Namen zählen Felix Mendelssohn Bartholdy und Professor Dr. Gustav Theodor Fechner. Der Komponist und der Psychologie-Gelehrte hatten in der Messestadt lange Zeit gewirkt. Auch Gewandhaus-Kapellmeister Professor Dr. Kurt Masur gehört zu den Geehrten: Er war der Erste, den die Stadt nach dem Wende-Herbst noch im Dezember 1989 diesen Titel verlieh. Ihm folgten 1996 Schriftsteller Erich Loest, 1999 der ehemalige Oberbürgermeister Dr. Hinrich Lehmann-Grube und 2001 Literaturwissenschaftler Professor Dr. Hans Mayer (im selben Jahr verstorben). Der sowjetische Kosmonaut German Stepanowitsch Titow (gestorben im Jahr 2000) hingegen hatte mit Leipzig wenig Berührungspunkte: Für die Verleihung der Ehrenbürgerschaft hatte schon sein Besuch im September 1961 ausgereicht. Die Ehrenbürger aus der Zeit des Nationalsozialismus - Reichskanzler Adolf Hitler und seine Minister Hans Frank und Wilhelm Frick - hat die Stadt aus ihrer Liste gestrichen, ebenso den einstigen DDR-Staats- und Parteichef Walter Ulbricht. Die anderen bleiben verewigt. Dass die Ehrenbürgerwürde mit dem Tod erlischt, ändert daran nichts. Denn viele haben längst einen dauerhaften Platz in der Stadt gefunden - auf den Namensschildern der Straßen.

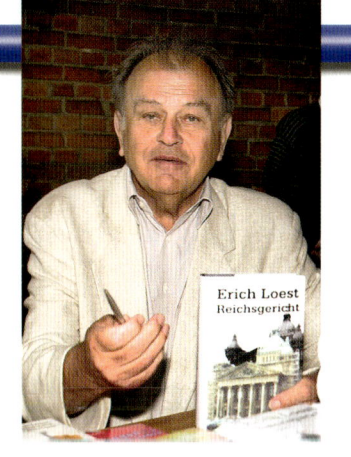

Hintergrundbild: Der „Eiserne Kanzler" Otto von Bismarck, ab 1871 Ehrenbürger in Leipzig - sowie in 450 anderen deutschen Städten.

Schriftsteller Bruno Apitz 1975.

Filmszene aus „Nackt unter Wölfen" mit Fred Delmare und Armin Müller-Stahl (rechts).

Ehrenbürger seit 1989: Professor Dr. Kurt Masur (r.) als Moderator im Wende-Herbst.

Ehrenbürger seit 1999: Dr. Hinrich Lehmann-Grube vor der Ahnengalerie im Alten Rathaus.

Ehrenbürger seit 1996: Erich Loest bei einer Lesung aus seinem Buch „Reichsgericht".

German Titow auf einer Briefmarke mit Leipzig-Motiv.

1976

Grünau: Mega-Platte für 90.000 Einwohner

Seine Geschichte ist noch kurz, doch bewegt und voller Veränderung. Als der Stadtteil Grünau 1976 zu wachsen begann, galt er als Inbegriff für modernes Wohnen in der DDR: Zentralheizung, Bad, fließend warmes Wasser. Ein Gebiet mit Glücksfaktor für jene, die dort einziehen durften - bis die Platte nach der Wende für viele als Paradies ausgedient hatte. Seinen Besonderheits-Status jedoch hat Grünau nie verloren: Das Vorzeigeviertel von einst ist heute ein Schwerpunkt bei der Stadtgestaltung.

Mit dem Großprojekt im Leipziger Westen begab sich Leipzig auf unbekanntes Terrain. Bestehende Stadtteile durch Neubauten zu erweitern, damit hatte die Stadt Erfahrung. Doch mit Grünau entstand etwas Eigenständiges: Eine Art Trabantenstadt, ohne Historie, doch als Zukunft gepriesen. Eine Abhilfe in Zeiten der Wohnungsnot.

Am 1. Juni 1976 legte Oberbürgermeister Dr. Karl-Heinz Müller den Grundstein - an der Gärtnerstraße 179, im heutigen Wohnkomplex 1.

Ins Haus mit der Nummer 135 zog knapp 18 Monate später die erste Familie ein. Da war auch schon die erste Straße fertig, benannt nach der tschechischen Stadt Brno. Und das Neubaugebiet wuchs und wuchs. 1977 öffnete in der Grünauer Allee die erste Schule des Stadtteils, 1978 die erste Kaufhalle, 1979 eine Wohngebietsgaststätte. Fünf Jahre nach dem Baustart lebten bereits mehr als 35.000 Menschen in den Plattenbauten.

„Schlammhausen" nannten viele Bewohner ihr neues Viertel. Pfützen und Provisorien prägten an wechselnden Orten das Bild. Denn so schnell, wie auf freiem Feld ein Block nach dem anderen gen Himmel strebte, zogen dort die Mieter ein. In den Fenstern hingen längst Gardinen, da rollten unten noch Baufahrzeuge über Behelfswege. Für die Kinder bedeutete Grünau ein riesiger Abenteuerspielplatz. Das dichte Zusammenleben schweißte aber auch zusammen. Nachbarn trafen sich zu Hausgemeinschaftsfesten, organisierten Arbeitseinsätze oder verbrachten gemeinsame Stunden im noch jungen Naherholungsgebiet am Kulkwitzer See. Mehr als 20 Jahre lang gewann Grünau immer mehr an Fläche. Acht Wohnkomplexe entstanden auf etwa 460 Hektar Land, rund 36.000 Wohnungen in bis zu 16-geschossigen Häusern. Für die am Südrand gelegene Eigenheimsiedlung Grünau, auf die der Name des neuen Stadtteils zurückgeht, war es mit der Abgeschiedenheit schnell vorbei.

Dann kam die politische Wende und das Ende der Expansion. Das Leben im Plattenbau verlor an Attraktivität, die stolze Zahl von rund 90.000 Einwohnern schrumpfte auf fast die Hälfte. Auf den Ausbau der Mega-Siedlung folgte der Umbau. Anfangs flossen nur für die Gestaltung einzelner Wohnkomplexe Landes- und Bundesmittel, ab 1997 erlangte der gesamte Stadtteil den Status als Fördergebiet. Vieles hat sich mittlerweile verändert: Zwischen den Blöcken wächst mehr Grün, neue Einkaufs- und Dienstleistungszentren verbessern die Infrastruktur des Quartiers. Am einschneidendsten jedoch sind die Abrisse seit 1999, die dem Leerstand begegnen sollen. Tausende Wohnungen sind seitdem verschwunden. Und die Umgestaltung geht weiter. Grünau bleibt weiter in Wandel und Bewegung - daran wird sich so schnell nichts ändern.

Montage der Plattenbauten. Rechts: An die Grundsteinlegung erinnert eine Plastik.
Unten: Arbeitseinsatz im Wohnkomplex 2, Sommer 1979, darunter der Einzug der ersten Mieter.

Das Neubaugebiet mit dem Naherholungsgebiet am Kulkwitzer See (vorn).

Abriss eines 16-Geschossers im August 2003.

1979

Andrang beim „VEB Bibliographisches Institut Leipzig", und Buchmesse-Werbung in der Hainstraße.

Verlage aus der Schweiz und Österreich auf der Buchmesse. Links: Gewimmel beim Buchmarkt, unten das Signet des ersten Buchmarktes 1979.

Sturm auf Buchmarkt - und Blick hinter den Vorhang

Auf eines konnten sich die DDR-Bürger verlassen: Stand ein runder Jahrestag der Republik bevor, passierte immer etwas Außergewöhnliches, um die Leute einigermaßen bei Laune zu halten. Im September 1979, kurz vor dem 30. Jahrestag des „Leselandes DDR", sollte an einem Sonnabend erstmals ein Buchmarkt im Stadtzentrum für gehobene Stimmung sorgen.

Schnell hatte es sich unter den Literaturfreunden herumgesprochen, dass neben verlegerischer Dutzendware aus den Beständen des Volksbuchhandels auch auserlesene Titel im Angebot waren, die sonst nie das Licht des Ladentischs erblickten.

Dicht an dicht standen auf dem Markt und zwischen den Blumenrabatten an der Petersstraße die Stände der namhaften Leipziger Verlage und größten Buchhandlungen der Stadt: Edition Leipzig und Reclam, Brockhaus und Fachbuchverlag, der Verlag für die Frau mit seinen Kochbüchern, das Zentralantiquariat, Koehler & Amelang, Prisma, ebenso die Mehring-Buchhandlung und die Hinrichs'sche.

Noch hielten Absperrbänder die Menschenmassen zurück. Doch kaum schlug die Turmuhr des Alten Rathauses 10 Uhr, kannte der Literaturhunger keine Grenzen mehr. Niemand lauschte der offiziellen Eröffnungsansprache, der Sturm auf die Verkaufsstände begann. Besonders clevere Familien hatten ihre einzelnen Mitglieder vorsorglich vor den als besonders wichtig erachteten Ständen platziert. Sie wollten möglichst keines der seltenen Stücke verpassen. Gefragt waren Stephan Hermlins „Abendlicht", „Das alte Leipzig" des Historikers Karl Czok, Bildbände über ferne, damals unerreichbare Länder, begehrte Lexika oder Roswitha Gepperts berührende Aufzeichnungen vom Leben mit einem behinderten Kind. Wer nicht sofort zugriff, musste wieder ein Jahr warten - bis zum nächsten Buchmarkt. Angesichts Zehntausender Besucher reichten die Raritäten immer nur wenige Minuten. So blieb nach der anfangs hastigen Eroberung der Schätze viel Zeit, um im nachfolgenden ruhigeren Marktgeschehen ohne Gedränge mit Leipziger Autoren, Buchillustratoren oder Verlegerlegenden wie Hans Marquardt ins Gespräch zu kommen.

Während all des Trubels unter freiem Himmel rund um das Messehaus am Markt bot der Zweckbau nur die Kulisse.

Anders im März: Da gehörte alljährlich zur Frühjahrs- auch die Buchmesse. Für die DDR-Verlage galt der Auftritt im Messehaus am Markt als Pflicht: Mit gediegener Produktion ließ sich viel Geld beim Export Richtung Westen verdienen.

Wichtiger für die allermeisten Besucher war jedoch, dass auch Rowohlt seine Werke in Leipzig ausstellte und Fischer, Diogenes, Suhrkamp, Thames and Hudson sowie viele andere renommierte Verlagen aus dem „anderen Teil der Welt". Was für eine Chance, wenigstens eine Woche lang Bücher kennenzulernen, die in der DDR ansonsten unerreichbar blieben! Literaturfans suchten einen Messestand immer wieder auf, um ein bestimmtes Buch bis zu Ende lesen zu können. Häufig zeigte das Personal Mitleid - und schaute just in jenem entscheidenden Augenblick zur Seite, wenn der begehrte Titel „aus Versehen" in der Jackentasche verschwand. Die Buchmesse in Leipzig - ein Spalt für den flüchtigen Blick nach Westen im ansonsten dicht geschlossenen Vorhang.

- 271 -

1979

Messe, Muttis und Milliarden

Wenn auf einmal farbige Planen mit Werbung für Elektrogeräte der Marke „foron", Kameras von Pentacon oder Landmaschinen aus dem Kombinat Fortschritt über dem Querbahnsteig des Hauptbahnhofs hingen, wenn Flaggen aus aller Welt die Bahnsteige schmückten und bunte Reklamebanner dicht an dicht in der Hainstraße den Blick auf die grauen, kaputten Fassaden versperrten, dann brauchte kein Leipziger mehr in den Kalender zu schauen: Die Messe begann - der exklusive Auftritt auf der Weltbühne des Handels.

Zweimal im Jahr schwang sich Leipzig zur Millionenstadt auf - mit einer reichlichen halben Million eigener Einwohner und einer weiteren halben Besuchermillion. In der Messezeit entwickelten sich die von offizieller Seite misstrauisch beäugten „West-Kontakte" so intensiv wie nie. Allein schon deshalb, weil die Zahl der Hotelbetten für alle Messebesucher nie und nimmer ausreichte. Dabei konnte Ende der 70er-Jahre keine andere Stadt der DDR so viele Interhotels aufweisen wie Leipzig. 1981 öffnete zusätzlich das „Merkur" (heute „The Westin") als Devisenhotel speziell für die Messe. Außerdem dienten sämtliche Studentenwohnheime als Quartiere. Dennoch: Die Übernachtungskapazität reichte einfach nicht aus. Da halfen nur noch massenhaft Privatquartiere. Sie schufen unzählige deutsch-deutsche Kontakte und verschafften den Zugang zur harten Deutschen Mark. Leipziger verdingten sich als Taxifahrer oder Standhilfe. Und so manche schöne Tochter der Stadt spezialisierte sich auf die lustvolle Begleitung von Messegästen. Derweil schlief die „Messemutti" lieber eine Woche lang in der mit Matratzen ausgepolsterten Badewanne, als dass sie auf Einkünfte „in der richtigen Währung" verzichtet hätte. Weniger beliebt waren hingegen die „Messepreise" in den Gaststätten. Die waren so gepfeffert, dass es Leipziger Normalverdiener lieber unterließen, an jenen Tagen ein Restaurant zu betreten.

In den Zeitungen war zum Thema Messe nur vom „handelspolitischen Großereignis" die Rede. Wichtiger als die alljährlich pompös inszenierte Verlängerung des Handelsprotokolls mit der Sowjetunion waren dabei die vielen verzweifelten Versuche, die ersehnte harte Währung zu erwirtschaften. Textilien für die großen Versandhäuser in der Bundesrepublik und der Weiterverkauf des gerade mühsam im Osten erworbenen Erdöls in den Westen gehörten zu den typischen Messegeschäften, über die offiziell nichts verlautete. Kein Wunder, dass Alexander Schalck-Golodkowski, der umtriebige Devisenjongleur der DDR, in der Leipziger Messe ein herrliches Betätigungsfeld fand. In den 80er-Jahren bezogen seine mehr oder weniger geschickt getarnten Firmen sogar ein Bürogebäude in der Grassistraße im Musikviertel - für den konspirativen Handel weit weg vom offiziellen Messetrubel, aber nahe genug

Fernweh: Ansturm auf Reiseprospekte.

Ticket-Verkauf in der Leipzig-Information.

Der Mann im Hintergrund: Alexander Schalck-Golodkowski (Pfeil) bei der Eröffnung des Neubaus am Brühl für die Außenhandelsfirma „Interpelz" zur Herbstmesse 1966.

Offizieller Rundgang: Staats- und Parteichef Erich Honecker (2. von rechts) 1976 am Stand der Salamander AG.
Links: Messe-Sonderflüge 1983.

- 272 -

Weine, Konserven, Lebensmittel - Anlieferung von Exponaten aus Bulgarien.

Sehnsüchtige Blicke: japanische Heimelektronik Mitte der 80er-Jahre.

am Gästehaus des Ministerrates in der Schwägrichenstraße. Die Stasi blieb ständiger (un-)heimlicher Messegast - vom Kopieren ausgeliehener technischer Dokumentationen westlicher Konzerne bis zum Abschirmen der vielen windigen Deals. Waren Computer im Spiel, die der DDR offiziell nicht zur Verfügung standen, handelte es sich sogar um Embargo-Bruch. Daran verdienten viele Beteiligte im Osten wie im Westen - und liebten die Tage in Leipzig heiß und innig.

Immer einen Tag nach der festlichen Messeeröffnung im Gewandhaus folgte der offizielle Rundgang der „höchsten Repräsentanten des Staates" nach einem festgelegten Ritual: zuerst der sowjetische Pavillon, dann ein Großkonzern aus der BRD, mit dem gerade ein lukratives Geschäft anstand, danach wichtige Kombinate, schließlich die Kollektivstände der „Bruderländer" und der Partner aus der Dritten Welt. Jeder Bericht vom Messerundgang mit weniger als 30 Fotos des Staatsratsvorsitzenden Erich Honecker im „Neuen Deutschland" hätte Erstaunen hervorgerufen.

Der politische Trubel ließ die Normalbürger kalt. Ihnen stand der Sinn danach, begehrte Markenartikel aus dem Westen endlich einmal aus der Nähe zu betrachten. Und so zog es Scharen von Kinder in den Petershof an den dicht umlagerten Stand von „Matchbox", während die Frauen im Ringmessehaus vor den Dessous von Triumph standen und die Männer auf dem Gelände der Technischen Messe Trauben vor den automobilen Kreationen von Mercedes, BMW, Volkswagen, Renault und Fiat bildeten. Keine dieser Firmen hätte jemals so viele Prospekte und Kataloge mit nach Leipzig bringen können, wie zum Stillen der schlimmsten Neugier und zum wiederholten begierigen Betrachten der Auto-Legenden erforderlich gewesen wären. Alle spürten, wie grotesk sich die herbeigesehnten Konsumwelten inmitten des üblichen Warenmangels ausnahmen. Die Messe weckte Sehnsüchte und Begehrlichkeiten, die ihren Teil zum Umbruch im Herbst 1989 beitrugen.

Aussteller und Besucher aus rund 100 Ländern reisten alljährlich zur Frühjahrsmesse nach Leipzig. Für diskrete Besprechungen zu ganz großen Deals standen Gästehäuser oder für die Öffentlichkeit gesperrte Restaurants zur Verfügung. Wo hätte der von Franz Josef Strauß eingefädelte Milliardenkredit für die DDR verhandelt werden sollen, wenn nicht am Rande der Leipziger Messe?

Bayerns Ministerpräsident Franz Josef Strauß und DDR-Staatschef Erich Honecker bei der Frühjahrsmesse 1984.

Zeit-Sprung
ins Jahr 1979: Statt „Bau auf, bau auf..." heißt es jetzt „Freie Deutsche Jugend, buddel aus"! Studenten der Karl-Marx-Universität legen bis 1982 die mit Grün überwucherten und Kriegstrümmern gefüllten unterirdischen Gewölbe der Moritzbastei frei. Die alte Stadtbefestigungsanlage an der Universitätsstraße erlebt ihre Wiedergeburt als größter Jugend- und Studentenklub der Republik. Auch die spätere Bundeskanzlerin Angela Merkel greift als angehende Physikerin zu Hacke und Schaufel. Vicci und Micha postieren sich stolz vor der „mb" - und dürfen als „Erbauer" mit bevorzugtem Eintritt rechnen.

1979

Ein eigener Pool – und dann die Welt

Ganz links: Hans-Joachim Geyger mit Blumen zum 25-jährigen Betriebsjubiläum und daneben sein Pool aus den 70er-Jahren.

Dipl. Ing. Dirk Geyger im Ausstellungsgelände.

Der Traum vom eigenen Pool: In der DDR schien er nahezu unerfüllbar. Der Handel war überfordert und eine offizielle Genehmigung meist nur als Garten- oder Feuerlöschteich zu haben. Hans-Joachim Geyger aber ließ nicht locker: Der Stahmelner probierte Anfang der 70er-Jahre so lange, bis Wasser im fünf mal sechs Meter großen Becken samt Filteranlage hinter seinem Haus plätscherte - alles Marke Eigenbau. Auf die Herstellung von Raritäten war der Maschinenbaumeister spezialisiert: In seiner Schlosserwerkstatt entstanden neben Sondermaschinen für den VEB Verpackungsmittelwerke auch „Konsumgüter für den Bevölkerungsbedarf" - Schubkarren, Pumpen, Kreissägen, Betonmischer. Die Nachricht von den funktionstüchtigen Filteranlagen, Schwimmbad-Leitern, Wärmetauschern, und Saunaöfen verbreitete sich wie ein Lauffeuer: Rockbands wie Karat oder die Puhdys, Gewandhauskapellmeister Kurt Masur, Schauspieler Rolf Herricht, Kabarettistin Helga Hahnemann, aber auch viele weniger Prominente von Rostock bis Suhl holten sich mit Geygers Pool ein Stück Lebensfreude aufs Grundstück.

1979 erhielt Hans Joachim Geyger endlich den Gewerbeschein für seine Schlosserei und Pumpenreparaturwerkstatt. Er baute schmiedeeiserne Zäune, Tore, Schlösser - und Pumpen, die besser waren als das industriell gefertigte Original. Die Filteranlagen für die Pools montierte er dann meist am Wochenende mit seinen Söhnen.

Nach der Wende eröffneten sich neue Chancen. Mit seinen Söhnen brachte Hans-Joachim Geyger den kleinen Familienbetrieb neu auf Kurs. Kunstschmied Sven hatte in der väterlichen Schlosserei seine Lehre absolviert, Maschinenbauingenieur Dirk als Konstrukteur die alten Bundesländer kennengelernt - und dabei festgestellt: „Die kochen auch bloß mit Wasser". Als Anfang der 90er-Jahre in Stahmeln eines der ersten Gewerbegebiete Ostdeutschlands entstand, nutzten Geygers die Chance für einen Firmenneubau. Inzwischen hatten sie sich dem Bundesverband der Schwimmbadbauer angeschlossen und zahlreiche Lehrgänge besucht. Auch der Sopra-Gruppe gehört das Unternehmen mittlerweile an - einer Herstellervereinigung unter den „Top 100" des deutschen Mittelstands. Ihre Strategie: höchste Qualität, bester Service und alles aus einer Hand. Widmeten sich Geygers anfangs auch noch der Schlosserei, so konzentrieren sie sich ab Mitte der 90er-Jahre ausschließlich auf ihre Poolwelt. „Uns waren die langen Lieferzeiten für Schwimmbad-Überdachungen aufgefallen. Da musste also noch Platz für einen weiteren Hersteller sein", erzählt Dirk Geyger. „Tropica" hieß nunmehr die Marke Eigenbau der Geyger Poolwelt GbR - und verhalf der kleinen Firma zu der erhofften eigenen Produktion und damit zu kontinuierlichem Wachstum. Der einstige Drei-Mann-Betrieb mauserte sich zu einem mittelständischen Unternehmen mit zirka 40 Beschäftigten und Aufträgen aus ganz Europa. „Ausstrahlung gewinnt eine Stadt nicht nur durch ihre Leuchttürme, sondern vor allem auch durch ihren Mittelstand", sagt Dirk Geyger. „Leipzig hat da viel nachzuholen."

Nach mehreren Um- und Ausbauten entstand 2006 der bis dahin letzte Anbau der Firma mit mehr als 600 Quadratmetern Montagefläche sowie neuem Büro- und Sanitärtrakt. Besonderes Schmuckstück bleibt aber die mehr als 1.000 Quadratmeter große Ausstellung mit Pools, Saunen und Whirlpool - allesamt

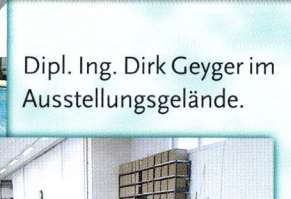

Mit der Herstellung von Schwimmbad-Überdachungen erwirtschaftet die Firma mehr als die Hälfte ihres Umsatzes.

funktionstüchtig. „Im Schwimmbecken in unserem Verkaufsraum haben wir auch schon mal junge Kanuten mit ihren Booten die Unterwasserrolle üben lassen- sie hatten im Winter keinen geeigneten Trainingsort gefunden", berichtet Dirk Geyger. 2002 hat er zusammen mit Bruder Sven die Geschäftsführung übernommen. Vater Hans-Joachims 70er-Jahre-Pool funktioniert übrigens immer noch: Nach der Wende zwar rundererneuert - „aber so ein Schwimmbad, das ist schließlich eine Anschaffung fürs Leben".

Sven Geyger bei der Schulung von Händlern. Links: Marke Eigenbau - Filteranlage aus den 70er-Jahren vor moderner Schwimmbad-Überdachung „Tropica".

1981

Grundsteinlegung 1977. | Feierliche Schlüsselübergabe 1981. | Tosender Beifall nach dem ersten Konzert. | Kundgebung zur Gewandhaus-Eröffnung.

Kurt Masur: Konzertsaal lässt Leipzig leuchten

Das Neue Gewandhaus, am 8. Oktober 1981 geweiht, war vor allem auch der Bau von und für Gewandhauskapellmeister Kurt Masur (unten links). Für den heutigen Ehrendirigenten des weltberühmten Orchesters hat das Konzerthaus nach wie vor Weltklasse. Im Interview gibt er darüber Auskunft.

Würden Sie die Eröffnung des Neuen Gewandhauses als Sternstunde bezeichnen?
Auf jeden Fall. Das, was mir lange vorschwebte, wurde ja damit Realität. Leipzig fehlte doch ein Glanzpunkt, der der Stadt jenes musische Gepräge wiedergeben konnte, das sie vorher einmal hatte. Also wollten und mussten das Orchester und ich in unseren musikalischen Darbietungen so überzeugend sein, dass die Regierung in Berlin gar nicht anders konnte, als dieses Haus zu errichten. Der Respekt vor der Leistung des Orchesters hat den Bau erst möglich gemacht. Und ich erinnere mich auch noch gut an eine Begegnung mit Erich Honecker während der Messe 1983. Er sagte zu mir: „Masur, wir hatten den richtigen Zeitpunkt erwischt, jetzt könnten wir es schon nicht mehr bauen." Es fehlte das Geld.

War es schwer, die DDR-Mächtigen zum Bau zu bewegen?
Ich hatte mit dem Hinweis auf den 200. Namenstag des Orchesters einen Brief an Honecker geschrieben. Darin stand: „Wir müssen uns langsam in der Welt dafür schämen, dass diesem Weltklasseorchester nicht ein richtiges Konzerthaus zur Verfügung steht. Wir brauchen für Leipzig diesen Glanzpunkt wieder." Man hat das begriffen und beschloss, quasi gleichzeitig damit die Semperoper in Dresden und das Schauspielhaus in Berlin aufzubauen. Bemerkenswert für Leipzig war dabei, dass nicht das ursprünglich geplante Auditorium Maximum der Universität entstand, in dem das Orchester spielen sollte, sondern das Neue Gewandhaus, das auch zur offiziellen Nutzung für die Universität vorgesehen war.

Hat dieser Bau das Leben der Stadt verändert?
Aber ja - und nicht nur im Musikleben. Die Stadt ist ja ohne dieses Haus nicht mehr vorstellbar. So etwas habe ich nur noch einmal in Birmingham erlebt, wo Simon Rattle mit seinem Orchester so gut spielte, dass man ihm auch ein neues, fantastisches Konzerthaus baute. Wie Birmingham erlangte Leipzig mit einem Konzertsaal neue Leuchtkraft.

Was ist das Geheimnis dieses Hauses?
Was Architekt Rudolf Skoda ersann, erfüllt hohe Erwartungen. Wir durften ihn mitnehmen auf unsere Reisen. Ich habe ihm alles gezeigt, die guten und die schlechten Säle - international. Es war eine beglückende Zusammenarbeit, die für ihn natürlich mit einer besonderen Anspannung verbunden war, denn es war sein erster Konzertsaal. Nie vergessen werde ich den Abend, als ich den Bauarbeitern danken konnte. Sie hatten mit so einer Liebe gearbeitet, dass ihnen ihr Abschied weh tat.

Hält das Gewandhaus auch heute noch aller Konkurrenz stand?
Es ist einer der besten Konzertsäle überhaupt. Ganz außer Frage.

Und das Leipziger Publikum loben Sie sich nach wie vor?
Ich spüre hier eine unvergleichliche Vertrautheit. Diese Verbundenheit geht aber meines Erachtens zurück auf die Gründung 1781. In Leipzig hatte kein König oder Fürst ein Orchester ins Leben gerufen, sondern das Bürgertum. Die Bürger wollten der Residenz in Dresden beweisen, dass sie auch das Geld aufbringen können, sich solchen Genuss leisten zu können.

Rudolf Skoda

- 275 -

1981

Das Gewandhaus - aller guten Dinge sind drei

Das Provisorium hatte ein Ende: Im Oktober 1981 öffnete am Augustusplatz das zweite Neue Gewandhaus. Vom ersten war nach dem Krieg nur eine Ruine geblieben, das Orchester musste jahrzehntelang mit der Kongresshalle am Zoo vorlieb nehmen. Auf Drängen von Gewandhauskapellmeister Kurt Masur entschloss sich die DDR-Führung 1977, ein neues Konzerthaus zu errichten. Der Prestigebau von internationalem Rang sollte allen musikalischen, akustischen und technischen Anforderungen genügen - und das gelingt bis heute. Der Große Saal mit seinen mehr als 1.900 wie in einem Amphitheater angeordneten Plätzen, der Mendelssohn-Saal für 500 Gäste und die Gewandhaus-Foyers bilden zusammen das einmalige architektonische Ensemble - bereichert durch Plastiken und Büsten von Musikern, wechselnde Kunstausstellungen und vor allem durch das monumentale, über vier Deckenschrägen reichende Gemälde „Gesang vom Leben" des Leipziger Künstlers Sighard Gille. Besonderer Blickfang im Großen Saal: Die majestätische Schuke-Orgel mit der Aufschrift „Res Severa Verum Gaudium" (Wahre Freude ist eine ernste Sache) - Leitspruch des Gewandhauses seit 1781. In jenem Jahr zog die Konzertgesellschaft Leipziger Kaufleute vom Gasthaus „Zu den drey Schwanen" am Brühl in eine neue Spielstätte um: in den akustisch bestens geeigneten Saal im Messehaus der Tuchhändler - dem Gewandhaus. Der Konzertsaal für etwa 500 Zuhörer entwickelte sich rasch zum Zentrum des Leipziger Musiklebens. 100 Jahre später war er dem Publikumsandrang nicht mehr gewachsen. Und im Dezember 1884 öffnete das im klassizistischen Stil errichtete Neue Gewandhaus. Ein großer Saal für 1.500 Zuhörer und ein Kammermusiksaal mit 500 Plätzen boten den Musikern eine angemessene Heimstätte. Das Gewandhaus war zugleich das erste Gebäude eines neuen großbürgerlichen Stadtteils am Rand des historischen Stadtkerns - des Musikviertels. Im zweiten Neuen Gewandhaus am Augustusplatz stehen jährlich mehr als 600 Termine auf dem Spielplan: die „Großen Concerte" des Gewandhausorchesters, die Orgelkonzerte, Auftritte der Chöre und Kammermusik-Ensembles sowie Gastspiele anderer Veranstalter.

Großer Saal mit Schuke-Orgel.

Auftritt des Gewandhaus-Kinderchors vor dem mit 720 Quadratmetern größten Deckengemälde Europas.

Das Orchester - weltweit ein Begriff

Die Geschichte des Gewandhausorchesters begann vor mehr als 250 Jahren. 1743 hatten 16 Leipziger Bürger und Adlige unter dem Namen „Großes Concert" eine Gesellschaft zur Veranstaltung von Konzerten gegründet, die auch 16 Musiker finanzierte - woraus einer der weltweit bekanntesten und renommiertesten Klangkörper erwuchs. Rund 70 „Große Concerte" pro Saison stehen heute auf dem Spielplan des Gewandhausorchesters. Seit mehr als 200 Jahren auch ständiges Orchester in der Oper, bestreitet es zudem wöchentlich die Bach-Kantaten mit dem Thomanerchor in der Thomaskirche, nimmt zahlreiche Tonträger auf und reist jährlich zu rund 35 internationalen Gastspielen. Mit seiner stilistischen Vielfalt, der hohen Aufführungszahl an den drei Spielstätten und seiner Stellung als ältestes bürgerliches Konzertorchester prägt der Klangkörper wesentlich den Ruf Leipzigs als Musikstadt.

Berühmte Werke hat das Orchester uraufgeführt: Ludwig van Beethovens 5. Klavierkonzert im Jahr 1811 zum Beispiel. Oder 14 Jahre später seine neun Sinfonien erstmals als Zyklus - noch zu Lebzeiten des Komponisten. Wolfgang Amadeus Mozart dirigierte hier 1789 ein Konzert mit eigenen Werken, Carl Maria von Weber gastierte 1813 mit seinem Es-Dur-Klavierkonzert, und die erst neunjährige Clara Wieck, Robert Schumanns spätere Ehefrau, glänzte 1828 mit dem ersten Konzert ihrer Karriere. Felix Mendelssohn Bartholdy hob in Leipzig seine „Schottische Sinfonie" und sein Violinkonzert e-Moll aus der Taufe, führte Robert Schumanns Sinfonien und Franz Schuberts große C-Dur-Sinfonie erstmals auf. Später erlebten Richard Wagners „Meistersinger"-Vorspiel und das Violinkonzert von Johannes Brahms im Gewandhaus ihre Weltpremiere. Die Liste der berühmten Namen lässt sich über alle Epochen fortsetzen: Franz Liszt, Hector Berlioz, Joseph Joachim, Gustav Mahler, Richard Strauss, Peter Tschaikowsky, Edvard Grieg, Pablo Casals, Igor Strawinsky, Arturo Toscanini, Yehudi Menuhin, David und Igor Oistrach, Leonard Bernstein, Herbert von Karajan, Anne-Sophie Mutter, Daniel Barenboim - gemeinsam mit dem Gewandhausorchester ein künstlerischer Hochgenuss für das Leipziger Publikum.

Musiker beim „Großen Concert", oben das „Concert Siegel".

Die Kapellmeister - prominent und prägend

Die Geschichte des Gewandhauses ist untrennbar verbunden mit seinen Kapellmeistern - der berühmteste: Felix Mendelssohn Bartholdy (1). Ab 1835 formte er zwölf Jahre lang das Orchester. Und prägte es weit darüber hinaus durch seine Initiative zur Gründung des ersten deutschen Konservatoriums im Jahre 1843. An der heutigen Musikhochschule studieren viele spätere Mitglieder des Gewandhausorchesters, was seinen berühmten Klang seit Generationen bewahrt. Außerdem führte Mendelssohn die „Historischen Konzerte" ein, mit denen er das Bewusstsein für die Geschichte der Musik weckte und den Grundstein für die Sinfoniekonzerte in ihrer heutigen Form legte.

Arthur Nikisch (2), ab 1895 für 27 Jahre Kapellmeister, etablierte den Klangkörper endgültig als modernes Sinfonieorchester von internationalem Ruf. Weltweit zum ersten Mal führte er die Sinfonien Anton Bruckners zyklisch auf. Daneben verankerte er Peter Tschaikowsky, Richard Strauss, Max Reger und viele andere Komponisten dieser Zeit im Repertoire. Auch die erste Auslandstournee des Gewandhausorchesters 1916 in die Schweiz fällt in Nikischs Amtszeit. Seine Nachfolger Wilhelm Furtwängler (3), Bruno Walter, Hermann Abendroth und nach dem Zweiten Weltkrieg Franz Konwitschny und Václav Neumann beschritten den Weg zwischen musikalischer Vergangenheit und Gegenwart konsequent weiter.

Auch Kurt Masur (1970 bis 1996) und Herbert Blomstedt (1998 bis 2005) blieben dieser Tradition treu. Masur verfolgte den Zyklus-Gedanken erneut, weitete ihn auf Komponisten von Mozart bis Prokofjew aus und setzte sich besonders für die sinfonischen Werke Dmitri Schostakowitschs ein, die er 1976 bis 1978 - abermals weltweit erstmalig - in einem Zyklus darstellte. Blomstedts Augenmerk galt neben den Werken Gustav Mahlers, Paul Hindemiths und Anton Bruckners den Sinfonien von Carl Nielsen und Jean Sibelius sowie der konsequenten Erweiterung des Repertoires um seltener gespielte Kompositionen.

Riccardo Chailly (4), Gewandhauskapellmeister seit 2005, hat sich insbesondere der „Verjüngung, Erneuerung und Bereicherung des Spielplans mit Blick in die Zukunft" verschrieben. Werke der Klassischen Moderne sowie Ur- und Erstaufführungen gewinnen durch ihn deutlich mehr Raum.

1984

Günther Huniat in der Freiluftgalerie Stötteritz.

2004 erinnerte eine Ausstellung an den Herbstsalon vor 20 Jahren.

Im Messehaus am Markt mieteten die Maler eine halbe Etage.

Herbstsalon 1984: Bernhard Heisig (l.) im prüfenden Gespräch mit den rebellischen Künstlern.

„Herbstsalon" und „Leipziger Schule" - Malerei im Spannungsfeld

In einem Schrebergarten im Südosten Leipzigs reifte irgendwann im Jahr 1984 eine Idee, die Willi Sitte als Chef des Künstlerverbandes der DDR für „konterrevolutionäre Umtriebe" hielt und über die der Deutschlandfunk einen Beitrag unter dem Titel „Sechs Leipziger Künstler überlisten die Kulturbürokratie" ausstrahlte. Ein Husarenstück war den Männern gelungen. Sie hießen Günther Huniat, Lutz Dammbeck, Günter Firit, Frieder Heinze, Hans Hendrik Grimmling und Olaf Wegewitz und haben längst zwischen Berlin und München ein neues Leben gefunden. Nur Günther Huniat ist in Leipzig geblieben - und hegt in jenem Schrebergarten die Stötteritzer Freiluftgalerie. Wahrscheinlich hielten ihre Gesprächspartner die Maler und Grafiker für Vertreter des Künstlerverbandes, als sie eine halbe Etage im Messehaus am Markt für vier Wochen zum Preis von 750 Mark mieteten, um ihre Werke im „1. Leipziger Herbstsalon" zu zeigen.

Mehr Transparenz, mehr künstlerische Freiheit wollten sie einfordern. Nicht mehr, auch nicht weniger - doch das war den Funktionären schon viel zu viel. Auf Weisung der SED-Bezirksleitung sollte die Messe den Mietvertrag kündigen. Maler Bernhard Heisig, Rektor der Hochschule für Grafik und Buchkunst in Leipzig, beschwichtigte und handelte einen Kompromiss aus, der die sofortige Schließung dieser privaten Kunstausstellung verhindern konnte.

Dafür mussten sich die Künstler schriftlich verpflichten, dass jeder von ihnen gleichzeitig nur drei Besucher in die Ausstellung führen durfte. Werbung und Interviews waren verboten, Westkontakte sowieso. Aber die sechs Rebellen hatten den Zeitpunkt ihres Herbstsalons wohl überlegt gewählt. Im „Capitol" lief die Internationale Dok-Filmwoche, die Westmedien besuchten das Festivalkino - und interessierten sich auch für das Treiben im Messehaus schräg gegenüber. Dort entdeckten sie Kunst, die sich dem Diktat des sozialistischen Realismus weitgehend entzog. Frieder Heinze hatte Fahnen bunt bemalt, Olaf Wegewitz Fundstücke versammelt und Günther Huniat ein skurriles Objekt in den Raum gestellt. Wobei auch die Bilder schräg gegeneinander gelehnt am Boden standen, da keine Stellwände vorhanden waren und Nägel sich nicht in den Beton einschlagen ließen.

Am 15. November eröffnet, ging der Leipziger Herbstsalon nach drei Wochen zu Ende. Rund 10.000 Besucher sollen die Schau gesehen haben. Erst danach berichteten auch die Leipziger Zeitungen von dem Ereignis. Beispielsweise von einem „Novum in Sachen bildender Kunst, das selbst für ganz anders Malende künftig produktiv sein könnte". Gleichwohl blieb der erste auch der letzte Herbstsalon. Aber durchaus mit Folgen für mehr Frischluft im staatlich

Werner Tübke in seinem Atelier.

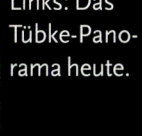

Links: Das Tübke-Panorama heute.

Lichthof der Hochschule für Grafik und Buchkunst.

Bundeskanzler Gerhard Schröder (r.) mit Bernhard Heisig bei der Eröffnung einer Ausstellung zum 80. Geburtstag des Künstlers im März 2005.

Wolfgang Mattheuer vor seinem Selbstbildnis.

Eines der bekanntesten Mattheuer-Gemälde: Hinter den sieben Bergen (1973).

Das Panoramagebäude in Bad Frankenhausen 1985.

Tübke signiert am 16. Oktober 1987 das weltgrößte Ölgemälde.

regulierten Gewächshausklima. Harry Lybke gründete wenig später die Galerie Eigen + Art, deren Ausstellungsräume Privatwohnungen waren. Heute genießt sie internationalen Ruf und vertritt die hochdotierten Leipziger Maler. Ihnen zu Durchbruch und weltweitem Erfolg verholfen zu haben, ist sicher ein Verdienst des agilen Leipziger Galeristen. Die künstlerischen Voraussetzungen dafür aber gab das Studium an der Leipziger Hochschule für Grafik und Buchkunst.

Entgegen allen modischen Strömungen blieb dort die fundierte handwerkliche Ausbildung ein wichtiges Kriterium, vertrauten die Professoren auf die Kraft und Lebendigkeit der vor allem im Westen totgesagten Malerei. Bernhard Heisig, Wolfgang Mattheuer und Werner Tübke haben diese Hochschule maßgeblich geprägt. „Leipziger Schule" wurde zu einem Qualitätsbegriff – obwohl es dafür weder ein formuliertes Programm noch einen verbindlichen Stil gibt. Die „Altmeister" Heisig, Mattheuer und Tübke mit ihren unterschiedlichen Positionen sind das beste Beispiel dafür. Als die Republik-Oberen ein gigantisches Projekt planten, fiel die Wahl des DDR-Kulturministeriums nicht auf den mit expressiver Gestik Kapitalismus, Krieg und andere Teufel verdammenden Bernhard Heisig, sondern auf Werner Tübke, dem von italienischer Renaissance und Manierismus inspirierten Maler. 1973 hatte das SED-Politbüro beschlossen, in Gedenken an den Aufstand am Schlachtenberg bei Bad Frankenhausen ein Panorama zu errichten, das dem Bauernführer Thomas Müntzer gewidmet sein sollte. Der Kampf der Bauern gegen die Fürstenwillkür tobte im Mai 1525 – er ging verloren, mehr als 6.000 Menschen starben, Müntzer starb nach Folter unter dem Henkersschwert. Es war eine Zeit der Wende zwischen Mittelalter und Neuzeit, in der DDR „frühbürgerliche Revolution" genannt. Am 8. Mai 1974 liegt der Grundstein für das Panoramagebäude, fast taggenau ein Jahr später schwebt die Richtkrone über dem Rohbau. 13 Meter in der Höhe und 40 Meter im Durchmesser misst der Bildsaal. Die im sowjetischen Textilkombinat Sursk in einem Stück gewebte Leinwand wiegt mehr als eine Tonne: 54 Männern ziehen sie im April 1982 auf. Im November präpariert eine Spezialistenbrigade aus Podolsk nach geheimen Rezepten der russischen Ikonenmaler den Grund. Am 16. August 1983 beginnt Werner Tübke in 14 Metern Höhe im Bereich des Jüngsten Gerichts mit dem ersten Pinselstrich, am 16. Oktober 1987 setzt er die Abschlusssignatur unter das Motiv des Lebensbrunnens. Mehr als ein Jahrzehnt hat Tübke insgesamt am weltgrößten Ölgemälde von 1.722 Quadratmetern gearbeitet, Studien dafür auf Reisen nach Spanien, Griechenland und Italien gesammelt, Geschichte studiert, die Gesundheit ruiniert. Auch wenn ein halbes Dutzend an seiner Hochschule ausgebildete Maler ihm zur Seite standen, um den zuvor im Maßstab 1:10 ausgeklügelten Entwurf nach unzähligen Vorarbeiten im Duktus des Meisters teilweise zu übertragen. Anlässlich der Thomas-Müntzer-Ehrung im November 1988 öffnet in Bad Frankenhausen das Panorama mit Tübkes Monumentalbild – einem der bedeutendsten Malerei-Projekte der Neuzeit.

1984

„Exquisit", „Delikat" – und Sturm auf Levis-Jeans

Nahte eine Familienfeier oder der „West-Besuch", dann zog es die Leipziger an den Georgiring. Das hatte einen Grund: Im Flachbau am Wintergartenhochhaus verkaufte die „HO Feinkost" alles, was nach damaligen Maßstäben als Delikatesse zu gelten hatte und den gehobenen Bedarf befriedigen sollte: Ananas in Dosen, Heringsfilets in einer anderen als der üblichen Tomatensoße, zarte Schokolade und gelegentlich auch mal Wein aus Österreich oder „echte" Salami aus Ungarn.

Den Leuten schmeckte es – und der Planungsbürokratie noch mehr, ließen sich doch mit der feinen Kost wesentlich höhere Preise erzielen als in den üblichen Kaufhallen. Ende der 70er-Jahre fiel der Beschluss, „Kaufkraft abzuschöpfen". Das Netz der nunmehr „Delikat" genannten Feinkostläden (oben rechts eine Einkaufstüte) legte sich engmaschig über die Stadt.

Anfang der 80er-Jahre eröffnete sogar jede normale HO-Kaufhalle einen eigenen, immer etwas besser duftenden „Delikat"-Stand. Das Angebot war verblüffend: „Trumpf"-Schokolade und nicht nur „Rotstern", das lösliche Kakaopulver „Trink fix" neben „Combo", die Fischkonserven von Gosch als direkte Konkurrenz zur Makrele in den etwas verbeulten Dosen aus dem VEB Fischkombinat Rostock-Marienehe. Der Kaffee-Spezialabfüllung aus Halle. Rechts: Die Republik steht sich nach West-Jeans die Beine in den Bauch.

Trick: Die meisten angebotenen Waren stammten wie ihr mühsam aufgepäppeltes DDR-Gegenstück aus denselben ostdeutschen Fabriken. Das vermeintliche Allheilmittel hieß „Gestattungsproduktion". Mit westdeutschen Partnern, auf westdeutschen Maschinen und nach den gängigen Rezepturen lief die Produktion in großem Stil an. Den größten Teil der Waren lieferte die DDR in Richtung Westen, den Rest konnte sie als Bezahlung behalten. Bereits 1984 verkauften die „Delikat"-Läden im Grunde nur noch Ost-Produkte. Entwickelt hatte die Idee der „Gestattungsproduktion" die Salamander AG Deshalb trug jeder, der es sich leisten konnte, früher oder später Salamander-Schuhe und pflegte das feine Leder mit Produkten jener Marke. „Exquisit", das Geschäft für die etwas bessere Garderobe und Schuhmode in der Reichsstraße, wuchs in den 80er-Jahren kräftig. Die Leipziger erlebten nun jeden Tag, dass ihre „Ostmark" nicht etwa, wie offiziell behauptet, so viel wert war wie eine D-Mark, sondern allenfalls ein Fünftel oder Viertel.

Das offenbarte schon ein flüchtiger Preisvergleich im Intershop. Dort öffnete sich die wahre Warenwelt mit ungewohnten Düften und gekonnten Verpackungen. Die ersten Intershops hatten in den 60er-Jahren an den Transit-Autobahnen nach West-Berlin eröffnet. Die damit erzielbare harte Währung ließ schnell Begehrlichkeiten wachsen – sowohl bei den Wirtschaftsplanern als auch in der Bevölkerung, die sich nun für die Parallelwährung D-Mark mit viel Erfindungsgeist ins Zeug legte. DDR-Bürger durften ab 1974 ebenfalls in den „kleinen Westen im eigenen Land", mussten ab 1979 die D-Mark aber zuvor auf der Bank in „Forum-Schecks" umtauschen, die außerhalb der DDR wertlos waren. Nur an wenigen Orten erreichte die Intershop-Dichte den Leipziger Wert. Dafür sorgte schon die Messe. Intershops öffneten in den großen Hotels, auf dem Flughafen, der Technischen Messe und im Hauptbahnhof. Wer keine D-Mark hatte, murrte. Abhilfe sollten Imitate westlicher Markenartikel schaffen. So schlug

Das Ende der Intershops: Drei Tage vor der Währungsunion am 1. Juli 1990 räumen Leipziger Verkäuferinnen die Regale aus.

die Geburtsstunde der Jeans namens „Boxer" oder der Jeansröcke „Shanty". Die Begeisterung der Kundschaft hielt sich allerdings in Grenzen. Allein mit gutem Willen und blauer Farbe ließ sich Denim-Stoff aus den USA eben nicht nachahmen. Lange Schlangen vor den Jugendmode-Läden waren die Folge, als sich die DDR-Führung entschloss, eine Million original Levis-Jeans zu importieren. Es hätten zehn Millionen sein können. Die Leipziger waren auf den Geschmack gekommen, wollten endlich auch konsumieren wie im Westen. Doch dafür reichten die Devisen nicht – und eine latente Unzufriedenheit schwelte...

Lange Schlangen vor den Intershops: Aus Angst vor der angekündigten Einführung der „Forum-Schecks" (links) wollen viele DDR-Bürger im April 1979 lieber noch mit „harter Währung" bezahlen.

1987

Partner - hinweg über den Eisernen Vorhang

Die Drucksache Nr. 95 sorgte bei der 22. Tagung der Stadtverordneten am 23. November 1987 für Furore. Ihr Titel: „Vereinbarung über die Städtepartnerschaft zwischen der Stadt Leipzig und der Landeshauptstadt Hannover in der BRD". Im Anschluss an die Beratung in Gegenwart „einer hochrangigen Delegation aus Hannover", setzten die Oberbürgermeister beider Städte im Ratsplenarsaal ihre Unterschrift unter das Papier. Unter den Gästen von der Leine: Hinrich Lehmann-Grube, damals Oberstadtdirektor in Hannover. Er konnte nicht ahnen, dass er drei Jahre später als Oberbürgermeister in Leipzigs Neues Rathaus einziehen würde.

1987 war das ungewöhnliche Miteinander zweier deutscher Städte von beiden Seiten des Eisernen Vorhangs vor allem von politischen Höflichkeiten getragen. Leipzigs Oberbürgermeister Bernd Seidel betonte den friedensstiftenden Charakter des Vertrages. Hannovers damaliges Stadtoberhaupt und heutiger Ehrenbürger Herbert Schmalstieg versprach, trotz unterschiedlicher politischer Standpunkte die Vereinbarung mit Leben zu erfüllen. Er zeigte sich bei seinem ersten Besuch in der Messestadt „tief beeindruckt von Thomaskirche und Auerbachs Keller". Leipzig als Stadt des Verfalls hatten ihm die neuen Partner natürlich nicht präsentiert...

Der Vertrag blieb politisches Vehikel der DDR-Führung für eine unvermutet kurze Zeit. Nach dem Mauerfall am 9. November 1989 luden die Hannoveraner zu einem großen Begegnungswochenende. Per Bahn und mit qualmenden Trabis reisten die Leipziger an, knüpften schnell enge Bande, wohnten für ein Wochenende meist bei freundlichen Gastfamilien. Noch ließ die Wende-Euphorie keinen Platz für Argwohn wegen der doch so unterschiedlich gelebten Leben.

Auch wenn persönliche Kontakte wieder eingeschlafen sind, die Partnerschaft zwischen beiden Städten besteht weiter - beim Informationsaustausch auf kommunaler Ebene oder bei engen Beziehungen zwischen Schulen.

Begegnungswochenende in Hannover nach dem Mauerfall 1989.

Leipziger Jugendliche in Travnik: Vor dem Stadtkrankenhaus pflanzen sie Bäume, Büsche und Rosen.

Das rund 260 Kilometer entfernte Hannover liegt inzwischen direkt vor Leipzigs Haustür. Die jüngste Liaison mit Addis Abeba in Äthiopien reicht weiter in die Ferne. Die Verbindung schließt bewusst an DDR-Zeiten an, als in Leipzig viele Äthiopier studierten. Für viele von ihnen ist die Stadt bis heute die wichtigste in Deutschland. Für Bürgerreisen ist das 5.285 Kilometer entfernte Addis Abeba fast so unerreichbar wie 1987 Hannover. Ein reger Austausch auch „von unten" gestaltet sich hingegen mit Travnik in Bosnien-Herzegowina. Der Verein für diese Städtepartnerschaft kann 2007 nicht nur auf sein zehnjähriges Bestehen verweisen: Er hat auch zahlreiche direkte kommunale und wirtschaftliche Kontakte initiiert - und knüpft weiter immer neue.

Links: Hinrich Lehmann-Grube, Herbert Schmalstieg und Bernd Seidel (von links) unterzeichnen am 23. November 1987 den Städtepartnerschaftsvertrag zwischen Leipzig und Hannover. Rechts: Im Dezember 2004 schneiden die Stadtoberhäupter Arkebe Oqubai und Wolfgang Tiefensee in Addis Abeba eine „Partnerschaftstorte" an.

Freunde in aller Welt

Leipzig unterhält zwölf aktive Städtepartnerschaften - zu Kiew (seit 1961), Bologna (1962), Krakow (1973), Brno (1973), Lyon (1981), Hannover (1987), Nanjing (1988), Frankfurt/Main (1990), Birmingham (1992), Houston (1993), Travnik (2003) und Addis Abeba (2004, zunächst befristet auf fünf Jahre).

1988

Erst Kunstraub, dann „Schlapphut-Bande"

Es war zunächst nur eine kleine Zeitungsmeldung, hinter der sich einer der größten Kunstdiebstähle in Leipzig verbarg: „Alle Bürger, die das Museum der bildenden Künste am 3. oder 4. Februar 1988 besuchten und noch nicht durch die Volkspolizei befragt wurden, werden gebeten, sich umgehend bei der Kriminalpolizei oder jeder anderen VP-Dienststelle zu melden", hieß es geheimnisvoll in der LVZ vom 9. Februar 1988. Erst mehr als ein Jahr später, am 5. Juli 1989, erfuhren die Leser unter der Rubrik „Aus dem Gerichtssaal", was im Bildermuseum geschehen war ...

Leipzig, 1987, Herbstmesse: Andreas K. aus Jena schaut sich in der berühmten Romantiker-Ausstellung im alten Reichsgericht um. Eines der schönsten und wertvollsten Gemälde weckt sein besonderes Interesse: der „Friedhof im Schnee" von Caspar David Friedrich. Es ist mit 31 mal 25 Zentimetern schön handlich und zudem nicht sonderlich gesichert. Der 24-jährige Elektromechaniker hat einen Ausreiseantrag aus der DDR gestellt. Er glaubt, das Gemälde könnte ihm im Westen das nötige Startkapital verschaffen. Fortan plant er den Raub des Bildes. Der Coup soll ganz dreist am helllichten Tag während der normalen Öffnungszeiten des Museums steigen.

In Bernd-Detlef H., der gerade in finanziellen Schwierigkeiten steckt, findet der mehrfach vorbestrafte K. einen geeigneten Helfer. Kennengelernt hat er den 30-Jährigen im Gefängnis, wo dieser zum wiederholten Mal wegen Diebstahls und Körperverletzung einsaß. Am 4. Februar 1988 fährt Andreas K. mit seiner Freundin von Jena nach Halle. Dort holen sie erst Bernd-Detlef H. ab und machen sich dann auf den Weg nach Leipzig. Gegen 11 Uhr parken sie ihr Auto am alten Amtshof.

Die beiden Männer gehen zum Museum, die junge Frau schlendert durch die Innenstadt. Alles ist genau besprochen: H. betrachtet wie ein normaler Besucher die Gemälde und lenkt bei Bedarf die Aufsicht ab. K. geht zielgerichtet in den Caspar-David-Friedrich-Raum, drückt das Gemälde aus dem Rahmen und ersetzt es durch eine selbst gebastelte Collage aus Kunstdrucken. Der „Friedhof im Schnee" verschwindet in einem Einkaufsbeutel, den sich Andreas K. in das Innenfutter seines beigefarbenen Mantels genäht hat. Als das Museumspersonal den Diebstahl bemerkt, sind die beiden Männer längst über alle Berge.

Zurück in Jena, versteckt K. das wertvolle Bild erst im Abstellraum eines Freundes, dann in einer Schrankwand und schließlich im Hohlraum des Schalensessels seiner Mutter. Im Dezember 1988 kommt es fast zur Katastrophe: In der Wohnung gerät ein Adventskranz in Flammen. Noch bevor der Brand auf den Sessel übergreifen kann, hat ihn die Feuerwehr gelöscht. Inzwischen ist die Kripo den Kunsträubern dicht auf den Fersen. Im Januar klicken die Handschellen, das Gemälde kehrt ins Museum zurück ...

Im Juli 1989 verurteilte der 3. Senat des Bezirksgerichtes Leipzig Andreas K. „wegen Diebstahls sozialistischen Eigentums, schädigender Einwirkung auf das Kulturgut der DDR und Vorbereitung zur Ausfuhr von Kulturgut der DDR entgegen den Rechtsvorschriften" zu zwölf Jahren Haft, Bernd-Detlef H. wegen Beihilfe zu vier Jahren.

Doch die kriminelle Karriere des Andreas K. war damit nicht zu Ende. 2006 stand er in Gera und Potsdam erneut vor Gericht. Diesmal musste er sich als Mitglied der bundesweit agierenden „Schlapphut-Bande" verantworten. Insgesamt 52 brutale Raubüberfälle vor allem auf Banken und Sparkassen gingen auf ihr Konto - eine der schlimmsten Serien in der deutschen Nachkriegsgeschichte.

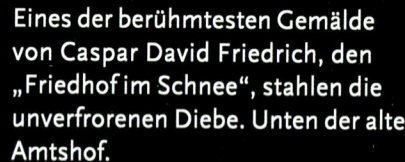

Zeitungsbericht vom 5. Juli 1989.

Gemäldediebe haben nationales Kulturgut erheblich geschädigt

Eines der berühmtesten Gemälde von Caspar David Friedrich, den „Friedhof im Schnee", stahlen die unverfrorenen Diebe. Unten der alte Amtshof.

Am Anfang ein Nagel - und ein Pfennig fürs Glück

Veit Arnold lehnt sich in seinem Schreibtischsessel zurück, lässt den Blick aus dem Bürofenster schweifen und zeigt auf die gegenüberliegende Straßenseite: „Im Hinterhaus da drüben hatte ich meine erste Werkstatt. Das war ein Loch!" Seit 1988 Klempner- und Installateurmeister, eröffnete Arnold am 15. Februar 1989 seinen Ein-Mann-Betrieb. Schon am Tag darauf überhäufte ihn die kommunale Gebäudewirtschaft mit Aufträgen. Der Reparaturbedarf in Leipzigs Wohnungen war genauso groß wie der Mangel an Handwerkern. Es fehlte an Werkzeug und Gewerberaum. Das hatte der damals 18-Jährige schon 1980 nach seiner Lehre erfahren: Der VEB Baureparaturen übergab dem Berufsanfänger einen Hammer - mehr nicht. „Ich habe sofort gekündigt und bei einem privaten Handwerksbetrieb angefangen. Das war wie eine zweite Lehre für mich", erzählt Arnold. Fortan verfolgte er nur noch ein Ziel: die Selbstständigkeit. Im letzten Jahr der DDR sollte es endlich klappen: Ein Handwerksmeister in Plagwitz hatte seine Werkstatt aufgegeben und war in den Westen gegangen. Veit Arnold konnte „das Loch" übernehmen. „Der frühere Besitzer hat mir einen Nagel, einen Pfennig und einen Zettel hinterlassen - auf dem stand: „Der Pfennig fürs Glück, der Nagel zum Aufhängen!"

Links Veit Arnold bei der Planung in seinem Büro, unten Kai Arnold auf der Handwerksmesse 2007.

Der Nagel ging verloren, das Glück blieb Arnold treu. Am 1. Juli 1990, dem Tag der Währungsunion, stellte er seinen ersten Mitarbeiter ein - heute beschäftigt er acht. Nach der Wende lernte der Meister aus Leipzig einen Berufskollegen im Hessischen kennen, arbeitete bei ihm 14 Tage unentgeltlich mit, wollte einfach nur fit sein für die Marktwirtschaft.

1993 zog Arnolds Meisterbetrieb in die Nonnenstraße 30. Zwei Jahre später ersteigerte er die Immobilie von der Treuhand - und verblüffte deren Manager, als er die Bankbürgschaft in der geforderten Frist von einer Woche vorlegen konnte. Zu diesem Zeitpunkt begann der hartnäckige Mittelständler gerade, bundesweit den Markt zu erobern. Ende 1992 hatte er für ein großes Friseur-Unternehmen die Installationsarbeiten in zwei, drei neuen Geschäften übernommen. Die Zufriedenheit war so groß, dass danach Aufträge für insgesamt mehr als 1.000 Salons folgten - auch in Tschechien, Ungarn und Österreich.

Doch Veit Arnold wollte flexibel bleiben, seiner Firma ein zweites Standbein schaffen - und entdeckte das Thema „Schöne Bäder" für sich. Von der Mitteldeutschen Handwerksmesse 2002 kehrte er mit nur einem Auftrag zurück – fünf Jahre später mit vollen Büchern. Im Obergeschoss seines Betriebes richtete er 2004 eine kleine, aber feine Bad-Ausstellung ein. Ob Dampfdusche oder Whirlpool: Hier kann der Kunde alles ausprobieren. „Ein Auto fahre ich doch auch Probe", sagt Veit Arnold, dessen Bruder Kai inzwischen als zweiter kreativer Badplaner im Unternehmen mitwirkt. „Von der exklusiven Wellness-Oase bis zur ehemaligen Nasszelle im Plattenbau: Für jeden Geldbeutel finden wir die passende Lösung. Dennoch gilt: Nicht Geiz, sondern Qualität zählt." Durch die enge Zusammenarbeit mit anderen Handwerksfirmen kann Veit Arnold auf Wunsch immer Komplettangebote unterbreiten. Wie ein Lotse führt er die Kunden per Computer durch den Dschungel von 60.000 Sanitärartikeln und 500.000 verschiedenen Fliesen. Am Ende der individuellen Beratung präsentiert er ihnen in räumlicher Darstellung auf einem Großbildschirm ihr künftiges Traumbad.

Und Veit Arnolds Träume? „Auch mal ein bisschen kürzer treten und ein Vierteljahr nach Australien reisen können, ohne dass die Firma deswegen schlechter weiterläuft." Und natürlich: „Immer die Eigenständigkeit bewahren."

Erste Hinterhof-Werkstatt 1989. Foto ganz unten: Der heutige Betrieb „Einfach schöne Bäder" in der Nonnenstraße.

Die Zeichen stehen auf Revolution

Noch war die politische Wende nicht in Sicht, doch 1988 begann es bereits mächtig zu brodeln in der DDR. Schon bei der SED-Gedenkdemonstration für Rosa Luxemburg und Karl Liebknecht am 17. Januar in Berlin geschah etwas, womit die Staatsmacht nicht rechnete. Bürgerrechtler schlossen sich dem Demo-Zug mit einem Transparent an - mit dem berühmten Luxemburg-Zitat „Freiheit ist immer Freiheit der Andersdenkenden". Die Stasi schlug sofort zu: 120 Festnahmen.

Tags darauf beschäftigte sich das Friedensgebet in der Leipziger Nikolaikirche mit den Verhaftungen. Ab dem 25. Januar trafen sich Leipziger täglich zu Fürbitten für die Inhaftierten. Flugblätter informierten über die montäglichen Friedensgebete, die jetzt vor allem auch Ausreisewillige aufsuchten. Und die Leipziger Stasi gründete ihre Lagegruppe „Spinne".

Am 19. Februar versammelten sich 900 Ausreiseantragsteller zum Gemeindeabend „Leben und Bleiben in der DDR" in der Nikolaikirche. Pfarrer Christian Führer bot damit zum ersten Mal ein großes öffentliches Form zu diesem Thema an und entwickelte sich immer mehr zu einer zentralen Figur der nahenden Wende.

Die Staatsmacht reagierte zunehmend gereizt, verhaftete vor weiteren Kirchenveranstaltungen vor allem Ausreiseantragsteller. Die Stasi nötigte sie zu unterschreiben, sich künftig politisch zurückzuhalten. Doch der Protest ging weiter.

Erstmals gelangten auch Bilder vom Friedensgebet ins Abendprogramm von ARD und ZDF: Millionen Menschen in beiden Teilen Deutschlands erfuhren am 14. März - einem Messe-Montag - von der angespannten Stimmung in Leipzig.

Im Juni organisierten kirchliche Basisgruppen den 1. Pleiße-Gedenkmarsch und prangerten damit die katastrophale Umweltsituation im Leipzig-Bitterfelder Chemierevier an.

Und nun sollte Leipzig auch noch Schauplatz des Evangelischen Kirchentages 1989 sein? Unter den Mächtigen ging die Angst um: Ließ sich die Lage noch beherrschen? Die Hauptabteilung XX des Ministeriums für Staatssicherheit ordnete an: Beim Kirchentag darf es keinerlei Großveranstaltungen geben.

Während die Kirchen-Oberen oft noch den Konsens mit dem Staat suchten, drängten Basisgruppen auf Veränderung. Die Aktion Sühnezeichen gestaltete am 9. November 1988, dem Tag des Gedenkens an die Nazi-Pogromnacht, eine Andacht in St. Nikolai. Am folgenden (nicht genehmigten) Marsch nahmen 200 Menschen teil. Zwei Tage später luden Basisgruppen zur „Langen Friedensnacht" in die Kirche ein. Nach dem Friedensgebet am 5. Dezember verteilten sie ein Flugblatt, das an die UN-Menschenrechtsdeklaration erinnerte. Später gelangte es auch in zahlreiche Briefkästen der Stadt.

Und noch etwas trug zur fortschreitend revolutionären Stimmung in jenen Tagen bei: das Verbot der beliebten Zeitschrift „Sputnik". Das deutschsprachige Hochglanz-Magazin aus der Sowjetunion vermittelte den SED-Oberen zu viele Einblicke in Gorbatschows Perestroika-Politik. Darum durfte die Zeitschrift ab November nicht mehr erscheinen. Die „Initiativgruppe Leben" ließ daraufhin zur Internationalen Dokfilmwoche Luftballons mit der Aufschrift „Sputnik" vor dem Festivalkino „Capitol" steigen. Stasi-Leute benutzten ihre Regenschirme und brennenden Zigaretten als „Waffen" gegen die fliegenden Botschaften ...

Es brodelte in der DDR. Der Staat stand auf immer tönernen Füßen. Aus dem Aufbegehren Einzelner entwickelte sich langsam eine Volksbewegung. Das Jahr 1989 konnte beginnen.

Oben: Von der Stasi beschlagnahmtes Transparent. Darunter: Aufnäher zum Pleiße-Gedenkmarsch am Weltumwelttag 1988.

Nikolaipfarrer Christian Führer.

Kirchentags-Teilnehmer formieren sich zu einem Protestzug.

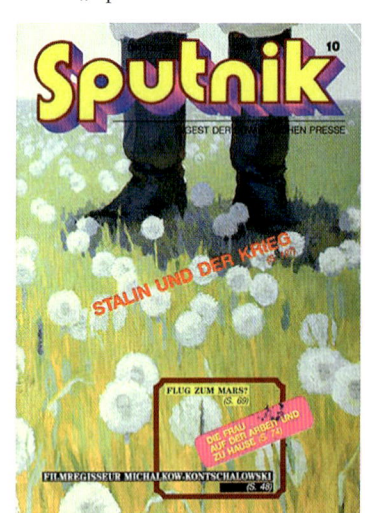

Verbotene Zeitschrift „Sputnik".

1989

„Wir sind das Volk!" - Stationen der friedlichen Revolution

Proteste, Demonstrationen, Verhaftungen: 1989 spitzt sich die Situation in Leipzig immer mehr zu. Am 11. Januar verteilen Oppositionsgruppen 5.000 Flugblätter in Hausbriefkästen - die Stasi verhaftet die Initiatoren. Am 15. Januar ziehen 500 Leipziger zum Geburtshaus von Karl Liebknecht - die Polizei nimmt 53 Personen fest.

Wahlsonntag in einer Leipziger Schule.

Protest gegen die Wahlmanipulation.

Am 7. Mai dann die nächste Konfrontation: Die SED hat zu ihrer mit großem propagandistischen Aufwand vorbereiteten Kommunalwahl gerufen. Die Staatssicherheit soll unter dem Decknamen „Aktion Symbol" einen reibungslosen Ablauf garantieren. Doch Oppositionsgruppen gelingt es, die Kontrolle der Stimmauszählung zu organisieren. Erstmals können sie der SED-Führung Wahlbetrug nachweisen. In den frühen Abendstunden versammeln sich 1.000 Personen auf dem Markt. Nichtwähler hatten ihre Wahlberechtigungsscheine demonstrativ in einer Urne gesammelt. Auch vor dem Völkerschlachtdenkmal kommt es zu einer Demo gegen die Wahlfarce. Polizei und Stasi verhaften an diesem Sonntag mehr als 100 Personen und verhören sie bis in die frühen Morgenstunden. Für den 10. Juni haben die Leipziger Oppositionsgruppen zu einem Straßenmusikfestival eingeladen. Trotz Verbots spielen die Musikanten in der Innenstadt. Gegen Mittag rückt die Polizei an: Sie verfrachtet die Künstler samt ihrer Instrumente brutal auf Lastwagen. Bei vielen Zeugen lösen die Übergriffe Entsetzen und Unverständnis aus. So wird aus „unbeteiligten Passanten eine protestierende Menge". Diese Einschätzung des Schriftstellers und Regimekritikers Václav Havel, von 1989 bis 2003 tschechischer Staatspräsident, trifft jetzt auch auf Leipzig zu. Und die Proteste gehen weiter: Vom 6. bis 9. Juli organisiert die evangelische Landeskirche ihren Kirchentag. Auf staatlichen Druck verzichten die Veranstalter auf politische Themen. Die Opposition trifft sich daraufhin zu ihrem „Statt-Kirchentag" in der Lukaskirche. Bürgerrechtler aus der gesamten DDR reisen an. Nach dem Abschlussgottesdienst auf der Radrennbahn formiert sich eine Demonstration gegen Wahlbetrug und für Demokratie. Die Sicherheitskräfte greifen wegen der westlichen Gäste und Journalisten nicht ein. Seit September 1982 bittet die Nikolaikirche jeden Montag zum Friedensgebet. 1989 erlangen die Andachten zentrale Bedeutung. Am 4. September erscheinen während der traditionellen Herbstmesse Transparente wie „Für ein offenes Land mit freien Menschen". Erstmals demonstrieren auf dem Nikolaikirchhof ausreisewillige Leipziger gemeinsam mit jenen, die bleiben wollen. Die Bilder gehen um die Welt.

Hatte die Polizei am 4. September wegen der Messe nicht reagiert, so nimmt sie dafür an den beiden folgenden Montagen mehr als 100 Personen fest und verhängt Ordnungsstrafen bis zu 5.000 Mark. Am 22. September weist Staats- und Parteichef Erich Honecker an, „die feindlichen Aktionen im Keime zu ersticken". Dennoch: Drei Tage später ziehen erstmals 5.000 Menschen über den Ring. Die Polizei hatte zuvor den Zugang zum Markt gesperrt, so dass die Demonstranten in Richtung Karl-Marx-Platz laufen. Wartende aus den Nebenstraßen reihen sich ein, die Menschenmenge marschiert bis zum Konsument-Kaufhaus und wieder zurück zum Hauptbahnhof. Die Polizei greift nicht ein: Auf diese überraschende Entwicklung war sie nicht vorbereitet.

Straßenmusiker in der Innenstadt.

ERMUTIGEN ZUM NACHDENKEN

Den Brief an Erich Honecker muss das Pfarramt der Michaeliskirche im September 1989 aus dem Schaukasten entfernen - und hängt ihn dafür im Gemeindehaus aus.

Tappen statt Etappen: Wandzeitung in Lößniger Hausflur.

- 285 -

1989

Es brodelt: Nikolaikirchhof am 7. Oktober 1989.

Mit Schild und Knüppel zum 40. Jahrestag der DDR.

Wasserwerfer am 7. Oktober 1989 in der Grimmaischen Straße.

Kundgebung des Neuen Forums am 18. November 1989.

70.000 fordern: „Keine Gewalt!"

An der Montagsdemo am 2. Oktober beteiligen sich bereits 20.000 Menschen. Erneut ziehen sie über den Ring. Noch schirmen Spezialeinheiten der Polizei die Innenstadt ab. Am 7. Oktober, dem DDR-Nationalfeiertag, flammen neue Proteste gegen die SED-Diktatur auf. Von mehr als 4.000 Demonstranten nehmen Polizei und Stasi 210 fest - und verfrachten sie in Pferdeställe auf dem Markkleeberger agra-Gelände. Am nächsten Tag weist Stasi-Chef Erich Mielke an, alle Personen zu erfassen, die in Internierungslagern verschwinden sollen. In Leipzigs Stasi-Zentrale ist auf einer Dienstberatung von einem „neuen 17. Juni" die Rede.

Am 9. Oktober demonstrieren nach Friedensgebeten in vier Kirchen mehr als 70.000 Menschen mit den Losungen „Wir sind das Volk!" und „Keine Gewalt!". Die Staatsmacht steht ihnen mit 8.000 bewaffneten Einsatzkräften gegenüber - und gibt sich geschlagen. Die Revolution nimmt friedlich ihren Lauf.

In den folgenden Wochen wächst die Zahl der Demonstranten stetig. Am 6. November fordern 400.000 Menschen demokratische Veränderungen im Land. Auch nach dem Fall der Mauer am 9. November gehen die machtvollen Montagsdemos weiter. Am 18. November veranstaltet das Neue Forum vor dem ehemaligen Reichsgericht seine erste genehmigte Kundgebung mit mehr als 10.000 Teilnehmern.

Am 1. Dezember treffen sich Vertreter der Opposition, der SED, der anderen Parteien und des Rates des Bezirkes in der Universität zum ersten Gespräch am Runden Tisch - die Macht beginnt, sich neu zu verteilen. Einen weiteren Höhepunkt erreicht die politische Wende am 4. Dezember mit der Besetzung der Bezirksbehörde der Staatssicherheit. Noch am 25. September waren die Demonstranten kurz vor der „Runden Ecke", wie Leipzigs Stasizentrale im Volksmund heißt, umgekehrt: Sie wollten der drohenden Konfrontation ausweichen. Nunmehr verhandeln Oppositionelle auf

Stasi-Zentrale am 23. Oktober 1989.

Augenhöhe mit den Stasi-Obristen über die Kontrolle des Gebäudes. Am Abend gelingt es 30 Bürgern, begleitet von Journalisten aus Ost und West, das Haus friedlich zu besetzen. Das Bürgerkomitee, das sich noch in der kommenden Nacht bildet, stoppt die Aktenvernichtung, erreicht in den folgenden Tagen und Wochen Schritt für Schritt die Auflösung der verhassten Spitzel-Behörde und bringt die Arbeitsweise des Unterdrückungsapparates ans Licht der Öffentlichkeit.

Leipzigs Stasi-Chef Generalleutnant Manfred Hummitzsch (vorn links) bei der Besetzung der „Runden Ecke" am 4. Dezember 1989.

9. Oktober - Tag der Entscheidung

Die Leipziger schrieben Weltgeschichte an jenem Montag im Herbst 1989, dem entscheidenden Tag der friedlichen Revolution. Noch am 6. Oktober hatte die LVZ einen Brief veröffentlicht, in dem ein Kampfgruppenkommandeur den Einsatz von Waffengewalt ankündigte, „um diese konterrevolutionären Aktionen endgültig und wirksam zu unterbinden". Am 7. Oktober setzte die Polizei gegen kleinere Protestdemonstrationen in der Innenstadt bereits Schlagstöcke und Wasserwerfer ein. Und die große Demo sollte erst am Montag nach dem Friedensgebet in der Nikolaikirche folgen.

Überall im Stadtzentrum hat sich am Nachmittag des 9. Oktober die bewaffnete Staatsmacht postiert. Doch gegen 18 Uhr muss sie kapitulieren: Mehr als 70.000 Menschen ziehen nach Friedensgebeten in vier Leipziger Kirchen friedlich um den Ring, skandieren „Keine Gewalt!" und suchen das Gespräch mit den Männern von Polizei und Kampfgruppen.

Über die Lautsprecher des Stadtfunks läuft seit 18 Uhr immer wieder der Aufruf der „Leipziger Sechs". Gewandhauskapellmeister Kurt Masur, Kabarettist Bernd-Lutz Lange, Theologe Peter Zimmermann sowie die drei SED-Bezirkssekretäre Kurt Meyer, Roland Wötzel und Jochen Pommert wenden sich an die Leipziger: „Unsere gemeinsame Sorge und Verantwortung haben uns heute zusammengeführt. Wir sind von der Entwicklung in unserer Stadt betroffen und suchen nach Lösungen. Wir alle brauchen freien Meinungsaustausch über die Weiterführung des Sozialismus in unserem Land. Deshalb versprechen die Genannten heute allen Bürgern, ihre ganze Kraft und Autorität dafür einzusetzen, dass dieser Dialog nicht nur im Bezirk Leipzig, sondern auch mit unserer Regierung geführt wird. Wir bitten Sie dringend um Besonnenheit, damit der friedliche Dialog möglich wird."

Montagsdemonstrant Hartmut Krüger erinnert sich: „Am Neuen Rathaus schallte aus den Lautsprechern der Aufruf der sechs Leipziger. Das ist überholt, dachte ich, Besonnenheit haben wir doch schon bewiesen." Und Rudolf Herzau weiß noch: „Wir hatten uns eingehakt, gingen dicht an dicht, machten uns gegenseitig Mut. Als am Bahnhof wieder Polizeieinheiten zu sehen waren, wurde die Internationale angestimmt, gefolgt von Gorbi-Gorbi-Rufen. Wir dachten, wer diesen Namen ruft, auf den werden sie nicht schießen."

Die Kriminalpolizei hatte den Auftrag, die „konterrevolutionären Vorkommnisse" akribisch zu protokollieren. 20.33 Uhr konnte ein Genosse notieren: „Ein Feuerwerkskörper wurde gezündet." Tobias Hollitzer, damals aktiver Bürgerrechtler, heute Sachgebietsleiter in der Leipziger Gauck-Behörde, hat eine klare Antwort auf die Frage, warum die Sicherheitskräfte nicht zuschlugen: „In erster Linie ist das den 70.000 Menschen zu verdanken, die unter Gefahr für Leib und Leben auf die Straße gingen und sich dabei vollkommen gewaltfrei verhielten." Nach diesem Tag in Leipzig ahnten die SED-Oberen, dass ihre Felle davonschwammen. Die Ereignisse gewannen nun ihre ureigene Dynamik.

Nikolaikirchhof nach dem Friedensgebet.

Montagsdemo am 9. Oktober 1989.

Karl-Marx-Platz (heute Augustusplatz).

Tonsäule des Stadtfunks.

Reise-, Presse- und Meinungsfreiheit - zentrale Forderungen im Oktober 1989.

1989

„Schaut her, das bin ich!"

Esther Pittroff als Achtjährige auf dem Foto von Sieghard Liebe...

... und 18 Jahre später mit dem „Demontagebuch".

Im Herbst 1989 war sie acht Jahre alt: Esther Pittroff, ein Leipziger Montagsdemo-Kind. Dass der 9. Oktober 1989 der entscheidende Tag der Wende war, das weiß längst auch die junge Frau. Sie hat inzwischen an der Leipziger Uni Betriebswirtschaft studiert, will später einmal als Wirtschaftsprüferin arbeiten. Jenen 9. Oktober, als in Leipzig 70.000 Menschen auf der Straße die friedliche Revolution in der DDR entschieden, musste Esther Pittroff zu Hause verbringen. Noch waren ihre Eltern allein zur Demonstration gegangen. „Sie hatten gesagt, es wäre für uns Kinder zu gefährlich", erinnert sich Esther. Nach diesem gewaltfreien Abend sah das aber ganz anders aus. Der Papa nahm in den folgenden Wochen auch seine Tochter zur Montagsdemo mit, setzte sie sich im Gedränge auf die Schultern. Die Achtjährige schien über den Massen zu schweben, hatte den besten Rundblick - und gelangte so auf eines der bekanntesten Demo-Fotos. „Ich kann heute nicht mehr sagen, was ich damals dachte, auch wusste ich nicht, was eigentlich geschah. Aber spannend war das schon", erinnert sich Esther an jene Zeit.

Die ist auch immer wieder Thema, wenn sich Familie Pittroff trifft. Dann holt der stolze Vater das Leipziger „Demontagebuch" aus dem Regal und schlägt Seite 108 auf: „Schaut her, das ist sie!" Esther Pittroff nimmt ihren Ruhm gelassen. „Das Buch mit dem Foto von Sieghard Liebe wird mit Sicherheit für immer in unsere Familien-Geschichte eingehen", sagt Esther.

Als achtjähriges Mädchen war sie aktive Schwimmerin und hätte sich bei Fortbestehen der DDR vermutlich zur Leistungssportlerin entwickelt. Heute nutzt die junge Frau die Freiheiten der neuen Zeit, erkundet die Welt, studierte auch mal ein Semester in Den Haag. Die Eingeengtheit, die sie nur noch aus den Erzählungen ihrer Eltern kennt, kann sie sich überhaupt nicht mehr vorstellen. Das „Demontagebuch", das zu den bekanntesten Publikationen über die friedliche Revolution gehört, beginnt und endet mit einem Zitat des Schriftstellers Volker Braun. „Wir machen die Erfahrung der Freiheit. Zuerst auf den Straßen von Leipzig", steht im Vorspann. Und am Schluss heißt es: „Noch erleben wir die Freiheit frei von Verantwortung. Aber wir werden sie tragen müssen. Die Freiheit wird uns in die Pflicht nehmen." Esther Pittroff sieht so auch ihr Leben. Und sagt heute mit viel Selbstbewusstsein: „Schaut her, das bin ich!"

Volker Braun

Erich Loest in der Nikolaikirche.

Frank Beyer bei der Uraufführung seines Films.

Aus-Zeit

Zur friedlichen Revolution in der DDR sind zahlreiche Publikationen erschienen. Für eine Aus-Zeit, um mehr zum Thema Wendeherbst in Leipzig zu erfahren, empfiehlt sich neben dem „Demontagebuch" (Kiepenheuer-Verlag 1990) das ebenfalls sehr authentische „Jetzt oder nie - Demokratie!", das der Forum Verlag noch 1989 herausgegeben hat und damals gleich vom Lastwagen verkaufen konnte. Belletristisch hat sich Schriftsteller Erich Loest den Ereignissen genähert: „Nikolaikirche" (Linden-Verlag 1995) heißt sein Roman zur Wende, den die ARD unter der Regie von Frank Beyer verfilmte.

1990

Montagsdemo mit Kerzen zum Jahresausklang.

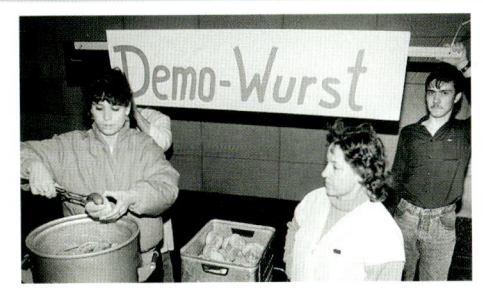

Gestärkt auf die Straße. Bockwurst-Stand zur Montagsdemo.

Die Wiedervereinigung rückt stärker in den Mittelpunkt der Montagsdemos.

Bad in der Menge: Der Bundeskanzler am 14. März 1990 in Leipzig.

Runder Tisch und freie Wahlen - Aufbruch in eine neue Zeit

Am 18. Dezember 1989 versammeln sich in der Innenstadt 150.000 Demonstranten, viele mit selbst gemalten Plakaten, Kerzen oder Fackeln in der Hand - revolutionär-friedliche Verabschiedung in den Jahresendurlaub. Vor der letzten Demo im Wendejahr 89 hatten Superintendent Friedrich Magirius und Gewandhauskapellmeister Kurt Masur dazu aufgerufen, still der Opfer der stalinistischen Gewalt zu gedenken: Wann gelingt es schon mal einem Kapellmeister,

Friedrich Magirius

150.000 Menschen durch die Stadt zu dirigieren? Die „Heldenstadt Leipzig" macht auch das möglich. Wenige Tage später startet sie in ein aufregendes 1990.

Gleich zu Beginn des neuen Jahres rechnet die 1. Leipziger Volksbaukonferenz schonungslos mit der bisherigen Politik ab. Das „Ruinen schaffen ohne Waffen" muss aufhören, lautet eine der wichtigsten Nachrichten. Am 15. Januar sind die meisten Montagsdemonstranten wieder da. 100.000 skandieren nun „Nieder mit der SED" und „Deutschland, einig Vaterland". Zwei Tage später versammelt Superintendent Friedrich Magirius die Vertreter von 30 politischen Parteien und Gruppen zum ersten Mal am Runden Tisch.

Am 26. Januar 1990 beschließt die Stadtverordnetenversammlung mit einer Gegenstimme ihre Selbstauflösung. Der von Magirius geleitete Runde Tisch führt ab sofort die Amtsgeschäfte. Am 4. Februar konstituiert sich der Kreisverband der SPD, am 14. des Monats wählt die PDS ihren Stadtvorstand, die DSU trifft sich zu ihrem ersten Parteitag. Nichts ist mehr so, wie es einmal war. Zur vorerst letzten Montagsdemo kommen am 12. März noch einmal 70.000 Menschen. Doch die Zeit des Übergangs hat schon begonnen. In der Stadt läuft bereits Kulmbacher und anderes West-Bier aus den Zapfhähnen - der halbe Liter für fünf DDR-Mark. Die Ostbratwurst kostet aber noch 95 Pfennige. Auf dem Karl-Marx-Platz spricht am 14. März vor 300.000 Menschen der CDU-Vorsitzende und Bundeskanzler Dr. Helmut Kohl auf einer Wahlkundgebung. Die Massen jubeln ihm zu, als er erklärt: „Das Ziel, die Einheit Deutschlands zu vollenden, ist zum Greifen nahe. Die Leipziger haben es erstritten."

Bei den ersten freien Wahlen zur Volkskammer am 18. März 1990 erreichen in Leipzig CDU 28,7 Prozent, SPD 26, PDS 16,5 und DSU 12,5 Prozent der Stimmen. Am 2. Mai stellt der Runde Tisch seine Arbeit ein. Bei der folgenden Kommunalwahl siegt die SPD mit 35 vor der CDU mit 26 und der PDS mit 13 Prozent der Stimmen. Die konstituierende Sitzung der Stadtverordneten wählt am 30. Mai Friedrich Magirius zum Stadtpräsidenten - und eine Woche später den erfahrenen Kommunalpolitiker und Oberstadtdirektor von Hannover, Hinrich Lehmann-Grube, zum Oberbürgermeister von Leipzig.

Am 1. Juli bringt die Währungsunion die heiß ersehnte D-Mark: Die Schlangen vor den Banken sind endlos lang. Die DDR entwickelt sich peu à peu zum Geschichtsfall. Am 2. Oktober stimmen die Stadtverordneten für die Rückbenennung des Karl-Marx-Platzes in Augustusplatz. Tags darauf feiern hier die Leipziger die Wiedervereinigung. Auf Werbe-Plakaten ist „Alles Gute Deutschland" zu lesen. „Wir können es gebrauchen", denken viele im Vorübergehen...

Und noch einmal muss das Volk wählen: Am 14. Oktober entscheidet es über die Zusammensetzung des Sächsischen Landtages. Die CDU mit ihrem Spitzenkandidaten Kurt Biedenkopf gewinnt mit absoluter Mehrheit - und holt auch im SPD-regierten Leipzig satte 51,5 Prozent der Stimmen.

Geldtransporter bringen die D-Mark nach Leipzig. Unten: Geldumtausch am Tag der Währungsunion in Grünau.

1990

Spitzel, Wanzen, Widerstand: Erinnerung an Jahrhundertschritt

„Heldenstadt Leipzig" - so nannten viele DDR-Bürger den Ausgangspunkt der friedlichen Revolution. Zwei museale Einrichtungen befassen sich seither mit jener Zeit und ihrer Vorgeschichte: das „Museum in der Runden Ecke" und das Zeitgeschichtliche Forum.

Wo 40 Jahre lang die Staatssicherheit residierte, wo kaum einer wusste, was eigentlich hinter den dicken Mauern der „Runden Ecke" am Dittrichring passierte, dort informiert seit August 1990 das Bürgerkomitee Leipzig. Titel der viel besuchten Dauerausstellung: „Stasi - Macht und Banalität". Hässlich, aber aufklärend - so wirkt die authentische Schau: Kein modernes Design, stattdessen Linoleumfußboden, gelbbraune Tapeten, Gitter vor den Fenstern und alte Heizkörper an den Wänden. Originaldokumente, „Wanzen", gefälschte Stempel, Perücken und viele weitere Spitzel-Gerätschaften komplettieren die Ausstellung. So mancher weitgereiste Besucher erfährt Jahre nach der deutschen Wiedervereinigung erstmals, was Stasi wirklich bedeutete.

Anders als das Bürgermuseum präsentiert sich das Zeitgeschichtliche Forum: In modernem Ambiente öffnete es genau zehn Jahre nach der Wende, am 9. Oktober 1999, als Zweigstelle des Hauses für Geschichte in Bonn. Seine Dauerausstellung befasst sich wissenschaftlich aufgearbeitet mit der Historie des geteilten Deutschland. Zudem informieren zahlreiche Sonderschauen über unterschiedliche Facetten des Widerstandes in der DDR und die Auseinandersetzungen zwischen Ost und West in Zeiten des Kalten Krieges.

Nicht von ungefähr steht vor dem Haus gleich neben der weltberühmten Mädler-Passage ein Abguss von Wolfgang Mattheuers Plastik „Jahrhundertschritt" - denn was in Leipzig im Herbst 1989 geschah, das war ein solcher. Zeitgeschichtliches Forum und „Runde Ecke" verstehen sich als ergänzende Partner. Und wenn der Besucher Glück hat, dann kann er in beiden Einrichtungen Mitarbeiter treffen, die als Zeitzeugen noch genau wissen, was damals geschah. Für das Bürgerkomitee wacht zum Beispiel Irmtraut Hollitzer über die Ausstellung. Sie gehörte zu den Aktivposten der friedlichen Revolution. Ebenso Uwe Schwabe, der heute als wissenschaftlicher Mitarbeiter des Zeitgeschichtlichen Forums immer auch wichtige Abschnitte seines eigenen Lebens offen legt. Schwabe war Bürgerrechtler, geriet in Haft und wird heute wie Irmtraut Hollitzer nicht müde, vor dem all zu schnellen Vergessen der Diktatur in der DDR zu warnen.

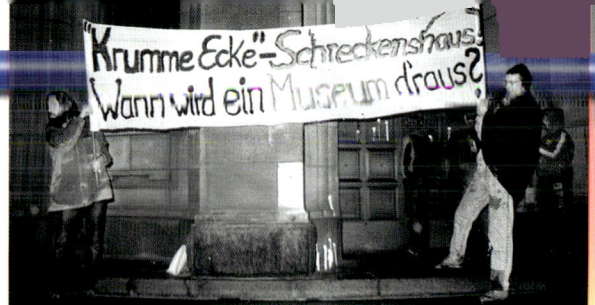

Die Forderung der Montagsdemonstranten vom 6. November 1989 hat sich erfüllt: In der „Runden Ecke" zeigt eine Ausstellung die Macht und Banalität der Stasi.

Irmtraut Hollitzer „enttarnt" eine Kamera im Köfferchen. Rechts: Prof. Dr. Rainer Eckert, Uwe Schwabe und Dr. Anne Martin (v. l.) sichten Dokumente der Wende.

Mattheuer-Plastik „Jahrhundertschritt" vor dem Zeitgeschichtlichen Forum.

„Schild und Schwert der Partei"

Das Ministerium für Staatssicherheit (MfS) diente der SED als „Schild und Schwert" zur Sicherung ihrer Macht. Die Leipziger Bezirksverwaltung für rund 2.400 hauptamtliche Mitarbeiter befand sich von 1950 bis 1980 in der „Runden Ecke", einem ehemaligen Versicherungsgebäude. Von hier aus organisierten rund 800 Stasi-Leute die flächendeckende Überwachung der Bürger. Dabei konnten sie sich auf die Spitzeldienste von etwa 10.000 Inoffiziellen Mitarbeitern (IM) im Bezirk verlassen, die sich in mehr als 600 konspirativen Objekten und Wohnungen mit ihren Führungsoffizieren trafen. In einem Neubau an der „Runden Ecke" installierte der „VEB Horch und Guck" eine Abhöranlage, mit der er 300 Telefongespräche gleichzeitig mitschneiden konnte. Darüber hinaus überprüfte eine Sonderabteilung täglich bis zu 2.000 verdächtige Briefe. In der Beethovenstraße verfügte die Stasi zudem über eine eigene Untersuchungshaftanstalt für politische Gefangene.

Im November 1989 begann das MfS mit der systematischen Vernichtung seiner Unterlagen. Am 4. Dezember stoppten couragierte Bürger die Aktion. Die verbliebenen 10.000 Meter Akten und 3,7 Millionen Karteikarten sichtet seither die Leipziger Außenstelle des Bundesbeauftragten für die Unterlagen der Staatssicherheit.

Die Akten-Vernichtungsmaschine in der Leipziger Stasi-Bezirkszentrale lief im Herbst 1989 auf Hochtouren.

Grauschleier verschwindet - Menschen atmen auf

Überall in Europa wuchsen die Großstädte. Nur Leipzig war schon in den 70er-Jahren von Schwindsucht befallen, obwohl sich zu dieser Zeit in der zweitgrößten Stadt der DDR Arbeitsplätze und Verdienstmöglichkeiten in Hülle und Fülle boten. Die Menschen zogen einfach weg. Für sie spielten Umweltfragen eine immer wichtigere Rolle. Und dabei schnitt Leipzig extrem schlecht ab.
Erst 1990 brachte für die Umwelt die Wende. Die Braunkohlebagger hatten sich bereits über die Stadtgrenze hinweg vorangearbeitet und mehrere Hundert Hektar wertvollsten Auenwald unwiederbringlich vernichtet. Massiver Bürgerprotest regte sich und brachte den Braunkohlebergbau im Süden der Messestadt schließlich zum Stillstand.
Ein Jahr zuvor war so etwas noch undenkbar. Rücksichtsloses Wirtschaften um jeden Preis galt als Staatsdoktrin. Kritik an unhaltbaren Zuständen der Umwelt schwiegen die DDR-Oberen tot oder verfolgten sie im schlimmsten Fall mit Gewalt. Dabei wussten im Grunde alle Bescheid. Wehte der Wind von Süden, lag ein unerträglicher säuerlich-schwefliger Gestank aus der Uralt-Braunkohlenschwelerei Espenhain in der Luft. Blies der Wind aus dem Westen, roch es fischig nach Leuna. Ihre Wohnungen mussten die meisten Leipziger mit Braunkohlebriketts heizen. Sie trugen damit mangels Alternative zum immensen Schwefeldioxid-Ausstoß und zum sauren Regen bei. Derweil tuckerten von einer feinen Staubschicht überzogene „Trabbis" mit ihren veralteten Zweitaktmotoren über die Straßen. Und der Versuch, wenigstens im agra-Park in Markkleeberg ein wenig frische Luft zu schnappen, endete zwiespältig: Wenige Meter hinter den duftenden Blumenrabatten schwammen auf der zäh wie Teer sich dahinwälzenden Pleiße dicke Schaumklumpen aus ungeklärten Abwässern der Chemieindustrie. Mitten im Umbruch des 89er Herbstes rückte ein sensationeller Film des DDR-Fernsehens die bedrohliche Situation der Messestadt in den Blickpunkt. Sein Name sagte alles: „Ist Leipzig noch zu retten?" Die Stadt war zu retten - zuerst mit der ungeschminkten Wahrheit. In der Zeitung tauchten mit der Regelmäßigkeit des Theater- und Kinoprogramms nun auch die Messdaten mehrerer Umweltstationen auf. Luft und Wasser wurden sauberer, weil die Heizungssysteme ab Mitte der 90er-Jahre größtenteils mit Erdgas arbeiteten, weil Millioneninvestitionen in das Wasserleitungsnetz flossen, weil sich die Technik der Abwasserreinigung sprunghaft verbesserte, weil immer mehr Autos mit modernen Motoren fuhren, aber auch weil die Industrieproduktion abstürzte und besonders in Leipzig viele Betriebe pleite gingen.
Gerade noch rechtzeitig vor ihrer unumkehrbaren Schädigung konnte die Sanierung von Gebäuden und Fassaden beginnen. Die Stadt verlor ihren Grauschleier, die Menschen atmeten auf. In Plagwitz und Lindenau, wo sich wenige Jahre zuvor kein Spaziergänger freiwillig an die verschmutzten Gewässer gewagt hatte, entstand ein „Klein-Venedig" mit sanierten Wasserläufen, Radwegen, Sport- und Erholungsmöglichkeiten. Der gestoppte Tagebau Cospuden entwickelte sich innerhalb von zehn Jahren zu einem 420 Hektar großen Badesee mit Bootsverkehr, begehrten Wohnungsbaugrundstücken, gleichwohl jedoch einem Großkraftwerk in Sichtweite - nunmehr aber hochmodern, mit hoher Energieausbeute und wirksamen Abgasfiltern.
Über Leipzig ist der Himmel inzwischen so blau, wie ihn Wolfgang Mattheuer auf seinen Gemälden in den 70er-Jahren zeigte - und damals nur ein Seufzen erntete.

Geschädigter Fassaden-Löwe in der Innenstadt.

Häuser-Fassaden vor und nach der Sanierung.

Alte Industrieschornsteine im Leipziger Norden.

Der Trabi hat ausgedient.

Zu DDR-Zeiten eine stinkende Brühe, jetzt ein Ort der Erholung: die Weiße Elster.

Modernes Kraftwerk in Lippendorf.

1991

Schule, Preis und Blätter – Stiftung setzt Zeichen

Zustand des alten Schulgebäudes 1987.

Nikolaikirchhof mit Alter Nikolaischule (links).

Die Wendezeit schrieb kuriose Geschichten: Ende 1989 hatte ein westdeutscher Geschäftsmann 10.000 D-Mark als Spende für Leipzig im Gepäck – und fand dafür keinen geeigneten Abnehmer. Im „academixer"-Keller traf er den Kabarettisten Bernd-Lutz Lange und den damaligen Cheflektor der „Leipziger Blätter" Bernd Weinkauf – und sprach zu ihnen den entscheidenden Satz: „Normalerweise suche ich mir eine Kulturstiftung als Ansprechpartner." Verwunderung auf der anderen Seite: „Was ist denn eine Kulturstiftung?"

Die Dinge nahmen ihren Lauf: Am 26. Januar 1990 trafen sich im „Coffe Baum" stadtbekannte Persönlichkeiten und gründeten in einem Land ohne Stiftungsrecht die Kulturstiftung Leipzig. Zu ihrem ersten Präsidenten wählten sie Gewandhauskapellmeister Kurt Masur – der mit Benefizkonzerten das Stiftungskapital einspielte. Nachdem die Volkskammer im September 1990 die rechtlichen Grundlagen geschaffen und das Regierungspräsidium Anfang 1991 seine Arbeit aufgenommen hatte, erhielt die Leipziger Stiftung für Denkmalpflege, Stadtkultur und Umweltschutz am 18. Juli 1991 ihre Urkunde. Obwohl juristisch erst ab diesem Tag existent, hatte sie längst ihre wichtigste Aufgabe gefunden: den Erhalt historisch bedeutsamer Bauten. So übernahm die Kulturstiftung im Oktober 1990 die seit 1976 baupolizeilich gesperrte Alte Nikolaischule in Erbpacht. Sie organisierte die Sanierung, bezog ein Büro unterm Dach, eröffnete das Haus im Herbst 1994 wieder und entwickelte es zu einer anerkannten Adresse. Die klassizistische Aula im zweiten Stock bietet Raum für Konzerte, Lesungen und Diskussionsrunden. Das Antikenmuseum der Universität zeigt in der ersten Etage seine Schätze. Und im Erdgeschoss erwartet das Kultur-Café die Gäste.

Auch um den Nikolaikirchhof vor der Haustür kümmerte sich die Stiftung. 1992 lobte sie gemeinsam mit der Stadt einen Wettbewerb zur künstlerischen Gestaltung des Platzes aus. Eine nachgebildete Säule der Nikolaikirche versinnbildlicht nunmehr den Aufbruch der friedlichen Revolutionäre aus dem geschützten Raum des Gotteshauses.

Auch die Installation von 150 leuchtenden Pflastersteinen nimmt Bezug auf den Herbst 1989, als immer mehr Menschen den Drohgebärden des Staates trotzten. Ein Brunnen ergänzt das Ensemble.

Im zweijährigen Rhythmus bringt sich die Kulturstiftung mit dem Hieronymus-Lotter-Preis ins Gespräch. Um die drei Medaillen mit Lotters Konterfei – ein Schmuckstück an den Fassaden der Gewinner-Häuser – bewerben sich jeweils 30 bis 50 private Bauherren.

Retten konnte die Kulturstiftung die „Leipziger Blätter". 1982 gegründet, war der Erhalt des stadtgeschichtlichen Periodikums mit dem Untergang des Rates des Bezirkes gefährdet. Im Frühjahr 1991 übernahm die Kulturstiftung die Rolle des Herausgebers und stellte der Redaktion einen ehrenamtlichen Beirat aus Fachleuten zur Seite.

Auch in aktuelle Debatten zur Stadtentwicklung schaltet sich die Stiftung immer wieder ein. Sie intervenierte gegen die Bedrohung der Bausubstanz bei der Sanierung von Specks Hof, setzte sich für die Sanierung der Kongresshalle ein und verschaffte dem Romanushaus wieder eine Merkur-Plastik. Zum weniger spektakulären Tagesgeschäft gehört die Organisation von Tagungen, Podiumsdebatten und Veranstaltungsbeteiligungen. Stiftungs- und Regierungspräsident Walter Christian Steinbach weiß: „Ohne Spender und Sponsoren könnten wir die meisten Projekte nicht realisieren." Und auch nicht ohne die Zeit und Kraft, die Steinbach, sein Vorstand und der Stiftungsrat ehrenamtlich investieren.

Podiumsdiskussion in der Aula.

Hieronymus-Lotter-Preis

Antikenmuseum der Universität. Unten: Merkur-Plastik am Romanushaus.

Präzision und Eleganz: Uhren aus Sachsen

Nach der Wende tickten die Uhren anders - und die Hamburger Gerhard D. Wempe KG eröffnete 1991 in Leipzig ihre erste Niederlassung in den neuen Bundesländern. In exklusiver Lage am Eingang zur Mädler-Passage offeriert das Geschäft edle Zeitmesser und feinsten Schmuck. Der Uhrmachermeister und Diamantgutachter Peter Peters, seit 1983 bei Wempe in Bremen, übernahm 1991 die Geschäftsführung in der Messestadt - und fühlt sich hier mit Ehefrau Renate längst heimisch.

Besonders freut Peters, dass er seit 2006 auch zwei hauseigene Uhren-Kollektionen aus Sachsen anbieten kann: „Wempe Zeitmeister" und „Wempe Chronometerwerke", gefertigt in Glashütte. In die alte Sternwarte des Ortes hat das international agierende Familienunternehmen 1,5 Millionen Euro für eine neue Produktionsstätte und die erste deutsche Chronometerprüfstelle investiert. Auch die Lehrausbildung verlegte die Wempe KG von ihrem Hamburger Stammsitz ins sächsische Glashütte - mit der bundesweit einzigartigen Spezialisierung zum Chronometer Uhrmacher. Der Begriff „Chronometer" steht als Garant für höchste Präzision und Verlässlichkeit: Nicht mehr als zwei Sekunden darf die mittlere Abweichung am Tag betragen. „Schon mein Urgroßvater, Großvater und Vater wollten nie nur feine Uhren verkaufen, sondern auch eigene Zeitmesser anbieten", sagt Kim-Eva Wempe, die seit 1994 gemeinsam mit ihrem Vater Hellmut das Unternehmen führt. „In Glashütte haben wir einen zweiten Standort geschaffen, der unsere Kompetenz in die Zukunft trägt."

Den Grundstein hatte am 5. Mai 1878 Uhrmacher Gerhard Diedrich Wilhelm Wempe in Elsfleth an der Weser gelegt - und mit einem Startkapital von 80 Mark den Schritt in die Selbstständigkeit gewagt. 1907 eröffnete er in Hamburg die erste von fünf florierenden Filialen. 14 Jahre später übernahm Sohn Herbert die Geschäftsleitung und trieb die Expansion des Unternehmens weiter voran: 1938 kaufte er die Chronometerwerke Hamburg. Wiederaufbau nach dem Zweiten Weltkrieg und Einstieg ins internationale Geschäft tragen die Handschrift von Hellmut Wempe. Dessen Credo: „Mein Bemühen soll es sein, der verehrten Kundschaft die beste Ware, die reichste Auswahl und die kulanteste Behandlung zukommen zu lassen." Für seine Geschäfte entwickelte der Enkel des Firmengründers genaue Vorgaben: nach Möglichkeit denkmalgeschützte Häuser in den besten Innenstadtlagen, eine Mindestschaufensterlänge von acht Metern und ein unverwechselbares Ambiente. Inzwischen betreibt die Wempe KG 19 deutsche Niederlassungen sowie sechs weltweit: in New York, Paris, London, Wien, Madrid und auf dem Kreuzfahrtschiff MS Europa. Rund 460 Angestellte beschäftigt das Unternehmen. In der Leipziger Niederlassung beginnt der Kundenkreis vor der Haustür und reicht bis in den asiatischen Raum. „Im Durchschnitt 3.500 Euro gibt ein Kunde bei uns aus", sagt Geschäftsführer Peter Peters, der sich in zahlreichen Vereinen der Messestadt engagiert: Lionsclub, Chaîne des Rôtisseurs, Förderverein der Bundeswehr, Gesellschaft Harmonie, Förderkreis Zoo... Oft hilft er auch mit Sponsoring - ganz im Stillen, ohne es an die große Glocke zu hängen.

Wempe-Uhren aus dem sächsischen Glashütte.

Montage einer Wempe Zeitmeister Armbanduhr.

Firmengründer Gerhard D. Wempe

Kim-Eva und Hellmut Wempe vor der Kuppel der Sternwarte Glashütte.

Wempe-Niederlassung in der Mädler-Passage.

Geschäftsführer Peter Peters im Verkaufsraum.

Montage einer Wempe Chronometerwerke Sekundenpräzisions-Penteluhr.

1991

Regierung vor Ort - Management für die Region

Die Lebensbedingungen zunehmend schlechter, die Bevölkerung immer unzufriedener, die SED-Politik dogmatisch und unbeweglich - im Herbst 1989 war das Fass übergelaufen: Rasante politische Veränderungen nahmen in der DDR ihren Lauf. Auch die Bezirkstage und ihre Räte fegte die friedliche Revolution hinweg: Am 31. Mai 1990 gingen für sie die Lichter aus. An ihre Stelle traten vorübergehend Bezirksverwaltungsbehörden - und am 1. Januar 1991 schließlich die Regierungspräsidien. Zum Leipziger Regierungspräsidenten ernannte die Staatsregierung Walter Christian Steinbach. Der einstige Pfarrer in Rötha gehörte 1989 zu den Mitbegründern der Ost-SPD, wechselte später in die CDU.

Die Geburtsstunde des heutigen Regierungsbezirkes als staatliche Verwaltungseinheit schlug bereits am 5. August 1547. An jenem Tag teilte Sachsens Kurfürst Moritz mit seiner Kanzleiordnung das Land in fünf Kreise ein: den Meißnischen, Thüringischen, Erzgebirgischen und Leipziger Kreis sowie den Kurkreis. An ihre Spitze stellte er jeweils einen Oberhauptmann zur Kontrolle und Aufsicht von Finanz-, Militär- und Polizeiangelegenheiten, gegen Ende des 18. Jahrhunderts erweitert um Justiz, Handel und Gewerbe. Zum ersten Oberhauptmann des Leipziger Kreises ernannte der Kurfürst Christoph von Carlowitz.

1816 entwickelte sich die Messestadt zum festen Amtssitz der staatlichen Regionalverwaltung: Kreishauptmann Alexander August von Einsiedel wohnte in Leipzig und bezog Amtsräume in der Klostergasse. Ein umfangreiches Reformwerk regelte 1835 die Einrichtung von vier Kreisdirektionen als Regionalbehörden. Sie erhielten Kompetenzen über das Innenressort hinaus für die Ministerien Finanzen, Krieg, Kultus und öffentlicher Unterricht in der Mittelstufe. Der erste Leipziger Kreisdirektor Johann Paul von Falkenstein trug als Regierungsbevollmächtigter zum Aufbau der Leipzig-Dresdner Eisenbahn (1839) und der Leipziger Bank (1838) bei. Als Innenminister von 1845 bis 1848 und Kultusminister von 1853 bis 1871 gehörte er zu den bedeutendsten sächsischen Politikern des 19. Jahrhunderts. Mit dem am 21. April 1873 verabschiedeten „Gesetz, die Organisation der Behörden für die innere Verwaltung betreffend" schloss Sachsen seine rund 40 Jahre zuvor eingeleitete Verwaltungsreform ab. Aus den Kreisdirektionen entstanden Kreishauptmannschaften, die dem Innenministerium als mittlere Kontroll- und Aufsichtsbehörde - auch für die Städte und Gemeinden - dienten. Zudem vermittelten und bündelten sie Informationen unter anderem

Bestallungsurkunde des Kreishauptmanns.

Johann Paul von Falkenstein

Regierungspräsident Walter Christian Steinbach

Christoph von Carlowitz

Leipziger Kreis um 1547

Kreisdirektion Leipzig 1835

Die drei (älteren) Amtshauptmannschaften mit den Ämtern
I. Amtshauptmannschaft Leipzig, Pegau und Borna
II. Amtshauptmannschaft Rochlitz, Colditz und Nossen nebst den Schönburgischen Lehnsherrschaften Penig, Rochsburg und Wechselburg
III. Amtshauptmannschaft Leisnig, Grimma, Mutzschen, Wurzen, Mügeln mit Sornzig und Oschatz

Bezirk Leipzig 1952

zum Denkmalschutz, zur Vergabe staatlicher Konzessionen, Lizenzen und Approbationen. Erster Leipziger Kreishauptmann war Carl Ludwig Gottlob von Burgsdorff. Nach einer Blüte der Mittelbehörden noch in der Weimarer Republik folgte ihr Niedergang in der Zeit des Nationalsozialismus, der mit ihrer Auflösung am 1. Juli 1943 endete.

Am 23. Juli 1952 beschloss die Volkskammer der DDR eine Neugliederung der Verwaltungsstrukturen - und damit die Abschaffung der Länder. An die Stelle von Sachsen traten die drei Bezirke Leipzig, Chemnitz (ab 1953 Karl-Marx-Stadt) und Dresden. Der Leipziger Verwaltungsbezirk umfasste zwölf Landkreise sowie das Gebiet der Messestadt.

Der Bezirkstag konstituierte sich am 5. August 1952 und wählte aus seiner Mitte den Rat des Bezirkes, der zugleich verfügende und vollziehende Befugnis ausübte. Im sozialistischen Einheitsstaat DDR repräsentierte er die mittlere Verwaltungsebene mit teilweise wirtschaftsleitenden Funktionen. Einflussreichste Instanz im Territorium allerdings war die Bezirksleitung der SED mit ihrem 1. Sekretär an der Spitze - bis die Montagsdemonstranten 1989 den Machtapparat aus den Angeln hoben. Und Sachsen auf die Landkarte zurückkehrte.

Das Regierungspräsidium übt heute die Kommunalaufsicht über die Landkreise und die Stadt Leipzig aus, ebenso die Fachaufsicht über die unteren Verwaltungsstellen. Außerdem sieht es sich zunehmend in der Rolle einer regionalen Management-Behörde, die entwicklungsfördernde Aufgaben von hoher Komplexität bewältigt - innovativ und bürgerorientiert. Seit 1991 hat das Regierungspräsidium mehr als 15 Milliarden Euro für eine tragfähige Regional- und Wirtschaftsentwicklung bewilligt und ausgezahlt, das Straßenverkehrsnetz im Regierungsbezirk auf einer Länge von 4.380 Kilometern ausbauen lassen und die Abwasserbehandlung für 300.000 Einwohner durch geförderte Investitionen im Umfang von 990 Millionen Euro verbessert. Dass sie Kompetenzen bündeln und Entscheidungen rasch vorantreiben kann, bewies die Behörde bei Großprojekten wie dem Industriestandort Böhlen-Lippendorf, dem Flughafenausbau Leipzig-Halle oder der Landesgartenschau in Oschatz 2006. Auch die Wiederherstellung der durch das August-Hochwasser 2002 massiv geschädigten kommunalen Infrastruktur zeugt von ihrer Leistungsfähigkeit. „Nicht zuletzt stammten die ersten Ideen und Initiativen zur Umgestaltung der ehemaligen Braunkohlenlandschaft rund um Leipzig aus unserem Haus", sagt Regierungspräsident Walter Christian Steinbach. „Inzwischen hat sich daraus für alle sichtbar das Leipziger Neuseenland entwickelt."

Wie in den Jahrhunderten zuvor, muss sich die staatliche Verwaltung auch in Zukunft dem Strukturwandel stellen - und dabei immer rascher und flexibler reagieren. Bei allen Reformen geht der Regierungspräsident davon aus, dass der Freistaat die Leistungsfähigkeit der mittleren Verwaltungsebene sichern wird. Steinbach: „Unsere Bilanz im Regierungsbezirk kann sich sehen lassen. Trotz komplizierter Bedingungen haben sich die Wachstumstendenzen in der regionalen Wirtschaft verstärkt. Wir werden ihre Wettbewerbs- und Innovationsfähigkeit weiter befördern, den Ausbau einer modernen Infrastruktur unterstützen sowie Investitionen in Bildung, Kultur und Freizeit positiv begleiten."

Zahlen & Fakten

Der Regierungsbezirk Leipzig umfasst eine Fläche von rund 4.385 Quadratkilometern und zählt annähernd 1,1 Millionen Einwohner. Er vereint neben der kreisfreien Stadt Leipzig 95 Gemeinden in den Landkreisen Delitzsch, Döbeln, Leipziger Land, Torgau-Oschatz und im Muldentalkreis. Der Regierungsbezirk grenzt als Teil der mitteldeutschen Wirtschaftsregion Leipzig-Halle an die Bundesländer Sachsen-Anhalt, Brandenburg und Thüringen. Zum Freistaat Sachsen gehören außerdem die Regierungsbezirke Chemnitz und Dresden mit ihren Präsidien.

Das Regierungspräsidium in der Braustraße.

Landesgartenschau 2006

Schleuseneröffnung am Cospudener See im Juli 2006.

Neuseenland mit Störmthaler und Markkleeberger See.

1991

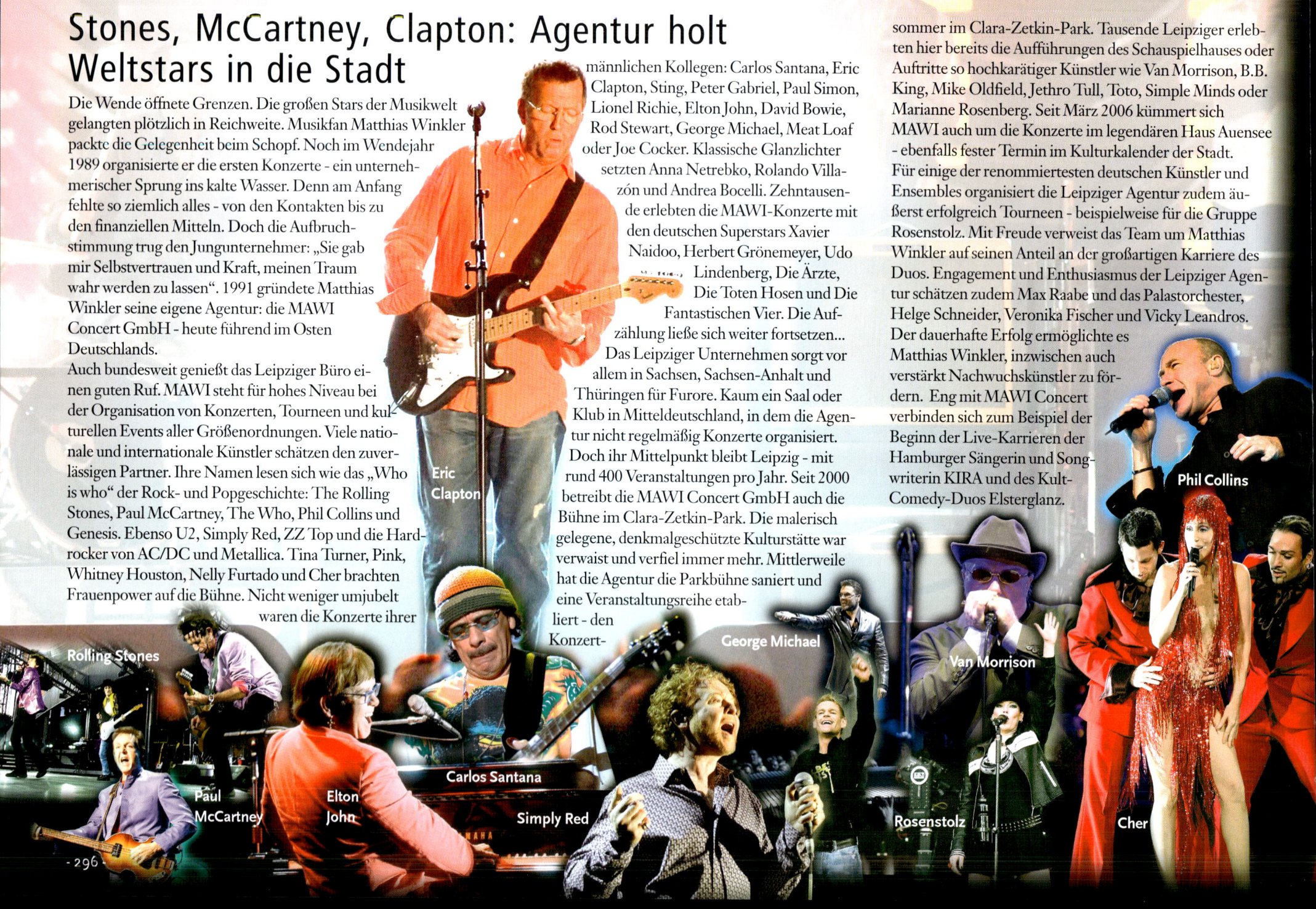

Stones, McCartney, Clapton: Agentur holt Weltstars in die Stadt

Die Wende öffnete Grenzen. Die großen Stars der Musikwelt gelangten plötzlich in Reichweite. Musikfan Matthias Winkler packte die Gelegenheit beim Schopf. Noch im Wendejahr 1989 organisierte er die ersten Konzerte - ein unternehmerischer Sprung ins kalte Wasser. Denn am Anfang fehlte so ziemlich alles - von den Kontakten bis zu den finanziellen Mitteln. Doch die Aufbruchstimmung trug den Jungunternehmer: „Sie gab mir Selbstvertrauen und Kraft, meinen Traum wahr werden zu lassen". 1991 gründete Matthias Winkler seine eigene Agentur: die MAWI Concert GmbH - heute führend im Osten Deutschlands.

Auch bundesweit genießt das Leipziger Büro einen guten Ruf. MAWI steht für hohes Niveau bei der Organisation von Konzerten, Tourneen und kulturellen Events aller Größenordnungen. Viele nationale und internationale Künstler schätzen den zuverlässigen Partner. Ihre Namen lesen sich wie das „Who is who" der Rock- und Popgeschichte: The Rolling Stones, Paul McCartney, The Who, Phil Collins und Genesis. Ebenso U2, Simply Red, ZZ Top und die Hardrocker von AC/DC und Metallica. Tina Turner, Pink, Whitney Houston, Nelly Furtado und Cher brachten Frauenpower auf die Bühne. Nicht weniger umjubelt waren die Konzerte ihrer männlichen Kollegen: Carlos Santana, Eric Clapton, Sting, Peter Gabriel, Paul Simon, Lionel Richie, Elton John, David Bowie, Rod Stewart, George Michael, Meat Loaf oder Joe Cocker. Klassische Glanzlichter setzten Anna Netrebko, Rolando Villazón und Andrea Bocelli. Zehntausende erlebten die MAWI-Konzerte mit den deutschen Superstars Xavier Naidoo, Herbert Grönemeyer, Udo Lindenberg, Die Ärzte, Die Toten Hosen und Die Fantastischen Vier. Die Aufzählung ließe sich weiter fortsetzen...

Das Leipziger Unternehmen sorgt vor allem in Sachsen, Sachsen-Anhalt und Thüringen für Furore. Kaum ein Saal oder Klub in Mitteldeutschland, in dem die Agentur nicht regelmäßig Konzerte organisiert. Doch ihr Mittelpunkt bleibt Leipzig - mit rund 400 Veranstaltungen pro Jahr. Seit 2000 betreibt die MAWI Concert GmbH auch die Bühne im Clara-Zetkin-Park. Die malerisch gelegene, denkmalgeschützte Kulturstätte war verwaist und verfiel immer mehr. Mittlerweile hat die Agentur die Parkbühne saniert und eine Veranstaltungsreihe etabliert - den Konzertsommer im Clara-Zetkin-Park. Tausende Leipziger erlebten hier bereits die Aufführungen des Schauspielhauses oder Auftritte so hochkarätiger Künstler wie Van Morrison, B.B. King, Mike Oldfield, Jethro Tull, Toto, Simple Minds oder Marianne Rosenberg. Seit März 2006 kümmert sich MAWI auch um die Konzerte im legendären Haus Auensee - ebenfalls fester Termin im Kulturkalender der Stadt.

Für einige der renommiertesten deutschen Künstler und Ensembles organisiert die Leipziger Agentur zudem äußerst erfolgreich Tourneen - beispielsweise für die Gruppe Rosenstolz. Mit Freude verweist das Team um Matthias Winkler auf seinen Anteil an der großartigen Karriere des Duos. Engagement und Enthusiasmus der Leipziger Agentur schätzen zudem Max Raabe und das Palastorchester, Helge Schneider, Veronika Fischer und Vicky Leandros. Der dauerhafte Erfolg ermöglichte es Matthias Winkler, inzwischen auch verstärkt Nachwuchskünstler zu fördern. Eng mit MAWI Concert verbinden sich zum Beispiel der Beginn der Live-Karrieren der Hamburger Sängerin und Songwriterin KIRA und des Kult-Comedy-Duos Elsterglanz.

Festival zeigt Bühnen-Trends

Das einzige Festival für zeitgenössisches Theater und modernen Tanz in den neuen Bundesländern gehört zu den wichtigsten seiner Art in Europa: Seit 1991 geht jedes Jahr im November die Leipziger euro-scene über die Bühnen der Stadt. Das Festival zeigt die aktuellsten Entwicklungen in der europäischen Tanz- und Theaterszene. An sechs Tagen präsentiert es etwa 15 verschiedene Gastspiele mit 25 Vorstellungen in neun verschiedenen Spielstätten.

„Neben den Leipzigern kommen immer mehr Zuschauer aus der Umgebung, anderen deutschen Städten und dem Ausland zu uns", freut sich Festival-Direktorin Ann-Elisabeth Wolff. „Außerdem ist die euro-scene ein fester Anlaufpunkt für nationale und internationale Fachkollegen."

Das Festivalprogramm setzt sich sowohl aus „großen Namen" als auch aus jungen Tanz- und Theater-Compagnien zusammen. Zu einem der Höhepunkte hat sich der Wettbewerb „Das beste deutsche Tanzsolo" auf dem schon legendären runden Tisch im Foyer des Schauspielhauses entwickelt.

Um die Gastspiele zu konzentrieren und das Angebot eines „Gemischtwarenladens" zu vermeiden, wählt die euro-scene seit einigen Jahren jeweils ein Motto: „Leibesvisitationen" (2001), „Das Eigene im Gefüge" (2004) oder „Konsonanzen - Dissonanzen" (2006) zum Beispiel.

Seit 1995 berät ein künstlerischer Beirat das Festival und vertritt es auf internationaler Ebene. Ihm gehören sechs anerkannte Fachleute für zeitgenössisches Theater an.

Auf einem großen runden Tisch im Schauspielhaus-Foyer ermitteln die Tänzer ihren besten Solisten.

Unten und links: Die euro-scene vereint experimentelles Theater und modernen Tanz.

Pfingsten bevölkert die internationale Wave-Gotik-Szene die Straßen Leipzigs.

Schwarze Szene macht Furore

Was sind das denn für Leute in ihren dunklen Gewändern? Verblüfft betrachteten die Leipziger Anfang der 90er-Jahre die Vertreter der schwarzen Szene in ihrer Stadt. 1.500 Teilnehmer zählte 1992 das erste Wave-Gotik-Treffen im Connewitzer Eiskeller. Inzwischen kommen jedes Jahr über Pfingsten mehr als 20.000 Besucher aus 30 Ländern zu dem Festival nach Leipzig. Es gehört damit zu den weltweit größten und wichtigsten seiner Art. Traten anfangs nur Bands aus dem typischen Spektrum der Musikrichtungen Wave und Gothic auf, so reicht das Programm heute von Klassik bis Heavy Metal. Zum Programm gehören nun auch Mittelaltermarkt, Verkaufsmesse, Autorenlesungen und Modenschauen. Im Kino laufen zudem Kult-Filme der Szene. Zentraler Anlaufpunkt ist das agra-Messegelände, wo die Festival-Teilnehmer zelten können. Außerdem bekommen sie hier ihr Armbändchen, das Zutritt zu allen Veranstaltungsorten garantiert.

Diese verteilen sich über die Stadt. Weil das Wave-Gotik-Treffen immer größer und aufwendiger wurde, stand es im Jahr 2000 vor dem Aus. Der Veranstalter musste noch während des Festivals Konkurs anmelden. Doch die schwarze Fangemeinde ließ sich davon nicht erschüttern: Viele Bands traten unentgeltlich auf, Besucher übernahmen die Aufgaben der Security. Seit 2001 läuft das Treffen unter neuem Management und steht im offiziellen Kulturkalender der Stadt.

Dass Pfingsten Tausende Schwarzgewandete mit verrückten Frisuren, auffällig geschminkten Gesichtern und ungewöhnlichen Accessoires das Straßenbild bestimmen, ist für die Leipziger inzwischen nichts Ungewöhnliches mehr. Jetzt sind sie sogar immer ein bisschen neugierig darauf.

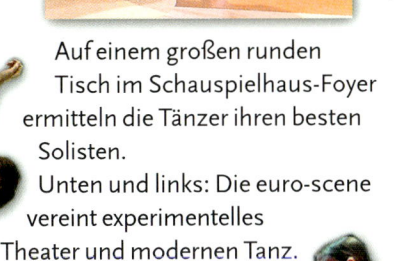

Musiker auf dem Mittelaltermarkt.

1992

Die letzten russischen Truppen ziehen ab

Für sie war es ein Abschied in eine ungewisse Zukunft: Am 20. Januar 1992 verließen die letzten russischen Soldaten mit ihren Militärgeräten die Stadt.

Mit ihrem Abzug endeten 47 Jahre Stationierung russischer Truppen. Nach dem Zweiten Weltkrieg waren sie am 2. Juli 1945 in Leipzig eingerückt. Als Besatzungsmacht sorgten sie für die Durchsetzung der Beschlüsse des Alliierten Kontrollrates und der sowjetischen Militäradministration. Erster Stadtkommandant war Generalmajor Nikolai Iwanowitsch Trufanow (oben links), ab 1975 Ehrenbürger der Stadt. Die sowjetischen Einheiten bezogen die Kasernen Leipzigs. Am 24. Juli 1947 ließen die Offiziere rund um ihre Kommandantur in Gohlis zahlreiche Wohnungen räumen. Ein sowjetisches Verwaltungs- und Wohnviertel entstand. Nach 1990 übernahmen die ursprünglichen Besitzer wieder ihre Häuser.

Die Lage der Kasernen am Rand der Stadt, die Konzentration der Truppen auf ihre militärische Aufgabe und das sichtbare Bemühen, Konflikte mit der Bevölkerung zu vermeiden - all das führte dazu, dass die sowjetische Garnison ein weitgehend unauffälliges Dasein in der Großstadt Leipzig führte. Die Versorgung der Truppen und Offiziersfamilien erledigten zentrale Militärorgane. Soldaten und Unteroffiziere durften die Kasernen nicht verlassen. Nur bei Gemeinschaftsbesuchen von Sehenswürdigkeiten oder bei organisierten Treffen begegneten sie den Einheimischen. Nach dem Abzug der russischen Truppen gingen die Liegenschaften in den Besitz des Bundesvermögensamtes. Am 13. Juli 1994 vermeldete die Behörde die letzte Immobilien-Übernahme. Auf den Arealen der großen Kasernen entstanden Wohnsiedlungen oder Gewerbegebiete.

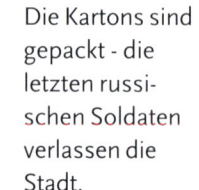

Organisierte Treffen - Jungpioniere und Sowjetsoldaten.

Die Kartons sind gepackt - die letzten russischen Soldaten verlassen die Stadt.

Der große Knall von Grünau

Flammen loderten, Granathülsen-Splitter flogen durch die Luft, Fensterscheiben gingen zu Bruch: Am 24. September 1982, um 10.10 Uhr, erschütterte eine gewaltige Explosion das Neubaugebiet Grünau. Aus den Garagen der sowjetischen Kaserne in Schönau stieg weithin sichtbar Rauch auf. Feuerwehr und Polizei sperrten umgehend die Lützner Straße, evakuierten nahe gelegene Schulen und Kindergärten, legten den Zug- und Straßenbahnverkehr still und ließen die Gaszufuhr stoppen. In den Garagen hatte ein Regiment der Sowjetarmee seine Artillerie untergebracht: schwere Lastwagen mit Haubitzen, Geschosshülsen und Granaten. In diesem Gefechtspark war ein Feuer ausgebrochen, das bald 18 Garagen erfasste und acht davon völlig zerstörte. Die brennende Munition löste eine Kettenreaktion aus: Die explodierenden Granaten schleuderten andere durch die Luft, die nun ihrerseits explodierten.

Soldaten und Feuerwehrleute verhinderten eine größere Katastrophe. Bereits 12.30 Uhr hatten sie die Lage unter Kontrolle. 15 Uhr konnte der Verkehr wieder fließen. Verletzt hatte sich niemand.

Die Stadtoberen wollten die Grünauer durch Lautsprecher sofort und die Leipziger durch die LVZ am nächsten Tag informieren. Die Berliner Zentrale untersagte das - vermutlich auf Veranlassung der Sowjets. Die Vertuschungstaktik ließ die Gerüchteküche brodeln. Bereits am nächsten Tag sprachen Rundfunksender im Westen von 200 Toten. Für die Medien der DDR aber war nichts passiert, nur die LVZ widmete dem Ereignis einige wenige Sätze. Bis zum Abriss 1997 war die Explosionsstelle noch in der Kasernenmauer zu erkennen. Dann verschwanden die Garagen - und damit auch die letzten Spuren des großen Knalls von Grünau.

In den Garagen der Kaserne Schönau detonierte Munition.

Wohnsiedlung auf ehemaligem Kasernengelände in Grünau.

Nach 50 Jahren: USA eröffnen Generalkonsulat

Das diplomatische Leben kehrt in die Messestadt zurück: Nach 50 Jahren eröffnen die USA am 1. Juli 1992 wieder ein Generalkonsulat in Leipzig. Robert William Becker (unten neben dem US-Konsulat), erster US-Generalkonsul in den neuen Bundesländern, hat die Arbeit allerdings schon ein Jahr vorher aufgenommen. In seiner Wohnung - zwei Etagen in ehemaligen Klubräumen eines Hochhauses am Clara-Zetkin-Park - richtet er ein provisorisches Büro ein.

Im Mai 1826 hatten die USA ihr erstes Konsulat in Leipzig eröffnet. Vor dem Zweiten Weltkrieg galt die sächsische Handelsmetropole als Hochburg diplomatischer Vertretungen. 40 Staaten unterhielten in den 30er-Jahren Konsulate an der Pleiße. Davon blieben in der DDR-Zeit nur zwei übrig: das der UdSSR und das polnische. Beide setzen auch nach der Wende ihre Arbeit in den angestammten Gohliser Villen fort.

Die neu nach Leipzig kommen, müssen sich anfangs mit Raumnot herumschlagen - neben den Amerikanern auch die Franzosen, Italiener und Türken. Sieben Monate wohnt und arbeitet der türkische Generalkonsul im Hotel. Der Franzose kommt provisorisch in der ehemaligen SED-Parteischule Seeburgstraße unter. Der Italiener mietet zwar nagelneue Büros, findet aber privat kein Haus mit Garten - die zu dieser Zeit geforderten 12.000 Mark Monatsmiete sind zu viel für einen Staatsdiener.

In erster Linie erfüllen die Gesandten traditionelle Aufgaben für ihre Landsleute: Pässe, Papiere und Visa ausstellen, Stimmabgabe bei Wahlen ermöglichen, Unterstützung bei Verwaltungsfragen geben, mit deutschen Behörden zusammenarbeiten. Und sie helfen, wirtschaftliche, kulturelle, wissenschaftliche und touristische Kontakte zu knüpfen.

Für Schlagzeilen sorgt 1999 das griechische Konsulat in Gohlis, als es von 73 Anhängern der kurdischen Separatistenorganisation PKK besetzt wird. Die Täter drohen damit, drei Geiseln umzubringen. Sie protestieren gegen die Festnahme von PKK-Chef Abdullah Öcalan. Ein Spezialeinsatzkommando der Polizei stürmt das Gebäude (unten rechts).

Nach diesem schwerwiegenden Ereignis bewacht die Polizei die Konsulate Griechenlands, der Türkei und der USA rund um die Uhr. Das Sicherheitsbedürfnis der Amerikaner erhöht sich dramatisch weiter nach den Terroranschlägen vom 11. September 2001. Fortan behält die neu gegründete sächsische Wachpolizei das US-Generalkonsulat im Auge.

Großer Jubel herrscht dort im Juni 2005, als der frühere US-Präsident George Bush zu einer Stippvisite kommt. Der 81-Jährige spricht mit Schülern und informiert sich über den Wendeherbst 1989. Beim offiziellen Fototermin lüftet er als besonderen Gag sein Sakko - mit der amerikanischen Flagge als Futter.

1999 geben Frankreich und die Türkei die Schließung ihrer Konsulate bekannt. Gründe sind Sparmaßnahmen der Außenministerien, Umstrukturierungen und vor allem zu wenig Landsleute, die betreut werden müssen. Andererseits eröffnen die Philippinen und Norwegen, Schweden und Rumänien, die Slowakei und Sri Lanka Honorarkonsulate in Leipzig. Oft fungieren Wirtschaftsmanager als Honorarkonsuln, die zu den jeweiligen Ländern enge Geschäftsbeziehungen unterhalten.

Das diplomatische Korps

Derzeit besteht Sachsens diplomatisches Korps aus 25 Konsuln - zwölf residieren in Leipzig, 13 in Dresden. Generalkonsulate an der Pleiße unterhalten Griechenland, Italien, Polen, Russland und die USA. Honorarkonsulate betreiben Costa Rica, Frankreich, Norwegen, Rumänien, Schweden, Slowakei und Sri Lanka.

Der frühere US-Präsident George Bush in seinem Spezial-Sakko.

1992

Sendestart mit Glocken von St. Nikolai

Die Glocken der Nikolaikirche begrüßen am 1. Januar 1992 nicht nur das neue Jahr: Punkt Mitternacht läuten sie auch die Sendepremiere der Hörfunkprogramme des neuen Mitteldeutschen Rundfunks ein. Und für das damals noch in Dresden ansässige MDR Fernsehen bietet St. Nikolai in dieser Nacht die Kulisse für die erste Live-Einspielung.

Wie kein anderer Ort repräsentiert das Gotteshaus die friedliche Revolution in der DDR von 1989 - jenen gesellschaftlichen Wandlungsprozess, der die Demokratisierung auch in den Medien einleitete und schließlich zur staatlichen Einheit führte. „In diesem Sinne ist auch der ARD-Sender Mitteldeutscher Rundfunk ein Kind der deutschen Einheit", sagt Intendant Prof. Dr. Udo Reiter (oben).

Als die Ministerpräsidenten Sachsens, Sachsen-Anhalts und Thüringens am 31. Mai 1991 in Erfurt mit dem Staatsvertrag über den Mitteldeutschen Rundfunk die Gründungsurkunde der Dreiländeranstalt unterschrieben, legten sie Leipzig als Sitz des neuen Senders fest. Das geschah nicht nur wegen der zentralen Lage, sondern auch wegen der rundfunkgeschichtlichen Traditionen. Am 1. März 1924 hatte die Mitteldeutsche Rundfunk AG (Mirag) als zweiter Rundfunksender in Deutschland nach Berlin ihren Programmbetrieb aufgenommen. Sitz war die Alte Waage am Markt; später zogen die Radioleute in Barthels Hof um. Wie den gesamten deutschen Rundfunk schalteten die Nationalsozialisten nach ihrer Machtergreifung 1933 auch die Mirag gleich.

Der zweite Mitteldeutsche Rundfunk, Sender Leipzig, ging nach dem Zweiten Weltkrieg am 4. Juni 1946 „on air". Das Funkhaus war in der Gohliser Springerstraße in einem früheren Versicherungsgebäude untergebracht. Doch auch diesem zweiten Versuch war nur eine kurze Zeit vergönnt. Nach der Umwandlung der Länder in Bezirke der DDR existierten ab 1952 nur noch Bezirksstudios, die der Zentrale in Berlin unterstellt waren und Beiträge zuliefern durften. An diesem grundsätzlichen Mechanismus änderte sich trotz Ausweitung der Regionalprogramme bis zur Wende wenig. Nach dem demokratischen Wandel des Rundfunks in der Endphase der DDR folgte schließlich der dritte Start des Mitteldeutschen Rundfunks am 1. Januar 1992. In Leipzig war der Sender zunächst wieder im Funkhaus Springerstraße beheimatet. Von dort aus gingen am 1. Januar 1992 MDR Kultur, MDR Life und MDR Info auf Sendung. Auch Orchester und Chöre des jungen Senders hatten in der Springerstraße ihren Sitz. Als Standort für seine künftige Zentrale hatte der MDR schon Ende 1991 das Gelände des stillgelegten Schlachthofes erworben. Zügig begann die Sanierung eines Teils der von Stadtbaudirektor Hugo Licht

Das MDR Fernsehen geht am 1. Januar 1992 mit einer Live-Übertragung vom Leipziger Nikolaikirchhof erstmals auf Sendung. Die Moderatoren der ersten Stunde sind Wolfgang Kenntemich und Victoria Herrmann.

Die MDR-Zentrale in Leipzig.

In der Alten Waage am Markt befand sich von 1924 bis 1928 das erste „Funkhaus" der Mitteldeutschen Rundfunk AG (Mirag).

Auf dem früheren Schlachthofgelände entstand die neue Senderzentrale des MDR.

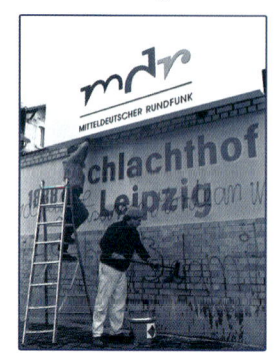

Zu den vom MDR sanierten Backsteinbauten Hugo Lichts auf dem früheren Schlachthofgelände gehört auch dieses einstige Pförtnerhaus.

1886 bis 1888 errichteten Bauten. Als Erstes präsentierte sich die einstige Schlachthofbörse in neuem Glanz: Der MDR-Intendant konnte schon Anfang 1993 in sein Büro einziehen.
Am 13. Juli 2000 war die Leipziger Zentrale fertiggestellt – und mit einem Gesamtvolumen von 450 Millionen Mark die größte Bauinvestition der Dreiländeranstalt. Die neuen Gebäude benötigte sie vor allem für das Fernsehen samt Produktions- und Sendetechnik sowie für die Verwaltungsbereiche. Die nach Süden gerichtete Fassade des 65 Meter hohen Hochhauses ist einem Bildschirm nachempfunden. Von seiner 13. Etage können Besucher bis zum einstigen Uni-Riesen schauen. Dort konnten die Klangkörper des MDR - Sinfonieorchester, Chor und Kinderchor - am 21. November 2001 die Einweihung ihres neuen Domizils in unmittelbarer Nachbarschaft zum Gewandhaus feiern. Die Radiosender waren schon bis Ende 1999 in ein neues Funkhaus nach Halle gezogen.
Heute blickt der MDR auf eine erfolgreiche Geschichte zurück: Die Dreiländeranstalt hat sich etabliert und verfügt über eine zeitgemäße Infrastruktur. Neben der Senderzentrale in Leipzig und der Hörfunkzentrale in Halle existieren moderne Landesfunkhäuser in Dresden, Magdeburg und Erfurt. In der thüringischen Landeshauptstadt sind zugleich der unter Federführung des MDR seit 1997 ausgestrahlte ARD/ZDF-Kinderkanal KI.KA und die MDR-Werbetochter zu Hause. Das MDR Fernsehen genießt laut repräsentativer Imagestudie in seinem Sendegebiet hohes Ansehen: Fast 80 Prozent der Befragten schätzen die gründlichen Berichte über Tagesereignisse. Zugleich ist das MDR Fernsehen das mit Note 2,1 bestbewertete Vollprogramm in Mitteldeutschland. Im Mittelpunkt der positiven Einschätzung stehen Regionalität und Information. Mit 9,3 Prozent durchschnittlichem Marktanteil im eigenen Sendegebiet setzte sich das MDR Fernsehen 2006 zum zehnten Mal in Folge an die Spitze der Dritten Programme der ARD.
Auch die MDR-Hörfunkprogramme sind erfolgreich. Fast jeder Zweite in Sachsen, Sachsen-Anhalt und Thüringen hört täglich mindestens ein MDR-Radioprogramm. Die Landesprogramme von MDR 1 sowie Jump, MDR Sputnik, MDR Figaro und MDR Info erreichen an jedem Werktag insgesamt rund 3,6 Millionen Hörer. Das Kürzel MDR hat auch bundesweit einen guten Ruf. Erfolgreiche Sendungen wie das Politmagazin „Fakt" und das Boulevardmagazin „Brisant" tragen ebenso sein Copyright wie zeitgeschichtliche Dokumentationen oder Krimis der Reihen „Tatort" und „Polizeiruf 110". Besonders erfolgreich im Ersten Programm ist der MDR mit Serien wie „Um Himmels Willen", „Tierärztin Dr. Mertens", „In aller Freundschaft" oder „Familie Dr. Kleist".
Auch für die Zukunft hat sich der Mitteldeutsche Rundfunk einiges vorgenommen. Dazu gehören die Neuausrichtung von MDR Sputnik im Äther und im Internet, zahlreiche Premieren im MDR Fernsehen, die Übernahme der Federführung für den ARD-Wintersport im Ersten und die weitere Digitalisierung der Programmverbreitung.

Blick in die Fernsehregie.

Der Neubau zwischen Gewandhaus und City-Hochhaus für die MDR-Klangkörper.

Live von der Neuen Messe sendet der MDR für das Erste die „José Carreras Gala".

Hohe Zuschauerresonanz verbucht die Hauptausgabe der Nachrichtensendung „MDR aktuell" um 19.30 Uhr. Moderatoren sind unter anderen Robert Burdy und Claudia Knossalla.

Am 7. Oktober 2004 veranstaltet der MDR das erste Nachtkonzert mit seinem Rundfunkchor unter Leitung von Chefdirigent Howard Arman in der Peterskirche.

Andrea Kiewel, Jörg Kachelmann und Jan Hofer (rechts) steuern die Talkshow „Riverboat".

„Elefant, Tiger & Co" aus dem Leipziger Zoo gehört zu den erfolgreichsten MDR-Fernsehsendungen. Die Tierpfleger Michael Ernst und Michael Tempelhoff (rechts) werden durch die Serie zu Publikumslieblingen.

1992

Sächsisch als Erfolgsprinzip

Wie an jedem Abend dreht der Hausmeister im Riquethaus in Leipzigs City seine Runde und schließt vorschriftsmäßig alle Türen ab. Was der Mann an jenem Tag im Frühjahr 1992 nicht weiß: Das Gebäude hat seit wenigen Stunden einen neuen Mieter - die soeben gegründete Landesbank Sachsen Girozentrale, kurz: Sachsen LB. Eingeschlossen in ihren Büros, können die Banker den ersten Arbeitstag nur mit Hilfe des Schlüssel-Notdienstes beenden. Inzwischen ist die einzige Landesbank-Neugründung der östlichen Bundesländer längst ihren Kinderschuhen entwachsen. Anfang der 90er-Jahre wollte die Sächsische Staatsregierung mit dem damaligen Finanzminister und heutigen Ministerpräsidenten Prof. Dr. Georg Milbradt eine Landesbank gründen und deren Zentrale in Leipzig ansiedeln. Die Voraussetzungen für schnelles Wirtschaftswachstum in Sachsen waren nach dem Strukturbruch günstig: Dem heimischen Mittelstand eröffneten sich gute Perspektiven auf dem sächsischen Markt und auch darüber hinaus. Doch dafür brauchte es maßgeschneiderte Produkte für die Unternehmensfinanzierung. Sachsen beschritt seinen Sonderweg einer eigenen Landesbank mit Konsequenz und Weitblick - alle anderen östlichen Bundesländer kooperierten mit erfahrenen Landesbanken aus dem Westen.

Die aufregende sächsische Wirtschaftsgeschichte des Aufbruchs und Wandels nach der Wende zeigt viele Parallelen zur Entwicklung der Sachsen LB. Die Bank stand bereit, wenn Mittelständler ihre Betriebe erweitern wollten, entfernte Absatzmärkte für sich erschlossen und zuverlässige Exportfinanzierungen benötigten. Sie verhalf innovativen Tüftlern zu Risikokapital, damit sie ihre interessanten Ideen in profitable Produkte umsetzen konnten. Statt der eingefahrenen Gleise im etablierten Landesbanken-System der alten Bundesländer setzte Sachsen auf eine eigenständige Lösung - passend zum historisch einmaligen Vorgang des Wandels einer gesamten Volkswirtschaft. Dabei handelt die Sachsen LB getreu der deutschen Landesbanken-Tradition als engster Partner der Sparkassen - jener Kreditinstitute vor Ort, die am

Das 65 Meter hohe Bankgebäude im Herzen von Leipzig.

Vorstandsvorsitzender Herbert Süß.

Baustart am 23. April 2007: Auf dem ehemaligen Militärflugplatz nahe Brandis entsteht mit finanzieller Unterstützung der Sachsen LB der größte Solarpark der Welt.

Windräder in Sachsen: Die Landesbank fördert den Einsatz erneuerbarer Energien.

Eröffnung der Ausstellung „Deutsche Geschichten" im Februar 2007 (links): Mit der Leipziger Galerie für Zeitgenössische Kunst existiert eine enge Zusammenarbeit.

Präsentation von sächsischen Erfolgsgeschichten zum 10-jährigen Bestehen.

besten die Bedürfnisse der einheimischen Kunden kennen. Und: Die Sachsen LB hilft dem Freistaat als „Hausbank" und Partner bei der Umsetzung ambitionierter Wachstumsziele. Mit der Sachsen-Finanzgruppe entstand ein leistungsfähiges Bündnis aus Landesbank und größten Sparkassen des Freistaates.

So sehr sich Sachsen verändert und einer kompletten wirtschaftlichen Frischzellenkur unterzogen hat - die übrige Welt erlebte ebenfalls einen stürmischen Wandel. Sie wächst wirtschaftlich zusammen und vernetzt sich. Kreditinstitute folgen nicht mehr - wie in früheren marktwirtschaftlichen Entwicklungsschüben - den Industrieunternehmen und Handelshäusern auf Exportmärkte und an ausländische Standorte, sondern treten selbstbewusst immer häufiger als die kenntnisreiche „Vorhut" der Geschäftsentwicklung auf. Auch die Sachsen LB reagierte auf die Internationalisierung des Wirtschaftslebens und gründete 1999 eine Tochtergesellschaft in Dublin. Irland als vitaler Markt passt gut zum sächsischen Unternehmergeist. Außerdem ist die Tuchfühlung zu den globalen Finanzmarkttrends eine knappe Flugstunde von der Londoner City - aber eben nicht unmittelbar an diesem brodelnden Ort - besonders gut möglich.

Globalisierung bedeutet Größe und schnelles, mitunter explosives Wachstum. Kleine Institute mögen in interessanten Marktnischen überleben - eine Landesbank jedoch stellt sich breiter auf, hat mehr Finanzprodukte im Portfolio und einen weiteren Kundenkreis. Deshalb muss sie mit der Marktentwicklung Schritt halten, schnell und flexibel reagieren und weiter wachsen. Die Sachsen-Finanzgruppe gilt als die sächsische Antwort auf steigende Anforderungen an die Wettbewerbsfähigkeit der bodenständigen Kreditinstitute. Eine weiter reichende Option eröffnet die Zusammenarbeit der Sachsen LB mit der West LB, dem Primus unter den deutschen Landesbanken. Die West LB mit ihrer etablierten Marktposition und die Sachsen LB mit ihrer Osteuropa-Expertise wollen künftig ihre Kräfte bündeln. Zeichen setzte die Sachsen LB auch im Leipziger Stadtbild - mit dem Hochhaus im Löhrs Carré. Der „Bankentower" beherbergt seit 1996 sowohl die Sachsen LB als auch die Sparkasse Leipzig - ein regionales ostdeutsches Spitzeninstitut. Das gemeinsame Bürohaus symbolisiert den Anspruch enger Kooperation.

Mit ihrer strategischen Neuausrichtung als Verbund- und Spezialbank hat sich die Sachsen LB gut positioniert. In Zeiten der Veränderung verfügt sie über eine verlässliche Perspektive. „Sächsisch als Erfolgsprinzip" gilt auch für die Zukunft: Mit einem Überschuss von 56,5 Millionen Euro aus dem Jahr 2006 hat sich die Sachsen LB zu einer schönen jungen Erwachsenen entwickelt. Kaum zu glauben, dass nur wenige Jahre zwischen ihrer anerkannten Marktposition und jenem ersten Arbeitstag Leipzig liegen - als der Hausmeister versehentlich alle Banker in ihren Büros einschloss...

Umschlagbahnhof Radefeld: Über eine Tochtergesellschaft betreut und vermarktet die Sachsen LB seit 1993 das Güterverkehrszentrum im Norden von Leipzig.

„Olympische Kunst & Sport" 2004 im Foyer in der Humboldtstraße.

Die Sachsen LB gehört zu den Förderern und Stiftern der Handelshochschule.

1992

Die Queen auf dem Rathausbalkon - das erste Farb-Titelfoto in der LVZ-Geschichte.

Die Queen auf den Spuren der Montagsdemonstrationen

Drei Jahre nach der Wende ist die Zeit reif für einen historischen Besuch: Die britische Königin Elizabeth II. kommt nach Leipzig. Ihre Majestät trifft am 22. Oktober 1992 gegen 13.45 Uhr mit einem Sonder-ICE auf Gleis 14 ein. Am Tag zuvor hatte sie ihren Staatsbesuch mit einem Gang durchs Brandenburger Tor in Berlin begonnen, danach bei einem Gedenkgottesdienst in Dresden geweilt. Die Leipziger bringen der britischen Monarchin viel Sympathie entgegen. 2.000 Menschen warten vor dem Alten Rathaus, wo sich Elizabeth II. auf dem Balkon zeigt. Zwei Minuten lang grüßt und winkt sie huldvoll. An ihrer Seite Prinz Philip, Oberbürgermeister Hinrich Lehmann-Grube und dessen Frau Ursula.

Hinter verschlossenen Türen treffen sich rund 150 Politiker, Wirtschaftsgrößen, Banker, Wissenschaftler und Vertreter der Kulturszene beim Empfang der sächsischen Staatsregierung für die Queen. Das Hotel Astoria, zu dieser Zeit noch eines der führenden Häuser am Platz, darf die Monarchin bewirten. In einem Separee serviert die Küche Cocktailhappchen mit Rch, Kaviar und Roastbeef. Am Nachmittag besucht die Königin noch die Nikolaikirche, gedenkt der friedlichen Revolution von 1989 und legt auf eigenen Wunsch einen Teil des Weges der Montagsdemonstranten zurück.

Überrascht ist Prinz Philip, als er erfährt, dass sein Sohn Prinz Charles schon ein Jahr zuvor in der Stadt weilte. Im Dezember 1991 hatte der britische Thronfolger ein Seminar besucht und im Neuen Rathaus den Umweltpreis des Bundes für Umwelt- und Naturschutz Deutschland entgegengenommen. Mit einem knappen „Charles" hatte sich der 43-Jährige zudem ins Goldene Buch der Stadt eingetragen.

Zwei Jahre müssen die Leipziger warten, bis zum nächsten Mal hoher Besuch auf den Rathausbalkon tritt. Im Dezember 1994 winken König Carl Gustav und Königin Silvia von Schweden den Schaulustigen. Zuvor hatte das Paar in Lützen das neu gestaltete Museum eröffnet. Den Nachmittag verbringen die beiden in Leipzig: Vom Alten Rathaus gehen sie über den Weihnachtsmarkt zu einem Festgottesdienst in die Thomaskirche. Erst das Jahr 2006 beschert Leipzig erneut offiziellen Besuch aus den Königshäusern der Welt. Carl Gustaf und Silvia von Schweden kommen zum zweiten Mal. Sie eröffnen im Mai eine Ausstellung im Bildermuseum, besuchen die Thomaskirche, treffen sich privat mit Silvias Cousin und Cousine aus Markkleeberg. Und sie nehmen sich am folgenden Tag Zeit, um im Porsche-Werk verschiedene Modelle auszuprobieren. Im Juni 2006 lockt die Fußballweltmeisterschaft mit ihren Spielen in Leipzig weitere Royals an. Spaniens Thronfolger Prinz Felipe und Prinzessin Letitia winken im Zentralstadion den Fans zu, genauso wie König Abdullah von Jordanien und Königin Rania. Und das Spiel der Niederlande gegen Serbien-Montenegro lassen sich Prinz Floris von Oranien-Nassau und Prinzessin Aimee nicht entgehen. Doch allem hoheitlichen Beistand zum Trotz: Die Fußballkrone erobern am Ende die Italiener.

Der Hochadel zu Gast in Leipzig (Bildreihe rechts von oben): Prinz Floris von Oranien-Nassau mit Prinzessin Aimee, Königin Silvia und König Carl Gustav von Schweden tragen sich in das Goldene Buch der Stadt Leipzig ein, Spaniens Thronfolger Prinz Felipe und Prinzessin Letitia winken in die Menge.

Rendezvous mit kleinen und großen Tieren

Verdutzt schauen die rosafarbenen Flamingos auf die Vögel, die Susanne Büren-Lenger aus Luftballons dreht. Zoogeräusche mischen sich mit Musikfetzen der Fair-City-Jazzband, Partygeplauder mit Gläserklirren, ein paar Regentropfen glitzern in der Abendsonne: Im Juli 1992 feiert die Leipziger Volkszeitung ihr erstes Rendezvous im Zoo. „Ich wünsche mir, dass dieses Fest zur Tradition wird", sagt einer der 400 Gäste, der Dezernent für Städtische Betriebe, Wolfgang Lentz. Ein Wunsch, der sich schnell und dauerhaft erfüllt: Die ungewöhnliche Party und die darauf folgenden Veranstaltungen für alle Leipziger sind fester Bestandteil des Sommers in der Messestadt. Die Einladungsliste zum Eröffnungsabend gilt seit Jahren als deren „Who is who". „Ein Abend für Gespräche und Kontakte, vor allem aber ein Abend für Familien." Dieses Motto, das Chefredaktion und Geschäftsführung ausgegeben hatten, gilt bis heute. Jeweils in der letzten Woche vor den Sommerferien laden Verlag und Redaktion ihre Partner, Kunden, Informanten und Freunde aus Politik, Wirtschaft, Kultur und Sport in den Zoo-Biergarten (unten) ein. Dabei steht den Gästen nicht nur dieser Bereich offen. Fast der gesamte Zoo lockt zum romantischen Abendspaziergang.

Zum Abschied eine Rose und die druckfrische LVZ.

400 Gäste waren es beim ersten Mal, die Zahl hat sich inzwischen mehr als verdoppelt. Und längst begegnen die Leipziger beim Rendezvous auch Prominenten aus aller Welt, erleben neben bodenständiger Kleinkunst die Auftritte internationaler und deutscher Stars. Hanna Schygulla (3) sang hier im strömenden Regen, „Manne" Krug (2) bot Jazz vom Feinsten, Joy Flemming (4) begeisterte mit ihrer Rockröhre - und, und und…

Im Jahr 2000 begrüßte Chefredakteur Hartwig Hochstein die Party-Gesellschaft in sieben Sprachen: Bürgermeister aus ebenso vielen Ländern ließen eine Tagung der Vereinigung „Euro-Cities" in Leipzig beim Zoofest ausklingen. „Finnisch war am schwersten", meinte er hinterher. Dieser Rendezvous-Abend war zudem einer der wenigen, an denen der Ehrengast mit dem damaligen Oberbürgermeister Wolfgang Tiefensee buchstäblich auf Augenhöhe reden konnte: der hoch gewachsene Jay Rockefeller IV. (1), Spross der legendären Öldynastie und Senator des US-Bundesstaates Virginia. Ihn hatte ein Konzert in der Thomaskirche nach Leipzig und in den Zoo geführt.

In die Knie ging hingegen Gina Lollobrigida beim Rendezvous 1997. Die große Filmdiva und erfolgreiche Fotografin ließ es sich nicht nehmen, selbst zur Kamera zu greifen, um das nach ihr benannte Tigerbaby Lollo in seinem Käfig aufs Bild zu bannen.

Hubschrauber ist der Hit

Wenn der Hubschrauber abhebt, halten die Abc-Schützen ihre Schirmmützen besonders gut fest: Spektakulärer Abflug und gut sichtbare Kopfbedeckung gehören seit 1992 zur Aktion „Sicherer Schulweg" von LVZ und Verkehrswacht. Damit die Schulanfänger im Straßenverkehr nicht übersehen werden, rüsten sie diese mit den Basecaps aus. Kinder und Eltern erhalten zudem eine präzise Beschreibung des Schulweges. Absoluter Höhepunkt der preisgekrönten Sicherheitsaktion aber ist das alljährliche Fest in der City - mit Hubschrauber, Hits und Tipps für die Kids.

Sie selbst zierte die aktuelle Titelseite der LVZ-Ausgabe vom nächsten Tag, die freundliche Hostessen beim nächtlichen Abschied mit einer Rose für die Damen am Ausgang verteilten. Auch dies inzwischen eine liebenswerte Rendezvous-Tradition.

Und noch eins hat bis heute Bestand: Zoo und Zeitung sind durch das Rendezvous zu Partnern geworden - über dieses Fest und die normale Berichterstattung hinaus. Davon zeugen Zoo-Journal, Tierpatenschaften und viele gemeinsame Aktionen.

LEIPZIGER VOLKSZEITUNG

Bundeskanzler Dr. Helmut Kohl bei der Druckereieröffnung 1993.

Die Zeitung schießt aus der Rotation...

... wird gefalzt ...

... und gelangt über Transportbänder zu den Packautomaten.

Neue Seiten in neuen Zeiten

Für die Leipziger Verlags- und Druckerei-Gesellschaft war es der Durchbruch zu neuen Seiten in neuen Zeiten: Am 4. Mai 1993 drückte Bundeskanzler Dr. Helmut Kohl zusammen mit einem Offsetdrucker-Lehrling den Startknopf von „Colorman 35 S", einer gewaltigen Rotationsmaschine und dem Herzstück der Zeitungsdruckerei Stahmeln, die an diesem Tag offiziell in Betrieb ging.

In nur 14 Monaten hatten Bauleute, Handwerker, Druckingenieure das Gebäude hochgezogen. Umgerechnet rund 175 Millionen Euro investierten die Gesellschafter, die Verlagshäuser Madsack und Springer, in das Projekt. Zu 95 Prozent einheimische Firmen bewegten 100.000 Kubikmeter Erde, ließen in dieser Zeit 2.000 Tonnen Stahl biegen und flechten, 45.000 Quadratmeter Schalung montieren und 4.000 Quadratmeter Außenfläche verglasen. So entstand das Zuhause für „Colorman 35 S", den „Koloss von Stahmeln", wie ihn die Redaktion in einer Beilage zur Eröffnung respektvoll taufte. Er war 90 Meter lang und 1.200 Tonnen schwer, bestand aus fünf Maschinen und zwölf Drucktürmen mit jeweils sechs Druckwerken. 900.000 Zeitungen druckte dieser Koloss Nacht für Nacht auf 110 Tonnen Zeitungspapier. Aneinandergereiht hätte dies eine Papierbahn von Leipzig bis an die Pyrenäen ergeben. „Colorman", die ebenfalls neu eingerichtete Weiterverarbeitung, die Druckerei insgesamt verschafften dem Zeitungsunternehmen einen Technologie-Sprung von 40 Jahren. Für die Blätter selbst bedeutete dies höhere Aktualität, mehr Umfang und mehr Farbigkeit. Und ab sofort erschienen alle LVZ-Ausgaben in einheitlicher Größe: dem Nordischen Format - mit 400 Millimeter Breite und 570 Millimeter Höhe in der klassischen Dimension großer, angesehener Tageszeitungen. Bis zur Fertigstellung der Druckerei in Stahmeln waren Teile der Zeitungsfamilie noch im kleineren Rheinischen Format erschienen.

Kohl würdigte als Festredner die neue Druckerei als „Ausdruck privaten Engagements und Mutes zum wirtschaftlichen Aufbruch". Ein Jahr später rückte ein anderer Politiker einen anderen Aspekt in den Blickpunkt: „Einen hervorragenden Beitrag" zu der „immer wichtiger werdenden städtebaulichen Gestaltung von mittelständischen Betrieben", nannte Staatssekretär Albrecht Buttolo vom sächsischen Innenministerium das Gebäude und unterstrich: Die „unkomplizierte und effiziente Baustruktur" gehe auf die „sozialen Belange der Mitarbeiter in vorbildlicher Weise ein". Anlass der lobenden Worte: Bauherren, Architekten und Baufirmen erhielten den 1994 zum ersten Mal verliehenen Sächsischen Staatspreis für Architektur und Bauwesen. Eine Anerkennung vor allem auch für Architekt Ulrich Heiken und sein Team.

Kein Wunder, dass die Leipziger Zeitungsmacher wieder auf diese bewährte und auf Druckerei- wie Verlagsgebäude spezialisierte Mannschaft vertrauten, als sie im nächsten großen Investitionsschritt das Stammhaus am Peterssteinweg um- und teilweise neu bauen ließen. Eine Aufga-

Das preisgekrönte Druckereigebäude in Stahmeln. Rechts: Blick ins Papierlager.

Das Redaktions- und Verlagsgebäude am Petersteinweg vor und nach seinem Um- und Ausbau, rechts.

Kommunikation unter der Kuppel

Die LVZ und ihre verschiedenen Ausgaben.

be, die ein Umstand zur besonderen Herausforderung machte: Während der Bauarbeiten musste die Zeitungsproduktion weiterlaufen. „Manchmal hüpften die Computer auf unseren Schreibtischen. Aber nicht vor Vergnügen, sondern weil vor dem Fenster Rammen und Bagger rumorten", erinnert sich ein Redakteur an diese Zeit.

Neue Anforderungen, etwa an Aktualität und Farbigkeit, neue Abläufe in Verlag und Redaktionen erfordern immer wieder Anpassungen von Gebäuden und Technik. Ein fortwährender Prozess, in dem auch der alte „Koloss von Stahmeln" an Kraft verlor. Anfang 2007 löste ihn endgültig eine neue Druck-Generation ab: „KBA Commander" heißt jetzt die Maschine. Sie druckt noch schneller, was die Aktualität erhöht. Und mit ihr ist es möglich, alle Seiten der Zeitung farbig zu gestalten. Das bedeutet: Neue Gestaltungsmöglichkeiten für die Redaktion, neue Insertionsmöglichkeiten für die Anzeigenkunden und mithin größere Chancen im harten Wettbewerb auf dem Medienmarkt.

Der Beiratsvorsitzende drückte es poetisch aus: „Wenn die Glaskuppel des neuen LVZ-Verlagsgebäudes in der Sommersonne blinkt, sendet sie auch ein Signal aus: ein Signal des Optimismus und der Zuversicht. Der Optimismus gilt dem gedruckten Wort…Die Zuversicht gilt der Stadt Leipzig…", schrieb Dr. Friedhelm Haak am 16. Juni 1999 zur Einweihung des neuen Baus. Die LVZ war ihrem Standort im Herzen der Stadt und einer traditionsreichen Zeitungsadresse treu geblieben: Hier am Peterssteinweg hatte Wilhelm Girardet für seinen Generalanzeiger 1891 die erste Zwillingsrotationsmaschine in Deutschland aufgestellt, hier erschien nach dem Zweiten Weltkrieg unter schwierigsten Bedingungen die LVZ. Unter einem Dach, von dem niemand ahnte, dass es einmal ein Haus im doppelten Wortsinn krönen würde. Denn Dachpappe verbarg in dieser Zeit den wabenförmigen Aufbau aus gebogenem Stahl - 33 Meter lang, 15,5 Meter breit, ein Junkers-Lamellendach. Hugo Junkers entwickelte die Konstruktion nach dem Ersten Weltkrieg, als in seinem Dessauer Werk der Flugzeugbau weitgehend verboten war. Auf Um- und Irrwegen landete sie auf dem LVZ-Gebäude. Bei den Umbauplänen rückten die Träger ins Blickfeld: Es entstand die Idee, daraus eine Glaskuppel zu gestalten. Verbunden mit dem Wunsch, darunter möge ein Kommunikationszentrum entstehen. Dieser erfüllte sich: Wahlkämpfer diskutieren hier miteinander. Zur Leipziger Buchmesse führen Autoren lange Debatten vor TV-Kameras. Wirtschafts-, Sport- und Kulturforen finden regelmäßig ein interessiertes Publikum. Und wenn die Medien Grund haben, sich selbst zu feiern, bildet die Kuppel eine eindrucksvolle Kulisse: 1999 verlieh der Bundesverband Deutscher Zeitungsverleger unterm Glasdach den Theodor-Wolff-Preis zum ersten Mal in den neuen Bundesländern. Im Jahr 2000 stellte hier Bundesfinanzminister Hans Eichel die Sonderbriefmarke vor, die daran erinnerte, dass in Leipzig vor 350 Jahren die erste Tageszeitung der Welt erschien. 2003 überreichte Sachsens Ministerpräsident Georg Milbradt der LVZ den renommierten Deutschen Lokal-Journalistenpreis - für eine zwölfteilige Serie, die unter dem Titel „Warum?" Leipziger Gegensätze untersuchte. Eine Folge befasste sich mit der Karl-Liebknecht-Straße gleich um die Ecke. Was beweist: Gute Journalisten finden ihre Themen auch vor der Redaktionstür.

Die imposante Dachkonstruktion von innen und außen.

Knopfdruck 2007: Josef Probst, Bernd Hilder, Burkhard Jung, Bernd Radestock, Herbert Flecken und Dr. Kurt Sabathil (v.l.) beim Start der neuen Druckanlage.

Hat jetzt das Kommando: die neue Druckmaschine „KBA Commander".

Sachsens Ministerpräsident Georg Milbradt bei seiner Laudatio zur Verleihung des Deutschen Lokal-Journalistenpreises an die LVZ.

1993

Grand mit Vieren - Trumpf für die Gesundheit

Über den Beginn kann Dr. Jörg Hammer, einer der Protagonisten des Leipziger Notfallzentrums, heute noch lächeln. Er war mit gebrochenem Finger damals selbst einer der ersten Patienten in der Notfallpraxis, die er kurz zuvor mit drei befreundeten Ärzten in einem Container-Provisorium in der Karl-Sigismund-Straße gegründet hatte.
25 Mark Miete pro Quadratmeter kostete das Quartier, in dem die Chirurgen Jörg Hammer, Frank Striegler, Volker Steger und Michael Hoffmann praktizierten. Für Ausstattung, Möbel und Geräte musste das Unternehmer-Quartett eine knappe Million Mark aufbringen. Also nahmen die Ärzte zusammen einen Kredit auf. Die vier Mediziner kennen sich seit mehr als 25 Jahren. Gemeinsam studierten sie an der Leipziger Universität und begannen auch alle nach der Ausbildung ihre Laufbahn am Uni-Klinikum. Die vier erlebten in Leipzig die Wende - und sahen schon bald die Möglichkeit zur beruflichen Selbstständigkeit. Am 11. Oktober 1993 eröffneten sie ihre Gemeinschaftspraxis. Nach dem Wegfall der Polikliniken schlossen sie damit eine Lücke in der ambulanten Notfall-Versorgung im Stadtgebiet Leipzig.
Die Ärzte kannten das Problem aus eigenem Erleben bei ihren Notdienst-Einsätzen nur zu gut.
Die jungen Mediziner reizten damals hoch - und haben ihren Grand mit Vieren gewonnen. 1996 hatten schließlich auch die Behandlungs-Container ausgedient: Die Einrichtung zog in den Neubau Riebeckstraße, Ecke Pragerstraße und entwickelte sich zum Medizinischen Versorgungszentrum (MVZ) Thonbergklinik-Notfallzentrum, einer anerkannten, bestens ausgestatteten medizinischen Behandlungs- und Ausbildungseinrichtung. Heute arbeiten neben den vier Gesellschaftern weitere Fach- und Assistenzärzte sowie Krankenschwestern, Arzthelferinnen, Röntgenassistentinnen und Medizinstudenten im Team des Notfallzentrums. So sind sie rund um die Uhr einsatzbereit und garantieren eine lückenlose fachärztliche Versorgung.
Seit ihrer Gründung betreute die Einrichtung rund 200.000 Patienten. Erweitert und qualifiziert hat das Notfallzentrum nicht nur die ambulante Behandlung. Nach speziellen und komplizierten Operationen steht den Patienten zur Überwachung und Weiterbehandlung eine moderne Bettenstation zur Verfügung.
„Mit unserer Kombination aus ambulanter und stationärer Betreuung sind wir immer noch Vorreiter und ein Novum in Mitteldeutschland", sagt Dr. Frank Striegler. Dass die Ärzte Lob und Anerkennung hören, gründet sich aber vor al-

Thonbergklinik-Notfallzentrum in der Riebeckstraße.

Eröffneten 1993 ihre erste Notfallpraxis in Behandlungscontainern: die Chirurgen Volker Steger, Jörg Hammer, Frank Striegler und Allgemeinmediziner Michael Hoffmann (von links).

Freundlicher Empfang.

Blick in die Bettenstation.

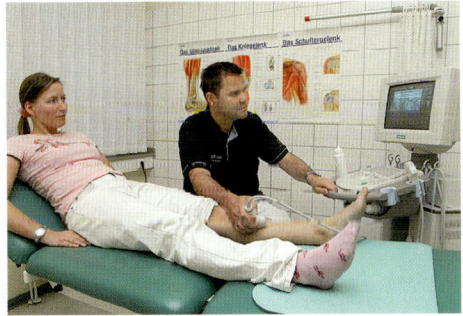

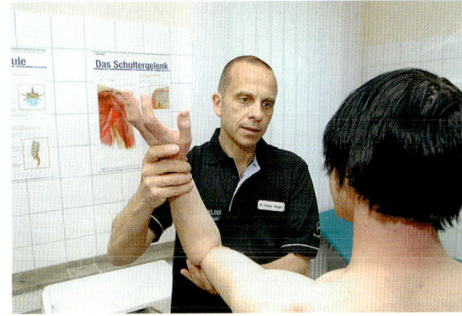

lem auf ihr fachliches Können. Jörg Hammer ist Spezialist für Unfall- und Handchirurgie, Frank Striegler für Gefäßchirurgie, Volker Steger für Hernien- und Enddarmoperationen. Michael Hoffmann und Udo Thrandorf sind erfahrene Fachärzte bei allgemeinchirurgischen und allgemeinmedizinischen Fragestellungen. Dabei schaut jeder auch über sein Fachgebiet hinaus. Die sportmedizinische Versorgung Leipziger Athleten liegt allen Ärzten dabei sehr am Herzen. So hat Dr. Striegler als Team-Arzt vom FC Sachsen Leipzig den Verein mit großem persönlichen Einsatz durch Höhen und Tiefen begleitet. Michael Hoffmann war als passionierter Reiter selbst bei der Versorgung eines verletzten Jockeys auf der Rennbahn im Scheibenholz im Einsatz. Dass dieser anschließend sein Rennen gewann, der Arzt am Wettschalter aber leer ausging, gehört zu den lustigen Episoden am Rande.

Insbesondere die Olympiabewerbung Leipzigs haben die Mediziner gespannt verfolgt. Dr. Volker Steger, Arzt des Leichtathletikzentrums und verantwortlicher Chirurg des Olympiastützpunktes, nahm die Entscheidung gegen die Messestadt mit Wehmut hin. Dass Dr. Hammer und Co. mit der Fußballweltmeisterschaft 2006 dann doch noch einen großen sportlichen Höhepunkt erleben konnten, die „Notfalldocs" für Fanfest, VIP's und Teams mit verantwortlich waren, gehört zu ihren schönsten Erinnerungen.

Das Unternehmen Notfallzentrum schaut trotz Budgetierung und politisch verordneter Reformen optimistisch in die Zukunft. Gemeinsam mit der Klinik für Unfallchirurgie der Universität, der Medica-Klinik für ambulante Rehabilitation und Sportmedizin, dem Olympiastutzpunkt und dem Institut für angewandte Trainingswissenschaften (IAT) bildet das Thonbergklinik-Notfallzentrum seit einigen Jahren einen erfolgreichen sportmedizinischen Leistungsverbund. Dr. Jörg Hammer: „Wir bündeln damit besonders unsere Spezialgebiete wie die Versorgung von Sportlern mit Schulter-, Knie-, Wirbelsäulen- und Sprunggelenksverletzungen." Diese Kooperation entspricht vor allem der allgemeinen Forderung nach bester Qualität in der Patientenversorgung.

Danach streben die Ärzte des Notfallzentrums ohnehin. Der Grand mit Vieren sticht seit vielen Jahren, das Zusammenspiel zwischen allen Beteiligten stimmt. Einer ist für den anderen da, niemand nimmt ein Blatt vor den Mund. „Heute sind wir so vielfältig aufgestellt, wie wir das 1993 nicht für möglich gehalten hätten", sagt Dr. Volker Steger. Dr. Hammer hat dennoch Träume: „Ganz speziell: Fußball-Bundesligaspiele im Zentralstadion. Und ganz allgemein: Hauptsache gesund bleiben." Das wünschen sich Mediziner eben genauso wie jeder andere Mensch. Die einst jungen Männer sind reifer geworden und nehmen das mit Verweis auf den Gewinn an beruflichen und menschlichen Erfahrungen eher gelassen. Den Schritt in die Selbstständigkeit haben sie jedenfalls nie bereut.

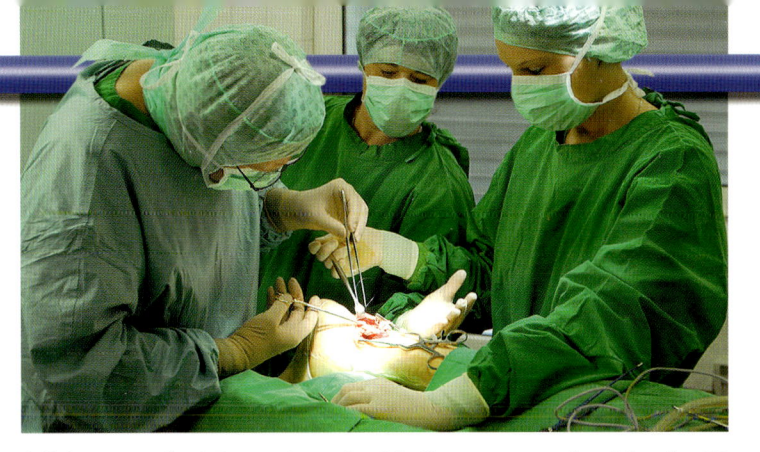

Von oben: DM Michael Hoffmann mit Röntgenbild im Klinik-Archiv, Dr. Frank Striegler bei einer Ultraschall-Untersuchung, Dr. Jörg Hammer am Computer und Dr. Volker Steger bei der Untersuchung der Armbeweglichkeit eines Patienten.

Operation an einer Achillessehne. Unten: Das Klinik-Team vorm Eingang des Notfallzentrums.

„Keksrollen" und im Norden viel Neues - Stadtentwicklung nach der Wende

Der Braunkohleabbau seit den 30er-Jahren im Süden Leipzigs hatte die ökonomische und kommunalpolitische Verflechtung der Stadt mit ihrem Umland nachhaltig gestört. Riesige Siedlungs-, Acker- und Waldflächen waren verschwunden. Schwefelhaltige Asche und saurer Regen belasteten Leipzigs Bausubstanz. Als Bürgerproteste und Politik kurz nach der Wende die Bagger stoppten, traf diese Entscheidung das Umland so gut wie unvorbereitet. Zwar lagen Ersatzplanungen für eine Seenlandschaft im Süden vor, doch infolge der Monostruktur der Kohlewirtschaft gingen Tausende Arbeitsplätze verloren - Alternativen fehlten. Im Norden der Stadt wuchsen hingegen noch Zuckerrüben, Kartoffeln und Erdbeeren: Hier konnten die Planer leichter über neue Wirtschaftsansiedlungen nachdenken.

Zahlreiche Großbetriebe in Leipzig, Markkleeberg, Engelsdorf, Stahmeln, Miltitz und Böhlitz-Ehrenberg waren Anfang der 90er-Jahre unter den neuen marktwirtschaftlichen Bedingungen nicht mehr konkurrenzfähig - und größtenteils auch nicht modernisierbar. Der engere Leipziger Wirtschaftsraum zählte 1990 noch 138.000 Arbeitsplätze. Bis 1999 sank das Jobangebot auf 38.000 – und damit auch die Kaufkraft.

Die Frage einer Fernsehsendung „Ist Leipzig noch zu retten?" verband sich mit einem düsteren Bild: leer stehende, vom Verfall gekennzeichnete Häuser; zu Arbeitsplatzangeboten in den alten Bundesländern und bald auch auf billigere Grundstücke im Umland fliehende Einwohner. War die Stadt tatsächlich am Ende ihrer Entwicklung als bedeutendster Messe-, Wirtschafts- und Kulturstandort Mitteldeutschlands und ehemals viertgrößte Metropole Deutschlands angekommen? Leipzig erwies sich in dieser Situation als eine Stadt des Engagements der Bürger. Schon in den ersten Tagen des Jahres 1990 organisierten diese eine „Volksbaubaukonferenz". Sie zog zwar eine trostlose Bilanz, verbreitete jedoch zugleich Optimismus und bündelte erstmals Kräfte zur baulichen Erneuerung. Schon kurz vor der Wende hatten sich fachkompetente Bürger für die Wiederbelebung der Leipziger Fließgewässer und die Rettung bedeutender Stadtbereiche - vor allem des Waldstraßenviertels - eingesetzt. Die Markierung des verrohrten Abschnittes des Pleißemühlgrabens unter dem Motto „Pleiße ans Licht", der Workshop „Neue Ufer" und die Ausstellungen „Pro Leipzig" setzten Zeichen für den Willen, Leipzigs einstigen Glanz zurückzugewinnen. Schon hierbei engagierten sich Bürger und Verbände aus den alten Bundesländern gemeinsam mit den Leipzigern. Diese ersten Impulse hatten stadtkulturell enorme Bedeutung, blieben jedoch zunächst ohne Einfluss und Ausstrahlung auf die bauwirtschaftliche Entwicklung. Diese vollzog sich auf der „Grünen Wiese" vor den Toren der Stadt und mit dem Einkaufszentrum „Saale-Park" im benachbarten Bundesland Sachsen-Anhalt.

Nachwende-Industrieruinen in Plagwitz.

Von oben links im Uhrzeigersinn: Eine Wohnsiedlung im Umland, das Gewerbegebiet Frankenheim nahe Sachsen-Anhalt, Gleisanschluss und Autobahnbrücke am Industriepark Nord und das Güterverkehrszentrum an der A 14.

Typisch: „Keksrollen des Aufschwungs".

Rechts: Blick in ein saniertes Gründerzeithaus. Oben: Wohnhäuser am Plagwitzer Kanal.

Gebäude der Wirtschaftsprüfungsgesellschaft KPMG.

Der neue Trend, Investitionen aus der Stadt heraus auf Ackerland zu verlagern, führte zu einer grundlegenden Veränderung in der Struktur des Wirtschaftsraums. Leipzigs Bauverwaltung beklagte, dass die Investoren nicht die brach liegenden innerstädtischen Gewerbeflächen, sondern vielmehr das wertvolle Ackerland vor der Stadt für ihre Vorhaben nutzen wollten. Doch unter den neuen marktwirtschaftlichen Produktions- und Handelsbedingungen zeigte sich die große Bedeutung leistungsfähiger Straßen. Und diese lagen mit den Autobahnen nun einmal im einst schwachen Wirtschaftsgebiet am nördlichen Stadtrand und an der Landesgrenze zu Sachsen-Anhalt.

Das erste und zugleich entscheidende Zeichen setzte 1990 der Beschluss des Vorstands der QuelleSchickedanz AG, im Leipziger Norden ein Versandzentrum zu errichten. 1995 ging es in Betrieb. Direkt nebenan eröffnete die Stadt ein Jahr später das neue Messegelände, für das sie 1993 den Grundstein gelegt hatte. Der Ausbau des Güterverkehrszentrums und des Flughafens sowie die Ansiedlung von Porsche, BMW und DHL folgten.

In dem durch die Braunkohletagebaue perforierten Leipziger Südraum war eine derartige Entwicklung undenkbar. Dazu hätte der Bau der Autobahn Leipzig-Chemnitz A 72 und der südlichen Stadtumfahrung A 38 sofort beginnen müssen. Doch aus unterschiedlichsten Gründen verzögerten sich diese für die wirtschaftliche Erneuerung unerlässlichen Verkehrsprojekte um 10 bis 15 Jahre - ebenso die Modernisierung der Bahnlinien nach Südwestsachsen. Der „Potenzialausgleich" durch den Wechsel der Investitionsgebiete vom Süden in den Norden Leipzigs war somit die einzige Lösung, um der Stadt wieder neue Wirtschaftskraft zu verleihen.

Das Baugeschehen war mit dieser Entwicklung eng verknüpft. Der erste Aufschwung in den frühen 90er-Jahren, die folgende Stagnationsphase und der neue Bauboom erklärt sich vor allem aus dem Wandel in den Wirtschafts- und Verkehrsstrukturen. Die Stadt fand zudem überregionales Interesse durch steuerliche Vergünstigungen für Neubauten und bald auch im Denkmalbereich. Dabei glaubten die Investoren an eine schnelle Erneuerung der Leipziger Leistungskraft mit großem Bedarf an Gewerbe- und Wohnflächen. Es entstand eine Vielzahl neuer Gebäude, allerdings vorwiegend im Dienstleistungsbereich. Eine eigenartige Mode der architektonischen Akzentuierung setzte sich dabei durch: die „Keksrolle". Banken, Versicherungen, Hotelketten und andere Unternehmen glaubten, mit einem zylinderförmigen Baukörper an einer Gebäudeecke Werbesignale setzen zu können. Doch die „Keksrollen des Aufschwungs" ernteten bald nur ein müdes Lächeln. Andere Architektur, beispielsweise mit Glasfassaden, fand größeres Ansehen.

Trotz schmerzlicher Verluste an einzelnen Baudenkmalen: Leipzig war tatsächlich noch zu retten. Baulichen Glanz bilden heute vor allem die historischen Wohngebäude beispielsweise in Gohlis, Schleußig, dem Waldstraßen- und Musikviertel. Dass auch die Ideen der Bürger für die qualitative Verbesserung des Stadtraumes und damit auch für die Wieder- und Neuansiedlung von Wohnen und Gewerbe große Bedeutung besitzen, zeigt die erfolgreiche Freilegung der Flüsse. Orte am Wasser, vor allem an der Weißen Elster in Plagwitz, gehören in Leipzig zu den beliebtesten Plätzen für Wohnen und Freizeit.

Neben den Großbauten öffentlicher und privater Investoren haben vor allem auch die Investitionen des Mittelstandes und der kleineren Gewerbetreibenden zur Wiederbelebung der City und zur Rettung der herausragenden Altbausubstanz beigetragen.

Fachleute vermissen zwar eine in der Breite gute neue Architektur, die mit neuen Formen ins 21. Jahrhundert weist: Ein KPMG-Gebäude und ein neues Museum erzeugen noch keinen Architekturfrühling. Doch diese Kritik mussten sich die Leipziger schon beim Bauboom vor 100 Jahren anhören. Vielleicht liegt die Stärke der Stadt jetzt auch darin, mit hoher Qualität und großem Engagement wertvolle Bausubstanz zu bewahren - wofür sie ihre Einwohner und Besucher wieder schätzen und lieben.

1993

„Leipzig kommt!" - Stadt ringt um Image-Wechsel

Die Welt sollte es wissen: „Leipzig kommt!" Unter diesem Slogan startete im Juni 1993 eine groß angelegte Werbekampagne. Denn die Gesichter Leipzigs konnten kaum unterschiedlicher sein. Ein oft ernüchterndes Vorurteil prallte da auf erfrischende, energiegeladene Realität. Als weltoffen und gastfreundlich war die Messestadt zwar auf vielen Kontinenten bekannt. Durch den Kohlestaub in der Luft oder ihre vielen desolaten Häuser weckte sie aber auch negative Assoziationen. Besonders bei Auswärtigen. Stadtverwaltung und Wirtschaft wollten das ändern. Hand in Hand läuteten sie 1993 eine neudeutsche Wende ein: den Image-Wechsel.

Der kostete im ersten Jahr drei Millionen Mark. Das Geld stammte überwiegend aus den Kassen großer Firmen und Sponsoren. Drahtige Geschäftsleute oder Models in Versandhauskleidern erzählten fortan Erfolgsstorys einer aufstrebenden Stadt. Großflächige Plakate und doppelseitige Anzeigen in namhaften Zeitschriften verkündeten: Die Stadt bricht auf zu neuen Ufern. Künstler Wolfgang Krause-Zwieback schipperte für einen Kinospot über den Karl-Heine-Kanal. Als Kapitän schaute er durchs Fernglas. Und sah - natürlich: „Leipzig kommt!" Zwei Dutzend Themen packten die Initiatoren in ihrem Feldzug an.

So warb eine Broschüre für die Musikstadt Leipzig, in der wahre Freude eine ernste Sache ist: „Res serva verum gaudium" - das ist auch der Leitgedanke des Gewandhauses. 1996 bezeichnete eine süddeutsche Zeitung Leipzig sogar als - gleich nach Wien - traditionsreichste Musikstadt der Welt.

Oberbürgermeister Hinrich Lehmann-Grube klebte 1993 das erste Leipzig-kommt-Plakat.

Die schaute aber vor allem nach vorn: Tradition trifft in Leipzig auf lebendiges Engagement. Aus dieser kreativen Mischung entstehen immer wieder viel beachtete Ereignisse. Hier lohnt es sich zu leben - das ist der Tenor. Pulsierend, schnell, spannend - das sind die vermittelten Attribute. Wenn Leipzig bei Investoren erste Wahl ist, dann hat das nichts mehr mit Ost-Bonus zu tun. Die Botschaft lautet: An dieser Stadt kommt einfach keiner mehr vorbei. Die Kampagne erregte große Aufmerksamkeit, blieb aber nicht unkommentiert. Der Volksmund steuerte rasch eigene Versionen bei. „Leipzig verkommt!" war nur eine davon. Die Bürger wiesen damit auf Ecken hin, wo Leipzig noch auf seine Zukunft wartet. Andere Städte konterten: „Wir sind schon da!" Auch Leipzig wollte nicht immer nur kommen, sondern dem Ziel bald näher sein. Eine neue Marke musste her. Die heißt „Leipziger Freiheit", geht gegen typische Ostklischees vor und schließt sich im Herbst 2002 nahtlos an die erste Image-Kampagne an. Ihre zentrale Aussage: In Leipzig ist jeder willkommen, der Visionen realisieren will. Nun stehen die Kulturvielfalt mit Frontmann Bach, die günstigen Mieten oder die guten Investitionsmöglichkeiten im Focus der Werber; Lebensqualitäten an der Pleiße rücken stärker in den Mittelpunkt.

Inzwischen haben die Leipziger ihr Selbstbewusstsein neu definiert. Anders als bei „Leipzig kommt!" taucht bei der „Leipziger Freiheit" eine Prise Selbstironie auf. Auch Seitenhiebe auf Konkurrenten verkneifen sich die Werbestrategen nicht mehr. So ist ein Motiv mit „Geh doch rüber" überschrieben. Das preist die Vorzüge des Studentenlebens in Leipzig. Die Plakate hängen in Hochschulstädten, in denen preiswerter Wohnraum knapp ist. Auch Schriftsteller Erich Loest und Gewandhauskapellmeister Kurt Masur blicken von den Werbeflächen.

Und bringen der geneigten Welt nahe, dass eine grenzenlose Freiheit nur in Leipzig zu haben ist.

1994

Schneider-Pleite: Schock größer als Schaden

Mit dem tapferen Schneiderlein hat er manches gemein. Auch Jürgen Schneider gelingen viele Streiche. Der „Herr Doktor", wie er sich gern nennen ließ, baute in Leipzig ein märchenhaftes Reich auf. Und schockte die „Boomtown" im Frühjahr 1994, als es wie eine Seifenblase platzte. Vom Bankrott des Baulöwen waren etliche Kronjuwelen der Innenstadt betroffen.
Barthels Hof und Fürstenhof gehörten ebenso zum Schneider-Imperium wie Romanushaus und Zentralmessepalast. Die Mädler-Passage entwickelte er zur Luxus-Meile und zu seinem Vorzeigestück.
Mindestens 20 Edel-Immobilien mit etwa 40 einzelnen Grundstücken zählten zu Schneiders Märchenreich an der Pleiße.
Der 1934 in Frankfurt/Main geborene Architektensohn verdankte sein Vermögen seiner Ehefrau Claudia Granzow, der millionenschweren Erbin eines Elektrogroßhandels. Mit ihr gründete er 1980 eine Firma, die sich auf das Restaurieren denkmalgeschützter Gebäude spezialisierte. Still und heimlich gelang es Schneider, seinen Reichtum zu mehren. Erstmals ins Blickfeld der Öffentlichkeit geriet der agile Hesse, als er im Januar 1991 den Frankfurter Fürstenhof an Japaner verkaufte. Im Sommer 1990 tauchte er in Leipzig auf, wo Politik und Wirtschaft ihn hofierten. Perfekt verstand es der Mann mit dem Toupé, sich selbst zu inszenieren. Schneider ließ sich als reicher Retter maroder Altbauten feiern. Davon hatte Leipzigs Innenstadt zu diesem Zeitpunkt reichlich. Das Schneiderlein gaukelte den Banken überhöhte Grundstückswerte vor - und erwarb viel zu hohe Kredite für Kauf und Sanierung. Spätere Einnahmen reichten jedoch nicht, um die Schulden zurückzuzahlen. Das Imperium brach zusammen.
Leipzig war geschockt: Mehr als 100 Firmen hatten für Schneider gearbeitet. Baustellen blieben plötzlich verwaist. Handwerker gerieten in akute Existenznot. Eine Krisensitzung jagte die andere. Laut Industrie- und Handelskammer waren fast 800 Jobs gefährdet. Am 14. April 1994 stellte die Deutsche Bank Strafanzeige, einen Tag später begann das Insolvenzverfahren. Das Ehepaar Schneider tauchte unter und wurde schließlich von Fahndern in Florida aufgespürt.
Im Dezember 1997 verurteilte das Landgericht Frankfurt/Main den einstigen Baulöwen wegen Betrugs, Kreditbetrugs und Urkundenfälschung zu sechs Jahren und neun Monaten Haft. Zwei Drittel davon saß Jürgen Schneider ab, teils in offenem Vollzug.
Leipzig erholte sich unterdessen schnell. „Der Schock war größer als der Schaden für die Stadt", schätzte der damalige Oberbürgermeister Hinrich Lehmann-Grube später ein. Die meisten Handwerker erhielten ihr Geld. Banken und neue Eigentümer brachten die Sanierung der Gebäude zu Ende.
Jahre danach sind die Erinnerungen an den Pleitier zwiespältig. Viele Leipziger sehen ihn als Betrüger. Andere hegen aber durchaus Sympathie für ihn, da er vielen Häusern zu neuem altem Glanz verhalf. Oder zumindest ihre Rettung einläutete. Als der Leipzig-Tourist-Verein Schneider als Gästeführer auf die Spuren seiner „Husarenstücke" schicken wollte, hagelte es allerdings Proteste. Die Tour mit ihm persönlich musste der Verein absagen - mit anderen Führern läuft sie aber bis heute erfolgreich.
Im Jahr 2000 kam Schneider noch einmal in die Stadt und stellte sein Buch „Bekenntnisse eines Baulöwen" vor. Sein widersprüchliches Bild ist im „Auerbachs Keller" verewigt - auf einem Wandgemälde von Volker Pohlenz. Dort erscheint der Bankrotteur in Gestalt des Mephisto: teuflisch und trügerisch, zwischen Schein und Sein.

Rechts: Der beliebte Stadtrundgang auf den Spuren des Baulöwen führt auch zum Romanushaus.

Mitte rechts: Während der Leipziger Buchmesse im Jahr 2000 stellte Schneider seine „Bekenntnisse eines Baulöwen" vor.
Darunter: Auf einem Gemälde in Auerbachs Keller ist Schneider als Mephisto verewigt.

Links unten: Jürgen Schneider auf der Baustelle von „Barthels Hof" im Juli 1993.

1994

Paunsdorf Center mit Einkaufszentrum und Wohnsiedlung (oben), Gewerbegebiet (Mitte), Behördenkomplex (rechts), Hotel, Sportanlagen und Spaßbad (unten von links).

Haupteingang zum Einkaufszentrum.

Zentrum der Mall mit Kugelbrunnen.

Paunsdorfs großes C

Paunsdorf ist längst kein Dorf mehr: 1335 erstmals urkundlich erwähnt, gehört der Ort seit 1922 zu Leipzig. 72 Jahre später sorgt eines der größten Einkaufszentren Deutschlands für städtisches Flair: Am 19. September 1994 öffnete das Paunsdorf Center, gebaut wie ein großes C, seine gläsernen Türen zur 850 Meter langen Shoppingmeile.

Zwei Jahre zuvor hatten Sachsens Ministerpräsident Kurt Biedenkopf und Investor Fritz Barth den ersten Spatenstich für den Neubau-Komplex aus Einkaufs-, Gewerbe-, Freizeit- und Wohnpark vollzogen. Biedenkopfs einstiger Schulfreund hatte mit seiner Firma FTG das Gelände vom Land Sachsen gekauft - für einen Preis deutlich unter dem Marktwert, wie Kritiker monierten. Auf dem 230.000 Quadratmeter großen Areal entstand zunächst mit einem Aufwand von 205 Millionen Euro das Einkaufszentrum - erstmals nicht auf der „grünen Wiese", sondern innerhalb der Stadtgrenzen. Danach folgte das Behörden-Center, das der Freistaat mietete. Zu groß und zu teuer, rügte der Rechnungshof, der neben anderen Landesbehörden selbst zu den Mietern in dem modernen Bürokomplex gehört.

Seit 2005 hat der Paunsdorf Center Park einen neuen Besitzer: Der kanadische Investor Ivanhoe Cambridge kaufte 94,8 Prozent der Anteile. Spezialisiert auf Einkaufszentren in großen Städten, investierte der Konzern bereits in drei weitere Standorte in Deutschland. In seinem Auftrag betreibt die mfi AG Essen das Paunsdorfer Center-Management.

Mit seinen rund 120 Geschäften und Restaurants gleicht das Einkaufszentrum einer pulsierenden Kleinstadt. Etwa 252.000 Menschen bummeln Woche für Woche durch die von Glas überdachte Mall - rund 12,5 Millionen pro Jahr. Die Nähe von Autobahnen, Bundesstraßen sowie Straßenbahn- und Buslinien erwies sich als äußerst günstig. Das längst unter dem Kürzel P.C. in die Alltagssprache eingegangene Center entwickelte sich nicht nur zum wichtigsten Nahversorger mit Frischwaren für die umliegenden Ortsteile, sondern auch zum Fachmarkt und Anziehungspunkt für ein enormes Einzugsgebiet. Das reicht bis Döbeln, Oschatz, Torgau und Delitzsch. Über die neue A 38 zieht es inzwischen auch Kunden aus dem Altenburger Land in seinen Bann. Freie Ladenflächen gelten im ausgebuchten Center als rares Gut. Auf den 70.000 Quadratmetern Verkaufsfläche betreiben große Handelsketten und Markenfirmen ebenso ihre Filialen wie regionale Anbieter. Allein 17.500 Quadratmeter belegt ein Möbelhaus. Einzelhändler aus Leipzig und Umgebung begrüßt das Center-Management besonders gern als Mieter. Denn sie tragen wesentlich zur Unverwechselbarkeit der überdachten Einkaufsstraße bei. Zwei bis vier Stunden verbringen die Kunden durchschnittlich beim Bummel durch die Läden. Kleine Cafés und Restaurants

P.C.-Cup im Fechten.

P.C.-Cup im Schach.

Tanz-Turnier im Sportpark.

Oldie-Night mit Chris Andrews.

Eröffnung des Bürgeramtes 1999.

Das Bundesverwaltungsgericht aus 35 Kilo Schokolade in der Ausstellung „Süße Weihnachten".

haben sich auf unterschiedliche Wünsche eingestellt - vom schnellen Imbiss bis zur gemütlichen Mahlzeit. Ebenso eine ganze Reihe Dienstleister: städtisches Bürgeramt, Post und Banken, Textilreinigung sowie Arzt- und Therapiepraxen. Rund 2.000 Menschen haben im Einkaufszentrum einen festen Arbeitsplatz gefunden.
Den Wettbewerb der Einkaufszentren und den veränderten Geschmack der Kunden sieht Center-Manager Holger Eid als ständigen Antrieb. Er will die Mall in Zukunft heller und luftiger gestalten. „Im bewährten Mix der Handelsbranchen soll der Kunde gezielt Neues und Überraschendes entdecken", sagt Eid. Dazu gehöre auch ein stärker im Zentrum der Mall konzentriertes, vielseitiges gastronomisches Angebot - eine kleine Schlemmermeile mit kulinarischen Offerten für Eilige und Genießer. Bereits 1999 hatte das P.C. seine Mall bis zu einem benachbarten Bau- und Gartenmarkt erweitert.
Aus regelmäßigen Kundenbefragungen kennt das P.C. seine Stärken und Schwächen. „Auf unsere Stärken setzen wir, auf die Kunden-Wünsche reagieren wir", sagt der Center-Manager. Ausgebaut werde zum Beispiel das Angebot für Familien. „Erhalten bleibt die kostenlose Kinderbetreuung durch Fachkräfte, damit die Eltern in Ruhe einkaufen können. Vergrößern werden wir aber die Spielflächen." Vom Umbau sollen die Besucher zwar möglichst wenig spüren. „Der eine oder andere Bauzaun soll aber durchaus auch die Neugier auf Veränderungen in der vertrauten Einkaufslandschaft wecken", sagt Eid.
Verändert hat das Center auch den Stadtteil Paunsdorf: Er wächst. Wo früher Brachland angrenzte, stehen heute Eigenheime und Miethäuser. Und die nächsten Bauherren stehen schon am Start. Denn das P.C. liefert gute Gründe, sich am östlichen Stadtrand niederzulassen: günstige Einkaufsmöglichkeiten, hervorragende Verkehrsanbindung, ein modernes Erlebnisbad. Mit Events wie der Oldie-Nacht oder der jährlichen Radtour bereichert das Center zudem den Paunsdorfer Veranstaltungskalender. Vereine, Schulen und andere Einrichtungen nutzen die zahlreichen Aktionstage für einen Besuch - und zählen dabei oft selbst zu den Akteuren.
Mehr als ein Dutzend erfolgreicher Handelsjahre und der Ruf als Leipzigs bestfrequentiertes Einkaufszentrum liefern Manager Holger Eid wichtige Argumente gegen die Unkenrufe, das Center sei überdimensioniert. Die größte Herausforderung für ihn: Mit der enormen Entwicklung Schritt zu halten. Das betreffe sowohl die Innenstadt mit ihren Passagen und Kaufhäusern, als auch den Wettbewerb mit anderen Centern. Bange wird Holger Eid deswegen nicht: „Als traditionsreiche weltoffene Messestadt kann Leipzig gerade beim Thema Handel Selbstbewusstsein gegenüber anderen Standorten zeigen."

Seit 1999 jedes Frühjahr im Programm: der LVZ-Immobilienmarkt (rechts).

Zahlen & Fakten

Einkaufszentrum: Rund 120 Geschäfte, gastronomische Einrichtungen und Dienstleistungsunternehmen laden auf der 850 Meter langen gläsernen Mall zum Bummel ein. Das P.C. bietet seinen Kunden 7.300 Autostellplätze, davon 4.500 in zwei Parkhäusern.

Gewerbegebiet: Im städtischen Gewerbehof können sich Klein- und Mittelbetriebe zu günstigen Konditionen ansiedeln. Im Büro- und Verwaltungszentrum haben Staatsarchiv, Grundbuchamt, Landespolizeibehörde, Staatshochbauamt, Landes-Rechnungshof und das Institut für Länderkunde ihr Domizil gefunden.

Freizeitareal: Im 1995 eröffneten Sportpark stehen auf 20.000 Quadratmetern sechs Hallentennisplätze, sieben Außentennisplätze, acht Badminton-Felder, 12 Squash-Courts, Fitness-Studio, Sauna und Gastronomie zur Verfügung. Mit der Sachsen-Therme folgte 1998 auf 32.000 Quadratmetern ein modernes Spaß- und Erlebnisbad mit Riesenrutsche, Wasserfällen, Schwimmbecken, Wellenbad, Solarium, Sauna-Landschaft und gastronomischen Einrichtungen.

Wohnpark: Auf dem Gelände entstanden bisher rund 120 Eigenheime und 32 Mietwohnungen in Mehrfamilienhäusern. 1996 öffnete das Ramada Treff Hotel.

1994

Kneipenmeilen: Höhepunkt mit Honky Tonk

Vor allem im Sommer brummt das Leben: Kaum ein Platz bleibt frei unter den Party-Schirmen, Stimmengewirr erfüllt die Gassen. Einheimische und Touristen wissen sie zu schätzen: Leipzigs ausgeprägte Kneipen-Szene. Vor allem in der City und im Süden der Stadt reihen sich die Lokale. Seit 1994 mit alljährlichem Höhepunkt: dem Kneipenfestival Honky Tonk.

Der Name wirkt wie ein Magnet. Tausende sind auf den Beinen, wenn in Bars, Clubs und Cafés die Bands aufspielen. Mit bunten Eintritts-Bändchen am Arm ziehen sie von Kneipe zu Kneipe. Manche zu Fuß, andere mit eigens bereitgestellten Pendelbussen. Honky Tonk, das bedeutet handgemachte Live-Klänge von Blues und Swing bis Country und Hip-Hop. Immer in Zapfhahn-Nähe. Von Musikern aus Leipzig und von manch weit gereister Combo. Etliche Lokale beteiligen sich daran regelmäßig. Ergänzt durch Bühnenauftritte unter freiem Himmel auf innerstädtischen Plätzen.

Als Organisatoren agieren zwei Leipziger Firmen: Soko Kultur und Blues Agency. Diese verwaltet im Franchise-System noch einige Dutzend weitere Honky-Tonk-Festivals - unter anderem in Deutschland, Österreich und der Schweiz. Längst steht der Feten-Name unter Markenschutz.

Das Leipziger Spektakel avancierte im Jahr 2000 zum größten Kneipenfestival Europas: Rund 130 Bands spielten an mehr als 100 Orten. Danach hielten die Veranstalter das Fest wieder kleiner, überschaubarer, familiärer - weil Qualität vor Quantität gehen soll. Das überregionale Besucher-Interesse am Honky Tonk hat dennoch nicht nachgelassen.

Was wohl auch an Leipzigs Gastro-Landschaft liegt. Die angesagtesten Adressen sind weit über die Stadtgrenzen bekannt. Seit langem ist der Drallewatsch vielen Touristen ein Begriff. Mit der Kneipenmeile in der City verbinden die einen südländisches Flair, die anderen kulinarische Erlebnisse inmitten historischer Architektur. Die Speisekarten sind vielgestaltig, bieten nicht zuletzt Leipziger Spezialitäten. Mehr als 30 Lokale gehören zum Drallewatsch - aneinandergereiht von der Großen Fleischergasse übers Barfußgäßchen bin hin zu Thomaskirchhof und Burgplatz. Ansässige Wirte schlossen sich einst unter diesem Namen zusammen, um das Areal als Treffpunkt zu etablieren und gemeinsam zu vermarkten.

Auch an anderer Stelle ballt sich das gastronomische Angebot. In der Gottschedstraße etwa oder südlich der City in Münzgasse und Karl-Liebknecht-Straße. Die „Münze" hat sich ab 2001 zum Besuchermagneten entwickelt, die „Karli" als bunt-alternative Kneipen-Strecke schon Jahre zuvor. Verschiedene Adressen, verschiedene Profile: Gemeinsam ist allen Lokalen der Erlebnisfaktor. Nicht nur bei Speis und Trank geht es dort um Geschmacksfragen. Auch Kultur kredenzen die Kneiper: Kabarett, Tanz, Theater. Straßenkünstler finden ihr Publikum. Nicht selten steht zudem Livemusik auf dem Programm. Mal da, mal dort - und manchmal auch an vielen Orten auf einmal. Aber dann ist wahrscheinlich wieder Honky Tonk.

Musik, Bier und mehr: Kneipenfestival Honky Tonk.

Straßenkünstler auf dem Drallewatsch.

Gedränge im Barfußgäßchen.

Kneipenmeile Gottschedstraße.

Blick in die Münzgasse.

Nachtleben in der „Karli".

1995

Classic Open - So schön ist der Sommer in der City

Anfang der 90er-Jahre droht Leipzigs Innenstadt zu verwaisen. Die neuen Einkaufszentren auf der grünen Wiese mit ihren bequemen Parkmöglichkeiten locken die Kunden in Scharen an die Stadtgrenzen. Wenn dann noch Oper, Gewandhaus, Schauspiel und Kabaretts in die Sommerpause gehen, herrscht in der City gähnende Leere. Die Stadtverwaltung will gegensteuern und startet Wiederbelebungsversuche. In Veranstaltungsmanager Peter Degner findet sie einen engagierten Partner. Seine Reihe „Treff mit P.D.", bei der er Alt-Stars zu exklusiven Konzerten nach Leipzig holt, hat dem ehemaligen Grabredner bereits einige Anerkennung eingebracht.

Die Classic Open auf dem Markt entwickeln sich zu Degners großem Knüller. 1995 füllt er unter dem Motto „Leipzig ist Musik - Leipzig macht Musik" erstmals für knapp zwei Wochen das Sommerloch. Über eine Videowand flimmern allabendlich bei freiem Eintritt hochkarätige Aufzeichnungen von Opern, Operetten und Konzerten sowie zu späterer Stunde auch Klassiker der Rock- und Popmusik. Dazu bieten renommierte Leipziger Wirte gepflegte Gastronomie bei Kerzenschein. Zehntausende kommen, lauschen bis tief in die Nacht der Musik, tanzen zwischen den Tischen, harren auch bei Regen aus. Und die LVZ titelt: „So schön ist der Sommer in Leipzig".

Inzwischen sind die Classic Open mit insgesamt knapp einer Million Besuchern ein Sommer-Klassiker. Degner versucht mit Unterstützung von Stadt und Sponsoren, jedes Jahr etwas Neues auf der Videowand und der Bühne davor zu präsentieren. Zu den Höhepunkten zählen die Live-Auftritte von Musical-Elvis Mark Janicello, Star-Tenor Erkan Aki, Klarinettist Günter Gollasch und den Zehn Tenören. Auch örtliche Ensembles wie der MDR-Chor, das Jugendorchester und die Jazzband Hotmakers erfreuen das Publikum. Unvergessen: der angebliche Luciano Pavarotti 1996 auf dem Rathaus-Balkon. Dass nur ein Double singt, nehmen die Leipziger nicht weiter übel. Peter Degner: „Ein bisschen Spaß mögen die Leute, so lange alles herzlich bleibt und nie bösartig wird." 2004 müssen die Classic Open wegen des City-Tunnel-Baus auf den Augustusplatz umziehen. Allen Befürchtungen zum Trotz geht die Erfolgsgeschichte weiter. Die Videowand, inzwischen deutlich größer und technisch ausgereifter, steht jetzt vor der Oper, die Gäste sitzen rund um den Brunnen. Für ungetrübten Musikgenuss lassen die Verkehrsbetriebe Busse als „Schallschutz-Wände" auffahren und leiten Straßenbahnen um. Und Degner, der seit 1992 rund 20.000 Rosen an die Damen im treuen Publikum verteilt hat, ist tagtäglich auf dem Platz zu finden - ein Schwätzchen hier, ein Küsschen da, ab und zu eine Zigarre, immer guter Dinge: „Ich wünsche mir Heiterkeit. Heiterkeit für diese Stadt. Für meine Stadt."

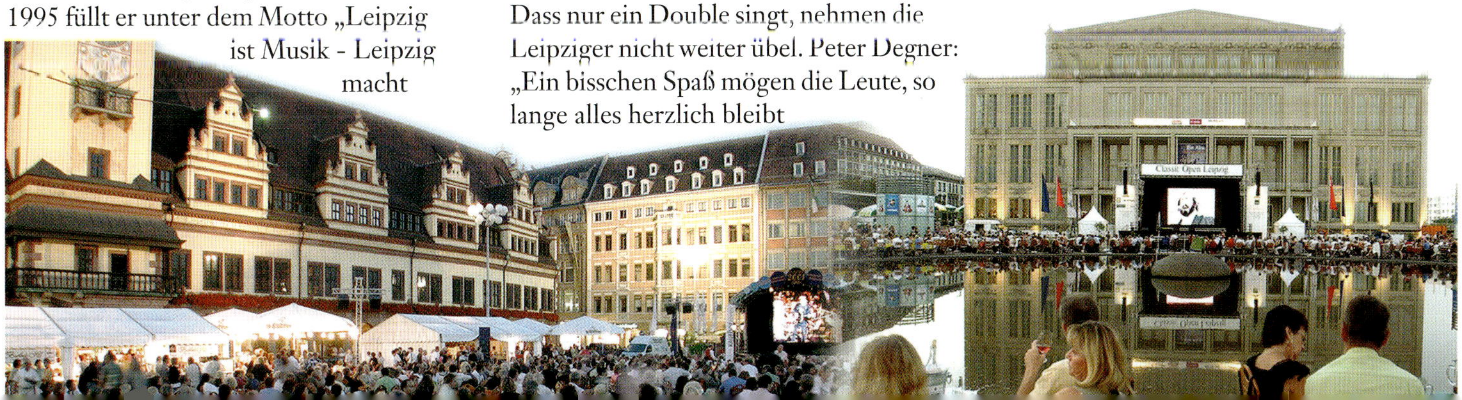

Taxi-Nummer „stinkt" Firma am Rhein

„7411" steht auf dem Logo der Leipziger Funktaxi-Zentrale - eine einprägsame Telefonnummer. Doch dem Hersteller des „Echt Kölnisch Wasser" am Rhein stinkt das gewaltig: Die Nummer riecht zu stark nach „4711". Der Parfum-Riese zieht vors Landgericht. Und die 31. Zivilkammer in Köln gibt ihm am 4. Juli 1995 recht: Das Leipziger Markenzeichen sei eine Imitation und „verwässere" den Werbewert des Kosmetikproduktes. Schließlich steigt der Duft des „aqua mirabilis" aus ätherischen Ölen, Rosmarin, Lavendel und reinem Alkohol (bis heute Firmengeheimnis der Kölner Cosmopolitan Cosmetics GmbH) seit dem 8. Oktober 1792 auch unter dem Namen „Eau de Cologne" dem gepflegten Publikum in die Nase.

Das Kölner Urteil verpflichtet Funktaxi-Chef Hans-Jürgen Zetzsche (oben), jegliche Werbung mit dem Logo „7411" zu unterlassen, bei Zuwiderhandlung drohen bis zu 500.000 Mark Strafe. Fahrer und Kunden finden den Wechsel der Telefonnummer zwar gar nicht dufte, doch schon bald haben sich alle an die neue „4884" gewöhnt.

1995

Mit gebündelten Kräften ins Rampenlicht

Zu DDR-Zeiten traf sich alle Welt zweimal im Jahr zur Leipziger Frühjahrs- und Herbstmesse. Doch seit der Wiedervereinigung Deutschlands strömen die Besucher nicht mehr automatisch in die Stadt. Dies hat den Stellenwert des Tourismus verändert: Als potenter Wirtschaftsfaktor muss er sich auf die Gesetze des Marktes einstellen. Aus diesem Grund löste die Stadt 1995 ihr Fremdenverkehrs- und Kongressamt auf und strukturierte den Fremdenverkehrsverein neu. Seitdem sorgt der Leipzig Tourist Service e.V. (LTS) mit seinen mehr als 130 Mitgliedern sowie vielen Partnern für professionelles Tourismus-Marketing. Was auch die Besucherzahlen verdeutlichen: Übernachteten 1995 rund eine Million Gäste in der Stadt, so waren es 2006 mehr als 1,85 Millionen. Tagesbesucher gaben laut einer statistischen Untersuchung von 2005 durchschnittlich 38,60 Euro in Leipzig aus - weit mehr als in anderen sächsischen Städten. Etwa ein Fünftel der kommunalen Steuereinnahmen entspringen inzwischen wieder dem Tourismus.

Um eine noch höhere Effizienz im Wirtschafts-, Tourismus- und Standortmarketing zu erreichen, bündeln LTS und Marketing Leipzig GmbH seit Herbst 2006 ihre Kräfte. Als Geschäftsführer für beide Organisationen agiert Volker Bremer als Nachfolger von Richard Schrumpf (LTS) und Lutz Thielemann (Marketing). Die Marketing Leipzig GmbH hatte der Stadtrat zum 1. Juni 2001 als im öffentlichen Auftrag agierende privatwirtschaftliche Gesellschaft gegründet. Durch die Kommunikation der Stärken und Zukunftschancen der Region will sie deren Imagewerte und Wahrnehmung steigern. Langfristiges strategisches Ziel ist die nachhaltige Durchsetzung und Etablierung der Standortmarke Leipzig. Ganz gleich ob TV-Spots bei BBC oder CNN, ob Print-Anzeigen in Spiegel, Focus oder Business Week, ob Zeitungsbeilagen in FAZ, Welt oder International Herald Tribune bis hin zu Riesenpostern, Billboard-Kampagnen und Messeauftritten in Metropolen von London bis Hongkong - Leipzig steht immer im Rampenlicht. Kein anderes Stadtmarketing trat so offensiv auf wie die Marketing Leipzig GmbH.

Mit ihrer Zusammenführung können LTS und Marketing-Gesellschaft das Tourismus-, Stadt- und Wirtschaftsmarketing aus einer Hand lenken, ihre Kräfte bündeln und die Mittel effizient einsetzen. Notwendig auch deshalb, da an Leipzig viele Attribute haften: ältester Messeplatz, Musikstadt, Schauplatz historischer Wendepunkte, Wasserstadt mit Seenlandschaft, Stadt des Buchdrucks und der Literatur, der Wissenschaft, des Sports, der Kunst, des Kabaretts …

Johann Sebastian Bach am und neben dem City-Hochhaus.

Das größte Potenzial in der Vermarktung sieht Volker Bremer im Thema Musik: „Mit dem Wirken hervorragender Komponisten wie Bach, Mendelssohn Bartholdy, Schumann und Wagner, mit dem Gewandhausorchester, den Thomanern, der Oper und natürlich dem Bachfest kann sich Leipzig als Musikhauptstadt Europas bezeichnen." Im Bereich Wirtschaft setzt Bremer die Akzente in der Kommunikation des Messe- und Kongressstandortes - was den hohen Anteil an Geschäftstouristen sichern soll. Nicht zuletzt nennt sich Leipzig aber auch Universitätsstadt - die starke Impulse in der angewandten Forschung und Technologie setzt, Arbeitsplätze schafft und einen entscheidenden Beitrag zur lebendigen, jungen Metropole leistet. Volker Bremer: „Leipzig muss sich künftig intensiv auf seine Alleinstellungsmerkmale konzentrieren, damit wir sowohl potenzielle Gäste als auch Investoren mit einem klaren Profil ansprechen."

LTS- und Marketing-Chef Volker Bremer.

„Leipziger Freiheit" zu Wasser - bei der „Sachsen Sail", zu Lande - als Megaposter und in der Luft - an einem Zeppelin über München.

Engagierte Diskussion am Mittwochmorgen: Tourismusfrühstück.

Dreharbeiten: Das Gewandhausorchester auf dem Dach des City-Hochhauses.

Schaubild für Leipzig-Präsentationen.

Poster, Spots, Events

Zu den Aktivitäten des LTS und der Marketing Leipzig GmbH gehören unter anderem:

- **Tourismusfrühstück** - monatliche Veranstaltungsreihe, die sich seit April 1996 zur größten Kommunikationsplattform im Tourismus in Deutschland entwickelt hat.
- **Weltgrößter Adventskalender** - jedes Jahr im Dezember im Böttchergäßchen.
- **Bach über Leipzig** - 79 Meter hohe Installation zum Bachjahr in der Innenstadt.
- **Stadtfest** - lockt jährlich im Juni Hunderttausende in die City.
- **LEIPZIG ..... augenKLICK mal!** - ist der bedeutendste Leipziger Fotowettbewerb.
- **NÄHER dran** - heißt die seit 2003 herausgegebene Zeitschrift für mehr als 300.000 Leser.
- **Faszination Leipzig** - zehn Mal pro Jahr organisierte dreitägige Studienreisen für bisher mehr als 2.000 Tourismus-Experten.
- **Präsenz** - durch mehr als 6.800 Leipzig-Artikel in Print-Medien zwischen 1996 und 2006.
- **Leipzig-Specials** - auf 22 Millionen Zeitungsseiten weltweit.
- **TV-Spot** - „Leipzig. City with no limits" in 150 Ländern.
- **Leipzig-Werbung** - auf 15.000 Megapostern in aller Welt.
- **Sponsoring** - durch die Leipziger Wirtschaft für Stadtmarketing-Projekte mit mehr als 5,5 Millionen Euro.
- **Leipzig-Events** - von Madeira bis Hongkong und London bis Athen in mehr als 50 Städten.

Fotografen können auf der Tour „City Pictures" die Musikstadt entdecken.

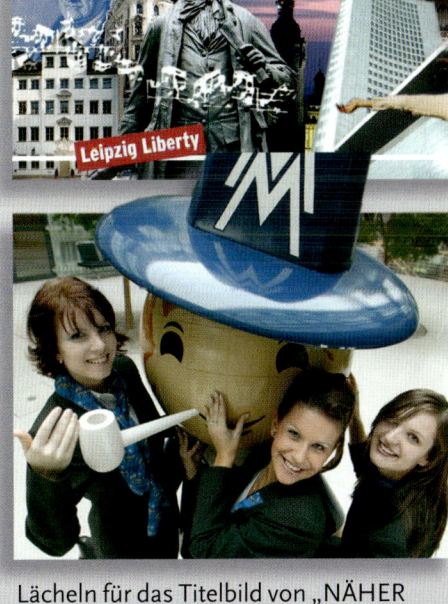

Lächeln für das Titelbild von „NÄHER dran".

Zehn gute Gründe

Der LTS hat zehn gute Gründe zusammengetragen, die mindestens für eine Reise nach Leipzig sprechen:

- **Musikstadt:** Kaum eine andere Stadt kann auf eine so große Musiktradition verweisen wie Leipzig - mit Bach, Mendelssohn Bartholdy, Thomanerchor, Gewandhaus und Oper.
- **Messestadt:** Leipzig gilt als „Mutter aller Messen". Das 1996 eröffnete moderne Messegelände setzt nicht nur architektonisch ein Zeichen in Richtung Zukunft.
- **Innenstadt:** Bestens geeignet für einen Bummel ist die überschaubare City. Innerhalb des Promenadenringes lassen sich viele Sehenswürdigkeiten bequem zu Fuß erreichen.
- **Hauptbahnhof:** Nach seinem Umbau zu einem modernen Dienstleistungszentrum gilt er nicht nur als einer der größten, sondern auch als einer der schönsten Bahnhöfe der Welt.
- **Goethe und Auerbachs Keller:** Der Geheimrat studierte in Leipzig und verhalf Auerbachs Keller durch eine Szene im „Faust" zu Weltruhm.
- **Völkerschlachtdenkmal:** Die Plattform auf dem monumentalen Bau bietet in 91 Metern Höhe eine faszinierende Aussicht.
- **Altes Rathaus:** Eines der schönsten Renaissance-Rathäuser Deutschlands am Leipziger Markt..
- **Drallewatsch**: Die originelle Kneipenmeile im Herzen der Stadt bietet mit ihrer Vielfalt ein „Ausgeherlebnis" von Lokal zu Lokal.
- **Friedliche Revolution:** An den Originalschauplätzen (Nikolaikirche, Augustusplatz, Promenadenring, Museum in der „Runden Ecke") wird die friedliche Revolution von 1989 lebendig.
- **Auenwald:** Eine in Europa einmalige Park- und Auenlandschaft zieht sich wie ein grüner Gürtel durch die Stadt.

1995 SPIELBANK LEIPZIG

Hier dreht sich alles ums Vergnügen

Das Spielcasino im früheren Interhotel Merkur.

Rien ne va plus - nichts geht mehr. Doch kein Croupier harkt mehr die Jetons zusammen. Im Casino Petersbogen läuft alles ganz anders: Das alte Roulette zeigt sich modern und vollautomatisch. In Sachsen hat das öffentliche Glücksspiel zwar eine kurze Geschichte. Dafür aber sind die Casinos auf dem neuesten Stand - seit dem 1. Januar 1995 betrieben von der Sächsischen Spielbanken GmbH Co. KG Leipzig. Das Spiel um Geld am grünen Tisch begann mit der Erfindung des Roulettes im Frankreich des 17. Jahrhunderts. Städte und Landesfürsten schwankten zwischen moralischen Bedenken und der lukrativen Möglichkeit, die Spielbanken zur Kasse zu bitten. Die erste deutsche Spielkonzession erteilte 1771 Fürst Carl von Nassau-Usingen einem Bankhalter in Wiesbaden. Das Glücksspiel hielt Einzug in die Kurorte, zuerst in Baden-Baden. 1872 schloss Preußen die Spielbank in Bad Homburg. Im gleichen Jahr übertrug der Norddeutsche Bund den Beschluss auf alle außerpreußischen Spielbanken. Erst im Juni 1933 durften wieder Casinos öffnen.
Nach dem Ende des Zweiten Weltkrieges konzessionierte die junge Bundesrepublik von 1948 bis 1951 den Spielbetrieb in 13 Städten, überwiegend Kur- und Badeorten.

Eröffnungsparty mit den Firebirds 2003 im Petersbogen.

In der DDR waren öffentliche Spielbanken nicht zu finden. Erst ihre letzte Regierung erteilte im Frühjahr 1990 der Neuen Deutschen Spielcasino GmbH die Betriebserlaubnis. Leipzig und Dresden gehörten zu den ersten Städten, die öffentlich zum Glücksspiel einluden. Sachsen nahm die Vergabe von Konzessionen selbst in die Hand. 1993 erließ der Landtag das Spielbankengesetz - mit dem Freistaat als Gesellschafter der 1994 gegründeten Sächsischen Spielbanken GmbH. Am 1. Januar 1995 begann der Spielbetrieb in den Casinos in Dresden und Leipzig im klassischen Spiel und auch in den Automatensälen. Anfangs ließen Gäste ihrer Spiellaune an drei Tischen beim Französisch Roulette und beim Black Jack freie Bahn. Ihr Interesse aber galt immer mehr dem Spiel an Automaten. Die Gesellschaft eröffnete dafür Säle in Görlitz, Plauen und Chemnitz. Auch in Leipzig und Dresden ersetzen seit 1999 die Maschinen das klassische Spiel.

Das 2003 eröffnete Casino Petersbogen ist die bundesweit erste Themen-Spielbank. Sie entführt auf den American way of life. Mehr als 100 Spielstationen locken mit Gewinnchancen. Der Zwang zum noblen Outfit gilt nicht mehr. Über 100.000 Gäste zählen die neun Mitarbeiter pro Jahr - aus allen Schichten und Generationen, einzeln oder in Gruppen. Bis zu 18 Spieler können am vollautomatischen Roulette-Kessel per Touch-Screen ihre Wetten platzieren - nach den klassischen Regeln. Das elektronische Bingo, Poker und Black-Jack folgt ebenfalls den bekannten Abläufen. Auch an den neuesten Slot-Maschinen mit dem verruchten Hauch des einarmigen Banditen kann der Spieler sein Glück herausfordern. Er verwendet dabei nicht Euro und Cent, sondern Token - eigens für die sächsischen Spielbanken hergestellte Münzen.

Oben: Elektronisches Roulette. Links: Besonders beliebt sind Automatenspiele.

Die sächsische Spielbanken-Währung Token.

Gäste unter 18 Jahren sind in den Casinos nicht zugelassen. Gefährdete Menschen, sagt Wolfgang Bildstein, Geschäftsführer der Sächsischen Spielbanken GmbH, würden von den Mitarbeitern angesprochen. „Bei attestierter Sucht können wir auch Hausverbot oder zumindest eine Begrenzung verhängen."
Von den gut 19 Millionen Euro Bruttospielertrag wird gut die Hälfte an den Freistaat Sachsen abgeführt. Von der Spielbankabgabe erhalten auch die Städte mit Casinos einen Anteil.

Eingang zum Casino Petersbogen.

Ein Preis als Meilenstein zum Ruhm

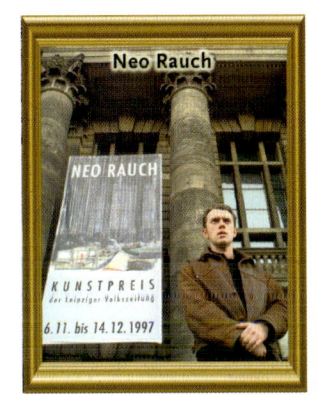

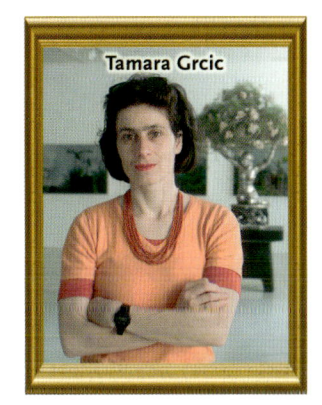

Ein Jubiläum sollte Anlass sein, nicht nur Gratulationen entgegenzunehmen, sondern auch selbst etwas zu geben: Dieser Gedanke bewegte Beirat und Geschäftsführung der LVZ anlässlich des 100. Geburtstages der Zeitung. Das Ergebnis war der Kunstpreis, den die LVZ 1995 zum ersten Mal vergab. Inzwischen hat er sich bundesweit als eine hoch angesehene Ehrung dieser Art etabliert.

In Zeiten knapper Kultur-Etats ist der Preis vor allem auch ein Zeichen der Ermutigung für Künstler - und ein Signal für das Selbstbewusstsein der ostdeutschen Region. Einer wechselnden, unabhängigen Jury mit Experten aus alten und neuen Bundesländern (rechts) obliegt es im Zwei-Jahres-Rhythmus, Künstler zu finden, die weder schon allzu bekannt sind, noch zu sehr am Beginn ihres Schaffens stehen. Neben dem Preisgeld von anfangs 10.000 Mark (heute 10.000 Euro), schafft die mit der Auszeichnung verbundene Einzelausstellung im Bildermuseum nebst aufwendig gestaltetem Katalog einen besonderen Anreiz. Damit kann der Preis durchaus zu einem Meilenstein in der künstlerischen Entwicklung werden. Das zeigt insbesondere Neo Rauch, Preisträger des Jahres 1997, der danach als international gefragter Maler zu Ruhm gelangte. In seinen meist großformatigen Bildern erzeugen Realität und Traum eine zwischen Fortschrittsglauben und Urängsten erzeugte Spannung von nahezu elektrisierender Wirkung.

Wie der 1960 in Leipzig geborene Rauch absolvierte auch Matthias Weischer, Jahrgang 1973, die Leipziger Hochschule für Grafik und Buchkunst. Der Westfale, Kunstpreisträger 2005, nutzt als kunstgeschichtlich altes Thema vor allem das Interieur, dem er durch Veränderungen des formal Überlieferten eine verblüffend zeitgenössische Position abgewinnt. Weischer war der Erste, der seine Ausstellung im Museumsneubau in der Katharinenstraße zeigen konnte.

Der erste LVZ-Kunstpreisträger, Via Lewandowsky, hatte seine Werke 1995 noch im ehemaligen Reichsgericht vorgestellt. Seiner künstlerischen Intuition folgend nutzte der Dresdner die geschichtsträchtigen Räumlichkeiten für provokante Installationen: Ein Unangepasster, der die Schmerzgrenzen in früheren Aktionen am eigenen Leib zu ergründen suchte.

Jörg Herold wiederum war der Erste, der 1999 seine mit dem Preis verbundene Einzelausstellung im Interim des Museums am Naschmarkt gestalten konnte. Mit Objekten, die er „Reaktionsplastik" nannte, räumte der Leipziger mit dem Klischee der „Ostkunst" gründlich auf. Ihm folgte 2001 die geborene Münchnerin Tamara Grcic. Ihr Name erschien zunächst so sperrig wie ihre Arbeiten, deren künstlerische Wahrnehmung auf Fotografie und Film basiert.

Daniel Roth aus dem Schwarzwald überzeugte 2003 durch seine Kombination aus Fotografie, Installation, Skulptur, Zeichnung und Erzählung. Mit deren künstlerischer Vernetzung verblüffte er Jury und Ausstellungsbesucher.

Im Herbst 2007 kürt die Jury den nächsten LVZ-Kunstpreisträger - das interessierte Publikum erwartet ihn schon mit Spannung.

1995

Sächsischer Sauerbraten in North Dakota

New Leipzig, North Dakota, USA - ein einsames 300-Seelen-Dorf mit heulenden Kojoten in der Nacht, extrem heißen Sommern und langen, harten Wintern von Oktober bis April. „Wenn wenigstens das einzige Restaurant in unserem Ort wieder öffnen würde", dachte Schweißer Mark Stelter und ergriff die Initiative. Ende des Jahres 1994 schrieb er einen Brief an die Leipziger Volkszeitung. „Vielleicht ist ja in Old Germany jemand bereit, in New Leipzig ein Lokal zu betreiben", hoffte er. Die Veröffentlichung stieß auf große Resonanz. Die LVZ lud daraufhin Mark Stelter und seine Freundin Marcie Baesler zu einem Besuch in Leipzig ein. So konnten die beiden Amerikaner bei einem Forum in der Alten Nikolaischule die vielen Fragen der Interessenten gleich aus erster Hand beantworten.

Im März 1995 machte sich schließlich eine Gruppe junger Leipziger Köche, Kellner und Wirte auf in die Prärie. Die Provinzhauptstadt Bismarck bereitete ihnen einen freudigen Empfang: Gouverneur Ed Schäfer sicherte den potenziellen Investoren Unterstützung zu, das Regionalfernsehen und die „Bismarck Tribune" berichteten ausführlich. Im Sommer 1995 war es dann so weit: An der Main Street von New Leipzig öffnete der „Leipziger Hof". Aus mehr als 100 Meilen Entfernung kamen die Leute durch das weite Grasland North Dakotas, um mal richtig deutsch essen zu können. Würzfleisch, Rouladen und sächsischer Sauerbraten gingen am häufigsten über die Theke. Das Dorf bekam einen neuen Anziehungs- und Treffpunkt. Bisher bestanden seine „Sehenswürdigkeiten" aus einem Wasserturm mit der Ortsaufschrift und einem großer Kornspeicher. In den Folgejahren erlebte der „Leipziger Hof" mehrere Wirtsleute-Wechsel. Zwischenzeitlich hing auch immer mal wieder das Schild „Closed" (Geschlossen) an der Tür. Dass ihr deutsches Restaurant mit Pension 1995 zu den größten Attraktionen in North Dakota zählte - diese Geschichte erzählen sich die New Leipziger aber noch heute gern.

Mark Stelter mit Freundin Marcie.

New Leipzig: Die Main Street.

Der „Leipziger Hof" wird eröffnet.

„Sehenswürdigkeiten" in New Leipzig.

Der Chefplaner der Nasa - ein Leipziger

Jesco Freiherr von Puttkamer

„Ein Land ohne Visionen hat eine Jugend ohne Perspektive. Eine Jugend ohne Perspektive hat ein Land ohne Zukunft."
Das ist der Leitsatz eines Mannes mit vielen Visionen: Jesco Freiherr von Puttkamer, Chefplaner bei der US-Weltraumbehörde Nasa, gebürtiger Leipziger.

1933 kam er in der Salomonstraße zur Welt. In der Nikolaikirche erhielt er die Taufe. Sein Vater arbeitete als Redakteur beim Reclam-Verlag und liebte die Gose. Das alles hat ihm später sein Bruder erzählt. Denn viel weiß der Weltraum-Professor über seine Leipziger Zeit nicht mehr. Bereits im Alter von drei Jahren verließ er mit seiner Familie die Stadt. Er lebte in Süddeutschland und der Schweiz, studierte in Aachen Maschinenbau. 1962 rief ihn Wernher von Braun zur Nasa. Dort nahm er einen steilen Aufstieg: Puttkamer veröffentlichte mehrere Bücher, entwickelte Programme, die weit in die Zukunft reichen und ist für den Betrieb der internationalen Weltraumstation ISS zuständig. Sogar Captain Kirk und Mister Spock vom Raumschiff Enterprise profitierten schon von dem Space-Profi: Die Produzenten der Kult-Serie „Star Trek" setzten auf seinen wissenschaftlich Rat. Seit Mitte der Neunzigerjahre ist Jesco Freiherr von Puttkamer auch wieder häufig in seiner alten Heimatstadt zu finden. An der Universität hält er faszinierende Vorträge über die bemannte Raumfahrt und das Mond-Mars-Programm der USA. Er besuchte den Leipziger Freundeskreis Science Fiction und lud Ostwald-Gymnasiasten zum Start des Space Shuttle nach Cape Canaveral. Beim Wirtschaftsverein „Gemeinsam für Leipzig" sitzt Puttkamer in der Jury, die den Preis „Leipziger Lerche" für Verdienste um das überregionale Ansehen der Stadt vergibt.

Leipzigs erste Motorboot- und Verleihstation an der Weißen Elster von 1888.

... und immer eine Hand breit Wasser unterm Kiel

Im Boot über Flüsse und Kanäle: für viele Leipziger ein aufregend neues Erlebnis. Die einstmals stinkenden Gewässer hatten sich 1996 von der DDR-Industrie erholt - und Jürgen Herold eröffnete den ersten Nach-Wende-Bootsverleih an der Weißen Elster.

1888 hatte der Bootsbauer und -verleiher Julius Hermann Seifert das Wassergrundstück in der Antonienstraße 2 gepachtet, 1926 rückte sein Sohn Otto an die Spitze des florierenden Betriebes. Ein Bombenangriff im Februar 1944 vernichtete die Existenzgrundlage der Familie: Sie wanderte nach Luxemburg aus, kehrte 1947 aber nach Leipzig zurück, stellte Holzboote her - und hatte wieder eine Hand breit Wasser unterm Kiel.

1950 begann Jürgen Herold seine Lehre bei Seiferts, heiratete später die Urenkelin des Firmengründers und übernahm 1961 die Geschäftsführung. In den 70er-Jahren spezialisierte sich der Bootsbaumeister auf die Herstellung von Ein- und Zweisitzern aus Polyester. Die Marke „Eskimo" entwickelte sich zu einem devisenträchtigen Exportschlager - was der Firma in der DDR das Überleben und manche „Sonderzuteilung" bei Materialknappheit sicherte.

Nach der Wende konzentrierte sich das Familienunternehmen zunächst auf den Handel von Wassersportartikeln, ab 1996 auch wieder auf den Verleih von Ruderbooten, Kajaks und Kanadiern. Ein weiterer Shop mit Elektroboot-Ausleihe öffnete 2004 am Cospudener See. In ihrer Wassersportschule bieten Herolds zudem den Erwerb des Sportboot-Führerscheins an. Und wie einst bei Julius Hermann Seiferts ersten Kahnfahrten mit Bierausschank erfreuen sich heute die Motorboot-Touren größter Beliebtheit - gewürzt mit vergnüglichen Erzählungen der Schiffsführer.

Herolds Bootsverleih heute.

Motorboot-Tour durch „Klein Venedig".

Klangvoller Name auf der „Lo(c)k-Meile"

Nach fünf Umzügen hatte das Geschäft endlich seinen festen Platz gefunden: Seit Mai 1996 erwartet „Messer Müller" in der Eisenbahnstraße 23 die Kundschaft. Wie einst „Waffen Moritz", „Gummi Klose" oder „Samen Koch" gehört „Messer Müller" zu den klangvollsten Leipziger Händlernamen.

Im März 1902 öffnete Handwerksmeister Carl Müller das erste Geschäft im Romanushaus, 1936 ein zweites in der Hainstraße. Nach dem Zweiten Weltkrieg blieben nur Trümmer. Sohn Rudolph zog in die Ernst-Thälmann-Straße (heute Eisenbahnstraße), wo der Schneidwaren-Laden mehrfach seinen Standort wechselte. Rudolph Müllers Sohn Rolf übernahm 1976 die firmeneigene Schleiferei in Gohlis, ab 1982 gemeinsam mit seiner Frau Annelies das gesamte Geschäft. Der Instrumenten- und Messerschmied-Meister war unermüdlich mit seinem Wartburg samt Anhänger unterwegs, um Waren heranzuschaffen. Reichte die Ladefläche mal nicht aus, schickte Rolf Müller kurzerhand mehrere Dutzend Postpakete nach Leipzig. Aus Rohlingen von Messern und Gabeln stellte seine Werkstatt gefragte Bestecke her. „MMM" stand in Leipzig nicht mehr nur für die DDR-Jugendschau „Messe der Meister von Morgen", sondern auch für „Müller macht's möglich".

Nach der Wende erweiterte der Geschäftsmann sein Angebot: Neben Messern, Scheren, Bestecken und frei verkäuflichen Waffen erwartet die Kunden jetzt auch eine große Auswahl an Porzellan, Glas, Kristall und Keramik.

Rolf Müllers Blick reicht immer auch über die eigene Ladentheke hinaus - zu DDR-Zeiten als Meisterprüfer und Dozent an der Betriebsakademie seiner Zunft, heute als Vorsitzender der Händlerinitiative „Lo(c)k-Meile" in der Eisenbahnstraße.

Annelies und Rolf Müller

Ein Name, ein Begriff: „Messer Müller" in der Eisenbahnstraße.

Geschäft im Romanushaus in den 30er-Jahren.

1996

Im Zeichen der Ringe: Leipziger sammeln Edelmetall

Anett Schuck (2. v. r.) nach ihrem Olympiasieg im Vierer-Kajak 1996 mit Manuela Mucke, Ramona Portwich und Birgit Fischer (v. l.).

Olympia: Die Spiele der Neuzeit feierten 1996 in Atlanta ihr 100-jähriges Jubiläum. Mehr als 100 Leipziger Sportler standen schon auf dem Siegertreppchen - in den USA trugen sich zwei weitere Medaillengewinner in die Statistik ein: Kanutin Anett Schuck (Gold) und Schwimmer Björn Zikarsky (Bronze).

Die erste Leipziger Olympiamedaille hatte am 5. Juli 1912 Tennisspieler Heinrich Schomburgk errungen: In Stockholm zog er mit der Dresdnerin Dorothea Köring (links) im gemischten Doppel ins Finale ein - und holte Gold. Vorsorglich hatte Schomburgk einen Zylinder im Gepäck, um standesgemäß vor den schwedischen König treten zu können: Seine Majestät überreichte persönlich die Medaillen an die Sieger. Heute erinnert unter anderem der Centre Court auf der Tennisanlage des LSC 1901 in der Pistorisstraße an das einst so erfolgreiche Vereinsmitglied.

Ein anderer großer Sportler des LSC kam erst spät zu Ehren: 2001 beschloss die Leipziger Ratsversammlung, den Ziegeleiweg in „Luz-Long-Weg" umzubenennen. Long war bei den Olympischen Spielen 1936 nicht nur durch den Gewinn der Silbermedaille im Weitsprung (7,87 Meter) aufgefallen, sondern auch durch seine Freundschaft zu dem farbigen vierfachen Olympiasieger Jesse Owens. Alles andere als eine Selbstverständlichkeit unter der Herrschaft der Nationalsozialisten, die bei den Spielen in Berlin die Überlegenheit der weißen Rasse demonstrieren wollten. „Es war eine der schönsten Freundschaften, die mich je mit einem Weißen verbunden haben - obgleich wir uns nie wieder sahen", sagte Owens später. Long fiel im Zweiten Weltkrieg als Soldat auf Sizilien.

Die Sportart von Heinrich Schomburgk rückte später in seiner Heimatstadt in den Hintergrund. Tennis gehörte nicht mehr zum olympischen Programm und galt in der DDR als bürgerlich. Im Mittelpunkt der Förderung standen vor allem medaillenträchtige Sportarten: Schwimmen und Leichtathletik vor allem – aber nicht nur. Leipzig vereinte in seinen Klubs schon immer ein breites Spektrum mit Radsport, Turnen, Rudern, Kanu und Wasserspringen, mit Judo und Ringen, Volleyball, Handball oder auch Sportschießen.

Eva-Maria ten Elsen (später Hartmann) war die erste Frau aus Leipzig, die olympisches Edelmetall gewann. 1956 in Melbourne holte sie Bronze über 200 Meter Brustschwimmen - und stand damit am Beginn einer Ära, die 1988 in Kristin Otto mit ihren sechs olympischen Goldmedaillen gipfelte.

„In Leipzig fühlte man sich als Sportler einfach wohl", erinnert sich Thomas Munkelt. „Wir hatten viele Freunde in anderen Sportarten, besuchten uns gegenseitig bei den Wettkämpfen." Munkelt, 1980 in Moskau Olympiasieger im Hürdensprint, zog es oft zu den Handballern. In dieser Sportart versuchte sich seine Trainingsgruppe auch selbst und spielte gegen manchen Kreisligisten. Frank Siebeck, Europameister von 1971, erwies sich als exzellenter Torjäger. Der Linkshänder hatte neben der Leichtath-

Kristin Otto holte bei den Olympischen Spielen 1988 in Seoul sechsmal Gold.

Rechts: Thomas Munkelt zeigt den Leipziger Hürdensprintern Thomas Blaschek (links) und Claude Edorh seine Goldmedaille von 1980.
Rechts außen: Martina und Florentine Hellmann.

Wiedersehen beim Sportclub-Treffen 2004: Siegfried Brietzke, Andreas Decker, Stefan Semmler und Wolfgang Mager (von links).

letik schon immer ein Faible für den Ball - und sein Sohn Mark ist heute Volleyball-Nationalspieler. Auch Martina Hellmann, Diskus-Olympiasiegerin von 1980, vererbte sportliches Können: Ihre Tochter Florentine schwingt die Scheibe ebenfalls erfolgreich.

Nach der Wende erwiesen sich vor allem die Kanuten als Medaillenjäger. Das war 1967 noch ganz anders: Damals musste erst DDR-Entertainer Heinz Quermann in seiner Fernsehsendung „Zwischen Frühstück und Gänsebraten" am zweiten Weihnachtsfeiertag junge Männer dazu auffordern, zum Rudern nach Leipzig zu kommen. Siegfried Brietzke, Andreas Decker, Stefan Semmler und Wolfgang Mager hatten zugeschaut - und bildeten in den 70er-Jahren den legendären Vierer ohne. Brietzke und Mager gewannen bereits 1972 im Zweier olympisches Gold, mit den beiden anderen saßen sie danach fast zehn Jahre lang in einem nahezu unschlagbaren Boot. „Es hat einfach alles gestimmt, obwohl wir uns natürlich auch hin und wieder gefetzt haben", erinnert sich Decker. „Auch wenn es nicht immer angenehm war, bei Wind und Wetter auf dem Kanal in Holzhausen zu trainieren." Auf der Hauptstrecke von damals sind noch heute die sechs Kilometer im Frühjahr erster Gradmesser vor der Saison für die gesamte deutsche Ruderflotte: Mit dem für alle Kanuten erfreulichen Unterschied, dass die übel riechenden Schaumkronen auf der Wasseroberfläche inzwischen verschwunden sind.

Christian Gille (vorn) und Tomasz Wylenzek siegen im Zweier-Canadier 2004 in Athen.

Anett Schuck, Mandy Planert, Jan Benzien, Robert Nuck und Christian Gille heimsten für Leipzig in ihren Booten in den vergangenen Jahren große Erfolge ein. Gille holte 2004 zusammen mit Tomasz Wylenzek aus Essen olympisches Gold im Zweier-Canadier auf der 1.000-Meter-Distanz.

Wenige Tage zuvor hatte eine Leipzigerin in Athen erstmals eine Medaille im Judo gewonnen. Annett Böhms dritter Platz ließ auch ihren Trainer Norbert Littkopf Freudensprünge vollführen. Littkopf, selbst ehemaliger Judoka beim SC Leipzig, war einer der erfolgreichsten Bundestrainer in Athen. „Das Gefühl ist fast so, wie wenn wir früher mit dem SCL gegen den SC Dynamo Berlin gewonnen haben", beschrieb er seinen Gemütszustand, den nicht jeder der Umstehenden gleich einordnen konnte. Dem Hauptstadtklub eine Niederlage beizubringen, war für so manchen DDR-Sportler eine besondere Genugtuung, die lange im Gedächtnis blieb.

In den 90er-Jahren sorgten auch viele Leipziger Athleten bei den Paralympics für Furore: der Schwimmer Geert Jährig, die Leichtathletin Catherine Bader-Bille, die Sitzvolleyballer Jens Altmann und Daniel Volkland oder die Leichtathleten Rico Glagla und Gerhard Wies. Unvergessen bleibt Kay Espenhayn - mit ihrem Lebensmut und Optimismus, ihrer Beharrlichkeit und Liebe zum Sport. Seit 1993 war die begeisterte Schwimmerin nach einer missglückten Bandscheiben-OP an den Rollstuhl gefesselt. Das Training beim Behindertensportverband Leipzig verhalf ihr zu neuem Lebensmut. 1996 ging ihr sportlicher Stern mit dreimal Gold, zweimal Silber und einmal Bronze bei den Paralympics in Atlanta auf. Vier Jahre später errang sie in Sydney noch einmal fünf Silbermedaillen. Über die Olympia-Bewerbung ihrer Heimatstadt hat sie sich sehr gefreut und stets gefordert, dass die anschließenden Paralympics in den Planungen nicht zu kurz kommen. Im September 2002 ist Kay Espenhayn (unten) nach schwerer Krankheit im Alter von 34 Jahren gestorben.

Anett Böhm mit Trainer Norbert Littkopf und Maskottchen.

Leipzigs Neue Messe: Wie Phönix aus der Asche

Über den Vogel Phönix heißt es in der Mythologie, er sei verbrannt und anschließend aus seiner Asche neu erstanden. Leipzig erlebte eine ähnlich legendäre „Wiedergeburt": Am 12. April 1996 öffnete nach nur zweieinhalbjähriger Bauzeit das neue Messegelände im Norden der Stadt.

Skeptiker hatten nach der Maueröffnung im November 1989 der Messe ein schnelles Ende prophezeit: Niemand benötige mehr den Standort Leipzig, der als Ost-West-Drehscheibe zu Zeiten des Kalten Krieges seine Daseinsberechtigung gehabt habe, meinten sie. Niemals könne das marode alte Gelände im Herzen der Stadt mit den hochmodernen Messeplätzen im Westen des Landes und dem Rest der Welt konkurrieren. Tatsächlich blieben der letzten Leipziger Frühjahrsmesse 1991 die Aussteller und Besucher vor allem aus Mittel- und Osteuropa fern. Neben den Problemen, die alle Länder des ehemaligen Ostblocks mit dem politischen Umbruch hatten, zeigte sich auch: Das Konzept der Universalschauen war überholt. Die Messe stand am Scheideweg.

Mit Ideenreichtum, Hartnäckigkeit und einer Anschubfinanzierung aus dem Bundeshaushalt machten die Leipziger aus der Not eine Tugend: Mit einer Investition von rund 680 Millionen Euro entstand eines der modernsten Ausstellungsgelände Europas, das mit seiner Glashalle auch architektonisch Maßstäbe setzt. Zum Ensemble der fünf großen Ausstellungshallen, der Glashalle und dem Verwaltungsgebäude nahe der Autobahn 14 zwischen Magdeburg und Dresden gehört mit dem Congress Center Leipzig (CCL) zudem ein erstklassiger Tagungsort.

In völlig neuen Dimensionen führten die Leipziger nicht nur eine jahrhundertealte Tradition fort, sondern hauchten ihr auch neues Leben ein.

Rund 40 Messen ziehen alljährlich Tausende von Ausstellern und Besuchern an - gut 10 Millionen in den ersten zehn Jahren des Bestehens. Hinzu kommen noch einmal 4,5 Millionen Teilnehmer an Kongressen und weiteren Veranstaltungen. Die Neuausrichtung zahlte sich aus: Die „GC (Games Convention)" hat sich als Leitmesse für interaktive Unterhaltung in Europa etabliert, die Leipziger Buchmesse ist aus dem nationalen und internationalen Ausstellungskalender nicht mehr wegzudenken, die „Auto Mobil International" im Frühjahr mauserte sich zum Mitteleuropäischen Automobilsalon, wo die Hersteller dem zu Hunderttausenden anreisenden Publikum ihre Welt-, Europa- und Deutschlandpremieren präsentieren. Und die „HAUS-GARTEN-FREIZEIT" ist inzwischen mit alljährlich 175.000 Gästen eine der besucherstärksten Verbraucherausstellungen in Deutschland. Darüber hinaus rief die Messegesellschaft zahlreiche Spezialschauen ins Leben, auf die auch so mancher interessierte Laie gern einmal einen Blick werfen würde. Doch bei der „CADEAUX Leipzig" zum Beispiel, der Messe für Geschenk- und Wohnideen, oder auch der „MIDORA Leipzig", der Schau für Uhren und Schmuck, bleiben die Fachleute unter sich, wenn sie die Trends der nächsten Saison diskutieren. Mit vielen Veranstaltungen hat die Messe Neuland betreten und dabei Gespür für Zukunftsfragen bewiesen: Dem in einer immer älter werden-

Das neue Messegelände im Norden Leipzigs.

Moderne Kunst: Messe-Rose und Messe-Turm.

Die Besucher gelangen durch Glasröhren in die Ausstellungshallen.

Das Congress Center Leipzig (CCL) ist beliebter Tagungsort und starker Wirtschaftsfaktor in der Region.

Die „GC (Games Convention)" hat sich zur europäischen Leitmesse für interaktive Unterhaltung entwickelt.

Jedermann kann auf der Buchmesse nach Herzenslust schmökern. Die „Auto Mobil International" (unten) lockt jährlich Hunderttausende Besucher an.

den Gesellschaft zunehmend wichtigen Thema Gesundheit widmen sich zum Beispiel die „Pflegemesse Leipzig" oder die „therapie Leipzig" - zumeist begleitet von Kongressen und Fachtagungen, die bundesweit einmalig sind.

Wie überall in Deutschland ist auch in Leipzig die Messe kein reiner Selbstzweck, der sich allein in Aussteller- und Besucherzahlen ausdrückt. Messen und Kongresse sind stets auch Motoren für die Entwicklung der Region. Die Teilnehmer und Besucher übernachten in Leipzig, fahren Taxi, gehen essen, kaufen ein, genießen das vielfältige kulturelle Leben der Stadt. Eine Studie des renommierten ifo-Institutes für Wirtschaftsforschung in München zum Congress Center Leipzig ergab, dass die Veranstalter 2004 für Tagungen und Kongresse rund 44 Millionen Euro ausgegeben haben. Davon kamen knapp 27 Millionen der Stadt unmittelbar zugute. Jeder Tagungsteilnehmer gab durchschnittlich 265 Euro aus. Jedem Euro Umsatz im CCL folgten weitere 9,60 Euro Umsatz in Leipzig. Schätzungen zufolge flossen in den ersten zehn Jahren nach Eröffnung der Neuen Messe zwischen 2,5 und drei Milliarden Euro in die Region.

Um diese erfolgreiche Entwicklung fortführen zu können, setzen die Messemacher an der Pleiße verstärkt auf die Internationalisierung ihres Geschäfts. Den Schwerpunkt legen sie dabei auf Mittel- und Osteuropa sowie Asien. So realisiert die Tochtergesellschaft Leipziger Messe International (LMI) unter anderem Beteiligungen deutscher Unternehmen an Auslandsmessen. Zudem tritt die LMI direkt als Mitveranstalter auf - zum Beispiel in Zusammenarbeit mit der ungarischen Gesellschaft Hungexpo in Budapest oder im russischen St. Petersburg. In London sind die Leipziger Ausrichter der L.A.B.-Fachmesse für Labor-, Bio- und Analysegeräte. Die Messegesellschaft hat ihre Ziele in dieser Richtung besonders hoch gesteckt.

Leipziger Know-how soll in bestehende Messen im Ausland fließen - oder in die Entwicklung neuer Ausstellungen mit Partnern vor Ort. Das stärkt zugleich das Heimatgeschäft, weil durch die Kooperationen auch mehr internationale Aussteller und Besucher an die Pleiße kommen. Schon jetzt hat es Leipzig geschafft, sich wieder in den Kreis der zehn bedeutendsten deutschen Messeplätze emporzuarbeiten. Der Leipziger Phönix ist quicklebendig.

Die „HAUS-GARTEN-FREIZEIT" gehört zu den besucherstärksten Verbraucherschauen Deutschlands.

Die Fachmesse „CADEAUX Leipzig" bietet auch erzgebirgische Volkskunst.

Auf der Fachmesse „MIDORA Leipzig" präsentieren die Aussteller ihre neuesten Uhren.

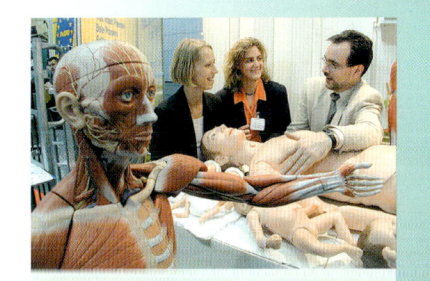

Gesundheit und Wellness stehen im Mittelpunkt von „Pflegemesse Leipzig" und „therapie Leipzig".

1996

Marktplatz, Stadtteilzentrum - und immer weiße Weihnachten

Was nicht mehr als ein staubiger Platz inmitten trister Plattenbauten war, hat sich zu einem attraktiven Stadtteilzentrum gemausert: Das Allee-Center Leipzig - lebendiger Marktplatz und kommunikativer Treffpunkt für die Einwohner von Grünau. Und nicht nur das: Aus der gesamten Region pilgern Menschen in den Einkaufs- und Erlebnistempel - mehr als 70 Millionen Besucher nahmen ihn schon in Augenschein.
Als das Allee-Center am 5. September 1996 öffnete, bedeutete das für den Stadtteil einen erheblichen Aufschwung.

Das Neubaugebiet im Westen Leipzigs gewann erheblich an Attraktivität: Durch den 24.000 Quadratmeter großen Einkaufsmagneten mit rund 115 Handels- und Dienstleistungseinrichtungen. Ob Mode, Spielwaren, Bücher, Unterhaltungselektronik, Supermärkte oder Gaststätten - die „Qual der Wahl" bleibt den Kunden ganz gewiss. Besonderen Glanz gewinnt das Center aus seinen Angeboten, die weit über das normale Einkaufen hinausgehen: Aktionen für die gesamte Familie, überdurchschnittlicher Service, ein Kino mit acht Sälen - und nicht zuletzt die fantasievollen Dekorationen, die zum Verweilen und Entdecken einladen. Mit viel Liebe zum Detail „wächst" immer zur Adventszeit mitten im Center ein traumhafter Winterwald - mit riesigen Tannenbäumen, Schnee, der von der Decke rieselt, stimmungsvoller Musik und verblüffend echt wirkenden Tieren. Die Hoffnung auf weiße Weihnachten - in Grünau erfüllt sie sich jedes Jahr. Im Frühling pflanzen die Dekorationsspezialisten ein duftendes Blumenmeer und arrangieren aus tausenden bunten Pflanzen wunderschöne Bilder.
Immer wieder für Gesprächsstoff sorgt das Center mit seinen spektakulären Aktionen: 1999 zog Tarzan alias Unterhaltungskünstler René Bayer für zehn Tage in die Rotunde ein, die sich in einen Urwald verwandelt hatte. Zur stets ausverkauften „Happy Holy Gospel Night" holt das Center-Management seit 1997 alljährlich stimmgewaltige „Goldkehlchen" aus Europa und den USA auf die Bühne. Bei den Radtouren traten schon Tausende kräftig in die Pedale. „Kaltblütig" ging es im Jahr 2000 bei gleichnamiger Ausstellung mit mehr als 100 Insekten und Exoten zu. Star der Schau war

Das Einkaufszentrum am Abend.

Das Center mit S-Bahn-Anschluss im Herzen von Grünau.

Oben und rechts: Weiße Weihnachten in der Rotunde.

Dekoration zu Ostern.

Gospel-Nacht mit „Big Mama & The Golden Six".

Spaß beim Kinder-Flohmarkt.

die Schwarze Witwe, aber auch Gespensterheuschrecken, Riesenskorpione und die Geckos beeindruckten die Besucher. Seit 2004 können Kinder zweimal im Jahr bei einem Flohmarkt ihre „Waren" anbieten und dabei kräftig feilschen. Mädchen und Jungen aus Kindergärten und Schulen schlugen im Sommer 2006 ein Indianerlager auf, rösteten am Lagerfeuer Knüppelkuchen und durften sogar im Center übernachten.

Immer wieder besuchen auch Prominente das Allee-Center, pflegen den Kontakt zu ihren Fans, schreiben Autogramme, tragen neue Songs vor und rühren kräftig die Werbetrommel - so zum Beispiel das Pop-Duo Cora, die Puhdys, Juliane Werding, Joachim Witt, Kai Niemann mit seinem Hit „Im Osten", DJ Mark Oh, die englische Pop-Band Right Said Fred, die Prinzen, Schauspielerin Andrea Kathrin Loewig („In aller Freundschaft"), TV-Koch Thies Möller oder Schlagerstar Costa Cordalis. Gute Gründe fürs Shopping im Allee-Center kennt das Management noch mehr: Weil jeder Kunde einen der mehr als 1.000 kostenlosen Parkhaus-Stellplätze findet und so die Tüten bis zum Auto nicht weit tragen muss. Weil es sich in dem vollständig überdachten und klimatisierten Komplex immer angenehm Bummeln lässt. Weil das Center die richtige Größe hat, um alle Einkäufe ohne Marathonlauf erledigen zu können. Und weil statt hektischer Betriebsamkeit familiäre Atmosphäre herrscht. Da jeder andere Prioritäten setzt, kommen alle auf ihre Kosten. Während sich die Mutter beim Frisör einen neuen Look verpassen lässt, geht die Oma mit der Enkelin ein Eis schlecken und der Vater schlendert derweil in aller Ruhe durch den Elektronikfachmarkt.

Der Service des Centers reicht vom kostenlosen Regenschirmverleih über Schließfächer bis zum Gutscheinverkauf. Auf veränderte Bedürfnisse der Kunden reagiert das Management flexibel: Allein 20 neue Fachgeschäfte öffneten im zehnten Center-Jahr. Und mehr als 70 Millionen Besucher können nicht irren...

Autogrammstunde mit Right Said Fred.

Magier André lässt Kinderaugen leuchten.

Bei Modenschauen präsentieren die Center-Fachgeschäfte neueste Trends.

Das Center nimmt Gestalt an.

Baustelle im XXL-Format

Als mit dem ersten Spatenstich am 28. Februar 1995 der Bau des Allee-Centers startete, konnte sich kaum ein Grünauer vorstellen, dass inmitten der Plattenbauten ein hochmodernes Einkaufszentrum entstehen sollte. Während der Bauarbeiten versuchte das Center-Management stets, die Anwohner möglichst nah an ihr Vorhaben heranzuführen. Viele Grünauer nahmen die Angebote zur Besichtigung der XXL-Baustelle dankend und neugierig an. Auch bei den Feiern zur Grundsteinlegung am 9. Juni 1995 und zum Richtfest am 21. Februar 1996 gehörten die Anwohner zu den gern gesehenen Gästen.

Bis zu 2.500 Arbeiter rackerten in Spitzenzeiten auf der Mega-Baustelle. Sie bewegten 240.000 Tonnen Erdreich, verbauten 130.000 Tonnen Beton, 1.500 Tonnen Baustahl und verlegten 700 Kilometer Elektrokabel. Die Erinnerungen an die Bauzeit lebten im Herbst 2006 noch einmal auf, als das Center seinen zehnten Geburtstag feierte - mit Jubiläumsangeboten, Kleinkunst, Konzerten und verkaufsoffenen Sonntagen. Besonderer Clou: Das Gewinnspiel um den Cent(er)-Millionär - der Gewinner durfte für eine Million Cent im Allee-Center einkaufen.

Grundsteinlegung im Juni 1995.

ALLEE-CENTER 1996

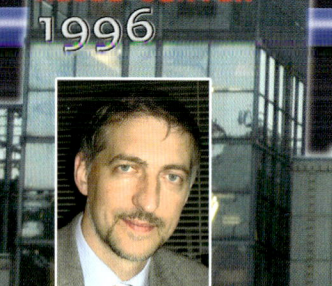

Marek Schmalstieg

Im Grünauer Allee-Center öffnete 1996 der erste Saturn-Markt in Leipzig.

Scooter

„Nur Veränderung schafft Stabilität"

Mit der Eröffnung des Grünauer Allee-Centers ging 1996 auch der erste Saturn-Markt in Leipzig an den Start. Ein Gespräch mit Geschäftsführer Marek Schmalstieg:

Der Saturn-Markt in Grünau war nach Halle der zweite in Ostdeutschland. Wie hat er sich seither entwickelt?
Das Geschäft läuft stabil. Auf 2.300 Quadratmetern Verkaufsfläche bieten wir auf zwei Etagen das volle Sortiment an Heimelektronik und Elektrowaren. Unsere 45 Beschäftigten, sieben Auszubildenden und zahlreichen Praktikanten fühlen sich im Unternehmen wohl und sozial gesichert. Mehr als 20 Mitarbeiter-Babys seit 1996 sind dafür ein schöner Beweis.

1997 folgte der Saturn-Markt im Hauptbahnhof - mit welchen Auswirkungen?
Der Bekanntheit der Marke hat das zum Durchbruch verholfen. Außerdem bot Leipzig Platz für mehr als einen Saturn.

Prägt der Standort das Profil des Geschäfts?
Kundschaft und Kaufverhalten sind unterschiedlich. Darauf haben sich die beiden Märkte eingestellt. Wir betreuen in Grünau als Anbieter für den Leipziger Westen auch viele ältere Kunden, die beim Einkauf geduldige Ansprechpartner aus ihrer Generation suchen. Das spiegelt sich im Alters-Mix unserer Mitarbeiter wider.

Juliane Werding

Wie wollen Sie sich von anderen Anbietern abheben?
Mit den für Saturn typischen Qualitätsmerkmalen: Wir wollen immer die größte Auswahl zum günstigsten Preis auf dem neuesten Stand der Technik bieten - und dabei die zufriedensten Kunden haben.

Die technische Entwicklung verläuft rasant, die Ansprüche der Kunden ändern sich rasch: Wie reagieren Sie darauf?
Indem wir uns selbst ständig verändern. Das reicht von der Gestaltung des Marktes bis zur Qualifikation jedes Mitarbeiters. Nur Veränderung schafft Stabilität. Darüber hinaus wollen wir die Kunden immer wieder für technische Innovationen begeistern. Bei unserer Messe „Blue Week" zeigen wir ihnen jedes Jahr die neuesten Produkte und ihren Nutzen.

In welchem Segment sehen Sie die größten Wachstumschancen?
Das Fernsehen mit seiner Flachbildtechnologie entwickelt sich im Moment zum Motor der Heimelektronikbranche. Aber auch die multimediale Vernetzung der Haushalte birgt noch viel Potenzial.

Das Allee-Center sieht sich nicht nur als Einkaufs- sondern auch als Stadtteilzentrum. Wie unterstützen Sie dieses Konzept des Managements?
Wir sind als einer der größten und wichtigsten Mieter an allen Aktivitäten beteiligt - vom Radwandertag bis zur Gospel Night. Das bringt auch meine Funktion als Vorsitzender der Werbegemeinschaft des Centers mit sich. Zusätzliche Höhepunkte schaffen wir durch die Kurzauftritte und Autogrammstunden von bekannten Unterhaltungskünstlern in unserem Markt.

Welche Stars schauten schon bei Ihnen vorbei?
Die Prinzen als Lokalmatadoren waren natürlich zu Gast, aus der Schlagerbranche Andrea Berg, Juliane Werding und Bernhard Brink. Erinnerungen an die Neue Deutsche Welle weckten Joachim Witt und Peter Schilling. Scooter brachten Techno und Right Said Fred ihre aktuellen Pop-Hits mit. Einen großen Fanansturm erlebten Yvonne Catterfeld und Ben. Auch in Zukunft wollen wir für alle Altersklassen und jeden Geschmack etwas bieten.

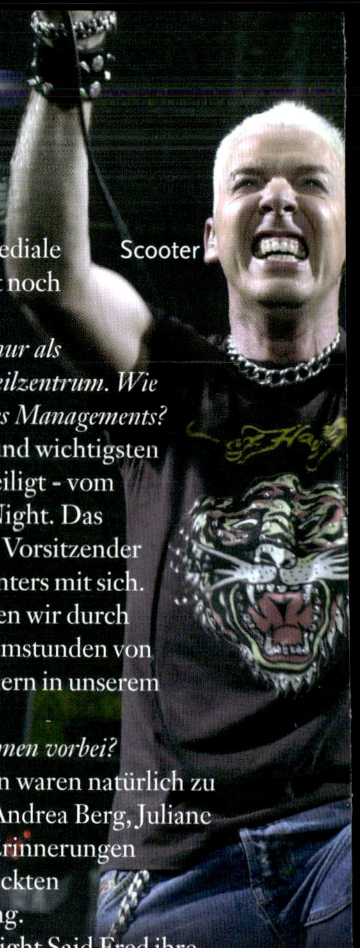

Die Rolltreppe führt vom Parkhaus direkt zu Saturn. Unten: Die neuesten Computerspiele können die Kids gleich im Markt ausprobieren.

Von seinen Fans in Grünau umlagert: Pop-Star Ben.

Joachim Witt

1997

Planet im Hauptbahnhof

Wie auf einem anderen Stern: So kam sich mancher Leipziger vor, als er im November 1997 zum ersten Mal den Saturn im Hauptbahnhof betrat. Über den funkelnagelneuen Einkaufspromenaden leuchtete ein Hightech-Planet. Rund 3.000 Quadratmeter Verkaufsfläche auf und unter dem Querbahnsteig versprachen „intergalaktischen" Einkaufsspaß. „Wir sind der größte Anbieter für Entertainment, Haushaltsgeräte und Unterhaltungselektronik in der Leipziger Innenstadt", freute sich Geschäftsführer Werner Varnhorn (unten rechts). Zehn Jahre nach der Eröffnung kann er eindrucksvolle Zahlen vorweisen: Mehr als 20 Millionen Kunden besuchten seit November 1997 den Elektronik-Riesen. Sie kauften rund zwölf Millionen Zubehör-Artikel, knapp vier Millionen CD und DVD, eine halbe Million Haushaltsgeräte und etwa 600.000 Computerspiele.

Wie auf einer Messe präsentiert der Fachmarkt immer die aktuellsten Produkte aller wichtigen Markenhersteller. Die Kunden können sich ungestört über die gesamte Bandbreite des Angebotes informieren und dabei jederzeit kompetente Beratung in Anspruch nehmen. „Das Betriebsklima in unserem großen Team stimmt einfach", sagt Varnhorn. „Das haben die Kunden von Anfang an gemerkt." Mit 56 Mitarbeitern gestartet, zählt die Saturn-Besatzung inzwischen 90 Fachberater, darunter zehn Auszubildende und drei angehende Diplombetriebswirte. „Das Thema Ausbildung halten wir für sehr wichtig. Selbst eine Karriere vom Azubi zum Geschäftsführer ist bei Saturn keine Seltenheit", weiß Varnhorn.

In der Unternehmensgruppe ist jeder Markt eine eigenständige Gesellschaft. Der jeweilige Geschäftsführer entscheidet als Miteigentümer gemeinsam mit seinem Team vor Ort über die Sortiments- und Preisgestaltung. Und natürlich auch über außergewöhnliche Aktionen: Zur Leipziger Games Convention, der weltweit größten Messe für Computerspiele, wartet Saturn alljährlich mit Überraschungen zum Ausprobieren auf. Außerdem schauen regelmäßig nationale und internationale Stars im Fachmarkt vorbei, greifen zum Mikrofon und schreiben geduldig Autogramme. Peter Maffay zum Beispiel harrte fünf Stunden aus, bis auch der letzte Fan seine Karte ergattert hatte. Etwa 2.000 Menschen drängten sich vor der Show-Bühne am Querbahnsteig, als Depeche-Mode-Frontmann Dave Gahan zu Saturn kam (oben links). Ein Heimspiel hatten die Prinzen und Frank Schöbel. Ihre neuen Alben präsentierten Rosenstolz und Pur (oben rechts). Sabrina Setlur oder Atze Schröder, die Guano Apes oder Heino, Doro Pesch oder Linda Feller - die Stars zum Anfassen kommen aus allen Sparten der Unterhaltungsbranche zu Saturn nach Leipzig. Zwar setzt Saturn bei seiner Werbung auf „Geiz ist geil": Mit seinen Reizen geizen will das Unternehmen aber auch in Zukunft nicht: Daher die Verjüngungskur im Jahr 2005 im Volumen von 1,1 Millionen Euro. „Wir möchten den Bedürfnissen der Kunden und den neuesten Trendprodukten noch besser gerecht werden", erklärt Varnhorn den Komplett-Umbau. Flachbild-Fernseher sind jetzt auf einer 25 Meter langen Wand vereint. Bei Haushalts-Großgeräten hat sich die Auswahl verdoppelt. Den Espresso aus verschiedenen Automaten können die Kunden gleich im Markt probieren. Und an den Abspielstationen müssen sie nur noch den Strichcode der CD unter den Scanner halten. Wer heute den Saturn im Hauptbahnhof betritt, der weiß inzwischen: Hier wartet ein außergewöhnliches Einkaufserlebnis - ein bisschen außerirdisch eben.

1997

Das neue Krystallpalast Varieté – eine Love-Story

Die Magazingasse am Südrand der City: Ein schmaler Durchgang zwischen Neumarkt und Universitätsstraße. Keine Geschäfte, nur Bürogebäude. Schwarze Fensterhöhlen in einem längst aufgegebenen Rohbau. Gäbe es in Leipzigs Innenstadt Füchse, hier würden sie sich „Gute Nacht" sagen. Doch am 17. November 1997 ist die Gasse in gleißendes Licht getaucht. Fotografen rangeln mit Kamerateams um die besten Plätze. Taxis hupen sich durch Scharen von Schaulustigen und setzen vor dem Gebäude mit der Nummer 4 festlich gestimmte Fahrgäste ab: Leipzig feiert die Eröffnung des Krystallpalast Varietés.

Ein architektonisches Schmuckstück: Theatersaal mit 160 Plätzen im Parkett und auf zwei Rängen, gekrönt von einem blauen Sternenhimmel. Restaurant mit 80 Plätzen plus Mehrzweckbar, entworfen vom Münchener Architekten Rainer Gottschling. Die Auftaktrevue „Krystallpalast - etwas verrückt" vermittelt einen Vorgeschmack vom Stil der neuen Nachtleben-Attraktion. Der Name erinnert an den alten Krystallpalast in der Wintergartenstraße. Das 1882 eröffnete Großvarieté hatte zu den führenden europäischen Häusern seiner Art gezählt und die Leipziger Varietétradition begründet. Sie endete in den Trümmern des Zweiten Weltkrieges.

Die Geschichte des neuen Leipziger Krystallpalast Varietés ist eine Geschichte von Liebe und Leidenschaft, Enthusiasmus und einem ganz großen Traum. Von Erfolgen und tiefen Enttäuschungen. Die Geschichte dreier junger Leipziger, ohne die es das Varieté vermutlich bis heute in dieser Stadt nicht wieder gäbe: Bei einer privaten Geburtstagsfeier im Haus der Volkskunst treffen sich im April 1990 die studierte Sängerin Katrin Troendle (Jahrgang 1967) und Opern-Orchesterwart Bert Callenbach (Jahrgang 1969). Sie entdecken ihr gemeinsames Faible für den eleganten, schwarzen Humor der 20er-Jahre, für Tanz, Parodien oder Stummfilm-Spaß. Noch im selben Jahr hat ihr erstes Programm „C´est la vie" im Kabarett Pfeffermühle Premiere, eine musikalische Show des „Varietés Troendle" mit Liedern von Kollo, Kreisler, Tucholsky, Hollaender, Raymond, Eisler und anderen. 1993 folgt die Varietéshow „Zwischen Himmel und Erde" mit dem Leipziger Artistenverein. Auf seiner Deutschlandtour lernt das Duo in Frankfurt am Main den Gründer und Direktor des Tigerpalast-Varietés kennen: Johnny Klinke wird Mentor, Freund und Förderer der Leipziger Varieté-Enthusiasten. Derart ermutigt, riskieren Troendle und Callenbach, zu denen sich nun Jens P. Riedel (Jahrgang 1967) als Produktions-Manager gesellt hat, im April 1994 die „1. Leipziger Varieténacht". In dieser Show im Kulturbundhaus in der Elsterstraße präsentieren sie erstmals internationale Artistik mit dem berühmten Entfesselungskünstler Hans Moretti als Star. Das Publikum reagiert derart überschäumend, dass die beiden Entertainer in der Nacht spontan das neue Leipziger Krystallpalast Varieté gründen. Die noch existierende alte Krystallpalast AG gestattet ihnen, den traditionsreichen Titel mit dem Zusatz Varieté zu führen. Unter dem neuen Namen moderieren Troendle und Callenbach Ende 1994 bereits eine große „Internationale Winterrevue" im Brühlzentrum am Sachsenplatz. So erfolgreich die

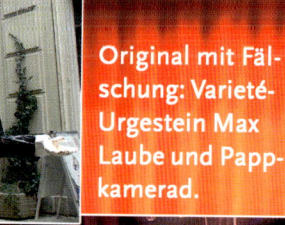

Blick in die Magazingasse.

Hans-Jürgen Bracher (3. von rechts) vom Hauseigentümer Sparkasse übergibt im Oktober 1997 Jens P. Riedel (links), Katrin Troendle und Bert Callenbach den Schlüssel.

Katrin Troendle und Bert Callenbach in der Eröffnungsshow am 17. November 1997.

Raritätenecke im neuen Haus mit Dokumenten aus der Geschichte des alten Krystallpalastes.

Original mit Fälschung: Varieté-Urgestein Max Laube und Pappkamerad.

Premiere im neuen Krystallpalast Varieté.

Publikumsliebling: Illusionskünstler Jay Niemi.

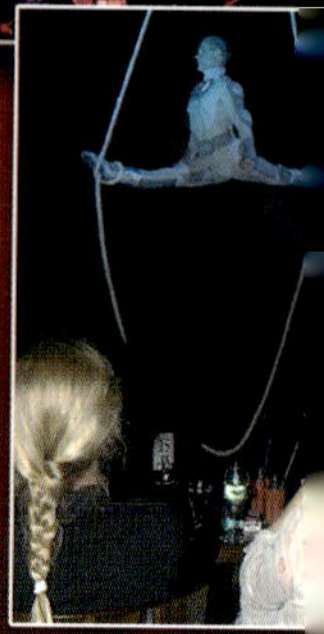

Premiere von „Nachtschwärmer".

Rüdiger Pusch, Varieté-Chef seit 2001.

Leipziger Stars: Olga Lomenko und die Uli-Singer-Band.

Shows sind, so wenig befriedigen die provisorischen Spielstätten. Die Suche nach einem eigenen Haus beginnt. Mehrere Projekte scheitern. Wie ein Geschenk des Himmels erscheint den genervten Varietémachern deshalb im Herbst 1995 ein Angebot der Sparkasse: Das Geldinstitut will nach den Vorstellungen der Künstler in seinem Geschäftshaus in der Magazingasse ein Varieté bauen lassen. Ende Mai 1997 hängt die Richtkrone, Mitte November gehen die Lichter an - für einen ausschließlich privat finanzierten Kulturbetrieb.

Die Eröffnungsshow ist für sechs Wochen ausverkauft, die Gefühle kochen über. Bert Callenbach gesteht kurz vor der Premiere: „Als mir unser Orchesterchef Uli Singer die neuen fantastischen Arrangements vorgespielt hat, habe ich feuchte Augen bekommen." Ein Traum hat sich erfüllt - doch nicht auf Dauer. Die Künstler und der Produktionsleiter, zugleich auch Geschäftsführer, haben zu oft allein die Bühne im Blick, zu selten schauen sie prüfend in die Kasse. Es fehlt an unternehmerischer Erfahrung und ausreichendem Eigenkapital. Auf den Alltag nach den ersten Monaten des Besucheransturms ist das Varieté nicht optimal vorbereitet. Im Juli 1999 muss es Insolvenz anmelden.

Bereits im September hebt sich der Vorhang wieder. Das Sanierungskonzept des Leipziger Rechtsanwalts und Insolvenzverwalters Friedbert Striewe geht auf: Er setzt auf die Liebe der Leipziger zu ihrem Varieté. Zum Retter der Bühne werden neben zwei neuen großen Gesellschaftern über 120 Kleinanleger - ehemalige Sponsoren, Artisten, Varietéfreunde. Sie zeichnen Anteile zu jeweils 2.500 Mark für das notwendige Betriebskapital der neu gegründeten GmbH und Co. KG. Troendle und Callenbach verlassen das Haus und widmen sich ihrer künstlerischen Laufbahn, kehren aber in regelmäßigen Abständen als Gäste in die Magazingasse zurück.

Der Varietébetrieb entwickelt sich gut. 2001 arbeitet die Bühne erstmals kostendeckend. Mehr als 50.000 Besucher sehen in dieser Zeit die Shows. 2002 wagt das Team unter Geschäftsführer Rüdiger Pusch ein Experiment: Parallel zum Veranstaltungsbetrieb im Haus produziert das Varieté in einem eleganten historischen Spiegelzelt auf dem Burgplatz seine erste vorweihnachtliche Dinnershow: ein exzellentes Vier-Gänge-Menü und ein witziges Varieté-Spektakel in der Regie des freien Theaterregisseurs Volker Insel. Seither steht das Zelt jedes Jahr im November auf dem Burgplatz. Für Pusch sind Wirtschaftlichkeit und hochkarätige Shows mit perfektem Service zwei Seiten einer Medaille: „Varieté ist schwer erklärbar, man muss es erlebt haben. Aber klar ist - nur der begeisterte Gast kommt wieder!" Doch der jähe Wechsel von Höhen und Tiefen reißt nicht ab. Die Silvestervorstellung 2003 findet ein abruptes Ende. 20 Minuten nach Mitternacht steht der Bühnenvorhang in Flammen, der Saal brennt völlig aus. Die Summe der Sachschäden allein dort beläuft sich auf eine halbe Million Euro. Die Brandursache bleibt ungeklärt. Keiner wirft das Handtuch. Die Shows gehen weiter - in der unversehrt gebliebenen Entertainment-Bar des Hauses. Ein Interim, in dem das Publikum den Artisten auf der Bühne fast auf dem Schoß sitzt. Die kühnen Improvisationen jener Monate spiegelt der treffende Slogan wider: „So nah war Varieté noch nie!" Den Wiederaufbau nutzt das Varieté für Verbesserungen des Hauses. Die Herbstshow 2004 „Nachtschwärmer" läuft bereits wieder im neuen und noch komfortableren Saal.

Der Traum vom Varieté, vom glamourösen, fantasievollen Theater der Sinne bleibt eine Geschichte ohne Ende - und mit vielen Kapiteln. Im November 2007 feiert das Haus seinen zehnten Geburtstag. Durch die Jubiläumsshow führen Katrin Troendle und Bert Callenbach.

Das Jahr ist 20 Minuten alt: Am 1. Januar 2004 brennt der Saal völlig aus.

Rettete das Haus vor der drohenden Schließung: Insolvenzverwalter Friedbert Striewe.

Alle Jahre wieder: Aufbau des Spiegelzeltes auf dem Burgplatz.

Die vorweihnachtliche Dinnershow „Gans ganz anders".

Regisseur Volker Insel

Der Saal nach der Wiedereröffnung im Herbst 2004.

1997

Frühjahrsputz für den Meister: Bach wird „abgestaubt".

Authentische Orte erinnern an große Komponisten

Nach Wien gehört Leipzig zu den traditionsreichsten Musikstädten der Welt. Dafür stehen Namen wie Johann Sebastian Bach, Felix Mendelssohn Bartholdy, Edvard Grieg, Richard Wagner, Robert und Clara Schumann oder Hanns Eisler. Vier authentische Orte erinnern an die großen Komponisten: das Mendelssohn- und das Schumann-Haus, die Edvard-Grieg-Gedenkstätte und das Bosehaus.

Als letzte und einzige private Adresse von Felix Mendelssohn Bartholdy blieb die Goldschmidtstraße 12 erhalten. Seit 1997 beherbergt das kulturhistorisch wertvolle Gebäude ein Museum zu Ehren des Komponisten, Musikers und Gewandhaus-Kapellmeisters, der auch als Kulturpolitiker und Maler wirkte. Mendelssohn wohnte mit seiner Familie ab 1845 in der „Beletage" des spätklassizistischen Baus. Am 4. November 1847 starb er hier im Alter von nur 38 Jahren.

Seit 2001 zählt das Schumann-Haus in der Inselstraße 18 zu den kulturellen Top-Adressen der Stadt. Von 1840 bis 1844 lebten in der ersten Etage Robert und Clara Schumann. Treppenhaus, Foyer und Kammermusiksaal erstrahlen wieder wie einst. Ausstellungen und Konzerte in authentischer Atmosphäre erfreuen die Besucher. Bedeutende Werke wie die „Frühlingssinfonie" entstanden in dieser Wohnung, in der auch Mendelssohn, Berlioz, Liszt und Wagner oft zu Besuch waren.

Die Edvard-Grieg-Gedenk- und Begegnungsstätte öffnete 2005 in der Talstraße 10. Hier veröffentlichte einst der Musikverlag Peters die Werke des norwegischen Nationalkomponisten. Dieser hatte am Leipziger Conservatorium studiert und blieb der Stadt stets eng verbunden. Nach aufwendiger Restaurierung beherbergt der ehemalige Musiksalon eine Ausstellung zum Leben und Schaffen Edvard Griegs. Wo dieser seinem Verleger seine Kompositionen vorspielte, finden heute wieder Konzerte statt. Hier treffen sich auch der Grieg-Verein, die Deutsch-Norwegische Gesellschaft und die in Leipzig lebenden Norweger.

Das Bosehaus erinnert mit seinem Namen an Georg Heinrich Bose, einem wohlhabenden Gold- und Silberwarenhändler. Er erwarb 1710 das aus dem 16. Jahrhundert stammende Gebäude-Ensemble und ließ es nach barocker Manier umbauen. Im Südflügel richtete er einen Fest- und Konzertsaal ein, den „Sommersaal". Dieser verblüfft mit einer Schall- und Echokammer unter dem Deckengemälde, die sich per Seilzug öffnen lässt. So können Musiker ihr Publikum mit akustischen Effekten überraschen. Seit 2002 erleben die Gäste den Saal wieder so, wie ihn Bach einst kennengelernt hatte. Der Thomaskantor wohnte mit seiner Familie bis 1750 in der direkt gegenüber gelegenen, nicht mehr erhaltenen Thomasschule. Mit Familie Bose verband die Bachs eine enge Freundschaft. Seit 1985 beherbergt das Bosehaus das international bekannte Bach-Archiv mit Forschungszentrum, Spezial-Bibliothek, Veranstaltungsabteilung und Museum. In einer Dauerschau zeigt es neben kostbaren Handschriften, Dokumenten und Notendrucken auch Instrumente und Möbel aus dem 18. Jahrhundert.

Das Geburtshaus von Richard Wagner existiert seit 1886 nicht mehr, das von Hanns Eisler in der Hofmeisterstraße 14 steht derzeit leer und verfällt.

Links: Felix Mendelssohn Bartholdy an seinem angestammten Platz im Mendelssohn-Haus. Rechts: Robert und Clara Schumann vor dem Balkon ihres Hauses; oberhalb Edvard Grieg hinter seinem Klavier. Rechts oben der Konzertsaal des Bose-Hauses.

Mittelalterliche Ostermesse    Fröhliches Stadtfest    Herbstliche Markttage    Königliches Weinfest    Internationale Bierbörse    Festlicher Weihnachtsmarkt

Markt und Marketing - Rekordjagd im Advent

Viele Tschechen kennen ihn, etliche Japaner haben ihn schon fotografiert, und ein paar begeisterte US-Amerikaner wollten ihn sogar ausleihen: Leipzigs Riesen-Adventskalender (unten links).
Seit 1997 gehört der schmucke Blickfang zum Weihnachtsmarkt der Messestadt - damals eine Marketing-Idee des Vereins „Leipzig Tourist Service". Und weil der Kalender der weltweit größte seiner Art ist, hat er auch einen Eintrag im Guinness-Buch der Rekorde gefunden. 857 Quadratmeter misst die Installation in voller Ausdehnung - frei stehend, zusammengehalten von Gerüststangen. 23 Fenster verbergen Überraschungen hinter bunten Planen, das 24. bauen Knecht Ruprechts Helfer alle Jahre wieder auf einer integrierten Bühne auf. 1997 noch am „Forum am Brühl", seit 1998 an einem Wohnhaus am Böttchergäßchen. Lange Zeit füllten Sponsoren die einzelnen Kalender-Fenster, 2004 beteiligten sich erstmals Leipziger Schulen an der Ausgestaltung. Im Jahr 2000 hätte aus Kostengründen beinahe das 24. Fenster gefehlt. Im letzten Moment sprang ein Unternehmer ein. Wacker verteidigt Leipzig so seinen Rekord. Unter anderem gegen den Schwarzwald-Ort Gengenbach. Dort prangt in der Vorweihnachtszeit ein 723-Quadratmeter-Kalendarium an der Rathausfassade - auch die Gengenbacher haben Guinness-Buch-Ambitionen.

Kein Wunder, lässt sich doch gut mit Rekorden werben. Weihnachtsmarkt und Riesen-Adventskalender ziehen alljährlich Hunderttausende Besucher an. Der Markt zählt zu den schönsten in Deutschland. Mehr als 200 Händler, Handwerker und Schausteller bringen Feststimmung in die gute Stube der Stadt. Selbst das dichte Gewusel zwischen den Buden akzeptieren viele Gäste als Teil der Atmosphäre.

Händlerscharen beleben die Innenstadt nicht nur zur Weihnachtszeit. Im Frühling entführt das Ostermesse-Spektakel ins Mittelalter. Geübte Männer und Frauen zeigen jahrhundertealtes Handwerk, Gaukler unterhalten im historischen Gewand, über Feuerstellen köchelt Deftiges. Im Sommer feiert Leipzig in der City sein dreitägiges Stadtfest mit kulturellen und kulinarischen Verführungen. Im Herbst locken schließlich die Leipziger Markttage zum Schlemmen, Schauen und Stöbern. Genießer guter Tropfen aus Fass und Flasche kommen beim Leipziger Weinfest auf ihre Kosten. Oder auf der Bierbörse: Brauereien aller Kontinente bieten am Völkerschlachtdenkmal ihre Produkte feil. Ein Markt, der in der Region seinesgleichen sucht. Einer von vielen, mit denen Leipzig überregional punkten kann - und den einen oder anderen Rekord aufstellen.

Mehr als heiße Luft

Im Sommer trägt der Himmel über Leipzig bunte Tupfer: Dafür sorgt seit 1995 die „International Saxonia Balloon Fiesta". Mehr als 100 Ballonfahrer treffen sich alljährlich an fünf Tagen im Juli am Lößniger Silbersee. Immer morgens und abends erobern die Heißluftgefährte mit ihren zischenden Brennern den Luftraum. Zwischen den Starts erwartet die Zuschauer ein buntes Programm - mit Modellvorführungen, Fallschirmspringern oder Drachenfliegern. Absoluter Höhepunkt: das Ballonglühen. Es bringt die unterschiedlichen Farben und Formen der Heißluftgiganten besonders schön zur Geltung - vom Bierglas über den Katalog bis zum Gabelstapler.

1997

Feierliche Eröffnung durch den damaligen Bundeskanzler Dr. Helmut Kohl.

„Kathedrale des Verkehrs" entwickelt völlig neue Züge

Der größte in Europa war er schon, jetzt sollte Leipzigs Hauptbahnhof auch noch zu den schönsten zählen. Die Entwicklungsgesellschaft ECE, ein Spezialist für gewerbliche Großimmobilien, packte gemeinsam mit der Deutschen Bahn AG das gigantische Projekt an. In knapp zwei Jahren verwandelten sie die klassische „Kathedrale des Verkehrs" in eine moderne Verkehrs-, Erlebnis- und Kommunikationsdrehscheibe. Am 12. November 1997 war es so weit: 900 Gäste aus Politik und Wirtschaft, darunter der damalige Bundeskanzler Helmut Kohl, feierten die Eröffnung des umgebauten Bahnhofs. Dass sich das Projekt an modernen Großflughäfen mit ihrem durchgängigen Serviceanspruch orientiert habe, betonten mehrere Festredner. Und dass damit ein Prototyp für künftige Vorhaben in anderen Großstädten entstanden sei. Mehr als 400 Millionen Mark hatte die ECE Projektmanagement GmbH in den Hauptbahnhof investiert. Jetzt zeigte dieser vor aller Welt, wohin die Reise geht, wenn sich bekannte Stationen zu Erlebniszentren wandeln.

Staunend nahmen Tausende Leipziger und ihre Gäste die neue Einkaufsmeile in Besitz. In Anlehnung an den Promenadenring um die Innenstadt „PROMENADEN Hauptbahnhof" genannt, strömten allein in den ersten beiden Wochen nach der Eröffnung etwa zwei Millionen Besucher aus allen Richtungen herbei. Wo noch vor wenigen Wochen ein riesiges Loch geklafft hatte, konnten sie jetzt bummeln, verweilen, einkaufen oder einfach die geschäftige Atmosphäre genießen. Drei große Öffnungen im Querbahnsteig verknüpfen das Treiben in der attraktiv gestalteten Einkaufsmeile mit dem klassischen Bahnhofsbetrieb. Außerdem ermöglichen sie dem Besucher reizvolle Blicke in die beiden darunter liegenden Etagen. Auch zehn Jahre nach ihrer Eröffnung sind die PROMENADEN eine Attraktion, die das gesamte Umfeld belebt. Schon 1997 hatte ECE-Chef Dr. Heinrich Kraft prophezeit: „Das Einkaufszentrum Bahnhof wird Impulsgeber für den umliegenden Einzelhandel in der Leipziger City sein." Für Reisende und alle Besucher, die nur einen Einkaufsbummel planen, führt kein Weg an der neuen Sehenswürdigkeit der Messestadt vorbei. „Wir haben täglich etwa 80.000 bis 150.000 Kunden", freut sich Center-Manager Matthias Borutta. „Auf 30.000 Quadratmetern Verkaufsfläche können wir Ihnen rund 140 Geschäfte bieten". Das ist dreimal mehr, als in den besten Zeiten des Hauptbahnhofes für Handel, Dienstleistung und Gastronomie zur Verfügung stand.

Vom Discounter über den Supermarkt bis zu Delikatessen-Fachhändlern, von der Buchhandlung über Uhren- und Schmuckgeschäfte bis zu eleganten Boutiquen, von der Apotheke über den Elektronik-Fachmarkt bis zur Erzgebirgs-Volkskunst, von Geschenkartikel-Läden über Bankfilialen bis zu Friseursalons: Die Kundschaft findet alles in einer einzigartigen Lauflage. Und die Öffnungszeiten, je nach Sortiment gestaffelt täglich von 6 bis 22 Uhr, gelten als außerordentlich verbraucherfreundlich. International geben sich die PROMENADEN vor allem auch im gastronomischen Bereich. Ob Fischgericht, chinesische und japanische Küche, italienische Spezialitäten oder Schnellimbiss im globalen Trend - die Gastronomen bieten für jeden Geschmack etwas. Gemütliche Bistros und Cafés stehen dabei in bester Tradition Leipziger Bahnhofsgastronomie.

Center-Manager Matthias Borutta

Bereits in den ersten beiden Wochen nach der Eröffnung strömten etwa zwei Millionen Besucher durch die neuen „PROMENADEN Hauptbahnhof".

In knapp zwei Jahren verwandelte sich der Bahnhof in eine Verkehrs-, Erlebnis- und Kommunikationsdrehscheibe.

Das Jugendstil-Glasdach des Preußischen Wartesaals erstrahlt seit dem Umbau im alten Glanz.

Als Schmuckstücke glänzen die liebevoll restaurierten, historischen Wartesäle. Sie erstrahlen in allen Facetten gediegener Ausstattung mit Kronleuchtern, Gemälden, edlen Täfelungen und geschnitzten Balustraden. Auch das Jugendstil-Glasdach im ehemals Preußischen Wartesaal erstrahlt wieder wie neu.

Neue Maßstäbe setzen die PROMENADEN auch unter dem Aspekt bequemer Erreichbarkeit. Die Ebene in Straßenhöhe schafft direkte Anbindung an die Fußgängerzone in der City und den städtischen Nahverkehr. Eine Etage höher gelangen die Fahrgäste zu den Bahnsteigen, ein Geschoss tiefer zum größten Teil der Parkfläche.

Das Parkdeck in der östlichen Bahnsteighalle. Rechts die Fassade in der Weihnachtszeit.

1.300 Stellplätze in den beiden Parkhäusern erschließen PROMENADEN und Zuganschlüsse für den Individualverkehr. Rolltreppen, Rollsteige und Fahrstühle in zwei gläsernen Türmen sorgen für bequeme Wege und schnelle Erreichbarkeit aller Einrichtungen.

Heftiger Streit hatte sich noch während des Baus an dem in die östliche Längsbahnsteighalle hineinragenden Parkdeck entzündet. Doch nachdem es die Planer verkleinert und optisch deutlich zurückgenommen hatten, konnten alle Beteiligten gut damit leben.

Längst hat sich herumgesprochen, dass in den PROMENADEN immer etwas los ist. Bereits wenige Tage nach der Eröffnung verzückte die prächtig illuminierte Fassade die Leipziger. Sie setzte zugleich ein Signal dafür, dass der Hauptbahnhof künftig völlig neue Züge entwickeln würde. Die Ausstellung von Star-Designer Luigi Colani, die Aufführung der Cannes-Rolle mit den weltbesten Werbefilmen, das Gastspiel des Zirkus Sarrasani, die Schau der weltbesten Pressefotos, der Medientreffpunkt Mitteldeutschland, die hochkarätigen Modenschauen, die Auftritte und Autogrammstunden von Stars aus Sport und Unterhaltung - die Liste der Veranstaltungshöhepunkte ist lang. „Die Besucher dürfen sich auch in Zukunft noch auf viele Highlights freuen", verspricht Center-Manager Borutta.

Zehn Jahre nach Eröffnung der „PROMENADEN Hauptbahnhof" sind sich Einzelhandelsexperten und Besucher einig: Die neuen Mieter haben für viel frischen Wind in den alten Gemäuern gesorgt. In der historischen Hülle der riesigen Verkehrsstation steckt heute ein attraktiver, zeitgemäßer Inhalt. „Einkaufszentrum mit Gleisanschluss", frotzeln die Leipziger und zeigen den Bahnhof stolz ihren Gästen. Dass er nicht mehr nur der größte in Europa ist, bestätigte schon 1998 der damalige französische Staatsbahnchef Louis Gallois: „Der Leipziger Hauptbahnhof ist sehr beeindruckend, wahrscheinlich der schönste der Welt."

Star-Designer Luigi Colani

Blickfang im Bahnhof: Zuschauer verfolgen die Präsentation der Cannes-Rolle auf einer Großleinwand.

Zirkus Sarrasani gibt ein ungewöhnliches Gastspiel in den Bahnhofspromenaden.

Ausstellung der weltbesten Pressefotos, unten Fashion Days mit renommierten Modeschöpfern.

Schauspieler der ZDF-Serie „Soko Leipzig" beim „Medientreffpunkt Mitteldeutschland".

1997

"Guten Tag, Frau Graupner, Verkehrskontrolle, Ihre Papiere bitte." Ungläubig schaut Kristin Graupner den Polizisten an. "Woher kennen Sie mich denn?" Die prompte Antwort: "Na, Ihr Bild ist doch jeden Samstag in der LVZ." Die Idee, ihre Immobilien-Anzeigen mit einem kleinen Porträtfoto zu versehen, hat eingeschlagen: "Seitdem suchen deutlich mehr Kunden den Kontakt zu uns", erzählt die Chefin von Graupner Immobilien. Das freundlich lächelnde Gesicht schafft Vertrauen, das auch nach dem ersten Anruf nicht enttäuscht wird. Darauf hat Kristin Graupner ihre acht Mitarbeiter eingeschworen.

Rund 300 Firmen tummeln sich auf Leipzigs heiß umkämpftem Immobilienmarkt. Da setzt sich nur durch, wer mit kompetentem Personal eine Palette seriöser Angebote offerieren kann - und eben Gesicht zeigt. "Werbung ist in unserer Branche das A und O - von der auffällig gestalteten Zeitungsannonce bis zum ordentlichen Internet-Auftritt", weiß Kristin Graupner. In Leipzig, Markkleeberg und im Muldentalkreis verkauft und vermietet sie mit ihrer 1997 gegründeten Firma erfolgreich Häuser und Wohnungen. Dass die engagierte Frau auch Durststrecken und Enttäuschungen erlebte, erzählt sie eher nebenbei: "Ich bin eben ein durch und durch optimistischer Mensch." Dieser Optimismus half der einstigen Technischen Zeichnerin auch, sich nach der Wende neu zu orientieren: "Die Immobilien-Branche interessierte mich. Also habe ich mich da reingekniet." Im heimischen Schlafzimmer stand der erste Schreibtisch, auf einem A4-Zettel notierte sie 1993 die ersten Wohnungen. "Mir schlug das Herz bis zum Hals, als ich damals Eigentümer anrief und fragte, ob ich ihnen bei der Vermittlung ihrer Wohnungen helfen soll." Sie sollte - und das Geschäft entwickelte sich.

1996 absolvierte Kristin Graupner eine 18-monatige Makler-Ausbildung, im Jahr darauf beantragte sie ihren Gewerbeschein, zog in eine Gohliser Bürogemeinschaft, beschäftigte den ersten Auszubildenden und die erste Angestellte. Mit sieben Häusern ging Graupner Immobilien an den Start, heute gehören im Durchschnitt rund 100 Verkaufs- und 300 Vermietungsobjekte zum Angebot. "Die Hälfte unserer Häuser erhalten wir auf Empfehlung. Die Kunden waren also zufrieden mit uns und sagen es gern weiter", berichtet Kristin Graupner, die auch schon manche Einladung zu Richtfesten oder Einzugspartys im Briefkasten fand. Seit 2004 residiert ihre Firma in repräsentativen Räumen im Waldstraßenviertel. Wer in der Feuerbachstraße 7 anruft oder vorbeischaut, dem vermittelt Kristin Graupner sofort das Gefühl, in besten Händen zu sein. "Wir haben ein ehrliches Interesse an jedem Kunden, nehmen uns sehr viel Zeit für ihn. Die meisten kaufen eine Immobilie schließlich nur einmal im Leben." Da braucht der Berater oft einen langen Atem, psychologisches Einfühlungsvermögen - und Kristin Graupner ein gut eingespieltes Team. Zu diesem gehört seit 2006 auch ihre Tochter Maria. Nach erfolgreicher Ausbildung zur Kauffrau für Grundstücks- und Wohnungswirtschaft kümmert sie sich vor allem um die Vermietungen. Der Immobilien-Einkauf hingegen ist Chef(in)sache - "damit ich für alle immer genug Arbeit habe", sagt Kristin Graupner. "Als Leipzigerin kenne ich meine Stadt. Was keine Chance am Markt hat, nehme ich nicht an. Für unsere Kunden suche ich nur wirklich gute Objekte aus." Ein klarer Heimvorteil - genauso wie das vertraute Gesicht im Immobilienteil der Zeitung.

Umkämpfter Immobilienmarkt: Eine Frau zeigt Gesicht

Starkes Team: Mutter und Tochter Graupner.

Kristin Graupner (rechts) mit Sekretärin Karola Eckert.

Erstes Geschäft mit Mini-Büro.

Gesicht zeigen: Typische Anzeige von Graupner Immobilien.

Repräsentative Lage: Graupner Immobilien im Waldstraßenviertel.

1998

Ärzte für Äthiopien - Hilfe in aller Welt

Auch wenn sie genügend eigene Probleme drücken: Fremdes Leid ist den Leipzigern nicht fern. Ihre Spendenbereitschaft - sei es für Unicef oder die Opfer von Naturkatastrophen - hält seit Jahren unvermindert an. Hunderte Leipziger unterstützen ein Patenkind in den ärmsten Ländern der Welt, helfen privat oder im Verein, die größte Not zu lindern.

Nach einem Urlaub in Äthiopien wollte die Leipziger Ärztin Sabine Gerlach-Eniyew unbedingt etwas gegen das Elend in der Heimat ihre Ehemannes unternehmen. „Zurück in unserer Wohlstandswelt, haben mich die Bilder aus Afrika nicht mehr losgelassen", erinnert sich die junge Frau. 1998 gründete sie mit anderen Uni-Medizinern die Leipziger Äthiopienhilfe. Den Vorsitz übernahm Anatomie-Professor Dieter Reißig. Etwa 20 Mitglieder gehören dem Verein an, der bereits Tausend Mark und Euro für das von Hunger und Dürrekatastrophen geplagte Land gesammelt hat.

Dass die Hilfe auch tatsächlich zu den Bedürftigen gelangt, darum kümmern sich verlässliche Partner in Addis Abeba und die Ärzte selbst. Regelmäßig sind einige von ihnen vor Ort. In einem Armenviertel der äthiopischen Hauptstadt legten sie zwischen den Hütten kleine Gärten für 100 Familien an und unterrichteten arbeitslose Schulabgänger in ökologischem Landbau. In einer Kleinstadt lernten 100 Jugendliche ebenfalls die städtische Landwirtschaft kennen und wiesen anschließend 400 Familien in den Anbau heimischen Gemüses ein. In einem kleinen Dorf brachten die Leipziger den Bauern die moderne Bienenzucht bei. Außerdem förderte das kleine Vereinsteam den Bau von Schulen und das Pflanzen von Bäumen.

Auch in anderen Staaten des schwarzen Kontinents sind Leipziger aktiv. Um eine bessere Ausbildung der Kinder im kleinsten Land Westafrikas kümmern sich beispielsweise die KiJu Gambia Gruppe und der Verein „Socialis for the Gambia". Beide Gruppen haben dort bereits mehrere Schulgebäude und Lehrwerkstätten errichtet. Ein Krankenhaus baute der Verein „Medizin für Gambia". Hinter diesem steht die Leipzigerin Ute Nitzsche, die das Land 1999 als Touristin kennenlernte, eine Geburt am Straßenrand miterlebte und sich seither mit viel privater Initiative für eine bessere medizinische Versorgung der Bevölkerung einsetzt.

Die Kinderklinik Sarajevo besuchte 2004 erstmals der Verein Leipziger Klinikclowns. Der Zuspruch bei Patienten und Personal war so groß, dass sich daraus eine langfristige Zusammenarbeit entwickelte. Seither bringen die Clowns auch Kindern in Bosnien-Herzegowina Hoffnung.

Gleiches gelingt den Ärzten und Schwestern an Leipziger Kliniken, wenn sie kleinen Patienten aus Kriegsregionen helfen. Die Behandlung erfolgt unentgeltlich, für die Sachkosten fließen Spenden.

Den Kindern Albaniens gehört das Herz von Johanna Thiele. Ihr Engagement begann 2002 mit dem Stricken von Schals für die Steppkes in der kalten Bergregion Velcan. Inzwischen betreibt die Seniorin in Leipzig eine Außenstelle des Christlichen Hilfsvereins Wismar, sammelt Spenden für Schul- und Medizinprojekte in Albanien - und kümmert sich um Wolle für die nächsten wärmenden Schals, Mützen und Socken.

Dr. Sabine Gerlach-Eniyew mit ihrem Sparschwein für die Leipziger Äthiopienhilfe.

Brigitte Flick und Dieter Klarholz vom Verein „Socialis for the Gambia" präsentierten 2001 die ersten Fotos ihres erfolgreichen Projekts „Schulen für Gambia".

Leipziger Studenten beladen einen Hilfstransport mit Schulbüchern für Gambia.

Ute Nitzsche engagiert sich für eine bessere medizinische Betreuung in Gambia.

Der Verein Leipziger Klinikclowns bemüht sich, besonders den kleinen Patienten Freude zu bereiten - seit 2004 auch in der Kinderklinik von Sarajevo.

Johanna Thiele sucht und findet jedes Jahr Leipzigerinnen, die Mützen, Schals und Socken für Kinder in Albanien stricken.

Freude, schöner Götterfunken: Gohliser Kleinode glänzen wieder

Ergebnisse gelungener Restaurationen: Schillerhaus (links) und das Gohliser Schlösschen heute.

Ein guter Tag für die Stadt: Am 28. Oktober 1998 öffnen das barocke Gohliser Schlösschen und nur wenige Meter entfernt das historische Schillerhaus wieder ihre Pforten. Zwei Sehenswürdigkeiten und Kleinode sächsischer Kulturgeschichte kehren ins Leipziger Leben zurück.

Bereits 1717 entstand das Haus, in dem 1785 Friedrich Schiller wohnte. Hier schrieb er seine „Ode an die Freude", ein „Welt-Hit" seit Beethovens Vertonung. 1841 erkannten namhafte Leipziger Bürger die Bedeutung des Ortes und ließen eine Gedenktafel anbringen.

Robert Blum und Heinrich Wuttke waren die ersten beiden Vorsitzenden des neu gegründeten Schillervereins. Dieser bezog im Haus für 20 Taler Jahresmiete eine Stube, richtete eine Gedenkausstellung ein und organisierte regelmäßige Schillerfeiern.

Über die Jahrhunderte litt die historische Bausubstanz des ehemaligen Bauernhofes erheblich. Vor allem die Instandsetzungen zu DDR-Zeiten beeinträchtigten das Erscheinungsbild des Gebäudes. 1995 musste es die Stadt schließlich wegen Einsturzgefahr schließen.

Fördermittel und Spenden machten das scheinbar Unmögliche möglich: 1997 begann die erste Rundum-Sanierung nach den Kriterien des Denkmalschutzes in der Geschichte des Schillerhauses. Seit 2002 entspricht auch der Bauerngarten wieder seinem historischem Vorbild.

Die neu gestaltete Ausstellung in der ältesten Literaturgedenkstätte Deutschlands vereint mehr als 100 Exponate. Sie lässt Schillers Leben und Werk in der Atmosphäre jener Zeit lebendig werden. Darüber hinaus empfängt die heutige Außenstelle des Stadtgeschichtlichen Museums die Besucher zu Lesungen, Theateraufführungen und anderen Kulturveranstaltungen.

Ganz ähnlich die Geschichte des Schlösschens gleich nebenan: Als Friedrich Schiller gemeinsam mit dem Verleger Georg Joachim Göschen in Gohlis sein Sommerquartier nahm, besuchte er auch häufig den „Musenhof am Rosental". Erbaut 1755 nach den Plänen des Leipziger Kaufmanns und Ratsbaumeisters Johann Caspar Richter, diente das Gohliser Schlösschen lange Zeit als Sommerpalais für bürgerliche Kaufleute, Akademiker und Aristokraten. Während der Völkerschlacht war es Generalsquartier und Militärhospital, später wechselten mehrfach seine Eigentümer. Zu DDR-Zeiten nahm in dem kriegsbeschädigten Haus das Bach-Archiv seinen Sitz. Ende der 80er-Jahre drohte die Turmhaube einzustürzen, die Stadt verfügte die Schließung.

1990 begann die Rettung des Baudenkmals (links) mit den ersten Benefizveranstaltungen. Fördermittel und Spenden ermöglichten schließlich die umfassende Sanierung. Seit Januar 2005 führt der rührige Freundeskreis Gohliser Schlösschen das Haus in eigener Regie. Im Westflügel veranstaltet er regelmäßig Ausstellungen. In der Ostarkade laden ein Café und Restaurant zum Entspannen ein. Immer wieder ins Schwärmen geraten die Besucher im Oesersaal mit seinen prächtigen Deckengemälden - dem hervorragenden Ambiente für regelmäßige Lesungen oder Kammerkonzerte des Freundeskreises. Und im Garten gastieren jeden Sommer die Schauspielbühnen.

Schiller hätte guten Grund, erneut eine „Ode an die Freude" zu schreiben. Sein Gohliser Quartier und das geliebte Schlösschen erstrahlen so schön wie nie.

Deckengemälde im Oesersaal des Schlösschens, das auch Kulturelles und Raum zur Entspannung bietet (unten).

Garten am Schillerhaus. Sehenswert ist auch die ständige Ausstellung zu Ehren des Literaten.

1999

Stadt-Umland-Reform: Auf dem Weg zu neuer Größe

Alles schön kompakt: Keine weiten Wege vom Markt bis zur Oper oder vom Hauptbahnhof bis zum Zentralstadion. Doch was im Kern von Vorteil ist und zum Beispiel Touristen ermöglicht, Leipzig mit seinen Sehenswürdigkeiten zu Fuß zu erkunden, entpuppt sich am Stadtrand als Problem: Jedes Bauvorhaben, jede Linienführung von Bus oder Straßenbahn, ganz zu schweigen von größeren Wirtschaftsansiedlungen, stößt an hoheitliche Grenzen umliegender Städte und Gemeinden. Die Stadt-Umland-Reform räumte 1999 damit auf.

Eine Kommune wie Leipzig braucht Raum, um sich zu entwickeln. Das wissen die Stadtväter seit mehr als 100 Jahren. Deshalb war die stürmische Industrialisierung am Ende des 19. Jahrhunderts begleitet von weiträumigen Eingemeindungen in den Jahren 1889 und 1890: Lindenau, Plagwitz, Schleußig, Anger-Crottendorf, Sellerhausen ...

Dabei stand das Thema Eingemeindungen ständig auf der Tagesordnung. Leipzig wollte sich dehnen, recken, Platz schaffen für seine Pläne. Die großen Aufbauvorhaben nach der politischen Wende 1989 verlangten schließlich dringend nach einer Neuordnung von Stadt und Umland. Sonst läge zum Beispiel ein großer Teil des neuen Messegeländes auf Seehausener Flur - was die Feuerwehr der Gemeinde im Ernstfall vor unlösbare Aufgaben gestellt hätte...

Der Leipziger Oberbürgermeister Hinrich Lehmann-Grube zog in der zweiten Hälfte der 90er-Jahre über die Dörfer und erläuterte die geplanten Eingemeindungen, sprach von Planungshoheit und Arbeitsplätzen. Er und die anderen Verantwortlichen stießen erst auf eisiges Schweigen, dann auf Proteste. Nicht unerwartet, denn eine kleine Gemeinde bedeutet Geborgenheit und gewachsene Identität. Andererseits arbeiten viele ihrer Einwohner in der nahen Großstadt, nutzen dort den Nahverkehr und das breite kulturelle Angebot.

Ein Interessenausgleich musste her. Dem Wunsch nach gewisser Eigenständigkeit entsprach die Stadt mit Ortschaftsräten im Rahmen der Kommunalverwaltung. Das Innenministerium des Freistaates Sachsen stand ohnehin auf Seiten Leipzigs, auch der Landtag stimmte zu:

Am 1. Januar 1999 trat das heftig debattierte Stadt-Umland-Gesetz in Kraft. Leipzig expandierte in alle Richtungen, hieß Wiederitzsch im Norden, Engelsdorf, Baalsdorf, Mölkau und Liebertwolkwitz im Osten, Böhlitz-Ehrenberg und Burghausen Rückmarsdorf im Westen willkommen.

Markkleeberg bleibt: Bei einem Bürgerentscheid hatte sich die Mehrheit der Einwohner gegen eine Eingemeindung nach Leipzig ausgesprochen.

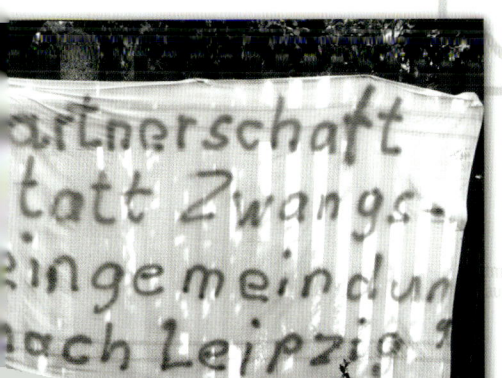

Wie wichtig die neuen kommunalen Verwaltungsstrukturen sind, zeigte sich 2001 bei der Ansiedlung von BMW. Der riesige Industriepark Nord mit rund 400 Hektar Fläche - darunter reichlich 200 Hektar für das Autowerk – plante die Leipziger Stadtverwaltung komplett unter ihrer Hoheit: ohne komplizierte Abstimmungen und ohne Zeitverzug durch unterschiedliche Interessenlagen.

Anfang 2006 überschritt die Einwohnerzahl auf dem vergrößerten Stadtgebiet wieder die 500.000er-Marke. Die „Neu-Leipziger" leben sich ein. Und halb im Spaß fällt im Rathaus schon mal die Bemerkung, Markkleeberg im Süden würde auch noch gut zu Leipzig passen. Das registrieren die Markkleeberger aufmerksam - wohl wissend, dass hinter solchen „Testballons" mehr steckt als ein belangloser Scherz.

Vor der Eingemeindung: Protest-Transparent in Engelsdorf.

Nach der Eingemeindung: Das Schild betont weiter den Ortsnamen, jetzt aber als Bestandteil der Stadt Leipzig.

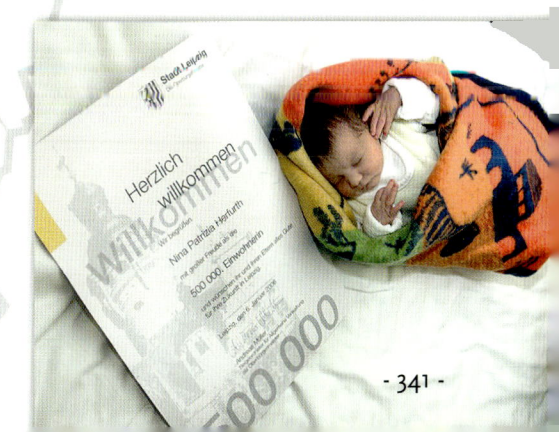

Kam am 4. Januar 2006 als 500.000. Einwohner der Stadt zur Welt: Nina Patrizia Herfurth.

- 341 -

1999

Kultobjekt „Löffelfamilie": Las Vegas für Feinkost

Sie ist Leipzigs berühmteste Familie: Unzertrennlich seit Jahrzehnten, Seite an Seite am gemeinsamen Esstisch. Viele Jahre wartete sie völlig heruntergekommen auf bessere Tage - bis sie 1999 endlich wieder in allen Farben leuchtete: die „Löffelfamilie".

Die ehemals volkseigenen Löffler haben schon viel gesehen beim Blick über den Tellerrand. Seit Mitte der 70er-Jahre thronen sie an der Fassade des VEB Feinkost in der Karl-Liebknecht-Straße - und bieten ganz nebenbei auch noch kindgerechte Orientierungshilfe im großstädtischen Straßengewirr. Der Legende nach soll der jugoslawische Staatschef Josip Broz Tito bei einem Treffen mit Erich Honecker die farbliche Tristesse der DDR kritisiert haben. Der SED-Chef reagierte mit der Parteiinitiative „Leipzig - Stadt des Wassers und des Lichts", die dem allgegenwärtigen Grau mit Farbe begegnen sollte. Die beiden Grafiker Theo Hesselbarth und Jürgen Mau erhielten dabei den Auftrag, eine Leuchtreklame für den Suppen- und Konservenhersteller zu entwerfen. 660 DDR-Mark, abzüglich 20 Prozent Künstlersteuer, brachte ihnen der Entwurf ein, dem als Vorlage der berühmte Cowboy in Las Vegas (oben) und das Porträt einer Familie aus dem Freundeskreis dienten. Die praktische Umsetzung übernahm 1973 eine PGH, die heutige Neontechnik Elektroanlagen Leipzig GmbH.

Nach der Wende gingen im VEB Feinkost die Lichter aus - doch seine Leuchtreklame blieb. Das Land Sachsen erklärte sie 1993 sogar zum Kulturdenkmal.
Dass die Neon-Installation nach mehreren Jahren der Finsternis wieder strahlen konnte, ermöglichte eine Spendenaktion. Mit rund 50.000 Euro veranlassten Freunde der „Löffelfamilie" deren Sanierung. Zuvor hatte der benachbarte Kulturverein Nato das Kult-Objekt gekauft. Als am 29. Dezember 1999 das Licht aufflammte, stieg eine große Party. Allerdings: Die Freude währte nicht lange. Immer wieder entwickelte sich die Werbe- zur Sorgenfamilie. Mal reichte das Geld für den Strom nicht mehr, mal rissen hohe Wartungskosten ein Loch in die Sponsoren-Kasse. Auch Randalierer suchten die Leuchtreklame heim, sodass erneut ein Reparaturtrupp anrücken musste.
Inzwischen ist die „Löffelfamilie" ein Symbol in doppelter Hinsicht - sowohl für den geschlossenen VEB, als auch für die wechselvolle Zeit nach der Wende. Denn so oft, wie die Neonröhren ihren Geist aufgaben, stand auch die Zukunft der alten Feinkost-Gebäude zur Debatte. Mehrere Händler haben sich hier niedergelassen: Ob Fahrrad-, Bekleidungs- oder Computerladen - ins industrielle Ambiente zog alternative Lebensart. Wo einst Arbeiter an Förderbändern saßen, herrscht nun Publikums-

Party am 29. Dezember 1999: Die „Löffelfamilie" leuchtet wieder. Rechts das Kultobjekt bei Tag.

verkehr. Doch am alten Gemäuer nagt der Zahn der Zeit. Immer wieder versuchte die Treuhandliegenschafts-Gesellschaft als Eigentümerin das Objekt zu verkaufen. Weil sich jedoch kein Interessent fand, änderte sie ihre Pläne: Abriss hieß das Motto, Platz schaffen für Neues. Ein Unding nicht nur für die Händler vor Ort, sondern auch für viele Bürger und Vereine. Sie forderten vehement die Sanierung - und einen zukunftssicheren Kultur- und Gewerbehof.
Doch Kulturvereine und Gewerbetreibende haben sich zerstritten. Die einen gründeten eine Stiftung, die anderen eine Genossenschaft. Die einen wollen Kino, Theater und Musikkeller integrieren, die anderen rücken die Geschäfte in den Vordergrund. Und die Neon-Familie schaut schweigend zu - und löffelt ihre Suppe aus.

Blick über das ehemalige Betriebsgelände. Daneben, von links nach rechts: Gurken-Sortieranlage im VEB Feinkost 1987. Bunt und alternativ: Läden im alten Industriegemäuer. Erfolgreicher Protest gegen den Abriss.

Zeit-Zeichen

1952
Elizabeth II. wird Königin von England.

1959
Fidel Castro übernimmt die Macht auf Kuba.

1961
Juri Gagarin fliegt als erster Mensch in den Weltraum.

1963
John F. Kennedy wird in Dallas erschossen.

1969
Apollo 11 landet als erste bemannte Mission auf dem Mond.

1970
Kniefall: Willy Brandt bittet in Warschau Polen um Vergebung für deutsche Verbrechen.

1974
Richard Nixon stolpert über die Watergate-Affäre.

1976
Beginn der PC-Revolution mit der Gründung von „Apple".

1983
Das Magazin „Stern" veröffentlicht gefälschte Hitler-Tagebücher.

1986
Der Atomreaktor in Tschernobyl explodiert.

1993
Auf das World Trade Center wird ein erster Terroranschlag verübt.

1994
Nelson Mandela wird zum ersten schwarzen Präsidenten Südafrikas gewählt.

1999
NATO-Einsatz gegen Jugoslawien.

Leila helau: Narren schon am Sonntag auf der Straße

Für eine stolze Bürgerstadt wie Leipzig geziemt sich zur Faschingszeit kein Prinzenpaar. Ihr steht Leila vor. Das ist eine Löwin, die mit dem Wappentier verbandelt ist. Seit 2000 führt die große Schmusekatze Jahr für Jahr einen Rosensonntagsumzug durch die Innenstadt an. Während Köln, Düsseldorf, Mainz und Co. traditionell erst am Rosenmontag Konfetti streuen, wollen die Leipziger wieder mal die Nase vorn haben. Wenigstens einen Tag lang. Und dafür bemühen sie sogar das katholische Oberhaupt: Der Legende nach soll der Papst im 11. Jahrhundert eine Rose als Sinnbild Christi in der Hand gehalten haben, um auf die am darauf folgenden Sonntag beginnende Fastenwoche hinzuweisen. Seitdem heißt dieser Tag Rosensonntag. Doch die Leipziger Narrengilde nennt auch einen praktischen Grund: Der Karneval ist an der Pleiße keineswegs so verwurzelt wie in den rheinischen Hochburgen. Sonntags haben einfach mehr Leute frei - und folglich strömen mehr Zuschauer herbei: Unter dem Motto „Kunterbuntes Allerlei - anno 2000 sind alle dabei" erstmals nach 45 Jahren wieder.

Von Ärger mit der Obrigkeit können Leipzigs Karnevalisten ein Lied singen. So ist ein Erlass des sächsischen Kurfürsten von 1597 überliefert, der die Narretei und das damit verbundene entsetzliche Geschrei untersagte. Das hielt das närrische Volk aber nicht davon ab, es in späteren Jahren immer wieder zu versuchen - und sich das nächste Verbot einzuhandeln. Bürgermeister Otto Georgi zum Beispiel nutzte im Jahr 1875 eine Schlägerei, bei der ein Passant ein Auge einbüßte, um das Treiben zu unterbinden. Schwierig war es auch für die Karnevalisten in der DDR, den Straßenfasching zu organisieren. Nach dem Aufstand vom 17. Juni 1953 wollten ihn die Machthaber zunächst nutzen, um dem Volk ein Ventil zu bieten. Sie riefen in einer Hauruck-Aktion 1954 in Leipzig einen Elferrat ins Leben und genehmigten einen Umzug.

Für die Neuauflage ein Jahr später war die Nationale Front verantwortlich - und handelte sich wegen unliebsamer Sprüche und Darstellungen viel Ärger ein. „Offizielle Verbote der Umzüge gab es jedoch nicht", sagt Rüdiger Tauer, ein Urgestein vom Grünauer Carnevals Club (GGG), der die Geschichte der Leipziger Narretei erforscht. Allerdings druckten die Zeitungen bestellte Wortmeldungen von Betriebs-Brigaden. Eine rief die Werktätigen auf, sich nicht an den Umzügen zu beteiligen, weil dadurch Arbeitsstunden ausfallen würden. Das wiederum nütze den „Bonner Ultras". So begann der deutlich kürzere Umzug 1955 erst nach der Arbeit. Trotzdem waren die Massen auf den Beinen - zum letzten Mal. In den Jahren danach verschwand der Fasching, von den „Kontrollorganen" weiterhin kritisch beäugt, in den großen Sälen wie Kongreßhalle, Felsenkeller, Elstertal ... Zurück auf die Straße brachte ihn das Förderkomitee Leipziger Karneval nach der politischen Wende. Wenn Leila dem Oberbürgermeister am 11. 11. um 11 Uhr 11 symbolisch den Schlüssel für das Neue Rathaus abknöpft, geht der Zeremonie ebenfalls ein kleiner Umzug voraus. Zum ersten Rosensonntagsumzug am 5. März 2000 waren laut Förderkomitee mehr als 50.000 Neugierige gekommen. Bis heute bemüht sich das Gremium tapfer, mit Leipzig in die Liga der Karnevalshochburgen aufzusteigen.

Wird in Leipzig auf Händen (und Schultern) getragen: Faschingslöwin Leila.

Unten links: Sprüche wie den linken sahen Parteifunktionäre beim Umzug 1955 gar nicht gern. Charmante Funkengarde (daneben): Verkäuferinnnen von HO und Konsum bei einem Auftritt in den 50er-Jahren.

Rechts: Am 11.11. um 11 Uhr 11 übergibt der Oberbürgermeister den Rathausschlüssel an die Faschingslöwin - auch Wolfgang Tiefensee hielt es so.

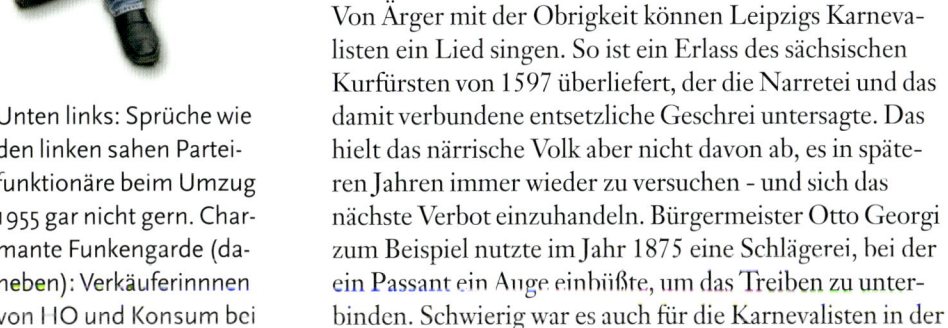

2000

Natur-Erlebnis im Großstadt-Dschungel

Der Leipziger Zoo mausert sich zur Luxus-Herberge für Affen, Löwen und Elefanten. Das vom Stadtrat im Jahr 2000 bestätigte Konzept „Zoo der Zukunft" verbindet artgerechte Tierhaltung, Artenschutz und Bildung mit außergewöhnlichen Erlebnissen für die Besucher. Die Devise: Weg mit Beton, Stahl und Fliesen - her mit weitläufigen Savannen, schützenden Baumbeständen und großzügigen Wasserläufen! Der positive Doppeleffekt: Die Tiere fühlen sich quasi in ihren angestammten Lebensraum versetzt - und für die Besucher wird der Zoospaziergang zu einem sinnlichen Naturerlebnis. „Bis 2014 werden wir in fünf Etappen etwa 90 Millionen Euro in den gitterlosen, naturnahen ‚Zoo der Zukunft' mit seinen sechs verschiedenen Themenwelten investiert haben", sagt Direktor Dr. Jörg Junhold. Die weltgrößte Menschenaffenanlage Pongoland erfüllt die Bedürfnisse von Tieren, Menschen und Forschung gleichermaßen. Schimpansen, Gorillas, Orang-Utans und Bonobos genießen eine Idylle inmitten der Großstadt: drei Hektar sanfte Hügellandschaft, fünf separate Außenanlagen mit Kletterseilen, Bäumen, Unterschlüpfen. Rund 50 Menschenaffen sind seit der Eröffnung im April 2001 eingezogen. Während sie anfangs eher zurückhaltend Besitz von Pongoland ergriffen, toben sie heute ausgelassen über das Gesamtareal von 30.000 Quadratmetern. Die Anlage entstand als Gemeinschaftsprojekt von Max-Planck-Institut für Evolutionäre Anthropologie und Zoo Leipzig. Die Wissenschaftler untersuchen auf spielerische Art, was die Affen von den Menschen unterscheidet, welche Entwicklungsstufen beide gemeinsam durchlaufen, wie sie denken, fühlen und Probleme lösen. Für die Bewohner von Pongoland bietet das eine willkommene Abwechslung. Und die Besucher können an Beobachtungsfenstern die Studien verfolgen.

Auch die Löwen-Savanne Makasi Simba im zukünftigen Kontinent Afrika und die Lippenbären-Schlucht in Asien locken seit 2001 bereits jährlich mehr als eine Millionen Besucher an - doppelt so viele wie noch fünf Jahre zuvor. Das zum Entdeckerhaus Arche umgebaute historische Raubtierhaus im Gründergarten bietet seit 2002 Einblicke in den Arten- und Naturschutz auf interaktive und faszinierende Weise. Und seit April 2003 erwartet die „sibirische" Tiger-Taiga die Besucher. Diese können die gewandten Amurtiger über Wassergräben hinweg, an Felshängen oder „Auge in Auge" hinter einer Scheibe aus Panzerglas betrachten. Die größten Katzen der Welt streifen durch Laub- und Birkenwälder, ruhen im Gras oder erfrischen sich beim Baden im Fluss. Nahezu alle Sicherheitsanlagen hat der Zoo perfekt in die Landschaft integriert, sodass der Beobachter die Eleganz der schönen Raubkatzen sorglos und ungestört bewundern kann.

Im April 2004 folgte die nächste Attraktion: die Kiwara-Savanne. Rund 25.000 Quadratmeter naturgetreu gestalteter Savannenlandschaft ziehen die Zoobesucher in ihren Bann. Rothschildgiraffen schreiten stolz über

Hautnah: Orang-Utan-Junges und kleines Mädchen.

Pongoland kurz vor Eröffnung 2001.

Spielende Schimpansen.

Löwen im Gehege „Makasi Simba".

Kiwara-Lodge - Schaufenster zur Savanne.

Lippenbär mit Rhesusaffe.

Erdmännchen auf Wachposten.

Giraffen in der Afrika-Savanne.

das Areal, eine Horde temperamentvoller Grévy-Zebras galoppiert davon, Zwergflamingos beobachten die Szenerie und Säbelantilopen zupfen hingebungsvoll an den frischen Zweigen - wissen sie doch alle die Tüpfelhyänen auf sicherer Distanz. Von der Terrasse der stilechten Lodge aus bietet sich ein einmaliger Blick auf die exotisch anmutenden Tiere.

Mit dem Elefanten-Tempel Ganesha Mandir hat der Leipziger Zoo 2006 einen weiteren Höhepunkt auf seinem Weg in die Zukunft geschaffen. Umgestürzte Säulen, verwitterte Fresken und Mauerreste lassen zunächst nur erahnen, welche Geheimnisse die gewaltige Ruine in sich birgt. Ein Rinnsal entwickelt sich zum Wasserfall und ergießt sich rauschend in die Flusslandschaft. Den Rüssel wie einen Schnorchel in die Luft gereckt, gleitet ein Elefant majestätisch durch die Fluten. Der Rest der schwergewichtigen Familie sucht im Schatten der gewaltigen Tempelanlage Zuflucht vor der Mittagshitze.

In der begehbaren Freiflugvoliere führen die Besucher ihre Tour zu den Reisterrassen Asiens fort - eine sanfte Hanglandschaft mit munter plätscherndem Wasserfall. Fernrohre erlauben spannende Einblicke in die exotische Vogelwelt Asiens.

Im Kontinent Südamerika hält bis 2014 neben Tapiren und Ameisenbären auch die Maya-Kultur Einzug. Und mit Gondwanaland entsteht zudem eine Riesentropenhalle mit tierischen Vertretern aus den Dschungelgebieten Asiens, Afrikas und Südamerikas. Im multimedial unterstützten Urkontinent mit passender Pflanzen- und Tierwelt werden die Besucher Millionen Jahre der Erdgeschichte mit allen Sinnen erleben. Die attraktive Umgestaltung zum „Zoo der Zukunft" erweist sich als Erfolgskonzept. Das belegen nicht nur die Besucherzahlen, die seit 2001 kontinuierlich steigen. 2002 strömten 1,16 Millionen Menschen in den Zoo, 2003 waren es mehr als 1,18 Millionen und 2005 bereits 1,45 Millionen.

2006 erreichte der Zoo mit 1,76 Millionen Besuchern erneut einen Rekordwert. Akzeptanz und positiver Zuspruch spiegeln sich zudem in Fanpost, Medienpräsenz und aktuellen Marktforschungsstudien wider. Am wichtigsten aber sind und bleiben die Tiere: Dank eines visionären Konzepts, naturnaher Gestaltung und hingebungsvollen Engagements aller Beteiligten geht es ihnen ausgesprochen gut im Leipziger „Zoo der Zukunft".

Pärchen in der Tiger-Taiga.

Grauer Riese beim Baden.

Aquarium mit Ringbecken.

Elefanten-Anlage

Entdeckerhaus Arche

Arche für die Tierwelt

In den Leipziger Zoo strömten 2006 rund 1,76 Millionen Besucher - mehr als 36.000 mit Dauerkarte. Auf dem 27 Hektar großen Gelände (davon zwei Hektar Wasserfläche) tummeln sich rund 850 Tierarten mit mehr als 7.000 Individuen - darunter etwa 800 Säugetiere, 600 Vögel, 200 Reptilien und 3.500 Fische. Zum Bestand zählen auch 200.000 Bienen in vier Völkern. Aus dem 1878 von Gastwirt Ernst Pinkert gegründeten, anfangs drei Hektar großen Zoo ging 1898 eine Aktiengesellschaft hervor. 1920 übernahm den Tiergarten die Stadt. Ab 1995 firmierte er als kommunaler Eigenbetrieb, seit dem Jahr 2000 als GmbH.

Früher ein Ort der Zur-Schau-Stellung, sieht sich der Zoo heute als Arche für die Tierwelt. Er will seine Besucher für den Natur- und Artenschutz sensibilisieren, Forschungsprojekte unterstützen und durch gezielte Zucht bedrohte Tierarten vor dem Aussterben retten.

Die ehemaligen Buntgarnwerke an der Weißen Elster erstrahlen in neuem Glanz.

Das Zentrum für Bucherhaltung rettet wertvolle Bände vor dem Verfall.

Räuchermännchen als Kunstobjekte im öffentlichen Raum gehörten zum Expo-Beitrag „Wendepunkt Herbst '89".

Badesee und Lofts: Expo-Projekte verbessern Lebensqualität

Die „Costa Cospuda" ist ein Lebensgefühl: Hier erholen sich die Leipziger vom Alltagsstress. Dass nur fünf Kilometer von der Innenstadt entfernt eine Seenplatte entstehen würde, konnte sich Ende der 80er-Jahre kaum jemand vorstellen. Damals rückten die Braunkohlebagger im Süden immer bedrohlicher an Leipzig heran. Zahlreiche Ortschaften waren schon von der Landkarte verschwunden. Doch im April 1990 gelang es einer Bürgerinitiative, den Landschaftsfrevel endgültig zu stoppen. Drei Jahre später konnte die Renaturierung beginnen.

Noch fehlen dem 436 Hektar großen See am 1. Juni 2000 „ein paar Schluck" Wasser. An diesem Tag dürfen ihn die Leipziger aber dennoch offiziell in Besitz nehmen - als eins von vier örtlichen Projekten zur Weltausstellung Expo in Hannover. „Leipzig - den Wandel zeigen" heißt das Motto.

Bis in die Nacht vor dem Anbaden schuften die Bautrupps. Für die Städte Leipzig, Markkleeberg und Zwenkau sowie den Tagebausanierer Lausitzer und Mitteldeutsche Bergbauverwaltung (LMBV) ist das Expo-Projekt ein gewaltiger Kraftakt. Doch der hat sich gelohnt: Der Cospudener See avanciert zum Sommerhit 2000. Bald ist der „Cossi" ein ebenso beliebtes Ausflugsziel wie etwa das Völkerschlachtdenkmal. Einheimische und Auswärtige zieht es an die Strände.

Sie treffen sich am Hafen Zöbigker und spazieren zum Aussichtsturm Bistumshöhe. Segler, Kanuten, Surfer, Taucher und andere Sportler bevölkern den See. Beliebt sind die Kaffeefahrten mit dem Fahrgastschiff „MS Cospuden".

Wer heute vorbei an Badenden, Surfern, Nordic-Walkern und Inline-Skatern um den See radelt oder spaziert, entdeckt kaum noch etwas von den Wunden, die der Tagebau mehr als 30 Jahre lang in die Landschaft schlug. Die Politiker nennen das „Nachhaltigkeit". Und die ist auch bei den anderen Expo-Projekten gefragt.

Plagwitz wird dabei zum Klassenprimus. Der einst von Industriebetrieben geprägte Stadtteil erlebt in den 90er-Jahren eine neue Gründerzeit. Private und öffentliche Investoren sanieren die architektonisch wertvollen Hüllen der Unternehmen, die vom Markt verschwunden sind. Neue Nutzer ziehen ein. So entstehen in den ausgedienten Fabriketagen der Buntgarnwerke moderne Lofts (unten rechts). Hinter den rot-weißen Fassaden des größten deutschen Industriedenkmals bieten die Wohnungen reichlich Platz, viel Licht und Freiheit.

Vor allem betuchte Singles und Paare lockt ihr Charme. Eher Grau in Grau entsteht hingegen in der Karl-Heine-Straße der Zweckbau des Business & Innovation Centre (BIC). Dort siedeln sich Existenzgründer aus Zukunftsbranchen an. Für Kinder und Jugendliche öffnet nebenan die „Garage" (unten, zweites Foto von rechts), ein Technologiezentrum, das den Nachwuchs fördert.

Getreu dem damaligen Slogan „Stadt der Unternehmenden" holt Leipzig neuen Gründer- und Pioniergeist nach Plagwitz. Dabei wird der Stadtteil selbst zum „EXPOnat". Bleibend sind auch die beiden anderen Expo-Projekte. So entsteht im Gewerbepark Heiterblick aus einem Bereich der Deutschen Bücherei die Zentrum für Bucherhaltung GmbH, die wertvolle Bücher vor dem Verfall rettet.

Mit dem „Wendepunkt Herbst '89" hebt Leipzig zudem seine politische Bedeutung als Stadt der friedlichen Revolution hervor. Jener vom Volk praktizierte aufrechte Gang hat einen festen Platz in den Geschichtsbüchern gefunden. Und erinnert daran, ihn jeden Tag aufs Neue zu beginnen.

Vom Tagebau zum Naherholungsgebiet: der Cospudener See.

2001

Neubau schließt Lücke im Herzen der Stadt

„Ich freu' mich drauf!" - Der Slogan der Kaufhof Warenhaus AG passte am 20. September 2001 in Leipzig haargenau. Nach 17 Monaten Bauzeit öffnete in bester City-Lage die Galeria Kaufhof. „Wir wollen durch eine attraktive Mischung aus Erlebniskauf, Dienstleistung und Unterhaltung neue Shopping-Maßstäbe setzen", kündigte der damalige Geschäftsführer Klaus-Peter Kempf an. Und sollte recht behalten: „Inzwischen gehört unser Haus zu den Top Ten im Konzern", freute sich fünf Jahre später sein Nachfolger Günther Knie, der im April 2007 wiederum den Staffelstab an Barbara Blank weiterreichte. Mehr als 120 Filialen betreibt die 1879 gegründete Kaufhof AG bundesweit.

Rund 120 Millionen Mark investierte das Unternehmen in den Neubau mit seinen 21.000 Quadratmetern Verkaufsfläche. Zugleich verschwand eine hässliche Lücke im Herzen der Stadt. Bis zu seiner Zerstörung im Zweiten Weltkrieg hatte hier der Messehof „Große Feuerkugel" seinen Standort. An ihn erinnert eine Gedenktafel. Historisches mit Zeitgenössischem verbinden - das wollten auch die Architekten des neuen Hauses. Sie griffen den für Leipzig typischen Passagen-Gedanken auf. Die Eingänge der Galeria platzierten sie direkt gegenüber der Mädler-Passage und des Städtischen Kaufhauses. Dadurch entstanden im Erdgeschoss Sichtachsen. So gelangen die Kunden auf historisch gewachsenen Pfaden in den geschossübergreifenden Lichthof. Zwei gläserne Aufzüge befördern sie über vier Etagen bis hinauf zur Dachterrasse des Dinea-Restaurants (unten rechts). Von hier bietet sich ein herrlicher Blick auf die Innenstadt. Den Blick auf das Warenhaus wiederum zieht der dreidimensionale Glaskörper über dem Haupteingang (links). Die scheinbar frei schwebenden Figuren in wechselnden Dekorationen und Lichtinstallationen machen ihn zu einer lebendigen, weithin sichtbaren „Schaubühne".

Mit dem Umzug von der „Blechbüchse" am Brühl in die neue Galeria am Neumarkt verdoppelte Kaufhof seine Mitarbeiterzahl auf 300, darunter 55 Auszubildende. Schulungen schworen die Mannschaft auf die Unternehmensphilosophie ein: Freundlichkeit, Hilfsbereitschaft, hohe Qualität bei Service und Beratung. „Wir präsentieren uns als moderner Lifestyle-Anbieter mit internationalen Marken vom mittleren bis gehobenen Preisniveau", betont die Geschäftsführung. „Ergänzt werden diese mit vielseitigen Exklusivmarken wie zum Beispiel Mark Adam, Rover&Lakes, Redwood und Manguun." Die übersichtlich gegliederten Waren-Welten unterstreichen den Fachgeschäftscharakter und sind trendig gestaltet: vom Feinschmecker-Paradies im Untergeschoss bis zur Kinder-Welt in der vierten Etage. Für die Medien-Welt im dritten Stock entwickelte sogar der New Yorker Star-Architekt Bob Carulo das Ladenbau-Design.

Immer wieder auf sich aufmerksam macht die Galeria auch mit ihren Events. Der außergewöhnlichste: Bei einer Modenschau zum 125. Kaufhof-Geburtstag im September 2004 „spazierten" die Models an der Fassade entlang. Ob prominente Schauspieler wie Larry Hagman alias J. R. Ewing, beliebte Sänger wie Ute Freudenberg oder bekannte Sportler wie Franziska van Almsick (unten Mitte): Alle kommen gern in die Galeria Kaufhof, stellen ihre Platten oder Bücher vor, geben Autogramme. Für immer mit dem Eröffnungsdatum des Kaufhauses verbunden sind zwei Leipziger Mädchen: Sie erblickten am 20. September 2001 das Licht der Welt, heißen Frauke Galeria und Vivien Galeria. Klaus-Peter Kempf nahm die Babys lachend in den Arm (oben) und versprach: Jedes Jahr gibt's Geburtstagsgeschenke, bis zur Volljährigkeit ein Sparbuch - und zwei Ausbildungsplätze sind auch schon reserviert.

Günther Knie und Barbara Blank.

2001

Nachwuchs fördern - Pressefreiheit stärken

Die kleine Bronzesäule steht in Redaktionen, Korrespondentenbüros, Universitätsräumen und Wohnzimmern zwischen Moskau und Chicago, Frankfurt und Panitzsch, Rom und Jerusalem. Sie ist den Säulen der Nikolaikirche nachempfunden und symbolischer Teil des Preises für die Freiheit und Zukunft der Medien, den die Medienstiftung der Sparkasse Leipzig jährlich verleiht.

Unten: Anna Politkowskaja (rechts) im Kreis der Preisträger 2005.

Die Stiftung gründete die Sparkasse im Jahr 2001 - ein Geschenk an die Stadt anlässlich des 175. Geburtstages des Kreditinstituts. Denn Stiftungszweck ist der Ausbau des Medienstandortes Leipzig, die Förderung des journalistischen Nachwuchses, die Sicherung von Qualitätsjournalismus und die Stärkung der Pressefreiheit.

Gerade hier liegt die Symbolkraft der Säule: In der Nikolaikirche begann im Herbst 1989 mit Kerzen und Gebeten die politische Wende in der DDR. Die Demonstranten, die dort der Staatsmacht trotzten, gingen nicht zuletzt auch für Presse- und Meinungsfreiheit auf die Straße. Sie knüpften damit an die Tradition einer Stadt an, in der schon 1485 eine Buchdruckerei stand, in der Timotheus Ritzsch 1650 die erste Tageszeitung der Welt herausgab und in der 1825 der Börsenverein des Deutschen Buchhandels entstand.

Ein Medienpreis, der sich auf eine friedliche Revolution und eine jahrhundertealte Tradition zugleich beruft, kann nicht beliebig sein. Er will nicht den wortgewaltigen Leitartikler, das eloquente Funkfeature, die verblüffende Enthüllung oder gar den lobhudelnden, Aufmerksamkeit für eine bestimmte Sache erregenden Beitrag auszeichnen. Dieser Preis, so steht es in der Satzung, ist vielmehr für „Journalistinnen und Journalisten, Verlegerinnen und Verleger, aber auch für Medieninstitutionen gedacht, die sich mit Risikobereitschaft, hohem persönlichen Engagement, mit Beharrlichkeit, Mut und demokratischer Überzeugung für die Sicherung und Entwicklung der Pressefreiheit einsetzen".

Ein hehrer Anspruch, für den aber die bisherigen Preisträger allemal stehen. Und oft auch einen hohen Preis bezahlen. Traurigstes Beispiel dafür ist Anna Politkowskaja. 2005 hatte die mutige russische Journalistin für ihre unbeugsame Berichterstattung aus und über Putins „Demokratur" in Leipzig den Medienpreis in Empfang genommen, im darauffolgenden Jahr starb sie in Moskau - erschossen von unbekannten Tätern vor ihrer Wohnung.

Die Verleihung des Medienpreises ist die krönende jährliche Aktivität der Stiftungsarbeit, die Pflege des Netzwerkes der Preisträger eine der schönsten Aufgaben. Im Alltag aber überwiegen Konferenzen, Tagungen, Seminare, die Zusammenarbeit mit medienorientierten Institutionen der Stadt.

Hier eröffnete der 8. September 2006 neue Chancen und Möglichkeiten. An diesem Tag weihte die Stiftung ihren Mediencampus in Gohlis ein, das moderne Gegenstück zum klassischen Stiftungssitz Villa Ida. 6,5 Millionen Euro stecken in dem modernen Gebäudekomplex. Mit Konferenzsälen, Seminarräumen, Dolmetscherkabinen, perfekter Computerausstattung und hochmodernem Tonstudio entwickelte sich der Campus vom Start weg zu einer begehrten und viel gefragten Konferenz- und Begegnungsstätte. Vor allem die Leipziger Hochschulen wissen sie zu nutzen. Und das auf bundesweit einmalige Art: Hier fand das Masterprogramm Medien Leipzig (MML) seine Heimstatt, qualifizieren sich Journalisten für den immer wichtiger werdenden Bereich der Neuen Medien in einem Aufbaustudium. Dabei arbeiten Universität

Der Mediencampus in Gohlis.

Funktional und modern: Campus-Gebäude innen.

Runde Sache: das PC-Kabinett.

Andrang beim Congress of Media 2006.

Jugendfachtag „Sachsen rockt" 2006.

und die Hochschule für Technik, Wirtschaft und Kultur zusammen. Eine so enge Kombination zwischen Fachhochschule und Universität - das galt zuvor als undenkbar. Die Medienstiftung hat die Infrastruktur dafür zur Verfügung gestellt, aber sie hat auch im Vorfeld immer wieder zwischen den Partnern moderiert, Anregungen und Ideen geliefert. Stiftungsvorstand Stephan Seeger: „Ein Engagement bei der Ausbildung junger Journalisten ist auch die beste Investition für die Pressefreiheit auf Dauer. Hier können und wollen wir helfen, um Leipzigs Ruf als Medienstandort zu festigen und das Erbe der friedlichen Revolution von 1989 zu bewahren."

Stephan Seeger

Preise aus der Medienstadt

Der „Preis für die Freiheit und Zukunft der Medien" ist die bekannteste Auszeichnung der Medienstiftung. Qualitätsvolle journalistische, künstlerische oder wissenschaftliche Arbeit belohnt sie indes auch mit Ehrungen in anderen Bereichen. Neben vielfältigen Stipendien tragen folgende Auszeichnungen dazu bei, im Sinne des Stiftungsgedankens den Ruf Leipzigs als Medienstadt zu stärken: Dietrich-Kerlen-Preis für Buchwissenschaft, Talenttaube zum Leipziger Dokfilm-Festival, Axel-Eggebrecht-Preis und Günter-Eich-Preis für Hörspiel-Autoren und –Macher.

Stiftungssitz Villa Ida.

Profis beim Kamingespräch

„Servus, Riehl", rief ihm das Streiflicht der Süddeutschen Zeitung nach, und die gesamte Presse würdigte ihn als einen der größten Journalisten des Nachkriegs-Deutschlands. Herbert Riehl-Heyse starb im April 2003 an einem Krebsleiden. Die Medienstiftung erschütterte sein Tod besonders. Denn bei ihr, in der Villa Ida, hatte er kurz zuvor einen seiner letzten öffentlichen Auftritte.

Riehl-Heyse diskutierte beim Kamingespräch mit jungen Journalisten und Journalistik-Studenten über seine Arbeit und ihre Chancen. Begegnungen mit „alten Hasen", mit Chefredakteuren und Medienexperten ermöglicht die Stiftung gemeinsam mit dem Fachschaftsrat der Uni hier dem Nachwuchs - eine begehrte und viel besuchte Veranstaltungsreihe.

„Kontakte zu knüpfen, Kommunikation zu ermöglichen", darin sieht Stephan Seeger, Geschäftsführender Vorstand der Stiftung, eines ihrer wichtigen Anliegen. Da nimmt Sprachpapst Wolf Schneider die Texte von Volontären auseinander, vermittelt ihnen dabei aber Tipps und neues Sprachgefühl. Die Salongespräche im Leipzig-Fernsehen befassen sich mit aktuellen Problemen der Region. Das Institut für Praktische Journalismusforschung holt Medienwissenschaftler und Blattmacher nach Leipzig.

Kamingespräch mit ARD-Journalist Thomas Roth.

Von oben nach unten: Herbert Riehl-Heyse, Wolf Schneider und Professor Dr. Michael Haller

Mit der Fertigstellung des Campus-Gebäudes erreichten die Möglichkeiten für nationalen und internationalen Erfahrungsaustausch neue technische und räumliche Dimensionen. Und so konnte der Direktor des Instituts für Praktische Journalismusforschung, Prof. Dr. Michael Haller, im Herbst 2006 zur ersten Konferenz in den neuen Räumen knapp 100 Journalisten und Wissenschaftler von New York bis Moskau begrüßen - und mit ihnen über erzählenden Journalismus diskutieren.

2002

"Schlanke Fabrik" schafft Emotionen und Arbeit

Zur Feier des Tages ertönte ein eigens komponiertes Fanfaren-Hupkonzert für 16 Sportwagen: Am 20. August 2002 eröffnete die Dr. Ing. h.c. F. Porsche AG aus Stuttgart-Zuffenhausen mit 1.300 Gästen ihr neues Werk im Leipziger Norden. Nach einer Bauzeit von zweieinhalb Jahren gingen auf dem 270 Hektar großen Areal Montage-Werk, Kundenzentrum, Einfahr- und Prüfstrecke sowie Geländeparcours in Betrieb - 127 Millionen Euro hatte die Porsche AG dafür bei vollständigem Verzicht auf öffentliche Subventionen investiert.

„Mit der Entscheidung für Leipzig hat Porsche ein unübersehbares Signal gesetzt", lobte Bundeskanzler Gerhard Schröder. Das Unternehmen habe den Wettbewerbsvorteil, der sich aus der Bezeichnung „Made in Germany" auf den internationalen Märkten ergebe, frühzeitig erkannt und konsequent genutzt. Nicht zuletzt schaffe das Werk zukunftssichere Arbeitsplätze in der Region, erklärte der Regierungschef - und zog im Anschluss an den Festakt symbolisch die letzte Schraube am ersten Geländewagen Cayenne der neuen Porsche-Baureihe fest.

Das Leipziger Werk mit seinen rund 400 Beschäftigten zählt zu den modernsten der Welt. Konsequent hat sich der Hersteller von sportlichen Luxusautomobilen nach dem Prinzip der „schlanken Fabrik" auf die Kernkompetenzen Montage, Qualität und Prozesssteuerung beschränkt. In einem Integrationszentrum in unmittelbarer Nähe haben sich neben anderen der Logistik-Dienstleister des Unternehmens sowie die Hersteller von Achsen und Abgasanlagen niedergelassen.

90 Prozent der Teile für den Cayenne stammen von Systemlieferanten. Damit alle Segmente zur richtigen Zeit am richtigen Ort in der definierten Qualität zur Verfügung stehen, entwickelte Porsche ein ausgeklügeltes Logistik- und Fabriksteuerungssystem. Rund 180 vormontierte und lackierte Karossen erreichen täglich aus Bratislava mit der Bahn die Leipziger Fabrik. Nach ihrer vollautomatischen Entladung gelangen die rund 1,5 Tonnen schweren Karossen durch einen Tunnel in einen Sequenzspeicher und von dort direkt in die Montagelinie. Von der Beladung des Zuges in Bratislava bis zur endgültigen Qualitätsabnahme eines jeden einzelnen Fahrzeugs in Leipzig können die Porsche-Mitarbeiter den gesamten Logistik- und Produktionsprozess am Computer verfolgen, überwachen und bei Bedarf korrigieren. Da jedes Fahrzeug mit einer elektronischen Begleitkarte das Werk durchläuft, kann die Leipziger Fabrik auf Papierunterlagen verzichten.

Vier Teams an mehr als 30 Fertigungsstationen bauen die einzelnen Module im Zwei-Schicht-Betrieb zusammen. Während sich die Karossen auf einer Elektrohängebahn durch die Werkhalle bewegen, läuft die Vormontage der Antriebsmodule. Alle Fahrwerksteile wie Motor, Getriebe, Wellen, Achsen und Abgasanlage treffen genau zum richtigen Zeitpunkt an der wichtigsten Station ein - der „Hochzeit": Hier schrauben Porsche-Monteure Karosse und Fahrwerk samt Antriebsanlage zusammen.

Bei der Endkontrolle gilt das Augenmerk der Prüfteams insbesondere den Elektronik- und Steuergeräten, der Fahrwerkeinstellung sowie den Motor- und Abgaswerten. Anschließend rollt der Wagen auf der Teststrecke über unterschiedliche Fahrbahnbeläge. Erst wenn der subjektive Gesamteindruck den hohen Vorgaben entspricht, folgt die endgültige Qualitätsabnahme. Danach gelangen die Fahrzeuge

Prüfender Blick vor der Qualitätsabnahme.

Der Porsche Cayenne aus Leipzig.

Dr. Wendelin Wiedeking (links) und Gerhard Schröder bei der Werkseröffnung.

Das 32 Meter hohe, kegelförmige Kundenzentrum.

Produktion des Porsche Carrera GT.

„Hochzeit" von Karosserie und Antriebsstrang.

Einzigartiges Biotop

Porsche pflegt ein einzigartiges Biotop: Mehr als 50 Auerochsen und 20 Wildpferde weiden auf dem rund 70 Hektar großen Geländewagen-Parcours neben dem Werk. Auch Hasen, Füchse, Rehe und Fledermäuse fühlen sich auf dem ehemaligen Truppenübungsplatz wohl. „Die Testfahrten sind so bemessen, dass sie die Tiere nicht beeinträchtigen", erläutert Rolf Toczek, Umweltschutz-Leiter bei der Porsche AG. Wegen ihrer Genügsamkeit und Widerstandsfähigkeit benötigen Wildpferde und Auerochsen kaum menschliche Betreuung. Die Pflanzenfresser bilden Herden mit eigener Sozialstruktur, vermehren sich prächtig und bieten einen stimmungsvollen Kontrast zum futuristischen Werksgelände.

Wildpferde und Auerochsen auf dem Werksgelände.

Das Porsche-Werk heute.

Das Porsche-Werk im Jahr 2009.

Werksleiter Siegfried Bülow.

in einer Kunststoffhülle verpackt per Bahn nach Emden zur Seeverladung oder per Lastwagen zu den Porsche-Zentren in Europa.

Wer seinen Cayenne in Leipzig selbst abholen möchte, kann sich zunächst von der vollkommen transparenten Fabrik faszinieren lassen und danach eine Fahrdemonstration mit persönlichem Instrukteur auf der Teststrecke und im Gelände-Parcours erleben. Rund 2.000 Kunden nutzen diese Möglichkeit pro Jahr.

Nachdem 150.371 Geländewagen das Werk verlassen hatten, begann im Dezember 2006 bereits die Produktion der zweiten Generation - ein Cayenne mit höherer Leistung bei niedrigerem Kraftstoffverbrauch. Von September 2003 bis Mai 2006 baute Porsche in Leipzig auch sein Topmodell Carrera GT - 612 PS stark, 330 km/h schnell, limitiert auf 1.270 Fahrzeuge.

„Der kleinste unabhängige Automobilhersteller der Welt schickt sich in Leipzig an, in völlig neue Dimensionen vorzustoßen", hatte Porsche-Chef Dr. Wendelin Wiedeking bei der Werkseröffnung 2002 angekündigt - und Wort gehalten: Im Mai 2006 beschloss der Vorstand eine deutliche Erweiterung der Fabrik. Für die Produktion des Gran Turismo Panamera, das 2009 auf den Markt kommen soll, entstehen bis Ende 2008 eine 25.000 Quadratmeter große Fertigungshalle und ein 23.500 Quadratmeter großes Logistikzentrum. „Außerdem ergänzen wir die vorhandene Montagehalle um ein Pilot- und Analysezentrum sowie eine Lehrwerkstatt", sagt der Leipziger Werksleiter Siegfried Bülow, ein gebürtiger Chemnitzer, der schon bei Barkas und VW in Leitungspositionen tätig war. 150 Millionen Euro lässt sich Porsche die Erweiterung kosten. Rund 600 neue Arbeitsplätze entstehen - noch einmal so viele bei Zulieferern in der Region. Und der Leipziger Panamera schafft und sichert auch Jobs in den alten Bundesländern: im Porsche-Stammwerk Zuffenhausen, das die Motoren baut, und bei VW in Hannover, das die lackierten Karossen liefert.

Einmalige Orgel

Seit dem Reformationstag 2004 ertönt die Ladegast-Orgel in der Nikolaikirche wieder im vollen Klang ihrer 6300 Pfeifen: Eine Spende der Porsche AG in Höhe von 1,8 Millionen Euro ermöglichte die Restaurierung des mehr als 140 Jahre alten, 21 Meter breiten und 13 Meter hohen Instruments durch die Bautzner Orgelbaufirma Eule. Porsche-Designer gestalteten Pedalerie und Sitzbank des Spieltisches, schufen aus Ebenholz und gebürstetem Edelstahl neue Oberflächen für die erweiterten Register und Manuale. Und der Kantor der Nikolaikirche startet als einziger Organist der Welt seine Orgel jetzt links neben den Manualen - wie bei einem Porsche üblich...

Weihe der restaurierten Ladegast-Orgel am 31. Oktober 2004.

2003

Leipzig für die Welt - der Traum von Olympia

Noch wäre Zeit bis zur Eröffnung der Olympischen Sommerspiele 2012: Doch die Stadt würde längst Kopf stehen. Jedenfalls mehr, als sich der baustellenerfahrene und -geplagte Leipziger vorstellen kann. Stattdessen ist wieder Ruhe eingekehrt: Die meisten Löcher sind gestopft - bis auf die ganz großen, die der Bau des City-Tunnels vermutlich bis 2010 mit sich bringt.

Olympia und seine Spiele hätten die Stadt noch mehr verändert. Eröffnungsfeier am 20. Juli 2012 im Olympiastadion am Cottaweg, Abschlusszeremonie am 5. August an gleicher Stelle - so lautete der Plan. Der sei auch gar nicht so schlecht gewesen, hörten die Sachsen immer wieder. Wettkämpfe mitten in der Stadt - das hatte viel Charme. Vor allem die Ruderer waren begeistert, freuten sich auf die Regattastrecke im Elsterflutbecken zwischen dem schon vorhandenen Zentral- und dem künftigen Olympiastadion. Gewöhnlich liegt ihre Anlage kilometerweit weg vom sonstigen olympischen Geschehen. „Mittendrin, das wär's gewesen", schwärmte Kathrin Boron, viermalige Ruder-Olympiasiegerin aus Potsdam noch, als der deutsche Bewerber längst aus dem Rennen war. Leipzigs Schwimmer freuten sich bereits auf eine über dem Elsterflutbecken frei schwebende Arena, nur wenige 100 Meter entfernt von der Regattastrecke. Alles zentral, keine langen Wege für Athleten und Zuschauer, die gesamte Stadt ein olympisches Dorf. Diese Bezeichnung gefiel Wolfgang Tiefensee allerdings nicht besonders: Der damalige Oberbürgermeister wollte nicht gerade als der Repräsentant eines Provinznestes gelten. Die Vorauswahl unter den insgesamt neun internationalen Bewerbern (neben Leipzig noch Paris, London, New York, Madrid, Moskau, Istanbul, Rio de Janeiro und Havanna) sahen viele Experten als Testfall für die neue Politik von Jacques Rogge, Präsident des Internationalen Olympischen Komitees (IOC). „Ist das IOC tatsächlich bereit, wegzugehen von seinem Giganten-Konzept und sich zu öffnen für Spiele in einer Halbmillionen-Stadt mit 1,5 Millionen Einwohnern in der Region?", fragte Tiefensee - und sah sich aussichtsreich im Wettbewerb mit den Metropolen dieser Welt. Doch die höchste olympische Instanz holte die hoffnungsvollen Leipziger zurück auf den Boden der Tatsachen. „Definitiv", sagte Rogge am 18. Mai 2004 in Lausanne, „ist Leipzig für die Olympischen Spiele zu klein." Infrastruktur und Hotelkapazität hatten sich als zu hohe Hürden erwiesen. Leipzig blieb knapp hinter der erforderlichen Marke, die nur New York, Moskau, Madrid, London und Paris übersprangen. Dabei hatte der Belgier noch am 19. April das deutsche Olympia-Konzept als durchaus innovativ und kreativ gepriesen. Während seines Leipzig-Besuches äußerte er sogar, dass die Größe einer Stadt nicht ausschlaggebend für den Erfolg sei. Rogges Nachsatz, auch Metropolen könnten seinen Vorstellungen entsprechen und dem Gigantismus der Spiele Einhalt gebieten, erwies sich allerdings als entscheidend - gegen Leipzig. Die deutschen Olympia-Planer werteten die Aussage des IOC-Präsidenten jedoch als Chancengleichheit. „Nachdem wir bisher oft gehört haben, dass Leipzig gegen die Großen sowieso keine Chance besitzt, haben jetzt alle erfahren, dass wir doch eine haben", meinte Peter Zühlsdorff, Geschäftsführer der Leipzig 2012 GmbH, nach dem Rogge-Besuch. „Das ist doch eine frohe Botschaft."

Der Herr der Ringe: IOC-Präsident Jacques Rogge (rechts) mit OBM Wolfgang Tiefensee beim Stadtrundgang.

1 Entwürfe für den Olympiapark mit neuem Stadion (vorn) von den Architekten Peter Kulka (Dresden, l.) und Peter Eisenman (New York).
2 Die Ausstellung „Olympia 2012" auf der Alten Messe weckt im Herbst 2002 den Appetit auf die Spiele.
3 „Spiele im Herzen der Stadt" lautete die Botschaft der Fotomontage.
4 Himmelhoch jauchzend: Leipzig gewinnt im April 2003 den nationalen Vorausscheid.
5 Zu Tode betrübt: Das IOC nimmt Leipzig im Mai 2004 aus dem internationalen Rennen.

Die Botschaft hatten die Leipziger, wie sich nur wenige Wochen später beim Vorausscheid in Lausanne zeigen sollte, jedoch falsch verstanden. Das IOC hatte den deutschen Kandidaten für die olympische Aufgabe als zu klein und damit nicht würdig befunden. In Leipzig, das den Sieg im nationalen Wettbewerb über Düsseldorf, Stuttgart, Frankfurt und Hamburg am 12. April 2003 so euphorisch gefeiert hatte, herrschte ein gutes Jahr später am 18. Mai 2004 riesige Enttäuschung.

Bei den deutschen Sportfunktionären ebenfalls: Walther Tröger, als NOK-Präsident stets ein Befürworter Leipzigs, war niedergeschlagen. Sein Vize Dieter Graf Landsberg-Velen schimpfte: „Wir sind düpiert worden" - und wetterte besonders über die Begründung des IOC, Leipzig sei zu klein für die Spiele. „Es ist grotesk: Wenn uns das vorher bekannt gewesen wäre, hätten wir uns das alles sparen können."

Auch Engelbert Lütke Daldrup, damals Leipzigs Planungschef, konnte die Skepsis der IOC-Funktionäre nicht verstehen: „Wir haben die Neue Messe, den neuen Flughafen und die BMW-Ansiedlung in Rekordzeit aus dem Boden gestampft. Das beweist, dass wir zügig bauen können. Ich hätte mir etwas mehr Vertrauen in die Leistungsfähigkeit der Region gewünscht." Er verwies auf Olympiastädte wie Barcelona, Sydney oder Athen, die ihre Infrastruktur erst nach dem Zuschlag dem Großereignis angepasst hätten. Mit der finanziellen Zusicherung durch die Bundesregierung wäre das in Leipzig auch möglich gewesen.

Immerhin: Durch das 300 Millionen Euro umfassende Olympia-Sofortprogramm konnte die Stadt ihre Infrastruktur dennoch deutlich aufwerten. „Die Arbeiten sind Bestandteil eines Planes, mit dem wir in den nächsten Jahren nahezu alle dem IOC avisierten Infrastruktur-Projekte umsetzen wollen", kündigte Lütke Daldrup an. „Das war schon vor der Olympia-Bewerbung klar und sollte in den Jahren 2010 bis 2015 geschafft sein. Daran halten wir jetzt fest."

Leipzig baute seine Verkehrswege aus, setzte nach dem geplatzten Traum von Olympia aber andere Prioritäten. Oberbürgermeister Burkhard Jung, bei der Olympiabewerbung lange Zeit an vorderster Front, will vor allem mit Leipzig als Kulturstadt punkten. Die Besucher des Bachfestes, des Gewandhauses oder der Oper fahren auf modernen Straßen durch Leipzig - ausgebaut mit Hilfe der Olympia-Bewerbung. Die Bogenschützen richten im Sommer 2007 ihre Weltmeisterschaften auf der Festwiese vor dem Zentralstadion aus - doch sonst schlagen die großen Titelkämpfe einen Bogen um Leipzig. Die Stadt ist weit weg von ihren einst so großen sportlichen Ansprüchen. Dabei hatte gerade die Olympia-Bewerbung gezeigt, was die Leipziger alles auf die Beine stellen können. Bestnoten bei der Unterstützung durch die Bevölkerung erteilten die IOC-Kommissare in ihrer Bewertung - was in der Endabrechnung aber nur die wenigsten Punkte brachte. Und verdeutlichte, woran dem IOC vor allem gelegen ist…

Nationales Bewerbungslogo „Spiele mit uns".

Skeptischer Blick: Bundeskanzler Gerhard Schröder gibt Leipzig und Rostock (Segelwettbewerbe) als deutsche Olympiabewerber bekannt. Im Hintergrund die Entwurfsskizze für die Regattastrecke.

6 Regisseur Sönke Wortmann drehte einen Werbefilm für Olympia in Leipzig.
7 Leipzigs „Miss Olympia" Janet Pilz.
8 Leipzigs Bewerbungsteam 2003.
9 Walther Tröger plädierte schon 2001 für Olympia in Sachsen.
10 Entsetzt: Dieter Graf Landsberg-Velen, Wolfgang Tiefensee und Peter Zühlsdorff (v. l.).

2003

Links: Internationales Bewerbungslogo „One family".

Nikolaikirche auf dem Ring für die Bewerbung: Durch Vorwürfe der Vetternwirtschaft und Korruption hatte das Projekt auf der Kippe gestanden. Die Staatsanwaltschaft winkte nach langen Ermittlungen ab - die Anschuldigungen hatten sich als haltlos erwiesen.

Was bleibt noch von Leipzigs großem Traum? Eine kleine Halle auf der Nordanlage des Sportforums für die Judoka und eine Wildwasseranlage in Markkleeberg sind die einzigen mit Olympia-Geldern errichteten Sportstätten. Dabei war während der Bewerbungsphase außerhalb Leipzigs oft der Eindruck entstanden, das große Olympiastadion, die Schwimmarena oder die Regattastrecke würden bereits mit Millionen von Steuergeldern völlig unnützerweise gebaut. Doch auch hier hatte sich der deutsche Kandidat an die Vorgaben gehalten, wollte erst nach dem endgültigen Zuschlag mit dem Bau beginnen.

So weit kam Klein-Paris nicht. Und auch der Favorit, das große Paris, wird die Spiele nicht ausrichten. Seit 6. Juli 2005 steht fest: Der Gastgeber der Spiele 2012 heißt London. Doch Leipzig bleibt ein interessanter Gegenentwurf.

Abschied vom großen Traum

Die Erinnerung an eine aufregende Zeit wird trotz des frühen Ausscheidens immer lebendig sein. Viele Leipziger hatten eine unglaubliche Sympathie für Olympia entwickelt. Einige demonstrierten sogar wie einst im Herbst 1989 nach dem Friedensgebet in der

11 Begeisterung für die Spiele: Tausende Schüler gestalten auf der Festwiese die Olympischen Ringe.

12 Montagsdemo im November 2003 für die Fortsetzung der Bewerbung.

Honecker verblüfft die Sachsen

Der gelernte DDR-Bürger rieb sich verwundert die Augen: Er war zwar vom Verlautbarungsjournalismus in seinem Land einiges gewöhnt, aber dass sich Leipzig um Olympische Spiele bewerben würde, wie die staatliche Nachrichtenagentur ADN am 21. Juni 1989 vermeldete, war nun doch schwer vorstellbar. Mit Staats- und Parteichef Erich Honecker sind wahrscheinlich endgültig die Pferde durchgegangen, sagten sich die verblüfften Sachsen und nahmen das Ganze nicht so recht ernst. Schließlich stand ein solcher Plan im krassen Gegensatz zu den ökonomischen Realitäten. Reizvoll schien er einigen dennoch: Vielleicht würde sich mit Olympia ein offeneres Land ergeben, könnte Leipzig den erhofften Aufschwung erfahren. Der damalige Oberbürgermeister Bernd Seidel brachte unabsichtlich Licht ins Dunkel. Seine Formulierung, „die Stadt Leipzig habe die Absicht, zum gegebenen Zeitpunkt einen Antrag an das IOC zu stellen", war ein klarer Hinweis darauf, dass „der gegebene Zeitpunkt" auf sich warten lassen würde. Dennoch nahm eine Arbeitsgruppe ihre Tätigkeit auf und kam erwartungsgemäß zu dem Schluss, dass das Unternehmen Olympia für Leipzig eine Nummer zu groß sei. Es fehle vor allem an den baulichen Möglichkeiten. Ihr Fazit: „Bis zum 31. Dezember 1998 ist zu ermitteln, in welchem Umfang und welcher zeitlichen Abfolge die Kapazitäten wirksam werden müssen."

Antrag an IOC zum gegebenen Zeitpunkt

Leipzig (ADN). Im Zusammenhang mit der nach dem Gespräch zwischen Erich Honecker und dem Regierenden Bürgermeister von Berlin (West), Walter Momper, aufgeworfenen Frage zur Ausrichtung der Olympischen Spiele im Jahre 2004, erklärte der Leipziger Oberbürgermeister Dr. Bernd Seidel gegenüber Journalisten, die Stadt Leipzig habe die Absicht, zum gegebenen Zeitpunkt einen Antrag an das IOC zu stellen.

Spektakulär: Der Portikus rückte für den City-Tunnel-Bau 30 Meter zur Seite.

City-Tunnel: Portikus verrückt

Der Sachse liebt das Reisen sehr - doch was er am 10. April 2006 auf Reisen schickte, das war einmalig: 30 Meter rückte der historische Portikus des Bayerischen Bahnhofs auf einer Gleitbahn zur Seite. Für die Baugrube des City-Tunnels räumte er vorübergehend seinen Platz. Mit der Verschiebung des Bogentores erreichte der Bau der unterirdischen Eisenbahnverbindung endgültig spektakuläre Züge. Im Mai 2003 hatten EU, Bund, Land, Bahn AG und Stadt nach langwierigen Verhandlungen die Bau- und Finanzierungsvereinbarung für den Tunnel abgeschlossen. Sechs Wochen später sauste der erste Rammschlag auf dem Sachsenplatz nieder.

Sichtbare Zeichen der baulichen Großoperation mitten in einer gewachsenen Großstadt setzen seit 2004 die Öffnung des Marktes, des Leuschnerplatzes und eines Teils der Westseite des Hauptbahnhofs - den künftigen unterirdischen Stationen. Zweimal bewegt sich eine riesige Bohrmaschine vom Bayerischen Bahnhof zum Hauptbahnhof. Am 11. Januar 2007 setzte sie sich erstmals in Bewegung. Jede der beiden hochtechnologischen Maulwurfstouren schafft eine rohbaufertige Tunnelröhre von rund zweieinhalb Kilometern Länge. Anschließend beginnt der Ausbau nach den höchsten Standards der Verkehrs-, Signal- und Sicherungstechnik einschließlich ausführlicher Tests. Die Eröffnung des City-Tunnels war ursprünglich für Dezember 2009 geplant - 2010 oder 2011 halten Experten inzwischen für realistischer. Völlig neue Linienführungen von S-Bahnen und Regionalzügen führen zu einer Neugestaltung des gesamten mitteldeutschen Bahnsystems. Für die Fahrgäste wird der Tunnel vor allem Zeitgewinne und eine bessere Erreichbarkeit der Leipziger City bringen. Bislang verkehren die Züge auf dem historisch gewachsenen Streckennetz im großen Bogen um die Innenstadt herum - künftig fahren sie mittendurch. Auch für Fernzüge wäre der 400 Meter lange Bahnsteig in der Tunnelstation „Hauptbahnhof" groß genug.

Bis der erste Zug rollt, muss noch viel Geld fließen: 572 Millionen Euro sollte das Bauwerk ursprünglich kosten. Nach Überarbeitung und Anpassung des Projektes im Sommer 2006 steht fest: Es werden etwa 600 Millionen Euro sein - unter Umständen auch mehr, wenn der Baugrund in rund 18 Metern Tiefe unangenehme Überraschungen bereithält.

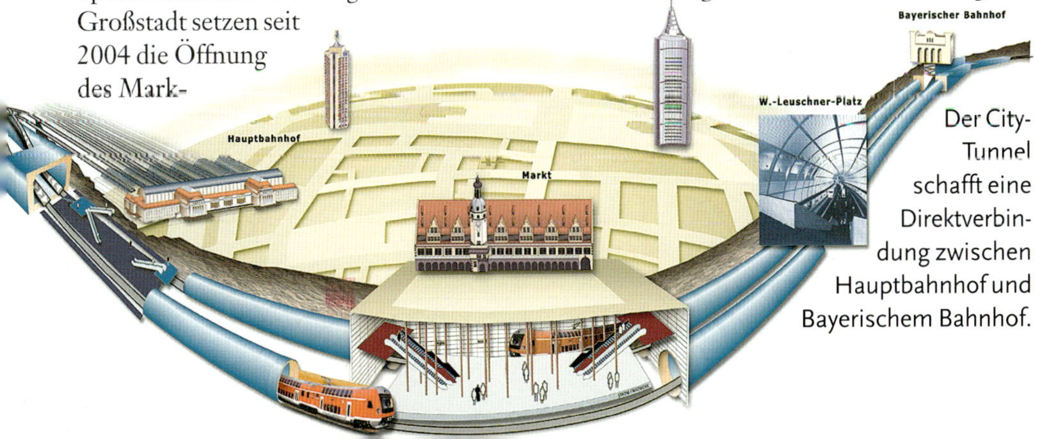

Mit dem City-Tunnel Leipzig geht ein 100 Jahre alter Leipziger Eisenbahntraum in Erfüllung - die unterirdische Verbindung zwischen den beiden Kopfbahnhöfen Hauptbahnhof und Bayerischer Bahnhof: Ein Lückenschluss von nur zwei Kilometern Luftlinie, aber mit vorteilhaften Auswirkungen auf das Schienennetz. Als sie den Hauptbahnhof bauten, dachten Leipzigs Verkehrsplaner zunächst an eine U-Bahn für die greifbar nahe scheinende Millionenstadt. Später erwogen sie unterschiedliche Varianten für unterirdische S-Bahnen. Die nach weiteren Untersuchungen in den 90er-Jahren bestätigte Trasse verbindet nunmehr die innerstädtischen Punkte mit dem höchsten Fahrgastaufkommen - bequeme Verknüpfungen mit der Straßenbahn inklusive.

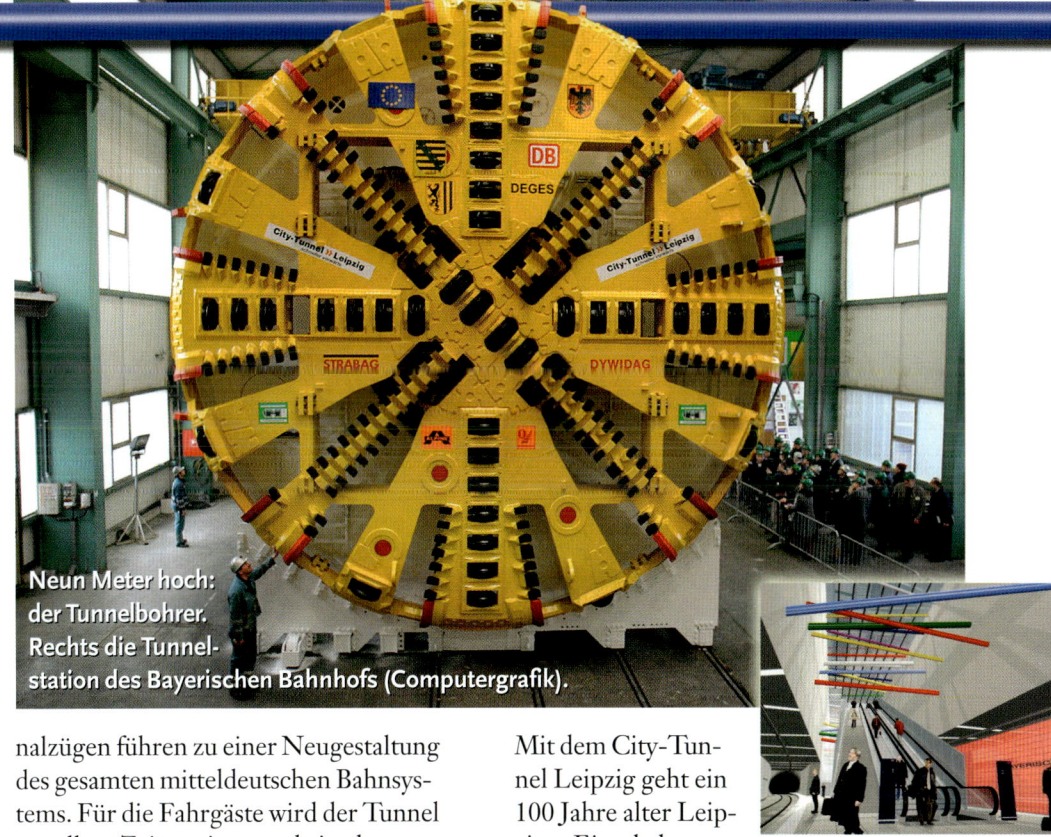

Neun Meter hoch: der Tunnelbohrer. Rechts die Tunnelstation des Bayerischen Bahnhofs (Computergrafik).

Der City-Tunnel schafft eine Direktverbindung zwischen Hauptbahnhof und Bayerischem Bahnhof.

Klinsmanns Hits - längst im Programm

Dr. med. Jürgen Ulrich - Arzt und Sportsmann zugleich. Mit respektablen 2,06 Meter war er einst sogar DDR-Meister im Hochsprung. „Heute springen das die besten Damen - aber es kannte ja zu meinen Zeiten auch noch keiner den Fosbury-Flop", merkt der Gründer und Chef der Leipziger MEDICA-Klinik dazu lächelnd-entschuldigend an.
So hoch springt der drahtige Mittsechziger schon lange nicht mehr. Aber nach oben streben, im Beruf Erfolg - das will er nach wie vor. Der beste Beweis: die 1997 eröffnete MEDICA-Klinik. Das Haus in der Käthe-Kollwitz-Straße gilt mit seinen mehr als 100 Mitarbeitern als erste Anlaufstelle bei der medizinischen Betreuung von Hochleistungs- und Freizeit-Athleten in Leipzig. „Wir sprechen die Sprache der Sportler", nennt der Arzt sein Erfolgsrezept. Als die neuen Trainings-Methoden von Jürgen Klinsmann zur Fußball-Weltmeisterschaft 2006 in Deutschland ins Blickfeld rückten, winkte der Sportmediziner ab: „Die haben wir bei uns schon seit Jahren im Programm."
Die Klinik mitten in der Stadt bildet als Lehrkrankenhaus in Kooperation mit der Leipziger Universität Studenten aus. Außerdem schult sie Ärzte in den Disziplinen „Physische Therapie" und „Rehabilitations-Medizin". Stolz verweist Dr. Ulrich zudem auf den bundesweit einmaligen sportmedizinischen Leistungsverbund, der mit Leipzigs Olympia-Bewerbung im Jahr 2003 entstand. Ihm gehören neben der MEDICA-Klinik der örtliche Olympiastützpunkt, das Notfallzentrum, die Chirurgische Klinik der Universität und das Institut für angewandte Trainingswissenschaften an.

Unten von links: Strampeln auf dem Ergometer, Sportler bei der Leistungsdiagnostik, und das Bewegungsbad mit Strömungskanal.

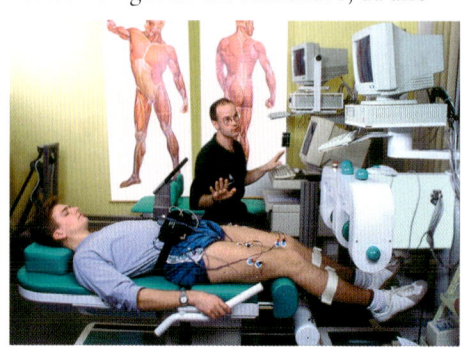

Links der Klinik-Empfang, daneben die MEDICA-Klinik in der Käthe-Kollwitz-Straße.

Von der Spezialisierung profitieren nicht nur die Sportler. Chefarzt Dr. Ulrich verweist auf ein breites Spektrum in seinem Haus: „Wir behandeln orthopädisch-traumatische Erkrankungen, Herz-Kreislauf-Probleme, neurologische, psychosomatische und onkologische Fälle. Auch Behandlungen nach Chemotherapien gehören zu unserem Angebot."
Nicht nur aktive Sportler wissen die MEDICA-Klinik zu schätzen. Das Haus in der Käthe-Kollwitz-Straße steht allen Patienten offen - zur ausschließlich ambulanten Behandlung. „Ihre Vorteile liegen auf der Hand", erklärt Dr. Ulrich. „Sie kostet weniger als die stationäre, da alle hotelähnlichen Leistungen wegfallen. Für die Patienten bietet das wohnortnahe Betreuungskonzept den Vorteil, dass sie schneller wieder in ihr gewohntes Umfeld zurückkehren können. Das wirkt sich nach allen Erfahrungen positiv auf den weiteren Heilungsprozess aus."
Neben der Überweisung von Patienten oder der Verordnung medizinischer Anwendungen auf Rezept stehen alle Leistungen der MEDICA-Klinik auch Selbstzahlern zur Verfügung. Ein Trend, der nach Beobachtung des Arztes immer mehr an Bedeutung gewinnt: „Die Bereitschaft, für die eigene Gesundheit auch Geld auszugeben, hat bei vielen Menschen

Dr. Jürgen Ulrich, Chefarzt der MEDICA-Klinik.

Entspannung im Ruheraum.

Kneipp-Therapie

Gruppen-Gymnastik

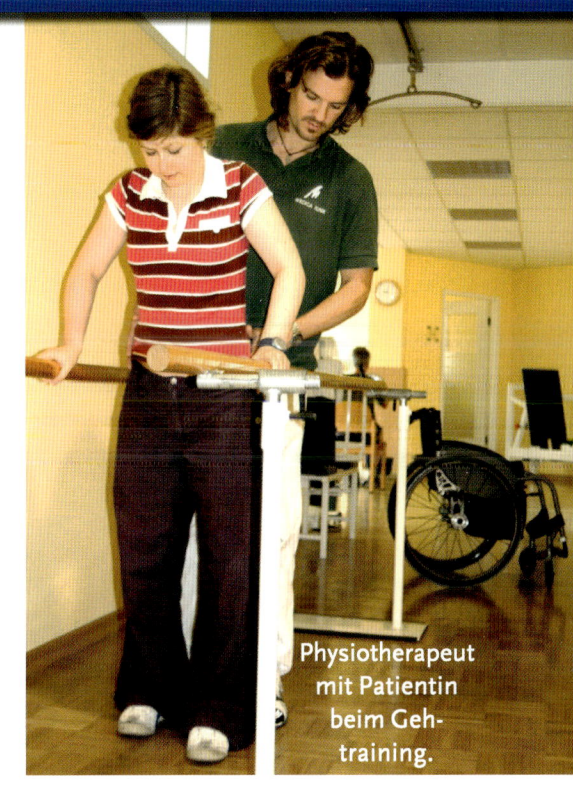

Physiotherapeut mit Patientin beim Gehtraining.

Klinik-Team

Ergotherapie

zugenommen - eine sehr erfreuliche Entwicklung". Von Herz-Kreislauf-Training über Bewegungstherapie und Rückenschulung bis hin zur Ernährungsberatung offeriert die Klinik vielfältige Präventionskurse. „Und weil Sport und Gesundheit nun mal zusammengehören, haben wir den Gesundheitssportverein Leipzig gegründet", berichtet der einstige Hochspringer. Der bundesweit erste gemeinnützige Verein dieser Art zählt mittlerweile mehr als 1.300 Mitglieder. Sie nutzen verschiedene sporttherapeutische Möglichkeiten, um ihre Lebensqualität zu erhalten und zu verbessern. Dr. Ulrich: „Wir überlassen unsere Patienten nach abgeschlossener medizinischer Rehabilitation nicht sich selbst, sondern wir motivieren sie, eigenverantwortlich und unter ärztlicher Aufsicht etwas für ihre Gesundheit zu leisten."

Die MEDICA-Klinik mit ihrem vielfältigen Angebot zählt längst zu den wichtigen Adressen der Stadt. Auch zahlreiche Prominente vertrauten schon auf Dr. Ulrich und sein Team. Gewandhauskapellmeister Kurt Masur fühlte sich bei den Ärzten nach einer Operation ebenso gut aufgehoben wie Kunstmaler Werner Tübke. Handballerinnen des HCL, Kicker des FC Sachsen, Weltklasse-Kanuten, Box- und andere Stars - nach medizinischen Eingriffen haben sie in der MEDICA-Klinik oftmals wieder „das Laufen gelernt". Bei der Fußball-Weltmeisterschaft 2006 war die Einrichtung als Fifa-Partner für die medizinische Betreuung der VIPs und Schiedsrichter zuständig. Dr. Ulrich: „Es gab keinen einzigen ernsthaften Zwischenfall."

Besonders hing Ulrichs Arzt- und Sportlerherz an der Leipziger Olympia-Bewerbung, für die er sich mit seinem Personal leidenschaftlich engagierte. „Leider entschieden in der Vorauswahl des Internationalen Olympischen Komitees nur die Computer über Leipzigs Wohl und Wehe. Bei der persönlichen Abstimmung in der Endrunde hätten wir eine echte Außenseiterchance gehabt", glaubt der Mediziner. „In den Ländern der Dritten Welt zählt Leipzig zu den wichtigsten Städten Deutschlands. Viele Afrikaner und Asiaten erinnern sich gern an ihre Ausbildung an der einstigen Hochschule für Körperkultur und Sport - in aller Welt noch immer als DHfK bekannt." In Vietnam konnte sich der Klinikchef erst kürzlich wieder davon überzeugen: Leipziger Mediziner wollen dort zum Aufbau einer leistungsfähigen Sportmedizin beitragen und haben die ersten Kontakte mit ihren Kollegen in Saigon geknüpft.

Auch wenn der Traum von Olympia 2012 in Leipzig platzte: Auf seine Stadt und seine Klinik lässt Dr. Ulrich trotzdem nichts kommen. Jährlich bis zu 15.000 Patienten wissen seine Professionalität zu schätzen. Und wenn sie sich nach erfolgreicher Behandlung wieder gesund oder zumindest gesünder fühlen, haben sie den wichtigsten Slogan des Hauses verinnerlicht: „Wer Sport treibt, lebt länger".

Ostdeutschlands größter Freizeitpark öffnet seine Tore

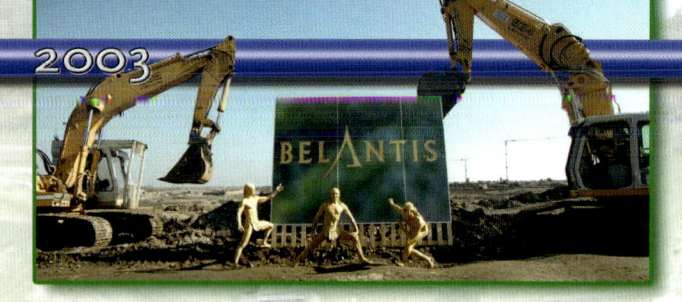

BELANTIS-Taufe im März 2002.

Endlich hat der Osten seinen eigenen Freizeitpark: Überall in den neuen Bundesländern sollen in den 90er-Jahren nach westlichem Vorbild Vergnügungsparks entstehen. Mehr als 150 Projekte dieser Art werden geplant, doch nur die Leipziger können sich mit ihrer Idee behaupten.

Bereits 2001 liegt vor den Toren Leipzigs der Grundstein: Der Bau beginnt. Dort, wo von 1924 bis 1999 noch Kumpel die Braunkohle förderten, verändert ein neu entstehendes Naherholungsgebiet nun täglich sein Gesicht. Die zahlreichen Tagebaurestlöcher verwandeln sich nach und nach in Seen, die sowohl dem Naturschutz als auch dem Tourismus dienen. Lediglich die stillgelegten technischen Anlagen erinnern noch an die einstige Braunkohleindustrie. BELANTIS trägt als Vorreiter dazu bei, dass sich aus der geschundenen Tagebaulandschaft im Süden von Leipzig ein attraktives Naherholungsgebiet entwickelt. Nach nur 19 Monaten Bauzeit öffnet BELANTIS am 5. April 2003 seine Tore - und entwickelt sich mit rund einer halben Million Gästen im Jahr zu Ostdeutschlands größtem Freizeitpark.

Als einer von wenigen Themenparks in Deutschland spiegelt BELANTIS wie eine überdimensionale Landkarte

Spritziges Vergnügen im „Fluch des Pharao" mit dem freien Fall aus Europas größter Pyramide.

Kontinente, vergangene Kulturen und Epochen wider - vom alten Ägypten über Spanien und Griechenland bis ins mittelalterliche Europa. Pharaonen, Ritter, Piraten und Indianer entführen den Gast auf eine abenteuerliche Entdeckertour durch historische Themenwelten. Die außergewöhnliche BELANTIS-Kulisse hat sich auch bei Event-Organisatoren herumgesprochen: Von der Familien-Geburtstagsfeier bis zur Großveranstaltung erfüllt der Vergnügungspark fast jeden Wunsch.

Von seinem Engagement künden zahlreiche Auszeichnungen. Das „Freizeitpark-TesterTeam" würdigt BELANTIS als „besonders empfehlenswert für Kinder" und verleiht dem Park 2006 den ersten Preis in der Kategorie „Bestes Personal". Die Tourismus Marketing Gesellschaft fügt im selben Jahr noch das Prädikat „familienfreundlich" hinzu.

Mit dem Bau von BELANTIS fließen rund 50 Millionen Euro ins Leipziger Neuseenland. Mit jeder Saison investiert der Freizeitpark weiter in neue Attraktionen. Vor allem regionale Firmen profitieren davon. Längst gilt BELANTIS als wichtiger wirtschaftlicher und touristischer Standortfaktor - nicht zuletzt die mehr als 260 neuen Arbeitsplätze im Freizeitpark zeugen davon.

Die beliebteste Attraktion bei BELANTIS: Die Achterbahn „Drachenritt" bringt Spaß für die ganze Familie.

Rastschloss an der Autobahn

Kein deutscher Freizeitpark liegt so nah an einer Großstadt wie BELANTIS. Nur zehn Minuten von der Leipziger City entfernt, wartet der Familien-Freizeitspaß. Seit der Freigabe der A38 im Sommer 2006 ist der BELANTIS Vergnügungspark Leipzig über seine eigene Autobahnabfahrt „Neue Harth/BELANTIS-Park" schnell und unkompliziert zu erreichen. Schnell entdeckt der Freizeitpark die Chance, den die hervorragende Anbindung mit sich bringt und öffnet das Schloss BELANTIS, eine der Themenwelten des Freizeitparks, ganzjährig für Autobahn-Reisende. Damit bietet Leipzig seinen Gästen fortan nicht nur Deutschlands einziges Rastschloss, sondern obendrein die einzige Raststätte, die mit Karussell & Co. puren Freizeitspaß bietet.

BELANTIS-Maskottchen Buddel begrüßt inzwischen ganztägig Gäste im Schloss BELANTIS.

2004

Computersimulation der Uni-Ansicht am Augustusplatz.

Künftiger Kirche-Aula-Bau.

Blick von der Grimmaischen Straße.

Zum 600. Geburtstag ein neues Gesicht

Ihr Netz von Forschung und Lehre spannt die Universität über die Messestadt: 14 Fakultäten und 150 Institute in allen Teilen Leipzigs vermitteln Wissen an rund 30.000 Studierende. In der Mitte des weitgespannten Netzes drehen sich Kräne: Seit 2004 baut und modernisiert die Alma Mater am Augustusplatz ihren Campus. Heftige Auseinandersetzungen begleiteten das mehr als 150 Millionen Euro teure Projekt. Der ideologisch motivierte Abriss der Paulinerkirche 1968 hinterließ tiefe Wunden bei den Leipzigern. Es bedurfte zweier Architektenwettbewerbe und vieler öffentlicher Debatten bis zu einer Lösung.

Den ersten, europaweit ausgelobten Architekturwettbewerb hatte das Büro Behet und Bondzio aus Münster für sich entschieden. Die Jury hob Einfachheit und Funktionalität des Entwurfs hervor. Er füge sich gut in die traditionelle Leipziger Stadtarchitektur mit Lichthöfen und Durchgängen ein und gebe moderner Lehre und Forschung ansprechend Raum. Doch die Kritiker waren nicht zufrieden. Die Paulinerkirche sollte wieder auferstehen. Noch einmal brandete die Diskussion auf. Noch einmal stellten sich Architekten der Herausforderung, die

Neue Mensa.

„Friedensstiftend" nannte die Jury den Entwurf des namhaften niederländischen Architekten Erick van Egeraat, der die Silhouette der Paulinerkirche aufgriff. Er wolle die einst prächtige Architektur nicht kopieren, sondern in moderner Form zurückbringen, unterstrich Egeraat. Ein Bauwerk, das der Universität „ein eigenes Gesicht zurückgibt und den ersten Platz der Stadt prägt und dominiert", lobte Rektor Professor Dr. Franz Häuser.

Während Egeraat im Dialog mit der Uni noch an seinem Entwurf feilte, knirschten 2004 am Augustusplatz bereits die Baggerschaufeln. Die Zeit drängte: 2009 will die Universität im neuen Campus ein Fest zum 600. Jahrestag ihrer Gründung feiern.

In fünf Schritten nimmt das Projekt Gestalt an. 2007 zeigt die Mensa bereits ihre gläserne Fassade in Richtung Moritzbastei. Parallel dazu sanieren die

Rektor im Schneetreiben: Im Februar 2007 begann der Abriss des alten Hauptgebäudes. Prof. Dr. Franz Häuser nahm ein Schild als Souvenir mit.

jetzt nur den Campus-Teil am Augustusplatz - das Paulinum - betraf.

Bauleute das Hörsaalgebäude und die Bibliothek. An der Grimmaischen Straße schließt sich der Neubau des Institutsgebäudes für die Wirtschaftswissenschaftliche Fakultät an - mit Einzelhandelsflächen im Erdgeschoss. Gleichzeitig erweitern und sanieren die Baufirmen das Seminargebäude.

Erst im letzten Schritt findet das Ensemble sein Gesicht - wenn das mit Spannung erwartete Paulinum entsteht. Sein Zentrum bildet die Aula in Form eines Kirchenschiffs, erweiterbar um einen Andachtsraum. Zudem entstehen ein Hörsaal mit 800 Plätzen als Auditorium Maximum und die Lehr- und Arbeitsräume der Fakultät für Mathematik und Informatik.

Wie kein anderes nimmt das Paulinum das Motto der Universität auf: „Aus Tradition Grenzen überschreiten".

Zahlen und Fakten

- Die 1409 gegründete Leipziger Universität ist nach Heidelberg die älteste deutsche Uni mit ununterbrochenem Lehrbetrieb.
- Zu den rund 30.000 Studenten zählen etwa 2.600 ausländische Kommilitonen aus 130 Ländern.
- Die Uni organisiert jährlich 800 wissenschaftliche Veranstaltungen, darunter 200 Kongresse.
- Etwa 500 Doktoranden verteidigen pro Jahr erfolgreich ihre Arbeiten - Tendenz: steigend.
- Der Großbetrieb Uni beschäftigt rund 2.000 Mitarbeiter, darunter 430 Hochschullehrer. Am Klinikum arbeiten weitere 2.300 Angestellte.
- Partnerschaftsbeziehungen bestehen zu weltweit 42 Universitäten, davon 18 in Europa.

2004

„Verantwortung aus Tradition"

Die Leipziger Uni auf dem Weg zum 600. Jahrestag ihrer Gründung - ein Gespräch mit Magnifizenz Professor Dr. Franz Häuser, Rektor seit 2003.

Sie stehen als Rektor einer 600 Jahre alten Lehr- und Forschungsstätte vor. Was ist für Sie das Besondere an der Leipziger Universität?

Leipzigs Universität ist die zweitälteste in Deutschland und hat eine reiche Tradition zu bewahren. Sie hat ihre gewachsene Prägung mit einem breiten Fächerspektrum durch die wechselvolle Geschichte trotz vieler Reformen und Eingriffe bis heute beibehalten. Wir haben 14 Fakultäten und 150 Institute. Ein Schwerpunkt der Ausbildung liegt im geisteswissenschaftlichen Bereich, für den sich die meisten der rund 30.000 Studenten eingeschrieben haben. Immer wieder hat die Universität in verschiedenen Fächern herausragende Wissenschaftler hervorgebracht - ich denke an die beiden Nobelpreisträger, den Chemiker Wilhelm Ostwald und den Physiker Werner Heisenberg, in jüngerer Zeit an den Literaturwissenschaftler Hans Mayer oder den Philosophen Ernst Bloch. Wo in Europa eine Universität gegründet werden sollte, holte man sich gern Leipziger Wissenschaftler oder ließ hier ausbilden.

Tradition als Standortvorteil?

Eine solch lange, erfolgreiche Wissenschaftstradition verschafft Ansehen. An einer Universität, die so lange überlebt, Höhen und Tiefen durchmessen hat, wirkt auf Dauer etwas, was sie jung bleiben lässt und ihr stets die Kraft gibt, sich zu erneuern. Nach dem wissenschaftlichen Aderlass der braunen Zeit, in der viele Studenten und Hochschullehrer gehen mussten, erlebte die Universität noch einmal die diktatorische Unterordnung der Wissenschaft unter eine Ideologie. Nach der politischen Wende 1989 wurden 6.000 Stellen abgebaut. Und dennoch steht die Leipziger Universität heute national und international gut da und ist dabei, sich wieder einen Platz an der Spitze zu erobern. Die lange Tradition, der reiche Fächerkanon, die Exzellenz in der Breite und die Fähigkeit, sich zu erneuern - das ist für mich das Besondere an Leipzig. Viele Studenten wählen deshalb Leipzig zu ihrem Studienort.

29 europäische Bildungsminister haben 1998 in Bologna ihren Universitäten eine tiefgreifende Studienreform verordnet, um durch vergleichbare Studienabschlüsse internationale Mobilität in Lehre, Beruf und Forschung zu sichern. Wo steht die Leipziger Universität in diesem Prozess?

Der Bologna-Prozess ist die stärkste und internationalste Reform des Studiums seit 200 Jahren. Wir sehen es als Wettbewerbsvorteil, diese Reform eindeutig und schnell umzusetzen. Auch die Studenten schätzen das, es bildet Vertrauen. In den bisherigen Studiengängen hatte die Universität eine hohe Quote bei Studienabbrechern. Dahinter stehen nicht nur viele Einschnitte in individuellen Biografien. Auch staatliche Mittel sind so nicht sinnvoll eingesetzt. Der Studiengang Bachelor, nicht mit dem amerikanischen zu vergleichen, sichert viel mehr jungen Leuten einen Abschluss, mit dem sie auf ihrem angestrebten Berufsfeld arbeiten können. Sie erwerben Schlüsselqualifikationen. Die Bachelor- und Masterstudiengänge sind nach dem Modularprinzip aufgebaut. Sie haben bereits weitgehend das Ma-

Neubau für die Geistes- und Sozialwissenschaften im Musikviertel.

Anatomie-Hörsaal.

Zur Person

Der 1945 in Limburg an der Lahn geborene Jurist studierte in Marburg und Bonn. Er promovierte und habilitierte an der Universität Mainz und lehrte danach in Bielefeld und Potsdam. Seit 1992 ist Franz Häuser Universitätsprofessor an der Leipziger Juristenfakultät im Fachgebiet Bürgerliches Recht, Bank- und Börsenrecht sowie Arbeitsrecht. 1997 stieg er zum Prodekan auf, ab 1999 zum Dekan der Juristenfakultät. 2002 wählten ihn die Universitätsangehörigen zum Prorektor für strukturelle Entwicklung, im Jahr darauf zu ihrem Rektor. Professor Häuser ist verheiratet und hat eine Tochter.

Prof. Dr. Franz Häuser

gister-, Diplom- und Lehramtsstudium ersetzt. An ihrer traditionellen Studienform halten die Theologen, die Juristen und die Mediziner fest.
Wir haben zudem die Initiative ergriffen, für das Land Sachsen ein Modell für das Lehrerstudium zu schaffen, denn elf der vierzehn Fakultäten sind daran beteiligt. Unsere Innovation: Im Bachelor-Studiengang unterscheiden wir nicht mehr zwischen den Schulformen. Die kombinierfähigen Module sichern allen künftigen Lehrern aller Fachrichtungen eine solide Grundlage. Darauf baut dann die spezialisierte Ausbildung für die einzelnen Schultypen auf.

In der Forschung hat Deutschland in einer Exzellenzinitiative seine Universitäten zu einem Wettbewerb um wissenschaftliche Spitzenleistungen herausgefordert. Womit weist die Universität Leipzig Exzellenz aus?

Der Wettbewerb zeigt, wo man steht. Und er macht eigene Leistung sichtbar. Mit Aufmerksamkeit werden international die Ergebnisse der Exzellenzinitiative registriert. Sie ermuntert die Universitäten, ihre Stärken herauszuarbeiten, damit sie zusätzliche Förderung erhalten. Leipzig hat dabei einen Standortvorteil. Rund um die Universität haben sich außeruniversitäre Forschungseinrichtungen angesiedelt. Mit ihnen gemeinsam haben wir 2004 den Leipziger Forschungsgipfel organisiert und als Ergebnis die sechs Forschungsbereiche entwickelt, die das wissenschaftliche Profil der Universität Leipzig bestimmen. Das war unser Fundus für die Exzellenzinitiative. Die Anträge werden von namhaften europäischen Wissenschaftlern geprüft und bewertet.

Angehende Mediziner diskutieren ein Krankheitsbild.

Das sichert Aufmerksamkeit in der wissenschaftlichen Welt.

Mit welchen Ergebnissen?

Wir schneiden besser ab, als ich erwartet hatte. In der zweiten Auflage hat sich Leipzig als einzige sächsische Universität durchgesetzt: mit zwei Projekten aus dem mathematischen und dem naturwissenschaftlichen Bereich. Das ermutigt uns, den Weg zu einer Spitzen-Universität einzuschlagen. Wir konzentrieren uns weiter auf zukunftsträchtige Forschungsbereiche - auch in den Geisteswissenschaften. Sie waren nicht so erfolgreich in der Begutachtung. Aber auch hier gibt es bereits in der Breite exzellente Forschung. Durch eine gut strukturierte Förderung junger Wissenschaftler in unserer eigens dafür gegründeten Research Academy Leipzig bilden wir Nachwuchs für Spitzenforschung aus.

Die Leipziger Universität liegt im Herzen des neuen Europas. Erwächst ihr daraus eine besondere Verantwortung?

Wir haben eine Verantwortung aus Tradition. Wo man auch hinschaut in der Wissenschaftsgeschichte Europas, man stößt auf Leipzig. Auch in der Gegenwart werden wieder namhafte Leipziger Wissenschaftler an andere Universitäten berufen. Eine unserer Besonderheiten ist, Brücken nach Mittel- und Osteuropa zu schlagen. Weil wir bereits Zentren zu diesem Thema betreiben und ein qualitätsvolles Konzept vorlegen konnten, wurde das Fraunhofer Zentrum für Mittel- und Osteuropa in Leipzig angesiedelt. Wir befördern die Kooperation in der Forschung und betreiben zum Beispiel gemeinsam mit der Universität Moskau ein Institut mit dem Schwerpunkt Energieversorgung.

600 Jahre Universität Leipzig, das sind auch 600 Jahre Leipzig als Universitätsstadt. Eine gute Symbiose?

Die Uni hält Leipzig jung. Hier studieren und leben 30.000 junge Leute mitten in der Stadt. Und jeder zehnte Leipziger hat mit der Universität zu tun. Es gibt wenige Großstädte, die in ihrer Mitte einen Campus haben. Die ersten Gebäude der Universität in der Ritterstraße 12 und in der Petersstraße sind noch heute in unserem Besitz. Die Universität macht Leipzig zur Wissenschaftsstadt. In ihrem Umfeld siedeln sich weitere Forschungseinrichtungen an. Wie die Stadt ist auch die Universität seit 1990 eine Großbaustelle. Markante Gebäude wie die Bibliotheca Albertina, aber auch viele Instituts- und Fakultätsgebäude sind seither saniert und ausgebaut worden.
Es ist auch für Leipzig eine kluge Entscheidung, den Campus in der Mitte der Stadt zu erneuern. In der Diskussion um die Gestalt des Paulinums am Ort der gesprengten Kirche habe ich persönlich gespürt, wie sehr die Universität von der Akzeptanz der Leipziger lebt. Das neue Bauwerk gibt nicht nur der Universität Gesicht, sondern prägt auch die Mitte der Stadt. Es ist von schöner Symbolkraft, wenn wir 2009 zum 600. Jubiläum der Universitätsgründung festlich nachvollziehen, wie sich die Alma Mater in der Stadt eingenistet und sie in ihrer Entwicklung beeinflusst hat.

Seminar im Gewi-Neubau.

Studenten bei einer Vorlesung.

Pausenatmosphäre im alten Uni-Innenhof.

Forscher streben an Europas Spitze

Leipzigs Universität strebt wieder einen Platz unter den europäischen Spitzen-Universitäten an. Forscher befassen sich mit Grundlagen der Nanotechnologie und wenden Mathematik in der Naturwissenschaft bei der Modellierung komplexer Vorgänge an. Sie erkunden die Kommunikation auf der Ebene der Moleküle und Zellen, beschäftigen sich mit den Zusammenhängen von Gehirn, Erkennen, Denken und Sprache. Sie untersuchen spontane Ordnungsstrukturen in gefährdeten Bereichen der menschlichen Gesellschaft und in den Metropolen, befassen sich mit dem Zusammenhang von veränderter Umwelt und Krankheit.

Mit diesen Schwerpunkten treten die Leipziger Wissenschaftler im Forschungswettbewerb der deutschen Universitäten an: in der Exzellenzinitiative des Bundes und der Länder. Sie fördert Graduiertenschulen, in denen junge Wissenschaftler ihre ersten Forschungsergebnisse in wichtigen Projekten erzielen. Die Initiative wählt Exzellenz-Cluster, wichtige interdisziplinäre Forschungsvorhaben, zur Unterstützung aus. Und sie honoriert Zukunftskonzepte der universitären Spitzenforschung.

Wer in allen drei Bereichen besteht, gilt als deutsche Eliteuniversität. Im ersten Anlauf errang Leipzig einen wichtigen Achtungserfolg. Das Bundesministerium für Forschung und das Land Sachsen befanden den Antrag zum Exzellenz-Cluster Moleküle und Zellen für Geweberegeneration so wichtig, dass sie den Bau eines Zentrums für Regenerative Medizin finanziert und dessen Arbeit für vier Jahre mit insgesamt 37 Millionen Euro fördert.

In der Neuauflage des Ausscheids erreichte die Leipziger Uni als Einzige in Sachsen mit zwei Projekten die Endrunde. Für den Titel Eliteuniversität hat der Schwung zwar noch nicht gereicht, aber Leipzigs Uni gehört zu den besten 35 in Deutschland. Um an die Spitze zu gelangen, konzentriert sich die Alma Mater auf den wissenschaftlichen Nachwuchs. Als Sprungbrett an die Spitze gründete sie die Research Academy Leipzig (RAL). Dort erwerben junge Wissenschaftler ihren Doktorhut - und Forschungserfahrung an der Seite der Innovativsten ihrer Fächer.

Nanowelt: Modell eines C 60 Moleküls.

Uni-Bibliothek mit großem Lesesaal.

Uni bewahrt ihre Schätze

- In der Bibliotheca Albertina mit ihren rund 40 Zweigstellen lagern rund fünf Millionen Bände und 9.000 Zeitschriften. Die Sondersammlungen der Uni-Bibliothek beherbergt 8.700 kostbare Handschriften und Papyri, 3.600 Inkunabeln - frühe Drucke bis zum Ende des 14. Jahrhunderts - sowie 80.000 Münzen und Medaillen.
- Die Kustodie bewahrt die Kunstschätze der Alma Mater und kostbare Gegenstände aus der Universitätsgeschichte auf. Der Kunstbesitz umfasst wertvolle Werke europäischer Malerei, Skulptur und Grafik vom 14. bis 20. Jahrhundert.
- Das Ägyptische Museum gehört mit mehr als 6.000 Exponaten zu den bedeutendsten Universitätssammlungen ägyptischer Kunst in Europa. Das Antikenmuseum vereint die einzige archäologische Sammlung in Sachsen, die umfassend über die europäische Antike in den Ländern des Mittelmeerraumes informiert. Das Museum für Musikinstrumente zeigt Deutschlands reichste und größte Instrumentensammlung.
- Von den 20 Lehrsammlungen stehen einige den interessierten Besuchern offen - so zum Beispiel die Lehr- und Studiensammlung zur Ur- und Frühgeschichte, die Mineralogisch-petrografische Sammlung und die geologisch-paläontologische Sammlung.
- Mit dem 1542 gegründeten Botanischen Garten unterhält die Universität einen der ältesten dieser Art weltweit.

Im Kroch-Hochhaus wacht die Kustodie über die Schätze der Universität.

Botanischer Garten.

„Alles ändert sich - und zwar rasend schnell"

Der Mann liebt Veränderung: Prof. Dr. Bernd Okun kündigte nach der Wende seine anerkannte Stellung als Erkenntnistheoretiker an der Leipziger Universität und gründete eine Wirtschafts- und Personalberatungsgesellschaft. Deren Name drang bis zu Ulrich Wickert in die ARD-Tagesthemen. In seiner Sendung wies der Fernsehmann launig darauf hin, dass Bernd Okun in Leipzig seine Firma passend zu typischen Ostprodukten „Inostment" genannt habe - „... und nun das Wetter".

Inzwischen hat der Professor noch einmal selbst die Seminarbank gedrückt, eine mehrjährige Ausbildung zur Supervision absolviert, sich zu einem der besten Personaltrainer bundesweit entwickelt und im November 2004 DE VACTO gegründet - die Deutsche Veränderungsakademie für Coaching, Training und Organisationsberatung.

Bei seinen Kursen zieht der Leipziger Professor die Manager aus Ost und West in seinen Bann. „Ich gehe online in ihre

Realfall-Debatte: Prof. Dr. Bernd Okun (links) im Gespräch mit einem Kursteilnehmer.

Gedanken- und Arbeitswelten - ohne Beamer-Barock und Folien-Schlachten." Komplexe Sachverhalte einfach erklären, die Kursteilnehmer auf schnelles und veränderungssicheres Handeln einstellen - darauf gründet sich der Erfolg der Akademie. Führungskräfte, Vorstände, Landräte, Bürgermeister, Mittelständler mit überdurchschnittlich hohem Betriebswachstum: Wer DE VACTO einmal besucht hat, kommt immer wieder. „Unsere Kurse besuchen Leute, die Lust auf Neues haben, Veränderungen wollen und ihrer Umgebung die Angst davor nehmen möchten. Leute aus Unternehmen, die begriffen haben, dass ihr Personal das wichtigste Betriebsvermögen ist", sagt Professor Okun, der in seiner Akademie fünf Trainer und einen Medientechniker beschäftigt. „Keine Firma würde heute noch Software aus den 90er-Jahren verwenden. Jahrzehntealte Kommunikationsmodelle hingegen finden viele völlig okay - und wundern sich, wenn der Erfolg ausbleibt." In der Laufschritt-Wirtschaft von heute gelten neue Spielregeln: flache Hierarchien, knappe Zeitfenster, Überzeugen statt Anweisen. „Erfolgreiche Gesprächsführung galt früher nur als Sahnehäubchen, heute gehört sie zu den Grunddisziplinen", sagt Prof. Dr. Okun. Weil das auf alle Branchen zutrifft, spricht die Veränderungsakademie auch alle an. Sie vermittelt keine Theorie-Bausteine, sondern nimmt sich im Realfall-Training stets aktueller Probleme und Lösungsvarianten an - von den Kursteilnehmern in der Praxis sofort auf ihre Tauglichkeit überprüft.

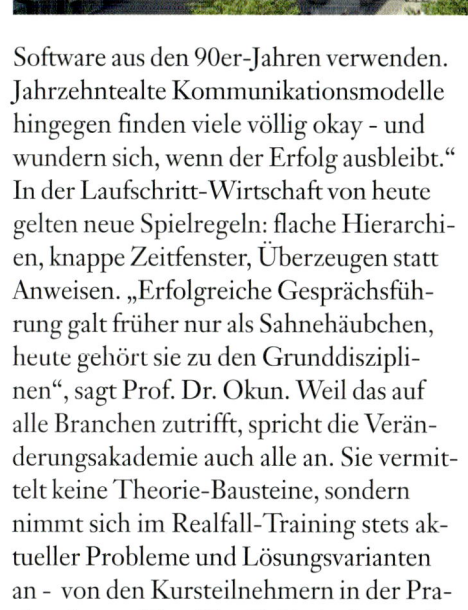

„Neulich ging es um einen Millionenauftrag. Die Situation schien völlig festgefahren. Der Bewerber sah kaum noch eine Chance", berichtet Bernd Okun von einem solchen „Echtzeit-

Der Kern der Akademie - Prof. Dr. Bernd Okun, Claudius Markov, Jenny Okun und Dr. Helmut Thieme (von links).

Tagesthemen-Moderator Ulrich Wickert

Projektarbeit im Grünen: Die Kurse laufen in entspannter Atmosphäre in Hotels im Leipziger Umland. Beste Lage (oben): Im Thomaskirchhof 7 (links) hat die Veränderungsakademie ihre Büros.

Fall". Entscheidend sei wieder einmal die Gesprächsführung gewesen. „Nun, ich mache es kurz: Er hat den Auftrag erhalten."

Den Professor bestätigt das in seinem Credo: „Wir brauchen eine Veränderungskultur in Deutschland, keine Sehnsucht nach der alten Welt. Viele glauben immer noch: Wenn uns die Globalisierung am Rockzipfel packt, dann schneiden wir ihn einfach ab. Doch nichts bleibt, wie es war. Alles ändert sich - und zwar rasend schnell."

Oft muss Bernd Okun an seinen Mathelehrer zurückdenken. Der hat ihm gesagt: „Wir könnten das Wetter des nächsten Tages zwar genau berechnen - aber wir bräuchten dafür 30 Tage."

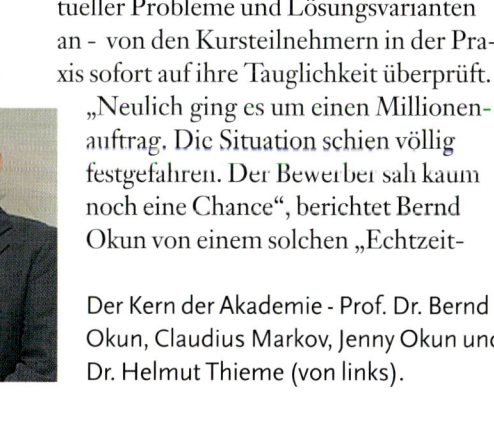

Museumsneubau am Böttchergäßchen.

Altes Rathaus

„Coffe Baum" - ältestes Kaffeehaus Deutschlands, eröffnet 1720.

Direktor Dr. Volker Rodekamp führt Besucher durch eine Sonderausstellung im neuen Museum.

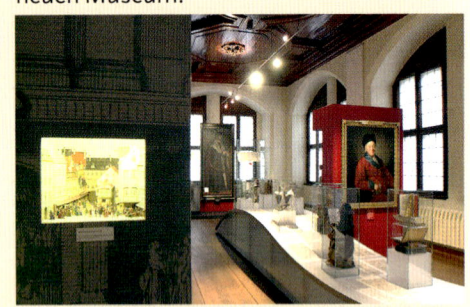

Ständige Ausstellung im Alten Rathaus.

Mehr als 85.000 Exponate hat das Sportmuseum gesammelt.

„Schatzkiste" für Leipziger Kostbarkeiten

Es kann sich sehen lassen unter den deutschen Museen: Mit mehr als 200.000 Sachzeugen, 327.000 Büchern, Dokumenten, Archivalien und 74.000 Fotos hütet das Stadtgeschichtliche Museum Leipzig einen der größten kulturhistorischen Bestände der Bundesrepublik - seit 2004 untergebracht in einem Neubau neben dem Bildermuseum. In der „Schatzkiste" kann die Stadt ihre Kostbarkeiten jetzt auf fünf Etagen sicher verwahren, zentral dokumentieren und gründlich erforschen. Zwei Ausstellungsräume bieten zudem Platz für Sonderschauen.

Die Sammlung begründet haben die Bürger selbst. 1867 hob Architekt Oscar Mothes den Verein für Geschichte der Stadt Leipzig aus der Taufe. Dieser baute über Jahrzehnte eine bedeutende „Altertümersammlung" auf. 1885 legte der Verein Oberbürgermeister Otto Georgi Vorschläge für ein Museum vor. Aber erst nach Einweihung des Neuen Rathauses 1905 reifte der Entschluss zur Tat: Der Rat bestimmte das Alte Rathaus nach mehrjähriger aufwendiger Generalsanierung zum Sitz des Stadthistorischen Museums. 1909 übergab der Geschichtsverein seine Sammlung als Grundstock. Dazu gehörten Altäre und Heiligenfiguren ebenso wie Bodenfunde zur Leipziger Frühgeschichte, Stadtansichten, eine umfangreiche Sammlung zur Völkerschlacht und vieles mehr. Die historischen Ausstattungsstücke des Alten Rathauses, die Bildnisse der Stadtrichter und der wettinischen Fürsten sowie die kostbare Eidbibel des Rates integrierte das Museum ebenso wie Rüstungen und Militaria aus dem ehemaligen Bestand des Leipziger Zeughauses. Der erste Direktor Dr. Albrecht Kurzwelly kooperierte hervorragend mit den anderen Leipziger Museen, die sich zugunsten des neuen Hauses von stadtgeschichtlich bedeutsamen Stücken trennten.

Neben den historischen Räumen rund um Festsaal und Ratsstube richtete Kurzwelly im Obergeschoss eine Ausstellung zur Entwicklung der Stadt ein. Und Leipzigs Bürger bedachten ihr Museum weiterhin mit bedeutenden Privatsammlungen.

In der Bombennacht des 4. Dezember 1943 brannten Obergeschoss und Turm des Alten Rathauses völlig aus. Glücklicherweise hatte die Museumsleitung wertvolle Stücke ausgelagert. Von 1946 bis 1956 entstand das Alte Rathaus neu. 1952 öffnete bereits das Museum seine Türen, zeigte zunächst das weitgehend unversehrt gebliebene Hauptgeschoss und Sonderschauen. Erst 1965 sahen die Leipziger wieder eine ständige Ausstellung: „Stadtgeschichte von 1789 bis 1945". Da war das Haus bereits Teil des Museums für Geschichte der Stadt Leipzig, das mit seinem ideologisch überformten Auftrag alle historisch orientierten Museen und Gedenkstätten vereinte.

1991 beschloss der Stadtrat, dem Museum seinen alten Namen zurückzugeben. Heute gehören nicht nur das Alte Rathaus mit der ständigen Ausstellung und der Neubau im Böttchergäßchen mit seinen Sonderausstellungen zum Stadtgeschichtlichen Museum. Es betreut zudem das Völkerschlachtdenkmal mit dem Forum 1813, das Schillerhaus, das Museum „Zum Arabischen Coffe Baum", die Alte Börse als Veranstaltungsort sowie das Sportmuseum als Dokumentations- und Sammlungszentrum.

2005

Hoffnungsträger für die Region

Der Jubel kannte keine Grenzen: Im Rathaus floss Freibier, die LVZ erschien mit einem Extrablatt, die ganze Region schöpfte Hoffnung auf Arbeit. Am 18. Juli 2001 gab der BMW Vorstand bekannt, dass er sein neues Automobilwerk in Leipzig errichten werde. Mehr als 250 ernst zu nehmende Bewerbungen aus ganz Europa hatte das Unternehmen zuvor geprüft. „Für Leipzig sprachen unter anderem die Nähe zu den Stammwerken in Bayern und die zentrale Lage", erinnert sich Werksleiter Peter Claussen.

„In der Region haben wir zudem genügend qualifiziertes Personal, die Infrastruktur ist hervorragend, und Leipzig selbst hat als attraktive Stadt eine hervorragende Lebensqualität." BMW drückte bei seinem 1,2 Milliarden Euro teuren Neubau am nördlichen Stadtrand aufs Gaspedal: Am 7. Mai 2002 setzte Bundeskanzler Gerhard Schröder auf dem 208 Hektar großen Areal den ersten Spatenstich. Drei Jahre später, am 13. Mai 2005, konnte er das Werk feierlich eröffnen. Die Serienproduktion hatte bereits am 1. März begonnen, das erste Fahrzeug in der Farbe „Sparkling Graphite Metallic" ein Leipziger Kunde in Empfang genommen. Inzwischen rollen täglich 650 Fahrzeuge der 1er und 3er Reihe vom Band. Allein vom BMW 3er waren es im Juni 2006 schon 100.000 Stück.

Werksleiter Peter Claussen

Maßstäbe setzt BMW mit seinem Leipziger Werk auch architektonisch. So durfte sich Zaha Hadid aus London über den Deutschen Architekturpreis 2005 freuen - für das von ihr entworfene Zentralgebäude.

Das Haus verbindet die drei Fertigungsbereiche Karosseriebau, Lackiererei und Montage auf kurzen Wegen. Es ist das „Nervenzentrum" des Unternehmens, durch das sich die Transportbänder mit den Karosserien offen sichtbar bewegen.

Bei der gesamten Planung orientierten sich die Architekten an den Begriffen Flexibilität und Nachhaltigkeit: Das Werk ist so aufgebaut, dass sich die Grundstrukturen möglichst lange nutzen, aber zugleich mit geringem Aufwand für Zukunftstechnologien modifizieren lassen. Diese Flexibilität betrifft auch den Personaleinsatz. In der „BMW Formel für Arbeit", die eine wesentliche Voraussetzung für die Standortentscheidung war, hatten die Tarifpartner festgelegt, dass die neue Autofabrik variabel zwischen 60 und 140 Wochenstunden arbeiten kann. Ende 2006 waren auf dem Gelände des Leipziger Unternehmens knapp 4.700 Menschen beschäftigt, davon etwa 2.300 direkt bei BMW, die anderen bei Zulieferern und verschiedenen Dienstleistungspartnern. In Zukunft sollen im Werk etwa 5.500 Menschen Arbeit finden, noch einmal so viele indirekt im Umfeld. Die Unternehmensleitung hat besonders darauf geachtet, einen im Branchenvergleich hohen Frauenanteil in allen Funktionen zu erreichen. Er liegt derzeit bei knapp 15 Prozent.

Und sie stellte ganz gezielt nicht nur junge Arbeitnehmer ein: rund 30 Prozent sind älter als 40 Jahre; fünf Prozent älter als 50 Jahre. „Dadurch soll von Anfang an eine altersbedingte Fluktuation einsetzen, die immer wieder Neueinstellungen möglich macht", erklärt Werkschef Claussen. „So können wir stets neues Know-how rekrutieren und die Belegschaft vor kollektiver Überalterung schützen."

Sensationelle Funde

Das BMW Werk steht auf geschichtsträchtigem Boden. So entdeckten Archäologen auf der Baustelle eine bandkeramische Siedlung (etwa 5200 bis 4900 vor Christus), eine jungbronzezeitliche Siedlung samt Kultplatz (1100 bis 900 v. Chr.) sowie eine slawische Siedlung aus dem 9. bis 10. Jahrhundert. Sensationellster Fund war ein zirka 7.260 Jahre alter Brunnen - der älteste in Deutschland.

Das BMW Werk Leipzig erstreckt sich über eine Fläche von 208 Hektar.

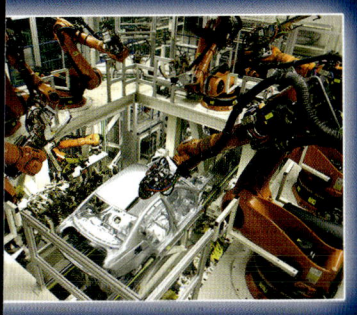

Hightech: Roboter sorgen für eine passgenaue Verarbeitung.

Qualität made in Leipzig: Der 100.000ste 3er wird poliert.

Transportbänder verbinden die drei Fertigungsbereiche.

Der Frauenanteil im Werk liegt 2006 bei 15 Prozent.

2006

Qualität und Anspruch - Niederlassung auf hohem Niveau

Nur zehn Monate nach der Eröffnung ihres Werkes setzten die Bayerischen Motorenwerke (BMW) ein zweites Achtungszeichen im Norden der Messestadt: Direkt neben der hochmodernen Automobilfabrik empfing im März 2006 die erste große Filiale der BMW Niederlassung Leipzig ihre ersten Kunden.

„Seit Eröffnung 1991 an der Alten Messe ist unsere Niederlassung der größte BMW Handelsbetrieb in den neuen Bundesländern", freute sich Niederlassungsleiter Franz Inzko, der seine Erfahrungen inzwischen bei einem weiteren Bauprojekt des Konzerns in Nürnberg einbringt. Bereits 2003 hatte er die Errichtung eines neuen Gebäudes für die Niederlassung am Messegrund gemanagt - Investitionsvolumen: 22 Millionen Euro.

In seinen Leipziger Häusern wartet der bayerische Automobilhersteller mit einem breiten Angebot an Neu-, Dienst- und Vorführwagen der Marken BMW und MINI auf. „Hohe Qualität erfordert einen hohen Anspruch", sagt Inzkos Nachfolger Eduard Fischer. „Das gilt sowohl für unsere Fahrzeuge als auch für unseren Service. Die Zufriedenheit der Kunden liegt uns am Herzen. Damit das so bleibt, suchen wir immer den direkten Dialog."
Im „Show-Room" können Interessenten die gesamte Fahrzeugpalette betrachten. Und in der „Präsentations-Lounge" verschaffen zudem virtuelle Modellvarianten weitere Detail-Informationen. Das Verkaufsteam berät den Kunden bis hin zur endgültigen Konfiguration seines Wunschautos. Darüber hinaus vereint die Leipziger Niederlassung als Sachsens größtes BMW Gebrauchtwagenzentrum mehr als 500 BMW und MINI aller Modellreihen in seinem Bestand. Außerdem warten stets rund 100 Werks- und Dienstwagen auf ihre Käufer. Freunde „heißer Öfen" sind ebenfalls willkommen: Sie können 50 bis 80 neue und gebrauchte Motorräder begutachten. In der BMW Motorrad-Erlebniswelt finden die Biker alles aus einer Hand: komplettes Zubehör für Fahrer und Maschine, Zweiradvermietung und zahlreiche Serviceleistungen vom Leasing bis zum Werkstattservice. Auch Fahrräder, Bekleidung, Modellautos und vieles andere mehr findet der BMW Fan in den Häusern an der Zwickauer Straße, der Filiale und im Shop des BMW Werk Leipzig. Zum Service gehört zusätzlich der Verkauf und Verleih von Skiboxen, Dachträgern, Schneeketten und Fahrradhalterungen sowie die Nachrüstung von Original-Zubehör. Ersatzteile beschafft das blau-weiße Team innerhalb von 24 Stunden.

Die Werkstatt ist mit hochmodernen Geräten für Inspektion, Wartung und Reparatur ausgerüstet. Auch Karosserie- und Lackinstandsetzungen erledigen die hauseigenen Spezialisten. „2005 hat uns die Zeitschrift ‚Auto Motor Sport' bei ihrem Werkstatt-Test zur Nummer eins in Deutschland gekürt. Außerdem hatten wir vier Mal hintereinander das beste Image aller 54 BMW Betriebe", zieht Inzko Bilanz.

2001 verkaufte seine Niederlassung an der Alten Messe 1.100 Neuwagen - fünf Jahre später rund 1.600, dazu noch 1.700 Gebrauchte. Im gleichen Zeitraum wuchs die Zahl der Mitarbeiter von 130 auf 210. Die meisten Auszubildenden hat die Niederlassung übernommen. Viele andere arbeiten im Werk. In der Filiale nebenan – entworfen von der Londoner Star-Architektin Zaha Hadid – stehen rund 20 Mitarbeiter bereit. Besonderes Extra: der Messe- und Airport-Service. BMW Kunden können ein Shuttle zwischen Filiale und Ausstellungsgelände nutzen. Und sie können ihr Auto einfach am Flughafen auf dem hauseigenen Parkplatz abstellen, wo es nach der Rückkehr von der Reise bereit steht – komplett gewartet auf Wunsch.

Filiale am BMW Werk.

Franz Inzko (links) und Eduard Fischer.

Niederlassung an der Alten Messe.

Blick in die Verkaufshalle.

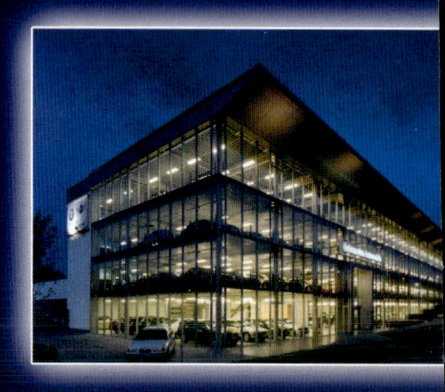

BMW Gebrauchtwagenzentrum.

Ring geschlossen – Schleife fast komplett

Es war nur ein kleiner Schnitt durchs rote Bändchen, aber ein großer Schritt für Leipzigs Verkehrsentwicklung: Mit der Freigabe des letzten, rund 15 Kilometer langen Teils der Südumfahrung A 38 schloss sich am 13. August 2006 der Autobahnring um die Messestadt – und brachte die „Mitteldeutsche Schleife" um Leipzig und Halle ein großes Stück voran. Bis nach Göttingen soll die neue Autobahn künftig führen. Im Süden Leipzigs verbindet sie die A 9 (Berlin – München) mit der A 14 (Magdeburg – Dresden). Trotz aller Verzögerungen beim Bau: „Die 347 Millionen Euro für die A 38 sind gut angelegtes Geld", sagte Bundesverkehrsminister Wolfgang Tiefensee, kurz bevor die ersten Fahrzeuge laut hupend über das Asphaltband rollten. „Ohne die Autobahn hätten sich BMW, Porsche und DHL nicht in Leipzig angesiedelt." Nach dem infrastrukturellen Ausbau des Nordens der Stadt habe nun auch der Südraum bessere Chancen für die Entwicklung von Wirtschaft und Tourismus.

Verlief die Komplett-Freigabe im August eher kurz und unspektakulär, so konnten Ende Mai noch Radfahrer und Fußgänger für einen Tag den knapp zehn Kilometer langen Abschnitt zwischen Neuer Harth und Anschlussstelle Süd in Besitz nehmen. Das Volksfest vor dem Freizeitpark Belantis brachen die Veranstalter am Mittag allerdings ab: Bei starken Windböen war ein Hubschrauber abgestürzt. Die drei Insassen – der Pilot, ein Kameramann und ein Fotograf – überlebten schwer verletzt.

Die Autobahnringe um Leipzig und Halle bilden die „Mitteldeutsche Schleife".

Die „Trompete" verbindet die A 38 (rechts) mit der A 14.

Biedermeierstube der Gosenschenke „Ohne Bedenken".

Was unter den Blumen die Rose ...

Sie gehören zu Leipzig wie die Lerchen aus der Bäckerei und das Allerlei aus dem Gemüsetopf: die leicht säuerliche, obergärige Gose und der edle Kümmellikör Allasch. Beide passen außerdem hervorragend zusammen: „Regenschirm" nennt sich der Mix aus Bier-Spezialität und Spirituose – und so kennen die Leipziger nicht nur den Spruch „Was unter den Blumen die Rose, ist unter den Bieren die Gose", sondern auch: „Ohne Kümmel bleibt die Gose, allezeit ´ne halbe Chose".

Von den unzähligen Gosenstuben, die ab Mitte des 18. Jahrhunderts in der Stadt existierten, blieb bis heute nur eine einzige an historischem Ort erhalten: die Gosenschenke „Ohne Bedenken" in Gohlis. 1958 ersatzlos geschlossen, feierte sie 2006 den 20. Jahrestag ihrer Wiedereröffnung, im Jahr zuvor den 100. Geburtstag von Biergarten, Biedermeierstube und Gose-Erker. Hergestellt und ausgeschenkt wird das Kult-Getränk seit 2000 auch in der Gasthaus & Gosebrauerei Bayerischer Bahnhof. Hier pflegen Destillateure nach überlieferten Rezepten zudem die Tradition des Echten Leipziger Allasch – 1923 begründet vom Branntwein- und Likörfabrikanten Wilhelm Horn. Dieser entwickelte den ursprünglich aus dem Baltikum stammenden Kümmelschnaps zu einem Leipziger Original. Zwar musste die Firma 2003 endgültig Insolvenz anmelden – ihr Allasch aber lebt weiter: Seit März 2006 ist er wieder im Handel zu finden. Und im „Regenschirm" sowieso.

Gasthaus & Gosebrauerei Bayerischer Bahnhof.

Klaus Horn konnte von der Schnapsfabrik seines Vaters nur den Allasch retten. Seit 2006 steht der traditionsreiche Likör in neuen Schmuckflaschen wieder in den Regalen.

Töpfe, Tore, tolle Stimmung: „Der Name der Stadt geht um die Welt"

Am 9. Dezember 2005 schaute die Welt gebannt auf Leipzig. 32 Mannschaften hatten sich für die Fußball-WM 2006 in Deutschland qualifiziert - jetzt entschied das Los, wer gegen wen in den acht Vorrundengruppen spielen sollte. Das FIFA-WM-Organisationskomitee um Franz Beckenbauer hatte Leipzig mit gutem Grund für das gigantische Medienspektakel ausgewählt: die Stadt der DFB-Gründung und des ersten deutschen Fußballmeisters. „Eine größere Werbung für uns gibt es nicht. Der Name der Stadt geht um die Welt", jubelte Leipzigs Chefplaner Engelbert Lütke Daldrup.

Prominenz aus Sport und Politik gab sich ein Stelldichein. Schätzungsweise 500 Millionen Menschen verfolgten weltweit an den Bildschirmen die große Fernsehgala aus der neuen Messehalle 1. Nachdem internationale Fußballstars wie Pelé (links), Johann Cruyff (links im Hintergrund) und Lothar Matthäus in die Lostöpfe gegriffen hatten, stand fest: In Leipzig würden folgende Vorrundenspiele ausgetragen: Holland - Serbien-Montenegro, Spanien - Ukraine (oben Fernando Torres), Frankreich - Südkorea (oben Mitte) und Iran - Angola (unten rechts Angolas Loco gegen Rasoul Khatibi). Darüber hinaus sollte das Zentralstadion die Bühne für ein Achtelfinalspiel bieten: die dramatische Begegnung Argentinien - Mexiko (2:1 nach Verlängerung) mit einem ausgelassen feiernden Diego Maradona (oben rechts).

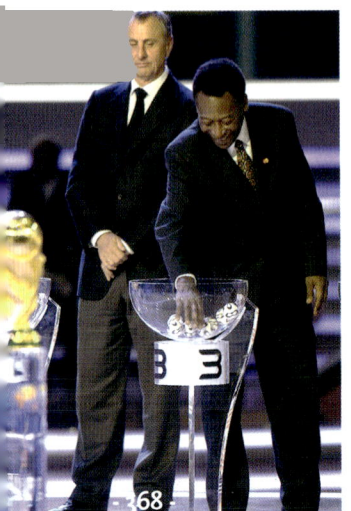

Die Vorfreude in der Stadt stieg. Bereits am Vorabend der Auslosung hatte sich eine vier Kilometer lange Menschenkette mit 35.000 Teilnehmern als „größtes Nationalteam aller Zeiten" durch die City geschlängelt. Die große Fußball-Party stand aber noch bevor. Zwar drohte die Stadt zunächst im Verkehrschaos zu versinken, als mit einer Flut von Baustellen die Infrastruktur auf WM-Niveau wuchs. Doch als alles überstanden war, konnte Oberbürgermeister Burkhard Jung von einem „Sprung in der Stadtentwicklung" sprechen, „durch den wir fünf Jahre abgekürzt haben".

Vom 9. Juni bis 9. Juli 2006 erfasste eine riesige Welle der Begeisterung Leipzig, den einzigen WM-Austragungsort in den neuen Bundesländern. Das WM-Motto „Die Welt zu Gast bei Freunden" wurde Realität. 844.000 Besucher strömten in die Stadt, darunter 40.000 Mexikaner, 20.000 Spanier und 15.000 Argentinier. Sie verwandelten die City in den vier Wochen in eine fröhlich-friedliche Partyzone: rund 175.000 Feierlustige allein auf der Fußball-Kneipenmeile in der Gottschedstraße. 460.000 Menschen verfolgten die Spiele beim Fanfest auf dem Augustusplatz vor zwei Großbildwänden. 1.106 Künstler aus elf Nationen bestritten dort zwischen den Partien rund 330 Stunden Bühnenprogramm. Und 900 Journalisten aus 21 Ländern sendeten aus dem internationalen Medienzentrum im Gewandhaus ihre Beiträge aus Leipzig in alle Welt. Die Fußball-Fans - davon 210.000 bei den fünf Spielen im Zentralstadion - tranken insgesamt 110.000 Liter Bier und 130.000 Liter Softdrinks. 80.000 Bratwürste, 40.000 Steaks und fünf Tonnen Pfannengerichte gingen beim Fanfest über den Ladentisch. Der Umsatz allein beim Fest betrug 4,5 Millionen Euro.

Ein Meer aus Orange

Vor dem Auftaktspiel ihrer Mannschaft am 11. Juni 2006 gegen Serbien-Montenegro verwandeln rund 35.000 Niederländer die Leipziger Innenstadt in ein Meer aus Orange. 60 Sondermaschinen aus Holland landen auf dem Schkeuditzer Flughafen, zwei Sonderzüge, etwa 100 Busse und ungezählte Wohnmobile rollen an. Die Campingplätze am Kulkwitzer See und Auensee sind ausgebucht.

Am Nachmittag zieht eine große Oranje-Parade vom Burgplatz (oben) in Richtung Zentralstadion. Mittendrin Erik van Doeren aus Amsterdam: „Wir fühlen uns wie zu Hause, mehr Holländer gibt's da auch nicht", lacht er. Einen besonderen Auftritt erleben die Leipziger Stadtreiniger: Mit ihren orangefarbenen Fahrzeugen und Arbeitsanzügen werden sie zum begehrten Foto-Motiv.

Nach dem Spiel ist die Welt der Holländer noch in Ordnung. Der 1:0-Sieg gegen Serbien-Montenegro wird kräftig gefeiert, die Galavorstellung des 22-jährigen Stürmers Arjen Robben lässt Titelträume reifen. Doch diese platzen bereits 14 Tage später. Nach der 1:0-Niederlage im Achtelfinale gegen Portugal endet für die Oranjes die Weltmeisterschaft in Deutschland.

„Weltmeister der Herzen"

Deutschland-Fähnchen an Tausenden Autos: Der Stolz auf die unerwartet stark spielende, junge Mannschaft von Bundestrainer Jürgen Klinsmann war groß. Die Fans feierten die „Klinsmänner", am Ende Turnier-Dritter, als „Weltmeister der Herzen". Weil bei ihren Auftritten der Andrang vor den Leinwänden in Leipzigs Innenstadt zu groß war (rechts), wurden die Spiele auch auf der Anzeigetafel im Zentralstadion gezeigt. Ein ungewöhnliches Bild: Zehntausende Fans auf den Rängen und kein Akteur auf dem Rasen.

Einmalig: Deutscher pfeift WM-Finale

Er ist einschließlich 2006 der einzige deutsche Schiedsrichter, der das Finale einer Fußball-WM pfeifen durfte: Rudi Glöckner aus Leipzig-Markranstädt. Am 21. Juni 1970 leitete er vor 114.000 Zuschauern im Azteken-Stadion von Mexiko-City das Endspiel zwischen Brasilien und Italien (unten vor dem Anpfiff). Angesprochen auf seine Glanzleistung, winkte er später bescheiden ab: „Beide Mannschaften haben es mir leicht gemacht." 1.165 Partien in aller Welt hat Rudi Glöckner gepfiffen, darunter fünf Europacup-Endspiele. In besonderer Erinnerung blieb ihm das Londoner Wembley-Stadion, „weil dort die Zuschauer bis zu zwei Meter dicht am Rasen sitzen durften und eine fantastische Stimmung machten". Unvergessen: die Rote Karte, die er in einem Länderspiel dem holländischen Weltstar Johann Cruyff wegen groben Fouls zeigte.

Im Januar 1999, zwei Monate vor seinem 70. Geburtstag, starb der Markranstädter Ehrenbürger nach schwerer Krankheit. Bei der Trauerfeier würdigte ihn DFB-Vizepräsident Hans-Georg Moldenhauer als „besten deutschen Schiedsrichter aller Zeiten".

2006

Erste Leipzigerin als „Gerechte unter den Völkern" geehrt

„Ich habe damals gar nicht darüber nachgedacht. Nur gehofft, dass alles gut geht." Josephine Hünerfeld, geborene Zauzich, war 29 Jahre alt, als sie eine jüdische Familie vor den Nazis rettete. 64 Jahre später, am 28. September 2006, ehrte sie der Staat Israel als erste Leipzigerin in der Holocaust-Gedenkstätte Yad Vashem als „Gerechte unter den Völkern" - zusammen mit ihrem verstorbenen Vater Georg Jünemann. Israel zeichnet mit diesem Titel Nicht-Juden aus, die während der Nazi-Zeit unter Einsatz ihres Lebens jüdische Mitbürger vor dem Tod bewahrten.

Im September 1942 waren der Arzt Dr. Walter Albert Leopold, seine Frau Hilde und die fünfjährige Tochter Anneliese (rechts) aus dem „Judenhaus" in der Humboldtstraße geflüchtet. Sie hatten erfahren, dass ihre Namen auf der Liste für das Konzentrationslager Theresienstadt standen. Über anonyme Helfer gelangte die Familie in die Gohliser Jägerstraße 15 (unten links) zu Josephine, ihrem Vater und ihrem Sohn Karl Theo.

„Ich hatte wahnsinnige Angst. Wären wir entdeckt worden, hätte das auch für meinen Vater und mich das Ende bedeutet", erinnerte sich die einstige Klavierlehrerin später. „Aber wir haben uns für die Aufnahme entschlossen, obwohl wir die Leopolds nicht kannten." Die junge Witwe und ihr Vater versteckten die jüdischen Flüchtlinge, teilten mit ihnen ohne große Worte die wenigen Lebensmittel. Anneliese Leopold: „Ich durfte nur nachts aus dem Bett und musste immer besonders leise sein. Kindergetrappel oder Lachen hätte den Nachbarn ja auffallen können." Als sich von den rationierten Lebensmittel-Marken sechs Personen nicht mehr ernähren konnten, fanden die Leopolds andere mutige Helfer. Später kehrten sie noch einmal für fünf Wochen in die Jägerstraße zurück. 1944 gelang ihnen schließlich mit falschen Papieren unter dem Namen Freiherr die Flucht nach Österreich. 1950 wanderte Anneliese Leopold in die USA aus und ließ sich mit ihrem Mann Matt Yosafat in Cincinnati nieder. Die Leipzigerin Josephine Hünerfeld zog nach Schweich bei Trier.

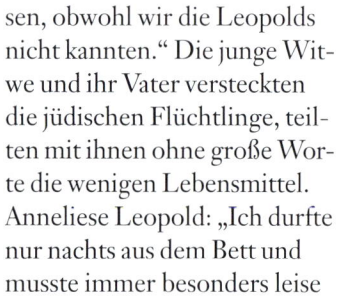

Im Jahr 2000 trafen sich die beiden erstmals wieder. Historiker Mario Martin hatte die abenteuerliche Geschichte der jüdischen Familie Leopold erforscht und die beiden Frauen nach Leipzig eingeladen. Hier trugen sie sich auch ins Goldene Buch der Stadt ein.

„Immer wieder habe ich mich gefragt: Ob die Leopolds wohl noch leben?" erzählte Josephine Hünerfeld bei dem Treffen. „Jetzt bin ich total gerührt, dass ich Anneliese wiedergefunden habe." Nicht anders ging es der sechsfachen Großmutter aus Amerika: „Ich bin so froh, Josephine zu sehen. Ohne ihre Hilfe hätte ich heute keine eigene Familie." 1943 hatte Dr. Walter Leopold in sein Tagebuch geschrieben: „Jeder, der zur Rettung unglücklicher Naziopfer beigetragen hat, wird zu den Auserlesenen der kommenden Menschheit zählen." Anneliese Yosafat erfüllte das Vermächtnis ihres Vaters und setzte sich dafür ein, dass ihre Retter in Yad Vashem gewürdigt werden.

„Es muss eine Fügung gewesen sein, dass Leopolds überlebt haben", sagte die 93-jährige Josephine Hünerfeld bescheiden, als sie die Nachricht von der Ehrung erreichte. Auf der Memorial-Wall im „Garten der Gerechten" in Jerusalem sind ihr Name und der ihres Vaters nun verewigt - neben den Namen von mehr als 21.000 Frauen und Männern aus allen Teilen Europas, darunter nur rund 400 Deutsche.

Josephine Hünerfeld mit Sohn Karl Theo (1946).

Wiedersehen nach mehr als 50 Jahren: Josephine Hünerfeld (links) und Anneliese Yosafat zusammen mit dem Historiker Mario Martin. Unten die Holocaust-Gedenkstätte Yad Vashem in Israel.

Irak-Geiseln: Happy End nach 99 Tagen

Pfarrer Christian Führer (unten) erfuhr es aus erster Hand. Am 2. Mai 2006, exakt 18.17 Uhr, rief ihn Außenminister Frank-Walter Steinmeier an: „Ich freue mich sehr, Ihnen mitzuteilen, dass die beiden im Irak entführten Leipziger Thomas Nitzschke und René Bräunlich seit heute wieder in Freiheit sind." Wenig später lief die erlösende Nachricht auf allen Kanälen. Hunderte Menschen versammelten sich spontan auf dem Nikolaikirchhof, minutenlang läuteten die Kirchenglocken - das Happy End nach 99 Tagen Bangen und Beten. Die beiden auslandserfahrenen Ingenieure waren Ende Januar im Auftrag ihrer Bennewitzer Firma in den Irak gereist, um eine Stickstoffanlage in Betrieb zu nehmen. Auf der kurzen Autofahrt zwischen ihrem gut bewachten Quartier und dem Arbeitsort lauerten ihnen schwer bewaffnete Geiselnehmer auf. In einer Videobotschaft nannten sie sich „Brigaden der Anhänger der göttlichen Einheit und des Beispiels des Propheten".

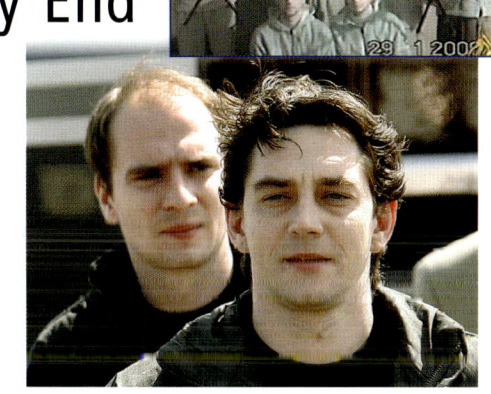

Thomas Nitzschke (links) und René Bräunlich. Oben das Video der Entführer.

Mehr als drei Monate mussten die beiden Männer in Erdlöchern und Verschlägen verbringen, dann endlich kamen sie frei. Während der ganzen Zeit hatten Hunderte Leipziger mit 26 Mahnwachen (unten links) und unzähligen Kerzen auf dem Nikolaikirchhof die Erinnerung an die Irak-Geiseln wach gehalten.

Pfarrer Führer erleichtert: „Im Grunde ist uns allen in den vergangenen Wochen etwas ganz Wichtiges passiert: In einer so unverschämt und so unverblümt vom Geld bestimmten Zeit, in der man denkt, christliche Werte wie Solidarität, Nächstenliebe, Mitgefühl sind verschüttgegangen, sind diese nur zugedeckt. Ja, wenn es darauf ankommt, sind sie wieder da. Hier an der Nikolaikirche war kein Schnäppchen zu machen, hier gab es auch keinen Bonuspunkt, hier gab es nichts außer Menschsein."

Angekommen in der Gegenwart: Vor der Nikolaikirche haben sich Victoria und Michael per Funklan bei LVZ-Online eingeloggt. Auf ihrem Laptop schauen sie sich noch einmal an, wie das überraschte Paar vom Lande im Jahr 1165 Leipzigs historische Mitte erkundet. Nach ihrer fotografischen Reise durch die Zeit sind Vicci und Micha einmal mehr überzeugt: „Offen für alle" - der Leitspruch der Kirche - gilt auch für diese sympathische Stadt.

Für Neubau: Forscher müssen Haare lassen

Die Sonne strahlte, die Forscherherzen schlugen höher und Sachsens frisch gekürte Wissenschaftsministerin Dr. Eva-Maria Stange hatte ihren ersten Auftritt im neuen Amt - mit einem Grußwort und einer Kelle Mörtel. Am 22. September 2006 legte das Fraunhofer-Institut für Zelltherapie und Immunologie (IZI) den Grundstein für seinen Neubau zwischen Bio-City und Alter Messe. Kosten: rund 25 Millionen Euro aus den Kassen des Freistaates, der Europäischen Union und der Fraunhofer-Gesellschaft (FhG). Die Stadt stellte das Grundstück zur Verfügung und beteiligt sich an den Betriebskosten.

FhG-Vorstand Dr. Alfred Gossner lobt das Haus als „architektonisch anspruchsvoll, funktional hochwertig und kreativitätsanregend für seine Nutzer". Als „Ausdruck von Weitsicht und Baustein für die Zukunft" betrachtet es Staatsministerin Dr. Eva-Maria Stange. Leipzig und Sachsen seien auf dem Weg zu einem international anerkannten biomedizinischen Wissenschaftsstandort. Die Pläne für den fünfstöckigen Komplex an der Zwickauer Straße mit einer Nutzfläche von 4.200 Quadratmetern stammen von einem Stuttgarter Architektenbüro. Etwa 100 Mitarbeiter sowie ebenso viele Doktoranden, Gastwissenschaftler und Studenten finden ab 2008 in dem Institutsgebäude Platz. Schon das bisherige Quartier in der nur wenige Meter entfernten Bio-City war mit Reinsträumen und Labors bestens ausgestattet, um diagnostische und therapeutische Verfahren zu entwickeln oder die Wirkung von Pharmaka an Zellkulturen zu testen. „Wir haben schon mehrere Patente angemeldet und werben kräftig Auftragsforschung ein", sagt IZI-Direktor Prof. Dr. Frank Emmrich.

Für ihr neues Institut mussten die Forscher allerdings Haare lassen: Die zur Grundsteinlegung eingemauerte Kassette füllten die Fraunhofer-Chefs nicht nur mit Zeitdokumenten, sondern auch mit Strähnen aller Leipziger Mitarbeiter. Worauf einer scherzte: „Vielleicht sind wir ja irgendwann in der Lage, aus den Haarwurzelzellen unsere Wissenschaftler zu klonen."

Die Gesellschaft

Die Fraunhofer-Gesellschaft betreibt in bundesweit mehr als 80 Einrichtungen mit rund 12.500 Mitarbeitern anwendungsorientierte Forschung. Vertragspartner und Auftraggeber sind Industrie- und Dienstleistungsunternehmen sowie die öffentliche Hand. Das jährliche Forschungsvolumen beträgt mehr als eine Milliarde Euro. Für Bund und Länder bereiten die Institute Problemlösungen vor, die in fünf oder zehn Jahren in Wirtschaft und Gesellschaft aktuell sind.

Eine aktuelle LVZ und Haarproben der Mitarbeiter für die Grundstein-Kassette. Daneben die Grundsteinlegung mit Institutsleiter Prof. Dr. Frank Emmrich (rechts) und Wissenschaftsministerin Dr. Eva-Maria Stange.

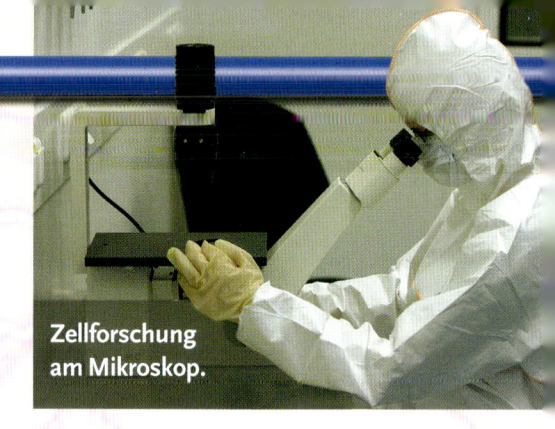

Zellforschung am Mikroskop.

Das Institut

Das Leipziger Institut für Zelltherapie und Immunologie (IZI) gehört zum Fraunhofer-Verbund Life-Science. Zum europäischen Tag der Immunologie am 29. April 2005 nahm es in der Bio-City am Deutschen Platz die Arbeit auf. Seine Wissenschaftler suchen an den Schnittstellen von Medizin, Bio- und Ingenieurswissenschaften nach speziellen Problemlösungen für Partner aus der Wirtschaft. Dabei erforschen sie insbesondere Methoden zur zelltherapeutischen Heilung von Gewebe und Organen. Für Aufsehen sorgte das IZI mit seiner Entwicklung eines zelltherapeutischen Verfahrens zur beschleunigten Rückbildung von Lähmungen. Nachdem es die experimentellen Prüfungshürden überwunden hat, könnte es bald auch den ersten Patienten helfen.

Baustart im September 2006. Oben der Neubau im Modell.

2007

Je besser es Leipzig geht, desto besser geht es auch der LVZ

Von Bernd Hilder

Wo geht sie hin nach 2007, die Leipziger Zeitreise? In der Zukunft lässt sich nur aufbauen, was die früher gesetzten Grundpfeiler tragen können. So hängen Vergangenheit, Gegenwart und Zukunft schicksalhaft zusammen. Die Saat von heute trägt erst später Früchte. Und gesät hat Leipzig in den vergangenen Jahren viel: Trotz aller Probleme, die aus dem drastischen Bevölkerungsrückgang und dem Zusammenbruch der DDR-Wirtschaft resultieren, entwickelte sich die Stadt zur unangefochtenen Metropole Mitteldeutschlands. Hier blüht Kultur wie im weiten Umkreis nirgendwo. Die gute Verkehrsanbindung macht die Stadt zu einem strategisch günstigen Investitionsstandort am Schnittpunkt dreier Bundesländer. Und sollte eine ferne Vision aus Gründen der Vernunft doch einmal Realität werden: Leipzig wäre die natürliche Hauptstadt eines vereinten mitteldeutschen Bundeslandes.

Die fortschreitende Globalisierung, wachsender Konkurrenz- und Effizienzdruck sowie die rasante Entwicklung der Kommunikationstechnologien zwingen auch Europa zur Bildung kraftvoller Wirtschaftsregionen unabhängig von politischen Grenzziehungen - und meistens zu Lasten abgelegener ländlicher Gebiete. Schon deswegen muss einem um die Zukunft des pulsierenden Leipzig mitsamt seines selbstbewussten Um-

Blattkritik und Planung: Chefredakteur Bernd Hilder bei der Mittagskonferenz mit Vertretern der Fachressorts.

landes als Mittelpunkt einer solchen Region nicht bange werden - wenn die heute Verantwortlichen dafür konsequent an den Fundamenten arbeiten. In weniger als einem Jahrhundert haben die Leipziger Erfahrungen mit fünf äußerst widersprüchlichen politischen Systemen gesammelt - und dabei ihre Lebensfreude und schlaue Aufmüpfigkeit nicht verloren. Mit der friedlichen Revolution haben sie Geschichte weit über die Stadtgrenze hinaus geschrieben. Seitdem zeigt sich aber auch: Verschlafene Ruhe kommt nicht auf, denn nichts ist so beständig wie der Wandel. Und die Herausforderungen wachsen.

Präsenz im Internet: Blick in die Online-Abteilung.

Modernes Zeitungshaus: Die LVZ am Peterssteinweg.

Am Puls von Leipzig: Redaktions- und Verlagsgebäude in unmittelbarer Nähe zur Innenstadt.

Diesem Wandel ist immer stärker auch die Welt der Medien unterworfen. Neben Tageszeitung, Radio und Fernsehen wird immer stärker auch das Internet zur Nachrichtenquelle. Unterschiedliche Medien verzahnen sich miteinander: Auch die Leipziger Volkszeitung baut ihre Internetangebote aus. Die traditionellen Radio- und Fernsehsender sind angesichts der fortschreitenden Digitalisierung immer größerem Wettbewerbsdruck ausgesetzt. In diesem Szenario wird trotz sich verändernder Mediennutzung durch die Leser, Hörer und Zuschauer die klassische Tageszeitung ihren wichtigen Platz behalten. In den Archiven keines anderen Mediums ist die Geschichte Leipzigs so umfassend dokumentiert wie in denen der Leipziger Volkszeitung. Und als Regionalzeitung - wegen ihrer Qualität auch weit über Leipzig hinaus bekannt - wird sie auch in Zukunft so präzise und umfangreich wie kein anderes elektronisches oder gedrucktes Medium über die Region berichten.

Wenn es im öffentlichen Interesse ist, muss Berichterstattung auch kritisch ausfallen. Auf den Tisch der Öffentlichkeit muss kommen, was im Interesse der Region dorthin gehört. Die LVZ ist der Anwalt der Bürger, aber auch der Chronist ihrer Lebensumstände. Journalistische Verantwortung ist professionelle Präzision und gestalterischer Spielraum zugleich: Zielführende kritische Analysen zeigen genauso wie die Vielzahl positiver Berichte, wie sehr die LVZ und ihre engagierten Mitarbeiter in der Region verwurzelt sind. Je besser es Leipzig geht, desto besser geht es auch der LVZ. Das verbindet für die Zukunft.

Mediale Verflechtung: Fernsehteam mit Lokalredakteurin im Zeitungsarchiv.

2015

Lebendiges Zentrum inmitten Europas

Von Oberbürgermeister Burkhard Jung

Leipzig im Jahr 2007 ist eine wunderbare Stadt, eine Stadt mit praller Geschichte, einer - bei allen Problemen - guten Gegenwart und einer Zukunft mit großen Möglichkeiten.

Leipzig im Jahr 2015 wird eine prosperierende Stadt sein, eine Stadt für alle Bürger, eine Stadt mit Arbeit und Einkommen, eine Stadt, die wächst und in der jedes Lebensalter seinen Platz findet, eine Stadt, in der man gerne zu Hause ist und in der Gäste willkommen sind, eine Stadt, für die sich jede Anstrengung lohnt.

Unsere Zukunft ist das Ergebnis der Taten in der Vergangenheit: Leipzig hat in seiner langen Geschichte stets Maßstäbe gesetzt. Der wache und kritische Bürgergeist verhalf der Stadt zu einem unverwechselbaren Profil. 2015, das sind 850 Jahre nach der Verleihung des Stadtrechts und ein Vierteljahrhundert nach der Friedlichen Revolution, weiß Leipzig um seinen Platz in der Rangliste der deutschen und europäischen Metropolen. Zu keinem Zeitpunkt war es bloße Verwaltungs- oder Residenzstadt, sondern immer bestimmt vom geschäftigen Treiben seiner Bürger. Kaum eine zweite Stadt prägt eine so reiche Tradition des bürgerschaftlichen Engagements auf allen Ebenen. Sie war immer nach außen geöffnet und für äußere Einflüsse offen. Im Zeitalter der Globalisierung hat sich dies als die einzig realistische Haltung herausgestellt.

Leipzig 2015 - eine wachsende Stadt

Leipzig ist 2015 eine wachsende Stadt - hinsichtlich der Zahl ihrer Einwohner, ihrer Wirtschaftskraft und ihrer baulichen Entwicklung. Die moderne Infrastruktur hat Leipzig zu einer Drehscheibe mit neuen Chancen werden lassen - ein starkes Kraftzentrum in Europa mit überregionalem Straßen- und Schienennetz, modernem Flughafen mit 24-Stunden-Betrieb und interkontinentalen Verbindungen. Die Messe, die Wirtschaft und der Handel profitieren von der neuen Infrastruktur. Nicht zuletzt die Auto-, Stahl-, Maschinenbau- und Zuliefererindustrie nutzen die neuen Perspektiven, um sich im globalen Netz der Produktion und des Vertriebs fest zu verankern. Leipzigs hochmoderne digitale Infrastruktur bietet Unternehmen aus der Kommunikations- und Medienbranche erstklassige Wachstumschancen. Von allen Städten in den neuen Bundesländern hat Leipzig die größten Fortschritte beim Übergang in die Dienstleistungsgesellschaft erzielt. Die Neue Messe, die Entwicklung der Buch- zur Medienstadt, die Kulturstadt und das Finanzzentrum Leipzig: All das sind Pfunde, mit denen sich 2015 wuchern lässt.

Leipzig 2015 - eine unternehmungslustige Stadt

Ein spannendes kulturelles Zentrum in Deutschland – auch das ist Leipzig 2015. Musik, Theater, bildende

ZEIT REISE in die Zukunft mit Leipzigs Oberbürgermeister: Burkhard Jung kam am 7. März 1958 in Siegen (Westfalen) zur Welt. Nach dem Studium an der Wilhelms-Universität Münster arbeitete er als Lehrer für Deutsch und Religion. 1991 wechselte der Studienrat nach Leipzig und baute das Evangelische Schulzentrum auf. Der Ernennung zum Oberstudiendirektor im Kirchendienst 1997 folgte zwei Jahre später der Amtsantritt als Beigeordneter für Jugend, Soziales, Gesundheit und Schule im Rathaus. Im Februar 2006 wählten die Leipziger den Sozialdemokraten zum Oberbürgermeister. Burkhard Jung ist verheiratet und hat vier Kinder.

Hochkultur ihre Ergänzung in einer vitalen Jazz-, Rock- und Popszene findet.
Aber nicht nur die Musik, auch die darstellende und die bildende Kunst, die sich auf eine große Tradition gründen, prägen das kulturelle Profil. Sie richten sich in ihrer Suche nach neuen Formen an ein ebenso interessiertes wie kritisches Publikum. Leipzig setzt dabei nicht nur auf die großen Namen, sondern fördert junge und talentierte Köpfe. Nicht zu vergessen: die Sportstadt Leipzig - mit einer reichen Vereinslandschaft und international hochkarätigen Veranstaltungen im Sportforum.

Leipzig 2015 - eine soziale Stadt

Leipzig ist 2015 eine soziale Stadt mit Chancen und Unterstützung für alle Bürger. Niemand soll sich überflüssig fühlen, jedem bietet sich die Möglichkeit zur Teilhabe. Die Vision des sozialen Zusammenhalts, der wachsenden Metropole mit europäischem Anspruch, in der die Leipziger ihren Unterhalt und eine lebenswerte Freizeit- und Kulturlandschaft finden, in der Menschen ganz unterschiedlicher Herkunft sich mit ihren jeweils eigenen Begabungen einbringen, diese Vision bestimmt das Handeln. Auch im Jahr 2015 ist die direkte Begegnung, das Engagement vor Ort nicht unter die Räder gekommen. Die Anzahl der Bürgervereine hat sich vergrößert, ihre Mitspracheöglichkeit erweitert. Neue Figuren der nachbarschaftlichen Solidarität haben sich entwickelt, inspiriert durch Stadtteilmoderatoren und unterstützt durch die Bürgerämter, die sich weit über ihre Dienstleistungsfunktion hinaus, oft in Kooperation mit Außenstellen der Volkshochschule oder freien Bildungsträgern, zu Anlauf- und Kommunikationspunkten der Stadtteile entwickelt haben.

Leipzig 2015 - eine engagierte Bürgerstadt

Mehr denn je ist Leipzig 2015 eine lebendige Bürgerstadt. Die Palette der Aktivitäten ist weit gestreut. Die „Freiwilligenagentur", die Stiftung „Bürger für Leipzig" oder die Initiativen „Herbst 1989" sind nur die bekanntesten Namen. Vereine und Verbände nimmt die Stadt ernst. Die vielen Ehrenamtlichen sind wichtige Stützen: beim Seniorenbesuchdienst oder in der Schule als Elternsprecher, im Sportverein oder Behindertenverband, bei der freiwilligen Feuerwehr oder im Kulturverein, in der Kirchgemeinde oder im Kleingärtnerverein.
Mit den Stadtbezirks- und Ortschaftsbeiräten besitzt Leipzig gereifte Instrumente kommunaler Bürgerbeteiligung: Demokratie als Prozess, nicht als fertiger Zustand. Demokratie in der Stadt der Friedlichen Revolution bleibt lebendige Praxis.

Leipzig 2015 - eine internationale Stadt

Leipzig als ältester Messeort der Welt war stets eine international ausgerichtete Stadt. Vermutlich ist diese weltoffene Haltung das eigentliche Geheimnis des Leipziger Erfolgs. Jede Provinzialität angesichts der Vernetzung von Wirtschaft, Politik und Kultur wäre heute unverantwortlich. Stadtentwicklung darf nicht an der eigenen Kirchturmspitze enden. Das Verständnis als Stadt mit europäischem Anspruch ist tief verwurzelt. Die geografische Lage hat Leipzig eine bedeutende Rolle im Netz der europäischen und außereuropäischen Handelswege zugeschrieben. Austausch der Ideen, Attraktivität für Gäste, neue Heimat für ausländische Mitbürgerinnen und Mitbürger sind einige Schlagworte, die sagen: Internationalität ist eine große Chance.
Dennoch muss jede Vision um ihre Grenzen wissen. Kommunalpolitik stößt an Schranken, die Bundes- und Landesgesetze markieren. Und auch das Jahr 2015 sieht Leipzig nicht aller Sorgen ledig. Doch es wird ein attraktives urbanes Zentrum sein - mit einer hohen Lebensqualität, einer wachsenden Wirtschaft, einer renommierten Bildungs- und Wissenschaftslandschaft und einem für die Leipziger hohen Kultur-, Freizeit- und Erholungswert. Leipzig 2015 - ein Schmelztiegel aus Altem und Neuen, aus Bewahrung und Aufbruch, aus Augenmaß und Enthusiasmus, kurz: eine Stadt ihrer Bürger inmitten Europas.

Kunst, Museen, Kabarett, Literatur und Kleinkunst, aber auch der Zoo, Märkte und Events aller Art sind Bestandteil dieser Landschaft.
Wer an Leipzig denkt, der denkt auch 2015 an das Gewandhausorchester, die Oper und den Thomanerchor, an Bach, Mendelssohn und Wagner, an eine Musikstadt, in der sich große Traditionen vereinen mit avantgardistischen Ansprüchen: Eine Stadt, in der die musikalische

Blick hinter die Kulissen - und ein großes Dankeschön

Unsere Reise durch mehr als 1200 Jahre Stadtgeschichte ist am Ziel. Von den ersten Ideen im Frühsommer 2006 über die öffentliche Projektpräsentation im September bis zum Erscheinen des stattlichen Buches verging gerade einmal ein knappes Jahr. Ohne die vielen Helfer vor und hinter den Kulissen hätte die Expedition niemals so schnell Fahrt aufgenommen: Ihnen allen ein riesengroßes Dankeschön! Einige seien zumindest stellvertretend genannt: Oberbürgermeister Burkhard Jung zum Beispiel war von Anfang an ein wohlwollender Reisebegleiter. Keine Frage für ihn, dass er in einem Buch über Leipzig auch selbst zur Feder (bzw. Tastatur) greift. Unvergesslich das Foto-Shooting mit ihm auf der Weißen Elster: Vito Signorello vom „Ristorante da Vito" in der Nonnenstraße hatte uns dafür eine original venezianische Gondel überlassen. Und sein Gondoliere Giuseppe sorgte geduldig dafür, dass Fotograf Armin Kühne zu allen gewünschten Schauplätzen gelangte - und der OBM trotz gewagter Manöver nicht baden ging.
Apropos Foto: Ohne die Unterstützung von Christoph Kaufmann, den „Herren der Bilder" im Stadtgeschichtlichen Museum, wäre die Reise schnell zu Ende gewesen. Auch Sandy Muhl im Universitätsarchiv oder Claudia Junge in der Kustodie halfen bei der Suche nach Illustrationen unkompliziert weiter. Nicht zu vergessen Gerd Ahlemann, der im alten LVZ-Papierfoto-Fundus so manchen vergessenen „Schatz" aus den Schubkästen zauberte - und Bert Klinghammer, der alle Bilder ins digitale Zeitalter beförderte und technisch gut aufbereitet an die Buchgestalter weiterleitete. An der Schnittstelle von Historie und Moderne bewegten sich auch die zehn Foto-Inszenierungen „Zeit-Sprung". An zwei Wochenenden fuhren die beiden Schauspielstudenten Victoria Schaetzle und Michael Wächter mit uns kreuz und quer durch Leipzig, schlüpften in historische Kostüme, stellten Ereignisse der Stadtgeschichte unter neuem Blickwinkel nach. Dass die richtigen Kleider zur richtigen Zeit auch richtig gut wirkten - dafür sorgte Barbara Schiffner, Kostümbildnerin am Leipziger Schauspiel. Unauffällig im Hintergrund agierend, stand sie den beiden Darstellern hilfreich zur Seite - und hatte mitunter „Schwerstarbeit" zu leisten, da Micha Wächter sie um mehr als einen Kopf überragte und obendrein noch ziemlich große Schuhe brauchte. Dass die Messe ihre Glashalle nur für unsere Inszenierung aufschloss, Peter Schilling im Astronomischen Zentrum Schkeuditz das Team mit einer Sondervorführung im Planetarium überraschte, die Paunsdorfer Sachsen-Therme extra alle Wasserfontänen anschaltete und wir im Oldtimer-Museum im Plagwitzer „Da Capo" ganz nah an die wertvollen Karossen durften - auch das gehört zu den äußerst angenehmen Reiseerinnerungen. Genauso angenehm wie die Zusammenarbeit mit den vielen „Öffentlichkeitsarbeitern" in Leipziger Unternehmen und Einrichtungen, mit freien Mitarbeitern, anerkannten Fachautoren - oder mit Notar Klaus Richter aus Wurzen, der als engagierter Leipzig-Freund so manchen guten Tipp und Kontakt vermittelte.
Und nicht zuletzt: Zwischen den „Reiseleitern" entwickelte sich im Laufe der Zeit eine hervorragende Zusammenarbeit. Aus den in Leipzig zusammengestellten Texten und Bildern gestalteten die Kollegen in Göttingen mit viel Liebe zum Detail moderne Buchseiten - das Ergebnis kann sich sehen lassen!
Unsere Reise durch mehr als 1200 Jahre Stadtgeschichte ist am Ziel - aber nur vorläufig. Denn Leipzig wird auch in Zukunft noch viele spannende Geschichten zu erzählen haben.

Thomas Seidler

Waghalsiger Einsatz (1): Fotograf Armin Kühne auf dem Dach des Astronomischen Zentrums Schkeuditz mit „Zeit-Sprung"-Darsteller Michael Wächter.
Fröhliche Begegnung (2): Bootsrundfahrt trifft venezianische Gondel mit Oberbürgermeister Burkhard Jung und Gondoliere Giuseppe Licari.
Große Resonanz (3): Vorstellung des Projektes im September 2006 in der Kuppelhalle der LVZ.
Muntere Debatte (4): Andreas Stephainski, Thomas Mayer und Thomas Seidler (von links) bei Kölsch, Kaffee und Buchstruktur.

454 Life Science Corporation 12; 7411 317.

Index

A 38 367; Aachener Straße 138; Abdullah von Jordanien 304; Abduschaparow, Dschamolidin 235; Abendroth, Hermann 277; Abfall-Logistik Leipzig 95; Abfallverwertung 95; Abfallwirtschaft 95; Abraham, Max 149; Abrecker, Johann 31; Abtnaundorf 223; ABUS 230; AC/DC 296; academixer 210 242 292; Achterbahn 188; Acta Eruditorum 93; Adam, Mark 347; Adderley, Nat 262; Addis Abeba 281; Adolf von Anhalt-Zerbst 63f; Adolf von Nassau 34 37; Adventskalender 335; Aero Lloyd 201; Aeros, Cliff 232; Ägyptisches Museum 187 362; Ahbe, Thomas 226; Ahlemann, Gerd 376; Aimee von Oranien-Nassau 304; Airport 211; Akademie für Grafik und Buchkunst 241; Aki, Erkan 317; Albanien 339; Albers, Hans 170; Albers, Josef 212; Albert von Sachsen 168; Alberthalle 232; Albertkirche 238; Albertpark 247; Albrecht der Beherzte 54; Albrecht I. der Stolze 22 37; Albrecht I. von Käfernburg 22; Albrecht II. der Entartete 34 37; Albrecht II. von Mainz 64 69; Albrecht II. von Sachsen 51; Albrecht III. 46 54 58; Albrecht, Lutz 56; Alesius, Alexander 79; Alexander V. 44; Alexander VI. 53; Alfeld, Mönch 66; Alfred-Kunze-Sportplatz 254; Alfred-Rosch-Kampfbahn 234; Ali, Muhammad 170; Allasch 367; Allee-Center 328f; Allerlei 116 367; Allgemeiner deutscher Arbeiterverein 151; Allgemeiner deutscher Frauenverein 145; Alliierter Kontrollrat 224; Almsick, Franziska van 347; Alte Börse 364; Alte Elster 168; Alte Leipziger 131; Alte Waage 85 87 300 133 Ratswa; Altenburg 73; Altenburger Land 314; Altendresden 47; Altes Rathaus 35 84 144 269 304 319 364 133; Althen 142; Althoff, Kaufhaus 202; Althoff, Theodor 202; Altig, Rudi 234; Altmann, Jens 325; Altranstädt 105; Alvarez, Santiago 248; Amazon 211; Ampler, Annett 236f; Ampler, Klaus 235; Ampler, Uwe 235; Amsdorf, Nikolaus von 80; Andrews, Chris 315; Angerbrücke 159; Anger-Crottendorf 155 341; Angermühle 32; Anker 260; Annaberg 73; Annius, Antonius 53; Anschütz, Ernst Gebhard Salomon 133; Anthologicum 90f; Antifa 214; Antikenmuseum 362; Anton der Gütige, König 136; Antonienstraße 244 323; Apel, Andreas Dietrich 101 104; Apels Garten 104f 217; Apelsches Haus 101; Apitz, Bruno 269; Appelationsgericht 176; Arabischer Coffe Baum 364; Arbeiter- und Soldatenrat 207; Arbeiteraufstand 260; Arbeiterbewegung 151 156; Arbeiterbildungsverein 151; Archilleion 235; Architekturpreis 365; ARD 175 284 301; Ariowitsch, Familie 149; Ariowitsch-Haus 217; Ariowitsch-Stiftung 149; Armstrong, Louis 262; Arnold, Kai 283; Arnold, Karl 166; Arpe, Johannes 228; Arrest, Louis d' 126; Ärzte 296; Asisi, Yadegard 161; Astoria 248; Astronomisches Zentrum 376; ATG 215; Audi 246; Auerbach, Dr. 69; Auerbachs Hof 70; Auerbachs Keller 69 71f 228 281 313 319; Auerstedt 119; Aufstand 343; Augsburger Reichstag 81; August der Starke (Friedrich August I.) 99 104ff 178; August I., Kurfürst von Sachsen 85; Augustiner 23; Augustinerchorherrenstift 45; Augustinerkloster 28 41; Augustinerorden 48; Augustinerstift 30 48; Augustusburg 85; Augustusplatz 139 150 155f 186f 196 205 207 212 217 227 247 266 276 287 289 317 359; Außenbahn AG 158; Aussig 46; Auto Mobil International 326f; Autobahn 367; Auwald 151; AVA 191; Avisenschreiber 92; Awaren 14; Axel-Eggeberg-Preis 349.

Baalsdorf 22 341; Bach, Anna Magdalena 108; Bach, Carl Philipp Emanuel 109; Bach, Elisabeth 108; Bach, Johann Ambrosius 108; Bach, Johann Christian 109; Bach, Johann Christoph Friedrich 108f; Bach, Johann Sebastian 8 48 55 63 103 108f 334; Bach, Maria Barbara 108; Bach, Wilhelm Friedemann 109; Bach-Archiv 233; Bachelorstudiengang 361; Bachfest 8 196 318; Bäcker 39; Bader-Bille, Catharine 325; Badestube St. Georg 24; Badestuben 50; Baedecker, Fritz 169; Baesler, Marcie 322; Bahnhof 204 206 336 355; Bahnhofstraße 137; Baker, Josefine 232; Balthasar, Bruder von Friedrich III. der Strenge 42; Banco di deposti 97; Baner, Johan 89; Bankkeramische Siedlung 365; Barenboim, Daniel 277; Barfußgäßchen 316; Barfußmühle 32; Barkas 351; Barniske, Jonas 101; Barth, Carl Friedrich 233; Barth, Fritz 314; Barthel, Johann Gottlieb 56; Barthels Hof 56 300 313; Barthels Weinschenke 56; Barum, Zirkus 200; Basina 14; Basten, Marco van 255; Bastion 82; Bauchspieß, Bernd 254; Bauernkrieg 73f 86; Bauhaus 211; Baur, Eberhard 71; Bauschke, Gustav 157; Bause, Arndt 261; Bautzner Straße 194; Bayer, René 328; Bayerischer Bahnhof 355; Bebel, August 182; Becher, Christian 242f; Becher, Johannes R. 249; Becker, Artur 214; Becker, Rolf William 299; Beethoven, Ludwig van 72 277; Beethovenstraße 239; Begardi, Philipp 72; Beginen 30 77; Behet und Bondzio 359; Belantis 358 367; Belgerhain, Benedikt 65; Belgern 47; Bellmann, Dieter 229; Benedikt XIII. 44; Benediktinerinnen 28f 32; Bennewitz 13 371; Benzien, Jan 325; Bergbau 51; Berliner Straße 149 200 252; Berlioz, Hector 72 251 277; Bernhardine, Kurfürstin 105; Bernhardiner Kastel 78; Bernhardstraße 258; Bernstein, Leonhard 277; Berufsfeuerwehr 153; Bestelmeyer, German 186; Beyer, Frank 269 288; Biblia Latina Vulgata 32; Bibliographisches Institut 163 271; Bibliotheca Albertina 362; Bibliotheca Paulina 171; Bibliothek 359; Bibliothekswesen 233 Bauhoc; Bickel, Theodor 185; Biedenkopf, Kurt 121 314; Bier 75; Bierbörse 335; Bigl, Volker 263; Bildermuseum 150; Bildstein, Wolfgang 320; Biller, Karl 190; Binz 197; Biolek, Alfred 259; Birmingham 281; Bisinus 14; Bismarck, Otto von 269; Blank, Arthur 235; Blank, Barbara 347; Blaschek, Thomas 324; Blauer Engel 87 121; Bleichert, Adolf 164f 230; Bleichert, Max 164; Bleichert-Werke 208; Blitz 142; Blobel, Günther 263; Bloch, Ernst 360; Bloch, Felix 193; Blochmann, Rudolf Siegmund 140; Block, Ernst 253; Blomstedt, Herbert 8 121 277; Blücher, Gebhardt Leberecht von 129f; Blücher, Hotel 200; Blue Week 330; Blues agency 316; Blum, Michael 74; Blum, Robert 144 340; Blumenberg 227; Blumen-Hanisch 168; Blümner, Heinrich 121 143; Blüthner, Bruno 148; Blüthner, Julius Ferdinand 148; Blüthner, Max 148; Blüthner, Robert 148; Blüthner-Haessler, Christian 148; Blüthner-Haessler, Ingbert 148; Blüthner-Haessler, Knut 148; Blüthner-Haessler, Rudolph 148; BMW 8 211 273 311 341 353 365ff; Boccacio 243; Bocelli, Andrea 296; Bodenschatz, Andreas 68; Bodenstein, Andreas Rudolf 65; Böhlitz 130 155; Böhlitz-Ehrenberg 244 264 310 341; Böhm, Karlheinz 135; Böhme, Johann Gottlob 119; Böhmen 31 47; Böhms, Annett 325; Böhnke, Gunter 242f; Bologna 281; Bologna-Prozess 360; Bönhasen 41; Bonifatius 14; Bormann, Fritz 190; Born, Johann Gottlieb 125; Borna 266; Borner, Caspar 79f; Boron, Kathrin 352; Börse 96f; Börsenblatt des Deutschen Buchhandels 139; Börsenhaus 139; Börsenverein 139; Börsenverein des Deutschen Buchhandels 215; Borutta, Matthias 336; Borz, Georg Heinrich 126; Bose, Caspar 100f; Bose, Johann 100; Bose, Johanna Eleonore 100; Bosehaus 334; Bösenberg, Max 153 155 164; Bösenburg 14; Bosestraße 228; Botanischer Garten 87 362; Botendienst 87; Botenordnung 87; Bothe, Hermann 62; Böttcher, Johann Friedrich 105; Böttchergäßchen 319; Bötticher, Hans 168; Bowie, David 296; Boxer 280; Bracher, Hans-Jürgen 332; Brandenburg 31 47; Brandis 302; Brandis, Marcus 53; Brauer, Helga 260; Brauerei 75; Brauhaus 182; Braun, Bärbel 257; Braun, Egidius 236; Braun, Ferdinand 193; Braun, Volker 228 288; Braunkohle 209 231 310 358; Bräunlich, René 175 371; Braunstraße 264; Braurecht 75; Braustraße 151; Brecher, Gustav 251; Brecht, Bertolt 251; Brehms Tierleben 156 163; Breitenbach, Georg 67; Breitenfeld 88; Breitkopf, Familie 120; Bremer, Volker 318; Bretschneider, Andreas 70; Breuß, Frank 154; Briefmarken 157; Brietzke, Siegfried 325; Brink, Bernhard 330; Brno 281; Bröcker, Elisabeth 239; Brockhaus 136 271; Brockhaus, Arnold 163; Brockhaus, Heinrich 142; Brockhaus, Verlag 53; Bronzezeit 11; Bruckner, Anton 277; Brückner, Hans 53; Brühl 17 24 67 78 85 103 122 136 140 176 194 203 213 272 276 335; Brühl, Graf Moritz von 126; Bruhns, Carl Christian 126 161; Bruhns, Fred 160; Bruhns, Maxine 160; Brummer, Rolf 228; Bruno-Plache-Stadion 256; Brüx 46; BSG 254; Buchdruck 52f 165; Buchhändlerbörse 145; Buchhändlerhaus 139; Buchhändlerlehranstalt 139; Buchhändlerverein 139; Buchmarkt 271; Buchmesse 271 326f; Büchner, Georg 132f; Bugenhagen, Johannes 80; Bühren-Lenger, Susanne 305; Bülow, Siegfried 351; Bundesverwaltungsgericht 176 216 315; Bünger, Wilhelm 216; Buntgarnwerke 346; Burdy, Robert 301; Bürger für Leipzig 375; Bürgeramt 315; Bürgerschule 138; Burghausen-Rückmarsdorf 341; Burgplatz 316 333 369; Burgsdorff, Karl Ludwig Gottlob von 295; Burgstraße 85 187; Burkhardt, Max 228; Buschner, Georg 255; Bush, George 299; Business- & Innovations-Center 346; Büssing-Werke 219; Butollo, Albrecht 306; Büttner, Henri 268.

CADEAUX 326; Callenbach, Bert 332f; Calvacanti, Alberto 248; Calvin, Johannes 86; Calvinismus 90; Calvinisten 86; Calvisius, Sethus 48; Cambridge, Ivanhoe 314; Camerarius, Joachim 72 79f; Campus 233 Bauhoc; Capestrano, Johannes 50; Capitol 248 278 284; Carera, José 301; Carey, Mariah 170; Carl Gustav von Schweden 170 304; Carl von Nassau-Usingen 320; Carlebach, Ephraim 217; Carlowitz, Christoph von 294; Carls-Werk 164; Caroline-Neuber-Preis 114; Carrell, Rudi 191; Casals, Pablo 277; Casino 248; Casino Petersbogen 320; Catterfield, Yvonne 330; CC 327; CCL 326f; CDU 289 294; Centralstraße 149; Centrum-Warenhaus 202f; Cesarini, Giuliano 47; CG 326; Chailly, Riccardo 8 251 277; Chalmer, Paul 251; Charleton, Bobby 236; Chausseehaus 204 223; Chemnitz 320; Chemnitzer Teilung 42; Cher 296; Childerich I. 14; Chlodwig I. 14; Chorea, Chick 262; Christensen, Theodor 248; Christian I. 86; Christian II. 86; Chrysler & Jeep 195; Chun, Carl 180; Chutici 14; City-Hochhaus 186; Citytunnel 355; Clapton, Eric 296; Clara-Zetkin-Park 235 296; Clarus, Johann Christian 132; Claussen, Peter 365; Cloake 94; Cocker, Joe 296; Colani, Luigi 337; Colditz 42; Colditz, Timo von 40; Collegium musicum 109 122; Collins, Phil 296; Colodici 14; Commerzbank 196; Connewitz 11 233; Connewitzer Eiskeller 297; Connewitzer Verlagsbuchhandlung 210; Conservatorium 143; Continentalsperre 128; Coppistraße 134 167; Cora 329; Cordalis, Costa 329; Cosel, Anna Constantia Reichsgräfin von 105; Cosmopolitan Cosmetics 317; Cospuden 291; Cospudener See 152 209 295 323 346; Costa Cospuda 346; Cottaweg 188f 352; Credit- und Sparbank 196; Crostewitz 75; Cruciger, Caspar 76 80; Cruyff, Johan 368; Czechowski, Heinz 249; Czermakz Garten 210; Czock, Karl 271.

Da Capo 376; Dahme 14; Dammbeck, Lutz 278; Dammbeck, Walter 154; Danielsen, Claas 248; Danziger Straße 218; Datsche 138; Dauthe, Johann Friedrich 63 123 126; David, Ferdinand 143 149; David, Nepomuk Johann 143; Davoust, Louis Nicolas 127f; DDR 7 71 106 137 147 151 168 194 202f 214 217 234ff 242f 245f 249 254ff 267 269 271ff 278ff 284ff 289f 292 320 323f 354 373; DE VACTO 363; Debye, Peter 193; Decker, Andreas 325; Degner, Peter 317; Dehler, Wolfgang 227; Delikat 280; Delitzsch 314; Delitzscher Landstraße 217; Delitzscher Straße 24; Delius, Frederick 143; Dell 211; Delmare, Fred 269; Demmler, Kurt 261; Demontagebuch 288; Dessau, Paul 184; Deutsche Bahn 336; Deutsche Flugzeugwerke 201; Deutsche Handels-Rundschau 190; Deutsche Lufthansa 201; Deutsche Reichsbahn 206; Deutsche Welle 330; Deutscher Platz 13; Devrient, Ludwig 179 Devrie; Devrient, Otto 179 Devrie; DFB 183; DHfK 357; DHL 8 211 311 367; Didymus, Gabriel 80; Dieskaustraße 246; Dietrich von Landsberg 31 34f; Dietrich von Meißen 22f 55; Dietrich von Wettin 20; Dietrich, Markgraf 24; Dietrich, Marlene 170; Dietrich, Rektor 30; Dietrich-Kerlen-Preis 349; Dietzmannstraße 226; Diezmann 34 37; Dimitroff, Georgi 141 216; Dimitroff-Museum 176; Diogenes 271; Dirnen 50; Disconto-Bank 196; Disputation 66; Dittrichring 131 228 290; DLG 75; DLRG 197; DMG 194; DNA 12; Döbeln 314; Doeren, Erik van 369; Doering, Lothar 257; Dohna 42; Dölitz 130 266; Döllnitzer Straße 224; Dominikaner 28 64ff 238; Dominikanerkloster 28 53 73 79; Don Kosaken 232; Döpel, Robert 192; Döring, Thomas 171; Dorotheenplatz 266; Dostojewski-Denkmal 265; Dow Chemical 211; Drach, Peter 53; Drallewatsch 316 319; Drawert, Kurt 249; Drechsler, Fritz 156; Drei Schwanen 122 276; Dreißigjähriger Krieg 87ff 96 98; Dresden 82 367; Dresdner Bahnhof 142 206; Dresdner Straße 151 168; DSU 289; Dubianski, René 260; Duden, Konrad 163; Dufour, Bankier 208; Dufour-Feronce, Albert 142; Duncan, Isodora 232; DVP 182; DWD 161; Dylan, Bob 170.

Eberle, Friedhelm 229; Eck, Johannes 48 64 66 69; Eckert, Karola 338; Eckert, Reiner 290; Eckstein, Bernhard 235; EDEKA 191; Edorh, Claude 324; Eger, Caspar 116; Eger, Susanna 116; Egeraat, Erick van 263; Ehlers, Hermann 245; Ehrenberg 155; Ehrlich, Paul 193; Eichel, Hans 307; Eid, Holger 315; Eido von Meißen 18; Eike von Repgow 36 43 356 Schöff; Eilenburger Straße 137; Einkommende Zeitung 92; Einsiedel, Alexander August von 294; Eisenbahn 142 294; Eisenbahnstraße 323; Eisenbeiß, Georg Ludwig 125; Eisenberg, Benedikt 63; Eisengießerei 165; Eisenzeit 11; Eiserner Vorhang 281; Eisleben, Johannes Agricola 80; Eisler, Hanns 334; Eitington-Krankenhaus 149; Elbe 224 244;

Elektricitätswerke 140; Elektrische Straßenbahn 158; Elisabeth II. 304; Elisabeth, Zarin 117; Eliteuniversität 362; Elsen, Eva-Maria ten 324; Elster 11 15 181 356 Schöff; Elsterbrücke 130 223; Elsterglanz 296; Elster-Saale-Kanal 152; Elsterstraße 214 332; Emmrich, Frank 372; Emser, Hieronymus 66f; Enderle, Luiselotte 210; Endler, Adolf 249; Energieverteilung 141; Engel, Wolfgang 228; Engelsdorf 158 310 341; Engert, Otto 221; Ephraim-Carlebach-Stiftung 149; Erasmus von Rotterdam 67 69; Erdmann, Georg 108; Erfurt 33; Erich Zeigner Allee 153; Erla 220; Erla Werke 219; Ernst von Sachsen 51; Ernst, Michael 301; Ernst-Thälmann-Straße 323; Erster Weltkrieg 24f 71 131 134 148 151 156 158 164ff 190 192 202 204f 207 213 218; Erwig, Matthias 170; Eskimo 323; Espenhayn, Kay 325; Esplanade 144; Eutritzsch 129 155f 164 204; Eutritzscher Straße 140 219; Exekutionszettel 107; Expo 346; Exquisit 280; Exzellenzcluster 361f; Exzellenzinitiative 362; Ez Chaim 217.

Faber, Oswald 169; Fabricius, Johannes 88; Fachkrankenhaus Hubertusburg 25; Falkenstein, Johann Paul von 121 294; Falkenstein, Minister 144; Färber 43; Fasching 343; Fasskeller 70; Faßmann, David 93; Fassritt 70; Faust 70; Faustus, Dr. 72; FDJ 239 273; Fechner, Gustav Theodor 269; Felipe von Spanien 304; Fell, Georg 166; Feller, Joachim 171; Feller, Linda 331; Felsenkeller 223; Fenstersturz 88; Ferdinand II. 88; Ferdinand-Lasalle-Straße 138 156; Fernbahnhof 158; Fernwärme 140; Fernwärmenetz 141; Festival 297; Feuerbachstraße 338; Feuerversicherungsanstalt 131; Feuerwache 153; Feuerwehr 252; Fiat 273; Fichte, Johann Gottfried 125; Fichtner, Ralf Alex 268; Fifa 368; Figulus, Wolfgang 48; Filmeck 230; Firebirds 320; Firit, Günther 278; Fischer 271; Fischer, Axel 137; Fischer, Birgit 137 324; Fischer, Eduard 366; Fischer, Ernst Wilhelm 137; Fischer, Friedrich Oscar 137; Fischer, Johanna 137; Fischer, Karl-Ernst 137; Fischer, Max 137; Fischer, Oberwärter 200; Fischer, Oscar 137; Fischer, Renate 137; Fischer, Steffan 53; Fischer, Ulrich 137; Fischer, Veronika 296; Fischerei 39; Fischerstechen 104f; Fischkombinat 280; Flecken, Herbert 307; Fleischer 38 43 50; Fleischer, Fips 262; Fleischergasse 38 56 316; Fleischerplatz 153; Fleißner, Heinrich 223; Flemming, Joy 305; Flick, Brigitte 339; Flickschuster 38; Flohmarkt 329; Flörchinger, Martin 229; Floris von Oranien-Nassau 304; Flüchtlinge 226; Flughafen 211; Foerster, Karl 138; Folter 99 107; Fonda, Jane 248; Forchner, Ulrich 268; Förderverein Neue Ufer 152; Formann, Stanley 248; Foron 272; Forum-Scheck 280; Franckenstein, Christian Friedrich 90; Frank, Alfred 221; Frank, Hans 269; Franke, Klaus 257; Fränkel, Familie 149; Franken 18, Frankenhausen 73; Frankfurt/Main 281; Frankfurt/Oder 73; Frankfurter Straße 181; Frankfurter Tor 188f; Franz I. 115; Franz von Österreich 127; Franziskaner 28 51 66 77; Franziskanerkloster 32; Frauenbewegung 145; Frauenklinik 172, Frauenschlacht 145; Fraunhofer Gesellschaft 372; Fraunhoferzentrum für Mittel- und Osteuropa 361; Fredegard 14; Frege, Christian 121 125; Freiberg 73 356 Schöff; Freies Kaufhaus 202; Freiluftgalerie 278; Freitag, Thomas 243; Freiwilligenagentur 375; Freizeitpark 367; Fremdarbeiter 220; Frenzel, Frank 147; Freudenberg, Ute 347; Freunde des Meissener Porzellans 178; Frick, Wilhelm 269; Friedrich August I. (August der Starke) 96f 101ff; Friedrich August I. 87; Friedrich August I., König 128; Friedrich August II. 115 117 136 144; Friedrich August III. 125 127 201; Friedrich der Stammler 34; Friedrich I. der Gebissene 34 37; Friedrich I., Barbarossa 22; Friedrich I., Kurfürst 36 49; Friedrich II. (Pr.) 115 117; Friedrich II. der Ernsthafte 38 40 42; Friedrich II. der Sanftmütige 47 49 54; Friedrich II., Kaiser 34; Friedrich III. (Pr.) 115; Friedrich III. der Strenge 41f; Friedrich III. der Weise 59 66f 73; Friedrich III. von Brandenburg 99; Friedrich III., Kaiser 58; Friedrich IV. der Streitbare 39 42 44ff; Friedrich Wilhelm I. (Pr.) Soldatenkönig 115; Friedrich-Ebert-Straße 188; Friemel, Ruth 229; Frisner, Andreas 53; Fritzsch, Harald 263; Fröhlich, Paul 263; Fröschel, Sebastian 68; Fruchtkontor 191; Frühjahrsmesse 326; Frühmensch 10; FTG 314; Fuchs, Johann Georg 104; Führer, Christian 284 371; Funkenburg 156; Funkenkutsche 158; Funktaxi 317; Funzel 243; Fürst, Julius 149; Fürstenhof 170 313; Furtado, Nelly 296; Furtwängler, Wilhelm 251 277; Fußball 106 183 237 254ff 309.

Gabareck, Jan 262; Gabriel, Peter 296; Gahan, Dave 331; Gaitzsch, Hans-Volkmar 154; Gaitzsch, Hendrik 154; Galeria Kaufhof 347; Galeria, Frauke 347; Galeria, Vivian 347; Gallert, Hanns 227; Gallois, Louis 337; Gambia 339; Games Convention 327 331; Garbe, Albert 229; Gärtner, Hieronymus 169; Gärtnerstraße 270; Gas- und Dampfturbinenanlage 141; Gasbeleuchtungsanstalt 140; Gaslampe 140; Gaslaterne 140; Gasometer 140 161; Gasregelzentrum 264; Gautzsch 11; GC 331; Gebbing, Johannes 200; Gebhardt, Frieder 186; Gedächtniskirche 198; Geepperts, Roswitha 271; Gefängnis 107; Gehler, Fred 248; Gehrke, Rudolf 242; Geithainer Straße 95; Geleitprivileg 31; Gellert, Christian Fürchtegott 111 119 169; Gellianum 90; Gemetzel, Leipziger 144; Genesis 296; Genscher, Hans Dietrich 182; Gentzsch, Andreas 60; Geophysik GmbH 194; Georg der Bärtige 58f 64f 67ff 73ff; Georg St. Klinikum 24f; Georg, Sohn von Friedrich III. der Strenge 42; Georgenhospital 22 28f 98; Georgenkapelle 24; Georgenkloster 28; Georgi, Otto 160 186 343 364; Georgi-Dimitroff-Museum 150; Georgiring 196 280; Georg-Schumann-Straße 226; Georg-Schwarz-Straße 205; Gerber 38f; Gerberstraße 140; Gerbertor 140; Gerichtsbarkeit 31 36 39 51 107; Gerlach-Eniyew, Sabine 339; Germania-Werke 201; Gerster, Ottmar 169; Geschonneck, Erwin 248 269; Gesell, Heinrich Karl 138; Gesellschaftshaus 121; Gestapo 217 221; Gewandhaus 122f 135 143 148 169 175 184 196 273 275ff 301 312 317 334; Gewandhausorchester 8 250 277; Gewerbeblatt für Sachsen 142; Geyger, Dirk 274; Geyger, Hans-Joachim 274; Geyger, Sven 274; Giesecke & Devrient 147; Giesecke, Hermann 179 Devrie; Gigli, Benjamino 232; Gilde 43; Gilelz, Emil 184; Gille, Christian 325; Gille, Sighard 276; Giordano, Ralf 249; Gipp, Albert 236f; Girardet, Wilhelm 307; Girnth, Marco 95; Gizeh 187; Glagla, Rico 325; Glashaus 247; Gleditsch, Johann Friedrich 122; Glöckner, Rudi 369; Gloriosa 55; Gluck, Christoph 250; Glück, Gerhard 268; Göbel, Bernd 71; Goebbels, Josef 216; Goerdeler, Carl Friedrich 160 208 221; Goethe, Johann Wolfgang von 56 63 71f 101 111 114 119 177 233; Goethestraße 24 142; Goetze, Martin 235; Gohlis 124 155 164 167 183 230 247 298ff 311 338 340 348 367 370; Goldacker, Friedrich Otto von 269; Goldene Ananas 212; Goldschmidt, Abraham 145; Goldschmidt, Henriette 145 149; Goldschmiede 41 51; Goldschmiedstraße 334; Gollasch, Günther 317; Göllnitz-

Gellert, Marlies 203; Gorbi 287; Gordian, Pater 238; Göring, Hermann 216; Görlitz 320; Göschen, Georg Joachim 124 340; Gose-Brauerei 367; Gospel Night 330; Gossner, Alfred 372; Gottschalk, Christa 229; Gottsched, Johann Christoph 93 103 110f 113f; Gottsched, Luise Adelgunde Viktorie 110; Gottschedstraße 149 182 217 316 368; Gottscheina 51; Gottschling, Rainer 332; Gotzkowsky, Johann Ernst 117; Grabbert, Günther 229; Graduiertenschule 362; Grafisches Viertel 139 156; Granzow, Claudia 313; Grassi, Franz Dominic 212; Grassistraße 143; Graupner Immobilien 338; Graupner, Johann Christoph 108; Graupner, Kristin 338; Graupner, Maria 338; Grcic, Tamara 321; Greef, Herta 227; Gregor XII. 44; Gregory, Caspar Rene 204; Grieg, Edvard 143 277 334; Grierson, John 248; Grimma 47 192 266; Grimmaische Straße 41 69f 76 96 144 168 219 359; Grimmaisches Tor 22 29 78f 100 114 128 136; Grimmaisches Viertel 43 102; Grimmlink, Hans Hendrik 278; Grock, Clown 232; Groitzsch 10; Groitzscher Straße 194; Grönemeyer, Herbert 296; Groschuff, Friedrich 116; Groß, Ulrich 69; Großbosischer Garten 100f 105 114; Großbothen 192; Große Feuerkugel 119; Grosser, Axel 235; Großes Concert 120 122 276f; Großzschocher 165 244; Grüderzeitviertel 155; Grünau 270 289 298; Grünauer Allee 270; Grünauer Alleecenter 330; Grüner, Uwe 131; Gruppe Energie 141; Guano Apes 331; Gummi-Klose 323; Gundermann, Christoph 86; Gundorfer Straße 205; Günter II. von Schwarzburg 47; Günther, Horst 242; Günther-Eich-Preis 349; Guratzsch, Herwig 150; Gustav Adolf von Schweden 75 88f; Gustav-Adolf-Straße 217; Gusua 18; Gutenberg, Johannes 52 181; Güterverkehrszentrum 303 310; Gütschow, Gert 229.

Haak, Friedhelm 307; Haderer, Gerhard 267f; Hadid, Zaha 365f; Hagen, Erich 235; Hagen, Nina 261; Hagmann, Larry 347; Hahnemann, Helga 242 274; Hainstraße 65 134 153 323; Haitzinger, Horst 268; Halberstadt 58; Halle 15 33 58 99 367; Haller, Michael 349; Hallesche Straße 140 217; Hallesches Tor 50 78 133 Ratswa; Hallesches Viertel 43 102; Hamann, Johann Georg 110; Hamburg-Amerika-Linie 180; Hammer, Jörg 308f; Hancke, Johanna Sophia 112; Handball 257; Händel, Georg Friedrich 251; Handelshochschule 179 303; Handelslehranstalt 179; Hanisch, Alfred 168; Hanisch, Carl Julius 168; Hanisch, Jeanette 168; Hanisch, Johann Christian 168; Hanisch, Stephan 168; Hannover 281; Hanse 33; Hans-Poechte-Straße 174; Harder, Wolfgang 86; Hardraht, Klaus 121; Hardt 358; Harkort, Gustav 142; Harmelin, Familie 149; Harmonie 121 293; Harnischmacher 51; Hart, Jürgen 242f 261; Harth 209; Hartz, Ludwig 134; Hasag 215 220; Haslinger, Josef 249; Hauke, Max 221; Hauptbahnhof 142 153 158f 168 181 204 206 219 225f 245 252 272 280 319 330f 336 341 355 147; Hauptmann, Gerhart 193; Hauptmann, Moritz 143; Hauptpost 219; Hauptwache 204; Haus der Arbeit 215; Haus der Volkskunst 227; Hauschild, Ernst Innocenz 138; Häuser, Franz 359f; Hauser, Harald 228; Haus-Garten-Freizeit 326; Havel, Vaclav 285; HCL 167 257; Heavy Metal 297; Heermann, Paul 100f; Heerstraße 220; Hegewald, Hans-Joachim 229; Heidel, Manfred 208; Heikal, Mustafa 162; Heil, Erich 246; Heil, Günther 246; Heil, Markus 246; Heiligenbrücke 155; Heine, Friedrich 185; Heine, Heinrich 72; Heine, Karl 152; Heino 331; Heinrich der Fromme 76f; Heinrich I. der Milde 37; Heinrich I. von Brandenburg 34; Heinrich I., König 15f; Heinrich II., König 18; Heinrich III. 19 28 31 34 40; Heinrich III. von Ammendorf 18; Heinrich VI., Kaiser 22; Heinrich von Morungen 23; Heinrich, Johann 97; Heinrich, Johann Carl 125; Heinze, Frieder 278; Heisenberg, Werner 192f 360; Heisig, Bernhard 241 278f; Heiterblick 219; Heiterblick Gewerbepark 346; Helbig, Barbara 257; Heldenstadt 289f; Hellmann, Florentine 324f; Hellmann, Martina 324f; Hellwig, Ellen 229; Hemmerling, Kurt 250; Henkels, Kurt 262; Henkersturm 81; Hennecke, Adolf 208; Henninger, Barbara 268; Hensel, Kerstin 249; Henselmann, Hermann 186; Herbarium 87; Herbst, Franz 228; Herbstmesse 285; Herbstsalon 278; Herchet, Jörg 251; Herfurth, Edgar 209; Herfurth, Nina Patrizia 341; Hergot, Hans 74; Heringsmarkt 96; Hermann I. von Thüringen 22 28; Hermlin, Stephan 271; Hermunduren 11; Herold, Jörg 321; Herold, Jürgen 323; Herricht, Rolf 274; Herrmann, Viktoria 300; Hersant, Felipe 251; Herschel, Caroline 126; Herschel, Wilhelm 126; Hertz, Gustav Ludwig 193 241; Herz, Joachim 250f; Herzau, Rudolf 287; Herzbuben 261; Herzog, Bernd 254; Hesse, Gottlieb 112; Hesselbarth, Theo 342; Hesterberg, Trude 232; Heylemann, Heinrich 52; Heyne, Wilhelm 234; HHL Exekutive 179; Hickel, Katrin 243; Hieronymus-Lotter-Preis 292; Hildebrandt, Dieter 243; Hilder, Bernd 175 307 373; Hiller, Johann Adam 122f 250; Hilscher, Friedrich 125; Hindemith, Paul 277; Hindenburg, Luftschiff 148; Hindenumb, Andreas 53; Hinke, Peter 210; Hinrichsen, Henri 149; Hirschberg, Peter 154; Hirschmann, Lutz 268; Hitler, Adolf 215 218 221 223 269; HO 71 202; Hochschule für Grafik und Buchkunst 278f 321; Hochschule für Körperkultur 247; Hochschule für Technik, Wirtschaft und Kultur 233; Hochstein, Hartwig 174f 305; Hochwasser 244; Ho-Feinkost 280; Hofer, Albrecht 53; Hofer, Jan 301; Hoffmann, Michael 309; Hoffmann, Ludwig 176; Hoffmann, Michael 308; Hoffmeister, Anton 149; Hofmann, Michael 226; Hofmann, Peter 257; Hofmeisterstraße 334; Höger, Fritz 166; Hohe Lilie 202; Hohenheida 51; Hohenleine 81; Höhl, Markus 72; HO-Kaufhalle 191; Holk, Heinrich Graf von 88f; Holla, Christoph 112; Hollitzer, Irmtraut 290; Hollitzer, Thomas 287; Holocaust Gedenkstätte 370; Holst, Klaus-Ewald 264f; Holzhausen 81; Holzkohle 208; Holzmüller, Werner 193; HO-Markt 191; Homo erectus 10; Homo sapiens 10 12; Honecker, Erich 185 253 272f 275 285 342 354; Honky-Tonk-Festival 316; Hoppe, Rolf 227; Horn, Klaus 367; Horn, Wilhelm 367; Hortus Medicus 87; Hospitalstraße 212; Hospizverein 121; Hotel de Pologne 153 190; Hotel de Prusse 197; Hotel International 170; Houston 281; Houston, Withney 296; HTWK 241 233; Huber, Ludwig 124; Hudson 271; Hufschmiede 51; Hugo Schneider AG 215; Hummelshain, Hans 69f; Hummitzsch, Manfred 286; Hünerfeld, Josephine 370; Huniat, Günther 278; Hus, Jan 46 65; Hussiten 46f; Hussitenkriege 47 78; Hutten, Ulrich von 69; Hüttenindustrie 165.

IAT 309; Ibrahim, Abdullah 262; ICE 142 211 336; Ifo-Institut 327; IHK 179; IM 290; Immobiliengesellschaft 170; Industriepark 310; Inflation 71 166; Innozenz III. 22; Innung 38f 41 43 49f; Insel, Volker 333; Inselstraße 13; Institut für angewandte Trainingswissenschaften 309; Interflug 252; Interhotel 170 272; Interhotel Merkur 320;

Interpelz 272; Intershop 280; Intourist 214; Inzko, Franz 366; IOC 352f; IPA 213; Israelitische Religionsgemeinde 149; Ivens, Joris 248.

Jackson, Michael 170; Jacobistift 173; Jadassohn, Salomon 149; Jaeger, Carl Herrmann 165; Jäger, Julius 232; Jägerstraße 370; Jagger, Mick 170; Jahna 16; Jahnallee 130 181; Jährich, Geert 325; Jakobskapelle 38; Jakobskirche 68 78; Jalta 224; Janacek, Leos 143; Janicello, Mark 317; Jankhofer, Horst 257; Jansen, Alma 210; Jara, Joan 248; Jara, Victor 248; Jaspers, Karl 139; Jefferson, Thomas 185; Jellinek, Emil 194; Jellinek, Mercedes 194; Jena 42; Jens, Walter 249; Jentzsch, Bernd 249; Jentzsch, Klaus Renft 253 260; Jerome 128; Joachim von Brandenburg 59; Joachim, Josef 277; Johann Ernst von Sachsen-Weimar 108; Johann Friedrich I. von Sachsen 80f; Johann Georg I. 87ff 93; Johann Georg II. 93; Johann I. von Brandenburg 69; Johann von Merseburg 20; Johann, Bischof 73; Johannapark 247; Johannes XXIII. 45; Johannisfriedhof 109 169; Johannishospital 28f 94 138; Johanniskirche 55 81 223 233; Johanniskirchhof 68; Johannisstift 29; Johannisthal 126 138; John, Elton 296; Jonas, Bruno 243; Jonas, Justus 76; Jörg, Junker 67; Jost, Jürgen 13; Juden 40 149 217 220; Judengasse 40; Judenhaus 370; Judenschule 40; Julirevolution 136; Junck, Familie 157; Jünemann, Georg 370; Jung, Burkhard 8 160 307 353 368 376; Junge, Claudia 376; Junhold, Jörg 162 344; Junk, Burkhard 374; Junkers 211; Junkers, Hugo 307; Junkers-Werke 219; Jurack, Grit 257; Jürgens, Udo 262; Justus, Jonas 80.

Kabarett 375; Kachelmann, Jörg 301; Kachelofen, Kunz 53; Kählert, Axel 257; Kaie, Karsten 214; Kaiser, Wolf 229; Kaiserin-Augusta-Straße 140; Kalter Krieg 248 290; Kammerknechte 40; Kanalisation 94 102; Kannengießer 51; Kapp, Wolfgang 207; Kappelberg 10; Kapp-Putsch 207; Karajan, Herbert von 277; Karasholi, Adel 249; Karat 274; Karicartoon 267; Karl der Große 14f; Karl V. 67 80; Karl XII. 105; Karl-Heine-Kanal 152 312; Karl-Heine-Straße 346; Karl-Liebknecht-Schacht 208; Karl-Liebknecht-Straße 207 307 316 342; Karl-Marx-Platz 238 247 266 287 289; Karl-Marx-Stadt 255; Karlstraße 183; Karls-Universität 44; Karl-Tauchnitz-Straße 156; Karmen, Roman 248; Karneval 343; Karstadt, Rudolph 202; KarstadtQuelle AG 203; Karulo, Bob 347; Käßmann, Margot 245; Kästner, Erich 210 227; Katastrophenschutz 197; Katharina von Henneberg 42; Katharinenkapelle 78; Katharinenstraße 103 140 321; Käthe-Kollwitz-Straße 156 244 356; Katholische Liga 88f; Katz, Bernard 192; Kaufhaus 123 177; Kaufhaus Althoff 203; Kaufhof 347; Kaufleute 38; Kaufmann, Christoph 226 376; Kaufmannschaft 43; Kayser & Großheim 139; Kayser, Karl 228 251; KBA Commander 307; Kees, Jakob 87; Kegel, Herbert 184; Keglerheim 214; Keil, Georg 143; Keilstraße 217; Keksrollen 311; Kempf, Klaus Peter 347; Kempinski 170; Kenntemich, Wolfgang 300; Kiewel, Andrea 301; Kilimandscharo 180; Kindertheater 184; King, B.B. 296; Kinski, Klaus 133; KIRA 296; Kirchen, Georg 87; Kirchentag 245 284f; Kirk, Captain 322; Kirow-Werk 230; Kirsch, Rainer 249; Kirsch, Sarah 249; Kitzing, Klaus 243; Klarholz, Dieter 339; Klärwerk 61; Kleingartenanlage 138; Kleingärtnermuseum 138; Kleinmessegelände 189; Kleinmesseplatz 188; Kleinod 49; Kleinpösna 130; Kleinzschocher 155f 224 234; Kleist, Heinrich von 124; Klengel, Julius 143; Klerus 35; Klinghammer, Bert 376; Klinikum 173 308; Klinikum St. Georg GmbH 24; Klinke, Johnny 332; Klinsmann, Jürgen 356 369; Klopstock, Friedrich Gottlieb 111; Klostergasse 136; Klosterschule 30; Kluge Hausfrau 191; KMC 246; Knapp, Arno 147; Knie, Günther 347; Knight, George 147; Knoll, Ado 260; Knossalla, Claudia 301; Koch, Christiane Henriette 113; Koch, Dietrich 263; Koch, Eckhard 263; Koch, Heinrich Gottfried 113; Koehler & Amelang 271; Köfer, Herbert 269; Kohl, Helmut 289 336; Kohleabbau 209; Kohlestaub 312; Kohlrübenwinter 207; Kolonnadenstraße 244 266; Kombinat Fortschritt 272; Kongreßhalle 162 184 225 227 242 262 276; Königshaus 104; Königsplatz 212 217 226; Königstein 103; Könneritzstraße 178; Konrad I. von Wettin 19; Konrad von Wettin 356 Schöff; Konrad, Probst 30; Konsum 166f; Konsumgenossenschaft 166; Konversationslexikon 163; Konwitschny, Franz 250 277; Konwitschny, Peter 251; Konzentrationslager 24 370; Konzertgesellschaft 276; Konzertsaal 123; Köring, Dorothea 324; Kormat, Georg 92f; Körner, Christian Gottfried 124; Körting & Mathiesen 196;

KPD 151 182 215f 221; KPMG 311; Krabbe, Ingeborg 227; Kraft durch Freude 215; Kraft, Heinrich 336; Kraftomnibus AG 158; Kraftwärmekopplung 141; Kraftwerk Ernst Thälmann 153; Kraftwerk Nord 153; Kraftzentrale 141; Krakow 281; Krause, Karl 165; Krause-Zwieback, Wolfgang 312; Krauß, Angela 249; Krebs 49; Kreiser, Zirkusdirektor 200; Krell, Kunz 58f; Krell, Nikolaus 86; Krematorium 169; Krenek, Ernst 184; Krenz, Egon 286; Kresse, Kurt 221; Kretzschmar, Peter 257; Kretzschmar, Stefan 257; Kretzschmar, Waltraud 257; Kreutner, Simson Jakob 149; Kriegel, Adam 122; Kriegsanleihe 134; Kriegsgefangene 24 94 218 220; Kroch, Hans 186; Kroch Hochhaus 186 362; Kröhnert, Reiner 243; Krostitz 75; Krug, Manfred 305; Krüger, Anja 257; Krüger, Hartmut 287; Krystallpalast 213 232 332; Kugelamphorenkultur 11; Kühne, Armin 376; Kühne, Gotthelf 71; Kühnel, Ambrosius 149; Kühn-Kreischke, Beate 257; Kulka, Peter 352; Kulkwitz 266; Kulkwitzer See 270; Külow, Edgar 242; Kultur-Cafe 292; Kulturpark 247; Kulturstiftung 292; Kümmel, Julius 157; Kunigunde von Eisenberg 34; Kunstdiebstahl 282; Kunsthalle 135; Kunsthochschule 241; Künstlerhaus 156; Kunstverein 150; Kunz von Kaufungen 54; Kunze, Alfred 254; Kupferschmiede 51; Kurierdienst 87; Kürschner 38 43 51 62 213; Kurzwelly, Albrecht 364; KUSS 167; Kuxe 51; KWL 61; KWU 94; KZ 216; KZ Buchenwald 220 269; KZ Ravensbrück 220; KZ Theresienstadt 370.

Lada 194; Lampe, Karl 142; Landesbank Sachsen 302; Landsberg, Martin 53 66; Landsberg-Velen, Dieter Graf 353; Landwehr 238; Lange, Bernd Lutz 149 242f 287 292; Langhans Jr., Carl Ferdinand 250; Laternen 102; Laube, Max 332; Laubegast 114; Laubenpieper 138; Lausitzer Kulturkreis 10; Läwen, Arthur 25; Leandros, Vicky 296; Leben & Genießen 167; Lechfeld 17; Lederwaren 178; Lehmann, Jens 235; Lehmann, Richard 174; Lehmann-Grube, Hinrich 160 269 281 289 304 312f 341; Lehmann-Grube, Ursula 304; Lehndorf, Graf Georg von 154; Leibniz, Gottfried Wilhelm 90f; Leibniz-Preis 13; Leichtathletik 237; Leihhaus 140; Leila 343; Leinenweber 41 137; Leipziger Arbeiterzeitung 144; Leipziger Blätter 292; Leipziger Gespräche 135; Leipziger Hof 322; Leipziger Luftschiffhafen- und -Flugplatz AG 201; Leipziger

Schule 279; Leipziger Tageblatt 210; Leipziger Teilung 54; Leipziger Volkszeitung 322; Leo X. 59; Leopold I. von Anhalt-Dessau 115; Leopold, Anneliese 370; Leopold, Hilde 370; Leopold, Karl Theo 370; Leopold, Walter 370; Leopold, Walter Albert 370; Lerchen 116 322 367; Leseland 271; Lessing, Gotthelf Ephraim 111; Letitia von Spanien 304; Leutzsch 197; Levi, Gerd 149; Levis 280; Lewandowsky, Via 321; Licari, Guiseppe 376; Licht, Hugo 143 150 169 186 300f; Lichthof 347; Liebe, Sieghard 288; Liebertwolkwitz 130 223 341; Liebig, Karl Richard 230; Liebigstraße 173 192; Liebing, Yvonne 260; Liebknecht, Karl 174 284f; Liebknecht-haus 151; Liebmann, Hermann 174 215; Liedtke, Annett 236f; Liese, Thomas 235; Lindenau 129 156 165 205 341; Lindenauer Hafen 152; Lindenauer Markt 227; Lindenberg, Udo 296; Lindenthal 211; Lindnerstraße 137; Linienbandkeramik 11; Lions Club 293; Lippendorf 291; Lipsi 260; Lipsk 15 17; List, Friedrich 142; Liszt, Franz 72 123 277; Literaturinstitut 249; Littkopf, Norbert 325; LMBV 209 346; LMI 327; LNN Aktiengesellschaft Sächsischer Werke 209; Lochauer Heide 81; Loest, Erich 199 249 253 260 269 288 312; Loewig, Andrea Kathrin 329; LOFEX 167; Löffelfamilie 342; Lohgerber 39; Lohmühle 32; Löhr, Karl Eberhard 170; Löhrs Carree 303; Löhrstraße 179; Lokomotiv- und Waggonbau 159; Lokomotive 142; Lollobrigida, Gina 305; Lomenko, Olga 333; Lomer, Heinrich 213; Lommatzsch 125; Lorenz, Maria Regina 112; Lörke, Günther 235; Lortzing, Albert 144 250; Losinzki, Boris 221; Lößnig 11 266 335; Lotter, Dorothea 53; Lotter, Hieronymus 63 82 84f; Lotter, Melchior 53 64ff; Lotterie 106; LOWA 159; Löwe, Wolfram 255; Löwenfabrik 162; Löwenjagd 200; Löwenzahn 243; LPG 239; LSR 219; Lubbe, Marinus van der 169 216; Lubich, Nikolaus 44; Lücke, Carl Friedrich 157; Lücke, Verlag C. F. 157; Ludwig der Fromme 15; Ludwig XVI. 125; Ludwig, Bruder von Friedrich III. der Strenge 42; Ludwig, Olaf 235; Lufft, Hans 67; Luftangriff 213 219 227; Lufthansa 211; Luftschiffbau Schütte-Lanz 201; Luftschutzraum 219; Lukaskirche 285; Luppe 181; Luther, Martin 53 64ff 73f 76 80; Lutherkanzel 63; Lütke-Daldrup, Engelbert 353 368; Lützner Straße 224 298; Lützschena 11 155; Luxemburg, Rosa 174f 284 233 Bauhoc; LVB 158f; LVZ 162 174f 207 215 221 262 282 298 305ff 315 317 321f 338 365 371 373; Lyon 281; Lypke, Harry 279.

Machern 142; Madgeburg 33; Madjaren 15f; Mädler, Anton 70; Mädler-Passage 71 156 243 313 347; Madsack 174 306; Maffay, Peter 261; Magdeburg 15 58 73 367; Magdeburger Bahnhof 206; Magdeburger Recht 20 43; Mager, Wolfgang 325; Magirius, Friedrich 289; Mahler, Gustav 72 250f 277; Maiaufstand 144; Maier, Henri 251; Maier, Johann 65; Malchow, Maic 235; Mangelsdorff, Albert 262; Manguun 347; Mann, Klaus 184; Mann, Thomas 72; Maradona, Diego Armando 236 256; Maria Theresia 115; Marian, Edwin 227; Marienbrunnen 60f; Mariengarten 183; Marienkapelle 78; Markgrafenstraße 179; Markkleeberg 10 130 223 246 286 291 310 338 341 346 354; Markkleeberger See 209 295; Markov, Claudius 363; Markt 22 56 130 132 140 205 356 Schöff; Marktplatz 73 328; Markttag 335; Marquardt, Hans 271; Marschall, Olaf 256; Marschke, Melanie 95; Marschner, Heinrich 250; Martin V. 46; Martin, Anne 290; Martin, Mario 370; Martinitz, Jaroslav Borsita Graf von 88; Martin-Luther-Ring 194; Marunde, Wolf-Rüdiger 268; Marx, Karl 233 Bauhoc; Masterstudiengang 360; Masur, Kurt 8 121 143 184 269 274f 277 287 289 292 312 357; Mattes, Eva 133; Matthäikirche 28; Matthäus, Lothar 256 368; Mattheuer, Wolfgang 169 241 279 291; Matthias, Silke 229; Mau, Jürgen 342; Mauerfall 147; Maul, Michael 233; Maurer, Georg 169 249; Maurer, Jonas 112; Mause David 107; MAWI-Konzert GmbH 296; Maximilian I. 56ff; Maximilian II. 177; Max-Liebermann-Straße 218; Max-Planck-Institut für Evolutionäre Anthropologie 12 344; Max-Planck-Institut für Kognitions- und Neurowissenschaften 13; Max-Planck-Institut für Mathematik in den Naturwissenschaften 12; May, Johann Friedrich 110; Mayer, Hans 249 253 269 360; Mayer, Thomas 376; McCartney, Paul 296; McLaughlin, John 262; McLeod, John Richard 193; MDR 300f; Meat Loaf 296; Medica-Klinik 356f; Meggendorfer Blätter 168; Mehring, Franz 174; Meier & Weichelt 165; Meißen 36 58 79 82; Meissener Porzellan 178; Meister, Lothar 234; Melanchthon, Philipp 65 69 80; Mencke, Johann Burkhardt 110; Mencke, Otto 93; Mendelssohn Bartholdy, Felix 8 121 123 143f 149 241 250 269 277 318 334; Menuhin, Jehudy 277; Mephisto 313; Mephisto-Bar 71; Mercedes 273; Mercedes-Benz 194f; Merkel, Angela 265 273; Merkur 272; Merkwitz 51; Merseburg 17 35 58f 73 76 79 356 Schöff; Messe 8 20 31 33 40 50f 53 56ff 70 87ff 97f 100 104ff 113 115 118 130f 155 158f 177 193 235 242 245 247 252 272f 278 280 291 299 327 331 366 372 374; Messeflug 201; Messehallen 262; Messer-Müller 323; Messeschwalbe 118; Messingschmiede 51; Messjuden 149; Metallica 296; Meuselwitz 220; Meyer, Bernhard 201; Meyer, Clemens 249; Meyer, Hans 180; Meyer, Hermann Julius 156 163 180; Meyer, Kurt 287; Meyers Lexikon 156; Michael, George 296; Michaeliskirche 285; Michaelismesse 22 97f 104 113 188; MIDORA 326f; Mielke, Erich 256 286; Milbradt, Georg 265 302 307; Miliduoch 15; Miltitz 310; Ministerrat 273; Mirag 215 300; Miranda, Franciso de 118; Missfits 243; Mitbauer, Axel 253; Mitschke-Collande, Verena von 147; Mitteldeutscher Rundfunk 215; Mittelstraße 174; MML 348; Möbius, August Ferdinand 131; Mockau 219; Möckern 11 247; Modelwitz 158; Moldenhauer, Hans-Georg 369; Mölkau 223 341; Möller, Thies 329; Mommsen, Theodor 193; Monatsgespräche 99; Montagsdemo 63 284f 287ff 354; Moosdorf, Otto 181; Morawetzstraße 173; Moretti, Hans 332; Moritz von Sachsen 77ff 85 171 238 294; Moritzbastei 82 273 359; Moritzburg 235; Moritzstift 22; Moscheles, Ignaz 143 149; Moschkau, Alfred 157; Moskau 182; Mothes, Oscar 155 364; Mothes, Villa 155; Mozart, Wolfgang Amadeus 123 277; Mucke, Dieter 249; Mucke, Manuela 324; Mückenberger, Christiane 248; Mueller, Andreas J. 267f; Muhl, Sandy 376; Mühlbach, Christoph 87 93; Mühlberg 81; Mühlenzwang 32; Mühlhausen 73; Mühlner, Kerstin 257; Mühlstraße 75; Mulde 16 47 224 244; Müller 39; Müller, Annelies 323; Müller, Autohaus 258; Müller, Carl Wilhelm 121 123; Müller, Elke 259; Müller, Erika 258; Müller, Frank 258; Müller, Hartmut 71; Müller, Heiner 228; Müller, Karl 323; Müller, Karl-Heinz 160 270; Müller, René 255; Müller, Rolf 258f 323; Müller, Rudolf 323; Müller-Stahl, Armin 269; Munkelt, Thomas 324; Münsterberg, Johann Otto von 45; Müntzer, Thomas 73f 279; Münze 316; Münzgasse 316; Museum 375; Museum für Angewandte Kunst 212; Museum für Musikinstrumente 362; Museum für Völkerkunde 212;

Museum, Stadtgeschichtliches 340 364; Musikausübende 123; Musikhochschule 227; Musikstadt 375; Musikübende Gesellschaft 122; Musikviertel 155f 311 360; Mustermesse 177; Mutter, Anne-Sophie 277; MVZ 308; Mylau 46.

Nachtschwärmer 332f; Nachtwächter 102; Näher dran 319; Nanjing 281; Napoleon 127ff 134 170 198; Nasa 322; Naschmarkt 96 112 321; Nationale Front 239; National-liberale Partei 182; Nationalsozialismus 295 300; Nationalversammlung 144; Naumburg 58; Naundorf 19; Naundörfchen 32; Nazi 106 134 174 187 192 216f 223f 237 241 284 324; Neandertaler 10 12; Neletici 14; Neontechnik 342; Nernst, Walther Hermann 193; Netrebko, Anna 296; Neuber, Friederike Caroline 110f 113f 229; Neuber, Johann 114; Neue Harth 367; Neue Leipziger Zeitung 210; Neues Rathaus 178 186 219 364; Neues Theater 227; Neues Ufer 310; Neujahrsmesse 51 105; Neukirche 127; Neumann, Angelo 250; Neumann, Vaclav 184 253 277; Neumarkt 70 143 202; Neumerkel, Hans 218; Neunes, Ernestine Susanna Katharina 111; Neustadt 155; New Leipzig 322; Nickel, Lang 52; Niederflurbus 159; Nielsen, Karl 277; Niemann, Kai 329; Niemi, Jay 332; Nikisch, Arthur 143 232 250f 277; Nikischplatz 156; Nikolaikantor 122; Nikolaikirche 22 33 45 63 76 78 85 90 284f 288 292 300 348 351 354 371 356 Schöff; Nikolaikirchhof 285ff 292 371; Nikolaischule 91 99 292 322; Nikolaistraße 52 111 243; Nikolaus II. 148; Nindel, Kerstin 257; Nitzsche, Ute 339; Nitzschke, Thomas 175 371; NKFD 221; Nonnenkloster 77; Nonnenmühle 32 60; Nonnenstraße 283 376; Nordischer Krieg 105; Nordplatz 204; NS 217; NSDAP 215ff 225; Nuck, Robert 325; Nürnberger Straße 179.

Oberhofgericht 176; Observatorium 126; Oertzen, Ulrich von 154; Oeser, Adam Friedrich 63 114 120 123; Oeser, Friederike 120; Oesersaal 340; Offen für Alle 371; Oh, Mark 329; Ohm, Jörg 254; Oistrach, David 184 277; Oistrach, Igor 277; Okun, Bernd 363; Okun, Jenny 363; Ölbeleuchtung 102; Oldfield, Mike 296; Olearius, Johann Friedrich August 131; Ölhafe, Sixtus 59; Olsciuzi 18; Olympia 7 257 324f 352; Olympische Sport & Kunst 303; Oper 113 148 196 251 262 317 341 375; Operation Haddock 219; Opernhaus 153 247; Opposition 263 285; Oqubai, Arkebe 281; Oranje-Parade 369; Orba, Johannes Steffani de 48; Orff, Carl 251; Orgel 351; Oschatz 47 142 314; Ostarbeiter 220; Ostermesse 22 69 105 188 335; Ostmark 280; Ostwald, Wilhelm 192 360; Ostwald-Gymnasium 322; Ottmann, Ingeborg 229; Otto der Reiche 20 22 31 63 356 Schöff; Otto I. der Große 16; Otto IV., Kaiser 22; Otto, Kristin 324; Otto, Lothar 268; Otto, Reiner 243; Otto, Theodor 164; Otto-Peters, Luise 145; Otto-Schill-Straße 244; Owens, Jesse 324.

P.C. 314f; P-466 252; Paabo, Svante 12; Palmengarten 247; Palitzsch, Horst 257; Palmengartenwehr 244; Palmenhaus 181; Pampel, Wolfgang 229; Pantheon 151; Panzermacher 43; Papierfabrik Louisenthal 179 Devrie; Pappenheim, Gottfried Heinrich Graf zu 88f; Pappenheimer 89; Paralympics 325; Paris 182; Parthe 15ff 78 102 356 Schöff; Pastor, Frank 256; Patriotenbund 198; Paul-Gruner-Straße 210; Paulineraltar 55; Paulinerkirche 65 78f 89 129 156 238 263 359; Paulinerkloster 238; Paulinerkollegium 79; Paulinerverein 263; Paulinum 171 359 361; Pauls, Tom 195 243; Paulus, Friedrich 218; Paunsdorf 159 215 219 223 266 314f; Paunsdorf Center 259 314; Paunsdorfer Sachsentherme 376; Pawlowa, Anna 232; PDS 289; Pegau 73; Peine, Elias 100; Pele 368; Pelzausstellung 213; Pelzhändler 213; Penderecki, Krzysztof 184; Pentacon 272; Permoser, Balthasar 101; Pesch, Doro 331; Pest 40 98; Peter III., Zar 117; Peters, Peter 293; Peters, Renate 293; Petersbastei 82; Petersberg 68 82; Petersbogen 320; Petershof 177 273; Peterskirche 22 127; Peterskirchhof 94; Petersmühle 29 32; Peterssteinweg 175 306f 373; Petersstraße 65 202 361; Peterstor 22 29 50 78 118 124; Petersviertel 102; Peters-Viertel 43; Petrowitsch, Ivan 193; Pfaffendorf 22; Pfaffendorfer Straße 184; Pfeffermühle 242f 332; Pfeffinger, Johannes 76f 79; Pfeiffer, Hans 228; Pferdebahn 158; Pflegemesse 327; Pflüger, Konrad 63; Pforta 79; Phantastische Vier 296; Philip, Prinz 304; Philipp I. von Hessen 80; Philipp von Nassau 37; Philipp von Schwaben 22; Philpott, Delbert 147; Phönix 326f; Pianoforte-Fabrik 148; Picasso, Pablo 248; Pilz, Janet 353; Pink 296; Pinkert, Ernst 162 234; Pirna 103; Pistorisstraße 324; Pittroff, Esther 288; Plagwitz 152 155 165ff 205 226 310f 341 376; Plagwitz Gewerbepark 346; Plagwitzer Kanal 311; Planert, Mandy 325; Platini, Michel 236; Plattenbau 266 270; Plauen 47 320; Plautstraße 153; Pleiße 10 15 17 78 102 104 130 162 245 299 327; Pleiße ans Licht 310; Pleiße-Gedenkmarsch 284; Pleißemühlgraben 40 60 152 310; Pleißenaue 60; Pleißenburg 28 31 45 58 76 79 81f 85f 88 101 103f 117 126 176 186; Pleißenmühle 32; Pleiteausstellung 213; Pogrom 217 284; POL 173; Poldolsk 279; Polen 18 31 47; Polenz, Volker 71 313; Politkowskaja, Anna 348; Polizeipräsident 136; Pollini, Maurizio 184; Pommert, Jochen 287; Poncet, Hans von 147 Zwiebo; Ponguland 344f; Poniatowski, Joseph Antonius 129f; Poniatowskistraße 168; Poolmann, Marylu 229; Poolwelt 274; Popoff, Blagoi 216; Pörner, Moritz 92f; Porsche 8 211 304 311 350f 367; Portwich, Ramona 324; Porzellan 105; Porzellanfuhren 118; Postamt 133; Postkutsche 87; Prag 44 46 182; Prager Frieden 89; Prager Frühling 253; Prager Straße 199 212; Pressezensur 144; Preußische Staatsbahn 206; Prien, Günter 218; Prießnitzbad 197; Prinzen 330f; Pritt, Dennis N. 216; Probst, Josef 307; Probstheida 129f; Prokop 47; Prokowski, Wladimir 198; Promenaden 336f; Protestantische Union 88; Pufendorf, Samuel von 90 99; Puhdys 274 329; Pultz, Johann Christoph 134; Pur 331; Purtscheller, Ludwig 180; Pusch, Rüdiger 333; Puskas, Schmidt von 245; Putin, Vladimir 265 348; Puttkammer, Jesko Freiherr von 322.

Quants Hof 111; Quedlinburg 18; Quelle 211 311; Querbahnsteig 331; Quermann, Heinz 325; Quesici 14.

Raabe, Max 296; Rabenstein 107; Radefeld 303; Radestock, Bernd 7 307; Radio Fritz 261; Radwandertag 330; Raethicus, Georg Joachim 79; Ramada Treff Hotel 315; Ramin, Günther 143; Randt, Peter 257; Rania von Jordanien 304; Ranstädter Bastei 250; Ranstädter Tor 22 50 78 122 124 128; Ranstädter Viertel 43; Rastelli, Jongleur 232; Rathaus 41 85 97 112 186 223; Rathausring 194; Ratsherr 43; Ratskeller 41; Ratskollegium 43; Ratsschenke 41; Raubritter 51; Rauch, Neo 321; Rauchfuß, Hildegard-Maria 261; Rauchwaren 51 213; Rauchwarenviertel 213; Raydt, Hermann 179; Reclam

271 322; Reclam, Anton Philipp 163; Reclam, Philipp jun. 163; Redwood 347; Reformation 55 64 66f 73f 76f 84; Reger, Max 143 277; Rehbacher Straße 246; Reichsbund 218; Reichsgericht 155 176 219 321; Reichskristallnacht 217; Reichssender 215; Reichsstraße 114 280; Reichstag 182 216; Reichstagsbrand 216; Reichswehr 207; Reimann, Andreas 249; Reimann, Max 141; Reiner, Georg 53; Reinhardt, Generalleutnant 147 Zwiebo; Reinhardt, Ulrich 71; Reinhold, Conrad 242; Reißig, Dieter 339; Reiter, Udo 300; Reithalle 214; Reithaus 122; Renault 273; Rennbahn 309; Rennclub 154; Reparationen 155; Retzsch, Moritz 70; Reudnitz 75 155f 182 230; Reutter, Otto 232; Revolution 127 151 205 286f 373; Rhau, Georg 48; Rheinisches Viertel 102; Richard-Lehmann-Straße 140 194f; Richard-Wagner-Platz 113; Richie, Lionel 296; Richter, Christian 97; Richter, Helmut 261; Richter, Johann Caspar 340; Richter, Klaus 376; Richter, Paull 94; Richter, Swjatoslaw 184; Richters Kaffehaus 124; Riebeckstraße 308; Riedel, Jens P. 332; Riehl-Heyse, Herbert 349; Riemenschneider 38; Riesa 142; Right Said Fred 329f; Ringelnatz, Joachim 168; Riquet & Co. 155; Risa 47; Riso, Heinrich 183; Ristorante Da Vito 376; Ritter, Hubert 153; Rittergasse 49; Ritterstraße 139 145 179 239 361; Ritzsch, Gregorius 88 92; Ritzsch, Timotheus 92f 348; Robben, Arjen 369; Robbia, Lucca della 48; Rockefeller IV., Jay 305; Rodekamp, Volker 364; Rogge, Jacques 352; Rohde, Carl Ferdinand 154; Rohrwacher GmbH 199; Rohrwacher, Hans-Joachim 199; Rohrwacher, Klaus-Michael 199; Rohrwacher, Richard Walther 199; Rölckin, Maria Dorothea 112; Rölke, Martin 154; Rolling Stones 296; Roma 220; Romanus, Christiana Maria 103; Romanus, Christiana Mariana 103; Romanus, Franz Conrad 102f; Romanushaus 124 292 313 323; Roosevelt, Theodor 185; Rosa-Luxemburg-Straße 151 174; Rosenberg, Marianne 296; Rosenmontag 343; Rosensonntag 343; Rosenstolz 296 331; Rosentalgasse 24; Rosenthal 61 219 225; Rossbach, Arwed 121 155f; Roßbach, Arwed 171; Rossbachhaus 155; Rossberg, Heinz 236; Roßner, Petra 235; Roßplatz 121 161 247; Rost, Karl-Heinz 257; Rost, Peter 257; Rote Armee 224 179 Devrie; Roth, Daniel 321; Roth, Thomas 349; Rotha, Paul 248; Rothe, Johannes 37; Rothe, Karl 205; Rothenberger, Bernhard 71;

Rothenberger, Christine 71; Rother, Martin 167; Rotlicht 118; Rover & Lakes 347; Rückmarsdorfer Straße 95; Rüdiger,, Christian Friedrich 126; Rudolf I. von Habsburg 37; Rudolf II., Kaiser 88; Rudolf, König 18; Rudolph Karstadt AG 202; Rügen 197; Rumjanzew, Nikolai 221; Rump, Bernd 249; Rumpf, Michael 73f; Runde Ecke 131; Runder Tisch 289; Ruprecht III. 44; Ruprecht, Knecht 335; Rust, Heinrich 184.

SA 215 217; Sabathil, Kurt 307; Sachsen 10; Sachsen LB 302f; Sachsen rockt 349; Sachsen-Anhalt 10; Sachsenplatz 150 267; Sachsenspiegel 36 43 53 356 Schöff; Sächsische Flugzeugwerke 201; Sächsische Spielbanken GmbH 320; Sächsische Staatsbahn 206; Sächsischer Schützenbund 49; Sächsisches Zentrum für Behindertenfahrzeuge 246; Sack, Rudolf 165; SAG 164; SAG Bleichert 239; Salamander AG 272 280; Salomonstraße 322; Salzgässchen 96; Samen-Koch 323; Samtweberei 165; Sandgasse 132; Sandtmann, Caspar Johann 97; Sänftentragediest 103; Sanftwut 243; Sängerkrieg 28; Sangershausen 23; Santana, Carlos 296; Sarajevo 339; Sarasani, Zirkus 337; Saturn 330f; Sayda 265; SBZ 225; Schade, Rainer 268; Schaetzle, Victoria 376; Schäfer, Ed 322; Schalck-Golodkowski, Alexander 272; Schaljapin, Fjodor 232; Schandstein 112; Scharenberg, Otto 169; Schatz, David 101; Schaubeck-Verlag 157; Schäuble, Frieder 121; Schäuble, Wolfgang 121; Schauspiel 376; Schauspielhaus 227 247 296; Schaustellerverein 188f; Scheibenholz 247 309; Scherenschleifer 51; Schicht, Gottfried 131; Schicht, Wilhelmine 131; Schickedanz 311; Schiffner, Barbara 376; Schill, Ferdinand von 128; Schiller, Friedrich 124 340; Schillerfeier 340; Schillerhaus 340 364; Schillerstraße 124 196; Schilling, Peter 330 376; Schimmel & Co. 156; Schirmer, Andreas 61; Schkeuditz 31 158 161 211 376; Schlachter 50; Schlachthof 300; Schlammhausen 270; Schlampamp 71; Schlapphutbande 282; Schlegel, Friedrich 124; Schlegel, Johann Elias 113; Schleinitz, Bernd 188f; Schleinitz, Erich 189; Schleinitz, Heinrich von 59; Schlesien 47; Schletter, Adolf Heinrich 150; Schletterstraße 210; Schleußig 311 341; Schmalkaldischer Bund 80; Schmalkaldischer Krieg 82; Schmalspurbahn 181; Schmalstieg, Herbert 281; Schmalstieg, Marek 330; Schmidt,

Auguste 145; Schmidt, Hans-Dieter 227; Schmiede 38; Schmitz, Bruno 198; Schmitz, Paul 251; Schmölln 73; Schnabelschuhe 50; Schneider 39 43; Schneider, Helge 296; Schneider, Jürgen 71 313; Schneider, Wolfgang 349; Schneyder, Werner 243; Schöbel, Frank 261 331; Schoendorff, Gebrüder 202; Schoenlank, Bruno 174; Schöffenstuhl 36; Scholz, Uwe 251; Schomburgk, Heinrich 324; Schomburgkstraße 200; Schönau 298; Schönauer Flur 154; Schönbach, Stephan 68; Schöneck 46; Schönefeld 266; Schönemann, Johann Friedrich 114; Schönkopf, Anna Catharina 120; Schoppe, Wolfgang 234f; Schöppenstuhl 176; Schostakowitsch, Dimitri 277; Schramm, Georg 243; Schreber, Daniel 138; Schreiber, Sophia 112; Schröder, Atze 331; Schröder, Gerhard 236 279 350 353 365; Schröter, Corona 120; Schroth, Horst 243; Schrumpf, Richard 318; Schubert, Anna Katharina 112; Schuck, Anett 324f; Schuhflicker 39; Schuhmacher 38f; Schuhmachergässchen 38; Schulstraße 179; Schulte, Nikolaus 45; Schultheiß 31 33 35; Schulz, Adolf Heinrich Ludwig von 269; Schulze, Hermann 70; Schumann, Clara 334; Schumann, Georg 174 221; Schumann, Heinrich 233; Schumann, Robert 143f 250 277 334; Schumann, Valentin 66; Schumann-Abend, Petra 167; Schur, Gustav Adolf 235; Schur, Jan 235; Schur, Täve 235; Schuster, Jacob 116; Schusterfehde 51; Schütte, Monika 210; Schütte, Wolfgang 210; Schützen 49; Schutzwall 253; Schwabe, Uwe 237 290; Schwägrichenstraße 273; Schwarz, Georg 254; Schwarz, Jewgenij 227; Schwarze Kunst 179 Devrie; Schwarzer Herzog 128; Schwarzlose, Günther 227; Schweins, Esther 214; Schwimmer, Max 174f; Schygulla, Hanna 305; Scooter 330; SED 174 182 239 249 267 278 285ff; Seeburgstraße 132 299; Seeger, Stephan 349; Seemann, Ernst Arthur 163; Seidel, Bernd 281 354; Seidenweberei 165; Seidler, Thomas 376; Seifert, Christa 260; Seifert, Helmut 260; Seifert, Julius Hermann 323; Seifert, Oscar 189; Seifert, Otto 323; Seifert, Siegfried 162; Seiler 38 43; Sellerhausen 247 341; Sellheim, Hugo 172; Selnecker, Nikolaus 86; Semmelweißstraße 173; Senckeisen, Michael 63; Senf, Louis 157; Serpentinsaal 170; Servuschok, Uta 243; Setlur, Sabrina 331; Seydelmann, Helmut 250; Seydewitz, Ernst von 206; Seydlitz, Friedrich Wilhelm von 117; Seyfarth, Carly 24f;

Seyfferth, Wilhelm 142; Shakespeare-Straße 227; Shanty 280; Sibelius, Jean 277; Sidonienstraße 210; Siebeck, Frank 324; Siebeck, Mark 325; Siebel Flugzeugwerke 201; Siebenjähriger Krieg 114; Siegel 33 35; Siegfried, Wustrow 235; Siegmund, Gottfried 112; Sielmann, Heinz 248; Siemens & Halske 140; Sigismund, König 46; Signorello, Vito 376; Sikora, Bernd 208; Silbersee 335; Silvia von Schweden 170 304; Simon, Paul 296; Simonetti, Giovanni 97; Simonson, Otto 149; Simple Minds 296; Simply Red 296; Simson, Eduard von 176 269; Simsonsplatz 176; Sinti 220; Sippenauer, Eugen 154; Sitte, Willi 278; Skeuditzsch 81 126; Škoda 258f; Škoda, Rudolf 275; Skudlzi 19; Slavata, Wilhelm 88; Slawen 15; SMAD 224; Smith, William S. 118; Soko Kultur 316; Solarpak 302; Soldatenrat 205; Sommerstein 103; Sophie von Sachsen 86; Sophienstraße 227; Sopra 274; Sorben 14f 17f; Soret, Frederic Jean 71; Souradny, Karl 228; Sowjetarmee 298; Sowjetunion 187 272; Sozialistengesetze 151; Spalatin, Georg 80; Spar Handels AG 191; Sparkasse 134f 302f 333 348; SPD 151 182 215f 289 294 374; Speck von Sternburg-Stiftung 150; Speck, Paul 63 84 133 Ratswa; Specks Hof 292; Spielbank 320; Spieß, Johannes 72; Spital Sente Jorgen 24; Spitzenforschung 361; Spitzenuniversität 362; Spok, Mister 322; Sportfest 237; Sportforum 237 266; Sportpark 315; Sportplatz 234; Sprechtheater 228; Spree 14; Springerstraße 239 300; Springer-Verlag 174 306; Sputnik 284; SS 220; Staatsbahn 206; Staatsreform 136; Stadtbrand 153; Stadtbrief 20; Stadtfest 335; Stadtgericht 36; Stadtgottesacker 99; Stadthygiene 61; Stadtparlament 136 140; Stadtreinigung 94f; Stadtschreiber 35; Stadtsiegel 33; Stadtsparkasse 134; Stadtwappen 97; Stadtwerke 141; Staeck, Klaus 268; Stahmeln 174 306 310; Stalin 217; Stange, Eva-Maria 372; Stapelrecht 58f; Star Trek 322; Starcke, Johann Georg 97; Stasi 239 263 267 273 284ff 290; Stauchnitz 16; Stauder, Josef 227; Stauffenberg, Claus Schenk Graf von 221; Steger, Volker 308f; Steiff, Apollonia Margarete 185; Stein, Hans-Gert 257; Steinbach, Walter Christian 121 292 294f; Steindorff, Georg 187; Steinkohlebergbau 208; Steinmeier, Frank-Walter 371; Steinzeit 11; Stelter, Mark 322; Stemmler, Stefan 325; Stentzlers Hof 177; Stephainski, Andreas 376; Stephanstraße 13 138; Stern, Friedel 268; Stern, Heinrich 34; Sternburg, Freiherr Speck von 75; Sternburg, Ilse Speck von, 150; Sternburg, Wolf-Dietrich Freiherr Speck von 150; Sternwarte 126; Stewart, Rod 296; Sting 296; Stock, Johann Michael 120; Stockhausen, Karlheinz 251; Stoeckel, Walter 172; Stöhr & Co. 145; Stollberg 46; Stolletz, Andrea 257; Stolpe 105; Stoltze, Georg 235; Stolz, Max 71; Storm, Theodor 72; Störmthaler See 295; Stötteritz 80 219 278; Straßenbahn 158f 184 206 239; Straube, Karl 143; Strauß, Franz-Josef 273; Strauß, Richard 277; Strawinsky, Igor 277; Strehlen 47; Streich, Joachim 255; Streik 205; Stresemann, Gustav 182 193; Striegler, Frank 300f; Striewe, Friedbert 333; Strobart, Henning 40 49; Strohsack-Passage 243; Stromer, Anna 70; Stromer, Heinrich 69f 72; Strümpellstraße 173; Strumpfwirkerei 165; Strungk, Nicolaus Adam 122; Stumpf, Bernd 256; Stünz 11; Stuttmann, Klaus 268; Südfriedhof 158 169; Suhrkamp 271; Sursk 279; Susanna-Eger-Wanderpokal 116; Süß, Herbert 302; Süß, Reiner 232; Svantevit 15; Synagoge 40 149 217; Szell, George 143; Szerynk, Henryk 184.

Tabakfabrikation 165; Tagebau 209 230f 266 358; Tagesklinik für kognitive Neurologie 13; TAKRAF 230f; Taneff, Wassil 216; Taro, Gerda 221; Tauber, Richard 232; Taucha 158 226; Tauchaer Straße 174; Tauer, Rüdiger 343; Taus 47; Technische Hochschule 233 Bauhoc; Technische Messe 266; Teddybär 185; Telekom 233 Bauhoc; Telemann, Georg Philipp 108 122 250; Tempelhoff, Michael 301; Tetzel, Johann 64f 122; Tetzlaff, Kurt 248; Tetzner, Gertie 249; Teubner, Benedictus Gotthelf 163; Thälmann, Ernst 141; Thames 271; Thanner, Jacob 53 64; The Butlers 260; The Who 296; Theater 113f 122 155 225 227 242 250f 332 340 374; Theater-Compagnie 297; Thekla 11; Theodorf-Wolf-Preis 307; Thiele, Erich 201 211; Thiele, Johanna 339; Thielemann, Lutz 318; Thiem, Adolf von 60; Thieme, Clemens 198; Thieme, Georg 169; Thieme, Helmut 363; Thier, Axel 56; Thietmar von Merseburg 18f; Thomaner 108 233 318; Thomanerchor 48 196 277 375; Thomasgässchen 65; Thomasgasse 61; Thomas-Graduale 48; Thomasius, Christian 93 99; Thomasius, Jakob 99; Thomaskantor 108 122f 131 143 233 334; Thomaskirche 22 28 37 45 48 55 63 66 76 109 121 127 129 156 233 277 281 304f 356 Schöff; Thomaskirchhof 196 242 316 363; Thomaskloster 23f 30 39 47 68 73 77 79; Thomasmühle 29 32; Thomasschule 30 48 68 79 108f 193 233 334; Thonberg 158; Thonbergklinik 308; Thorndike, Annelie 248; Thorstensson, Lennart 89; Thrandorf, Udo 309; Thüringer Bahnhof 206; Tiedemann, Paul 257; Tiefensee, Siegfried 227; Tiefensee, Wolfgang 160 281 305 343 352f; Tiefseeexpedition 180; Tiek, Ludwig 124; Tieman, Walter 241; Tiergarten 162; Till Eulenspiegel 62; Tilly, Johann Tserclaes 88; Tilo von Trotha 55 63; Times 245; Titow, German Stepanowitsch 269; Tobias, Fritz 216; Toczeck, Rolf 351; Todesmarsch 220; Tollesche Privatrealschule 168; Tollhardt, Hans 56; Tollhardts Zechgewölbe 56; Tongonok, Taja 221; Torgau 34 47 59 314; Torgauer Straße 194f 231; Torgler, Ernst 216; Toscanini, Arturo 277; Total 211; Tote Hosen 296; Toto 106; Tourismus Marketinggesellschaft 358; Tourismusfrühstück 319; Tourist Service 335; Touristservice 318; Trabi 246 259 291; Travnik 281; Traxler, Hans 268; Trefousse, Hans 147 Zwiebo; Treichel, Hans-Ulrich 249; Treumann, Rudolf 263; Trexler, Georg 169; Trichterbecherkultur 11; Trier, Rahel Amalia Augusta 172; Trinitatisfriedhof 11; Trippen, Ludwig 179; Trisch, Ronald 248; Triumph 273; Troendle, Katrin 332f; Tröger, Walther 353; Tröndlin, Carl Bruno 160 186; Tröndlinring 196; Tropica 274; Trufanow, Nikolai 154 224 298; Trümmerbahn 226; Trümmerfrau 226; Tschaikowski, Peter 277; Tschaikowskistraße 155f; Tschammer, Richard 198; TU 134 252; Tübke, Werner 169 241 279 357; Tuchmacher 38 41 123; Tuchscherer 38; Tull, Jethro Toto 296; Tumult 86; Tunglo 15; Turbine Erfurt 254; Türken 78; Turner, Tina 170 296; Turnfest 236f.

U2 296; UDSSR 213; Uferstraße 149; Uhlig, Manfred 242; Uhlig, Petra 257; Ulbricht, Erich 182; Ulbricht, Ernst-August 182; Ulbricht, Hilde 182; Ulbricht, Pauline Ida 182; Ulbricht, Walter 71 182 238 253 260 263 269; Uli-Singer-Band 333; Ulrich, Jürgen 356f; Universität 8 13 36 44f 51f 68 76 79f 87 89ff 99 107 110 122 126 149 171ff 179 182 192 204 210 218f 241f 247 249 269 273 275 292 308 318 339 356 359ff; Universitätsbibliothek 219; Universitätskirche 55 238 263;

Universitätsstraße 124 273; Ursus und Nadeschkin 243; US Air Force 219; US Army 223 147.

Valdivia 180; Valente, Caterina 262; Varieté 332f; Varnhorn, Werner 331; VEB Autoservice 194; VEB Baureparaturen 283; VEB Feinkost 342; VEB Gaswerk 141; VEB Getränkekombinat 75; VEB Schwermaschinenbauverlade- und Transportanlagen 164; VEB Verbundnetz 264; VEB Vereinigte Lotteriebetriebe 106; VEB Verpackungsmittelwerke 274; Veit, Arnold 283; Verein deutscher Buchkünstler 139; Vereinigung volkseigener Warenhäuser Centrum 203; Verkehrsbetriebe 159; Versailler Vertrag 201; Vertraute Gesellschaft 98; Vetzer, Johann 70 72; VFB 183; Vierling, Hans 223; Vierling, Johannes 160; Viktoria von England 148; Villazon, Rolando 296; VKSK 138; VNG 264f; Voigt, Lene 210; Voigt, Sigi 257; Voigt, Wolfgang 210; Völkerschlacht 7 129f 170 198 340; Völkerschlachtdenkmal 61 121 197ff 218 231 266 285 319 147; Volkland, Daniel 325; Volkman, Advokat 208; Volksaufstand 242; Volkshaus 207; Volkskammer 292; Volkskontrolle 225; Volkspolizei 239 282; Volkssturm 220; Volkswagen 273; Vollblutrennbahn 154; VTA 164 230f; VTC 231; Vujowic, Zoran 255; VW 246 351.

Wachau 130; Wächter, Michael 376; Wächterstraße 241; Waffen-Moritz 323; Wagenburg 47; Wagner, David 107; Wagner, Gottfried 105; Wagner, Hans 67; Wagner, Helene 210; Wagner, Richard 144 250 277 334; Wahren 155 158; Währungsunion 280; Waisenhausstraße 173; Waldoff, Claire 232; Waldstraßenviertel 149 155f 217 311 338; Wallach, Otto 193; Wallberg, Carsten 200; Wallenstein, Albrecht Wenzel Eusebius von 88; Wallwitz, Bastian von 80f; Walpurgisnacht 71; Walter von Meißen 20; Walter, Bruno 277; Walter, Fritz 236 255; Walther von der Vogelweide 23; Walther, Bruno 215; Walther, Hieronymus 56; Wandel, Oskar 25; Wander, Fred 249; Warenhaus AG 347; Wärmezentrale 141; Warmwasserheizung 141; Wartburg 246 259; Wartesaal 337; Wäser, Johann Christian 114; Washington Post 185; Washington, George 185; Wasserkunst 60; Wasserleitung 60; Wasserstadt 152; Wave Gotik Szene 297; WDL 179 Devrie; Webber, Andrew Lloyd 148; Weber, Carl Friedrich 56; Weber, Carl Maria von 123 250 277; Webers Speisestube 56; Wegewitz, Olaf 278; Weidahaburg 14; Weidemann, Moritz Georg 105; Weidemann, Verlag 53; Weidenbach, Georg 198; Weidling, O. F. 247; Weigel, Bruno 200; Weihnachtsmarkt 335; Weill, Kurt 251; Weimar 295; Weimarer Republik 151 207; Weiner, Berndt 138; Weinfest 335; Weinkauf, Bernd 292; Weischer, Matthias 321; Weiss, Familie 149; Weiße Brücke 151; Weiße Elster 152 244 311 323 346 376; Weiße, Carl-Friedrich Ernst 131; Weißenfelser Straße 166; Weißgerber 51; Weizsäcker, Richard von 245; Welsch, Gottfried 98 104; Welter, Wolfgang 75; Weltmeister 369; Weltwirtschaftskrise 71 148 164 181; Welzk, Stefan 263; Wempe, Dietrich Wilhelm 293; Wempe, Gerhard D. 293; Wempe, Helmut 293; Wempe, Herbert 293; Wempe, Kim-Eva 293; Wende 296 375; Wenzel, Claudia 229; Wenzel, König 46; Werding, Juliane 329f; Wermann, Johann 35; Werther 120; Wertpapierdruckerei 147; West-LB 179 303; Wetterdienst 161; Wettin 42 58; Wettiner Madonna 238; Weygand, Johann Friedrich 120; Wichmann von Seeburg 20 36; Wickert, Ulrich 363; Wider, Franz 87; Wieck, Clara 123 277; Wiedebach, Apollonia 76; Wiedebach, Georg 67 76; Wiedekind, Wendelin 350f; Wiedemann, Paul 84; Wiederitzsch 341; Wieland, Karl-Heinz 154; Wies, Gerhard 325; Wilhelm I. der Einäugige 39 42; Wilhelm II. 45 176 198; Wilhelm II. der Reiche 42; Wilhelm III. 49 54; Wilhelm IV. 19 75; Wilhelm-Leuschner-Platz 144 196 212 226 260 266; Windräder 303; Winkler, Maria 257; Winkler, Matthias 296; Wintergartenstraße 225 232 332; Wintermonat, Gregor 92; Wiprecht von Groitzsch 23; Wissenschaftsrat 233 Bauhoc; Witt, Joachim 329f; Wittenberg 66f 74; Wittenberg, Otto 169; WM 368; Wochenmarkt 41; Wolf, Peter 203; Wolf, Thorsten 243; Wolff, Ann-Elisabeth 297; Wolff, Christian 110; Wollkämmerei 252; Woost, Johanna Christiane 132; Wortmann, Sönke 353; Wötzel, Roland 287; Woyzeck, Johann Christian 132f; Wundtstraße 152; Wurzen 47 142 259 266; Wuttig, Gustav 157; Wuttke, Heinrich 340; Wylenzek, Thomas 325; Wynfreth 14.

Yad Vashem 370; Yosafat, Anneliese 370; Yosafat, Matt 370.

ZDF 284 301; Zehmisch, Gottlieb Benedict 113; Zeidler, Firma 178; Zeidler, Heinrich 178; Zeidler, Irmgard 178; Zeidler, Otto 178; Zeidler, Wolfgang 178; Zeigner, Erich 160 208 224; Zeitreise 373; Zeitzer Straße 207; Zensur 92; Zentralstadion 245 256 341; Zeppelin, Graf 201; Zetkin, Clara 145 174 247 299; Zetzsche, Hans-Jürgen 317; Zetzsche, Manfred 229; Zeughaus 122f; Ziegelscheune 50; Ziegler, Christiana Mariana 103; Zielinski, Jürgen 227; Zieten, Hans Joachim von 117; Zikarsky, Björn 324; Zimmer, Dieter 135; Zimmermann, Peter 287; Zimmermann, Udo 251; Zins 40; Ziska, Jan 46f; Zisterzienser 52; Zober, Hannelore 257; Zoff, Dino 236 255; Zöllner, Carl Friedrich 144; Zoo 162 168 184 195 224 234 242 276 293 305 344f; Zoologische Lehr- und Studiensammlung 180; Zucht- und Arbeitshauslotterie 106; Zuckelhausen 81; Zühlsdorff, Peter 352f; Zunft 38 43; Zwangsarbeit 220; Zweck, Carl William Voigt, Hans 212; Zweifel, Paul 172; Zweig, Stefan 163; Zweiter Weltkrieg 24f 71 75 94 121 137 143 148 151 154 157 159 161 170f 174 179 181f 187 190f 194 197 199 202 211ff 218 223 225 236 242 277 293 298f 307 320 323f 347 17; Zwenkau 346; Zwenkauer See 56 152; Zwickmühle 243; ZZ Top 296.